Coleção
CRIMES EM ESPÉCIE

DIREITO PENAL
CRIMES CONTRA O PATRIMÔNIO

Bruno Gilaberte.

Delegado de Polícia no Estado do Rio de Janeiro,
Professor Universitário, em graduação e pós-graduação,
Formado em Direito pela Universidade Federal Fluminense,
Curso de Investigação Criminal , UNISUL,
Curso de Investigação pela Scotland Yard, na ACADEPOL/SP,
MBA em Gestão da Segurança Pública pela Fundação Getúlio Vargas.

Bruno Gilaberte

Coleção
CRIMES EM ESPÉCIE

DIREITO PENAL
CRIMES CONTRA O PATRIMÔNIO

2ª EDIÇÃO

Freitas Bastos Editora

Copyright © 2020 by Bruno Gilaberte
Todos os direitos reservados e protegidos pela Lei 9.610, de 19.2.1998.

É proibida a reprodução total ou parcial, por quaisquer meios, bem como a produção de apostilas, sem autorização prévia, por escrito, da Editora.
Direitos exclusivos da edição e distribuição em língua portuguesa:

Maria Augusta Delgado Livraria, Distribuidora e Editora

Editor: *Isaac D. Abulafia*
Capa: *Neilton Lima*
Diagramação: *Jair Domingos de Sousa*

DADOS INTERNACIONAIS PARA CATALOGAÇÃO
NA PUBLICAÇÃO (CIP)

G392c

Gilaberte, Bruno
Crimes contra o patrimônio / Bruno Gilaberte.
2ª Edição – Rio de Janeiro: Freitas Bastos Editora, 2020.

430 p. ; 23cm. – (Coleção Crimes em espécie)

Inclui bibliografia.
ISBN 978-85-7987-364-5

1. Direito penal - Brasil. 2. Crime contra o patrimônio - Brasil. I. Título. II. Série.

CDD- 345.81026

Freitas Bastos Editora

Tel./Fax: (21) 2276-4500
freitasbastos@freitasbastos.com
vendas@freitasbastos.com
www.freitasbastos.com

Ao meu avô, Décio Gilaberte, que tanto fez por minha formação intelectual e moral, com admiração e carinho eternos.

Aos meus pais, Leila e Almir, pelo carinho e dedicação, bem como por serem fundamentais na formação do meu caráter. Que tomem essa dedicatória como prova do amor que nem sempre é fácil ser expressado em palavras.

APRESENTAÇÃO

A segunda edição do livro Crimes Contra o Patrimônio segue a mesma orientação da obra Crimes Contra a Pessoa: não houve atualização açodada, movida por alterações pontuais e pouco refletidas. Ao contrário, é produto do amadurecimento de diversas considerações sobre tópicos diversos da legislação penal. Ainda que os aportes filosóficos não sejam tão intensos quanto aqueles que recaíram sobre os artigos 121 a 154-A do CP, muitas óticas foram alteradas, sem medo de mudanças de rumos.

A atividade legislativa intensa, contudo, não permite que se navegue em águas calmas durante muito tempo. Já no apagar das luzes da presente atualização, veio à lume a Lei nº 13.964/2019, que recebeu o equivocado – embora midiático – apelido de "Pacote Anticrime". A lei é um ponto de ruptura para com o sistema processual anterior, impondo aos processualistas grandes esforços hermenêuticos doravante. Contudo, houve modificações também na seara do direito penal. Essas alterações, não raro, são constitucionalmente incompatíveis e invariavelmente de difícil acomodação sistemática, de modo que a interpretação daí decorrente gerará, isso é fato, controvérsias doutrinárias e – esperamos – jurisprudenciais. Em suma, há momentos em que a reflexão demorada deve ceder espaço ao enfrentamento epistemológico, com o devido constrangimento dedicado aos poderes da República, para que a produção jurídico-penal evolua do simbolismo derivado de um direito de emergência para o respeito à base principiológica que sustenta a matéria.

Nessa esteira, certamente há argumentos esposados que precisam de refutação e isso não é um demérito: em face de inovações, é o debate que produz a consistência científica almejada. Não houve, por conseguinte, o receio de expor opiniões polêmicas, ainda que futuramente possamos estar convictos de que não se coadunam com a melhor técnica penal. Afinal, a pasteurização doutrinária serve a qual propósito?

Esperamos, assim, que a segunda edição desse livro seja criticada naquilo que for necessário. Afinal, receber aportes críticos é a maior honra com a qual uma obra doutrinária pode ser agraciada.

SUMÁRIO

APRESENTAÇÃO VII

CRIMES CONTRA O PATRIMÔNIO

GENERALIDADES

I – O PATRIMÔNIO
    1 Conceito penal de patrimônio 3
    2 Tipificação e classificação dos crimes patrimoniais 4

DO FURTO (TÍTULO II, CAPÍTULO I)

I – FURTO (ARTIGO 155, CP)
    1 Introdução 9
    2 Objetividade jurídica 12
    3 Sujeitos do delito 23
    4 Tipicidade objetiva e subjetiva 25
    5 Furto famélico 28
    6 Furto por arrebatamento 29
    7 Consumação e tentativa 30
    8 Furto noturno 37
    9 Furto de pequeno valor 40
    10 Furto de energia 44
    11 Furto qualificado 49
    12 Distinção, concurso de crimes e concurso aparente de normas 74
    13 Lei dos Crimes Hediondos 78
    14 Pena e ação penal 78

II – FURTO DE COISA COMUM (ARTIGO 156, CP)
    1 Introdução 80
    2 Objetividade jurídica 80
    3 Sujeitos do delito 81
    4 Tipicidade objetiva e subjetiva 82
    5 Consumação e tentativa 83
    6 Exclusão da antijuridicidade 83
    7 Distinção, concurso de crimes e concurso aparente de normas 84
    8 Pena e ação penal 84

DO ROUBO E DA EXTORSÃO (TÍTULO II, CAPÍTULO II)

I – ROUBO (ARTIGO 157, CP)

1 Introdução 87
2 Objetividade jurídica..88
3 Sujeitos do delito..88
4 Tipicidade objetiva e subjetiva 90
5 Princípio da insignificância e roubo famélico..........................94
6 Consumação e tentativa 95
7 Roubo impróprio..98
8 Causas de aumento da pena (§ 2º)..102
9 Causas de aumento de pena intensificadas (§ 2º-A) 109
10 Duplicação da pena do caput...120
11 Concurso entre as majorantes..121
12 Roubo qualificado 122
13 Lei dos crimes hediondos 131
14 Distinção, concurso de crimes e concurso aparente de normas 131
15 Pena e ação penal 140

II – EXTORSÃO (ARTIGO 158, CP)

1 Introdução 141
2 Objetividade jurídica..142
3 Sujeitos do delito..142
4 Tipicidade objetiva e subjetiva 142
5 Consumação e tentativa 144
6 Causas de aumento da pena 146
7 Extorsão qualificada...148
8 Sequestro-relâmpago (extorsão qualificada pela restrição de liberdade da vítima)...148
9 Golpe do falso sequestro: extorsão ou estelionato?...............151
10 Lei dos Crimes Hediondos 152
11 Distinção, concurso de crimes e concurso aparente de normas 155
12 Pena e ação penal 158

III – EXTORSÃO MEDIANTE SEQUESTRO (ARTIGO 159, CP)

1 Introdução 160
2 Objetividade jurídica..161
3 Sujeitos do delito..162
4 Tipicidade objetiva e subjetiva 162
5 Consumação e tentativa 164
6 Extorsão mediante sequestro qualificada...............................164
7 Delação premiada..167
8 Lei dos Crimes Hediondos 169
9 Distinção, concurso de crimes e concurso aparente de normas 169

IV – EXTORSÃO INDIRETA (ARTIGO 160, CP)

1 Introdução 171
2 Objetividade jurídica 172
3 Sujeitos do delito 172
4 Tipicidade objetiva e subjetiva 172
5 Consumação e tentativa 174
6 Distinção, concurso de crimes e concurso aparente de normas 174
7 Pena e ação penal 175

DA USURPAÇÃO (TÍTULO II, CAPÍTULO III)

I – ALTERAÇÃO DE LIMITES (ARTIGO 161, CP)

1 Introdução 179
2 Objetividade jurídica 179
3 Sujeitos do delito 180
4 Tipicidade objetiva e subjetiva 180
5 Consumação e tentativa 181
6 Usurpação de águas (artigo 161, § 1º, I, CP) 181
7 Esbulho possessório (artigo 161, § 1º, II, CP) 183
8 Distinção, concurso de crimes e concurso aparente de normas 185
9 Pena e ação penal 185

II – SUPRESSÃO OU ALTERAÇÃO DE MARCAS EM ANIMAIS (ARTIGO 162, CP)

1 Introdução 187
2 Objetividade jurídica 187
3 Sujeitos do delito 188
4 Tipicidade objetiva e subjetiva 188
5 Consumação e tentativa 189
6 Distinção, concurso de crimes e concurso aparente de normas 190
7 Pena e ação penal 190

DO DANO (TÍTULO II, CAPÍTULO IV)

I – DANO (ARTIGO 163, CP)

1 Introdução 193
2 Objetividade jurídica 194
3 Sujeitos do delito 195
4 Tipicidade objetiva e subjetiva 195
5 Consumação e tentativa 197
6 Dano qualificado 197
7 Distinção, concurso de crimes e concurso aparente de normas 201
8 Pena e ação penal 203

II – INTRODUÇÃO OU ABANDONO DE ANIMAIS EM PROPRIEDADE ALHEIA (ARTIGO 164, CP)

1 Introdução 204
2 Objetividade jurídica..204
3 Sujeitos do delito..205
4 Tipicidade objetiva e subjetiva 205
5 Consumação e tentativa 207
6 Distinção, concurso de crimes e concurso aparente de normas 207
7 Pena e ação penal...208

III – DANO EM COISA DE VALOR ARTÍSTICO, ARQUEOLÓGICO OU HISTÓRICO (ARTIGO 165, CP)

Revogação 209

IV – ALTERAÇÃO DE LOCAL ESPECIALMENTE PROTEGIDO (ARTIGO 166, CP)

Revogação 210

V – AÇÃO PENAL (ARTIGO 167, CP)

Natureza da ação 211

DA APROPRIAÇÃO INDÉBITA (TÍTULO II, CAPÍTULO V)

I – APROPRIAÇÃO INDÉBITA (ARTIGO 168, CP)

1 Introdução 215
2 Objetividade jurídica..216
3 Sujeitos do delito..217
4 Tipicidade objetiva e subjetiva 218
5 Consumação e tentativa 222
6 Extinção da punibilidade 223
7 Causas de aumento da pena 224
8 Distinção, concurso de crimes e concurso aparente de normas 225
9 Pena e ação penal...226

II – APROPRIAÇÃO INDÉBITA PREVIDENCIÁRIA (ARTIGO 168-A)

1 Introdução 227
2 Objetividade jurídica..228
3 Sujeitos do delito..229
4 Tipicidade objetiva e subjetiva 230
5 Consumação e tentativa 233
6 Condutas equiparadas 235
7 Extinção da punibilidade (§ 2º)..238
8 Perdão judicial e pena de multa 239
9 Parcelamento da dívida previdenciária....................................241
10 Pena e ação penal 243

III – APROPRIAÇÃO DE COISA HAVIDA POR ERRO, CASO FORTUITO OU FORÇA DA NATUREZA (ARTIGO 169, CP)

1 Introdução 244
2 Objetividade jurídica 244
3 Sujeitos do delito 245
4 Tipicidade objetiva e subjetiva 245
5 Consumação e tentativa 246
6 Apropriação de tesouro (artigo 169, parágrafo único, I, CP) 246
7 Apropriação de coisa achada (artigo 169, parágrafo único, II, CP) 247
8 Distinção, concurso de crimes e concurso aparente de normas 250
9 Pena e ação penal 250

IV – CAUSAS DE DIMINUIÇÃO E SUBSTITUIÇÃO DA PENA (ARTIGO 170, CP)

DO ESTELIONATO E OUTRAS FRAUDES

I – ESTELIONATO (ARTIGO 171, CP)

1 Introdução 255
2 Fraude civil e fraude penal 257
3 Objetividade jurídica 260
4 Sujeitos do delito 263
5 Tipicidade objetiva e subjetiva 264
6 Casos específicos: adulteração de medidor de consumo, doping, jogos de azar etc. 271
7 Causa de diminuição e substituição da pena 280
8 Consumação e tentativa 280
9 Disposição de coisa alheia como própria (artigo 171, § 2º, I) 287
10 Alienação ou oneração fraudulenta de coisa própria (artigo 171, § 2º, II) ...289
11 Defraudação de penhor (artigo 171, § 2º, III) 290
12 Fraude na entrega de coisa (artigo 171, § 2º, IV) 291
13 Fraude para recebimento de indenização ou valor de seguro (artigo 171, § 2º, V) 293
14 Fraude no pagamento por meio de cheque (artigo 171, § 2º, VI) 296
15 Causa de aumento da pena 302
16 Estelionato contra idosos 302
17 Distinção, concurso de crimes e concurso aparente de normas 302
18 Pena e ação penal 311

II – DUPLICATA SIMULADA (ARTIGO 172, CP)

1 Introdução 313
2 Objetividade jurídica 313
3 Tipicidade objetiva e subjetiva 314
4 Consumação e tentativa 314
5 Forma equiparada 315

6 Distinção, concurso de crimes e concurso aparente de normas 315
7 Pena e ação penal 316

III – ABUSO DE INCAPAZES (ARTIGO 173, CP)
1 Introdução 317
2 Objetividade jurídica 317
3 Sujeitos do delito 318
4 Tipicidade objetiva e subjetiva 319
5 Consumação e tentativa 320
6 Distinção, concurso de crimes e concurso aparente de normas 320
7 Pena e ação penal 320

IV – INDUZIMENTO À ESPECULAÇÃO (ARTIGO 174, CP)
1 Introdução 321
2 Objetividade jurídica 321
3 Sujeitos do delito 322
4 Tipicidade objetiva e subjetiva 322
5 Consumação e tentativa 323
6 Pena e ação penal 323

V – FRAUDE NO COMÉRCIO (ARTIGO 175, CP)
1 Introdução 324
2 Objetividade jurídica 324
3 Sujeitos do delito 324
4 Tipicidade objetiva e subjetiva 325
5 Consumação e tentativa 327
6 Fraude no comércio de metais ou pedras preciosas 327
7 Causas de diminuição e de substituição da pena 328
8 Distinção, concurso de crimes e concurso aparente de normas 328
9 Pena e ação penal 329

VI – OUTRAS FRAUDES (ARTIGO 176, CP)
1 Introdução 330
2 Objetividade jurídica 330
3 Sujeitos do delito 330
4 Tipicidade objetiva e subjetiva 331
5 Consumação e tentativa 332
6 Perdão judicial 332
7 Distinção, concurso de crimes e concurso aparente de normas 333
8 Pena e ação penal 333

VII – FRAUDES E ABUSOS NA FUNDAÇÃO OU ADMINISTRAÇÃO DE SOCIEDADE POR AÇÕES (ARTIGO 177, CP)
1 Introdução 334
2 Objetividade jurídica 335
3 Sujeitos do delito 335

4 Tipicidade objetiva e subjetiva 336
5 Consumação e tentativa 337
6 Fraude sobre as condições econômicas de sociedade por ações
  (artigo 177, § 1º, I) 337
7 Falsa cotação de ações ou títulos (artigo 177, § 1º, II) 339
8 Empréstimo ou uso indevido de bens ou haveres (artigo 177, § 1º, III) 339
9 Compra e venda de ações emitidas pela sociedade (artigo 177, § 1º, IV) 340
10 Penhor ou caução de ações da sociedade (artigo 177, § 1º, V) 340
11 Distribuição de lucros ou dividendos fictícios (artigo 177, § 1º, VI) 341
12 Conluio para aprovação de conta ou parecer (artigo 177, § 1º, VII) 341
13 Crimes do liquidante (artigo 177, § 1º, VIII) 342
14 Crimes do representante de sociedade anônima estrangeira
  (artigo 177, § 1º, IX) 342
15 Negociação de voto (artigo 177, § 2º) 343
16 Distinção, concurso de crimes e concurso aparente de normas 343
17 Pena e ação penal 344

VIII – EMISSÃO IRREGULAR DE CONHECIMENTO DE DEPÓSITO OU WARRANT (ARTIGO 178, CP)

1 Introdução 345
2 Objetividade jurídica 345
3 Sujeitos do delito 346
4 Tipicidade objetiva e subjetiva 346
5 Consumação e tentativa 347
6 Distinção, concurso de crimes e concurso aparente de normas 347
7 Pena e ação penal 347

IX – FRAUDE À EXECUÇÃO (ARTIGO 179, CP)

1 Introdução 348
2 Objetividade jurídica 348
3 Sujeitos do delito 349
4 Elementos objetivos, subjetivos e normativos do tipo 349
5 Consumação e tentativa 351
6 Distinção, concurso de crimes e concurso aparente de normas 351
7 Pena e ação penal 351

DA RECEPTAÇÃO (TÍTULO II, CAPÍTULO VII)

I – RECEPTAÇÃO (ARTIGO 180, CP)

1 Introdução 355
2 Objetividade jurídica 356
3 Sujeitos do delito 357
4 Elementos objetivos, subjetivos e normativos 358
5 Consumação e tentativa 363
6 Receptação qualificada 363
7 Receptação culposa 370

8 Perdão judicial, causa de diminuição e de substituição da pena 371
9 Causa de aumento da pena 371
10 Distinção, concurso de crimes e concurso aparente de normas 371
11 Pena e ação penal 373

II – Receptação de animal (Artigo 180-A, CP)

1 Introdução 374
2 Objetividade jurídica 375
3 Sujeitos do delito 375
4 Elementos objetivos, subjetivos e normativos do tipo 375
5 Concurso de crimes e concurso aparente de normas 376
6 Pena e ação penal 376

DISPOSIÇÕES GERAIS (TÍTULO II, CAPÍTULO VIII)

I – ESCUSAS ABSOLUTÓRIAS, FUNDAMENTOS EXCLUDENTES DE PENA OU IMUNIDADES ABSOLUTAS (ARTIGO 181, CP)

1 Conceito 379
2 Imunidade decorrente de sociedade conjugal 379
3 Imunidade decorrente de parentesco 383

II – AÇÃO PENAL PÚBLICA CONDICIONADA OU IMUNIDADES RELATIVAS (ARTIGO 182, CP)

1 Conceito 384
2 Imunidade proveniente de vínculo matrimonial 384
3 Imunidade proveniente de parentesco colateral em primeiro grau 385
4 Imunidade proveniente de parentesco associado à coabitação 385

III – EXCEÇÕES ÀS IMUNIDADES (ARTIGO 183, CP)

Hipóteses 386

QUESTÕES DE CONCURSO 388

REFERÊNCIAS BIBLIOGRÁFICAS 407

CRIMES CONTRA O PATRIMÔNIO

GENERALIDADES

I – O PATRIMÔNIO

1 Conceito penal de patrimônio

O conceito de patrimônio foi o norte do legislador de 1940 ao criar a categoria de crimes ora em comento, rompendo com o modelo da legislação pretérita. Em 1890, o Código Penal mencionava a existência de crimes contra a propriedade, nos artigos 326 a 363.[1] A reformulação teórica melhor atendeu à salvaguarda que se pretendia conferir na legislação, pois patrimônio e propriedade são institutos diversos, aquele mais abrangente do que este. A propriedade é um direito real que integra o patrimônio. Hungria, ao versar sobre a nova orientação legislativa, afirmou: "Esta rubrica é, sem dúvida, mais adequada, pois os crimes de que trata não tem por objeto jurídico apenas a propriedade, que, disciplinada pelo direito civil, significa, estritamente, o domínio pleno ou limitado sobre as coisas (direitos reais); mas, também, todo e qualquer interesse de valor econômico (avaliável em dinheiro)".[2]

Carlos Roberto Gonçalves conceitua patrimônio de duas formas, em sentido amplo e em sentido estrito: "Os bens corpóreos e incorpóreos integram o patrimônio de uma pessoa. Em sentido amplo, o conjunto de bens, de qualquer ordem, pertencentes a um titular, constitui o seu patrimônio. Em sentido estrito, tal expressão abrange apenas as relações jurídicas ativas e passivas de que a pessoa é titular, aferíveis economicamente".[3] Inclui, portanto, uma série de direitos e deveres, reais e obrigacionais. Abrange tanto o ativo quanto o passivo, pois os deveres econômicos também são relações jurídicas patrimoniais. Não por outro motivo, Sílvio Rodrigues esclarece que

---

1 O Título XII tratava dos Crimes Contra a Propriedade Pública e Particular (artigos 326 a 355), enquanto o Título XIII cuidava dos Crimes Contra a Pessoa e a Propriedade (artigos 356 a 363).
2 HUNGRIA, Nélson. *Comentários...*, op. cit., v. VII, p. 07.
3 GONÇALVES, Carlos Roberto. *Direito Civil Brasileiro*: parte geral. 9ª ed. São Paulo: Saraiva, 2011. v. I, p. 279.

"se pode encontrar uma pessoa que tenha um patrimônio negativo, como é o caso do insolvente".[4]

Entretanto, como sói acontecer em várias oportunidades, direito civil e direito penal não guardam identidade em relação ao conceito de patrimônio. Não se vislumbra qualquer absurdo na assertiva, pois as esferas, conquanto tenham pontos em comum, são regidas, no mais das vezes, por princípios e regras distintos (são autônomas), impondo significativas diferenças entre os ramos da ciência jurídica. É o que ocorre, por exemplo, na definição de bem móvel, como será estudado. Assim, não escapam à maioria dos doutrinadores algumas ressalvas à concepção civilista do patrimônio, vez que o direito penal não estende a sua proteção ao aspecto passivo patrimonial, bem como contempla não apenas aquelas relações jurídicas de conteúdo economicamente apreciável, mas também os bens de valor meramente afetivo ou de uso, ainda que não possam ser reduzidos a um valor em dinheiro. Bens que, para o direito civil, não poderiam compor o patrimônio da pessoa – como fotos de família, por exemplo – podem ser objetos de crimes patrimoniais, como o furto.[5] Não é outra a lição do eminente jurista Weber Martins Batista: "Ora, é evidente que esta concepção civilista de patrimônio diverge, em quantidade e qualidade, da concepção penalista. De um lado, porque compreende o aspecto negativo do patrimônio, que é estranho ao Direito Penal. De outro, porque não abrange os bens de valor meramente afetivo, que, *data venia* de uma parte da doutrina, podem ser objeto material de crimes contra o patrimônio".[6]

---

4 RODRIGUES, Sílvio. *Direito Civil*: parte geral. 32ª ed. São Paulo: Saraiva, 2002. v. I, p. 117.

5 A respeito do tema, muito bem se manifestou Heleno Cláudio Fragoso: "Entendemos que o Direito Penal é autônomo e constitutivo e que, por isso, mesmo quando tutela bens e interesses jurídicos já tabelados pelo Direito Privado, o faz de forma peculiar e autônoma. [...] O Direito Penal só é realmente sancionatório quando, sem nada a acrescentar ao ilícito previsto em outro ramo de ordenamento jurídico, limita-se a incriminar o fato. Assim, por exemplo, nos crimes de duplicata simulada (artigo 172, CP); emissão irregular de conhecimento de depósito ou *warrant* (artigo 178, CP) etc.". Curiosamente, entretanto, o autor se distancia da posição defendida ao afastar da tutela penal as coisas destituídas de valor econômico: "Quanto à noção de patrimônio, alguns autores entendem que o conceito civilístico sofre limitações no campo do Direito Penal, pois a tutela penal também se exerce em relação a coisas que têm valor puramente afetivo, ou seja, coisas totalmente desprovidas de valor econômico (exemplo, um cacho de cabelos, uma carta de amor). [...] A nosso ver, não pode existir crime patrimonial se não há lesão a interesse jurídico apreciável economicamente. A concepção civilística, segundo a qual é elementar ao conceito de patrimônio a avaliação econômica dos bens ou relações que o compõem, é aqui inteiramente válida" (*Lições...*, op. cit., p. 186).

6 MARTINS BATISTA, Weber. *O Furto e o roubo no direito e no processo penal*. 2. ed. Rio de Janeiro: Forense, 2002.

2 Tipificação e classificação dos crimes patrimoniais

Os crimes considerados "contra o patrimônio" são aqueles em que a proteção patrimonial ganha especial relevância, mesmo que outros bens jurídicos sejam secundariamente tutelados. Delitos, por exemplo, como o latrocínio (artigo 157, § 3º, CP, forma qualificada do roubo), têm objetividade jurídica plural, no caso, tutelando-se também o bem jurídico vida. A extorsão mediante sequestro (artigo 159, CP) garante a liberdade de locomoção, além da tutela patrimonial. Entretanto, nem o latrocínio, nem a extorsão mediante sequestro são considerados, respectivamente, crime contra a vida ou crime contra a liberdade individual, mas sim crimes contra o patrimônio. Em outros casos, mesmo havendo a proteção do patrimônio, os delitos são incluídos em categoria diversa, como o peculato (artigo 312, CP), que, a despeito da afronta patrimonial ao poder público, é situado entre os crimes contra a administração pública. Assim, questiona-se: qual é o critério que norteia o legislador ao definir um crime como patrimonial ou ao colocá-lo em outra categoria? Há o que se chama de predominância do interesse. Se o interesse predominante é a proteção patrimonial, o crime terá essa alocação topológica. Se, entretanto, outro interesse suplanta o patrimonial, o legislador classificará o delito em título distinto.

É evidente, todavia, que o critério da predominância do interesse pode causar distorções, sobretudo quando se confere ao patrimônio uma projeção exagerada, própria da influência capitalista e liberal.

A propriedade (posteriormente o patrimônio), na história recente, foi elevada à categoria de direito fundamental do homem, a par da vida e da liberdade. O Código Penal de 1940 abraçou a tendência, igualando em gravidade crimes patrimoniais a outros que tutelam bens de grande importância, como a integridade corporal. Intui-se que patrimônio e integridade corporal, para a lei penal, são bens equivalentes, quando a segunda é aviltada de forma grave, já que os crimes de furto e lesão corporal grave têm a pena abstrata mínima idêntica, ou seja, um ano de privação da liberdade. Se o dano à integridade corporal for leve, o patrimônio passa a ter maior relevo, já que o sancionamento se dá de forma mais severa. Assim também se dá na extorsão mediante sequestro, quando comparada ao homicídio simples, tendo este último sanção mais suave.

É criticável a orientação legislativa na determinação da gravidade das condutas. Adverte Alberto Silva Franco que "a estrutura dos crimes patrimoniais, nos idos de 40, atendia, em suas valorações, à preservação dos direitos patrimoniais dos grupos dominantes, em relação aos ataques dos que se encontravam nos limites ou fora do sistema social".[7] Ou seja, expressava,

---

7 SILVA FRANCO, Alberto. Breves anotações sobre os crimes patrimoniais. In: *Estudos criminais em homenagem a Evandro Lins e Silva*. São Paulo: Método, 2001. p. 57-58.

de forma clara, a dicotomia social entre os detentores dos bens, que, em última análise compunham a elite responsável pela formulação das leis e para quem estas eram especialmente benéficas, e os marginalizados, maiores praticantes de delitos patrimoniais, para quem a lei sempre se mostrou dura.

Em verdade, o direito penal sempre foi feito de tendências, ora liberais, ora rígidas, no tratamento ao bem jurídico tutelado. Nisto não reside nenhuma repulsa, desde que respeitada a base principiológica que norteia a matéria, pois os influxos de política criminal são variáveis, dependendo das pressões sociais e da ideologia dominante em determinada época histórica. Justamente por isso, o pensamento não pode ser estanque e convicções de outrora se tornam fluidas, pugnando o direito por reformas periódicas, ou por novas diretrizes interpretativas. A Constituição Federal de 1988, como leciona Silva Franco, apontou um novo direcionamento à proteção patrimonial, pois, ao elevar a dignidade humana ao patamar de valor fundamental, não nivelou patrimônio, vida, liberdade e outros direitos naturais. Apesar de a Carta Magna ter previsto a propriedade como direito fundamental, há se admitir um escalonamento entre tais direitos. Conclui o autor afirmando que "ter patrimônio ou ser proprietário são contingências que se incorporam ou não à pessoa humana, mas não são elas que lhe dão o atributo de dignidade",[8] o que é correto (salvo quando se fala no direito a um patrimônio mínimo que permita a subsistência digna).[9] É nisso que reside o incômodo ao percebermos que, em diversas hipóteses, os direitos patrimoniais recebem uma tutela diferenciada e privilegiada. Ainda assim, salvo nos casos de inegável desproporcionalidade ou de ruptura do pressuposto de isonomia, cuida-se de legítima opção político-criminal. O que não significa que não possa ser criticada.

O Código Penal classifica os crimes patrimoniais em sete capítulos: Do Furto (I), Do Roubo e da Extorsão (II), Da Usurpação (III), Do Dano (IV), Da Apropriação Indébita (V), Do Estelionato e Outras Fraudes (VI) e Da Receptação (VII). O Capítulo VIII contém disposições gerais aos crimes patrimoniais.

---

8 Idem, *ibidem*. p. 58-61.
9 Sobre o tema, pronuncia-se Flávio Tartuce: "Atualmente percebe-se que o rol dos direitos da personalidade ou direitos existenciais ganha um outro cunho, recebendo a matéria um tratamento específico em dispositivos legais que regulamentam direitos eminentemente patrimoniais. Nesse ponto de intersecção, que coloca dos direitos da personalidade e os direitos patrimoniais no mesmo plano, é que surge a tese do patrimônio mínimo, desenvolvida com maestria por Luiz Edson Fachin, em obra em que é apontada a tendência de *repersonalização do Direito Civil*. A pessoa passa a ser o centro do direito privado, em detrimento do patrimônio (*despatrimonialização do Direito Civil*. (...) Em síntese, a tese pode ser resumida pelo seguinte enunciado: *deve-se assegurar à pessoa um mínimo de direitos patrimoniais, para que viva com dignidade*. (...)" (TARTUCE, Flávio. *Manual de Direito Civil*. 2. ed. Rio de Janeiro: Forense; São Paulo: Método, 2012. p. 159).

DO FURTO
(TÍTULO II, CAPÍTULO I)

I – FURTO (ARTIGO 155, CP)

1 Introdução

A capitulação do furto como o primeiro dentre os crimes contra o patrimônio foi uma opção legislativa acertada. Consoante Magalhães Noronha, obedece-se "à disposição lógica de partir da espécie mais simples para as mais complexas".[10] Certamente o furto se apresenta como o tipo penal menos complexo do Título II, como se nota na redação do artigo 155 do CP: "Subtrair, para si ou para outrem, coisa alheia móvel: Pena – reclusão, de 1 (um) a 4 (quatro anos)".

Desde a antiguidade, a subtração patrimonial já era incriminada, encontrando-se referências ao furto na legislação mosaica, no Alcorão, no Código de Manu e no Código de Hammurabi.[11] A lei babilônica, aliás, elaborada por volta de 1780 a. C., traz várias referências aos crimes patrimoniais, não distinguindo de forma clara o furto e o roubo. Curiosamente, o Código de Hammurabi considerava crianças e escravos como coisas, que poderiam ser objeto de crime patrimonial.[12]

No direito romano, a Lei das XII Tábuas dispôs sobre o furto, dividindo-o em *manifestum* (em que o agente era surpreendido em flagrante delito) e *nec manifestum* (em que não havia o flagrante). Também surgem lineamentos distinguindo o *furtum* da *rapina*, esta a subtração violenta, um embrião do roubo. Ao furto de bens estatais é dado o nome de *peculatus* (observa-se a aproximação com o atual crime de peculato), ao de bens divinos, *sacrilegium*. Posteriormente, na época do Império, algumas espécies de furto

---

10 MAGALHÃES NORONHA, E. *Código penal brasileiro comentado* – crimes contra o patrimônio. São Paulo: Saraiva, v. 5, 1ª parte,1948. p. 48.
11 PRADO, Luiz Régis. *Curso...*, op. cit., p. 364-365. Os Dez Mandamentos já continham a proibição divina ao delito patrimonial, através da cláusula "não furtarás".
12 Por exemplo, o artigo 14 da lei trata do "roubo" do filho menor de outra pessoa, sancionando a conduta com a pena de morte. Em outra passagem, no artigo 19, há uma conduta que se assemelha à apropriação indébita, tendo como objeto o escravo: se a pessoa encontrasse escravos evadidos e os guardasse em sua casa, seria condenado à morte.

passam a ser punidas mais severamente, como o *plagium* (furto de homem livre ou servo), o *sacrilegium*, o *abigeatus* (furto de gado), o *effactarius* (furto com rompimento de obstáculo), o *fur banearius* (furto em casas de banho), a *violatio sepulcri* (mediante violação de sepulcros) e os furtos de grande monta. Ganha relevo o tratamento romanista dado ao furto em razão de sua harmonização com os princípios civilistas, como expõe Magalhães Noronha: "Ao mesmo tempo surge, em harmonia com os princípios do direito civil, a doutrina dos jurisconsultos, que veio a servir de base às legislações posteriores. Excluiu-se, como objeto de furto, o imóvel. Fatos que eram tidos como furtos passaram a constituir fraude. Firmou-se o conceito da *contrectatio*. Excetuaram-se do furto a *res nullius* e a *res derelictae*. Definiu-se o sujeito passivo do delito que só pode ser o proprietário, exceto no *furtum usus* e no *furtum possessionis*. Conceituou-se a subtração da cousa comum. O furto não é somente, agora, a *contrectatio invito domino*, mas dá-se também pela consciência que o criminoso tem o dissenso da vítima".[13] A aproximação com o direito civil denota o entendimento existente à época, pelo qual os delitos patrimoniais ofendiam interesses eminentemente privados. Assim é que o lesado poderia optar pela ação civil ou pelo procedimento criminal.[14]

Na Grécia também houve a previsão do crime de furto, que, pela lei draconiana, era punido com a morte, qualquer que fosse a sua forma. O direito canônico e o direito germânico também exerceram influência sobre o delito. O primeiro, por considerar o furto como pecado, deu ênfase ao dolo do agente, ao passo que o segundo distinguiu o furto do roubo, de forma diversa, todavia, do direito atual. Não era o roubo a subtração violenta da coisa, mas sim a subtração pública. O furto era caracterizado pela clandestinidade e, justamente por isso, muitas vezes apenado de forma mais severa do que o outro delito. A intenção lucrativa surge com o Código Penal bávaro (1757). Tem-se, ainda, na legislação germânica, a distinção entre o furto de pequeno valor (*furta minora*) e de grande valor (*furta maiora*).

Seguindo a orientação europeia, as primeiras legislações penais vigentes no Brasil (Ordenações Afonsinas e Filipinas) puniam o furto com a pena de morte. O Código Penal do Império (1830) previa o furto nos artigos 257 a 262. O artigo 257, aliás, já apresenta uma redação bastante semelhante à atual: "Tirar a cousa alheia contra a vontade de seu dono, para si ou para outro". Nota-se a presença do elemento subjetivo especial do tipo (intenção de assenhoramento). A pena, outrossim, passa a ser de prisão e não mais a pena de morte. O artigo 258 contém conduta que hoje é tida como apropriação

---

[13] MAGALHÃES NORONHA, E. *Código penal...*, op. cit., v. 5, 1ª parte, p. 50.
[14] Sobre o furto no direito romano é recomendável a leitura de Régis Prado (*Curso...*, op. cit., p. 365-366).

indébita, considerada como furto à época.¹⁵ Também se assemelha à apropriação, mas de coisa achada, o furto disposto no artigo 260.¹⁶ Já o artigo 261 previa hipótese de crime contra a propriedade intelectual, o que mostra que o furto não tutelava somente bens corpóreos.¹⁷ O artigo 262, ao seu turno, dispunha sobre escusas absolutórias.¹⁸

No Código Penal republicano (1890), a previsão do furto se deu nos artigos 330 a 335, havendo, no primeiro artigo, disposição praticamente idêntica à atual, com ressalva ao consentimento do ofendido: "Subtrahir, para si, ou para outrem, cousa alheia movel, contra a vontade de seu dono". O artigo 331 manteve a confusão entre o furto e a apropriação, dispondo, entretanto, sobre a subtração de animais e de produtos de estabelecimento de lavoura, de salga ou de preparo de carnes, peixes, banhas e couros. Já o artigo 334 previa o furto de coisa comum.¹⁹ Nos demais artigos, há condutas hoje tidas como crimes contra a administração da justiça ou contra a administração pública.

Hodiernamente, o furto é limitado à subtração de coisa alheia móvel, com a intenção de haver o produto para si ou para outrem (artigo 155, CP), bem como à subtração de coisa comum, arrolada no artigo 156 do CP. O crime é tratado por alguns doutrinadores com desdém, como praticado por pessoa destituída de capacidade ou coragem para um delito mais grave, consoante se nota nas palavras de Magalhães Noronha: "O furto é, em geral, crime do indivíduo de casta ínfima, do pária, destituído, em regra, de audácia e temibilidade para o roubo ou para a extorsão; de inteligência para o estelionato; e desprovido de meios para a usurpação. Frequentemente é crime do necessitado".²⁰ É certo que a reprovabilidade do autor de furto é menor do que a dos agentes de crimes patrimoniais violentos. Isso não significa,

---

15 "Tambem commetterá furto, e incorrerá nas penas do artigo antecedente o que, tendo para algum fim recebido a cousa alheia por vontade de seu dono, se arrogar depois o dominio, ou uso, que lhe não fôra transferido."

16 "Mais se julgará furto a achada da cousa alheia perdida, quando não se manifestar ao Juiz de Paz do districto, ou Official de Quarteirão, dentro de quinze dias depois que fôr achada."

17 "Imprimir, gravar, lithographar, ou introduzir quaesquer escriptos, ou estampas, que tiverem sido feitos, compostos, ou traduzidos por cidadãos brazileiros, emquanto estes viverem, e dez annos depois da sua morte, se deixarem herdeiros."

18 "Não se dará acção de furto entre marido, e mulher, ascendentes, e descendentes, e afins, nos mesmos gráos, nem por ella poderão ser demandados os viuvos ou viuvas, quanto ás cousas, que pertencerão ao conjuge morto, tendo somente lugar em todos estes casos a acção civil para a satisfação."

19 "O crime de furto se commeterá, ainda que a cousa pertença a herança ou communhão em estado de indivisão."

20 MAGALHÃES NORONHA, E. *Código penal brasileiro...*, op. cit., v. 5, 1ª parte, p. 48.

contudo, necessariamente menor capacidade criminosa.[21] Embora seja certo que, no mais das vezes, o furto tenha pessoas oriundas de classes marginalizadas como autores e seja, quase sempre, praticado pelo aproveitamento de uma oportunidade, pode ser cometido com habilidade e especialização, como no furto de veículos. Aliás, o furto mediante fraude se aproxima muito do estelionato e, a partir da informatização dos sistemas de movimentação de contas bancárias, passou a demandar razoável grau de sofisticação.

O Código Penal classifica o furto em simples (artigo 155, *caput*), noturno (com aumento da pena – artigo 155, § 1º), "privilegiado" (com diminuição da pena – artigo 155, § 2º), de energia (artigo 155, § 3º), qualificado (artigo 155, §§ 4º e 5º) e de coisa comum (artigo 156).

2 Objetividade jurídica

Tutela-se o patrimônio de forma ampla, isto é, tanto a posse, de forma imediata, como a propriedade, de forma mediata. A salvaguarda patrimonial abrange, segundo a doutrina majoritária, também a mera detenção. Nesse sentido, por todos, Régis Prado: "Perfilha-se o último entendimento, figurando como objeto de proteção tanto a propriedade como a posse e a detenção, pois mostra-se evidente quanto aos dois últimos casos a existência de interesse na coisa furtada. Assim, representa um bem para o possuidor poder usá-la, e, por consequência, a privação desse uso implica necessariamente um dano de natureza patrimonial".[22] Mister se faz, portanto, definirmos propriedade, posse e detenção, e, para tanto, buscaremos fundamento no direito civil.

A propriedade, não conceituada na lei civil, é delineada no artigo 1.228 do CC, que indica os poderes a ela inerentes: usar (*jus utendi*), gozar (*jus fruendi*) e dispor (*jus abutendi*) da coisa, bem como o poder de reavê-la de quem injustamente a possua ou detenha. Trata-se, portanto, do mais completo dos direitos reais. Sobre o bem de sua propriedade, tem o sujeito, sempre, a posse indireta, embora possa estar despojado da posse direta (ocasião em que a posse é autônoma em relação à propriedade).

O conceito de posse é tema tormentoso entre os civilistas, prevalecendo a opinião segundo a qual o atual Código Civil adotou o conceito de Ihering (teoria objetiva) no artigo 1.196. Assim, a posse é o exercício, pleno ou não, de algum dos poderes inerentes à propriedade. Ou seja, possuidor é aquele que adota "conduta de dono", sem se perquirir o seu ânimo. A posse pode existir conjuntamente com a propriedade (hipótese em que os dois direitos

---

21 O furto praticado contra o Banco Central de Fortaleza (agosto de 2005) demonstra a assertiva de forma indiscutível.

22 PRADO, Luiz Regis. Curso... op. cit., p. 369. Nessa esteira, Cezar Roberto Bitencourt (*Tratado...*, op. cit., v. 3, p. 5).

são concentrados em uma única pessoa) ou de forma autônoma (como no caso do locatário que tem a posse do bem, mas não exerce propriedade sobre ele). A posse pode, ainda, ser justa ou injusta. Aquela é a posse adquirida sem vícios. Ao revés, posse injusta é a viciada, por ser violenta, clandestina ou precária. O sujeito ativo de um crime patrimonial tem, sobre o objeto do delito, posse injusta, eis que eivada por um dos citados vícios.

Por derradeiro, a detenção em muito se assemelha à posse, mas com esta não se confunde, já que o poder sobre a coisa é exercido em nome de outrem. Consoante preceitua o artigo 1.198 do CC, detentor é aquele que, achando-se em relação de dependência para com outro, conserva a posse em nome deste e em cumprimento de ordens ou instruções suas. É clássico o exemplo do caseiro, detentor dos bens que tem em sua cautela por determinação do proprietário ou do possuidor. Também é considerado detentor o trabalhador que se utiliza das ferramentas fornecidas por quem o contratou.

Guilherme de Souza Nucci entende que somente a posse e a propriedade são protegidas no furto, não a detenção, pois esta não integraria o patrimônio da vítima.[23] Poder-se-ia argumentar que a detenção é exercida não em proveito próprio, mas em nome de outrem. Os "fâmulos da posse" (detentores) não podem invocar a proteção possessória em nome próprio, mas sempre servindo a um interesse alheio. A defesa patrimonial que eles podem exercer deriva somente do dever de vigilância sobre a coisa. Todavia, a partir do momento em que se admite o valor de uso como elemento caracterizador do crime, torna-se inegável que o detentor também pode ser lesado. No exemplo citado do trabalhador que utiliza as ferramentas cedidas por seu empregador, aqueles instrumentos lhe têm utilidade, integrando, por conseguinte, o seu patrimônio, em uma acepção penal.

Posição diversa é adotada por Hungria, para quem o bem jurídico protegido no delito é, primeiramente, a propriedade, só recaindo a tutela sobre a posse de forma secundária. Afirma o autor que, com a subtração, "tem-se em conta, é certo, a perda da posse, mas tão-somente porque redunda em lesão da propriedade, de que a posse é o exercício ou a exteriorização prática".[24] Ou seja, embora haja a perda da posse com o furto, a sua incriminação é justificada pela lesão à propriedade, consequência necessária do ato. Como argumentação, lembra o festejado jurista que, no furto de coisa furtada anteriormente por outro criminoso, somente seria tutelada a propriedade, uma vez que a posse criminosa do primeiro agente não poderia ser penalmente protegida. Igualmente, se alguém subtrai coisa que se encontra na posse de terceiro por determinação judicial ou convenção, pratica o crime tipificado no artigo 346 do CP (um dos crimes contra a administração da justiça). Se o

---

23 SOUZA NUCCI, Guilherme de. *Código penal...*, op. cit., p. 519.
24 HUNGRIA, Nélson. *Comentários...*, op. cit., v. VII, p. 17.

furto tutelasse também a posse, não só a propriedade, prossegue o autor, tal subtração configuraria o delito do artigo 155 do CP.[25] Cremos equivocada a posição: em relação ao primeiro exemplo, a posse do criminoso é uma posse injusta, ou seja, é a adjetivação da posse que impede sua tutela penal, não a posse em si; no segundo exemplo, a subsunção do comportamento se faz em tipo penal diverso porque a coisa subtraída é própria, isto é, a capitulação do fato resta alterada não porque houve uma lesão à posse, mas em virtude da qualidade de proprietário do sujeito ativo, que impediria a caracterização do furto (no qual a coisa furtada é sempre alheia, como veremos).

O objeto material do delito é a coisa alheia móvel. Coisa é o objeto material, corpóreo, que tenha valor para o proprietário, possuidor ou detentor, ainda que meramente afetivo[26] ou de uso. Não se confunde com o conceito de bem, que pode ser material ou imaterial, compreendendo, destarte, não só as coisas, mas também os direitos (como no caso do direito autoral). Os direitos somente poderão ingressar na definição de coisa se corporificados em um título ou em um instrumento, como o bilhete premiado, o título ao portador e outros. A coisa corpórea, como bem adverte Weber Martins Batista, não precisa ser tangível, como no caso dos gases, que, embora intangíveis, constituem matéria, isto é, são corpóreos.[27]

Frise-se que a distinção entre coisa e bem não é isenta de controvérsias. Flávio Tartuce aponta a divergência existente nas lições de Caio Mário da Silva Pereira e Sílvio Rodrigues, esclarecendo que, para o primeiro, as coisas são materiais e concretas, ao passo em que os bens em sentido estrito são imateriais ou abstratos; já para o segundo, as coisas (tudo o que existe objetivamente, com exclusão do homem) são o gênero, do qual os bens (coisas que, por serem úteis e raras, são suscetíveis de apropriação e contém valor econômico) são espécie.[28] O artigo 155 do Código Penal, nesse ponto, parece se aproximar mais dos ensinamentos de Caio Mário.

---

25 Idem, ibidem, p. 18.
26 STJ, Informativo nº 461: "Trata-se, no caso, do furto de um "Disco de Ouro", de propriedade de renomado músico brasileiro, recebido em homenagem à marca de 100 mil cópias vendidas. Apesar de não existir nos autos qualquer laudo que ateste o valor da coisa subtraída, a atitude do paciente revela reprovabilidade suficiente para que não seja aplicado o princípio da insignificância, haja vista a infungibilidade do bem. Para aplicar o referido princípio, são necessários a mínima ofensividade da conduta do agente, nenhuma periculosidade social da ação, o reduzidíssimo grau de reprovabilidade do comportamento e a inexpressividade da ordem jurídica provocada. Assim, a Turma denegou a ordem. Precedentes citados: HC 146.656-SC, DJe 1º/2/2010; HC 145.963-MG, DJe 15/3/2010, e HC 83.027-PE, DJe 1º/12/2008" (HC 190.002-MG, Rel. Min. Og Fernandes, julgado em 3/2/2011).
27 MARTINS BATISTA, Weber. *O furto e o roubo...*, op. cit., p. 13.
28 TARTUCE, Flávio. *Manual...* op. cit., p. 158.

A coisa deve ser alheia, integrando o patrimônio de pessoa diversa do sujeito ativo. Não constitui crime a subtração de coisa sem dono (*res nullius*) ou de coisa abandonada (*res derelicta*), pois estas ou nunca tiveram um dono, ou estão sem um dono, não sendo, portanto, alheias. No caso da coisa perdida (*res desperdita*), a sua arrecadação pelo agente pode configurar crime de apropriação de coisa achada (artigo 169, II, CP), mas não o crime de furto (embora, nesse caso, a coisa seja alheia). Em se tratando de coisas comuns à coletividade (*res communes omnium*), insuscetíveis de subtração na totalidade, não há, em regra, furto, como no caso do ar e da água. Todavia, se tais coisas puderem ser destacadas para exploração individual, a subtração configura o delito. Por exemplo, coletar água de um rio não pode ser considerado furto, pois a coisa não é alheia e sim comum. Se, contudo, a água for engarrafada por alguém, a subtração da porção individualizada se insere na conduta proibida pelo artigo 155 do CP. Isso também se dá no caso da água encanada e destinada ao serviço de abastecimento público.

Imprescindível, ainda, que se cuide de coisa móvel (a coisa imóvel pode ser objeto de extorsão, de estelionato, de usurpação, ou de outros delitos, mas não de furto). A mobilidade do objeto se refere à possibilidade de deslocamento de um lugar para outro, constituindo um conceito naturalístico. Assim, são coisas móveis o dinheiro, documentos, animais (desde que domesticados ou integrados ao patrimônio de alguém, já que os animais selvagens mantidos na natureza, por não terem dono, não podem ser considerados coisa alheia; podem, eventualmente, figurar como objeto material de crime ambiental), árvores e seus frutos, automóveis, aeronaves, partes do solo (pedras preciosas e pedras para uso em construções *v. g.*), partes de um imóvel passíveis de mobilização (portas, janelas, telhas etc.), material de demolição, entre outras. Não há correlação, portanto, o conceito civil de bem móvel, já que o Código Civil, em seu artigo 79, define bem imóvel como "o solo e tudo quanto se lhe incorporar natural ou artificialmente". Assim, as árvores (incorporação natural) e as edificações (incorporação artificial) são consideradas, pelo direito civil, como bens imóveis por acessão física, ao passo que, para o direito penal, como visto, as árvores são móveis, pois podem ser mobilizadas, o mesmo acontecendo com as partes removíveis das edificações.[29] Ensina Weber Martins Batista, seguindo lição de Manzini, que mesmo as coisas naturalmente imóveis podem ser objeto de furto, ainda que

---

29 Segundo Rogério de Meneses Fialho Moreira, não mais subsistem, no texto legal, os imóveis por acessão intelectual, ou seja, tudo aquilo que era mantido pelo proprietário no imóvel para emprego na exploração industrial, aformoseamento ou comodidade, já que o novo diploma não repetiu a dicção do artigo 43, III, do Código Civil de 1916. Adverte, outrossim, que as "pertenças", atualmente previstas no artigo 93, não se confundem com os imóveis por acessão intelectual, pois são suscetíveis de domínio autônomo, não seguindo, necessariamente, a sorte do principal, como sói ocorrer na acessão (A supres-

na forma tentada, exemplificando com o sujeito que se dispõe a subtrair uma estátua pregada no nicho, sendo interrompido por circunstâncias alheias à sua vontade. Segundo o professor, o reconhecimento da tentativa de furto "depende tão-somente de um juízo de fato, o de estabelecer se a força do ladrão e a qualidade dos meios empregados eram tais que tornassem possível mobilizar a coisa imóvel, ou parte dela".[30] Ou seja, por esse entendimento se torna possível até mesmo o furto de uma casa, desde que possa ser retirada do local onde se encontra e transportada pelo agente (ou seja, desde que passível de mobilização).

Questiona-se se o corpo humano morto (cadáver) pode ser objeto de furto. Inicialmente, há se verificar se o corpo humano morto é uma coisa, já que pessoa ele não é, pois a personalidade se extingue com a morte (artigo 6º do Código Civil). De Cupis entende que se trata de coisa *extra commercium*,[31] com o que concordamos, ainda que aos mortos deva ser dedicado respeito. Contudo, parece-nos certo que, ao menos na maior parte dos casos, o corpo humano morto não integra o patrimônio de quem quer que seja, isto é, não é coisa alheia (ainda que parentes sejam chamados a se pronunciarem sobre o destino a ser dado aos cadáveres ou suas partes, como no caso da remoção de órgãos, partes do corpo e tecidos para transplantes – art. 4º da Lei nº 9.434/1997). Isso faz com que, em princípio, a subtração do cadáver ou de parte dele (dentes, ossos etc.) não caracterize crime de furto, mas crime contra o respeito aos mortos, esteja ou não sepultado (artigos 210 a 212, Código Penal; no que tange à subtração de partes do cadáver, é certo se falar na aplicação do artigo 211 do CP). Entretanto, se o cadáver excepcionalmente integra o patrimônio de alguém, torna-se coisa alheia, podendo ser objeto de furto. É o caso da pessoa que, ainda em vida, demonstrou seu desejo de ter seu corpo cedido a uma instituição científica para estudos, em virtude de ser portadora de moléstia rara. Com o óbito, cumprida sua vontade, seu corpo vira parte integrante do patrimônio do instituto.

No caso da pessoa viva, sua subtração pode configurar crime contra a pessoa (sequestro ou cárcere privado – artigo 148, CP), contra o patrimônio (extorsão mediante sequestro, em que é dada ênfase à vantagem exigida como condição ou preço do resgate – artigo 159), ou contra a família (subtração de incapazes – artigo 249), mas não furto. As partes do corpo de pessoa viva, se mobilizadas antes da subtração e tendo algum valor – econômico, de uso ou afetivo – podem ser furtadas, como mechas de cabelo. Entretanto, se não estiverem mobilizadas à época da conduta (exemplo da

---

são da categoria dos bens imóveis. Disponível em: <www.planalto.gov.br/ccivil_03/revista/Rev_41/Artigos/Art_Rogerio.htm>. Acessado em: 24 nov. 2004).
30 MARTINS BATISTA, Weber. *O furto e o roubo...*, op. cit., p. 12.
31 DE CUPIS, Adriano. *Os Direitos da Personalidade*. Campinas: Romana, 2004. p. 98.

pessoa que, com uma tesoura, corta grande parte do cabelo de uma mulher, subtraindo-o), o crime será capitulado de forma diversa (possivelmente vias de fato – artigo 21, LCP – ou lesão corporal – artigo 129, CP e seus parágrafos, dependendo do caso concreto).

Acerca do valor do objeto material, como já visto, não é necessário que seja econômico, existindo o furto mesmo em caso de valor de uso[32] ou meramente afetivo.[33]

Entretanto, uma vez considerado o critério da insignificância, torna-se materialmente atípica a subtração de coisa de valor ínfimo, isto é, incapaz de afetar de forma minimamente relevante o bem jurídico tutelado, seja esse valor econômico, sentimental ou de uso. Essa orientação já era insinuada pelo artigo 240, § 1º, do CPM (ainda que não com base no critério da insignificância), o qual dispõe que, quando primário o agente e de pequeno

---

32 TACrimSP: "Embora não represente um valor em si mesmo, o cheque em branco tem utilidade para seu proprietário, podendo deste modo ser considerado objeto do crime de furto" (RJD 25/202). Contra, STJ: "O talonário de cheques, dada a insignificância de valor econômico, não se presta a ser objeto material do crime de furto, ou de receptação. Esta conclusão não se confunde com a conduta que se vale do talonário para praticar crime, de que o estelionato e o falso são ilustração" (Sexta Turma, Resp. 150.908, rel. Min. Luiz Vicente Cernicchiaro, julg. em 18/08/1998).

33 TJSP: "A subtração de cédula de identidade, expedida pelo Poder Público para identificação social das pessoas, não caracteriza crime de furto, pois embora a coisa alheia móvel, que constitui o objeto material do delito, não precise ter valor econômico, é indispensável que possua valor patrimonial, ou, pelo menos, de utilidade ou afeição, de sorte que sua perda represente diminuição do patrimônio do ofendido" (RT 760/615, Rec., rel. Des. Dante Busana, julg. em 22.10.1998). STF: "Habeas corpus. Furto de quadro denominado "disco de ouro". Premiação conferida àqueles artistas que tenham alcançado a marca de mais de cem mil discos vendidos no País. Valor sentimental inestimável. Alegada incidência do postulado da insignificância penal. Inaplicabilidade. Bem restituído à vítima. Irrelevância. Circunstâncias alheias à vontade do agente. Paciente reincidente específico em delitos contra o patrimônio, conforme certidão de antecedentes criminais. Precedentes. Ordem denegada. (...) 2. Embora a res subtraída não tenha sido avaliada, essa é dotada de valor sentimental inestimável para a vítima. Não se pode, tão somente, avaliar a tipicidade da conduta praticada em vista do seu valor econômico, especialmente porque, no caso, o prejuízo suportado pela vítima, obviamente, é superior a qualquer quantia pecuniária. (...)" (HC 107615/MG, rel. Min. Dias Toffoli, julg. em 6.9.2011). Contra, TRF da 3ª Região: "PENAL. APELAÇÃO CRIMINAL. FURTO. COISA FURTADA. NECESSIDADE DE EXISTÊNCIA DE VALOR ECONÔMICO. NEGATIVA DE PROVA PERICIAL. MATERIALIDADE DELITIVA NÃO CARACTERIZADA. (...) 2. O conceito de "coisa", como objeto material do crime de furto, equivale ao objeto com valor econômico. Para a caracterização do furto a coisa subtraída deve ostentar valor econômico. Precedentes. 3. O entendimento no sentido de que o valor dos objetos não deve ser medido pelos objetos si mesmos, mas sim pela utilidade ilegal que teriam, fato que reclama maior reprovação social da conduta, não se justifica. (...)" (AC nº 0006528-63.2010.4.03.6181/SP, rel. Juiz Convocado Márcio Mesquita, julg. em 30.07.2013).

valor a coisa furtada, a conduta pode ser considerada apenas uma infração disciplinar.

Quanto ao valor econômico qual seria o parâmetro de aferição da insignificância? Os julgados mais recentes do STJ vêm indicando o patamar de 10% do salário mínimo vigente à época do fato.[34] Importa assinalar que não se trata de algo com estribo na legislação vigente, mas de pura construção

---

34 No sentido do texto, apenas exemplificando a recente tendência constatada: ""HABEAS CORPUS SUBSTITUTIVO DE RECURSO PRÓPRIO. DESCABIMENTO. TENTATIVA DE FURTO. APLICAÇÃO DO PRINCÍPIO DA INSIGNIFICÂNCIA. BENS SUBTRAÍDOS CUJO VALOR SE APROXIMA DE 10% DO SALÁRIO MÍNIMO. PACIENTE PRIMÁRIA E SEM REGISTRO DE MAUS ANTECEDENTES. IRRELEVÂNCIA DA CONDUTA NA ESFERA PENAL. VETORES PRESENTES. PRECEDENTES DO STJ. APLICAÇÃO DO PRINCÍPIO DA INSIGNIFICÂNCIA. HABEAS CORPUS NÃO CONHECIDO. ORDEM CONCEDIDA DE OFÍCIO. (...) Na espécie, se verifica a presença dos referidos vetores, por se tratar de tentativa de furto de itens de gênero alimentício, cujo valor ultrapassa em pouco 10% do salário mínimo, além de ser a paciente primária e sem registro de maus antecedentes, a demonstrar ausência de relevante reprovabilidade da conduta e a permitir a aplicação do princípio da insignificância. Precedentes desta Corte. (...)" (HC nº 434.707-SP, rel. Min Reynaldo Soares da Fonseca, julg. em 24.04.2018). Todavia, STJ e STF já adotaram um parâmetro mais amplo, como se vê nas seguintes decisões: "AÇÃO PENAL. Delito de furto. Subtração de aparelho de som de veículo. Tentativa. Coisa estimada em cento e trinta reais. Res furtiva de valor insignificante. Inexistência de fuga, reação, arrombamento ou prejuízo material. Periculosidade não considerável do agente. Circunstâncias relevantes. Crime de bagatela. Caracterização. Aplicação do princípio da insignificância. Atipicidade reconhecida. Absolvição decretada. HC concedido para esse fim. Precedentes. Verificada a objetiva insignificância jurídica do ato tido por delituoso, à luz das suas circunstâncias, deve o réu, em recurso ou habeas corpus, ser absolvido por atipicidade do comportamento, quando tenha sido condenado" (STF, HC 92.988/RS, Segunda Turma, rel. Min. Cezar Peluso, julg. em 02/06/2009); "(...) 1. A conduta perpetrada pelo agente – furto de R$ 20,00 (vinte reais) em espécie e um celular, avaliado em R$ 80,00 (oitenta reais) – insere-se na concepção doutrinária e jurisprudencial de crime de bagatela. 2. O furto não lesionou o bem jurídico tutelado pela norma, excluindo a tipicidade penal, dado o reduzido grau de reprovabilidade do comportamento do agente e o mínimo desvalor da ação (...)" (STJ, HC nº 135.495/DF, Quinta Turma, rel. Min. Laurita Vaz, julg. em 29/09/09). "A Turma afastou o critério adotado pela jurisprudência que considerava o valor de R$ 100,00 como limite para a aplicação do princípio da insignificância e deu provimento ao recurso especial para absolver o réu condenado pela tentativa de furto de duas garrafas de bebida alcoólica (avaliadas em R$ 108,00) em um supermercado. Segundo o Min. Relator, a simples adoção de um critério objetivo para fins de incidência do referido princípio pode levar a conclusões iníquas quando dissociada da análise do contexto fático em que o delito foi praticado – importância do objeto subtraído, condição econômica da vítima, circunstâncias e resultado do crime – e das características pessoais do agente. No caso, ressaltou não ter ocorrido repercussão social ou econômica com a tentativa de subtração, tendo em vista a importância reduzida do bem e a sua devolução à vítima (pessoa jurídica). Precedentes citados: REsp 778.795-RS, DJ 5/6/2006; HC 170.260-SP, DJe 20/9/2010, e HC 153.673-MG, DJe 8/3/2010" (STJ, Informativo nº 465, REsp 1.218.765-MG, Rel. Min. Gilson Dipp, julgado em 1º/3/2011).

jurisprudencial. Consoante Juarez Tavares, em 2008, o Tribunal de Justiça de Frankfurt estabeleceu o valor de 50 euros como teto para a insignificância nas lesões patrimoniais.[35]

O STF, aliás, fixou pressupostos para o reconhecimento da insignificância ao arrepio da dogmática que norteia o princípio, os quais não se bastam somente no valor do objeto material do furto. Assim discorre o Min. Celso de Mello na seguinte ementa: "PRINCÍPIO DA INSIGNIFICÂNCIA - IDENTIFICAÇÃO DOS VETORES CUJA PRESENÇA LEGITIMA O RECONHECIMENTO DESSE POSTULADO DE POLÍTICA CRIMINAL - CONSEQUENTE DESCARACTERIZAÇÃO DA TIPICIDADE PENAL EM SEU ASPECTO MATERIAL - TENTATIVA DE FURTO SIMPLES (CP, ART. 155, 'CAPUT') DE CINCO BARRAS DE CHOCOLATE - 'RES FURTIVA' NO VALOR (ÍNFIMO) DE R$ 20,00 (EQUIVALENTE A 4,3% DO SALÁRIO MÍNIMO ATUALMENTE EM VIGOR) - DOUTRINA - CONSIDERAÇÕES EM TORNO DA JURISPRUDÊNCIA DO SUPREMO TRIBUNAL FEDERAL - 'HABEAS CORPUS' CONCEDIDO PARA ABSOLVER O PACIENTE. O POSTULADO DA INSIGNIFICÂNCIA E A FUNÇÃO DO DIREITO PENAL: 'DE MINIMIS, NON CURAT PRAETOR'. - O sistema jurídico há de considerar a relevantíssima circunstância de que a privação da liberdade e a restrição de direitos do indivíduo somente se justificam quando estritamente necessárias à própria proteção das pessoas, da sociedade e de outros bens jurídicos que lhes sejam essenciais, notadamente naqueles casos em que os valores penalmente tutelados se exponham a dano, efetivo ou potencial, impregnado de significativa lesividade. - O direito penal não se deve ocupar de condutas que produzam resultado, cujo desvalor - por não importar em lesão significativa a bens jurídicos relevantes - não represente, por isso mesmo, prejuízo importante, seja ao titular do bem jurídico tutelado, seja à integridade da própria ordem social. O PRINCÍPIO DA INSIGNIFICÂNCIA QUALIFICA-SE COMO FATOR DE DESCARACTERIZAÇÃO MATERIAL DA TIPICIDADE PENAL. - O princípio da insignificância - que deve ser analisado em conexão com os postulados da fragmentariedade e da intervenção mínima do Estado em matéria penal - tem o sentido de excluir ou de afastar a própria tipicidade penal, examinada esta na perspectiva de seu caráter material. Doutrina. Precedentes. Tal postulado - que considera necessária, na aferição do relevo material da tipicidade penal, a presença de certos vetores, tais como (a) a mínima ofensividade da conduta do agente, (b) a nenhuma periculosidade

---

35 TAVARES, Juarez. *Fundamentos de Teoria do Delito*. Florianópolis: Tirant lo Blanch, 2018. p. 229.

social da ação, (c) o reduzidíssimo grau de reprovabilidade do comportamento e (d) a inexpressividade da lesão jurídica provocada – apoiou-se, em seu processo de formulação teórica, no reconhecimento de que o caráter subsidiário do sistema penal reclama e impõe, em função dos próprios objetivos por ele visados, a intervenção mínima do Poder Público. O FATO INSIGNIFICANTE, PORQUE DESTITUÍDO DE TIPICIDADE PENAL, IMPORTA EM ABSOLVIÇÃO CRIMINAL DO RÉU. – A aplicação do princípio da insignificância, por excluir a própria tipicidade material da conduta atribuída ao agente, importa, necessariamente, na absolvição penal do réu (CPP, art. 386, III), eis que o fato insignificante, por ser atípico, não se reveste de relevo jurídico-penal. Precedentes".[36]

Com base em tal julgado (e em outros tantos com igual teor), infere-se que, para a Suprema Corte, o valor da res furtiva, isoladamente considerado, quando ínfimo, é apenas indiciário da atipicidade material, devendo ser cotejado com outros nortes. Por exemplo, não há que ser reconhecida a atipicidade de vários furtos praticados em continuidade delitiva, ainda que cada um deles não atinja valor significativo, quando a totalidade do produto arrecadado é vultosa. Também não é insignificante o furto de valor rasteiro praticado por pessoa reincidente, eis que não se verifica a reduzida reprovabilidade do comportamento.[37] Ou, ainda, quando o furto, embora insignificante em si mesmo, acarreta prejuízo considerável para a vítima. Nesse diapasão já se manifestou o STJ: "Trata-se de furto qualificado com destruição

---

36 HC 98.152/MG, Segunda Turma, julg. em 19/05/2009.
37 Pelo mesmo raciocínio, deve ser negada a insignificância de furto praticado por agentes públicos, no exercício da função: "O paciente, policial militar, fardado e em serviço, subtraiu uma caixa de bombons de um supermercado, colocando-a dentro de seu colete à prova de balas. Vê-se, assim, não ser possível aplicar o princípio da insignificância à hipótese, visto não estarem presentes todos os requisitos necessários para tal (mínima ofensividade da conduta, nenhuma periculosidade social da ação, reduzidíssimo grau de reprovação do comportamento e inexpressividade da lesão jurídica provocada). Apesar de poder tachar de inexpressiva a lesão jurídica em razão de ser ínfimo o valor dos bens subtraídos (R$ 0,40), há alto grau de reprovação na conduta do paciente, além de ela ser relevante para o Direito Penal; pois, aos olhos da sociedade, o policial militar representa confiança e segurança, dele se exige um comportamento adequado, dentro do que ela considera correto do ponto de vista ético e moral. Anote-se que a interpretação que se dá ao art. 240, § 1º, do CPM (que ao ver do paciente justificaria a aplicação do referido princípio) não denota meio de trancar a ação penal, mas sim que cabe ao juízo da causa, após o processamento dela, analisar se a infração pode ser considerada apenas como disciplinar. Precedentes citados do STF: HC 84.412-0-SP, DJ 19/11/2004; HC 104.853-PR, DJe 18/11/2010; HC 102.651-MG, DJe 30/6/2010; HC 99.207-SP, DJe 17/12/2009; HC 97.036-RS, DJe 22/5/2009; do STJ: HC 141.686-SP, DJe 13/11/2009" (STJ, Informativo nº 467, HC 192.242-MG, Rel. Min. Gilson Dipp, julgado em 22/3/2011).

de obstáculo para subtração de *res furtiva*, pois o paciente quebrou o vidro do carro para furtar um guarda-chuva e uma chave de roda. O *habeas corpus* objetiva absolver o paciente, sustentando que a conduta atribuída é materialmente atípica pela aplicação do princípio da insignificância. Nessa circunstância, explica o Min. Relator, a questão suscita polêmica no que se refere aos limites e às características do princípio da insignificância, que se caracteriza como causa supralegal de atipia penal. Então, a questão está em saber se o objeto pretendido no furto, ao ser este consumado, estaria caracterizando um ilícito penal, um ilícito extrapenal ou algo até juridicamente indiferente. Aponta, citando a doutrina, que, se, por um lado, na moderna dogmática jurídico-penal, não se pode negar a relevância desse princípio; por outro, ele não pode ser manejado de forma a incentivar condutas atentatórias que, toleradas pelo Estado, afetariam seriamente a vida coletiva. Dessa forma, observa que no furto, para efeito de aplicação do princípio da insignificância, é imprescindível a distinção entre o ínfimo (ninharia desprezível) e o pequeno valor. Este último implica eventualmente o furto privilegiado (art. 155, § 2º, do CP), e aquele primeiro, na atipia conglobante (dada a mínima gravidade). A interpretação de insignificância deve necessariamente considerar o bem jurídico tutelado e o tipo de injusto para sua aplicação. Daí, ainda que se considere o delito como de pouca gravidade e esse delito não se identifica com o indiferente penal se, como um todo, observado o binômio o tipo de injusto e o bem jurídico, ele deixa de caracterizar a sua insignificância. Assevera que esse é o caso dos autos, o valor da *res furtiva* é insignificante, um delito de bagatela (guarda-chuva e chave de roda), entretanto a vítima teve de desembolsar a quantia de R$ 333,00 para recolocar o vidro quebrado, logo o valor total do prejuízo causado pelo paciente não é insignificante. Diante do exposto, como não é o caso de reconhecer a irrelevância penal da conduta, a Turma denegou a ordem de *habeas corpus*".[38]

Saliente-se, contudo, que a posição do STF não é imune a críticas. Segundo Paulo Queiroz, os requisitos estabelecidos pelo STF "são claramente

---

38 *Informativo STJ nº 410, HC 136.297/MG, Quinta Turma, rel. Min. Felix Fischer, julg. em 06/10/2009. No mesmo sentido, STJ, Informativo nº 465:* ⊠Cuida-se de furto qualificado pelo rompimento de obstáculo: o paciente arrombou as duas portas do veículo da vítima para subtrair apenas algumas moedas. Assim, apesar do valor ínfimo subtraído (R$ 14,20), a vítima sofreu prejuízo de R$ 300,00 decorrente do arrombamento, o que demonstra não ser ínfima a afetação do bem jurídico a ponto de aplicar o princípio da insignificância, quanto mais se considerado o desvalor da conduta, tal qual determina a jurisprudência do STJ. Anote-se não se tratar de furto simples, mas de crime qualificado sujeito a um *plus* de reprovabilidade por suas peculiaridades. Precedentes citados do STF: HC 84.412-SP, DJ 19/11/2004; do STJ: HC 103.618-SP, DJe 4/8/2008; HC 160.916-SP, DJe 11/10/2010, e HC 164.993-RJ, DJe 14/6/2010" (HC 122.347-DF, Rel. Min. Maria Thereza de Assis Moura, julgado em 3/3/2011).

tautológicos", pois, "se mínima é a ofensa, então a ação não é socialmente perigosa; se a ofensa é mínima e a ação não perigosa, em consequência, mínima ou nenhuma é a reprovação; e, pois, inexpressiva a lesão jurídica".[39] *Arremata o autor: "Enfim, os supostos requisitos apenas repetem a mesma ideia por meio de palavras diferentes, argumentando em círculos".*[40] *Sobre o tema, escreve também Juarez Tavares: "A enumeração das exigências da Corte Suprema corresponde, na verdade, à falta de interesse na persecução criminal, que tanto pode estar vinculada à culpabilidade reduzida, à insignificância da lesão produzida ou mesmo a aspectos extrapenais, como a periculosidade social da conduta, a qual estava prevista no Código Penal da antiga República Democrática da Alemanha, na própria definição de conduta criminosa (§ 1). A periculosidade social da conduta é, porém, um conceito impreciso e tem dado lugar a inúmeras decisões do Supremo Tribunal Federal, o qual, confundindo-a com a chamada periculosidade social do próprio agente, tem eliminado a aplicação do princípio da insignificância em caso de reincidência, embora manifesta a ausência de lesividade da conduta. Essa incerteza demonstra a falência dogmática da fórmula jurisprudencial".*[41] *O STF vem dando mostras de que pretende rever parte das consequências (indevidamente) derivadas dos parâmetros estabelecidos pela Corte, admitindo a atipicidade material, por exemplo, mesmo em caso de reincidência.*[42]

Não há que se falar no princípio da insignificância, por derradeiro, quando a coisa subtraída, apesar da escassa repercussão econômica, tem relevante valor de uso ou afetivo, como já decidiu o STJ: "Quanto à aplicação do princípio da insignificância, tem-se reiterado que a verificação da lesividade mínima da conduta apta a torná-la atípica deve considerar não apenas o valor econômico e a importância da res furtiva, mas também a condição econômica da vítima e as circunstâncias e consequências do delito. No caso, apesar de os bens furtados totalizarem pouco mais de noventa reais, não há que se aplicar aquele princípio. Uma das vítimas é pessoa humilde, de poucas posses. Dessarte, sua bicicleta, que era utilizada como meio de transporte e foi furtada pelo ora paciente, é bem relevante e de repercussão em seu patrimônio. Logo em seguida a esse furto, o paciente voltou a delinquir ao subtrair uma garrafa de uísque, bebida alcoólica por natureza, o que impede também a aplicação da referida benesse".[43]

---

39 QUEIROZ, Paulo. *Curso de Direito Penal*: parte geral. 9. ed. Salvador: Jus Podivm, 2013. v. 1, p. 95.
40 Idem, *ibidem*, p. 95.
41 TAVARES, Juarez. *Fundamentos*... op. cit., p. 230.
42 HC nº 155.920, rel. Min. Celso de Mello, julg. em 24.04.2018.
43 Informativo STJ, HC nº 95.226/MS, Quinta Turma, rel. Min. Jorge Mussi, julg. em 24/06/2008.

3 Sujeitos do delito

O sujeito ativo do crime de furto, em princípio, pode ser qualquer pessoa, não se exigindo nenhuma qualidade especial (crime comum). A única dúvida versa sobre o proprietário da coisa figurando como autor do delito. Suponhamos que o proprietário não tenha a posse direta da coisa, tendo-a entregue em locação. Caso subtraia o bem que está em poder do locatário, terá cometido crime de furto?

Para a posição que sustenta a tutela exclusiva da propriedade no crime de furto, evidentemente a resposta é negativa. Todavia, para quem admite que a posse também é protegida, o tema não é pacífico.

Magalhães Noronha sustenta a possibilidade de o proprietário ser sujeito ativo do furto, exemplificando com a conduta daquele que dá uma coisa em penhor (mantendo a propriedade, mas perdendo sua posse) e, depois, não tendo como saldar sua dívida e querendo reavê-la, subtrai a coisa. Para o jurista há o delito, mesmo admitindo que, perante o direito comparado, sua posição é minoritária. O argumento utilizado é que a expressão "coisa alheia", empregada no tipo penal, não significa somente coisa pertencente a outrem, mas, sobretudo, coisa legitimamente na posse de terceiro, já que o furto é uma violação da posse.[44]

Não comungamos desse entendimento. Apesar da interpretação unicamente literal ser, no mais das vezes, perigosa, parece-nos que a norma limita de forma inequívoca a sua abrangência: coisa alheia é coisa de outrem e não a coisa própria. O proprietário não pode cometer crime de furto tão-somente porque sua conduta não se subsome ao tipo penal. O jurista argentino Eusébio Gomes, a respeito, diz que mesmo sendo a posse tutelada no crime de furto, a subtração de coisa própria não tipifica o delito, já que a lei exige a condição de coisa alheia.[45] Deve ser observado que, em outros delitos (artigos 163, 164, 168 e 169), o legislador utilizou a mesma expressão ("coisa alheia") referindo-se à coisa pertencente a outrem. Assim, não há razão para ser vislumbrado um sentido diverso no crime de furto. Trazemos à colação a argumentação de Bitencourt: "O fato de o direito do detentor da coisa subtraída pelo dono necessitar de proteção legal não autoriza interpretação extensiva para admitir a tipificação de condutas que não encontram correspondência típica em nenhum dispositivo penal. O reconhecimento da existência de eventual dano patrimonial tampouco é fundamento suficiente para

---

44 MAGALHÃES NORONHA, E. *Código penal brasileiro...*, op. cit., v. 5, 1ª parte, p. 59-65. São citados como adeptos dessa tese Bento de Faria e Hoeppner Dutra.
45 Citado por Weber Martins Batista (*O furto e o roubo...*, op. cit., p. 22). No mesmo sentido, Von Lizst: "O dono mesmo não pôde fazer-se culpado de furto (consumado) da própria cousa; mas não está no mesmo caso o co-proprietário em relação á cousa que não lhe pertence exclusivamente" (*Tratado de Direito Penal Allemão*, op. cit., p. 220).

burlar toda a estrutura dogmática da teoria do delito, construída ao longo de séculos de evolução científica".[46] No mesmo sentido é o escólio de José Henrque Pierangeli, para quem "somente seria admissível o *furtum possessionis*, se a posse fosse, com exclusividade, o bem jurídico protegido, como faz o art. 236 do vigente Código Penal espanhol".[47] A subtração de coisa própria, dependendo das circunstâncias do caso, poderá importar a prática do delito tipificado no artigo 346 do CP, sem que este dispositivo, entretanto, possa ser interpretado como "furto de coisa própria", até porque se cuida de crime contra a administração da justiça, e não contra o patrimônio.

O lesado (sujeito passivo) no furto é a pessoa que tem o seu patrimônio violado pela subtração, ou seja, o possuidor, o proprietário ou o detentor. Haverá um único lesado se o proprietário estiver na posse direta do objeto material, concentrando os direitos reais em um único titular. Se a pessoa que sofre a subtração estiver na posse da coisa em razão de crime patrimonial anterior, é óbvio que não poderá ser considerada lesada, pois não pode ser tutelada a posse injusta, somente a que se reveste de legitimidade. Cuida-se do "ladrão que furta ladrão", em que o sujeito passivo do segundo crime continua sendo o proprietário ou este e o legítimo possuidor (ou o detentor), privados da coisa pelo crime inicial, e não o primeiro criminoso.[48] Evidentemente, são passíveis de responsabilização penal tanto o autor do primeiro crime, posteriormente desapossado do produto da infração, quanto o autor do segundo.

Cremos que, existindo forte contexto probatório em desfavor do agente, pode ele ser autuado em flagrante delito ou mesmo condenado, ainda que não se conheça a identidade do lesado. Descabe a alegação de que é necessário saber a quem pertencia o objeto, bastando que se conheça a obtenção ilícita da *res furtiva* e a dinâmica do fato (em imagem, por exemplo, captada por câmeras de segurança). Nesse sentido já decidiu o STF.[49]

O consentimento do ofendido afasta a incriminação, desde que seja anterior à conduta do agente. Se posterior, persiste a possibilidade de punição

---

46 BITENCOURT, Cezar Roberto. *Tratado...*, op. cit., v. 3, p. 12. Outro argumento relevante que pode ser invocado reporta-se à legislação penal pretérita, pois, nas codificações anteriores ao atual Código Penal, previa-se o furto de coisa própria como delito autônomo, o que não foi seguido pelo texto vigente. Abraçou o legislador a incompatibilidade entre a conduta do proprietário e o crime de furto. Todavia, esse mesmo argumento é usado por Magalhães Noronha para comprovar sua posição, aduzindo que, se o legislador não tipificou de forma autônoma o furto de coisa própria, foi porque o inseriu no furto comum.

47 PIERANGELI, José Henrique. *Manual...*, op. cit., p. 331.

48 É esse o ensinamento de Damásio E. de Jesus (*Direito penal...*, op. cit., v. 2, p. 301-302).

49 *Lex*, 8/327. Weber Martins Batista informa que essa foi a posição adotada pelo TACrimSP (*O furto e o roubo...*, op. cit., p. 19).

(a subtração dissentida é denominada *invito domino*). O bem jurídico tutelado, aliás, é classificado pela doutrina como disponível.

4 Tipicidade objetiva e subjetiva

Consubstancia-se a ação incriminada no verbo subtrair, significando o apossamento *invito domino* da coisa com consequente diminuição patrimonial para o lesado. Não é necessário que a coisa seja levada para além da esfera de vigilância do agente (embora seja o que normalmente ocorre). Se, por exemplo, em um mercado, uma pessoa se apodera de determinado alimento exposto para venda e o consome imediatamente, estaremos diante de um furto. Suponhamos, ainda, que a pessoa vá visitar um amigo, repousando sua carteira – e seu dinheiro – em uma mesa presente naquele ambiente. O morador da casa, visando a incorporar aquele dinheiro ao seu patrimônio, coloca a carteira dentro de uma gaveta da mesa, escondendo-a, de modo que o proprietário, sem vê-la, vá embora sem perceber sua ausência. Com isso, o morador da casa aufere aquele dinheiro para si. Inegavelmente, há furto. Em outras palavras, embora o deslocamento espacial do produto do crime seja a hipótese mais comum, ele é dispensável para a caracterização do furto.

Trata-se de um delito comissivo e de forma livre, sendo admitidos quaisquer meios executórios na sua prática, diretos (meios clandestinos ou ostensivos, realizados pelo próprio agente) ou indiretos (*v. g.*, por interposta pessoa – como no caso do agente que se serve de inimputável para a subtração, sendo autor mediato do fato –, pelo uso de animais treinados etc.). Em se tratando de coisas semoventes (animais), o seu autodeslocamento, ainda que o agente sequer encoste as suas mãos sobre elas, pode configurar o furto, desde que sejam impelidas ao movimento pelo sujeito ativo (por exemplo, o agente, promove o deslocamento, para o interior de sua propriedade, do rebanho de outrem).

A subtração deve recair sobre coisa alheia móvel, cujo conceito já foi estudado. Não existe furto de coisa imóvel ou própria. Se o agente erra sobre a natureza da coisa, sendo o equívoco invencível (erro de tipo), não há crime por ausência de dolo. É o que ocorre quando a pessoa se apodera de coisa de outrem supondo ser própria (a mulher que pega a bolsa de outra, do mesmo modelo, que repousava próximo a sua, *v. g.*), ou se obtém a coisa alheia pensando se tratar de coisa abandonada ou sem dono.

O tipo subjetivo do furto é composto pelo dolo, abrangendo todos os elementos do tipo. Não há crime de furto culposo, razão pela qual o erro de tipo, ainda que vencível, conduz à atipicidade do fato. É aditado ao tipo penal um elemento subjetivo especial, consistente na intenção de haver a coisa para si ou para outrem. Segundo Weber Martins Batista, "identifica-se, pois, na ação de furtar, uma dupla intenção do agente: o fazer sua a coisa, ou de outrem (aspecto positivo), com exclusão do dono ou possuidor (aspecto negativo)".[50] É o que se chama de *animus rem sibi habendi,* ou *animus furandi,* ou *animus* apropriativo, ou intenção de apossamento, ou, como preferimos, de assenhoramento. Não há furto senão quando o agente subtrai a coisa para incorporá-la ao seu patrimônio (hipótese em que a subtrai para si) ou ao patrimônio de terceiro (subtração para outrem), ainda que não tenha a intenção de lucro (seu ou de terceiro). Pode ocorrer o crime quando o agente, *v. g.,* furta a coisa apenas para satisfazer um desejo de vingança. Alerta-se, contudo, que alguns estados anímicos especiais podem cambiar a capitulação do delito. Por exemplo, se o agente subtrai a coisa já determinado a destruí-la, o crime é de dano (artigo 163). A distinção entre o furto com destruição posterior da coisa e o dano, aliás, é tênue e deve ser feita sempre de acordo com a finalidade do agente. Se a intenção é de haver a coisa para si ou para outrem, somente sobrevindo o desejo de dano posteriormente à subtração, há furto, ao passo em que, se a subtração é o meio de que se vale o sujeito para alcançar a coisa e destruí-la, o crime é de dano. O crime de exercício arbitrário das próprias razões (artigo 345) também pode se assemelhar ao furto, fazendo-se a distinção no dolo do agente. Caso a subtração se dê pelo desejo do agente em satisfazer uma pretensão (suposta ou verdadeiramente) legítima, dedutível em juízo, há o crime contra a administração da justiça (por exemplo, se o sujeito subtrai uma televisão da vítima para ver satisfeita uma dívida não adimplida, há o exercício arbitrário).

A ausência do *animus rem sibi habendi* conduz à atipicidade do denominado "furto de uso", que consiste na subtração da coisa para o simples uso momentâneo, com a intenção inequívoca de restituição. É o que ocorre, *v. g.,* quando uma pessoa subtrai a roupa de outra para ir a uma festa, posteriormente restituindo-a ao cabide. Como não há a intenção de ter a coisa para si ou para outrem, inexiste o delito.[51]

O "furto de uso" só é verificado quando recai sobre coisas infungíveis. O furto de certa quantia, ou o furto de alimentos etc., afirma-se comumente, não poderá ser considerado como atípico, uma vez que, com a utilização, o

---

50 MARTINS BATISTA, Weber. *O furto e o roubo...,* op. cit., p. 32.
51 Nesse sentido, TACrimSP: "Ocorre o chamado furto de uso quando alguém arbitrariamente retira coisa alheia infungível, para dela servir-se momentânea ou passageiramente, repondo-a, a seguir, íntegra, na esfera de atividade petrimonial do dono. Tal fato, perante o direito vigente, não ultrapassa a órbita do ilícito civil" (JUTACRIM, 37/285). Alberto Silva Franco, em acórdão do TACrimSP, acresce ao animus rem sibi habendi (intenção de ter a coisa junto a si) o animus domini, que juntos caracterizariam o animus furandi, elementar do crime de furto: "Para vivificar a estrutura material do tipo de furto, deve estar presente o coeficiente psíquico do animus furandi que se traduz na intenção de ter a coisa como própria. Destarte, não basta o animus rem sibi habendi, isto é, a intenção de ter a cooisa junto a si: é mister o animus domini" (Ap. Crim. 279.033).

mesmo bem não poderá ser restituído. Ainda que o agente devolva quantia de igual valor, ou o gênero alimentício na mesma quantidade e espécie, aquele bem anterior, subtraído, foi consumido, caracterizando-se o furto pelo efetivo prejuízo patrimonial causado ao lesado. A restituição, nessa hipótese, importa somente arrependimento posterior (artigo 16, CP). Excepcionalmente, dependendo da forma de utilização, o bem fungível levado pelo agente poderá ser restituído, tornando atípica a conduta, como no caso da pessoa que se apossa de dinheiro para impressionar alguém, devolvendo o mesmo objeto em seguida. Em virtude do entendimento consignado, o furto de uso de automóvel constitui crime, não pelo veículo em si, mas pelo combustível gasto, se o consumo não for insignificante (ainda que o agente reponha o combustível, torna-se impossível a devolução do mesmo objeto).

Deve ficar cristalina a intenção de devolução para que o furto seja considerado "de uso". A restituição da coisa ao dono ou ao local de onde foi retirada, obviamente, demonstra tal intenção. Todavia, ainda que não ocorra a devolução, se as circunstâncias evidenciam a ausência da intenção de assenhoramento, não há furto (o agente é preso quando se aproximava da casa do lesado para efetuar a entrega do objeto, por exemplo). O TJSC já decidiu pelo furto de uso no caso de um veículo que caiu em uma vala antes da restituição, impedindo-a.[52]

Se, em virtude da subtração, a coisa é inutilizada, destruída ou perdida (a roupa que acaba rasgada inadvertidamente, ou o telefone celular que é esquecido em algum lugar, desaparecendo, entre outras situações possíveis), para Weber Martins Batista há o crime de furto, pois se opera a diminuição patrimonial para o lesado.[53] Ousamos discordar, pois, ausente o dolo do agente em incrementar o patrimônio próprio ou alheio, não se aperfeiçoam todos os elementos do tipo penal. Não havendo crime culposo (é bom registrar que não há crime de dano culposo), nessas hipóteses existe tão-somente responsabilidade civil para o agente.[54] Todavia, fica dificultada a prova da intenção de devolução, o que não quer dizer que não possa ser produzida, como no caso da pessoa que, pouco antes de repassar a coisa subtraída para as mãos do proprietário, descuida-se, provocando sua queda e tornando-a inservível.

O abandono de coisa alheia subtraída não conduz ao reconhecimento da atipicidade, pois inexiste a intenção de restituição. Caso, por exemplo,

---

52 Jurisprudência coletada na obra de Weber Martins Batista, p. 93.
53 MARTINS BATISTA, Weber. *O furto e o roubo...*, op. cit., p. 93.
54 Nesse sentido: "O fato de o veículo não ter sido devolvido ao local de onde retirado em decorrência de acidente de trânsito, de todo imprevisto, não descaracteriza o *furtum usus*, sendo certo que os danos materiais resultantes do desastre escapam à órbita do Direito Penal" (TACrimSP, JUTACRIM 47/26).

do automóvel furtado por integrantes de uma organização criminosa para a "desova" de um cadáver, acondicionado no porta-malas. O veículo foi incorporado ao patrimônio dos delinquentes, ainda que por curto espaço de tempo, caracterizando-se o crime contra o patrimônio.

O uso, outrossim, deve ser imediato (há crime no caso de guarda para uso futuro, pois é demonstrada intenção de incorporar a coisa ao seu patrimônio) e momentâneo (o uso prolongado também é criminoso, pelo mesmo motivo anteriormente consignado). Mas o que é um uso imediato e momentâneo? Pensamos que tal circunstância deva ser ditada pelo caso concreto. Tomemos o já citado exemplo da subtração de uma peça de roupa. A subtração se dá em uma sexta-feira, pois é a última oportunidade em que o agente esteve em contato com ela antes da festa na qual a utilizou, ocorrida no domingo subsequente. Na segunda-feira, a peça de roupa é restituída. Cremos inegável a atipicidade da conduta, pois o uso da coisa subtraída se deu tão logo foi possível, assim como a restituição.

Uma vez que as circunstâncias demonstrem a atipicidade da conduta, incumbe à acusação provar que, ao contrário, o agente atuou com intenção de assenhoramento, caso se pretenda a condenação por crime de furto. Essa imputação se dará de acordo com os elementos objetivos arrecadados, que poderão levar à atribuição do elemento subjetivo especial ao sujeito ativo, caso assim o demonstrem.

Além do "furto de uso", outras hipóteses menos comentadas também conduzem à atipicidade da conduta, por inexistência do *animus rem sibi habendi*. Caso, por exemplo, da pessoa que subtrai bem de outra somente para fazer um gracejo, com intenção de restituir; ou a subtração de uma coisa para comprovar falhas no sistema de segurança, ou, ainda, no caso da empregada que leva consigo um bem dos patrões, mas somente para consertá-lo, pois acidentalmente o havia quebrado.[55] Não havendo a finalidade específica, não há que se falar em furto.

5 Furto famélico

Ocorre o furto famélico, também chamado de furto necessitado, quando a pessoa, visando a satisfazer uma necessidade alimentar imediata, subtrai alimentos. Se há a urgência em saciar a fome própria ou de terceiro, importando em perigo atual para a pessoa esfomeada, e se a subtração é a única forma de satisfação que se apresenta naquele momento, não é antijurídica a conduta, já que amparada pelo estado de necessidade (artigo 24, CP). Ou seja, integram-se todos os elementos típicos (subtração de coisa alheia móvel, para si ou para outrem), mas a excludente de antijuridicidade impede o reconhecimento do crime.

---

55 Exemplos retirados da obra de Weber Martins Batista (*O furto e o roubo...*, op. cit., p. 34).

Somente o real estado de penúria, que impede a aquisição de alimentos, pode justificar a conduta. A subtração por gaiatice, por exemplo, descaracteriza o estado de necessidade. O simples estado de miserabilidade também não é suficiente para a alegação de furto famélico, sendo imprescindível a comprovação do risco atual causado pela fome e da inexistência de outras formas de se arrostar o perigo.

Não atende aos requisitos do furto famélico o sujeito que realiza subtrações reiteradas, transformando o ato em meio de subsistência habitual, pois não há a imprescindibilidade do furto. A subtração de coisas que não sejam alimentos, outrossim, impede a incidência da causa justificante. É o exemplo da pessoa que, em um supermercado, em vez de se apoderar de comida, subtrai cosméticos, alegando que, com sua venda, poderia arrecadar suficiente quantia para saciar a sua necessidade.

6 Furto por arrebatamento

A subtração, para si ou para outrem, de coisa alheia móvel mediante o uso de violência (contra a pessoa) ou grave ameaça, descaracteriza o furto, impondo a configuração do roubo. Tem-se que este crime é complexo, formado pela fusão do furto com um constrangimento ilegal (artigo 146, CP). É o uso da violência que traçará a distinção entre o furto por arrebatamento e o crime praticado pelo "trombadinha". Neste, o ato violento (um empurrão, por exemplo) serve para desequilibrar a vítima, permitindo o acesso aos bens por ela portados, sem que haja reação. Como há uma violência contra a pessoa, ou seja, contra o corpo da vítima, com o objetivo de impossibilitar a sua defesa, caracteriza-se o roubo.[56] No furto por arrebatamento, ao revés, não há violência na subtração, senão contra a coisa. Exemplo do marginal que, passando rapidamente pela vítima, puxa-lhe o cordão, arrancando-o de seu pescoço. Todavia, suponhamos que tal conduta ocasione uma pequena

---

56 Nesse sentido, Guilherme de Souza Nucci (*Código penal comentado*..., op. cit., p. 518-519), citando jurisprudência do STF (HC 75.110/RS, 2ª Turma, Rel. Min. Maurício Corrêa). Não é pacífico, contudo, o entendimento. Para alguns juristas, o crime praticado é furto, consoante cita Weber Martins Batista: "[...] mesmo no caso dos 'trombadinhas', em que não há dúvida de que o agente pratica a violência contra a pessoa, há decisões entendendo que, se o agente empurra a vítima ou dá-lhe uma batida com o ombro, com a única finalidade de distrair-lhe a atenção, para, pela surpresa, nesse rápido instante, apossar-se do bem que leva nas mãos ou tem sobre o corpo – mas sem a intenção de constrangê-la, de paralisá-la, de inibir-lhe a vontade – caracteriza-se o furto, não o roubo (*Julgados do TACrimSP, 64/251*)" (*O furto e o roubo*..., op. cit., p. 108). Pensamos que as duas orientações podem ser compatibilizadas: a incidência de uma força física contra o corpo da vítima para – por exemplo – distrair-lhe, de fato não configura roubo, pois ausente o constrangimento. Contudo, se a intenção é vencer a resistência da vítima pela violência em si, e não por um efeito reflexo dela derivado, como no caso em que a vítima é derrubada pelo agente, sem dúvida há roubo.

lesão à vítima, como um arranhão no pescoço. Seria possível o reconhecimento de um roubo? À evidência, a resposta é negativa. Como foi dito, no roubo é preciso que a violência importe um constrangimento, inexistente no exemplo dado. A lesão provocada foi tão-somente uma decorrência normal do arrebatamento, sem que tivesse por fim a submissão da pessoa lesada.[57]

7 Consumação e tentativa

Assunto extremamente controvertido, a consumação do furto vem sendo objeto de interessante debate. De início, para a compreensão do tema, cabe afirmar que o furto é um crime instantâneo, ou seja, a consumação ocorre em um único instante. Também deve ser entendido que, há muito, foi refutada a ideia do furto como crime formal, de consumação antecipada. O furto é um crime material, em que a verificação do resultado é imprescindível para que se repute consumado o delito. A dificuldade reside em definir qual é o instante em que o resultado é produzido.

Sobre o tema, esclarece Bento de Faria: "Não se pode, pois, considerar consumado o furto senão quando a custódia, direta ou indiretamente exercida, tenha sido totalmente elidida, ou seja, quando as cautelas do proprietário tenham se tornado totalmente vãs".[58]

Historicamente, surgiram diversas teorias tentando explicar o momento em que o lesado tem o seu patrimônio efetivamente subtraído. Inicialmente, a *apprehensio rei*, em que bastava ao agente pousar a mão sobre a coisa, com a intenção de apossamento, para que o crime se consumasse, foi uma das teorias consideradas. Consoante Bento de Faria, a *apprehensio* se fundava no princípio romano conhecido por *concrectatio*, pelo qual só havia furto quando da tirada da coisa do poder do possuidor.[59] Posteriormente, advieram duas teorias de maior relevo: a *amotio rei*, em que a remoção da coisa do lugar em que o possuidor a colocara e mantinha consumava o delito, e, posteriormente, a *illatio rei*, na qual seria necessário o deslocamento da coisa ao local destinado pelo agente. Weber Martins Batista, em sua obra, traz uma crítica de Carrara à teoria da *illatio*. Para o autor italiano, "a lei pune o furto, não por inveja do gozo que o ladrão pretende tirar da coisa, mas por amor ao direito do dono ou possuidor desta, que fica lesado tão logo perde o poder de dispor dela".[60] Em

---

57 Há, a respeito, posições isoladas que consideram o ato como crime de roubo. Pela importância, cita-se a posição da 5ª Turma do STJ (*RSTJ*, 29/293), afirmando que a capitulação se deve à imprescindibilidade da provocação das lesões para o sucesso da subtração.
58 FARIA, Bento de. *Código Penal Brasileiro*. 3. ed. Rio de Janeiro: Distribuidora Record Editora, 1961. v. 5. p. 6.
59 Idem, *ibidem*, p. 7.
60 CARRARA, Francesco, *apud* BATISTA, Weber Martins. *O Furto e O Roubo...* op. cit., p. 45.

outras palavras, irrelevante o translado da coisa ao local a ela destinado pelo agente, pois trata-se de exaurimento da conduta, não de ato caracterizador do aperfeiçoamento da subtração. Considerada como uma fusão das teorias então existentes, a *ablatio rei* prosperou, ganhando projeção até o direito contemporâneo, embora de forma temperada. Há, contudo, insegurança sobre a real extensão dessa teoria: para Weber Martins Batista, "o furto só se tem por consumado quando o agente, depois de escolher, separar, empilhar, ensacar etc. as coisas, tira-as de sob o poder do dono ou possuidor", sendo um equívoco pensar que "a *ablatio* exija colocação da coisa em segurança, no local a que se destinava" (o autor, ainda, menciona Pessina, para quem a *ablatio* traz a ideia de deslocamento do bem da esfera de custódia do lesado);[61] Já Bento de Faria afirma que a *ablatio* exige mudança do lugar e que existe uma teoria eclética, um meio termo entre as teorias da *amotio* e da *ablatio*, segundo a qual basta que o apoderamento seja "suficiente para deferir ao culpado o poder de dispor da coisa".[62] Em linhas gerais, no entanto, podemos dizer que a *ablatio* defende a retirada da esfera de disponibilidade ou custódia do lesado como momento consumativo do furto.

Pensamos que menos importa o nome da teoria e mais a sua substância, até porque, não raro, verificamos confusões nas diversas denominações empregadas. Normalmente, a doutrina aponta a submissão da coisa ao poder do agente – quando o lesado não mais tem a livre disponibilidade sobre a coisa – como o instante consumativo do furto, com o que concordamos. O simples ato de tocar no bem com intenção criminosa não opera qualquer diminuição patrimonial ao sujeito passivo, assim como condutas alheias ao tipo penal – levar a coisa ao local em que se pretende depositá-la, por exemplo – não correspondem ao verbo subtrair, senão, como já dito, a título de exaurimento. Nesse diapasão, concordamos com o conteúdo daquilo que se convencionou denominar de teoria da *ablatio*, o que não resolve de todo as dúvidas. Não por outro motivo, Hungria questiona qual é o momento em que já se pode afirmar que a coisa se encontra submetida ao poder do agente (posse exclusiva do agente, segundo o autor), arrolando duas posições: a) basta o agente se afastar da esfera de atividade patrimonial, vigilância ou custódia da vítima, ainda que venha a ser perseguido e despojado da coisa subtraída; b) é necessário que a posse venha a ser estabelecida de forma tranquila, ainda que por um breve momento, ou seja, que o agente exerça seu poder sobre a coisa sem ser molestado. Defende Hungria essa posição, pois na ausência da posse tranquila pelo agente, ainda não foi completamente frustrada a posse do dono, perturbada, mas não suprimida. Finaliza o autor: "Enquanto está perseguindo o ladrão, o proprietário está agindo na defesa

---

61 Idem, *ibidem*, p. 46.
62 FARIA, Bento de. *Direito Penal...* op. cit., p. 7.

de sua posse, isto é, no exercício prático do seu domínio".⁶³ Concordamos com essa ótica. Aliás, é aquela que, de fato, consagra a explicação de Bento de Faria sobre a elisão da custódia. Considerando que o verbo subtrair pressupõe uma diminuição patrimonial, apenas quando o titular da coisa não puder exercer seu poder sobre o objeto é que será dito consumado o furto. Enquanto a posse ilícita do sujeito ativo for molestada, isto é, durante o tempo em que o lesado mantiver a defesa da coisa, seja se digladiando com o agente pelo apossamento do bem, seja perseguindo-o, pessoalmente ou por auxílio de terceiros (como um policial), ainda há o exercício de atos inerentes ao direito real sobre a coisa. Não existe, assim, a redução do patrimônio.

Régis Prado anota, em sua obra, três posições sobre o momento consumativo do furto: a) o mero deslocamento da coisa para a posse do agente, ou seja, o ato de se apoderar da coisa; b) a condução da coisa para além da esfera de vigilância do sujeito passivo; c) a posse tranquila da coisa pelo agente, ainda que transitória. Assim como Hungria, o autor se inclina pela última hipótese.⁶⁴ Fernando Capez opta por solução diversa: "A subtração se opera no exato instante em que o possuidor perde o poder e o controle sobre a coisa, tendo de retomá-la porque já não está mais consigo. Basta, portanto, que o bem seja retirado do domínio de seu titular e transferido para o autor ou terceiro. Não se exige que, além da subtração, o agente tenha a posse tranquila e desvigiada da *res*".⁶⁵ Para o jurista, deve ser consagrada a teoria da *amotio*, afastando-se a preferência doutrinária pela tese da *ablatio*, pois a lei não exige a posse tranquila, reconhecendo, todavia, que sua posição é minoritária entre os autores, embora não o seja na jurisprudência. O STJ, aliás, adotou na Súmula 582 o seguinte entendimento: "consuma-se o crime de roubo com a inversão da posse do bem mediante emprego de violência ou grave ameaça, ainda que por breve tempo e em seguida à perseguição imediata ao agente e recuperação da coisa roubada, sendo prescindível a posse mansa e pacífica ou desvigiada".⁶⁶ Ainda que o entendimento previsto

---

63 HUNGRIA, Nélson. *Comentários...*, op. cit., v. VII, p. 25-26.
64 PRADO, Luiz Regis. *Curso...*, op. cit., p. 373. Nessa esteira, Guilherme de Souza Nucci (*Código penal comentado...*, op. cit., p. 515); Julio Fabbrini Mirabete (*Manual...*, op. cit., p. 226); Celso Delmanto (*Código penal comentado...*, op. cit., p. 266); Cezar Roberto Bitencourt (*Tratado...*, op. cit., v. 3, p. 18-19). Paulo José da Costa Jr. parece se inclinar pela retirada da coisa da esfera de vigilância da vítima, mesmo que não haja a posse tranquila: "Diz-se o crime consumado quando apreendida e deslocada a coisa alheia móvel, fora da esfera de disponibilidade ou de custódia de seu titular" (*Comentários...*, op. cit., p. 466).
65 CAPEZ, Fernando. *Curso...*, op. cit., p. 350. Alinha-se com o autor Damásio E. de Jesus (*Direito penal...*, op. cit., p. 365-366).
66 Especificamente sobre o furto, o STJ decidiu pela desnecessidade da posse tranquila, como se observa na seguinte ementa: "PENAL E PROCESSUAL PENAL. RECURSO ESPECIAL. FURTO. MOMENTO CONSUMATIVO DO DELITO. POSSE

DA RES FURTIVA. ADOÇÃO PELO CÓDIGO PENAL BRASILEIRO DA TEORIA DA APPREHENSIO OU AMOTIO. RECURSO A QUE SE DÁ PROVIMENTO. I - Conforme entendimento jurisprudencial firmado por esta Corte, o delito de furto consuma-se no momento em que o agente se torna possuidor da res subtraída, pouco importando que a posse seja ou não mansa e pacífica. II - A mera recuperação da coisa furtada logo após o crime, não tem relevância para fins de tipificação, quanto ao seu momento consumativo. III - In casu, o Tribunal a quo reconheceu tratar-se de crime de tentado, em razão de a vítima haver recuperado seus bens, logo após a prática criminosa. IV - Recurso a que se dá provimento, para afastar a aplicação da regra prevista no art. 14, II, do Código Penal, restabelecendo, por via de consequência, a decisão de primeira instância" (REsp 758.911/RS, Rel. Min. Maria Thereza de Assis Moura, julg. em 17/09/2009). Tal posição já está sedimentada no Tribunal, embora este já tenha decidido de forma diversa (REsp 53.200/SP, 6ª Turma; REsp. 75.740/SP, 6ª Turma). Ainda o STJ (Informativo nº 459): "Trata-se de *habeas corpus* em favor de paciente que foi condenado pela prática do crime de furto, conforme disposto no art. 155, *caput*, do CP, à pena de um ano e oito meses de reclusão em regime inicial semiaberto. A impetração busca a desclassificação do delito de furto consumado para a modalidade tentada. Para o Min. Relator, o furto consumou-se, ficando descaracterizada a alegada tentativa, uma vez que os autos noticiam que o paciente apoderou-se de tacógrafo o qual se encontrava dentro do caminhão da vítima, colocou-o em uma sacola e, ao se evadir do local, foi avistado pela vítima, que o perseguiu em companhia de policiais militares, recuperando o bem. Observa que as instâncias ordinárias não acolheram a tese de desclassificação da conduta do paciente com base na prova colhida durante a instrução criminal, a demonstrar que o paciente apoderou-se do bem da vítima, ainda que por pouco tempo. Dessa forma, afirma que a decisão *a quo* não dissentiu da orientação deste Superior Tribunal de que o delito de furto se consuma quando a coisa furtada sai da esfera de vigilância da vítima e passa para a posse do agente, ainda que por pouco tempo, depois de percorrido o *iter criminis*. Diante do exposto, a Turma denegou a ordem. Precedentes citados: AgRg no REsp 1.036.511-RS, DJe 4/10/2010, e HC 159.728-RJ, DJe 3/11/2010" (HC 152.051-MG, Rel. Min. Napoleão Nunes Maia Filho, julgado em 7/12/2010). O STF também costuma acolher tese análoga: "(...) A jurisprudência do STF (cf. RE 102.490, 17.9.87, Moreira; HC 74.376, 1ª T., Moreira, DJ 7.3.97; HC 89.653, 1ª T., 6.3.07, Levandowski, DJ 23.03.07), dispensa, para a consumação do furto ou do roubo, o critério da saída da coisa da chamada 'esfera de vigilância da vítima' e se contenta com a verificação de que, cessada a clandestinidade ou a violência, o agente tenha tido a posse da res furtiva, ainda que retomada, em seguida, pela perseguição imediata" (HC 89.958/SP, rel. Min. Sepúlveda Pertence, julg. em 03/04/2007). Em julgado mais recente: "EMENTA: HABEAS CORPUS. FURTO CONSUMADO X FURTO TENTADO. ALTERAÇÃO PELO SUPERIOR TRIBUNAL DE JUSTIÇA EM RECURSO ESPECIAL. AUSÊNCIA DE ILEGALIDADE. HABEAS CORPUS DENEGADO. 1. É firme a jurisprudência deste Supremo Tribunal no sentido de que, para a consumação do crime de furto, basta a verificação de que, cessada a clandestinidade ou a violência, o agente tenha tido a posse do objeto do delito, ainda que retomado, em seguida, pela perseguição imediata. 2. A alteração do enquadramento jurídico dos fatos pelo Superior Tribunal de Justiça no julgamento de recurso especial não constitui ilegalidade a ensejar a concessão da ordem de ofício. 3. Habeas corpus denegado" (HC nº 92.922/RS, re. Min. Marco Aurélio, rel. para o acórdão Min. Carmen Lúcia, julg. em 18/08/2009). Há, no STF, decisão que defende a necessidade de retirada do objeto material do crime da esfera de vigilância da vítima: "(...) 4. A polêmica diz respeito à consumação (ou não) do

no Enunciado se refira ao crime de roubo, tal delito se consuma, em regra, nas mesmas situações que o furto, à exceção do roubo impróprio, razão pela qual o entendimento pode aqui ser consignado.

Há que se ressaltar que alguns casos permitem o reconhecimento da consumação contemporânea à ação, dispensando toda a fundamentação teórica já consignada. Exemplo do bem que é consumido imediatamente, impedindo a sua reintegração ao poder do lesado. Como ensina Bento de Faria, "quem subtrai alimentos e os come no mesmo lugar do furto, consuma o delito nesse lugar e momento, pois concretizou o ato de se apossar.[67]

Ocorrendo a destruição ou a inutilização, ainda que parcial, da *res furtiva*, o furto é consumado, ainda que não tenha se dado a posse tranquila ou o desapossamento do lesado. Se o agente, *v. g.*, após a subtração, é imediatamente perseguido por policiais, desfazendo-se da coisa para se livrar da materialidade do delito (jogando o telefone celular furtado em um bueiro, por exemplo), há a consumação, pois efetivamente dá-se a diminuição patrimonial para o sujeito passivo. Deve ser lembrado que não é necessário que o agente efetivamente obtenha um acréscimo patrimonial para alcançar a consumação criminosa, sendo este mero exaurimento do delito, bastando que ocorra o decréscimo no patrimônio alheio.

Exigindo a posse tranquila, torna-se evidente a possibilidade de tentativa no crime de furto. Cuida-se de delito plurissubsistente, com a possibilidade de fracionamento dos atos executórios. São exemplos de tentativa de furto: o punguista que coloca a mão no bolso da vítima, mas é surpreendido quando puxava o dinheiro; o sujeito que é preso ao tentar sair de casa alheia, portando a *res furtiva*, após uma invasão noturna ao imóvel; o agente que, após arrancar um cordão do pescoço do lesado, é perseguido e preso por policiais, que recuperam a coisa (hipótese de furto consumado para alguns); o marginal que é surpreendido no momento em que realiza uma "ligação direta" no veículo que buscava subtrair etc.

Tomemos, agora, o seguinte caso: o agente, determinado a furtar os bens existentes no interior de um imóvel, cujos moradores imaginava em viagem, penetra no local, mas, antes de se apoderar de qualquer objeto, é surpreendido pelos proprietários, que haviam adiado o passeio. Há, na hipótese, tentativa de furto? Acerca do crime tentado, Wessels o definiu como "a manifestação da resolução para o cometimento de um fato punível através de ações que

---

furto, porquanto questiona-se se houve a efetiva subtração. A conduta da subtração de coisa alheia se aperfeiçoa no momento em que o sujeito ativo passa a ter a posse da res fora da esfera da vigilância da vítima. 5. A circunstância de ter havido perseguição policial após a subtração, com subsequente prisão do agente do crime, não permite a configuração de eventual tentativa do crime contra o patrimônio, cuidando-se de crime consumado. (...)" (HC 89389/SP, rel. Min. Ellen Gracie, julg. em 27/05/2008).

67 FARIA, Bento. *Código Penal...* op. cit., p. 7.

se põem em relação direta para com a realização do tipo legal, mas que não tenham conduzido à sua consumação", estipulando, em seguida, seus três elementos essenciais: a resolução para o fato, o postar-se em atividade direta para a realização do tipo e a ausência de consumação do fato.[68] A dificuldade reside em se determinar quando o agente se posta em atividade direta para a realização do tipo, ou seja, quando ultrapassa os atos preparatórios e inicia a execução do ilícito penal. O autor adota a "teoria mista subjetivo-objetiva", afirmando que "tenta um fato punível, quem, segundo sua representação do fato, se posta em atividade direta à realização do tipo".[69] Exemplificando com o crime de furto, diz o jurista: "A tentativa de furto (§ 242) é formada por todas as ações que se põem em relação de agressão da posse alheia e devam ser conduzidas, finalmente, sob o ponto de vista espaço-temporal, de modo direto à subtração planejada (RGSt 53, 217: afastar o mastim, para, imediatamente após, furtar; BGH MDR 58, 12 *in* Dallinger: o tatear as peças de roupa dos passageiros pelos batedores de carteira). Em normas-padrão para casos agravados (§ 243) depende se já com as circunstâncias agravadas se situa um postar-se em atividade direta para a realização do tipo fundamental (§ 242) [...]. Isto deve ser afirmado normalmente no começo do rompimento, da escalada, da introdução furtiva ou da invasão com o auxílio de chave falsa [...]". Sobre o tema, já nos manifestamos quando do estudo do homicídio, adotando o critério objetivo-individual. Há tentativa com a prática do verbo tipificado, sem que ocorra a consumação, ou se, mesmo não havendo a prática do núcleo do tipo, é adotada conduta imediatamente anterior à realização do comportamento incriminado, consoante o plano do autor. Se o agente, por exemplo, abre a bolsa da vítima para subtrair um bem que está em seu interior, há tentativa de furto, ainda que o agente não tenha contato direto com a coisa que seria apoderada. Ao revés, se um agente abre a bolsa e se afasta, para que seu comparsa, posteriormente, se aproxime e leve o seu conteúdo consigo, há ato preparatório, não início de execução, pois, segundo o plano de ação, aquele ato não é imediatamente anterior à prática da subtração. No caso proposto, quando o agente é pego dentro de casa alheia, escolhendo que bens levará consigo, havendo a intenção de subtração, pensamos existir tentativa de furto. Seria diversa a tipificação se o agente entrasse no imóvel para fazer um "reconhecimento" do local, propondo-se a retornar em momento posterior, mas sendo surpreendido ainda no interior da casa. Se a invasão, segundo o plano do autor, não era imediatamente anterior à subtração, temos somente ato preparatório para o furto, não início de execução. Seria punido, o agente, por crime de violação de domicílio (artigo 150, CP). Para embasar o entendimento, citamos Magalhães Noronha: "O

---

68 WESSELS, Johannes. *Direito penal...*, op. cit., p. 133.
69 Idem, ibidem, p. 134.

ato de execução deve ser inequivocamente dirigido à perpetração do furto, para constituir tentativa. Não basta o seu exame, porque ele é inseparável da pessoa do agente, ou melhor, do seu autor, e de outras circunstâncias que o cercam. Costumam os tratadistas apontar como ato de execução do roubo (furto qualificado) a escalada. Esta, por si, não caracteriza o início de execução do furto qualificado, pois há de ser apreciada em conjunto com as outras circunstâncias do fato. Quando um indivíduo, que escala uma janela e é pilhado dentro da casa, traz consigo apetrechos ou instrumentos de roubo, é um reincidente nesse crime, e é desconhecido dos moradores, somos levados a crer tenha havido início da execução de um crime patrimonial".[70] O jurista deixa claro, em sua manifestação, a exigência de aproximação da conduta com a resolução do autor. Se há a intenção de cometer um furto, a escalada seria o ato imediatamente anterior à subtração, constituindo tentativa do crime patrimonial. A análise da situação concreta em conjunto com a intenção do sujeito ativo é que permitirá, caso a caso, a determinação da tentativa. Contrariamente, ensina Fernando Capez, para quem, se o agente é surpreendido subindo a escada para entrar em uma residência, ou se, dentro da residência, é surpreendido pelos donos antes de se apoderar de qualquer objeto, não há tentativa de furto, pois não ocorreu o início da subtração.

No que tange ao crime impossível (artigo 17, CP), se absoluta a ineficácia do meio ou a impropriedade do objeto, não há o crime. Weber Martins Batista cita, como exemplo, o agente que, em um barco a remo e munido de martelo e formão, pretende furtar a Estátua da Liberdade.[71] Aliás, trabalhamos em um caso em que o autor entrou em uma embarcação e foi surpreendido pelo segurança da marina, que o conduziu até a delegacia. Ouvido em sede policial, relatou que queria levar o barco consigo para retornar à sua terra natal. Questionado se sabia pilotar a embarcação, cuja condução era complexa, disse que não, o que de fato restou demonstrado. Em suma, crime impossível.

Pode ser demonstrado o crime impossível pelo flagrante preparado, em que o agente é condicionado à prática do crime pela montagem de uma farsa. É o exemplo do dono de um estabelecimento comercial que, querendo avaliar a honestidade de um empregado, avisa-o que o deixará sozinho por certo tempo e "esquece" a porta do cofre aberta. Antes, entretanto, colocara um policial na espreita para que intercedesse em caso de tentativa de subtração. Ainda que o empregado tente se apossar dos bens no cofre, não há crime de furto (ineficácia do meio, pois era, desde o início, vigiado). Tal não acontece quando o agente decide subtrair algum bem, mas é surpreendido por um segurança que, percebendo sua intenção, passou a acompanhá-lo.

---

70 MAGALHÃES NORONHA, E. *Código penal brasileiro...*, op. cit., v. 5, 2ª parte, p. 91
71 MARTINS BATISTA, Weber. *O furto e o roubo...*, op. cit., p. 56.

Nesse caso, a vigilância se deveu à perspicácia do profissional, inexistindo uma cena previamente preparada e, por conseguinte, não havendo impossibilidade de consumação que caracteriza o crime impossível. A ineficácia do meio, no caso, era eventual, não absoluta. Mesmo na hipótese de predisposição de dispositivo antifurto, havendo a possibilidade de consumação do crime, ainda que diminuta, não existe crime impossível (como no caso de dispositivos que bloqueiam a ignição do veículo, ou de alarmes). Em outro caso em que tivemos a oportunidade de trabalhar, o autor entrou em uma loja, colocou na sacola que trazia consigo diversas peças de roupa, às quais havia fixados dispositivos de alarme, e correu em direção à rua, não sendo em um primeiro momento alcançado por ninguém. Somente foi encontrado vários minutos depois, quando já caminhava tranquilamente em poder do produto do crime. Em outras palavras: o alarme não impediu a consumação do crime. A Súmula nº 567 do STJ, ao seu turno, estabelece que "sistema de vigilância realizado por monitoramento eletrônico ou por existência de segurança no interior de estabelecimento comercial, por si só, não torna impossível a consumação do furto", corroborando o que foi dito.

A impropriedade do objeto, de igual forma, deve ser absoluta para afastar a tipificação do furto.[72] Damásio de Jesus ilustra o tema com o caso do punguista que coloca a mão no bolso da vítima, visando a arrecadar a carteira porventura lá portada. Se a vítima não traz consigo a carteira, há crime impossível, pois, inexistindo o objeto, não há como se atingir a consumação do delito. Todavia, se a vítima portava a carteira, mas em bolso diverso do tateado pelo agente, existe tentativa de furto, pois, no caso, a impropriedade do objeto é apenas relativa, existindo uma chance de se conquistar a consumação.[73] Assiste razão ao autor, já que, no primeiro caso, qualquer tentativa de subtração resta frustrada. O objeto deve existir no momento da conduta para que se possa imaginar a viabilidade de consumação.

8 Furto noturno

O § 1º do artigo 155 prevê uma causa de aumento de pena (um terço) quando o agente pratica a subtração durante o repouso noturno. O dispositivo, segundo Bitencourt, remonta ao direito romano (*furtum nocturnum*), não sendo abraçado pelas legislações mais recentes. A justificativa para a majorante reside na menor vigilância exercida sobre o bem durante

---

72 Acerca do tema, decidiu o STJ: "Furto qualificado. Tentativa. Automóvel. Impossibilidade mecânica de funcionamento. Configuração típica. Os traços marcantes do chamado crime impossível não se contentam com o fato da relativa impropriedade do objeto, a exemplo do simples defeito mecânico do automóvel, em cuja tentativa de funcionamento foi flagrado o agente" (REsp 58870/PR, 5ª Turma, Rel. Min. José Dantas).

73 JESUS, Damásio E. de. *Direito penal...*, op. cit., p. 306.

o período em que ocorre a conduta, incrementando a possibilidade de se coroar com êxito a subtração. Não se mostra adequada a motivação fundada na maior periculosidade do agente, pois o furto cometido às vistas de todos demonstra uma audácia muito maior, constituindo uma afronta às autoridades públicas.

O elemento normativo "repouso noturno" deve ser interpretado de acordo com a finalidade da lei. Assim, o termo deve ser entendido como o período, segundo os costumes locais, de descanso, pois nesse momento a vigilância é diminuta. Cuida-se de um critério psicossociológico, que não guarda correspondência com o termo noite (que pode ser definido de várias formas, sendo mais razoável o critério físico-astronômico, ou seja, a noite começa com o crepúsculo e estende-se até a alvorada). Acerca do repouso noturno, ninguém foi mais feliz do que Magalhães Noronha: "é o tempo em que a vida das cidades e dos campos desaparece, em que os seus habitantes se retiram, e as ruas e estradas se despovoam, facilitando essas circunstâncias a prática do crime". É a análise dos costumes arraigados nas comunidades que indicará a incidência da majorante. Um furto praticado em local frequentado por jovens madrugada adentro dificilmente poderá ter a sua pena majorada, já que não existia a facilidade propiciada pelas ruas desertas. Entretanto, em uma área rural onde seja costume dos moradores o recolhimento ainda no início da noite, torna-se mais fácil o reconhecimento. Percebe-se, então, que o repouso noturno é mais alongado no segundo caso do que no primeiro.

Segundo nossa concepção, pouco importa se o furto é realizado *intra* ou *extramuros*. Se o furto tem como objeto um automóvel estacionado defronte a uma casa, ou se o veículo está no interior da garagem, isso é irrelevante para o aumento da pena. De semelhante, não há relevo em se perquirir se a casa invadida durante o repouso noturno estava habitada ou não no momento da conduta, pois não é o costume familiar que determinará o reconhecimento do repouso, mas o costume social. Discordamos, portanto, da corrente esposada por Bitencourt, para quem o furto noturno "necessita ser praticado em casa habitada, já em horário de repouso, porque, nessas circunstâncias, efetivamente, afrouxa-se a vigilância do sujeito passivo, facilitando não só a impunidade, mas também o êxito do empreendimento delituoso".[74] Em síntese, o autor afirma que em casa desabitada não há vigilância, não havendo o que se reduzir pelo repouso noturno. Contudo, a vigilância que fundamenta o dispositivo não é exclusiva do sujeito passivo. Se assim fosse, chegaríamos ao extremo de admitir o "furto diurno", ou seja, bastaria que o ocupante do imóvel estivesse repousando, ainda que de dia,

---

74 BITENCOURT, Cezar Roberto. *Tratado...*, op. cit., v. 3, p. 21.

para a incidência da causa de aumento de pena, pois efetivamente o bem ficaria desguarnecido pela vítima. Cuida-se, em verdade, de uma vigilância comunitária, essa sim afrouxada, razão pela qual pouco importa se o sujeito passivo exercia ou não a proteção pessoal do bem. Weber Martins Batista, defendendo essa posição, conclui: "a expressão 'durante o repouso noturno' é uma locução adverbial de tempo, não de lugar, e significa o tempo em que, e não o local onde as pessoas dormem".[75] Paulo Roberto Ventura é da mesma opinião, assinalando que entendimento contrário deixaria à mercê dos ladrões os animais e as plantações, pois esses são criados e cultivados em local desabitado.[76] O mesmo se diga em relação aos estabelecimentos comerciais. Hungria insinua que a exigência de ser o furto praticado em local habitado é influência do antigo Código Zanardelli e do Código alemão que, expressamente, impõem tal circunstância, juntamente com o repouso noturno (noite, na lei germânica).[77]

Se, em uma situação não usual, o local do furto está excepcionalmente movimentado (como no caso de festividades), não incide a causa de aumento da pena, pois não se apresenta a justificativa normativa.

Entendemos que, por uma questão de proporcionalidade, não se aplica a majorante ao furto qualificado. Afinal, caso haja sua incidência, a pena máxima do furto qualificado ultrapassará o limite penal máximo abstratamente cominado ao crime de roubo, o que é um disparate. A majorante, nesse caso,

---

75 MARTINS BATISTA, Weber. *O furto e o roubo...*, op. cit., p. 72.
76 VENTURA, Paulo Roberto, apud MARTINS BATISTA, Weber. *O furto e o roubo...*, op. cit., p. 68. A posição também é defendida por Luiz Régis Prado, ainda que não concordemos com sua argumentação: "Sufraga-se o entendimento de que a majorante incide ainda que o furto ocorra em local desabitado, satisfazendo-se simplesmente com a circunstância de que seja praticado durante o momento, segundo os costumes locais, em que as pessoas estejam repousando, porque a vigilância do sujeito passivo é afrouxada durante o sobredito período. Com efeito, essa vigilância não se refere expressamente à casa onde repousa o indivíduo, mas necessariamente a tudo aquilo que lhe pertença e dependa de seus cuidados, mesmo porque o fundamento da causa de aumento da pena não é a incolumidade física" (*Curso...*, op. cit., p. 374). Na mesma esteira, Júlio Fabbrini Mirabete: "Tratando a lei apenas da questão do momento em que o crime é praticado, dada a carência de vigilância normal nas horas consagradas ao repouso, a melhor orientação seria a de que só a circunstância de ser o crime praticado durante o repouso noturno é o suficiente para a configuração da agravação da pena. A jurisprudência, porém, inclina-se majoritariamente em sentido contrário" (*Código penal interpretado...*, op. cit., p. 1106). O STJ já entendeu que não há óbice ao reconhecimento da majorante quando o furto é praticado em estabelecimentos comerciais (REsp 940.245/RS, rel. Min. Felix Fischer, julg. em 13/12/2007).
77 HUNGRIA, Nélson. *Comentários...*, op. cit., v. VII, p. 30-31.

será considerada quando da fixação da pena-base, na qualidade de circunstância judicial.[78]

9 Furto de pequeno valor

Chamado também de furto "privilegiado" ou de furto mínimo, o furto de pequeno valor (§ 2º do artigo 155) encerra uma causa de diminuição da pena, e não um privilégio, já que não se estipula pena autônoma mais benéfica para o dispositivo. Ao contrário, sua incidência se dá sobre o tipo fundamental do artigo 155, ou sobre as formas qualificadas do §§ 4º a 7º (segundo o STF, consoante será estudado).

A norma conjuga dois requisitos para a aplicação da diminuição, quais sejam, a primariedade do criminoso e o pequeno valor da coisa subtraída.

Entende-se por primário o indivíduo não reincidente, lembrando que a reincidência está disposta nos artigos 63 e 64 do CP. Assim, se o agente comete o furto durante o curso de uma ação penal que lhe imputa outro delito, não será tido como reincidente. De igual forma, será primário se, depois de cinco anos da extinção da pena a que foi condenado pela prática de outro delito, vier a cometer um furto. Nesse sentido se manifesta Regis Prado, ao mencionar que será direito subjetivo do réu "o reconhecimento do privilégio, mesmo que o acusado registre antecedentes criminais".[79] Deve ser assinalada a posição contrária de Bitencourt, para quem há três espécies de criminosos: o primário, o reincidente e o não reincidente. Segundo o autor, primário é somente o indivíduo que não apresenta condenação irrecorrível anterior, ao passo que não reincidente é aquele que, registrando condenação transitada em julgado contra si, não se adequa ao conceito de reincidente. Somente o réu primário faria jus à minorante, excluído o não reincidente.[80] Saliente-se que o STF, em decisão polêmica,[81] à qual foi dada repercussão geral, já decidiu pela constitucionalidade do instituto da reincidência (por muitos contestado, pois representa hipótese de *bis in idem*).

O pequeno valor da coisa furtada é tema discutido na doutrina jurídica. A lei não conceitua a expressão, conduzindo à formação de, basicamente, duas correntes: a) o pequeno valor da coisa deve ser aferido de acordo com a capacidade financeira da vítima; b) o valor deve ter como parâmetro o salário mínimo, ou seja, será de pequeno valor a coisa avaliada em menos de um salário mínimo. Preferimos um conceito misto, combinando as duas orientações. Justifica-se: a adoção pura de um ou de outro critério pode conduzir a situações de iniquidade. O primeiro, peca por sua indeterminação,

---

78 Nesse sentido, STJ, REsp 940.245/RS, rel. Min. Felix Fischer, julg. em 13/12/2007.
79 PRADO, Luiz Regis. *Curso...*, op. cit., p. 374.
80 BITENCOURT, Cezar Roberto. *Tratado...*, op. cit., v. 3, p. 23.
81 RE nº 453000, rel. Min. Marco Aurélio, julg. em 04.04.2013.

possibilitando decisões díspares para casos assemelhados. O segundo não contempla situações que podem ser extremamente gravosas para a vítima, embora a coisa, objetivamente, seja de pequeno valor. Quem haveria de negar a maior reprovabilidade na conduta do agente que furta duzentos reais de um mendigo? Assim, cremos que o pequeno valor deve ser aquele que não acarreta um grande desfalque patrimonial para a vítima, desde que não ultrapasse o valor de um salário mínimo. Acresce-se, assim, um limite máximo prefixado, facilitando a avaliação no caso concreto.

É interessante ressaltar que o pequeno valor da coisa furtada não significa valor inexpressivo. Se a subtração é mínima (um palito de fósforo, uma bala etc.), não há sequer que se falar em crime, aplicando-se o aspecto da insignificância.

A redução da pena é um direito subjetivo do acusado, porque, embora a lei utilize a expressão "o juiz pode", não há espaço para qualquer discricionariedade na apreciação (por exemplo, avaliação da culpabilidade do agente), restando ao magistrado observar a presença dos requisitos legais. Se o criminoso é primário e a coisa subtraída é de pequeno valor, não se permitindo a verificação de requisitos subjetivos, o juiz não pode negar a diminuição.

Debate-se, outrossim, a possibilidade de aplicação da causa de diminuição da pena ao furto qualificado. Regis Prado, a respeito, ensina: "Por fim, é praticamente pacífico que o privilégio não se aplica ao furto qualificado, pois neste há um maior desvalor da ação, e seria um contrassenso beneficiar o autor quando sua ação é mais grave. Rechaça-se o argumento de que a simples ordem topográfica do dispositivo não impede o reconhecimento do privilégio, justamente porque, conforme asseverado, trata-se de condutas mais graves, não se devendo olvidar que a posição topográfica não estabelece o conteúdo normativo, e, sim, é este último quem determina aquela".[82]

---

82 PRADO, Luiz Regis. Curso..., op. cit., p. 375. Nessa esteira, importa consignar a seguinte decisão do STJ (Informativo nº 459), embora reconhecendo a compatibilidade entre os §§ 2º e 4º, em virtude da posição esposada pelo Min. Félix Fischer, vencido no julgamento: "Trata-se de habeas corpus impetrado pela Defensoria Pública contra acórdão do TJ em que o paciente foi condenado ao cumprimento de dois anos de reclusão em regime aberto, substituído por prestação de serviços à comunidade por igual período e, ainda, ao pagamento de dez dias-multa por violação do art. 155, § 4º, III e IV, do CP. Isso porque o paciente, juntamente com o corréu e mediante o emprego de chave falsa (mixa), subtraiu para si um aparelho toca-cds que se achava instalado no interior do veículo, sendo que não houve prejuízo à vítima, pois a res furtiva foi recuperada. As instâncias ordinárias reconheceram que o paciente era primário, bem como que a res furtiva foi avaliada em R$ 150,00 – consta do auto de avaliação indireta juntado aos autos que esse valor era inferior ao salário mínimo vigente de R$ 240,00 à época do delito (janeiro de 2004). Busca a impetração o reconhecimento do furto privilegiado, aplicando-se ao paciente pena de multa; para isso, alega que a conduta perpetrada pelo agente se amolda ao tipo previsto no art. 155, § 2º, do CP. Para o Min. Relator, a questão dos autos envolve admitir ou não, em nosso ordenamento jurídico,

Posição diametralmente oposta adota Bitencourt: "Com efeito, não há razão que justifique a punição de réu primário que subtrai coisa de pequeno valor, com abuso de confiança, com o mesmo grau de pena, daquele que subtrai coisa de valor considerável, nas mesmas circunstâncias. Como destacou o Ministro Cernicchiaro, o tratamento normativo traduz a característica jurídica da infração penal, e, se houver eventuais complexidades, devem ser consideradas; caso contrário, a pena não projetará a expressão que o direito lhe atribuiu. Enfim, a circunstância de situar-se o preceito privilegiador em parágrafo anterior àquele que define o furto qualificado não impede a

> a figura do furto qualificado-privilegiado. Assevera que o acentuado desvalor de ação nas hipóteses de furto qualificado não pode ser abalado ou neutralizado pela configuração de dados componentes do furto privilegiado (menor desvalor de resultado e primariedade), visto que o furto privilegiado se identificaria com o furto bisonho de um réu primário. Afirma não guardar o furto privilegiado relação com as maneiras de agir (revoltantes e atrevidas) descritas no § 4º do art. 155 do CP (furto qualificado). Ademais, explica que, se o desvalor de resultado não distingue, em termos do bem jurídico patrimônio, o ilícito penal do ilícito civil, carece de sentido jurídico aceitar que, no furto, um menor desvalor de resultado possa nulificar o acentuado desvalor de ação (fator decisivo, aqui, na identificação do grau do injusto). Considera ainda o Min. Relator, entre outras questões, que, se fosse aplicado ao § 4º o disposto no § 2º, ter-se-ia acentuada diferença de tratamento penal na aplicação ao réu reincidente em comparação ao primário; no concurso de agentes, o primário ficaria com pena simbólica e o reincidente, com pena acima de dois anos de reclusão (dada a agravante), mas ressalta que a mesma situação poderia ocorrer em processos distintos. Observa, com base na doutrina e na jurisprudência, que, se fosse diferente, toda tentativa de furto seria, em verdade, tentativa de furto privilegiado. Conclui que, ainda que a *res furtiva* seja de pequeno valor (e não ínfimo, porquanto esse implicaria a incidência do princípio da insignificância) e o réu seja primário, não se aplica ao furto qualificado a minorante do § 2º do mesmo artigo e *codex* citados. Não obstante os abalizados argumentos do Min. Relator, a Turma, ao prosseguir o julgamento, concedeu a ordem, aderindo, por maioria, ao voto vista do Min. Jorge Mussi, de acordo com a mais recente orientação do Supremo Tribunal Federal a qual afirma não haver qualquer incompatibilidade teórica ou legal da incidência do privilégio do § 2º do art. 155 do CP às hipóteses de furto qualificado, desde que as qualificadoras sejam de ordem objetiva e que a pena final não fique restrita à multa. O voto vista aplicou, em favor do paciente, o privilégio do § 2º do art. 155 do CP, observando que sua pena definitiva ficou em oito meses de reclusão, substituída por prestação de serviços à comunidade por igual período em local e hora a serem designados pelo juízo da execução, além do pagamento de sete dias-multa, mantidos, no mais, a sentença e o acórdão impugnado. Também noticiou que a Sexta Turma deste Superior Tribunal vem reconhecendo a compatibilidade entre o furto qualificado e o privilégio disposto no § 2º do art. 155 do CP, conforme a orientação do STF. Precedentes citados do STF: HC 102.490-SP, DJe 18/6/2010; HC 97.034-MG, DJe 7/5/2010; HC 99.569-MG, DJe 12/3/2010; HC 99.581-RS, DJe 5/3/2010; HC 96.752-RS, DJe 14/8/2009; HC 96.843-RS, DJe 14/6/2009; no STJ: REsp 77.143-SP, DJ 10/6/1996; REsp 84.671-SP, DJ 17/2/1997; HC 124.238-MG, DJe 7/12/2009, e HC 118.206-MG, DJe 8/6/2009" (HC 157.684-SP, Rel. originário Min. Felix Fischer, Rel. para acórdão Min. Jorge Mussi, julgado em 7/12/2010).

aplicação daquele benefício".[83] Nesse tema, alteramos nossa orientação anterior. Defendemos, hoje, a compatibilidade entre as circunstâncias, na mesma esteira do que fizeram em decisões mais recentes o STF[84] e o STJ, este último na Súmula nº 511, assim ementada: "É possível o reconhecimento do privilégio previsto no § 2º do art. 155 do CP nos casos de crime de furto qualificado, se estiverem presentes a primariedade do agente, o pequeno valor da coisa e a qualificadora for de ordem objetiva". Como não vislumbramos, no furto, nenhuma qualificadora subjetiva, o § 2º nos parece sempre incidente. Cabe discutir, então, em que extensão ele incidirá. Por exemplo, é possível a

83 BITENCOURT, Cezar Roberto. *Tratado...*, op. cit., v. 3, p. 25. Nesse sentido, Fernando Capez (*Curso...*, op. cit., p. 362).

84 Informativo nº 563: "A Turma, por maioria, deferiu habeas corpus para admitir a compatibilidade entre a hipótese do furto qualificado e o privilégio de que trata o § 2º do art. 155 do CP. No caso, os pacientes foram condenados pela prática do crime previsto no art. 155, § 4º, IV, do CP, em virtude da subtração de uma novilha holandesa, no valor de R$ 200,00 (duzentos reais). Pleiteava a impetração a aplicação do princípio da insignificância ou o reconhecimento da causa especial de diminuição da pena prevista no art. 155, § 2º, do CP (furto privilegiado). Inicialmente, rejeitou-se o primeiro pedido ao fundamento de que os requisitos essenciais à incidência do princípio da insignificância não estariam presentes na espécie, porquanto, embora se cuidasse de bem de pequeno valor, a sentença condenatória realçara a situação econômica da vítima, a relevância do seu prejuízo, bem como o aspecto socioeconômico da região, na qual predomina o minifúndio. Em seguida, quanto ao furto qualificado-privilegiado, asseverou-se que, recentemente, em que pese julgados mais antigos em sentido contrário, a Corte vem se afastando da ortodoxia que dava como inconciliável o tratamento privilegiado do crime de furto com suas hipóteses qualificadas. Vencido, no ponto, o Min. Marco Aurélio, que indeferia o writ por não conciliar o furto privilegiado com o furto qualificado, sob pena de a junção fazer surgir terceiro tipo penal. Precedente citado: HC 94765/RS (DJE 26.9.2008)☐ (HC 97.051/RS, rel. Min. Cármen Lúcia, julg. em 13/10/2009). O STF já adotou posição diversa (*Lex*, 59/330). No STJ, há divergência: "Penal. Recurso especial. Furto qualificado. Inaplicabilidade do § 2º do artigo 155 do CP. Desvalor de ação e desvalor de resultado. Dissídio pretoriano. I – Ao furto qualificado não se aplica a minorante do furto privilegiado. O menor desvalor do resultado, desde que não insignificante, carece de relevância jurídica para afetar o desvalor de ação próprio das formas qualificadas. A incidência do privilegiado, outrossim, não pode ter, indiferentemente, o mesmo efeito na forma qualificada que tem na forma básica. II – A divergência jurisprudencial deve obedecer ao disposto no artigo 225, e §§, do RISTJ. Recurso não-conhecido" (REsp 195098/SC, 5ª Turma, Rel. Min. Félix Fischer); "Recurso especial. Furto qualificado e privilegiado. Compatibilidade. 1. Vai se consolidando, nos Tribunais Superiores, a compatibilidade entre o furto privilegiado, com o furto qualificado, tal como no caso vertente, em que duas pessoas subtraíram um par de palhetas para limpador de pára-brisas, avaliado em R$ 10,00 (dez reais). 2. Há que se reservar o cárcere para crimes realmente graves, que causem profunda inquietação popular, não para aqueles casos que, por sua insignificância, não demonstram a necessidade de confinamento dos agentes presumidamente de nenhuma ou escassa temibilidade. 3. Recurso conhecido e provido, para reformar o acórdão recorrido e restabelecer a decisão de primeiro grau" (REsp 103998/SP – 6ª Turma, Rel. Min. Anselmo Santiago).

aplicação somente da pena de multa (nos moldes preconizados no dispositivo) ao furto do § 5º? O § 2º, aparentemente, estabelece uma escala crescente de suavização da sanção penal, começando pela substituição da pena de reclusão pela de detenção (benefício de menor intensidade), passando pela diminuição da pena e culminando na aplicação exclusiva da pena de multa (benefício de maior monta). Portanto, na aplicação do § 2º, o magistrado deverá considerar a proporcionalidade intrínseca às penas (inclusive a vedação à insuficiência), reservando os menores benefícios às qualificadoras de maior relevo.

10 Furto de energia

Como dito, a característica da intangibilidade não impede o reconhecimento de uma coisa, tampouco de sua mobilidade, como no caso dos gases, passíveis de subtração. Todavia, as coisas só podem ser assim chamadas quando corporificadas, ou seja, devem ser constituídas por matéria, o que não acontece nas formas de energia.[85] Portanto, à evidência, as diversas formas de energia não podem ser consideradas coisas. Daí decorre que, em tese, não podem figurar como objeto material do crime de furto, senão em caso de expressa equiparação legal. Essa equiparação existe na norma de extensão prevista no § 3º do artigo 155. Para a finalidade de caracterização do furto, portanto, o Código Penal equipara a energia elétrica ou qualquer outro tipo de energia com valoração econômica à coisa móvel. É a lei, portanto, que permite a punição do furto de energia, já que, sem a interferência do dispositivo em comento, tal conduta não se subsumiria ao tipo fundamental.

Tema interessante relativo ao furto de energia elétrica se faz presente na adulteração de medidor de consumo residencial, para que apresente uma captação inferior à efetiva. Não há subtração direta da energia que corre nos fios condutores (o chamado "gato"), mas expediente fraudulento visando a ludibriar a empresa concessionária responsável pelo serviço. Entendemos que, nessa hipótese, aperfeiçoa-se o crime de estelionato. Em linhas gerais: se a instalação que propicia a subtração da energia evita a medição do consumo, já que posicionada antes da passagem da energia pelo medidor, temos furto (mediante fraude, se a instalação não for ostensiva, mas escamoteada); se a energia passa pelo medidor de consumo, mas este não reflete o consumo real, pois adulterado, o crime é de estelionato. Não convence, portanto, a posição defendida pela Sexta Turma do STJ no RHC nº 62.437. Nesse julgado, o voto do Ministro relator se limita a reproduzir a velha e superficial fórmula segundo a qual, no furto fraudulento, o engodo visa a

---

85 Matéria é tudo aquilo que, possuindo massa, ocupa um lugar no espaço (ou seja, também possui volume). Essas características não se aplicam à energia. Por exemplo, a energia luminosa é composta por partículas – os fótons – todavia destituídas de massa. As coisas, em direito penal, são necessariamente constituídas por matéria.

burlar a vigilância da vítima, à qual se sucede a subtração, ao passo em que, no estelionato, tem por objetivo a transferência do bem empreendida pela própria pessoa enganada. A diferença entre esses crimes, em verdade (como será repetido exaustivamente nesta obra), não se basta nessa fórmula, mas também se dá pela presença de uma relação sinalagmática no estelionato, que inexiste no furto mediante fraude. No caso julgado pelo STJ, entre autor e concessionária existia um contrato de fornecimento de energia elétrica. O autor, visando a reduzir a contrapartida devida pelo consumo da energia, realizou um pequeno furo na lateral do lacre afixado ao equipamento de medição, através do qual conseguiu abri-lo sem aparentar a violação do lacre. Em seguida, o autor entortou um pino em um dos soquetes das correntes e tensões responsáveis pela medição do consumo, o que reduziu em um terço a verificação do consumo efetivo. Assim, a concessionária, em meio a essa relação sinalagmática, realizou regularmente a prestação do serviço, mas foi enganada na contraprestação, cobrando a menos pela energia efetivamente fornecida. Estelionato, não furto mediante fraude, pois a fraude recai diretamente sobre a sinalagma. Weber Martins Batista, escrevendo sobre o tema de forma genérica (ou seja, sem ter por base a posição do STJ), diz haver estelionato na hipótese em comento. Sustenta sua posição asseverando que não há subtração, mas a entrega livre do bem, embora viciada pela fraude.[86] Discordam Paulo José da Costa Jr. e Álvaro Mayrink. Para o primeiro autor, "na espécie apresentada, o que se verifica é o furto qualificado pela fraude, que se distingue do ardil que integra o estelionato".[87] Já o segundo jurista aduz que, no caso, a retirada da coisa é feita sem a concordância da vítima, caracterizando a subtração.[88]

Somos da opinião de que o furto de energia – nas hipóteses em que o agente usufrui de uma mesma conduta por um tempo prolongado, como no desvio de eletricidade da rede pública – constitui crime permanente, cuja consumação se opera com o início da captação, todavia se prolongando até o momento em que esta cessa.[89] A Corte de Cassação italiana (seção V, sentença nº 24002, de 9 de junho de 2014) também sufragou este entendimento, mesmo em caso de sucessivos desligamentos e religamentos na captação de energia, que configurariam meramente atos intrínsecos a uma única ação criminosa.[90] Isso significa que, se uma pessoa passa a morar em um imóvel onde ocorra a subtração de energia, derivada de instalação realizada pelo

---

86 MARTINS BATISTA, Weber. *O furto e o roubo...*, op. cit., p. 149. A mesma posição é adotada por Fernando Capez (*Curso...*, op. cit., p. 363).
87 COSTA JR., Paulo José da. *Comentários...*, op. cit., p. 470.
88 MAYRINK DA COSTA, Álvaro. *Direito penal...*, op. cit., p. 634.
89 Aqui, modificamos a posição esposada na primeira edição desta obra.
90 O furto de energia está previsto no artigo 624 do Código Penal italiano.

ocupante anterior, e, ciente desta circunstância, mantêm a instalação, dela se aproveitando, ela também pratica o crime de furto de energia.

Já se discutiu no STJ, outrossim, se o pagamento do prejuízo causado acarretaria extinção da punibilidade do agente, a par do que ocorre nas dívidas de natureza tributária. No mesmo RHC nº 62.437, julgado em 1º de julho de 2016, o relator sustentou a possibilidade de aplicação analógica das leis 9.249, de 1995, e 10.684, de 2003, por uma questão de isonomia e subsidiariedade do direito penal. Embora o preço pago pelo consumo de energia elétrica não seja um tributo, o Tribunal entendeu que se trata de preço público, assemelhado a um tributo, o que demandaria a aplicação das mesmas regras concernentes aos tributos em geral. Essa tese, contudo, ainda que aplicada durante certo período no seio da Corte, foi alterada. No HC nº 412.208-SP, julgado em 20.03.2018, o STJ refutou a extinção da punibilidade, argumentando com a especificidade da medida, usada para manter o equilíbrio das contas públicas através do incentivo ao pagamento, o que seria irrelevante nos crimes contra o patrimônio. Assim, o pagamento resulta apenas em diminuição da pena pelo arrependimento posterior (artigo 16 do CP), desde que anterior ao recebimento da denúncia. Importa trazer à baila a opinião de Lenio Streck, que, ao defender a inconstitucionalidade do artigo 9º da Lei nº 10.684 em virtude da proteção penal deficiente, assim se manifestou: "De pronto, cabe referir que inexiste semelhante favor legal aos agentes acusados da prática dos delitos do art. 155, 168, *caput* e 171 do Código Penal, igualmente crimes de feição patrimonial não diretamente violentos. Tal circunstância demonstra, já de início, a visão de mundo do legislador (e do Poder Executivo) acerca da teoria do bem jurídico. Ou seja, para o *establishment*, é mais grave furtar e praticar estelionato do que sonegar tributos e contribuições sociais".[91] Em resumo, há seletividade penal explícita e violadora do princípio da igualdade quando o levíssimo tratamento dispensado aos crimes contra a ordem tributária não se estende aos crimes patrimoniais não violentos. Assim, caso se conclua pela constitucionalidade da suspensão da pretensão punitiva, no parcelamento da dívida tributária, e da extinção da punibilidade pelo pagamento, a despeito da proclamada desproporcionalidade, não há razão lógica para negar tratamento paritário aos crimes patrimoniais. A decisão do STJ demonstra a supervalorização aos ataques patrimoniais produzidos por integrantes de classes marginalizadas, quando contrastados com os chamados "crimes do colarinho branco", fomentando a perpetuação de desigualdades.

---

91 STRECK, Lenio Luiz. Bem Jurídico e Constituição: da proibição de excesso (Übermaßverbot) à proibição de proteção deficiente (Untermaßverbot) ou de como não há blindagem contra normas penais inconstitucionais. *Boletim da Faculdade de Direito*, vol. LXXX. Coimbra: Universidade de Coimbra, 2004. p. 328.

A norma presente no artigo 155 não se restringiu somente à energia elétrica, abrangendo qualquer tipo de energia que possua apreciação econômica, como a energia térmica, a solar, a atômica etc. Afirma-se que a energia genética pode se prestar para a caracterização da conduta (ver item 56 da Exposição de Motivos da Parte Especial do CP). Vejamos o seguinte exemplo: um criador de gado, querendo melhorar a qualidade de seu rebanho, faz penetrar em suas terras o touro premiado de um criador vizinho, deixando-o "cobrir" as suas vacas e fazendo-o retornar, em seguida, à origem. Haveria, teoricamente, furto de energia genética, que possui apreciação econômica. Cremos que não é necessário irmos tão longe, pois, antes mesmo do apossamento da energia procriadora do touro, ocorre a subtração de seu sêmen, que indubitavelmente é uma coisa, já que composto de matéria. Não se cogita, assim, furto de energia.

E o sinal emitido por operadoras de "TV a cabo"? Pode ser furtado? O artigo 35 da Lei nº 8.977, de 1995, afirma constituir "ilícito penal a interceptação ou a recepção não autorizada dos sinais de TV a cabo". O dispositivo, entretanto, é uma aberração legislativa, pois não prevê a respectiva pena. Há um preceito primário, todavia sem o necessário preceito secundário. Em outras palavras: a Lei nº 8.977 estabelece a ilicitude da interceptação ou recepção do sinal, contudo não cria um tipo penal (ainda que seu texto – embaraçoso, para dizer o mínimo – diga o contrário). A Segunda Turma do STF, em 12 de abril de 2011, ao julgar o HC nº 97.261-RS, decidiu por unanimidade: (a) que a conduta típica teoricamente capaz de punir a captação ilegal do sinal de TV a cabo é aquela prevista no artigo 35; (b) que o artigo 35 não tem pena, tratando-se de "norma penal em branco inversa, cujo conteúdo incompleto – preceito secundário – deve ser complementado obrigatoriamente por outra lei, sob pena de violação do princípio da reserva legal";[92] (c) e sequer pode ser utilizada a sanção cominada ao artigo 155, § 3º, pois o sinal não é energia e, consequentemente, o uso do dispositivo do Código Penal para integrar a norma existente no artigo 35 seria uma forma de analogia *in malam partem*. O relator do HC, Min. Joaquim Barbosa, assim sustentou em seu voto: "(...) entendo que o sinal de TV a cabo não pode ser equiparado à energia, pois não é fonte capaz de gerar força, potência, fornecer energia para determinados equipamentos, ou de transformar-se em outras formas de energia". Ademais, prosseguiu o relator, "(...) não está o sinal de TV a cabo sujeito à apropriação material, não podendo ser armazenado, retido e transportado como *res furtivae*". Em suma, não pode o sinal ser subtraído, de modo que a sua ilegal captação não caracteriza o crime do artigo 155, § 3º. O relator cita a doutrina de João Eduardo Grimaldi da Fonseca, para quem "não há desfalque no patrimônio, o prejuízo decorre do que a empresa – em

---

92 Trecho do voto do relator do HC nº 97.261-RS, Min. Joaquim Barbosa.

virtude da utilização indevida do sinal que retransmite – deixa de receber, não do que desta se subtrai".[93] O STJ possui jurisprudência firme em sentido contrário.[94] Em síntese, sustenta o STJ que "o sinal de televisão propaga-se através de ondas, o que na definição técnica se enquadra como energia radiante, que é uma forma de energia associada à radiação eletromagnética".[95] Nesse sentido, embora sem argumentar, Cleber Masson.[96] Há ainda posição que defende a existência de estelionato no caso concreto,[97] da qual discordamos, uma vez que o artigo 171 do CP pressupõe a existência de uma relação sinalagmática fraudulenta, inexistente no caso concreto.

Segundo pensamos, mesmo que o sinal de TV a cabo possa ser qualificado como energia, não é ele suscetível de apropriação, consoante definido pelo STF. Seu uso (captação) ilegal não importa subtração do sinal, pois não passa ao poder exclusivo do agente.

Se uma pessoa usa o sinal de Internet wi-fi contratado por domicílio vizinho ao seu – ainda que mediante burla da segurança proporcionada por eventual senha – igualmente não há furto, por ausência de subtração do sinal. Usar, frise-se, ainda que possa importar sinal mais fraco, não é sinônimo de subtrair.

Não se deve confundir, contudo, a captação e a distribuição do sinal de TV a cabo (ou internet) para fins domésticos com o funcionamento de centrais clandestinas de distribuição dos respectivos sinais. Primeiro exemplo: X adquire um pacote de canais de TV a cabo legalmente, mas usa seu contrato para distribuir, através de conexões ilegais, o sinal para parentes (ou mesmo amigos) que moram em residências vizinhas, sendo certo que todos repartem entre si o preço cobrado pela operadora. Nesse caso, há meramente ilícito civil. Segundo exemplo: Y compra um equipamento "pirata", que lhe permite acessar canais antes inacessíveis, ou desvia um cabo para sua residência, valendo-se da instalação ilegal de equipamentos de decodificação de sinais. É aqui que reside a discussão mencionada nos parágrafos anteriores (furto? Estelionato? Fato atípico?). Terceiro exemplo: Z monta em uma

---

93 GRIMALDI, João Eduardo, apud BITENCOURT, Cezar Roberto *Tratado...*, op. cit., p. 67. Na jurisprudência: "O agente que após ter seu sinal de TV a cabo retirado pela operadora do sistema, em virtude de inadimplemento, religa-o clandestinamente não se enquadra na tipicidade do § 3º do art. 155 do CP, pois mero ilícito civil não deve ser combatido no âmbito criminal, ainda mais por aplicação de *analogia in malam partem*" (TARS, RT 755/732, julg. em 02/04/1998).

94 RHC nº 30.847-RJ, rel. Min. Jorge Mussi, julg. em 20.08.2013; REsp. 1123747-RS, rel. Min. Gilson Dipp, julg. em 16.12.2010.

95 STJ, AREsp. nº 726.601-SP, rel. Min. Nefi Cordeiro, julg. em 04.12.2017.

96 MASSON, Cleber. *Direito Penal*: parte especial. 11. ed. Rio de Janeiro: Forense, São Paulo: Método, 2018. v. 2. p. 378.

97 TJRS, AC nº 70001779305, Segunda Câmara Criminal, rel. Des. Ivan Leomar Bruxel, julg. em 09.08.2001.

casa uma central clandestina de TV a cabo, recebendo ilegalmente o sinal e redistribuindo-o a outras pessoas, cobrando ou não uma mensalidade dos usuários. Ou seja, age como se fosse uma operadora credenciada a explorar o serviço. Cuida-se de crime previsto no artigo 183 da Lei nº 9.472, de 1997 (desenvolvimento clandestino de atividades de telecomunicações), pois a atividade em apreço encontra leito no artigo 60, § 1º, da mesma lei, que define a palavra telecomunicação. No caso da internet, a questão é um pouco mais complexa, pois o STF já decidiu pela atipicidade da conduta. Segundo a Corte, o serviço de internet não se subsome ao conceito de telecomunicação, mas sim ao de serviço de valor adicionado, previsto no artigo 61. Como o artigo 183 trata unicamente das telecomunicações, o serviço clandestino de internet restaria alijado do âmbito normativo.[98] O STJ, todavia, enxerga na conduta o crime do artigo em comento, mesmo que se trate de serviço de valor adicionado.[99] Inclusive, o Tribunal, na Súmula 606, nega a incidência da atipicidade material pela insignificância à hipótese. Considerando o princípio da legalidade, concordamos com a posição esposada pelo STF. Ressalte-se, por fim, que o artigo 183 difere do artigo 70 da Lei nº 4.117, de 1962, no que concerne à habitualidade da conduta, ausente no segundo dispositivo, consoante o STF.[100]

11 Furto qualificado

Originalmente, o Código Penal continha quatro dispositivos prevendo qualificadoras para o crime de furto, todos eles consistentes em incisos do § 4º. Atualmente, este número dobrou, com a criação dos §§ 4º-A a 7º. Casa um desses parágrafos prevê margens diferenciadas de punibilidade, o que nos leva a questionar qual foi o critério estabelecido pelo legislador nessa ponderação (resposta mais provável: não há qualquer critério e as margens penais são eleitas aleatoriamente, o que em nada destoa do comportamento padrão do Legislativo brasileiro).

São hipóteses que qualificam o furto: 1. *qualificação pelos meios executórios*, todas elas previstas nos §§ 4º e 4º-A, a saber, destruição ou rompimento de obstáculo à subtração da coisa (§ 4º, I); com abuso de confiança ou mediante fraude, escalada ou destreza (II); com emprego de chave falsa (III); mediante concurso de duas ou mais pessoas (IV); e mediante emprego de explosivo ou artefato análogo que cause perigo comum (§ 4º-A); 2. *qualificação pela natureza da coisa*, em que as qualificadoras estão previstas nos §§ 5º a 7º, quais sejam, subtração de veículo automotor que venha a ser transportado para outro Estado ou para o exterior (§ 5º); de semovente domesticável

---

98 HC nº 127.978-PB, julg. em 24.10.2017.
99 AgRg no REsp. 1566462-SC, de 28.03.2016.
100 HC nº 118.156-GO, rel. Min. Luiz Fux, julg. em 27.02.2014.

de produção (§ 6º); e de substâncias explosivas ou acessórios que, conjunta ou isoladamente, possibilitem a fabricação de montagem ou emprego supostamente de artefatos explosivos, o que a norma não deixa claro (§ 7º).

(a) Destruição ou rompimento de obstáculo

A primeira qualificadora versa sobre a destruição ou rompimento de obstáculo à subtração da coisa. Há, aqui, o uso de violência, não contra a pessoa, que implicaria roubo, mas contra um objeto.

Obstáculo é tudo aquilo que é aproveitado ou predisposto para salvaguardar o bem de eventuais ações delituosas, seja ele natural ou artificial, como espinhos que formam uma cerca, muros, alarmes, cadeados, cofres, ofendículos etc. Weber Martins Batista, com propriedade, aponta os dois elementos que compõem um obstáculo: o elemento material, representado pelo obstáculo em si, como empecilho ao alcance da coisa, e o elemento psicológico, consistente no propósito do dono em aproveitar um meio natural para a defesa do seu patrimônio, ou em criar um obstáculo artificial com o mesmo intuito.[101] Pondera-se que, se o obstáculo integra o objeto material como acessório ou elemento essencial para o seu uso normal, não deve ser considerado para a caracterização da qualificadora. Nesse caso, não existiria a sua colocação ou o seu aproveitamento com a intenção de defesa do bem. Assim, por exemplo, o uso de uma picareta para destacar pedras preciosas incrustadas nas paredes de uma mina não indica o rompimento de obstáculo, vez que os minerais se encontram naturalmente presos ao local. Seguem outros exemplos: arrancar telhas de zinco aparafusadas para a subtração das telhas configura furto simples, vez que estas só estão fixadas para sua regular utilização; arrancar as mesmas telhas para se conquistar o ingresso ao interior de uma casa e subtrair os bens em seu interior caracteriza crime qualificado; serrar uma árvore para da madeira se apoderar é furto simples; destruir a cerca que protege a arvore é furto qualificado.

Uma questão menos evidente diz respeito ao arrombamento ou à violação do sistema de ignição de automóveis para a subtração do próprio veículo. Se o agente, *v. g.*, quebra o vidro para ingressar no veículo e subtrai-lo, há furto qualificado? Parece-nos que sim, a despeito de posição doutrinária e jurisprudencial em contrário. Os vidros do automóvel não atuam meramente como utilidades do veículo, mas sim como forma de defesa do bem. Uma pessoa, ao estacionar, normalmente não levanta os vidros para evitar o alagamento do automóvel, em caso de chuva, ou por outra razão que não seja a segurança da coisa. Realiza o ato, sim, pensando em evitar o acesso de terceiros ao veículo. O mesmo se diga em relação às trancas das portas (que, se não estivessem predispostas para a defesa do bem, nenhuma utilidade

---

101 MARTINS BATISTA, Weber. *O furto e o roubo...*, op. cit., p. 118.

teriam). Interessa verificar com que intenção esses equipamentos são acoplados à coisa, e, indubitavelmente, eles têm por escopo a sua proteção. Nessa esteira afirma Weber Martins Batista: "Ao estabelecer a figura do item I do § 4º, do artigo 155, o Código não faz referência ao tipo de obstáculo, cuja destruição ou rompimento qualifica o furto. Basta que seja obstáculo, criado ou aproveitado pelo dono ou possuidor para proteger a coisa, seja ele externo, como as paredes, as portas da casa; ou interno, como os armários fechados, os cofres. E – aqui, o importante – situe-se exteriormente à coisa ou esteja colocado na própria coisa".[102] Refutando esse entendimento, Bitencourt: "Não se considera obstáculo aquilo que integra a própria coisa, como, por exemplo, os vidros do automóvel [...]".[103] Assim, também, Capez: "É importante notar que a qualificadora não se configura quando há a destruição da própria *res* furtiva, como no caso do agente que, para subtrair um veículo, força o quebra-vento deste ou rompe fios elétricos do sistema de ignição, pois estes constituem obstáculos inerentes à *res*".[104] Se os vidros do veículo são rompidos para a subtração de uma coisa que se encontra em seu interior (como o aparelho de DVD, por exemplo) e não do automóvel, assinala-se majoritariamente que há furto qualificado, já que a coisa previamente trancada dentro do veículo transforma o automóvel em obstáculo. Nesse particular, aliás, reside mais um argumento a favor do furto qualificado no debate acima citado: haveria uma iniquidade em se considerar o furto de um acessório como crime qualificado e o furto do próprio veículo como crime simples.[105] Merece destaque, contudo, decisão do STJ que con-

---

102 MARTINS BATISTA, Weber. *O furto e o roubo...*, op. cit., p. 124.
103 BITENCOURT, Cezar Roberto. *Tratado...*, op. cit., v. 3, p. 28.
104 CAPEZ, Fernando. *Curso...*, op. cit., p. 364. Discordamos do autor, pois, no caso citado, não há a destruição ou o rompimento da própria coisa, mas de obstáculo colocado na coisa.
105 Na jurisprudência, encontram-se posições contra e a favor da configuração da qualificadora. Contra: "É de sabença comum que, como a carroceria, os para-choques, por exemplo, os vidros dos para-brisas, dos quebra-ventos e das portas dos carros, integram a estrutura do mesmo e, por sua própria natureza, ali estão para maior conforto e segurança dos usuários, por permitir que sejam conduzidos sem os inconvenientes da chuva, da poeira e vento, e não para impedir ou dificultar a ação de ladrões. Desse modo, não cabe reconhecer a majorante se a quebra do vidro da porta tem por objetivo facilitar a subtração do próprio veículo. Se esse rompimento viesse a proporcionar a subtração de qualquer objeto que estivesse dentro do carro, como toca-fitas, por exemplo, a ação conformaria o rompimento de obstáculo à subtração daquele aparelho. Anote-se, porém, que esse dado pode e deve ser levado em conta quando da apreciação dos critérios do art. 59 do CP" (TJRJ, RDTJRJ 43/391, julg. em 23/03/1999); "A qualificadora do rompimento ou destruição de obstáculo deve ter por finalidade proteger a propriedade. Num veículo a motor, os fios elétricos do sistema de ignição são necessários à própria existência desse sistema e nada tem a ver com a ideia de segurança ou guarda do veículo" (TACimSP, RT 442/453). A favor:

siderou existir, seja na subtração do carro, seja de objetos guardados em seu interior, furto simples, em homenagem ao princípio da proporcionalidade, consoante transcrição do Informativo nº 429, *verbis*: "Discute-se, no crime de tentativa de furto, se o rompimento de obstáculo (quebra do vidro de veículo para subtrair aparelho de som) tipifica o delito de furto qualificado e, se reconhecido tal rompimento, a pena aplicada fere o princípio da proporcionalidade. Para o Min. Relator, o rompimento de porta ou vidro para o furto do próprio veículo é considerado furto simples. Não seria razoável reconhecer como qualificadora o rompimento de vidro para furto de acessórios dentro de carro, sob pena de resultar a quem subtrai o próprio veículo menor reprovação. Assevera, assim, que, nos casos como dos autos, considerar o rompimento de obstáculo como qualificadora seria ofender o princípio da proporcionalidade da resposta penal, que determina uma graduação de severidade da pena em razão da prática do crime, apesar de a jurisprudência deste Superior Tribunal considerá-la como qualificadora. Com esse entendimento, a Turma, por maioria, concedeu a ordem de *habeas corpus*".[106] Já o STF, também em acórdão sobre o tema, decidiu pela qualificação do furto, conforme se vê no Informativo nº 585, *verbis*: "A Turma indeferiu habeas corpus em que a Defensoria Pública da União pleiteava, sob alegação de ofensa ao princípio da proporcionalidade, o afastamento da qualificadora do rompimento de obstáculo à subtração da coisa (CP, art. 155, § 4º, I). Sustentava que o furto dos objetos do interior do veículo seria mais severamente punido do que o furto do próprio veículo, impondo-se sanção mais elevada para o furto do acessório. Entendeu-se que, na situação dos autos,

---

"Para efeito do previsto no art. 155, § 4º, I, CP, considera-se obstáculo tudo quanto - inerente à coisa subtraenda ou dela fenomenologicamente destacável – deva ser destruído ou rompido para que se viabilize a ação delituosa. Em matéria de furto 'de' automóvel, entendimento diverso engendra o seguinte contrassenso: malgrado o arrombamento, furto simples, quando a ação recai sobre o próprio veículo; configura-se o furto qualificado quando a ação recai sobre, digamos, um guarda-chuva que ocasionalmente se achava no interior do veículo" (TACrimSP, RJD 25/199); "Considera-se obstáculo tudo aquilo posto pelo dono no sentido de evitar ou dificultar a subtração do veículo, lecionando Weber Batista que aquele que o rompe, seja para subtrair o toca-fitas ou o próprio carro, não importa, incide na forma qualificadora tipificada do § 4º, I, do art. 155 do Código Penal. O quebra-vento e o vidro do carro, inquestionavelmente, também existem para proteger o veículo da ação daqueles que pretendem furtá-lo" (TJRJ, RDTJRJ 43/389, julg. em 23/03/1999); "Se o agente, para furtar o veículo, danificou a fechadura da porta do veículo automotor e a ignição, está-se diante da qualificadora do inc. I do § 4º do art. 155 do CP" (TRF 4ª Reg., 7ª Turma, Ap. Crim. 2001.71.01.000293-2/RS, rel. José Luiz B. Germando da Silva, julg. em 06/11/2001).
106 HC nº 152.833/SP, Sexta Turma, rel. Min. Nilson Naves, julg. em 05/04/2010.

praticada a violência contra a coisa, restaria configurada a forma qualificada do mencionado delito".[107]

Os verbos que constituem a conduta qualificada são destruir e romper. Destruir significa aniquilar, desfazer totalmente. Romper significa destruir parcialmente. Derrubar um muro é destruir um obstáculo, ao passo que abrir uma brecha nele é romper. Destrói quem quebra um vidro para ter acesso à coisa, rompe quem corta os arames de uma cerca.

Ultrapassar o obstáculo sem que haja destruição ou rompimento não importa crime qualificado. O agente, por exemplo, que, para subtrair a coisa, transpõe uma cerca de arame farpado sem rompê-lo, somente passando por entre os fios, comete furto simples. De igual forma, não destrói ou rompe obstáculo o ladrão que faz dormir o cachorro que guarda uma casa, dando sonífero ao animal; o sujeito que apenas remove as telhas da casa, sem as estragar (embora nesse caso possa haver furto qualificado pela escalada); o agente que consegue, por seus conhecimentos técnicos, desvendar o segredo de um cofre etc.

Pouco importa se a destruição ou o rompimento é anterior ou posterior à apreensão do bem, pois o tipo penal fala em obstáculo à subtração, ou seja, à execução do crime. Destarte, caso o agente necessite romper o obstáculo após se apoderar da coisa, como na hipótese em que o agente não consegue sair de um estabelecimento comercial pela mesma via pela qual entrou, tendo que arrombar uma porta, persiste a qualificadora, já que não houve até aquele momento a conclusão da subtração. Todavia, uma vez consumada a subtração, a conduta posterior é apenas um exaurimento do delito, não se podendo falar em delito qualificado. Exemplo: o sujeito ativo se apodera de um pequeno cofre, mas, ao invés de arrombá-lo no local do furto, leva-o para casa e, somente lá, força a sua fechadura, abrindo-o. Há furto simples.

Não ocorrerá concurso de delitos entre furto qualificado e crime de dano (artigo 163 do CP) em caso de destruição ou ruptura do obstáculo, dando-se a absorção deste (crime-meio) por aquele (crime-fim).

(b) Abuso de confiança, fraude, escalada e destreza

O segundo dispositivo (155, § 4º, II) concentra quatro meios de execução que qualificam o furto: abuso de confiança, ou mediante fraude, escalada ou destreza.

Em razão da maior reprovabilidade do comportamento do agente e da menor vigilância exercida pelo dono sobre a coisa, o legislador optou por qualificar o furto praticado mediante abuso de confiança. Para que haja a incidência da qualificadora, é imprescindível uma relação especial (diferenciada) entre o sujeito ativo e o sujeito passivo, bem como o aproveitamento

---

107   HC nº 98.606/RS, Primeira Turma, rel. Min. Marco Aurélio, julg. em 04/05/2010.

da facilidade proporcionada por esta relação. Isto é, não é qualquer relação interpessoal que justificará a aplicação da hipótese qualificada, mas somente aquela em que o lesado efetivamente não acredita que poderá ser traído pelo sujeito ativo, pois neste deposita confiança. Por exemplo, a relação empregatícia, por si só, não enseja a aplicação da norma. Assim, se uma empregada doméstica, depois de ser recentemente contratada, se aproveita da ausência dos patrões para subtrair os seus bens, não há furto qualificado. O simples fato de deixar os bens à mercê da autora não impõe o reconhecimento de um grau elevado de confiança, a ponto de não se imaginar uma possível traição.[108] Ao contrário, em se tratando de uma relação forte, possivelmente prolongada no tempo, a subtração realizada pela empregada poderia dar azo à qualificadora. A análise do grau de confiança não pode ser realizada de modo objetivo, mas sim perquirindo o vínculo subjetivo entre os sujeitos do crime, mormente no que tange ao lesado. Inexistindo a relação diferenciada de confiança, somente poderá ser aplicada a agravante genérica prevista no artigo 61, II, *f*, do CP ao agente.

Além da relação especial entre autor e vítima, exige-se um segundo requisito: que, em virtude da confiança, o agente tenha livre acesso à coisa. Consoante Weber Martins Batista, "o elemento confiança é imprescindível, não há dúvida, mas tão-somente na medida em que coloca os bens e valores do sujeito passivo na esfera de disponibilidade do agente, tornando mais vulnerável a defesa deles pelo dono".[109] Assim, se o agente, mesmo gozando da confiança da vítima, não percebe qualquer facilidade para a prática da conduta, não há se falar em furto qualificado. Caso da pessoa que, hospedada em casa alheia, se apodera dos bens existentes em um cofre, arrombando-o por estar trancado. A hospedagem não proporciona qualquer vantagem ao agente, que teve que se valer do rompimento de um obstáculo para conquistar seu intento.

Apesar de assemelhados, o furto qualificado pelo abuso de confiança não se confunde com o crime de apropriação indébita (artigo 168, CP). Neste, há posse lícita (não necessariamente derivada da confiança depositada no autor, bastando, por exemplo, uma relação contratual) e desvigiada anterior sobre a coisa. Em seguida, o autor passa a agir como proprietário. Naquele, o agente ou não tem a posse prévia sobre a coisa, ou a posse existe, mas de

---

108 Em sentido contrário já decidiu o STJ, consoante disposto no Informativo nº 345: "O furto praticado por agente diarista contratada em função de boas referências, a quem foram entregues as próprias chaves do imóvel enquanto viajavam os patrões, caracteriza, certamente, a forma qualificada prevista no art. 155, § 4º, II, do CP" (HC nº 82.828/MS, Sexta Turma, rel. Min. Hamilton Carvalhido, julg. em 21/02/2008). Ousamos discordar, pois a entrega das chaves pode decorrer de uma necessidade inadiável, não significando confiança absoluta na pessoa contratada.
109 MARTINS BATISTA, Weber. *O furto e o roubo...*, op. cit., p. 136.

forma vigiada, de modo que a transferência ao poder total do agente caracteriza verdadeira subtração. Essa subtração pode ou não ser praticada mediante abuso de confiança.

A segunda hipótese do inciso II cuida do furto mediante fraude. O agente, aqui, utiliza um ardil ou um artifício para ludibriar alguém e subtrair a coisa. O engodo, costuma-se dizer, não proporciona imediatamente a posse da coisa, caso que configuraria crime de estelionato (artigo 171).[110] Em verdade, a distinção entre o furto fraudulento e o estelionato – como já afirmado – se dá na existência de uma relação sinalagmática fraudada no segundo caso, o que não ocorre no primeiro (o que não exclui o primeiro critério, mas complementa-o). Por exemplo: uma pessoa, fraudulentamente, pede a outra o carro emprestado, sob o argumento de que levará um parente para o hospital. Tão logo se vê na direção do veículo, foge com ele, tomando rumo ignorado. Descobre-se, posteriormente, que inexistia o parente necessitado. O caso é de furto mediante fraude, não estelionato, pois não há, pelo lesado, a expectativa de uma contraprestação. Se o sujeito ativo, no entanto, compra da vítima uma bicicleta, pagando por ela com um cheque dolosa e injustificadamente sem fundos em poder do sacado, há uma das modalidades de estelionato (artigo 171, § 2º, VI, CP). Qual é a diferença? No primeiro caso a vítima acredita que a coisa lhe será restituída, não há a simulação de negócio jurídico que caracteriza o estelionato. Apesar de amplamente incensada pela doutrina e pela jurisprudência, a fórmula defendida, entre outros, por Weber Martins Batista ("No caso do furto, o artifício é empregado para subtrair a coisa. No estelionato, para recebê-la")[111], embora correta, é insuficiente para

---

110 STJ, Informativo nº 453: "A Turma deu provimento ao recurso especial para subsumir a conduta do recorrido ao delito de furto qualificado pela fraude (art. 155, § 4º, II, do CP), não ao de estelionato (art. 171 do CP). *In casu*, o réu, como gerente de instituição financeira, falsificou assinaturas em cheques de titularidade de correntistas com os quais, por sua função, mantinha relação de confiança, o que possibilitou a subtração, sem obstáculo, de valores que se encontravam depositados em nome deles. Para o Min. Relator, a fraude foi utilizada para burlar a vigilância das vítimas, não para induzi-las a entregar voluntariamente a *res*" (REsp 1.173.194-SC, Rel. Min. Napoleão Nunes Maia Filho, julgado em 26/10/2010).

111 MARTINS BATISTA, Weber. *O furto e o roubo...*, op. cit., p. 141. O autor cita um caso julgado pelo TACrimSP (*JUTA*, 69/353), em que duas pessoas, em comum acordo com a caixa de um supermercado, levavam várias mercadorias a esta, que, registrando somente algumas, permitia que as excedentes fossem levadas. O STJ, em acórdão de lavra do Ministro Vicente Leal, tratou de definir os limites do furto fraudulento e do estelionato, embora, pensamos, novamente de forma parcialmente incorrecta, ainda que a conclusão da análise (furto fraudulento) seja pertinente: "No crime de estelionato a fraude antecede o apossamento da coisa e é causa para ludibriar sua entrega pela vítima, enquanto no furto qualificado pela fraude, o artifício malicioso é empregado para iludir a vigilância ou a atenção. Ocorre furto mediante fraude e não estelionato nas hipóteses de subtração de veículo posto à venda mediante solicitação

resolver a totalidade dos casos que se apresentam e, em algumas situações, pode conduzir a uma conclusão equivocada: no exemplo do empréstimo do carro, o agente recebeu o bem da vítima e ainda assim o caso é de furto.

Acerca do tema em comento, alguns casos enfrentados pela doutrina e pela jurisprudência merecem destaque. A pessoa que, após abastecer seu automóvel em um posto de gasolina, distrai o frentista e foge sem pagar, comete crime de furto mediante fraude. Mas não há uma relação sinalagmática? Há, sem dúvida. Mas não há fraude especificamente em relação ao sinalagma. Por parte do frentista, não existe a crença no aperfeiçoamento do negócio jurídico, em verdade negado por uma fraude. Não ocorreu a simulação da sinalagma, em outras palavras. A distração se presta a burlar a vigilância do frentista, simplesmente. Perceba-se que o critério da fraude no furto como instrumento de afastar a vigilância não é incorreto, o que fica claro no caso proposto. Ele apenas deve ser complementado. Se o agente, em um exemplo bem próximo do anterior, adquire o bem (combustível) e paga com um cheque sem provisão de fundos, a fraude recai diretamente sobre a sinalagma. Aqui é indubitável o estelionato (na modalidade do § 2º, VI). Configura caso de furto mediante fraude a conduta do agente que, fazendo-se passar por manobrista, recebe o veículo da vítima e foge com o bem. Tal recebimento não induz a tipificação do estelionato. Mas qual é a razão? Porque o proprietário ou possuidor tem a perspectiva de reaver o bem.

O uso de um simulacro de arma de fogo para a intimidação da vítima, ao seu turno, não caracteriza furto fraudulento, apesar do engano a que é levada a vítima. Isso porque, além da fraude, há uma grave ameaça, que configura elementar do crime de roubo.

Hungria cita, como exemplo de furto mediante fraude, um caso descrito por Graciliano Ramos em *Memórias do Cárcere*: o ladrão remove com uma pinça ou estilete a chave deixada internamente na fechadura, derrubando-a sobre um papel estirado por sob a porta, puxando em seguida o papel e, com isso, conseguindo obter a posse da chave.[112] Ousamos discordar do grande criminalista. Não há fraude, ninguém é ludibriado, mas sim habilidade na execução criminosa.

Mostra-se relevante, ainda, a discussão acerca das transferências bancárias fraudulentas, dos saques em conta-corrente mediante uso de cartões eletrônicos obtidos mediante ardil e condutas afins. Caso comum é aquele em que o sujeito ativo vai à casa da vítima, normalmente uma pessoa idosa, passando-se por funcionário público ou empregado de alguma instituição financeira, justificando sua presença pela necessidade de um

ardil de teste experimental ou mediante artifício que leve a vítima a descer do carro. *Habeas corpus* denegado" (HC 8179/GO – 6ª Turma).
112 HUNGRIA, Nélson. *Comentários...*, op. cit., v. VII, p. 43.

"recadastramento". Depois de questioná-la sobre seus dados qualificativos, solicita a apresentação do cartão bancário e o fornecimento da respectiva senha, devolvendo à vítima um cartão parecido com o original. Em seguida, o agente vai a uma agência bancária e saca a quantia depositada na conta do ingênuo lesado. Trata-se de furto fraudulento, uma vez que um engodo é usado para que se conquiste acesso ao depósito bancário, sendo a quantia subtraída *invito domino*. Não há um negócio jurídico entre autor e vítima, no qual seja ela ludibriada em relação à contraprestação a que supostamente faria jus. Se o agente usar o cartão eletrônico para a contratação de um empréstimo junto à instituição financeira, passando-se por titular da conta, o crime é de estelionato, pois o lesado é a instituição financeira ludibriada para pensar que contratava com pessoa distinta do criminoso. Ou seja, a fraude recai diretamente sobre a sinalagma, pois esta será cobrada de pessoa distinta daquela que auferiu a vantagem, impossibilitando o pagamento da contraprestação. Há furto mediante fraude, também, quando o agente capta informações bancárias da vítima através de um software malicioso, sorrateiramente instalado em seu computador (*phishing*), e depois emprega os dados para a realização de transferências eletrônicas. Já o uso de cartões de crédito "clonados" caracteriza estelionato, pois o lesado é o estabelecimento comercial em que trabalha o empregado iludido.

Para que incida a qualificadora, pode ser usada a fraude em qualquer momento do *iter criminis,* desde os atos preparatórios (o agente que se disfarça para penetrar na casa da vítima, por exemplo) até os executórios (um dos coautores distrai a vítima para que o outro se apodere da coisa, *v. g.*). Naturalmente, uma vez consumado o furto, não há relevância no engodo (portando a *res furtiva* depois da subtração, o agente usa um ardil para enganar o policial que, suspeitando de sua conduta, o aborda).

A escalada também é prevista no inciso II como forma qualificada do furto. Por escalada se entende a entrada em prédio alheio ou local fechado por qualquer via anormal e que demande agilidade ou esforço físico incomum. O agente sobrepõe um obstáculo à sua passagem, difícil de ser suplantado, demonstrando maior disposição ou habilidade para a prática do crime patrimonial. Hungria cita exemplos: "Tanto é escalada o galgar de uma altura, quanto o saltar de um desvão (exemplo: um fosso), ou passar por via subterrânea não-transitável ordinariamente (exemplo: um túnel de esgoto)".[113] Não havendo a dificuldade em se contornar o obstáculo, não resta tipificada a qualificadora. Assim, ultrapassar um muro alto que circunda uma residência pode ser considerado escalada, o que não acontece se o muro é facilmente suplantado, por ser baixo. À semelhança, ingressar em uma casa por uma brecha preexistente no muro, a despeito de configurar a via incomum,

---

113 HUNGRIA, Nélson. *Comentários...*, op. cit., v. VII, p. 44.

não qualifica o delito, por não exigir grande agilidade ou esforço do agente. Nessa hipótese, ainda, há que se ressaltar que a falta de continuidade afasta o caráter de obstáculo do muro, a ser vencido pelo agente.

Discute-se se há a qualificadora quando o sujeito se aproveita de meios deixados, inadvertidamente, à sua disposição pelo morador do imóvel. Caso, por exemplo, em que o agente encontra uma escada no quintal da vítima, utilizando-a para galgar uma varanda. Consoante Magalhães Noronha, mesmo nessa hipótese o furto é qualificado, pois a negligência da vítima não faria "desaparecer a pertinácia criminosa, revelada no dispêndio de energia e na escolha da via anormal".[114] Discorda Weber Martins Batista, a quem assiste razão, asseverando que a audácia criminosa, no caso, é muito menor, exatamente pelo aproveitamento de uma situação, não havendo um plano criminoso elaborado pelo autor.[115] Ademais, o uso de uma escada ali esquecida, por exemplo, não se presta a caracterizar o esforço incomum exercido pelo sujeito ativo.[116]

A escalada deve ser realizada durante a subtração, seja anterior ou posterior ao apossamento da coisa. A escalada posterior à consumação do crime, contudo, não tem o condão de transformá-lo em qualificado.

A última forma de execução prevista no inciso II diz respeito à destreza. Destro é o sujeito que demonstra habilidade manual e dissimulação, isto é, a destreza é um meio insidioso. É a atividade do prestidigitador que, com rapidez, ilude a vítima, a qual não percebe a sua ação. Exemplo comum é o do "punguista", ou "batedor de carteiras", que, alcançando a *res furtiva* portada pelo sujeito passivo, dela se apodera sem que o lesado o note.

A habilidade manual, portanto, é traço marcante da destreza, inexistindo o crime se o agente se demonstra inábil, como no caso em que o sujeito passivo sente que está sendo furtado, ou se a *res furtiva* escapa às mãos do agente e vai ao chão, alertando a todos os transeuntes. Tal ocorre em virtude do escopo da norma, que visa a punir com maior severidade o criminoso profissional, que faz do furto sua forma de subsistência, a ponto de se aprimorar nas técnicas de subtração. Se, todavia, a ação é percebida, não pela vítima, mas por terceiros, não se descaracteriza a destreza. Portanto, é possível a tentativa de furto qualificado pela destreza, desde que o agente seja surpreendido por pessoa diversa do sujeito passivo.

---

114 MAGALHÃES NORONHA, E. *Código penal brasileiro...*, op. cit., v. 5, 1ª parte, p. 131.
115 MARTINS BATISTA, Weber. *O furto e o roubo...*, op. cit., p. 156.
116 Nesse sentido, TACRIM-SP: "A jurisprudência dominante é no sentido de não reconhecer escalada na penetração por via imprópria que não demande esforço, como é o caso dos muros e janelas de baixa altura, transpostos com extrema facilidade" (RT 539/315).

A dissimulação (característica da ação insidiosa), outrossim, deve estar presente na conduta qualificada. Assim, não haverá furto mediante destreza se o agente, por exemplo, "pesca", com um arame, joias deixadas na vitrine de um estabelecimento comercial, sem que haja alguém guardando os objetos. Nesse diapasão, importa salientar que não se exige que a vítima esteja portando o bem, bastando que exerça sobre ele algum tipo de vigilância.

Não se vislumbra o crime qualificado quando a destreza é supérflua, como no caso de vítima comatosa, embriagada ou dormindo. A habilidade manual, nessas hipóteses, é irrelevante, já que qualquer pessoa poderia perpetrar a conduta.

(c) Emprego de chave falsa

O inciso III do § 4º contempla a hipótese do furto praticado mediante o uso de chave falsa. Chave falsa é todo instrumento apto a acionar o mecanismo de uma fechadura ou dispositivo semelhante e que não seja a chave verdadeira. Podem se prestar à caracterização da qualificadora a imitação da chave verdadeira, a chave alterada para abrir determinada fechadura, um pedaço de arame, um grampo, uma chave "mixa" etc., quer o objeto seja ou não uma chave, quer tenha ou não o formato de uma chave. Saliente-se que os objetos utilizados como chave falsa, não tendo as características de uma chave, são conhecidos por "gazua".[117] Assim como na qualificação pela destreza, existe um obstáculo a ser superado pelo agente (no caso, a fechadura ou o dispositivo afim), que, todavia, não é rompido ou contornado, mas liberado mediante acionamento.

Magalhães Noronha ensina que mesmo a chave verdadeira pode, extraordinariamente, ser considerada como chave falsa, caso seja obtida ilicitamente. Segundo o autor, "se o que a lei veda é a abertura ilícita da cousa que representa a custódia do ofendido, maior razão subsiste contra o emprego da chave subtraída ou achada, pois empregando-as, o ladrão usa chaves criminosamente obtidas, isto é, já cometeu anteriormente um crime, quer furtando a chave, quer deixando de restituí-la ao dono, ou à autoridade".[118] Não nos parece correto o entendimento, pois é exigência do tipo penal que a chave seja falsa, mendaz, característica que falta à chave verdadeira, ainda que ilicitamente utilizada. Se a chave verdadeira é alcançada pelo sujeito

---

117 STF: "Correta a qualificação dos furtos praticados 'mediante o uso de um arame à guisa de chave', dado que, como ensinou Hungria (Hungria e Fragoso, Comentários (sublinhado), 1980, VII/46), no sentido da lei penal, chave falsa compreende a 'gazua, isto é, qualquer dispositivo (gancho, grampo, chave de feitio especial) usualmente empregado pelos gatunos, para abertura de tal ou qual espécie de fechaduras em geral'" (HC 68.901/SP, Rel. Min. Sepúlveda Pertence, DJ de 21.02.1992; HC 92.707/CE, Rel. Min. Ricardo Lewandowski, DJe de 30.05.2008).

118 MAGALHÃES NORONHA, E. *Código penal brasileiro...*, op. cit., v. 5, 1ª parte, p. 133.

ativo mediante um engodo, pode ser caracterizado o furto fraudulento. Se simplesmente for encontrada, o seu uso no furto não implicará qualquer qualificadora.

O STJ já decidiu não existir a qualificadora do uso de chave falsa quando o instrumento é utilizado diretamente sobre a coisa. No caso apreciado, o agente utilizara uma chave falsa para acionar a ignição de um veículo. Entendeu-se que o instrumento mendaz deve servir para suplantar um obstáculo à posse da coisa, o que só ocorreria se a chave fosse usada "externamente" ao objeto, e não nele próprio.[119] Ousamos discordar, pois a ignição, ao exigir o uso de uma chave para seu acionamento, constitui um obstáculo à subtração da coisa, como já defendido anteriormente (ou seria desnecessário o uso de chaves, bastando um botão para acionamento do carro). Assim, o uso do instrumento na hipótese julgada implicaria o vencimento do obstáculo, qualificando o crime.

(d) Concurso de duas ou mais pessoas

A última circunstância qualificadora do § 4º versa sobre o crime praticado mediante o concurso de duas ou mais pessoas (IV). Justifica-se a sanção rigorosa pela maior periculosidade demonstrada pelos agentes, visando a impedir a coligação de esforços, a reunião de forças para a prática do crime, que diminui a defesa privada e facilita a impunidade.[120] Tratando-se de tema assaz controverso, socorremo-nos de Hungria para o início do debate. Segundo o autor, a despeito da qualificadora seguir as regras comuns ao concurso de pessoas, algumas peculiaridades devem ser notadas: (a) a participação dos agentes deve se dar na fase executiva do delito; (b) não é suficiente a adesão voluntária do concorrente, sendo mister que haja uma combinação entre os agentes.[121]

Não são poucos os autores que, assim como Hungria, exigem a cooperação na execução do crime, isto é, que os concorrentes estejam presentes no momento da subtração.[122] Essa posição se funda no escopo da norma, que, consoante o já consignado, quer punir mais severamente a ação que reduz sensivelmente a defesa da coisa. Em resumo, se apenas uma pessoa executa

---

119 "Penal. Furto qualificado. Emprego de chave falsa. 1. A utilização de chave falsa diretamente na ignição do veículo para fazer acionar o motor não configura a qualificadora do emprego de chave falsa (CP, artigo 155, § 4º, III). A qualificadora só se verifica quando a chave falsa é utilizada externamente à *res furtiva*, vencendo o agente o obstáculo propositadamente colocado para protegê-la. 2. Recurso provido" (REsp 43.047 – 5ª Turma, Rel. Min. Edison Vidigal).
120 MAGALHÃES NORONHA, E. *Código penal brasileiro*..., op. cit., v. 5, 1ª parte, p. 134.
121 HUNGRIA, Nelson. *Comentários*..., op. cit., v. VII, p. 46-47.
122 Nesse sentido, Weber Martins Batista (*O furto e o roubo*..., op. cit., p. 186-189); Cezar Roberto Bitencourt (*Tratado*..., op. cit., p. 37-40).

o delito, pouco importa que haja, por trás da conduta, uma, duas ou dez pessoas. A possibilidade de defesa, nesse caso, seria a mesma do furto elaborado e executado por um único agente. Ao revés, se duas ou mais pessoas participam da subtração, a quantidade de agentes diminui a resistência ao crime. Há juristas, entretanto, que discordam desse ponto de vista. Para Guilherme de Souza Nucci, a lei não aponta como requisito que o concurso se dê exclusivamente na forma de coautoria, ou seja, duas pessoas concorrendo para a subtração.[123] Da mesma forma se pronuncia Damásio de Jesus: "O CP, descrevendo a qualificadora, fala em *crime cometido* mediante duas ou mais pessoas' [grifo nosso]. Não diz 'subtração cometida'. Ora, entre nós, comete crime quem, de qualquer modo, concorre para a sua realização (artigo 29, *caput*). De maneira que o partícipe também comete crime".[124] Enunciando a mesma fundamentação, Álvaro Mayrink também crê desnecessária a presença *in loco* dos concorrentes, ressaltando, ainda, que a norma tem sua origem no Código Rocco e que a legislação italiana não mais exige a presença de todos os agentes no local do fato (Código Zanardelli, artigo 404, nº 9).[125]

Merece guarida a primeira posição, em virtude da redação do tipo qualificado, que fala exatamente no cometimento do delito por duas ou mais pessoas. Cometer o crime corresponde a executá-lo, a praticar o seu núcleo, ainda que parcialmente, ao contrário do afirmado por Damásio. O artigo 29 do CP, citado pelo autor, em momento algum afirma que o partícipe comete o crime. Somente dispõe que o partícipe incide nas penas cominadas ao delito, apenando-o por uma norma de extensão. Ora, se é necessária a extensão do alcance do dispositivo para punir o partícipe, é óbvio que ele não comete o crime. Portanto, a solução reside apenas na redação legal: o furto é qualificado se o crime é cometido (executado) por duas ou mais pessoas. Analisada a conduta por esse prisma, nem mesmo a existência de um autor pelo domínio de um aparato organizado de poder, juntamente com um autor imediato (executor), na teoria do domínio do fato, seria suficiente para determinar a incidência da qualificadora. Essa existiria na pluralidade de executores ou na presença de um autor funcional (que exerce função relevante durante a execução do crime) aliado a um autor imediato. Talvez não fosse essa a intenção do legislador, mas é a interpretação que se impõe.[126] Nem se argumente que

---

123 SOUZA NUCCI, Guilherme de. *Código penal comentado...*, op. cit., p. 526.
124 JESUS, Damásio E. de. *Direito penal...*, op. cit., v. 2, p. 325-326.
125 MAYRINK DA COSTA, Álvaro. *Direito penal...*, op. cit., p. 656.
126 De acordo com Cezar Roberto Bitencourt somente a presença de dois ou mais agentes na execução revela a maior temibilidade e eficiência da delinquência coletiva, fundamento da maior punibilidade (*Tratado...*, op. cit., v. 3, p. 38). Decerto essa foi a opção legislativa para fundamentar a majorante, embora atos de participação também possam facilitar a execução do furto, ainda que à distância. A redução da possibilidade de defesa, por exemplo, ocorre quando alguém planeja o crime, investigando o

a redação da norma é diferente da usada no artigo 146, § 1º, do CP: no crime de constrangimento ilegal majorado, fala-se no concurso de pessoas para a execução do crime. A diversidade de expressões, longe de indicar significados distintos, corrobora a tese ora esposada, pois resta demonstrado o espírito da lei em punir de forma mais severa a execução coletiva das infrações penais.

Debate-se, igualmente, a segunda exigência arrolada por Hungria, qual seja, o acordo de vontades entre os agentes. Muitos doutrinadores, concordando com a lição, entendem que não é suficiente a simples adesão voluntária à conduta de outrem, ainda que tal caracterize concurso de pessoas.[127] Outros, todavia, defendem que a mera adesão é bastante para a configuração do tipo qualificado, mesmo não havendo um concerto entre os delinquentes. Exemplifica-se: determinado ladrão, ao mexer na maçaneta da porta de uma casa, verifica que ela está destrancada, facilitando o seu ingresso na residência, sem saber que, anteriormente, um empregado, insatisfeito com seu patrão e percebendo a ação do delinquente, voluntariamente a abrira para garantir o sucesso do crime. Nesse caso, embora haja concurso de pessoas, pois o empregado aderiu à conduta do agente, não existe acordo de vontades entre os envolvidos. O executor sequer sabia da existência do partícipe. É possível, conceber, na hipótese, um furto qualificado? Há que se buscar a solução no fundamento da norma, ou seja, na maior periculosidade que reveste a empreitada criminosa, influindo na reprovabilidade da conduta. Tal alicerce não nos parece existir na adesão à vontade alheia, já que a periculosidade reside justamente na facilitação desejada e acordada entre os agentes. Desnecessário que se trate de um acordo prévio, podendo ser contemporâneo à execução do crime, mas somente a combinação tem o condão de demonstrar a reprovabilidade exacerbada da conduta. A simples adesão não demonstra, por si só, a vontade do concorrente (de ao menos um deles, que pode desconhecer ou, ainda, repudiar a conduta do outro agente) em obter uma facilidade na subtração. A facilitação, na hipótese, é ocasional e pode até ser bem-vinda pelo executor, mas não poderá influir na reprovabilidade da conduta. Favoravelmente à posição se manifesta Weber Martins Batista: "O concurso pode decorrer de encontro ocasional. Imprescindível é que haja

---

acesso ao bem, e entrega o planejamento para a execução por outrem, poupando-lhe de possíveis incômodos. A periculosidade é demonstrada pela organização e pelo firme propósito delinquente. Satisfeito estaria, assim, o escopo da norma. É inegável, entretanto, que a redação legal impede o reconhecimento da participação em sentido estrito como elemento de conformação da circunstância qualificadora.

127 Desnecessário ressaltar que a autoria colateral não se presta para configurar a qualificadora, pois, nesse caso, nem mesmo há concurso entre os participantes, agindo cada qual de forma autônoma. Também não qualifica o crime a autoria mediata, em que o executor age como um instrumento do verdadeiro autor do crime.

o ajuste".[128] Diversamente, encontramos a doutrina de Capez.[129] Também é essa a posição de Mirabete, que escreve: "Não exige, a lei, aliás, um acordo prévio entre os autores".[130]

Entre os agentes que devem compor o número mínimo de concorrentes para o reconhecimento da qualificadora (duas pessoas), pouco importa que haja inimputáveis. Se o inimputável que participa o furto for criança ou adolescente, o outro concorrente, além do furto qualificado, responderá também pelo crime de corrupção de menores, previsto no artigo 244-B da Lei nº 8.069/90 (ECA). Não há *bis in idem*, já que as condutas são distintas e atingem objetividades jurídicas diversas. Também é irrelevante que todos estejam identificados para a aplicação do dispositivo, bastando a certeza de sua existência e da conduta concorrente.

Em caso de constituição de uma associação criminosa (artigo 288, CP), o furto posterior praticado pelo grupo impõe o concurso material de delitos. O que se discute, no caso, é se o cúmulo material se daria entre a associação criminosa (antigo crime de quadrilha ou bando) e o furto simples ou o furto qualificado pelo concurso de pessoas. No STF, há decisões díspares, ora sustentando a possibilidade de concurso entre o crime de associação criminosa e o furto qualificado, ora negando, sob o fundamento de ocorrência de *bis in idem*.[131] Paulo César Busato se inclina pelo concurso de crimes entre a associação criminosa e o furto qualificado pelo concurso de pessoas: "é evidente que o concurso de pessoas referido é um concurso ocasional, absolutamente coincidente ele com a hipótese de concurso de pessoas prevista na parte geral do Código Penal, no art. 29, e completamente diferente da situação do crime de associação criminosa previsto no art. 288 do Código Penal. Este último refere-se ao ânimo associativo de caráter mais ou menos duradouro, que tem

---

128 MARTINS BATISTA, Weber. *O furto e o roubo...*, op. cit., p. 177.
129 CAPEZ, Fernando. *Curso...*, op. cit., p. 368.
130 MIRABETE, Julio Fabbrini. *Código penal interpretado...*, op. cit., p. 1138. A falta de exigência legal não nos parece um bom argumento para se olvidar do acordo entre as partes, pois, ainda que a norma não faça referência expressa ao requisito, a sua necessidade se apresenta mais consentânea com a finalidade do dispositivo.
131 STF: "Se o réu primeiro associou-se para furtar e, após, o grupo iniciou a prática desses delitos, dois crimes estão praticados, o de quadrilha (CP, artigo 288) e o de furto (CP, artigo 155). Entretanto, o furto, ainda que praticado pelo grupo, é apenado como delito simples, não qualificado como de associados (CP, artigo 155, § 4º, IV), o que seria *bis in idem*, pois a circunstância associativa criminal, no caso, constitui fato anterior e autônomo, já apenado (CP, artigo 288)" (*RT*, 553/448). Contra, tratando do roubo, em entendimento que pode ser transportado para o crime de furto, manifestou-se o STF: "Firmou-se a jurisprudência do STF no sentido de que não há *bis in idem* decorrente da condenação pelos crimes de quadrilha armada (artigo 288, parágrafo único, Código Penal) e roubo qualificado pelo emprego de arma e concurso de pessoas (artigo 157, § 2º, incisos I e II)" (HC 77.287/SP, 1ª Turma, Rel. Min. Sidney Sanches).

o propósito futuro de cometimento de ilícitos. Portanto, não é ocasional, tampouco depende da ocorrência da prática efetiva de algum delito *a posteriori*. O que é castigado é simplesmente o fato de associarem-se, de modo estável, com a finalidade de realização de ilícitos, que podem até não ocorrer. O desvalor da efetiva realização do furto em concurso de pessoas – facilitação do trabalho na realização da subtração – não tem nenhuma relação com o desvalor para a paz pública representado pela associação criminosa". Embora tenhamos dificuldades em conceber a paz pública – um conceito vazio – como bem jurídico tutelável pelo direito penal, concordamos, em linhas gerais, com Busato. Entendemos pela inexistência de *bis in idem*. As condutas, frise-se, acontecem em momentos distintos, não havendo dupla punição pelo mesmo fato. Note-se que não há a necessidade de associação em quadrilha para a prática do furto qualificado, tampouco os integrantes da quadrilha, uma vez reunidos, são obrigados a atacar o patrimônio alheio em conjunto.[132]

A análise do furto qualificado pelo concurso de pessoas não pode se findar sem a menção, ainda que breve, ao suposto desrespeito pelo legislador pátrio ao princípio da proporcionalidade. O concurso de pessoas, ao passo em que constitui um tipo qualificado no furto, é causa de aumento de pena para o crime de roubo, de forma aparentemente inexplicável. No furto, há a duplicação da pena cominada abstratamente ao delito (de reclusão de 1 a 4 anos, a pena passa a ser de 2 a 8 anos), enquanto no roubo a pena é aumentada da terça parte até a metade. Em tese, havendo o mesmo fundamento, não se justifica o tratamento diferenciado, devendo a pena do furto qualificado obedecer ao mesmo aumento ditado no roubo, já que a redação, tal como está, tornaria a norma constitucionalmente incompatível.[133] Essa posição foi sufragada pelo Tribunal de Justiça do Rio Grande do Sul na Apelação Criminal nº 70000284455. O STF, por sua vez, negou validade ao hibridismo penal entre o furto qualificado e o roubo majorado nos seguintes termos: "EMENTA: HABEAS CORPUS. NÃO APLICAÇÃO, NO CRIME DE FURTO, DO ART. 157, § 2º, DO CP. REINCIDÊNCIA. BIS IN IDEM. AUSÊNCIA. PENA ABAIXO DO MÍNIMO LEGAL. IMPOSSIBILIDADE. 1. A causa de aumento de pena pelo concurso de pessoas no crime de roubo [art. 157, § 2º, do CP] não se aplica ao crime de furto; há, para este, idêntica previsão legal de aumento de pena [art. 155, § 4º, IV, do CP]. 2. O reconhecimento da reincidência não configura bis in idem. O recrudescimento da pena resulta da opção do paciente em continuar delinquindo. 3. A pena relativa ao tipo penal não pode ficar aquém do mínimo cominado. Ordem

---

132 Nesse sentido, Fernando Capez (*Curso*..., op. cit., p. 369) e Weber Martins Batista (*O furto e o roubo*..., op. cit., p. 189-190).

133 Assim, por todos, Cezar Roberto Bitencourt (*Tratado*..., op. cit., p. 53-57).

denegada".134 Nessa esteira segue o STJ, em entendimento consagrado na Súmula nº 442: "É inadmissível aplicar, no furto qualificado, pelo concurso de agentes, a majorante do roubo".135

(e) Furto com emprego de explosivo ou artefato análogo que cause perigo comum

Cuida-se de circunstância qualificadora que foi inserida no Código Penal em 2018, na esteira de inúmeros crimes patrimoniais em que explosivos eram usados para abrir caixas eletrônicos.

Na circunstância em comento, os explosivos e artefatos não são o objeto material do crime (isso acontecerá no § 7º), mas meios de execução. O explosivo e o artefato de efeitos análogos são normalmente usados para vencer um obstáculo de acesso à coisa (e essa foi a intenção do legislador ao elaborar a norma, certamente). Nada impede, todavia, o reconhecimento da qualificadora quando usados para outros propósitos, embora dentro do contexto do furto. Por exemplo, se o autor usa explosivos em local próximo ao estabelecimento empresarial que pretende furtar unicamente para atrair a atenção dos empregados do local, os quais saem do estabelecimento para verem o que aconteceu, com isso facilitando a subtração das coisas ali expostas à venda, temos a explosão sendo usada como expediente fraudulento. Isto é, no contexto do furto. Incide, portanto, a presente qualificadora.

O Regulamento para a Fiscalização de Produtos Controlados (aprovado pelo Decreto nº 10.030/2019) conceitua explosivo como o "tipo de matéria que, quando iniciada, sofre decomposição muito rápida, com grande liberação de calor e desenvolvimento súbito de pressão" (Anexo III). Artefato não é uma palavra que encontra definição do mesmo Regulamento, mas pode ser facilmente compreendido como um aparelho ou engenho, que, no caso do furto, produz efeitos semelhantes ao do emprego da substância explosiva.

Para que a qualificadora seja caracterizada, é imprescindível que o emprego do explosivo ou do artefato gere efetivo perigo à vida, ao patrimônio, à integridade corporal ou à saúde de pessoas indeterminadas. Em outras palavras: nessa modalidade de furto, o patrimônio individual não é o único bem jurídico sobre o qual recai um risco de lesão. Há outros, acerca dos quais podemos traçar um paralelo para com os bens jurídicos tutelados no artigo 251 do Código Penal. Frise-se, não basta que os meios de execução possam causar o perigo comum: ele tem que ser demonstrado no caso concreto, não bastando sua potencialidade. Portanto, se ocorre, mediante o uso de explosivos, o rompimento da porta de um cofre situado no interior de uma empresa, vazia naquele momento, pois o furto é executado durante a

---

134 HC 93.620/RS, rel. Min Eros Grau, julg. em 08/04/2008.
135 Rel. Min. Arnaldo Esteves de Lima, em 28/04/2010.

madrugada, e a explosão sequer exorbita os muros da empresa, o que temos é furto qualificado pelo rompimento de obstáculo (artigo 155, § 4º, I, CP).

Importa salientar que o artigo 251 do CP (explosão) é absorvido pela modalidade de furto em apreço. Antes do surgimento da qualificadora era possível o reconhecimento de furto e explosão em concurso de crimes, o que não mais se dá.

Para o Ministério Público do Estado de São Paulo (Tese nº 383), o concurso seria formal impróprio.[136] Teríamos, portanto, a pena do crime de perigo comum (três a seis anos) somada à pena do furto (provavelmente) qualificado pelo rompimento de obstáculo (dois a oito anos), o que resultaria em uma pena de cinco a quatorze anos. Seguindo essa ótica, a lei nova, portanto, é mais benéfica ao criminoso, retroagindo para alcançar hipóteses anteriores à sua vigência (a qualificadora atualmente estabelece uma pena de quatro a dez anos, além de multa).

Contudo, estamos com Paulo Queiroz quando este vislumbra no caso concurso formal próprio. Esclarece o autor, em texto publicado antes da criação da qualificadora concernente ao furto: "Mas não é o caso de concurso material de crimes (CP, art. 69), e sim de concurso formal (próprio) de infrações (CP, art. 70), visto que, mediante uma única ação ou omissão (explosão seguida de subtração patrimonial), o agente pratica mais de um delito: explosão e furto. (...) Tampouco se trata de concurso formal impróprio (segunda parte do art. 70 do CP) porque o dolo do agente é, desde sempre, subtrair valores da agência bancária, mediante prévia explosão dos caixas eletrônicos. Não há, enfim, o desígnio autônomo de que trata o dispositivo legal em exame".[137] Mesmo nessa hipótese, considerando a pena de quatro a oito anos cominada ao artigo 251, § 2º, CP (crime que restaria caracterizado antes da alteração da estrutura do furto), aumentada em um sexto até a metade por força do disposto no artigo 70 do CP (concurso formal próprio), a pena aplicada ao sujeito ativo provavelmente ficaria mais alta do que a derivada da atual previsão legislativa, de modo que também aqui temos a retroatividade benéfica.

Se a posse, a detenção ou o emprego ilegal do artefato explosivo é direcionado à prática do furto, não se caracteriza o crime autônomo do artigo 16, parágrafo único, III, da Lei nº 10.826/2003 (Estatuto do Desarmamento). Isso porque ambas as normas têm como justificativa para a tutela penal

---

136 Trecho retirado de artigo escrito por Rogério Sanches Cunha (*Lei 13.654/18: Altera Dispositivos Relativos ao Furto e ao Roubo*, disponível em https://meusitejuridico.editorajuspodivm.com.br/2018/04/24/lei-13-65418-altera-dispositivos-relativos-ao--furto-e-ao-roubo/. Publicado em 24.04.2018. Acesso em 25.08.2019).

137 QUEIROZ, Paulo. *Explosão de Caixa Eletrônico*. Disponível em https://www.pauloqueiroz.net/explosao-de-caixa-eletronico/. Publicado em 30.05.2016. Acesso em 25.08.2019.

(autônoma, no Estatuto, ou intensificada, no furto) a existência de um perigo comum, de um risco de lesão à integridade corporal ou à vida de pessoas indeterminadas.[138] E esse perigo não pode ser punido em duplicidade, ainda que transitando do perigo inicialmente abstrato para o perigo concreto.

Frise-se que o crime autônomo do artigo 16, parágrafo único, III, do Estatuto do Desarmamento, a partir da alteração promovida pela Lei nº 13.964, de 2019, deixou de ser crime hediondo (agora, de acordo com artigo 1º, parágrafo único, II, da Lei nº 8.072, de 1990, apenas a posse ou porte de arma de fogo de uso proibido – artigo 16, § 2º, do Estatuto do Desarrmamento – é crime hediondo). Todavia, mesmo quando hediondo, o artigo 16, parágrafo, III, era absorvido pelo furto qualificado: primeiramente porque a classificação de um crime como hediondo não autoriza o bis in idem; além disso, a pena privativa de liberdade do furto simples (um a quatro anos), somada à pena privativa de liberdade do artigo 16, parágrafo único, III, do Estatuto do Desarmamento (três a seis anos), resulta em uma pena de quatro a dez anos. Ou seja, justamente a pena atribuída ao artigo 155, § 4º-A.

Fica claro, por conseguinte, que a punição ao furto qualificado já comporta a punição da conduta prevista no Estatuto do Desarmamento. Em resumo: impossível o concurso de crimes, salvo na hipótese de posse ou detenção (de explosivos) que constitua uma finalidade em si mesma, com seu aproveitamento para a prática do furto (como no exemplo em que o autor usa parte do explosivo que ilegalmente mantém consigo para o crime patrimonial, sem cessar a detenção do restante).

O § 4º-A prevalece sobre as qualificadoras do § 4º (rompimento de obstáculo, fraude etc.).

(f) Furto de veículo automotor que venha a ser transportado para outro Estado ou para o exterior

Esmiuçados os §§ 4º e 4º-A do artigo 155, passamos ao estudo da qualificadora contida no § 5º, que diz respeito ao furto de veículo automotor que venha a ser transportado para outro Estado da Federação ou para o exterior. Entendeu-se que, com o crescimento da criminalidade urbana refletindo nos altos índices de roubos e furtos de automóveis, a conduta seria merecedora de uma sanção mais gravosa, suplantando até mesmo as qualificadoras do parágrafo 4º (a pena, de 3 a 8 anos de reclusão, é superior àquela cominada

---

138 Não concordamos, pois, com a posição esposada, entre outros, por Gabriel Habib (Leis Penais Especiais. 10. ed. Salvador: Jus Podivm, 2018. p. 305) e Ricardo Antônio Andreucci (Legislação Penal Especial. 7. ed. São Paulo: Saraiva, 2010. p. 184), que enxergam a segurança pública e a incolumidade pública como objetos da tutela penal no crime do Estatuto. São expressões demasiadamente genéricas, carentes de taxatividade, de modo que não podem ser erigidas à qualidade de bens jurídicos, salvo com o sacrifício da função limitadora da teoria do bem jurídico-penal.

ao § 4º em seu limite mínimo), ainda que a sanção permaneça mais tênue do que a prevista no § 4º-A. O legislador, todavia, olvidou-se da pena pecuniária, deixando de prever uma multa para a conduta, que, no caso de crimes patrimoniais, é de todo recomendável.

A redação do dispositivo, que menciona o efetivo transporte do veículo para outro Estado ou para o exterior ("[...] que venha a ser transportado [...]"), também não é fruto de boa técnica. Melhor seria a criação de um elemento subjetivo, qual seja, a intenção de transportar o veículo para além da divisa ou da fronteira do Estado ou da nação. O texto, tal como se encontra, apenas permite a qualificação da conduta se o agente efetivar a transposição dos marcos. Caso seja capturado antes de ingressar com o veículo em outro território, o furto não pode ser qualificado pelo § 5º.[139] Entretanto, ultrapassado o limite imaginário, o retorno ao território de origem não mais afastará a qualificadora (por exemplo, se o agente furta um automóvel no Rio de Janeiro, próximo à divisa com São Paulo, e ingressa no Estado vizinho para desviar de uma operação policial, retornando em seguida, o furto é qualificado).

A lei não definiu o que deve ser entendido por veículo automotor. Contudo, é possível importarmos o conceito utilizado na Lei nº 9.503/1997 (Anexo I): é "todo veículo a motor de propulsão que circule por seus próprios meios, e que serve normalmente para o transporte viário de pessoas e coisas, ou para a tração viária de veículos utilizados para o transporte de pessoas e coisas. O termo compreende os veículos conectados a uma linha elétrica e que não circulam sobre trilhos (ônibus elétrico)". Apesar de o Código de Trânsito (Lei nº 9.503) se referir apenas aos veículos terrestres, essa limitação não existe no furto. Assim, são veículos automotores aptos a servirem como objeto material da qualificadora: automóveis, caminhões, motocicletas, lanchas (embarcações impulsionadas por outros meios que não o motor, como veleiros, não são considerados veículos automotores), aviões (não ingressando no conceito os planadores destituídos de motor) etc. É imprescindível que o veículo seja transportado como um todo para outro Estado ou para o exterior (ou, ainda que faltem partes suas, que possa funcionar apenas com o que foi transposto), não havendo a conduta qualificada se o transporte se

---

139 É o entendimento majoritário, defendido, entre outros, por Fernando Capez (*Curso...*, op. cit., p. 370), Luiz Regis Prado (*Curso...*, op. cit., p. 379-380) e Cezar Roberto Bitencourt (*Tratado...*, op. cit., v. 3, p. 60). Contrariamente opina Damásio E. de Jesus, para quem "estar-se-ia, na verdade, confundindo a consumação do furto com a da qualificadora e criando a 'teoria da tentativa da circunstância'" (*Novíssimas questões criminais*. São Paulo: Saraiva, 1998. p. 82). Para o autor, basta o furto praticado com a vontade de transportar a *res furtiva* para outro Estado ou para o exterior que a qualificadora restará conformada.

der sobre partes do veículo, pois a lei não tipificou a ação recaindo sobre componentes (autopeças).

A consumação do crime qualificado ocorrerá com a conjugação entre as teorias já estudadas (*amotio*, *ablatio* etc.) e com a superação da divisa entre Estados ou da fronteira entre países. Antes da transposição, o aperfeiçoamento das teorias (como no caso de posse tranquila, na teoria da *ablatio*) apenas caracterizará a consumação de furto simples (ou qualificado por outra circunstância que não a atual). Se evidenciado que o agente pretendia a transposição, é possível falarmos na tentativa do tipo qualificado. Mas, se duvidosa esta intenção, o crime se bastará no furto simples. Exemplificando: dois sujeitos, A e B, igualmente furtam um veículo. Ambos conseguiram a posse mansa e pacífica da coisa e, adotando-se a teoria da *ablatio*, teríamos furto simples consumado. Todavia, resta provado que A pretendia levar o veículo para outro Estado, ao passo em que B não tinha essa intenção. A responderá por tentativa do crime qualificado; B, não. É possível imaginarmos, ainda, outras hipóteses do artigo 155, § 5º, na forma tentada (artigo 14, II, CP), desde que adotada a teoria da *ablatio*. Caso, *v. g.*, da perseguição ao ladrão de um automóvel, que ingressa em outro Estado na fuga, mas é capturado em seguida, tendo sua posse molestada durante todo o evento.

(g) Furto de semovente domesticável de produção

Rompendo com a concepção original do Código Penal, que não levava em consideração características da coisa furtada para a determinação do grau de reprovabilidade do comportamento (e, consequentemente, sua repercussão sobre a pena), o legislador, desde 1996, vem alterando esse alinhamento. Sim, é certo que o furto de pequeno valor existe no texto codificado desde o seu nascedouro. Porém, nesse caso, não há qualquer especificação sobre o objeto material do delito, mas apenas a adequação da sanção penal ao tamanho da lesão produzida sobre o bem jurídico patrimônio. Algumas alterações foram promovidas na estrutura do furto qualificado para punir de forma mais grave condutas que recaem sobre objetos materiais específicos e a primeira delas versava sobre os veículos automotores (1996), como já visto. Interessa-nos agora, contudo, o § 6º, que cuida do furto de semovente domesticável de produção (também chamado de *abigeato*), ainda que abatido ou dividido em partes no local da subtração. Nessa hipótese, a sanção penal varia entre as margens de dois a cinco anos de reclusão, curiosamente sem a cominação de pena de multa.

Pensamos que a topologia do dispositivo é incorreta. Explica-se: o § 4º do artigo 155 contempla meios ou formas de execução que tornam o furto mais grave. Ele é sucedido do § 4º-A, que segue a mesma dinâmica. Nada mais justo que estejam agrupados e que reflitam, inclusive, uma gradação no grau de reprovabilidade do furto: ao § 4º, que tem pena de dois a oito anos de reclusão, sucede-se o § 4º-A, com pena de quatro a dez anos, ou seja, crime mais grave. Em seguida, começam as hipóteses de furto qualificado por especificidades do objeto material da conduta: furto de veículo automotor, furto de semoventes domesticáveis de produção e furto de substâncias explosivas ou acessórios (respectivamente, §§ 5º, 6º e 7º). Seguindo a lógica dos §§ 4º e 4º-A, a qualificadora de menos severidade deveria aparecer primeiro, à qual se sucederia a de média gravidade, culminando com a de punibilidade mais intensa. Ou seja, o ideal seria que o furto de semoventes viesse antes do furto de veículo automotor (com a criação de um § 4º-B), mas não foi essa a elaboração legislativa, subvertendo qualquer preocupação sistêmica. Ainda que tal consideração tenha pouca ou nenhuma relevância no que concerne à interpretação dos tipos penais, a coerência é sempre sinal de um trabalho legislativo cuidadoso, o que, infelizmente, não é a regra em nosso país.

Há outro ponto a se considerar: a natureza da coisa somente justifica a qualificação do furto se há um dano incrementado (como no caso do furto de objetos de excepcional valor histórico ou artístico, ou seja, que tenham outro valor agregado à repercussão patrimonial, hipóteses que curiosamente não qualificam o crime), ou se a conduta resvala em bens jurídicos diversos, como é o caso do furto de explosivos, que coloca em risco a coletividade (igual situação teríamos na subtração de material radioativo, mas sequer a Lei nº 6.453, de 1977, previu essa hipótese). Não raro, o legislador, seja para demonstrar sua preocupação para com um nicho específico e crescente de criminalidade, conquistando assim a simpatia da opinião pública, seja para satisfazer certas categorias de pessoas que podem lhe trazer dividendos eleitorais, produz leis simbólicas, as quais, além de não refletirem em redução dos índices de criminalidade, ainda distorcem o sistema penal, colidindo com os princípios que sustentam a matéria. Nas palavras de Alessandro Baratta: "(...) na 'política como espetáculo', as decisões são tomadas não tanto visando modificar a realidade, senão tentando modificar a imagem da realidade nos espectadores: não procuram tanto satisfazer as necessidades reais e a vontade política dos cidadãos, senão vir ao encontro da denominada 'opinião pública'. As funções simbólicas tendem a prevalecer sobre as funções instrumentais. O déficit da tutela real dos bens jurídicos é compensado pela criação, junto ao público, de uma ilusão de segurança e de um sentimento de confiança no ordenamento e nas instituições, que têm uma base real cada vez mais fragilizada".[140]

---

140 BARATTA, Alessandro. Funções Instrumentais e Simbólicas do Direito Penal: lineamentos de uma teoria do bem jurídico. *Revista Brasileira de Ciências Criminais*, São Paulo, ano 2, n. 5, jan./mar., 1994. p. 21-22.

É o caso do furto de semoventes, em que há uma claríssima violação ao princípio da isonomia. O furto de veículo automotor ainda pode ostentar certa lógica: o transporte para outro Estado ou nação dificulta a recuperação da coisa; e ainda há uma lesão ao interesse estatal de manter o controle sobre a cadeia de compra e venda de veículos. Não há como se defender, no entanto, o preconizado no § 6º. Caso a justificativa recaia sobre a frequência do crime, muito mais frequentes são os furtos de telefones celulares (alguns até de alto valor) e nem por isso a subtração é qualificada; caso se avente o prejuízo à economia nacional, fundada fortemente no agronegócio, restaria demonstrar o quanto furtos isolados produzem seus impactos, se é que produzem (e por que razão o furto não é qualificado na subtração de máquinas industriais e outros equipamentos produtivos, inclusive usados na lavoura). Fica evidente, portanto, que a norma penal foi editada unicamente para atender aos anseios da numerosa bancada ruralista do Congresso Nacional, mas sem qualquer tipo de argumento razoável que a ampare, criando uma punibilidade diferenciada e injustificada perante outras espécies de furto.

Estudemos, no entanto, o seu conteúdo. E comecemos com a definição de semovente domesticável de produção, objeto material da conduta. O conceito de coisa móvel em direito penal, como vimos outrora, abrange também os animais, de sorte que estes podem ser furtados. O § 6º nada mais faz do que evidenciar essa realidade. O termo "semoventes" tem definição jurídica encontrada no artigo 82 do Código Civil ("bens suscetíveis de movimento próprio"), compreendendo os animais. O tipo penal exige que sejam domesticáveis, ou seja, que possam ser amansados para que sirvam a uma utilidade (no caso do *abigeato*, a produção). Não é necessário que o animal já esteja domesticado, bastando que – integrando o patrimônio alheio – haja a intenção de amansá-lo para produção. Por exemplo, um javali selvagem que legalmente ingresse no patrimônio de alguém pode ser objeto de furto qualificado, ainda que pendente sua domesticação. Impõe-se, ainda, que o animal seja destinado à produção, ou seja, ao fornecimento de utilidades, alimentos ou força de tração (ovelhas que fornecem lã, bois que serão abatidos para venda de sua carne e couro, cavalos dedicados a puxar arados etc.). Consoante Busato, são semoventes domésticos de produção "aqueles que são criados com a finalidade de extração de produtos, exploração em trabalho ou corte, ou qualquer outro tipo de comercialização, enfim, aqueles cuja criação destina-se a fins comerciais e/ou industriais".[141] Se o animal não é de produção (por exemplo, aquele que fica em exposição em um zoológico), não há o crime qualificado.

---

141 BUSATO, Paulo César. *Direito Penal*: parte especial. 3. ed. São Paulo: Atlas, 2017. v. 2. p. 452.

Quer o animal seja retirado íntegro do local em que se encontra, quer seja ele abatido (morto) ou dividido em partes no local da subtração, temos a qualificadora, de acordo com o § 6º. Cuida-se de redação evidentemente redundante. Para que o animal seja dividido em partes no local da subtração, ocorre necessariamente seu abate. Então, bastaria que a lei mencionasse o animal abatido. Nem se cogite a hipótese do animal que não foi abatido pelo autor, mas que ali já se encontrava morto, sendo por ele dividido em partes, com posterior subtração: nesse caso, não há furto de semovente, mas de carne, couro ou outro produto proveniente da carcaça animal. Para que seja considerado semovente, o animal deve estar vivo quando a conduta do autor é praticada. Por exemplo, se o autor invade um matadouro e encontra um animal já abatido, fracionando-o e subtraindo várias de suas partes, o furto é simples (ou qualificado por outra hipótese diferente do § 6º).

A qualificadora em comento cede espaço àquelas previstas no § 4º do artigo 155, sempre que o meio executório foi qualificado. Embora tenhamos um dispositivo mais específico quanto à natureza do objeto, as hipóteses do § 4º são mais específicas no que tange à forma de execução, de modo que a técnica da especialidade não é suficiente para resolver o concurso aparente de normas. O que caracteriza uma circunstância qualificadora, todavia, é a maior reprovabilidade percebida no comportamento, apta a ensejar o aumento das margens penais. Portanto, no confronto entre circunstâncias qualificadoras, é lógico que prevaleça aquela que contemple a sanção mais intensa. Assim, se o furto é praticado mediante abuso de confiança, ou rompimento de obstáculo, ou mesmo em concurso de pessoas, entre outras, não há a aplicação do § 6º, punido de forma mais leve.

(h) Furto de substâncias explosivas ou acessórios

O último parágrafo do artigo 155 traz aquela que, juntamente com o § 4º-A, é considerada a hipótese mais grave de furto: a subtração de "substâncias explosivas ou acessórios que, conjunta ou isoladamente, permitam sua fabricação, montagem ou emprego", com pena de quatro a dez anos de reclusão e multa. Pensamos ser desproporcionais as margens mínima e máxima da sanção penal abstratamente cominada. Isso porque a conduta não pode ser equiparada – em grau de reprovabilidade derivado do risco provocado – àquela prevista no § 4º-A, em que o explosivo ou artefato é efetivamente empregado. A subtração ainda se coloca em um nível de perigo à incolumidade pública anterior à explosão, pois é mera potencialidade. De qualquer modo, o legislador optou por sanções idênticas.

Por substâncias explosivas devemos entender aquelas que, por si só, são capazes de provocar uma explosão. Não ingressam no conceito aquelas substâncias que, apenas após combinadas a outras, se traduzem em um explosivo. A nitroglicerina, por exemplo, é uma substância explosiva, pois pode produzir uma explosão por si só. Já o nitrato de amônio não pode assim ser conceituado, pois só se torna explosivo após combinado com óleo diesel (em sua mistura mais comum).

A segunda parte do dispositivo diz respeito à subtração de "acessórios que, conjunta ou isoladamente, possibilitem sua fabricação, montagem ou emprego". Mas fabricação, montagem ou emprego de que? Esse trecho, de péssima redação, se refere às substâncias explosivas. Por exemplo, constitui furto qualificado a subtração de acessório que permita a fabricação de substância explosiva. Todavia, a norma traz a palavra montagem, com a qual as substâncias explosivas não guardam correlação. Parece-nos que o legislador quis se reportar aos explosivos e aos artefatos mencionados no § 4º-A. A técnica canhestra, contudo, faz com que não seja possível essa remissão.

Acessórios não são substâncias que possam ser combinadas (por exemplo, uma substância química que, misturada com outra, determine a fabricação de uma substância explosiva). Substância é essência e acessório é algo periférico. Estamos aqui falando de um aparato material que será empregado na fabricação da substância explosiva ou no seu emprego (mecanismos, materiais de uso em laboratório etc.). É importante frisar que o acessório furtado deve ser especificamente destinado à fabricação ou emprego da substância, ainda que eventualmente comporte outras finalidades. Em outras palavras: o dolo do agente deve ter esse direcionamento. Se um determinado acessório foi furtado com finalidade diversa, não há a incidência da qualificadora em estudo, ainda que posteriormente venha a ser usado na fabricação de substâncias explosivas.

Saliente-se que o § 7º pode ser um prelúdio à prática da conduta descrita no § 4º-A, mas essa vinculação não é necessária ao reconhecimento da qualificadora. Se uma pessoa furta substância explosiva porque quer usá-la em sua indústria, ainda assim a conduta se subsome ao preceituado no § 7º.

Quanto ao concurso aparente de normas, pensamos que a conduta prevista no artigo 16, parágrafo único, III, da Lei nº 10.826, de 2006, resta absorvida pelo furto qualificado. Enxergar concurso de crimes na hipótese seria admitir evidente *bis in idem*. O que determina a qualificação do crime é o perigo comum gerado pelo objeto material do furto. A afetação patrimonial é o que determina a existência do furto, não o alargamento das margens penais no § 7º. O crime do Estatuto do Desarmamento, ao seu turno, pune o mesmo perigo comum. Ou seja, impossível o reconhecimento simultâneo de ambos os delitos.

A comunicabilidade das circunstâncias qualificadoras, em caso de concurso de agentes, segue o disposto no artigo 30 do Código Penal. Ou seja, somente são comunicáveis as circunstâncias objetivas, já que as de caráter pessoal (subjetivas) não são elementares. Todas as qualificadoras do furto são objetivas e, por conseguinte, comunicáveis.

12 Distinção, concurso de crimes e concurso aparente de normas

Todas as espécies de concurso de delitos são admitidas no furto (concurso material, formal e continuidade delitiva[142]). O concurso formal pode ser vislumbrado quando, com uma única ação, patrimônios de diversas pessoas são atingidos (o sujeito ativo, por exemplo, arromba um cofre e retira do seu interior joias e dinheiro de mais de uma pessoa, as quais haviam lá acautelado os seus bens, praticando tantos furtos quantas forem as pessoas lesadas).[143] Se, entretanto, o patrimônio violado for comum a duas ou mais pessoas (casal em regime de comunhão de bens, *v. g.*), o crime será único.

Sobre a possibilidade de continuidade delitiva entre o furto (artigo 155, CP) e o roubo (artigo 157, CP), há duas posições possíveis. De início, frise-se que ambos são praticados mediante uma subtração, verbo que os distinguem dos demais crimes patrimoniais. A única diferença entre os tipos penais dos artigos 155 e 157 é o constrangimento exigido no roubo. Neste delito, a subtração ocorre mediante violência, grave ameaça ou qualquer outra forma de redução da capacidade de resistência da vítima, aumentando significativamente a reprovabilidade da conduta. No furto, a subtração se dá por quaisquer meios que não sejam os caracterizadores do roubo. Em suma, são crimes que contam com descrição típica assemelhada e ofendem o mesmo bem jurídico-penal, o patrimônio (de forma exclusiva no furto simples e de forma primária no roubo). Seriam eles, então, crimes da mesma espécie (requisito para a configuração do crime continuado)? A primeira posição defende que "crimes da mesma espécie" são aqueles previstos na mesma estrutura típica. Como furto e roubo são previstos em dispositivos diferentes, por esse entendimento não são crimes da mesma espécie. Mas há aqueles

---

142 TACrimSP: "Não deve ser excluída a continuação quando se apresentam formas simples e formas qualificadas do crime, posto que não haja mudança no *nomen juris*. Assim, pode haver continuação entre o furto previsto no *caput* do art. 155 do CP e o furto previsto no § 4º do mesmo artigo" (RT 434/407); TACrimRJ: "Furtos praticados em apartamentos contíguos, pelo mesmo agente, um imediatamente após o outro, constituem crime continuado, e não concurso material de crimes" (Boletim Adv. 4.818).

143 TACrimSP: "Configura-se concurso formal de delitos e não crime continuado na conduta de quem subtrai vários objetos pertencentes a pessoas diversas, de forma simultânea, eis que inexistente na espécie uma pluralidade de ações autônomas, mas sim de atos componentes de uma única ação" (JUTACRIM 16/232).

– com os quais nos perfilamos – que compreendem a expressão como abrangendo condutas assemelhadas que ofendam a mesma objetividade jurídica. Assim, estaríamos diante de crimes da mesma espécie, restando possível a continuidade delitiva entre eles. Estruturalmente, afinal, o roubo nada mais é do que um furto qualificado pelos meios executórios (como também o é o furto praticado com uso de explosivos, que, inclusive, tem a mesma pena do roubo simples), todavia ao qual se concedeu autonomia sistemática.

Tratando-se do crime continuado entre o furto qualificado pela fraude e o estelionato, a discussão é a mesma. Se considerarmos como "crimes da mesma espécie" apenas aqueles subsumidos ao mesmo tipo penal, torna-se impossível a continuidade, ao passo que, adotando uma interpretação mais liberal para a expressão, é admissível a continuidade, por serem crimes assemelhados que atingem o mesmo bem jurídico.

Ainda versando sobre o estelionato, merece análise a situação em que este crime e o furto são praticados em um mesmo contexto fático, como no caso da subtração de uma folha de cheque (furto) e sua posterior emissão fraudulenta (estelionato). À evidência, estamos diante de um concurso aparente de normas, em que um dos crimes deverá prevalecer sobre o outro, que será absorvido. Parece-nos que a melhor solução é aquela que defende a responsabilização do agente pelo estelionato (o furto constituiria *antefactum* impunível). Isso porque a intenção do agente volta-se à prática fraudulenta, esta sim capaz de conferir-lhe algum tipo de vantagem econômica, ao passo em que a subtração é entendida por ele como preparação para o coroamento da empreitada criminosa. De mais a mais, o patrimônio da vítima da subtração não é atingido de forma relevante (a folha de cheque, além do ínfimo valor econômico, possui reduzido valor de uso, enquanto que o desfalque patrimonial proporcionado pelo preenchimento fraudulento do título de crédito pode ser vultoso).[144] Diferente é a situação do sujeito que, depois de furtar um bem de valor considerável, aliena-o para um incauto, desconhecedor de sua origem ilícita (disposição de coisa alheia como própria – artigo 171, § 2º, I, CP). Parece-nos, nessa hipótese, existir concurso material de crimes, uma vez que há relevo em ambos os desfalques patrimoniais, atingindo

---

144 No mesmo sentido, TACrimSP: "O furto e a falsificação de cheque, bem como a adulteração de cédula de identidade, quando utilizados na prática de estelionato, crime-fim, devem ser considerados crimes-meio, ou seja, *ante-factum* não punível, impondo-se, pois, quanto aos primeiros, a necessária solução absolutória, em consonância com o disposto no art. 386, III, da Lei Adjetiva Penal" (RJTACRIM 31/145, julg. em 13/05/1996). Contra, TJRO: "A subtração de cheque em branco caracteriza furto, sendo o posterior preenchimento e transformação em mercadorias e dinheiro mero desdobramento do crime antecedente, sobrevindo o estelionato como fato sucessivo não punível" (RT 762/705, julg. em 10/09/1998).

a pessoas diversas. Tal solução, entretanto, é pouco difundida na doutrina, havendo inclinação pela ocorrência tão-somente do crime de furto.

Há outros delitos, além dos já citados, em que a conduta do agente se aproxima do crime de furto, mas este não se configura. Tome-se como exemplo o apossamento *invito domino*, pelo credor, de bens móveis do devedor, com a finalidade de ver adimplido o compromisso assumido. Apesar da subtração de coisa alheia móvel, se o agente realiza sua ação visando a "fazer justiça com as próprias mãos", ou seja, tencionando ver satisfeito um interesse legítimo (ou que pressupõe legítimo), embora judicialmente dedutível, tem-se o crime de exercício arbitrário das próprias razões (artigo 345, CP) e não o furto. Também não há furto quando o agente é funcionário público (propriamente dito ou por equiparação – artigo 327 do CP) e, valendo-se de sua qualidade funcional para angariar algum tipo de facilidade, subtrai para si ou para outrem bem público ou bem particular que esteja sob a guarda da administração pública. Nessa hipótese, o crime é de peculato-furto (artigo 312, § 1º, CP), que prevalece sobre o furto em virtude da técnica da especialidade.

Se o agente constitui licitamente posse ou detenção desvigiada sobre um bem, desvirtuando-a e passando a agir como proprietário da coisa, há crime de apropriação indébita (artigo 168, CP). É o caso do trabalhador que, recebendo um veículo de uma empresa para seu uso pessoal, dele se apropria, vendendo-o a terceiro. A posse (ou detenção) lícita, prévia e desvigiada sobre a coisa é o traço distintivo entre este crime e o furto. Havendo vigilância, o apossamento do produto do crime configura furto, como ocorre na subtração de valores pelo caixa de um marcado, o qual, mesmo monitorado por câmeras, desvia sorrateiramente parte do dinheiro entregue por clientes (adulterando depois a contabilidade). Também existirá apropriação, mas de coisa achada (artigo 169, p. único, II, CP) se o agente se apossar de coisa perdida pelo legítimo proprietário ou possuidor. Para tanto, é necessário que o lesado desconheça o paradeiro do objeto encontrado pelo autor (só assim estaremos diante de uma coisa perdida, a qual pode ser achada por alguém). Ocorrendo mero esquecimento da coisa (pessoa que deixa um telefone celular sobre a pia de banheiro público, por exemplo, retornado após alguns minutos para tentar recuperá-lo; pessoa que salta do táxi e esquece o *laptop* em seu interior, lembrando-se do bem apenas quando o veículo já se distancia), seu apossamento pelo sujeito ativo concretizará o furto.

A violação de domicílio (artigo 150, CP), sempre que constituir meio para o crime de furto, por este será absorvida. O mesmo acontecerá com o crime de dano (artigo 163, CP), em relação ao furto qualificado pelo rompimento ou destruição de obstáculo. Sobre o crime de explosão, assim como acerca do Estatuto do Desarmamento, no que concerne aos explosivos, remetemos o leitor ao tópico referente aos §§ 4º-A e 7º.

O crime de subtração ou inutilização de livro ou documento (artigo 337, CP) tem prevalência sobre o furto, por ser mais específico (saliente-se que existem decisões que exigem o *animus rem sibi habendi* para a caracterização do crime contra a administração pública[145]). Consoante o STJ,[146] o artigo 102 do Estatuto do Idoso prevalece sobre o furto. Assim, se uma pessoa tem em suas mãos o cartão bancário de um idoso e desvia, em proveito próprio ou alheio, valores depositados na conta corrente do titular do cartão, a conduta é regida por lei especial, que prevalece sobre a forma genérica do artigo 155 do CP. Discordamos, pois o artigo 102 da Lei nº 10.741/2003 usa em sua formulação os verbos "apropriar-se" e "desviar", que são distintos do verbo subtrair. Aliás, é interessante notar que são os mesmos verbos usados no tipo fundamental do peculato (artigo 312, *caput*) e, no crime contra a administração pública, houve a necessidade de formular um tipo derivado para a punição do peculato-furto (artigo 312, § 1º), que é onde reside a subtração. Em outras palavras: o artigo 102 não contempla subtrações. Desviar significa dar destinação diferente. Existe, assim, orientação para o emprego de um determinado recurso, porém o sujeito ativo viola essa orientação e emprega-o de forma ilícita.[147] Pressupõe, portanto, que o sujeito ativo administre esse recurso de alguma forma. Saliente-se que o entendimento esposado pelo STJ conduz a uma situação de desproporcionalidade. Para que atinjamos essa percepção, pensemos no seguinte exemplo: um idoso, cedendo temporariamente a posse de um cartão bancário de que é titular, pede ao seu irmão que saque em um terminal eletrônico e entregue-lhe certa quantia em dinheiro; o irmão, não apenas efetua o saque, mas também transfere parte dos recursos depositados para a conta bancária de que é titular. Caso entendamos que o crime é aquele previsto no Estatuto do Idoso, a pena a ser aplicada é de reclusão, de um a quatro anos, além de multa. No entanto, tivesse o lesado idade inferior a sessenta anos, a pena seria de reclusão, de dois a oito anos, e multa (furto qualificado pelo abuso de confiança). Ou seja, o crime praticado contra a pessoa idosa – e, por conseguinte, mais vulnerável – teria pena inferior, o que é absolutamente ilógico. Cremos, portanto, que, existindo subtração, não há se falar em desvio, e vice-versa. São condutas que não se confundem. Ressalte-se que o mesmo STJ, em decisão sobre o crime de peculato, deixa claro o lineamento da conduta de desviar: "tratando-se de crime formal, o peculato-desvio não exige que o agente ou terceiro obtenha vantagem com a prática do delito, sendo que o momento consumativo é aquele em que o funcionário público, em razão do cargo que ocupa, determina destino diverso

---

145 TJSP: *RT* 415/59; *RT* 450/354.
146 6ª Turma, REsp. n. 1358865-RS, rel. Min. Sebastião Reis Júnior, julg. em 04.09.2014 (Informativo nº 547).
147 Nesse sentido, TJSP: "No caso de desvio, ocorre a consumação quando o agente dá às coisas destino diverso, quando emprega em fins outros que não o próprio ou regular" (RJTJSP 11, 505-506).

ao dinheiro, valor ou qualquer outro bem móvel, público ou particular, empregando-os com fins que não os próprios ou regulares".[148] Em suma, a subtração, seja contra idoso ou não idoso, caracteriza furto.

No tocante aos artigos 257 (subtração, ocultação ou inutilização de material de salvamento) e 265, parágrafo único (atentado contra a segurança de serviço de utilidade pública, na forma majorada), poderá ocorrer concurso formal com o furto, pois as objetividades jurídicas são diferentes.

A Lei de Contravenções Penais (artigo 24, DL 3.688/1941) tipifica a fabricação, a cessão e a venda de gazua ou instrumento usualmente empregado na prática de furto (pé-de-cabra, chaves especiais, limas etc.). Somente resta caracterizada a contravenção quando não houver participação do agente no crime patrimonial, hipótese em que haveria a absorção da norma especial pelo furto. Assim, por exemplo, se a cessão de uma gazua é realizada com o fito de auxiliar o executor do furto, o cedente será partícipe da subtração. Todavia, se o furto não chega a ser tentado pelo sujeito ativo, não há que se falar em participação no crime patrimonial, punindo-se o cedente pela contravenção penal.

13 Lei dos Crimes Hediondos

A Lei nº 13.964/2019 colocou o furto qualificado pelo emprego de explosivo ou artefato análogo que cause perigo comum (artigo 155, § 4º-A) entre os crimes hediondos (artigo 1º, IX, da Lei nº 8.072/1990). Trata-se de uma desproporcionalidade que salta aos olhos, eivando a norma de inconstitucionalidade. Perceba-se que o roubo (crime praticado mediante violência ou grave ameaça), quando praticado através do uso de explosivo ou artefato análogo que cause perigo comum (artigo 157, § 2º-A, II, CP), não é crime hediondo, apesar de ser evidentemente mais grave que o furto. Ou seja, o artigo 1º, IX, criado pelo legislador para satisfazer os protestos populares por tripas e sangue, é um dispositivo natimorto.

14 Pena e ação penal

A pena para o crime de furto simples é de reclusão, de 1 a 4 anos, e multa. Em virtude da pena mínima cominada em abstrato, é possível a suspensão condicional do processo, consoante redação do artigo 89 da Lei nº 9.099/95. Em caso de furto noturno, aumenta-se a sanção em um terço, o que inviabiliza a suspensão. Se o furto for praticado nos moldes do § 2º, há a diminuição da pena de 1 a 2 terços, ou aplicação isolada da pena de multa.

No furto qualificado do § 4º, as margens penais são elevadas, cominando-se sanção de reclusão, de 2 a 8 anos, e multa. No § 4º-A e no § 7º, 4 a 10 anos de reclusão e multa. Se a qualificação, todavia, se faz pelo § 5º, a pena

---

148 5ª Turma, HC nº 12.136, rel. Min. Gilson Dipp, julg. em 06.03.2001.

de reclusão é de 3 a 8 anos, sem multa. No § 6º, a multa continua esquecida e a reclusão é de 2 a 5 anos. À exceção dos §§ 4º-A e 7º, a incidência da causa de diminuição da pena do § 2º sobre o furto qualificado (o que é permitido, de acordo com a Súmula 511 do STJ) pode conduzir novamente a uma pena mínima de um ano, permitindo a suspensão condicional do processo. Em quase todas as hipóteses de furto qualificado será admitido o acordo de não persecução penal, desde que presentes os demais requisitos previstos no artigo 28-A do CPP, salvo nos §§ 4º-A e 7º, em que a pena mínima é igual a quatro anos (o acordo de não persecução exige pena mínima inferior a quatro anos). Todavia, caso incida sobre essas qualificadoras uma causa de diminuição da pena, o acordo passa a ser permitido.

Incidindo mais de uma circunstância qualificadora na conduta do agente, apenas uma delas será observada para a aplicação da pena prevista para os tipos qualificados, servindo as demais como circunstâncias agravantes ou judiciais.

A ação penal é pública incondicionada, em regra. Excepcionalmente, se verificadas as hipóteses do artigo 182 do CP e observadas as ressalvas do artigo 183, II e III, a ação penal será pública condicionada à representação do ofendido.

II – FURTO DE COISA COMUM
(ARTIGO 156, CP)

1 Introdução

O artigo 156 do CP contempla uma hipótese de furto em que a coisa não é totalmente alheia: pertence, em parte, ao sujeito ativo. Todavia, também não está totalmente integrada ao seu patrimônio, pois há parcelas da coisa que pertencem a terceiros. Versa o delito, sobre a coisa comum, em que condôminos, coerdeiros ou sócios, por meio de uma subtração, desfalcam o patrimônio daqueles que também exercem direitos sobre parte da coisa.

A legislação alienígena, historicamente, é tímida no que se refere ao furto de coisa comum. Há menções à conduta no Direito Romano e no Código toscano. O Código Zanardelli também previu o fato, mas sem diferenciá-lo do furto simples, tal qual ocorreria com o Código Penal republicano no Brasil. Coube ao Código italiano de 1930 dar um tratamento específico ao furto de coisa comum, sancionando-o de modo menos severo.

Omitido no Código Penal de 1830, o furto de coisa comum, ainda que sem tal *nomen juris*, não passou despercebido pelo Código Penal de 1890 (artigo 334).[149]

2 Objetividade jurídica

A tutela recai sobre o patrimônio, tal qual o ensinado no estudo do furto (artigo 155). O objeto material, contudo, é diferenciado, pois, enquanto no furto há a subtração de *res aliena* (coisa alheia), aqui nesse delito a conduta ocorrerá sobre a *res communis* (coisa comum), ou seja, a coisa que pertence, simultaneamente, a mais de uma pessoa. Em virtude dessa peculiaridade, a pena é reduzida (detenção, de 6 meses a 2 anos, ou multa), justificando-se a opção legislativa pela menor gravidade do fato, já que, segundo Hungria, a coisa não é alheia em sua inteireza, mas ao mesmo tempo alheia e própria.[150]

---

149 "Art. 334. O crime de furto se commetterá ainda que a cousa pertença a herança ou communhão em estado de indivisão."
150 HUNGRIA, Nelson. *Comentários...*, op. cit., v. VII, p. 48.

Consoante Weber Martins Batista, as relações especiais entre os sujeitos ativo e passivo tornam menor o dano causado e a sua repercussão, diminuindo a intensidade criminógena da ação praticada.[151]

3 Sujeitos do delito

O sujeito ativo do crime em questão é o condômino, o coerdeiro ou o sócio, de acordo com expressa redação do tipo penal. Cuida-se, portanto, de crime próprio, que exige uma qualidade especial do agente. Condômino é a pessoa que exerce copropriedade sobre a coisa (o condomínio é regido pelas normas inscritas no Livro III, Título III, Capítulo VI, Código Civil). Herdeiro é quem adquire ou recebe os bens em uma herança, definida esta como uma universalidade de bens transmitidos *causa mortis* (artigo 1791, CC). Sócio é aquele que, em conjunto com outras pessoas, se obriga a contribuir, com bens ou serviços, para o exercício de atividade econômica e a partilha, entre si, dos resultados (artigo 981, CC).

Há divergência quanto à possibilidade de o sócio de uma sociedade com personalidade jurídica cometer furto de coisa comum. Magalhães Noronha assinala: "A lei fala em sócio, mas estamos que é excluído o sócio da sociedade com personalidade jurídica. Assim, a sociedade comercial. O patrimônio desta não é patrimônio dos sócios. Estes não são coproprietários dos bens que constituem dito patrimônio".[152] Para o autor, portanto, não pode haver o crime em estudo porque o patrimônio da sociedade não se confunde com o patrimônio dos sócios. A subtração de bens da sociedade importaria crime de furto simples (artigo 155). Contrariamente, opina Hungria: "Ora, o direito penal, essencialmente realístico, é infenso às ficções ou abstrações do direito civil ou comercial. Na realidade prática, não obstante o princípio de que *societas distat a singulis*, o patrimônio que serve ao fim social é condomínio ou propriedade comum dos sócios. [...] O artigo 156 (reprodução do artigo 627 do Código Penal italiano) não distingue entre sócio e não-sócio. É inquestionável que, se quisesse fazer distinção, teria acrescentado à palavra sócio a cláusula 'salvo em se tratando de sociedade com personalidade jurídica'. Não fez, nem podia fazer tal distinção, pois, de outro modo, estaria infringindo o *ubi eadem ratio, ibi eadem dispositio*".[153] Não nos parece acertada essa lição, pois, a despeito na natureza jurídica que se confira à pessoa jurídica, quer seja ela uma ficção ou não, é fato que o patrimônio societário

---

151   MARTINS BATISTA, Weber. *O furto e o roubo*..., op. cit., p. 191.
152   MAGALHÃES NORONHA, E. *Código penal brasileiro*..., op. cit., v. 5, 1ª parte, p. 149-150. No mesmo sentido, Weber Martins Batista (*O furto e o roubo*..., op. cit., p. 194-195); Cezar Roberto Bitencourt (*Código penal comentado*..., op. cit., p. 675); Heleno Cláudio Fragoso (*Lições*..., op. cit., p. 204).
153   HUNGRIA, Nelson. *Comentários*..., op. cit., v. VII, p. 48-49.

é distinto do patrimônio dos sócios. Então, não se pode vislumbrar a copropriedade caracterizadora do furto de coisa comum. Somente pode ser admitido o furto de coisa comum na mera comunhão de bens e interesses, destituída de personalidade.

Em caso de coautoria, deve ser obedecida a regra inserta no artigo 30 do CP, ou seja, as elementares de caráter pessoal são comunicáveis a todos os participantes da empresa criminosa. A qualidade de condômino, coerdeiro ou sócio, sem dúvida, é pessoal, mas também é elementar do tipo. Caso haja, portanto, pluralidade de delinquentes, sendo um dos autores pessoa revestida pela qualidade exigida no tipo penal, tal circunstância alcançará a todos, que responderão, igualmente, pelo furto de coisa comum.

Os sujeitos passivos serão, evidentemente, os demais condôminos, coerdeiros ou sócios.

4 Tipicidade objetiva e subjetiva

O núcleo do tipo penal é o verbo subtrair, valendo as mesmas observações já feitas ao crime de furto (artigo 155). Sendo mister a subtração, somente ocorrerá o delito, por conseguinte, se o agente não estiver legitimamente na posse prévia e desvigiada da coisa. Nesse caso, a inversão do ânimo da posse importa apropriação indébita.

A coisa comum a que se refere o texto legal é, necessariamente, móvel, podendo ser fungível ou infungível. Fungível é a coisa que pode ser substituída por outra da mesma espécie, quantidade e qualidade (sacos de grãos, por exemplo), característica inexistente nas coisas infungíveis (um quadro de um pintor famoso, um animal premiado etc.). Entretanto, em se tratando de coisa fungível, se a subtração não excede o valor da quota a que tem direito o agente, a conduta é impunível (artigo 156, § 2º).

Só existe o furto de coisa comum em caso de dolo, acrescendo-se um elemento subjetivo especial do tipo, o *animus rem sibi habendi*, ou seja, a vontade de ter a coisa integrada ao seu patrimônio ou ao patrimônio de terceiro. O dolo deve abranger a ciência de que a coisa é comum. Se, por erro, o agente supõe que a coisa é alheia e se apropria de coisa comum, ainda assim deve responder pelo artigo 156.

Não são aplicáveis ao delito as qualificadoras previstas para o artigo 155 (§§ 4º a 7º), ainda que o comportamento seja revestido de maior reprovabilidade. Entretanto, se a conduta demonstrar a necessidade de uma punição mais severa, poder-se-á exasperar a pena-base pela análise das circunstâncias judiciais (artigo 59, CP). Os §§ 1º e 2º do artigo 155 também não alcançam o furto de coisa comum.

5 Consumação e tentativa

De forma semelhante ao furto (artigo 155), o delito será reputado consumado quando o agente obtiver a posse tranquila da coisa comum, segundo a opinião comungada nesta obra (havendo, como já explicitado outrora, quem entenda pela aplicabilidade da teoria da *amotio*). Temos, aqui, um crime material e de dano. As mesmas posições já declinadas no estudo do crime anterior quanto ao momento consumativo podem ser defendidas no furto de coisa comum, razão pela qual recomendamos a leitura do ponto relativo ao furto.

Sendo plurissubsistente, o furto de coisa comum admite a forma tentada (artigo 14, II), desde que o agente, por circunstâncias alheias à sua vontade, não consiga ter, ainda que por um breve momento, a posse tranquila da coisa comum. Se a coisa é total ou parcialmente danificada, entretanto, tornando-se inservível, há a consumação, mesmo que o agente não obtenha a posse tranquila do bem.

6 Exclusão da antijuridicidade

O § 2º do artigo 156 tem a seguinte redação: "Não é punível a subtração de coisa comum fungível, cujo valor não excede a quota a que tem direito o agente". Apesar de a redação do dispositivo sugerir a isenção da pena, há quem sustente que a hipótese é de exclusão da antijuridicidade. Nesse sentido, Bitencourt, para quem a subtração é lícita.[154] Hungria, ao seu turno, menciona a afetação da esfera da punibilidade: "[...] se a coisa é fungível e o *quantum* subtraído não excede a quota a que tem direito o agente no todo homogêneo, o fato deixa de ser punível (§ 2º do artigo 156), embora persista como objetivamente antijurídico, tanto assim que não desaparece como ilícito civil".[155] Revendo nossa posição anterior (exclusão da antijuridicidade), pensamos que a hipótese é de atipicidade material, pois não há, no comportamento, lesão ou risco de lesão ao patrimônio alheio, preservado pela subtração unicamente do valor correspondente à quota.

Para a exclusão da tipicidade, é preciso que, simultaneamente, sejam preenchidos dois requisitos: a) a coisa deve ser fungível (podendo ser substituída por outra da mesma espécie, quantidade e qualidade); b) o agente, na subtração, não pode exceder o valor de sua quota. As coisas infungíveis, por serem insubstituíveis, não se prestam para tornar atípico o comportamento. Se o agente ultrapassa o valor de sua quota, outrossim, também não se exclui a tipicidade, pois há efetiva diminuição do patrimônio alheio.

---

154 BITENCOURT, Cezar Roberto. *Tratado*..., op. cit., v. 3, p. 76-77. No mesmo sentido, Weber Martins Batista (*O furto e o roubo*..., op. cit., p. 191-193).
155 HUNGRIA, Nelson. *Comentários*..., op. cit., v. VII, p. 49.

7 Distinção, concurso de crimes e concurso aparente de normas

Assim como no crime de furto (artigo 155), o furto de coisa comum admite todas as hipóteses de concurso de delitos (material, formal e continuado). No tocante à continuidade delitiva, a prática de crimes assemelhados, mas não constantes do mesmo tipo penal, enseja a já propalada discussão acerca da definição de "crimes da mesma espécie", razão pela qual nos reportamos ao estudo do crime anterior.

Também as distinções e as regras de concurso aparente de normas vistas no estudo do artigo 155 são válidas para este dispositivo (se o crime é praticado mediante violência, há roubo, a violação de domicílio é absorvida pelo furto de coisa comum etc.).

8 Pena e ação penal

Ao crime de furto de coisa comum é estipulada pena de detenção, de 6 meses a 2 anos, ou, alternativamente, multa. O *quantum* máximo da pena em abstrato implica o reconhecimento do crime como infração de menor potencial ofensivo, sujeita às regras da Lei nº 9.099/1995. Incidindo uma das circunstâncias previstas no artigo 181 do CP (escusas absolutórias), o agente é isento de pena.

Em qualquer caso, a ação penal será pública condicionada à representação do ofendido, consoante redação do artigo 156, § 1º.

DO ROUBO E DA EXTORSÃO
(TÍTULO II, CAPÍTULO II)

I – ROUBO
(ARTIGO 157, CP)

1 Introdução

Tipificado no artigo 157 do Código Penal, o roubo é um crime complexo, ou seja, é o resultado da fusão de dois outros delitos, a constituir um tipo autônomo. Verifica-se, sem dificuldade, que há a ação típica do furto (subtração, para si ou para outrem, de coisa móvel alheia), a qual se acresce o constrangimento ilegal (mediante violência, grave ameaça ou qualquer outra forma de redução da capacidade de resistência) e a lesão corporal (se cometido mediante violência). Há, grosso modo, um furto qualificado pelo modo de execução, ao qual, por sua extrema gravidade, foi dada autonomia, em vez de constar como parágrafo do artigo 155, CP.

As mais remotas legislações penais já previam o crime de roubo. O Código de Hammurabi o mencionava em várias passagens, por vezes não o distinguindo do furto. Também cuidou do tema o direito romano, cabendo à *Lex Cornelia de Sicariis* traçar a distinção entre furto e roubo, ou seja, a subtração praticada com violência, punida como *crimen vis*. Nem sempre, contudo, as leis sustentaram a distinção, como nas Institutas de Justiniano.

A legislação penal alemã medieval, posteriormente, tratou de normatizar separadamente o furto e o roubo (diferenciando-os, em princípio, pela subtração pública ou clandestina e, depois, pela violência contra a pessoa), secundada pelos Códigos Austríaco e da Baviera, bem como pelo direito inglês.

No direito pátrio, as Ordenações Filipinas versavam sobre o roubo ("Título LXI – Dos que tomão alguma cousa por força")[156] de forma diferente do furto ("Titulo LX – Dos furtos e dos que trazem artificios para abrir portas"). O Código Penal de 1830, mantendo a dicotomia, previu o roubo como o furto mediante violência contra a pessoa ou contra a coisa.[157] Há que

---

156 "Pessoa alguma, de qualquer qualidade que seja, não tome cousa alguma per força e contra vontade daquelle, que a tiver em seu poder."
157 "Art. 269. Roubar, isto é, furtar, fazendo violencia á pessoa, ou ás coisas. Penas – de galés por um a oito annos." O diploma também tipificou o roubo qualificado pela

se ressaltar que a violência contra a coisa (arrombamentos, rompimento de obstáculos etc.) ingressa, hoje, na seara do furto qualificado. Assim foi mantido pelo Código Penal de 1890.[158]

Interessa notar que a legislação brasileira pretérita (1830 e 1890) cuidou do roubo não só como um crime contra o patrimônio, como faz a atual codificação, mas também como crime contra a pessoa e contra a propriedade. Em virtude do modo de execução, deu-se ênfase à proteção do indivíduo, ao passo que hodiernamente se tem como preponderante a proteção patrimonial, pois a finalidade do agente é a subtração do patrimônio alheio. Entendemos que esta não é a melhor solução, trazendo uma série de inconvenientes, como será estudado.

2 Objetividade jurídica

Tratando-se de crime complexo (furto, constrangimento ilegal e lesão corporal), não é único o bem jurídico tutelado no crime de roubo. Além do patrimônio, a liberdade individual, a integridade corporal e a saúde são objeto da proteção do tipo fundamental. No latrocínio, há também a salvaguarda da vida.

O patrimônio, já analisado no estudo do furto, compreende não só a posse e a propriedade, mas também a mera detenção. Tal solução, entretanto, não é pacífica, havendo quem entenda que o termo engloba apenas posse e propriedade, excluída a detenção, ou, ainda tão-somente, a propriedade (ver notas ao artigo 155).

O objeto material do delito é a coisa móvel alheia, sobre a qual recai a subtração. Também a pessoa natural será considerada como objeto material, pois é sobre ela que o constrangimento se exerce.

Coisa móvel alheia é a coisa corpórea, que não integra o patrimônio do agente e é passível de ser transportada. Desnecessário que tenha apreciação econômica, bastando que apresente valor de uso ou sentimental. Para mais detalhes, uma vez mais remetemos o leitor ao crime de furto, evitando, assim, redundâncias.

3 Sujeitos do delito

Qualquer pessoa pode cometer o crime de roubo, não se exigindo qualidades especiais do sujeito ativo. Classifica-se, portanto, como crime comum. São válidas, aqui, as mesmas ressalvas feitas ao crime de furto quanto

---

lesão corporal de natureza grave (artigo 272) e pela morte (artigo 271).
158 "Art. 356. Subtrahir, para si ou para outrem, cousa alheia móvel, fazendo violencia á pessoa ou empregando força contra a cousa. Pena – de prisão cellular por dous a oito annos." Note-se, ainda, que várias hipóteses de furto qualificado (chave falsa, destreza etc.) eram considerados como roubo cometido com violência contra a pessoa, de acordo com o artigo 357.

à possibilidade de o proprietário ser sujeito ativo do roubo, ao subtrair, mediante violência, grave ameaça ou outra forma de redução da capacidade de resistência, a coisa própria que não está em sua posse. Consoante o entendimento anteriormente esposado, o tipo penal exige que a coisa seja alheia, e a coisa própria, à evidência, não satisfaz tal requisito. Assim, o proprietário do bem jamais poderá roubá-lo. Entretanto, não se deve olvidar que, sobre a pessoa que tem a coisa em sua posse, é exercido um constrangimento. Assim, embora não se possa responsabilizar o proprietário pelo roubo, é possível a sua punição pelo crime de constrangimento ilegal (artigo 146, CP), cumulado com o crime correspondente à violência, caso seja este o meio executório eleito.

É possível a pluralidade de pessoas como vítimas de um único roubo (subjetividade passiva plural). Além do proprietário, do possuidor e do detentor, que têm seu patrimônio lesado pela subtração, também a pessoa que sofre o constrangimento será apontada como sujeito passivo. Isso se deve ao fato de o roubo ser um crime complexo, podendo parte da conduta (subtração) se dar em face de uma pessoa e parte em face de outra (constrangimento). Se o roubo, por exemplo, é praticado mediante grave ameaça, consubstanciada no apontar de uma arma de fogo para o proprietário do bem, apossando-se o agente, em seguida, da carteira de dinheiro da vítima, somente teremos um sujeito passivo. Todavia, se a carteira é portada por pessoa diversa do proprietário (um amigo, *v. g.*, que está acautelando o bem deixado, por distração, consigo), teremos duas vítimas: o dono da coisa, que tem seu patrimônio diminuído, e o terceiro que sofre o constrangimento. Na primeira hipótese, diz-se que a ofensa é imediata (exercida contra o titular do direito sobre o bem); na segunda, é mediata (ação dirigida a terceiro que não exerce direito sobre a coisa).[159]

---

159 No que concerne ao chamado "patrimônio familiar", decidiu o STJ (Informativo nº 471): "Na espécie, o paciente foi condenado pela prática de dois crimes de latrocínio – um consumado e outro tentado – em concurso formal. Na impetração, sustentou-se que os delitos foram praticados contra um casal, o que caracterizaria violação de apenas um patrimônio, devendo ser reconhecido, portanto, o cometimento de crime único. Nesse contexto, a Turma, ao prosseguir o julgamento, por maioria, denegou a ordem de *habeas corpus* por entender que o fato de as vítimas serem casadas não necessariamente significa que os objetos subtraídos de sua residência compunham um patrimônio comum indivisível. Segundo salientou o Min. Relator, mesmo nas hipóteses de os cônjuges adotarem o regime da comunhão universal, há bens que não se comunicam, como os do caso: foram subtraídos, entre outros itens, um par de alianças de ouro e quantia em dinheiro proveniente, ao que tudo indica, da aposentadoria por eles recebida. Concluiu, portanto, que, *in casu*, foram cometidos dois crimes contra duas vítimas diferentes mediante uma única ação e lesão a mais de um patrimônio, o que caracteriza o concurso formal nos termos do art. 70 do CP, ainda que as vítimas fossem casadas civilmente. Precedente citado: REsp 729.772-RS,

O consentimento do ofendido exercido anteriormente à conduta delitiva afasta o crime, seja qual for o meio executório. Isso se dá mesmo se vulnerada a integridade corporal da vítima (no crime praticado mediante violência). Aliás, a violação patrimonial consentida sequer é uma violação, é um ato legítimo de disposição, o que por si só já impediria a configuração do roubo. Sequer subsistiriam, pensamos, constrangimento ilegal ou lesão corporal, pois, na qualidade de bens jurídicos individuais, prevalece a autonomia da vontade do titular. Frise-se, contudo, que se o constrangimento for o meio para se obter o consentimento, a vontade é viciada. Há, nesse caso, roubo.

4 Tipicidade objetiva e subjetiva

A ação incriminada pelo tipo penal tem como núcleo o verbo subtrair, significando a retirada da coisa da posse do sujeito passivo, ainda que não seja transportada para longe do seu titular (como no caso em que o bem é imediatamente consumido). Subtrai-se a coisa móvel alheia.

Todavia, para a caracterização do roubo, é necessário que a subtração aconteça "mediante grave ameaça ou violência à pessoa, ou depois de havê-la, por qualquer meio, reduzido à impossibilidade de resistência". A ressalva feita à violência, exigindo que seja praticada contra a pessoa, é justificável, pois, como visto, a legislação anterior admitia o roubo cometido com violência contra a coisa. Assim, andou bem o legislador, deixando cristalina a sua opção.

Ameaça (*vis compulsiva*) é a promessa de um mal. Cuida-se da violência moral, em que se infunde temor à vítima para que não haja resistência à ação delituosa.[160] Por exigência expressa do tipo penal, a ameaça deve ser grave,

---

DJ 7/11/2005" (HC 122.061-RS, Rel. originária Min. Laurita Vaz, Rel. para acórdão Min. Jorge Mussi, julgado em 3/5/2011).

160 Decidiu o STJ que a simples presença de dois ou mais agentes no momento da execução do crime não é suficiente para a caracterização da grave ameaça, de acordo com teor do Informativo nº 426, a seguir reproduzido: "O paciente, acompanhado de dois menores, subtraiu a mochila da vítima. Então, foi denunciado pela prática de roubo qualificado pelo concurso de agentes (art. 157, § 2º, II, do CP), ao se considerar a superioridade numérica também como a grave ameaça inerente àquele crime. Nesse contexto, a Turma, ao prosseguir o julgamento, apesar de conceder a ordem à unanimidade, entendeu, por maioria, tratar-se, sim, de furto qualificado, pois a denúncia não narrou qualquer violência ou grave ameaça, sendo demasiado dizer que ela estaria consubstanciada na causa que qualifica o crime. O Min. Nilson Naves entendia estar-se diante de roubo simples; pois, aceito tratar-se a superioridade numérica de grave ameaça, ela não poderia ser utilizada para também qualificar o roubo, sob pena de *bis in idem*⍰ (HC nº 147.622/RJ, Sexta Turma, rel. Min. Nilson Naves, rel. para o acórdão Min. Maria Thereza de Assis Moura, julg. em 09/03/2010). Concordamos com a jurisprudência, a menos que se evidencie, de forma indiscutível, uma ameaça velada, como no caso em que vários agentes cercam a vítima e um deles exige a entrega do produto do

isto é, deve gerar um receio fundado, sendo desprezada a excessiva suscetibilidade da vítima, ou seja, o temor injustificado (que pode ser decorrente, *v. g.*, de estereótipos preconceituosos, como no caso de um mendigo que pede uma esmola a alguém, ocasião em que a pessoa lhe confere a vantagem por acreditar que se trata de um ladrão, em virtude de seu semblante rude; nessa hipótese, à evidência não há crime de roubo). Também a promessa inidônea não tem o condão de caracterizar a grave ameaça (afirmar que lançará um relâmpago sobre a vítima caso não lhe confira uma vantagem, ou que conjurará maus espíritos, entre outras possibilidades). Entretanto, não há como ser negado que as condições pessoais do sujeito passivo influenciarão no reconhecimento da gravidade. Afirmar a uma pessoa rústica que a amaldiçoará pode ser considerado grave ameaça, desde que demonstrada a efetiva intimidação produzida. Acerca do assunto, manifesta-se Weber Martins Batista, afirmando que a eficácia da ameaça dependerá da psicologia média dos indivíduos da mesma condição (social, intelectual etc.) do sujeito passivo.[161]

É desnecessário que o mal prometido seja injusto, bastando a sua gravidade. De igual forma, são irrelevantes os meios utilizados pelo agente na ameaça, sejam eles ostensivos ou velados. Vislumbra-se facilmente a lição na ameaça praticada mediante uso de arma de fogo. Apontar a arma para o sujeito passivo, ou mostrar o instrumento portado na cintura, ou, ainda, deixar que a pessoa perceba o porte da arma, mesmo que sem a apresentação desta, são formas de ameaça. Mesmo a simulação do porte de uma arma inexistente e a utilização de um simulacro de arma importam ação ameaçadora.

O enfrentamento da ameaça pelo sujeito passivo não a descaracteriza, se for idônea.[162] Não se exige, por fim, que a ameaça consista na promessa de um mal contra a pessoa constrangida, podendo se referir a terceiros, desde que seja capaz de tolher a sua capacidade de resistência.

Violência (*vis corporalis* ou violência material) é a imposição de uma força sobre o corpo da vítima, independentemente da produção de qualquer dano físico. No roubo, o emprego da violência tem por objetivo impedir a resistência à subtração, assim como ocorre na grave ameaça. Pode consistir em simples imobilização (como amarrar a vítima ou trancá-la em um cômodo, por exemplo) ou, mesmo, em toda sorte de agressões. Havendo algum dano à pessoa, se a lesão for grave ou se acontecer o óbito, o roubo passa a ser qualificado.

---

crime, mesmo não externando qualquer promessa intimidatória, inferida pela situação de fato.

161 MARTINS BATISTA, Weber. *O furto e o roubo...*, op. cit., p. 205.
162 TACrimRJ: "A grave ameaça exercida com arma de fogo caracteriza – e qualifica – o roubo, ainda quando a vítima, desesperada, tenha resistido, não sendo jurídica a conclusão de que 'não se pode ter por ameaçado aquele que não se intimida'" (apud MARTINS BATISTA, Weber. *O furto e o roubo...*, op. cit., p. 209).

É relevante destacar que a violência, no sentido dado pelo Código Penal, é uma espécie de coerção, de constrangimento. Há vários tipos de conduta que, não obstante o contato corporal, não permitem o reconhecimento da violência, como a destreza. Tratando da diferença entre o furto mediante destreza e o roubo, escreveu Volney de Moraes Jr.: "Eis, portanto, o traço distintivo entre o furto mediante destreza e o roubo mediante violência física: no primeiro, o contato entre o agente e o corpo da vítima é de modo tão suave, que ela não se dá conta de estar sendo desfalcada em seu patrimônio; no segundo, esse contato é realizado de modo propositadamente rude, para que a vítima não se anime a oferecer resistência (ou para que se retarde eventual reação, propiciando a fuga)".[163] A violência, portanto, é incompatível com a delicadeza, com a habilidade manual. Cuida-se de uma brutalidade.

Weber Martins Batista sustenta que a violência pode ser praticada indiretamente contra a pessoa, por meio da violência à coisa. Segundo o autor, tal ocorrerá se a violência sobre a coisa inibir fisicamente a vítima. Não se trata do temor que paralisa o sujeito passivo (como no disparo efetuado contra um objeto para assustar a vítima, que, em vez de violência, caracterizaria a grave ameaça), mas da atuação material do agente, que impede a resistência. Exemplifica o jurista com os tiros dados no pneu do carro, impedindo que o dono se ponha a salvo com seus bens, não pelo temor causado, mas pela impossibilidade de locomoção. Ousamos discordar do autor, pois, embora hipótese não seja perfeitamente adequada à grave ameaça (inexiste o propósito de atemorizar a vítima), também não incide o agente sobre o corpo do sujeito passivo. Parece-nos que haveria melhor enquadramento na formulação casuística do artigo ("[…] ou depois de havê-la, por qualquer meio, reduzido à impossibilidade de resistência").

Não é exigido que a violência seja praticada contra a pessoa a ser desapossada de seus bens. Caso um transeunte, *v. g.*, percebendo a subtração da bolsa de uma senhora, vá a seu socorro, sofrendo, em consequência, algum tipo de violência por parte do agente, caracterizar-se-á o roubo.

A "trombada", em princípio, configura o roubo por meio de violência material. O sujeito ativo que investe contra o corpo da vítima, desequilibrando-a para facilitar a subtração, faz com que a incidência da força seja o meio para a prática delitiva, o que caracteriza o delito. Todavia, se a "trombada" não tem por objetivo desequilibrar a vítima, mas sim distrai-la para que a subtração não seja percebida, estaremos diante de um furto qualificado pela destreza, não de roubo.

Por derradeiro, além da grave ameaça e da violência, o legislador optou por admitir qualquer outra forma de redução da capacidade de resistência

---

163 LEITE DE MORAES JR., Volney Corrêa. *Em torno do roubo*. Campinas: Millenium, 2003. p. 8.

da vítima como meio executivo do roubo. Exemplos não faltam, sendo mais comum o golpe popularmente conhecido como "boa-noite Cinderela", no qual o agente, após entorpecer a vítima, aproveita-se de seu estado de inconsciência para realizar a subtração dos bens. A embriaguez a que se submete o sujeito passivo e a hipnose são outras formas, costumeiramente citadas pela doutrina, de redução da capacidade de resistência. Hungria foi muito feliz ao comentar o tema: "Aos meios violentos é equiparado todo aquele pelo qual o agente, embora sem emprego de força ou incutimento de medo, consegue privar à vítima o poder de agir, *v. g.*: narcotizando-a à *son insu* ou dissimuladamente, hipnotizando-a, induzindo-a a ingerir bebida alcoólica até a embriaguez etc. Pressupõe-se que o outro 'qualquer meio', a que se refere o artigo 157, *caput*, é empregado ardilosa ou sub-repticiamente, ou, pelo menos, desacompanhado, em sua aplicação, de violência física ou moral, pois, do contrário, se confundiria com esta, sem a necessidade da equiparação legal".[164] Note-se que, se a incapacidade de resistência for provocada pela própria vítima ou por pessoa alheia à ação delitiva (por exemplo, um amigo que embriaga a vítima, mas sem a intenção de cometer um crime contra ela), o aproveitamento da situação pelo agente não caracteriza roubo, mas sim furto.

O roubo é sempre doloso, acrescendo-se, ao tipo subjetivo, um elemento especial, qual seja, o *animus rem sibi habendi* (subtração da coisa "para si ou para outrem", complementado pelo *animus domini*), também chamado, como preferimos, de intenção de assenhoramento. Age o sujeito ativo com o propósito de ter a *res furtiva,* integrando-a ao patrimônio próprio ou ao patrimônio de outrem. Não é exigida a intenção de lucro, todavia.[165]

Existindo a intenção de assenhoramento, questiona-se: há crime de roubo quando o agente tem apenas a vontade de usar momentaneamente o bem subtraído, restituindo-o em seguida (roubo de uso)? Para alguns juristas, persiste a incriminação, pois, apesar da ausência do *animus rem sibi habendi*, a violência e a grave ameaça impedem a descaracterização do crime.[166] Há se asseverar, contudo, que a subjetividade especial do delito não pode ser olvidada para a responsabilização penal, pois se trata de elementar do tipo. Assim, se ausente o especial fim de agir, não haverá perfeita subsunção ao

---

164 HUNGRIA, Nelson. *Comentários...*, op. cit., v. VII, p. 55-56.
165 Nesse sentido, Luiz Regis Prado (*Curso...*, op. cit., p. 395). Weber Martins Batista, apesar de fazer menção ao ânimo lucrativo, conceitua o lucro como qualquer forma de proveito, ainda que não econômico (*O furto e o roubo...*, op. cit., p. 204).
166 Nesse sentido, Alexandre Victor de Carvalho (Disponível em: <www.ielf.com.br/webs/ielfnova>. Acessado em: 15 jan. 2005); TJDF: "O 'roubo de uso' é figura desconhecida do direito pátrio, considerando a presunção de ter havido, antes, violência contra a pessoa, independentemente de ter sido ela física ou moral" (Proc. 17.649/97, Rel. Des. Vaz de Melo, *DJU* 11.11.1998).

artigo 157 do CP, impondo-se modificação na capitulação da conduta: passaremos a ter unicamente um delito de constrangimento ilegal (artigo 146, CP). Dessa forma se posiciona Damásio de Jesus: "não há delito de roubo quando o sujeito não age com a finalidade de assenhoramento definitivo da coisa móvel alheia".[167] Deve ficar clara, todavia, a intenção do agente em restituir a coisa assenhorada. Se um longo espaço de tempo é decorrido entre o apossamento e a devolução, a coisa subtraída chega a ingressar no patrimônio do sujeito ativo, permitindo a punição pelo crime de roubo.[168] Para mais detalhes, remetemos o leitor às notas sobre o furto de uso.

5 Princípio da insignificância e roubo famélico

A incidência do princípio da insignificância, indiscutível no furto, é polêmica quando tratamos do roubo. Apregoa-se que, ainda que a coisa subtraída tenha valor irrisório, o patrimônio não é o único bem jurídico tutelado (uma vez empregado o constrangimento para o desapossamento da coisa, com lesão a bens jurídicos como liberdade individual e integridade corporal, já existiria elevado desvalor na ação, além de resultados jurídicos relevantes, pouco importando o tamanho do dano patrimonial).[169] Nesse sentido já se pronunciou o STF: "Inaplicável o princípio da insignificância ao delito de roubo (art. 157 do CP), por se tratar de crime complexo, no qual o tipo penal tem como elemento constitutivo o fato de que a subtração de coisa móvel alheia ocorra 'mediante grave ameaça ou violência à pessoa', a demonstrar que visa proteger não só o patrimônio, mas também a integridade pessoal" (AgRg nº 557.972, Segunda Turma, rel. Min. Ellen Gracie, julg. em 07/03/2006).[170] Além disso, mesmo se tendo em conta a repercussão

---

167 JESUS, Damásio E. de. *Direito penal...*, op. cit., v. 2, p. 338.
168 Nesse sentido, Fernando Capez (*Curso...*, op. cit., p. 379). Segundo Guilherme de Souza Nucci, há roubo, pois, ao contrário do que acontece no furto, há a utilização de meio capaz de reduzir a capacidade de resistência da vítima (grave ameaça, violência ou qualquer outro modo), provocando imediata ciência da vítima acerca da subtração do bem. Tal entendimento se deve à posição do autor sobre os requisitos do furto de uso: devolução do bem no mesmo local e no mesmo estado em que foi subtraído, antes que a vítima perceba o fato. Como no roubo é impossível que a vítima não venha a saber do crime, não há roubo de uso (*Código penal comentado...*, op. cit., p. 530).
169 STJ, HC 149877, 5ª Turma, rel. Min. Napoleão Nunes Maia Filho, julg. em 02.08.2010
170 O STF, no HC nº 97.190/GO, patrocinado pela Defensoria Pública da União, uma vez mais decidiu pela inaplicabilidade do princípio: "Em conclusão de julgamento, a Turma, por maioria, indeferiu habeas corpus no qual a Defensoria Pública da União pleiteava o reconhecimento do princípio da insignificância em favor de condenado por roubo majorado pelo concurso de pessoas (CP, art. 157, § 2º, II) — v. Informativo 567. Na espécie o paciente, em companhia de dois adolescentes, empregara grave ameaça, simulando portar arma de fogo sob a camiseta, e subtraíra a quantia de R$ 3,25. Enfatizou-se que, apesar de ínfimo o valor subtraído, houvera concurso de pessoas, dentre as quais adolescentes, o que agravaria o contexto. Reportou-se, ade-

patrimonial ínfima, a conduta não apresenta o reduzido grau de reprovabilidade exigido para a configuração do delito de bagatela[171] (de acordo com o STF, a aplicação do princípio da insignificância demanda análise global do evento criminoso, não apenas a extensão da lesão ao bem jurídico). Note-se, inclusive, que ao contrário do furto, em que há uma causa de diminuição da pena pelo pequeno valor da coisa subtraída, tal dispositivo não é repetido no roubo, de modo que se sustenta a não interferência do valor da coisa na tipificação do crime. Por outro lado, ainda que de forma minoritária, defende-se que a insignificância pode recair sobre a esfera patrimonial do roubo e, subsistindo ofensa aos demais bens jurídicos tutelados, dar-se-ia a desclassificação do crime. Nesse sentido, Paulo Queiroz: "Discute-se se o princípio da insignificância é aplicável aos crimes praticados com violência ou grave ameaça à pessoa. Parece-nos que sim, se não para isentar o réu de pena, ao menos para eventualmente para desclassificar a infração penal, a exemplo da imputação de roubo (CP, art. 157). Com efeito, não se justifica que o agente que subtraia quantia absolutamente insignificante (*v. g.*, R$ 1,00) tenha que responder por um delito tão gravemente punido (4 a 10 anos de prisão). Mais razoável é que, afastada a acusação de roubo, o autor responda por constrangimento ilegal (CP, art. 146) ou similar".[172]

Também pela complexidade delitiva, incabível cogitar-se, em princípio, de roubo famélico, pois o agente poderia optar pelo meio menos lesivo (a subtração simples, desacompanhada do constrangimento), salvo se indubitavelmente comprovada a ausência de alternativas comportamentais.

6 Consumação e tentativa

O roubo é reputado consumado nas mesmas hipóteses que o crime de furto. Embora haja divergência a respeito, aceita-se majoritariamente na doutrina que é necessária a posse tranquila do produto do crime para a consumação. Remetemos o leitor ao estudo do furto para um maior detalhamento sobre a questão, ressalvando que o STJ, no Informativo nº 219, adotou posição diversa da esposada nessa obra.[173] No mesmo sentido, o STF: "EMENTA:

---

mais, à jurisprudência do STF no sentido de ser inaplicável o princípio da insignificância ao delito de roubo. O Min. Ayres Britto destacou que o reconhecimento do mencionado princípio, na situação concreta dos autos, poderia servir como estímulo à prática criminosa. Vencido o Min. Marco Aurélio que deferia o writ por concluir pela insignificância do procedimento, ante a peculiaridade da situação" (Informativo nº 595, rel. Min. Dias Toffoli, 10.8.2010).

171 TJRS, AC nº 70070553458, Oitava Câmara Criminal, rel. Des. Fabiane Breton Baisch, julg. em 14.12.2016.
172 QUEIROZ, Paulo. *Princípio da Insignificância*. Disponível em: https://www.pauloqueiroz.net/476/. Publicado em 22.09.2015. Acesso em 02.09.2019.
173 "Roubo. Consumação. Desnecessidade. Posse tranquila. Prosseguindo o julgamento, a Seção, por maioria, entendeu que se considera consumado o crime de roubo no

HABEAS CORPUS. CÓDIGO PENAL. CRIME DE ROUBO (ARTIGO 157 DO CÓDIGO PENAL). MOMENTO CONSUMATIVO. CESSADA A VIOLÊNCIA E INVERTIDA A POSSE DOS BENS SUBTRAÍDOS. PERSEGUIÇÃO PELA POLÍCIA. CAPTURA DO ACUSADO. ROUBO CONSUMADO. PRECEDENTES. 1. É de se considerar consumado o roubo quando o agente, cessada a violência ou a grave ameaça, inverte a posse da coisa subtraída. Desnecessário que o bem objeto do delito saia da esfera de vigilância da vítima. O simples fato de a vítima comunicar imediatamente o ocorrido à polícia, com a respectiva captura do acusado nas proximidades do local do crime, não descaracteriza a consumação do delito. Precedentes: RE 102.490, da relatoria do ministro Moreira Alves (Plenário); HC 89.958, da relatoria do ministro Sepúlveda Pertence; HC 94.406, da relatoria do ministro Menezes Direito; HC 89.653, da relatoria do ministro Ricardo Lewandowski; HCs 89.619 e 94.552, ambos de minha relatoria. 2. Ordem denegada" (HC 95.998/SP, rel. Min. Carlos Ayres Britto).[174] Contudo, ressalte-se que, mesmo no seio do STF, as decisões sobre o tema muitas vezes parecem contraditórias, muito embora dispensando a posse tranquila da coisa, como se observa no Informativo nº 647: "A 1ª Turma, por maioria, deferiu habeas corpus para desclassificar o crime de roubo na modalidade consumada para a tentada. Na espécie, os pacientes, mediante violência física, subtraíram da vítima quantia de R$ 20,00. Ato contínuo, foram perseguidos e presos em flagrante por policiais que estavam no local do ato delituoso. Inicialmente, aludiu-se à pacífica jurisprudência da Corte no sentido da desnecessidade de inversão de posse mansa e pacífica do bem para haver a consumação do crime em comento. Entretanto, consignou-se que essa tese seria inaplicável às hipóteses em que a conduta fosse, o tempo todo, monitorada por policiais que se encontrassem no cenário do crime. Isso porque, no caso, ao obstar a possibilidade de fuga dos imputados, a ação da polícia teria frustrado

momento em que o agente se torna possuidor da res furtiva mediante grave ameaça ou violência, ainda que não obtenha a posse tranquila do bem, sendo desnecessário que saia da esfera de vigilância da vítima" (REsp 235.205/SP, Rel. Min. Laurita Vaz, *Boletim Informativo*, n. 219).

174 No mesmo sentido: "EMENTA: HABEAS CORPUS. PENAL. PROCESSUAL PENAL. ROUBO. CONSUMAÇÃO INDEPENDENTEMENTE DA POSSE MANSA E PACÍFICA DA COISA. PRECEDENTES. DECISÃO IMPUGNADA. REEXAME DE PROVA. INOCORRÊNCIA. ALEGAÇÃO DE VIOLAÇÃO À SÚMULA 7 DO STJ. IMPROCEDÊNCIA. HABEAS CORPUS DENEGADO. I – A jurisprudência desta Corte tem entendido que a consumação do roubo ocorre no momento da subtração, com a inversão da posse da res, independentemente, portanto, da posse pacífica e desvigiada da coisa pelo agente. II – No caso em espécie, o STJ não reexaminou matéria de prova ao julgar o recurso especial. Partiu, sim, das premissas fáticas assentadas pelo acórdão recorrido, de forma que não há falar em violação à Súmula 7 daquela Corte. III – Habeas Corpus denegado" (STF, HC nº 96.696/SP, rel. Min. Ricardo Lewandovski).

a consumação do delito por circunstâncias alheias à vontade dos agentes ('Art. 14. Diz-se o crime: ... II – tentado, quando, iniciada a execução, não se consuma por circunstâncias alheias à vontade do agente'). Vencida a Min. Cármen Lúcia, por reputar que, de toda sorte, os réus teriam obtido a posse do bem, o que seria suficiente para consumação do crime. Precedente citado: HC 88259/SP (DJU de 26.5.2006)." (HC 104593/MG, rel. Min. Luiz Fux, 8.11.2011). Acerca da consumação no roubo impróprio, remetemos o leitor ao item 7 deste capítulo.

Ocorrendo a inutilização total ou parcial da coisa alheia, há a consumação do crime, mesmo que não exista a posse tranquila ou o simples apossamento do bem.

Independentemente da posição abraçada, tem-se que o roubo é um crime instantâneo, material e de dano. É, também, plurissubsistente, admitindo o fracionamento dos atos executórios e, por conseguinte, a tentativa, uma vez iniciados os atos executórios.[175]

Se absoluta a impropriedade do objeto, há crime impossível, não respondendo o agente pelo roubo. Todavia, será penalizado pelos atos já praticados, ou seja, pelo emprego do constrangimento ilegal (artigo 146, CP – possivelmente também pela lesão corporal, caso haja emprego de violência).[176] Também será sancionado somente pelo constrangimento ilegal (por vezes em concurso com a lesão corporal) o agente que desistir voluntariamente de prosseguir na execução (desistência voluntária, artigo 15 do CP), não alcançando a consumação do delito.

---

175 STJ: "A polícia, informada de que a quadrilha preparava-se para roubar um banco, passou a monitorar seus integrantes mediante escuta telefônica, o que revelou todos os detalhes do planejamento do crime. No dia avençado para o cometimento do delito, após seguir os membros do grupo até a porta da agência bancária, ali efetuou as prisões. Denunciado por tentativa de roubo circunstanciado e formação de quadrilha, o ora paciente, um dos autores do crime, alega, entre outros, a atipicidade da conduta, visto que não se ultrapassou a fase dos atos preparatórios. Contudo, essa pretensão esbarra na impossibilidade de revolvimento das provas em sede de *habeas corpus*, considerado o fato de que o Tribunal de origem, de forma fundamentada, concluiu pelo início dos atos executórios do crime, que só não se consumou em razão da pronta intervenção policial. Anote-se que, embora se reconheça o prestígio da teoria objetivo-formal no Direito Penal, segundo a doutrina, qualquer teoria pode revelar contornos diferenciados quando confrontada com o caso concreto. Com esses fundamentos, a Turma concedeu parcialmente a ordem, apenas para, conforme precedentes, redimensionar a pena aplicada ao paciente" (HC nº 112.639/RS, rel. Min. Og Fernandes, julg. em 25/08/2009).

176 O STF já decidiu contrariamente: "A inexistência de objeto de valor em poder da vítima não descaracteriza a figura típica prevista no artigo 157 do Código Penal, porquanto o roubo é modalidade de crime complexo, cuja primeira ação – a violência ou grave ameaça – constitui início de execução" (HC 78.700/SP, 1ª Turma, Rel. Min. Ilmar Galvão).

7 Roubo impróprio

A lei penal tratou de distinguir a hipótese em que o constrangimento ocorre anterior ou concomitantemente à subtração daquela em que lhe é posterior. No primeiro caso, temos o chamado roubo próprio (artigo 157, *caput*) e, no segundo, o roubo impróprio (também chamado de roubo por aproximação, artigo 157, § 1º). Em ambas as espécies, é o elemento temporal o principal fator de diferenciação, embora haja outras filigranas a serem estudadas. Assim, se o agente aponta para a vítima uma arma de fogo e, após atemorizá-la, subtrai sua carteira, caracteriza-se o roubo próprio. Entretanto, se depois de subtraída a carteira da vítima sem violência, grave ameaça ou outra forma de redução da capacidade de resistência, o agente é perseguido por um policial e, para garantir a posse do bem, aponte a arma contra seu perseguidor para intimidá-lo, há roubo impróprio. Note-se: caso a conduta se baste na subtração, o crime é de furto, uma vez que não há emprego dos meios mais gravosos caracterizadores do roubo; todavia, ao reagir à tentativa de captura, verifica-se o uso de meio executório especial, restando configurado o roubo.

O Código Penal tipificou o roubo impróprio da seguinte forma: "Na mesma pena incorre quem, logo depois de subtraída a coisa, emprega violência ou grave ameaça, a fim de assegurar a impunidade do crime ou a detenção da coisa para si ou para terceiro". Podemos, assim, arrolar alguns requisitos para a verificação do delito: (a) subtração anterior ao constrangimento; (b) relação de imediatidade entre a subtração e o constrangimento; (c) violência ou grave ameaça como meios executórios; (d) intenção especial de assegurar a impunidade do crime ou a detenção da coisa.

Como visto, a subtração deve ocorrer antes do constrangimento. Se concomitante ou posterior, o roubo é próprio. Todavia, somente o constrangimento exercido imediatamente após a retirada da coisa, isto é, sem intervalo, caracteriza o roubo impróprio. Infere-se essa assertiva da leitura da expressão "logo depois de subtraída a coisa", usada na redação do tipo. Não se exige a posse tranquila do bem, pois, nesse caso, antes teríamos consumado o furto, para só depois haver o constrangimento, perfazendo-se o concurso material de delitos entre o furto e o crime derivado da violência ou da grave ameaça.[177] Como ensina Hungria, a coisa é empolgada *clam et occulte*, sendo o agente surpreendido antes de por a coisa a bom recato (isto é, antes de havê-la de forma tranquila), momento em que usa o constrangimento.[178] É evidente que tal lição não se aplica caso seja adotada a teoria da *amotio*,

---

177 Contra, TACrimSP, que afirmou somente reconhecer o roubo impróprio quando o agente chega a ter a posse tranquila do bem antes do constrangimento.
178 HUNGRIA, Nelson. *Comentários...*, op. cit., v. VII, p. 56.

em que basta o mero apossamento da coisa para que a subtração se repute integralizada.

Para a execução do roubo impróprio, a lei repressiva exige que o agente empregue "violência ou grave ameaça". Referiu-se, portanto, somente à violência material ou moral, nada mencionando acerca da formulação genérica admitida no roubo próprio (qualquer meio de reduzir a vítima à impossibilidade de resistência). Exemplifica-se, para um melhor estudo do caso, com a situação em que o agente, logo depois de subtraída a coisa e capturado por um policial que interveio na ação, coloca narcótico na bebida de seu captor, assegurando sua impunidade. Hoeppner Dutra e Cuello Calón, citados por Weber Martins Batista, aduzem que qualquer ato de anulação da resistência integra a violência contra a pessoa. Seria irrelevante, portanto, a omissão legal, havendo crime de roubo impróprio no exemplo consignado. Todavia, se não existisse diferença entre as condutas, não haveria razão em se ter o *caput* do artigo 157 redigido tal como está. Se o tipo menciona a violência e a redução da capacidade de resistência separadamente, é porque não são sinônimos. Ademais, se a violência material é a incidência de uma força contra o corpo da vítima, no entorpecimento dos sentidos isto não ocorre. Assim, estamos com Weber Martins Batista, ao afirmar que a solução dada pelos autores "importa em aplicação analógica da lei penal, vedada, pelo menos quando é feita *in malam partem*".[179]

Também o elemento subjetivo do roubo impróprio é peculiar, pois, além das exigências comuns ao roubo próprio, inclui-se nova finalidade especial de agir: a vontade de assegurar a impunidade do crime ou a detenção da coisa para si ou para outrem. Ausente esse ânimo, não restam realizadas todas as elementares do roubo impróprio.[180]

---

179 MARTINS BATISTA, Weber. *O furto e o roubo...*, op. cit., p. 238-239. Nesse sentido se posicionam, entre outros, Cezar Roberto Bitencourt (*Tratado...*, op. cit., p. 94-95); E. Magalhães Noronha (*Código penal brasileiro...*, op. cit., v. 5, 1ª parte, p. 180-181); Nelson Hungria (*Comentários...*, op. cit., v. VII, p. 56); Heleno Cláudio Fragoso (*Lições...*, op. cit., p. 208).

180 A respeito do tema, ver a seguinte decisão do STJ, publicada no Informativo nº 435: "Consta da denúncia que o recorrido teria arrancado o relógio da vítima (avaliado em R$ 150,00) e, após, empreendido fuga, mas, em ato contínuo, a vítima reagiu e o perseguiu, oportunidade em que travaram luta corporal. Por isso, ele foi denunciado pela prática do crime de roubo impróprio tentado, visto que, segundo a exordial, a violência só foi perpetrada após a subtração da *res furtiva*, com o fito de garantir-lhe a posse. Contudo, no especial, o *Parquet* almeja a condenação do recorrido por tentativa de roubo simples ao argumento de que, desde o início, a vítima sofreu a violência para que se viabilizasse a subtração de seu patrimônio. Para tanto, haveria necessidade de aplicar o art. 384 do CPP (*mutatio libelli*) em segunda instância, o que é objetado pela Súm. n. 453-STF. Destarte, visto não se adequar a conduta imputada ao tipo penal do art. 157, *caput*, do CP e ser impossível a *mutatio libelli* no recurso especial, é impossível a condenação do recorrido por tentativa de roubo simples. Também não

Analisados os elementos do roubo impróprio, podemos destacar duas situações para estudo: (a) o agente, após a subtração, percebe a chegada do proprietário e usa grave ameaça para levar consigo o produto do crime; (b) o agente, nas mesmas circunstâncias, abandona o bem e usa grave ameaça para garantir a sua fuga. A primeira hipótese é exemplo cristalino de roubo impróprio, pois há o constrangimento logo após a subtração. A segunda, todavia, suscita dúvidas. Parte dos juristas se inclina para o roubo impróprio, pois o agente teria a intenção de assegurar a impunidade do crime, mediante a grave ameaça. Todavia, se o agente abandona a coisa antes de fazer uso do constrangimento, fica claro que, naquele momento, deixa de existir a intenção de subtrair o bem. Caracteriza-se, portanto, a tentativa de furto, em concurso material com o crime resultante da violência empregada, seja moral, seja material (lesão corporal, constrangimento ilegal etc.). A garantia da impunidade referida pelo tipo penal exige que o agente persista na vontade de levar consigo a coisa. Nesse sentido, por todos, Weber Martins Batista: "A palavra crime, usada na expressão 'a fim de assegurar a impunidade do crime', significa a subtração que o agente acabou de realizar e pretende manter, subtração da qual não desistiu, pois só se pode falar de roubo, próprio ou impróprio, quando a violência ou ameaça é usada como modo de execução do crime, de garantia de execução do crime, ou de impunidade em relação à execução do crime, não quando ocorre após ter o agente desistido de executar o crime".[181]

A consumação do roubo impróprio e a possibilidade de tentativa do delito são objeto de celeuma entre os estudiosos do tema. O Ministro Assis Toledo, quando no STJ, proferiu a seguinte decisão: "O crime do artigo 157, § 1º, do Código Penal não admite tentativa, tendo em vista que o momento consumativo é o do emprego da violência".[182] Essa é a posição adotada por vários autores. Consuma-se o crime com o emprego da violência ou da grave ameaça, já que a subtração é anterior ao constrangimento. Como o roubo impróprio somente é configurado com a violência ou com a grave ameaça posteriores, haveria coincidência entre o uso destes meios executórios e o momento consumativo. Por conseguinte, impossível a tentativa. Foi essa a

---

há como restabelecer a sentença que o condenou por tentativa de roubo impróprio, porque se mostra incontroverso, no acórdão recorrido, que não houve emprego de violência para a manutenção da posse da res, circunstância elementar do tipo. Anote-se que o princípio da insignificância não deve ser aplicado ao caso, pois não se pode reconhecer a irrelevância penal da conduta. Assim, ao considerar a primariedade do réu e o pequeno valor da coisa furtada, o recorrido deve ser condenado às sanções do furto privilegiado tentado, sendo suficiente aplicar-lhe a pena de multa" (REsp. nº 1.155.927/RS, Quinta Turma, rel. Min. Felix Fischer, julg. em 18/05/2010).

181 MARTINS BATISTA, Weber. *O furto e o roubo...*, op. cit., p. 230.
182 REsp 46.275/SP.

posição adotada por Hungria: "Já no caso de violência subsequente à subtração, o momento consumativo é o do emprego da violência; e não há falar-se em tentativa: ou a violência é empregada, e tem-se a consumação, ou não é empregada, e o que se apresenta é o crime de furto".[183]

Discordamos dessa doutrina, e, para tanto, nos alicerçamos na lição de Guilherme de Souza Nucci. Diz o autor, com acerto, que a resolução da controvérsia reside no que se entende por "logo depois de subtraída a coisa". Caso se tenha, com base na expressão referida, que o roubo impróprio é composto por um furto consumado seguido de violência ou grave ameaça, não há como se negar que o momento consumativo do roubo será aquele em que se emprega o constrangimento. Consequentemente, não se admite a tentativa. Entretanto, se a expressão dá à subtração o significado de mero apossamento, antes que se tenha um furto consumado (ao menos para a teoria da *ablatio*), o constrangimento não tem nenhuma influência consumação do roubo. Ou seja, exigindo-se a posse tranquila da coisa (ou, para outros, a retirada da coisa da esfera de disponibilidade da vítima), o constrangimento ocorreria em um momento intermediário da execução criminal (logo depois do apossamento).[184] Concordamos com essa última colocação. Por exemplo, se o agente subtrai um bem da vítima, é imediatamente perseguido e usa violência para garantir a sua detenção, ainda não há roubo impróprio consumado. Mesmo presente a violência, somente será reputado consumado o delito quando o agente alcançar a posse tranquila da coisa. Admite-se, por conseguinte, a tentativa. No mesmo exemplo dado, se o agente é preso quando usa a violência, não chegando a ter a posse tranquila do bem subtraída, haveria tentativa de roubo impróprio.[185]

---

183 HUNGRIA, Nelson. *Comentários...*, op. cit., v. VII, p. 61. Compartilham do mesmo entendimento Damásio E. de Jesus (*Direito penal...*, op. cit., v. 2, p. 339), E. Magalhães Noronha (*Código penal brasileiro...*, op. cit., v. 5, 1ª parte, p. 179), Fernando Capez (*Curso...*, op. cit., p. 384), Ney Moura Teles (*Direito penal...*, op. cit., p. 373) e Luiz Regis Prado (*Curso...*, op. cit., p. 396). Na jurisprudência, STJ: "O crime do art. 157, § 1º, do CP, não admite tentativa, tendo em vista que o momento consumativo é o emprego da violência" (REsp. 693.102, 5ª Turma, rel. Min. José Arnaldo da Fonseca, julg. em 28/09/2005).

184 SOUZA NUCCI, Guilherme de. *Código penal comentado...*, op. cit., p. 532-533.

185 O STF já decidiu – ainda que não de forma recente – pela admissão da tentativa de roubo impróprio: "Roubo impróprio. Tentativa. Possibilidade. Caso em que não se fez o confronto analítico dos pressupostos das espécies dissidentes, para destaque da tese da tentativa de roubo impróprio" (RE 103301/SP, 1ª Turma, Rel. Min. Rafael Mayer). Em seu voto, o eminente Ministro fez a seguinte manifestação: "Entretanto, a jurisprudência do Supremo, de modo geral, posicionando-se com relação à tentativa de roubo, configurável quando o bem não tenha saído da esfera de vigilância do dono, não distingue entre o roubo próprio e o impróprio". Nessa esteira é a lição de Weber Martins Batista: "A violência usada antes do ato de empolgar a coisa caracteriza o roubo próprio. A empregada depois que o ladrão se pôs a bom recato, não

8 Causas de aumento da pena (§ 2º)

O § 2º do artigo 157 contempla seis causas de aumento da pena atinentes ao crime de roubo, muitas vezes, e impropriamente, chamadas de qualificadoras. Rompendo parcialmente com o modelo do furto, o legislador enumerou cinco causas, quais sejam: concurso de duas ou mais pessoas (II); vítima em serviço de transporte de valores, conhecendo o agente tal circunstância (III); subtração de veículo automotor que venha a ser transportado para outro Estado ou para o exterior (IV); manutenção da vítima em poder do agente, restringindo a sua liberdade (V); subtração de substâncias explosivas ou de acessórios que, conjunta ou isoladamente, possibilitem sua fabricação, montagem ou emprego (VI); e emprego de arma branca (VII). Nas hipóteses enumeradas, a pena é aumentada de um terço até a metade. De todas, três delas (incisos II, IV e VI) guardam relativa identidade para com as qualificadoras previstas no furto. As demais inovam em relação ao artigo 155. Perceba-se, ainda, a inexistência do inciso I, que outrora cuidava do emprego de arma e foi desmembrado no § 2º, VII, e no § 2º-A, I, os quais serão estudados adiante.

A primeira das majorantes é o concurso de duas ou mais pessoas. A tipificação foi realizada de forma parecida com a qualificadora prevista para o crime de furto, embora com uma ressalva: enquanto neste a norma exige que o furto seja cometido por duas ou mais pessoas, no roubo o dispositivo se limita a mencionar a existência de um concurso entre duas ou mais pessoas ("II – se há o concurso de duas ou mais pessoas"). Ainda assim, mesmo não havendo referência ao cometimento do delito, exige-se que o concurso se dê na fase executiva do *iter criminis*. O entendimento não se prende, ao contrário do furto qualificado, na redação do dispositivo, mas sim no fundamento da norma, pois a maior periculosidade dos agentes somente é revelada quando há a diminuição da defesa privada da coisa, que ocorre quando

---

altera a classificação do furto praticado. Acontece que uma e outra situação não estão separadas por um simples ponto, mas por uma linha, muitas vezes longa, pois entre o apoderamento da coisa e o fato do agente passar a dispor dela com tranquilidade, desvigiadamente, há um *iter* a ser percorrido. Assim, a grave ameaça ou a violência praticada ao longo desse caminho, visando, sem êxito, a manter a detenção da coisa, ou a garantir a fuga com a coisa, caracteriza roubo impróprio tentado" (*O furto e o roubo*..., op. cit., p. 234). No mesmo sentido, TACrimSP: "É possível o reconhecimento da figura da tentativa de roubo impróprio, quando, tendo o sujeito efetuado a subtração patrimonial e antes da consumação do furto, com a posse mansa e desvigiada, tenta empregar violência contra a pessoa, ou quando, empregada a violência após a apropriação da coisa, não consegue consumar a subtração" (RJTACRIM 33/288, julg. em 10/08/1996).

a pluralidade de executores diminui o poder de reação, incrementando o constrangimento.[186]

A imputabilidade dos agentes é irrelevante. Ainda que haja inimputáveis entre os consorciados, serão eles computados no número de agentes (se, entre os agentes, houver criança ou adolescente, o participante maior de dezoito anos pode responder também pelo crime de corrupção de menores – artigo 244-B, da Lei nº 8.069/90).

É possível que haja a cumulação do roubo com o crime de associação criminosa (artigo 288, CP) e, ainda, a incidência da causa de aumento de pena referente ao concurso de pessoas, embora exista divergência doutrinária e jurisprudencial a respeito. A fundamentação já foi expendida quando da análise do furto qualificado, para onde remetemos o leitor.[187]

O inciso III cuida do roubo praticado contra vítima em serviço de transporte de valores. A expressão significa a condução de qualquer espécie de valor (dinheiro, ouro, joias, títulos ao portador etc.) de um ponto a outro, não havendo outra finalidade precípua. Ou seja, se a vítima, no exercício de outra atividade principal, também transportar valores, não há a incidência da causa de aumento da pena. Se, por exemplo, o agente rouba o dinheiro

---

186 Nesse sentido, Cezar Roberto Bitencourt (*Tratado*..., op. cit., v. 3, p. 99-100) e Weber Martins Batista (*O furto e o roubo*..., op. cit., p. 261). Hungria escreve que os agentes devem estar reunidos e presentes junto à vítima, ainda que sem cooperar materialmente com a violência (*Comentários*..., op. cit., v. VII, p. 58). Contra, Damásio E. de Jesus (*Direito penal*..., op. cit., v. 2, p. 342), Julio Fabbrini Mirabete (*Manual*..., op. cit., p. 245) e Guilherme de Souza Nucci (*Código penal comentado*..., op. cit., p. 537). Na jurisprudência, o STF: "A qualificadora do concurso de agentes prescinde da presença física dos coautores na fase executória do roubo, desde que tenham cumprido missões específicas, visando a tornar coberta de êxito a empreitada criminosa. É lícito o reconhecimento dessa qualificadora, a par da acusação pela prática do delito de bando ou quadrilha, dada sua diversa objetividade jurídica. Ordem conhecida, mas denegada" (HC 70395/RJ, 2ª Turma, Rel. Min. Paulo Brossard, DJU 06.05.1994). Para maiores detalhes, ver notas ao furto qualificado.

187 STJ: "Concurso de agentes. Assim qualificado o crime de roubo, em concurso material com o delito de quadrilha, torna-se indevida a exasperação da pena, segundo reiterada jurisprudência impositiva do princípio *non bis in idem*" (*JSTJ*, 2/242); STF: "A condenação por quadrilha armada não absorve nenhuma das duas cláusulas especiais de aumento da pena de roubo previstas no artigo 157, § 2º, I e II, do Código Penal. Tanto os membros de uma quadrilha armada podem cometer o crime de roubo sem emprego de armas, quanto cada um deles pode praticá-lo em concurso com terceiros, todos estranhos ao bando" (HC 76213/GO, Rel. Min. Sepúlveda Pertence, J. 14.04.1998); TJSP: "No crime de roubo, as qualificadoras do concurso de pessoas e do emprego de armas devem ser reconhecidas mesmo que o delito tenha sido praticado por membros de uma quadrilha, pois o crime previsto no artigo 288 do CP é considerado permanente e sua consumação se dá com a simples associação, independentemente da prática de algum delito" (*RT*, 756/562).

arrecadado por um trocador de ônibus, não há que se falar na majorante, pois a atividade principal, no caso, é o transporte de pessoas.

A despeito da lição esposada por Weber Martins Batista, que enxerga a causa de aumento de pena mesmo quando o sujeito passivo transporta coisa própria,[188] esta não nos parece a melhor solução. O termo "serviço", usado pelo legislador, implica o reconhecimento de uma atividade praticada para terceiros. Como afirma Bitencourt, "serviço" sempre se presta a outrem, não a si mesmo.[189] A palavra "serviço", todavia, não é sinônimo de atividade profissional, podendo ocorrer a majorante mesmo no caso de transporte eventual de valores.

São exemplos de aplicação da causa de aumento da pena o roubo a carro-forte, a cobradores, a funcionários de serviços de *courier* etc. Mercadorias transportadas em atividade comercial não são valores. Assim, não há a causa de aumento de pena no roubo de cargas.

Há a exigência do dolo direto por parte do agente, ou seja, ele deve saber que a vítima transporta os valores. A casualidade não permite a elevação da sanção, tampouco o dolo eventual. Isso se deve à justificativa do dispositivo, ou seja, a tutela da segurança do serviço em questão, que não é afrontada quando o sujeito ativo descobre os valores em um lance de sorte. Ademais, não se deve esquecer que o dolo do agente deve abranger todas as circunstâncias do fato.

A par do crime de furto, há, no inciso IV, a tipificação da subtração de veículo automotor que venha a ser transportado para outro Estado ou para o exterior. A causa de aumento de pena do roubo tem redação idêntica à da qualificadora prevista para o artigo 155, conferida pela Lei nº 9.426/96. Não basta que seja subtraído o veículo (automóvel, motocicleta, avião etc.), impondo-se a efetiva transposição dos limites entre Estados-membros ou de fronteira entre o Brasil e países vizinhos, ainda que, posteriormente, o agente retorne ao seu local de origem. Para mais detalhes, ver notas ao crime de furto.

O legislador fez incluir, pela Lei nº 9.426/96, um inciso relativo ao roubo com restrição da liberdade de locomoção da vítima (V). Segundo o dispositivo, aumenta-se a pena do roubo em um terço até a metade se o agente mantém a vítima em seu poder, restringindo a sua liberdade.

---

188 Para o grande jurista, a lei, ao tutelar a segurança do serviço de transporte de valores, não exclui do seu âmbito de proteção o transporte de coisa própria, desde que este integre etapa do serviço praticado pela vítima. Exemplifica com o dono de uma lapidação de brilhantes, que, em seguida, transporta o produto de seu trabalho da oficina para o depósito. O transporte faria parte do seu serviço (*O furto e o roubo...*, op. cit., p. 270). Discordamos, pois o serviço é a lapidação (finalidade principal), não a condução dos bens (finalidade secundária).

189 BITENCOURT, Cezar Roberto. *Tratado...*, op. cit., v. 3, p. 100.

Inicialmente, o legislador tinha por objetivo coibir os casos de "sequestro-relâmpago" (nome vulgar, não jurídico), entendidos assim aqueles em que há restrição da liberdade de locomoção da vítima para que esta, juntamente com o sujeito ativo, faça saques em caixas automáticos usando seu cartão bancário, modalidade criminosa que, à época, alcançava enorme proliferação. Contudo, a lei não conseguiu atingir seu alvo, pois o "sequestro-relâmpago" é modalidade de extorsão (e não de roubo, onde foi incluída a majorante, embora a doutrina não seja pacífica nesse ponto[190]), em virtude da imprescindibilidade do comportamento da vítima, caracterizadora desse delito (ou seja, é mister, para que se alcance o locupletamento, que a vítima adote determinada conduta, no caso a revelação da senha do cartão).[191] Até

---

190 Havia, antes da Lei nº 11.923/09, três posicionamentos sobre o tema: (a) o "sequestro-relâmpago" caracterizava crime de roubo – posição esposada, dentre outros, por Rogério Greco, para quem a vítima, vendo-se na iminência de sofrer uma violência por parte do sujeito ativo, tinha tolhida sua capacidade de decisão, não lhe restando outra alternativa senão anuir com o desejo do autor (*Adendo ao Curso de Direito Penal – Lei nº 11.923/2009*. Niterói: Impetus, 2009. p. 3-4); (b) o crime era de extorsão (conforme tivemos a oportunidade de defender) – embora submetida a um constrangimento, somente a vítima poderia determinar o sucesso da empreitada criminosa, ao adotar o comportamento dela exigido; (c) extorsão mediante sequestro – posição majoritária, pois a vítima só poderia alcançar plena liberdade depois de cumprir com o propósito delitivo. Hoje as dúvidas foram espancadas, pois o legislador optou por incluir o "sequestro-relâmpago" como hipótese qualificada do crime de extorsão e no tipo penal expressamente menciona a exigência de um comportamento da vítima para que o crime se aperfeiçoe.

191 Nesse sentido, TJPR: "APELAÇÃO CRIMINAL. EXTORSÃO MEDIANTE SEQÜESTRO. MATERIALIDADE E AUTORIA PERFEITAMENTE COMPROVADAS. PALAVRA DA VÍTIMA QUE RECEBE RELEVO EM CRIMES DA ESPÉCIE. MODALIDADE DE 'SEQÜESTRO RELÂMPAGO' QUE NÃO CARACTERIZA A EXTORSÃO MEDIANTE SEQUESTRO, MAS SIM O DELITO DE EXTORSÃO, MAJORADO PELO CONCURSO DE PESSOAS. DESCLASSIFICAÇÃO QUE SE OPERA DE OFÍCIO. PENA-BASE FIXADA ACIMA DO MÍNIMO LEGAL ANTE OS MAUS ANTECEDENTES, CONDUTA SOCIAL, PERSONALIDADE E CONSEQÜÊNCIAS DESFAVORÁVEIS. POSSIBILIDADE. SITUAÇÃO QUE NÃO OFENDE O PRINCÍPIO DA PRESUNÇÃO DE INOCÊNCIA. RECURSO DESPROVIDO COM A DESCLASSIFICAÇÃO, DE OFÍCIO, AO DELITO DE EXTORSÃO. (...) Como bem frisou a representante da Procuradoria Geral da Justiça, Dra. Sônia Marisa Taques Mercer, a conduta do Apelante não condiz com o delito de extorsão mediante sequestro. É que, naquele delito, exige-se a retirada da vítima de circulação para que, refém, possa o autor obter indevida vantagem econômica. No caso em espeque, muito embora o largo espaço temporal em que a vitima ficou subjugada, não se impôs nenhuma condição ou preço do resgate mas sim a vítima teve a sua liberdade privada, ficou num motel enquanto os comparsas se dirigiam a caixas eletrônicos para efetuar as retiradas, tão somente no fito de garantir o saque do numerário em caixa eletrônico. Não se trata também, como quer fazer crer a defesa, de roubo majorado pela restrição de liberdade da vítima estando o fato mais adequado ao tipo da extorsão majorada (art. 158, § 1º, do Código Penal). (...) De acordo com o princípio da dispensabilidade ou imprescindibilidade do compor-

recentemente, não havia reprodução da causa de aumento da pena no artigo 158 do CP, mas a lacuna foi colmatada com a edição da Lei nº 11.923/09, responsável pela inclusão do § 3º no referido dispositivo.

Para que seja aplicada com correção a causa de aumento da pena (no roubo), a restrição à liberdade da vítima somente pode se prestar a dois fins: (a) para a execução diferenciada do delito; (b) para garantir a impunidade do agente. Isto é, somente teremos a incidência da majorante quando o agente se valer do expediente para conquistar maior facilidade na subtração (por exemplo, prendendo a vítima em um cômodo da casa que rouba), ou para impedir sua captura ou que seu ato seja descoberto (como no caso em que o agente leva consigo a vítima de um roubo de automóvel, abandonando-a em uma estrada deserta, onde não possa avisar à polícia com rapidez).[192]

tamento pessoal passivo no ataque patrimonial, quando o autor pode obter o objeto material dispensando a conduta da vítima, trata-se de roubo; quando, entretanto, a consecução do escopo do agente depende necessariamente da ação do sujeito passivo, cuida-se de extorsão. Nesse sentido: Julgados do TACrimSP, 70:41, 77:264, 80:269, 84:288, 85:385 e 95:192; JTJ, 173:328; RT, 604:384 e 718:429. De fato, a extorsão se assemelha ao roubo em face dos meios de execução, que são a violência física e a grave ameaça. Os dois crimes, entretanto, diversificam-se: na extorsão é imprescindível o comportamento do sujeito passivo imediato, enquanto no roubo ele é dispensável. Como se tem entendido, 'na extorsão o agente não pode realizar o escopo útil a que se propôs a não ser passando pelo trâmite de um comportamento da vítima, comportamento esse que pode ser negado sem que o autor possa superar a negativa' (Julgados do TACrimSP, 77:264). Assim, no assalto, é irrelevante que a coisa venha a ser entregue pela vítima ('tradição') ao agente ou que este a subtraia ('apreensão'). Trata-se de roubo. Constrangido o sujeito passivo, a tradição do bem não pode ser considerada ato livremente voluntário, tornando tal ação de nenhuma importância no plano jurídico (RT, 718:429). A entrega pode ser dispensada pelo autor do fato. Já no chamado 'sequestro relâmpago' que estamos examinando, o apoderamento do objeto material depende necessariamente da conduta da vítima, fornecendo ao agente seu cartão magnético bancário e a senha. Sem este comportamento, torna-se impossível a obtenção do proveito ilícito.' Então, prossigo, veja-se que para que pudesse o Apelante realizar seu intento, o de desfalcar a conta-corrente da vítima, esta deveria, necessariamente, fornecer-lhe a senha, o que ocorreu, e esse comportamento ativo dela, sem o qual o delito não estaria consumado, é o traço distintivo entre o roubo e a extorsão. Destarte, de se desclassificar a conduta do Apelante àquela prevista no art. 158, do Código Penal, cuja majorante do § 1º está plenamente caracterizada, com amparo no art. 383 do Código de Processo Penal" (Ap. Crim. 221288-8, rel. Mário Helton Jorge, julg. em 12/06/2003).

192 Assim já se pronunciou o STF: "Ante o empate na votação, a 1ª Turma deferiu habeas corpus, de ofício, para excluir, da condenação do paciente, a pena relativa ao crime de sequestro. Tratava-se, na espécie, de recurso ordinário em habeas corpus interposto em favor de condenado pela prática dos delitos de quadrilha armada, roubo qualificado, sequestro e cárcere privado. A defesa requeria o reconhecimento: a) da continuidade delitiva em relação aos crimes de roubo praticados pelo paciente, afastado o concurso material imposto pelo tribunal de justiça local; b) da tese de que a condenação pelo crime de roubo qualificado pelo emprego de arma e por crime de

É obvio que qualquer constrangimento importa supressão, ainda que instantânea, da liberdade de locomoção. Se o agente aponta uma arma para a vítima, exigindo a sua carteira de dinheiro, haverá momentânea privação da liberdade, normal em qualquer roubo. Assim, será aplicada a causa de aumento da pena quando a restrição se prolongar no tempo, ainda que por curto período, todavia superior ao estritamente necessário à execução.[193]

A manutenção da restrição à liberdade da vítima por tempo além daquele necessário à execução diferenciada do crime ou à garantia de impunidade (isto é, quando, cessado o roubo, a restrição da liberdade se transforma em uma finalidade em si mesma) pode importar concurso de crimes (crime de roubo em concurso material com sequestro ou cárcere privado – artigo 148, CP – por exemplo). Sustenta Bitencourt que, se houver a prática de extorsão mediante sequestro (artigo 159, CP) subsequente ao roubo, o primeiro delito, mais grave, absorverá o segundo.[194] Entretanto, entendemos possível o concurso de infrações.

Não é necessário o deslocamento espacial da vítima para que se vislumbre a restrição à sua liberdade, podendo a conduta se dar tanto pelo arrebatamento quanto por sua retenção.

O inciso VI, incluído pela Lei nº 13.654, de 2018, cuida da subtração de substâncias explosivas ou de acessórios que, conjunta ou isoladamente, possibilitem sua fabricação, montagem ou emprego. Trata-se de majorante

---

formação de quadrilha armada consistiria em *bis in idem*; c) da atipicidade do crime de sequestro. Prevaleceu o voto proferido pelo Min. Dias Toffoli, relator, que, inicialmente, não conheceu do recurso. No tocante ao primeiro argumento, aduziu que o exame do tema demandaria o revolvimento de matéria fática, incabível na sede eleita. Rejeitou o alegado bis in idem, dada a autonomia do crime de quadrilha ou bando. No que concerne à última assertiva, registrou que a questão não fora apreciada na origem. Contudo, vislumbrou a possibilidade da concessão da ordem de ofício. Asseverou que os crimes de sequestro e cárcere privado imputados ao recorrente na denúncia, na realidade, tiveram escopo único, exclusivamente voltado à consumação do crime de roubo de veículos automotores, ainda que a privação de liberdade das vítimas tivesse ocorrido por razoável período de tempo. Enfatizou que estas teriam sido colocadas espontaneamente em liberdade pelos criminosos, tão-logo assegurada a posse mansa e pacífica da res furtiva. Em razão disso, considerou não caracterizado o crime de sequestro por ausência do elemento subjetivo do tipo. Os Ministros Ricardo Lewandowski e Cármen Lúcia votaram pela não concessão, de ofício, do writ" (Informativo nº 615, RHC 102984/RJ, rel. Min. Dias Toffoli, 8.2.2011).

193 Nesse sentido escreve Volney Corrêa Leite de Moraes Jr. (*Em torno do roubo...*, op. cit., p. 68): "Sob esse prisma, o que distingue as formas simples e agravada do roubo é o fato de que, naquela, a imobilização do sujeito passivo e a subtração ocorrem como que instantaneamente, ao passo que, nesta, dificuldades operacionais na subtração da(s) coisa(s) impõem certa dilação no período de restrição à liberdade do(s) ofendido(s)".

194 BITENCOURT, Cezar Roberto. *Tratado...*, op. cit., v. 3, p. 103.

análoga à qualificadora do artigo 155, § 7º, CP. Assim, evitando redundâncias, remetemos o leitor àquilo que já foi ensinado sobre o crime de furto.

Por fim, temos a majorante prevista no inciso VII, referente ao emprego de arma branca e criada pela Lei nº 13.964/2019. Trata-se de uma correção de rumos realizada pelo legislador após a criticada Lei nº 13.654/2018 abolir o aumento de pena referente ao emprego de qualquer arma (que existia na redação original do Código Penal) e passar a prever a majoração apenas no que concerne ao emprego de arma de fogo (§ 2º-A). Sobre a confusão legislativa, recomendamos a leitura do item 9, que virá a seguir.

Empregar significa usar efetivamente, ou seja, a arma branca deve servir como instrumento para o ato de violência ou grave ameaça que constrange a vítima do roubo. Não é necessário que o sujeito ativo tenha a arma em suas mãos, podendo utilizá-la de outras formas (por exemplo, mostrando a arma que traz junto a si, em sua cintura).

Arma branca, termo que existia no R-105 aprovado pelo Decreto nº 3.665/2000 (hoje revogado), mas não acrescido ao novo Regulamento de Produtos Controlados aprovado pelo Decreto nº 10.030/2019, era conceituada como todo "artefato cortante ou perfurante, normalmente constituído por peça em lâmina ou oblonga" (artigo 3º, XI, do R-105). Ou seja, o conceito previsto em ato normativo deixava de fora, por exemplo, instrumentos contundentes, como o martelo, o soco inglês e outros. Importa verificar, assim, se o conceito – ora abandonado na legislação – continua aplicável ou se devemos buscar uma acepção diferente.

Para que resolvamos a questão, impõe-se buscarmos a origem da expressão "arma branca". Cláudio Moreno, doutor em Letras, assim ensina: "(...) A partir do séc. XVIII, com o desenvolvimento da pistola, do arcabuz e do canhão, o conceito arma ganhou duas subespécies: as armas de fogo, que usam energia da pólvora, e as armas brancas, normalmente dotadas de lâmina, que dependem da força e do braço humano. Bem nessa época, o dicionário de Bluteau (é de 1720) distingue as armas de fogo das armas brancas, chamadas assim, diz ele, 'porque eram de aço branqueado ou prateado' (é útil lembrar que branco vem do Germano *blanck*, 'reluzente, polido, branco', o que combina perfeitamente com a aparência do aço)".[195]

Verifica-se, pois, que historicamente o termo "arma branca" é uma contraposição às armas que operam mediante queima de pólvora. A adjetivação "branca" se deve ao aspecto comum dessas armas à época em que o conceito surgiu, mas não possui qualquer relevância para a determinação do conceito.

---

195 MORENO, Cláudio. Arma Branca. In: *Sua Língua*. Disponível em: https://sualingua.com.br/2015/05/23/arma-branca/. Publicado em: 23.05.2015. Acesso em: 03.01.2020.

Cremos ser essa a melhor definição. Com isso, emprego de arma branca se refere a qualquer tipo de instrumento vulnerante que não seja classificado como arma de fogo ou explosivo, não abrangendo apenas os instrumentos cortantes ou perfurantes. Um roubo em que um martelo ou um taco de beisebol é usado na intimidação da vítima, nesse diapasão, será um roubo majorado, ao menos em tese.

O problema é que existem outras definições para a expressão. O Dicionário Aurélio define arma branca como "qualquer arma constituída de lâmina e cabo"[196]; já o Dicionário da Academia Brasileira de Letras (ABL) afirma que arma branca é aquela "que produz ferimentos perfurantes ou cortantes com a ponta ou com o gume, impelida unicamente pela força do braço".[197]

O esforço conceitual, portanto, não impede considerações sobre a falta de taxatividade da norma, o que afeta o princípio da legalidade. O conceito de arma branca, hoje, não é determinado em lei, não deriva de uma norma técnica que permita a valoração extrajurídica do termo e tampouco decorre de uma construção cultural sedimentada[198], de modo que o atual artigo 157, § 2º, VII, parece-nos inaplicável, por incompatibilidade constitucional para com o artigo 5º, XXXIX, da CRFB.

Não estão incluídos no âmbito normativo os simulacros de arma e outros objetos destituídos de potencialidade lesiva no modo em que são empregados.

9 Causas de aumento de pena intensificadas (§ 2º-A)

A Lei nº 13.654/2018 criou um novo parágrafo na estrutura do crime de roubo (§ 2º-A) e, em seu bojo, duas novas majorantes (incisos I e II), as quais elevam a sanção penal em patamar superior àquele determinado pelo § 2º (ao invés de um terço até a metade, a pena é aumentada em dois terços).

A primeira dessas novas causas de aumento de pena se refere ao agente que se serve de uma arma de fogo (como veremos, de uso permitido) para a prática da violência ou da grave ameaça (I). Antes da alteração legislativa, o emprego de arma estava inserido no hoje revogado inciso I do § 2º, que não especificava a natureza da arma utilizada. Arma, por definição, é instrumento para ataque ou para defesa, dotado de potencialidade lesiva (e justamente por isso se presta ao ataque e à defesa). O R-105 do Ministério do Exército, aprovado

---

196 FERREIRA, Aurélio Buarque de Holanda. *Miniaurélio Século XXI Escolar.* 4. ed. Rio de Janeiro: Nova Fronteira, 2001. p. 59.
197 ACADEMIA BRASILEIRA DE LETRAS. *Dicionário Escolar da Língua Portuguesa.* 2. ed. São Paulo: Companhia Editora Nacional, 2008. p. 158.
198 Sobre o tema: MARTINELLI, João Paulo Orsini; DE BEM, Leonardo Schmitt. *Lições Fundamentais de Direito Penal.* São Paulo: Saraiva, 2016. 184-185

pelo Decreto nº 3.665/2000 (hoje, o Regulamento de Produtos Controlados é aquele aprovado pelo Decreto nº 10.030/2019), conceituava arma como o "artefato que tem por objetivo causar dano, permanente ou não, a seres vivos e coisas", enfatizando a necessidade de potencialidade lesiva. Essa definição é precisa e pode continuar a ser utilizada, a despeito da revogação do decreto. Costuma-se classificar as armas em próprias e impróprias. No primeiro grupo, temos os instrumentos moldados com a finalidade específica de ataque ou defesa (punhal, revólver, pistola, fuzil etc.); no segundo, os instrumentos que, embora existam ou sejam fabricados com finalidade diversa do ataque e da defesa, eventualmente podem se prestar a esses fins (faca, machado, barra de ferro, um caco de vidro, uma pedra etc.). Independentemente da categoria, qualquer instrumento utilizado no constrangimento contra a vítima, desde que dotado de potencialidade lesiva, é considerado arma e, na redação original do artigo 157, servia para aumentar a pena do delito.

A justificativa para a antiga majorante variava de autor para autor. Segundo Hungria, a *ratio* da norma era o maior grau de intimidação da vítima, a facilitar o sucesso do agente.[199] Nesse diapasão também se pronunciava Magalhães Noronha, para quem o incremento do poder intimidativo era associado à maior temibilidade do agente.[200] Já Guilherme de Souza Nucci indicava a maior potencialidade lesiva como fundamento para a norma.[201] Assim também entendia Bitencourt, asseverando que era a maior probabilidade de dano a razão para a causa de aumento da pena.[202] Ou seja, os autores se dividiam entre aqueles que adotam a teoria subjetiva (intimidação da vítima) e os que se inclinam pela teoria objetiva (potencialidade lesiva). Weber Martins Batista, ao seu turno, optava por abraçar todas as tendências, afirmando que justificavam a majorante a maior intimidação da vítima e o maior perigo de dano derivado do emprego da arma, somados à maior temibilidade do agente.[203]

Com a Lei nº 13.654/2018, abandonou-se a ideia de que qualquer arma se prestaria à majoração da pena. A alteração normativa, afinal, não falava mais genericamente em arma, mas em arma de fogo, definida pelo Anexo III do Decreto nº 10.030/2019 como "arma que arremessa projéteis empregando

---

199 HUNGRIA, Nelson. *Comentários...*, op. cit., v. VII, p. 58. Fernando Capez (*Curso...*, op. cit., p. 385) compartilha do mesmo entendimento.
200 MAGALHÃES NORONHA, E. *Código penal brasileiro...*, op. cit., v. 5, 1ª parte, p. 183.
201 SOUZA NUCCI, Guilherme de. *Código penal comentado...*, op. cit., p. 535.
202 BITENCOURT, Cezar Roberto. *Tratado...*, op. cit., v. 3, p. 97. Nesse sentido também se manifestam Julio Fabbrini Mirabete (*Manual...*, op. cit., p. 243-244.), Celso Delmanto (*Código penal comentado...*, op. cit., p. 277), Heleno Cláudio Fragoso (*Lições...*, op. cit., p. 209) e Luiz Regis Prado (*Curso...*, op. cit., p. 398), entre outros.
203 MARTINS BATISTA, Weber. *O furto e o roubo...*, op. cit., p. 245.

a força expansiva dos gases, gerados pela combustão de um propelente confinado em uma câmara, normalmente solidária a um cano, que tem a função de propiciar continuidade à combustão do propelente, além de direção e estabilidade ao projétil". Tomemos o funcionamento de uma pistola como exemplo: no cartucho de munição há pólvora, a qual é incendiada pelo atrito entre o pino percursor e a espoleta do cartucho. Essa queima faz com que gases se expandam dentro do estojo e impulsionem o projétil metálico que está em sua ponta, empurrando-o através do cano da arma, até que seja expelido no ar. A opção legislativa pela majoração da pena consagrava a corrente objetiva, uma vez que armas de fogo são instrumentos dotados de maior potencialidade lesiva. Uma faca, por exemplo, pode intimidar tanto quanto um revólver; entretanto, é mais fácil atingir uma pessoa com um disparo do que com uma facada, pois se pode fazê-lo à distância, inclusive sem a necessidade de um treinamento mais intenso; além disso, armas de fogo normalmente causam danos severos.

Mesmo com a recriação da majorante concernente ao emprego de arma branca (artigo 157, § 2º, VII, CP) pela Lei nº 13.964/2019, pensamos que se encontra definitivamente superada a posição subjetiva. Isso fica claro quando se observa os patamares diferenciados de aumento da pena, o que somente ganha coerência se adotada a corrente objetiva (o emprego de arma de fogo interfere mais na sanção penal do que o uso de arma branca, justamente pela potencialidade lesiva incrementada). Ademais, a maior intimidação da vítima resta englobada pela grave ameaça prevista no tipo fundamental, não podendo ser punida em duplicidade, além de ser de difícil mensuração pelo aplicador da norma.

A discussão tem consequências práticas. Suponhamos que o agente se valha, no constrangimento, de um revólver não municiado ou defeituoso, visando a subtrair determinado bem de um transeunte. Aplica-se o aumento da pena ao roubo? A resposta é negativa em caso de adoção da corrente objetiva, uma vez que o instrumento não tem capacidade para causar qualquer lesão ao constrangido.[204] Diga-se o mesmo em relação ao simulacro de arma de fogo, que já ensejou debates jurisprudenciais, antes mesmo da criação do § 2º-A, I.

---

204 Sobre o tema, manifestou-se o STJ: "Não há ilegalidade no acórdão que promove o decote da causa especial de aumento de pena prevista pelo uso de arma no cometimento do roubo, em função de a mesma se encontrar desmuniciada, sendo instrumento incapaz de gerar situação de perigo real à integridade da vítima" (REsp 412071/SP, 5ª Turma, Rel. Min. Gilson Dipp, J. 15.05.2003). O STF também se pronunciou de forma assemelhada: "Constatada, mediante exame pericial da arma utilizada no roubo, a impossibilidade de produzir disparos, descabe a observância da causa de aumento do inciso I do § 2º do artigo 157 do Código Penal. O quadro é semelhante àquele revelado pelo emprego de arma de brinquedo, valendo notar que

Historicamente, as decisões do STF eram no sentido de acolher o aumento de pena no constrangimento realizado mediante o emprego de simulacros.[205] Da mesma forma decidia o STJ, que chegou a editar a Súmula nº 174, com o seguinte teor: "No crime de roubo, a intimidação feita com arma de brinquedo autoriza o aumento da pena". O tribunal, no entanto, reviu sua posição e determinou o cancelamento da súmula, quedando-se pacífico o entendimento oposto, consoante diversas decisões posteriores.[206] O Tribunal de Justiça do Rio de Janeiro também se mostrou majoritariamente partidário da tese da não configuração do aumento da pena.[207]

Boa parte da argumentação expendida a favor e contrariamente à incidência da majorante no caso de simulacros e armas desmuniciadas tem sede

---

não se pode colocar na vala comum situações concretas em que a potencialidade de risco tem gradação diversa. A hipótese está compreendida pelo *caput* do citado artigo, no que cogita da grave ameaça, isto considerada a óptica, da vítima, decorrente das aparências" (HC 70534/RJ, 2ª Turma, Rel. Min. Marco Aurélio, J. 14.09.1993).

205 "Roubo. Arma de brinquedo. Se houve intimidação da vítima, por não saber que se tratava de arma de brinquedo, justifica-se o aumento da pena a que alude o artigo 157, § 2º, I, do Código Penal. Precedentes de ambas as turmas do STF" (RE 93971/SP, 2ª Turma, Rel. Min. Soares Muñoz, J 20.03.1981); "Inteligência do artigo 157, § 2º, inciso I, do Código Penal. Desde que a arma utilizada pelo agente ativo intimide a vítima, embora não idônea para a realização da violência ou ameaça, justifica a majorante da pena no delito de roubo. Precedentes jurisprudenciais. Recurso extraordinário conhecido e provido" (RE 90227, 2ª Turma, Rel. Min. Djaci Falcão, J. 17.10.1978). No mesmo sentido, RE 99036/SP; RE 90031/SP; RE 91638/SP; RE 90881/SP. Mais recente, contudo, é a decisão da 2ª Turma do STF (cujo relator foi o Ministro Marco Aurélio) esposando a tese oposta (HC 71051/MG, J. 20.06.1994).

206 "A egrégia Terceira Seção deste Superior Tribunal de Justiça, no julgamento do REsp 213054/SP, ocorrido em 24 de outubro de 2001, cancelou o enunciado de nº 174 de sua súmula. A nova orientação, assim, não mais autoriza, nos crimes de roubo, a causa especial de aumento de pena por força do emprego de arma de brinquedo" (HC 33933/SP, 6ª Turma, Rel. Min. Hamilton Carvalhido, J. 02.09.2004). No mesmo sentido, HC 33566/DF; HC 34973/SP.

207 "Roubo tentado. Incidência da majorante alojada no inciso I do § 2º do artigo 157 do Código Penal. Impossibilidade. Emprego de arma de brinquedo. Capitulação sediada no artigo 157, *caput*, do Código Penal. Presente a coação no atuar do agente. Desclassificação para a sede de furto. Impossibilidade. Provimento parcial do recurso" (Proc. 2003.050.01363, Primeira Câmara Criminal, Rel. Des. Paulo Roberto L. Ventura, J. 07.10.2003). Em seu voto, o douto Desembargador arrolou a seguinte argumentação: "[...] Por outro lado, a utilização de arma de brinquedo, não oferece qualquer potencialidade lesiva à vítima, o que, data vênia, não autoriza a incidência da majorante já mencionada, ficando seu emprego embutido na grave ameaça constante do *caput* do artigo 157 do Código Penal, isto porque a justificativa da majorante em questão é o caráter pluriofensivo do crime de roubo, onde o legislador tutela não só o patrimônio, como a integridade física. Assim, como a conduta do ora apelante pôs em risco somente um dos bens jurídicos tutelados, não poderá incidir a majorante do inciso I do § 2º do artigo 157 da lei penal".

no fundamento da norma. Pensamos que o debate não pode deixar de lado a proibição de analogia *in malam partem* como forma de integração da norma penal. O vocábulo arma de fogo (outrora apenas arma), da forma como empregado, constitui elemento normativo do tipo penal, cuja valoração não é encontrada no Código Penal, mas no Anexo III do Decreto nº 10.030. Isso já seria suficiente para que alijássemos o simulacro de arma de fogo do âmbito normativo da majorante, pois o decreto dele não trata. Mas, mesmo que não houvesse a definição jurídica, devemos lembrar que não há livre atribuição de sentido às palavras. A locução "arma de fogo" não abarca o objeto "arma de fogo de brinquedo", ou "arma de fogo falsa". Arma de brinquedo, afinal, não é arma, é brinquedo. E arma falsa, como o próprio adjetivo informa, é falsa. Para que a causa de aumento de pena atingisse o simulacro de arma de fogo, portanto, seria necessário estender a aplicação da norma a um caso assemelhado ao uso de uma arma real, ou seja, significaria a integração da norma por um processo de analogia. Sobre a analogia, escreveu Aníbal Bruno: "O Direito punitivo é a lei escrita, circunscrito aos fatos que, dentro dos limites da interpretação, ela compreende. Não pode ser integrado nas suas lacunas pelo suprimento da analogia".[208] A vedação à analogia em desfavor do acusado é, portanto, um corolário ao princípio da legalidade, uma conquista do direito criminal democrático para repudiar a imprecisão normativa. Se o simulacro de arma não pode ser considerado uma arma, por lhe faltar uma característica essencial do instrumento, qual seja, a possibilidade de causar danos físicos, por conseguinte também não pode majorar a pena em caso de sua utilização para consubstanciar uma grave ameaça.

A partir do momento em que a jurisprudência passou a admitir, de forma quase unânime, a potencialidade lesiva como fundamento para a majorante, surgiu um novo questionamento: para a sua configuração é necessário que a arma de fogo seja apreendida e, consequentemente, periciada? Aparentemente, impõe-se a resposta afirmativa, pois somente o exame pericial é capaz de comprovar que a arma de fogo pode produzir ferimentos. Entretanto, cremos que, desde que reste demonstrada indubitavelmente por outros meios de prova (como a testemunhal) a potencialidade lesiva da arma, a perícia torna-se dispensável. Por exemplo, se a vítima do roubo é alvejada durante o evento, ainda que não se apreenda a arma usada pelo criminoso afigura-se como evidente a sua aptidão lesiva. No âmbito dos Tribunais Superiores (STF e STJ) há decisões díspares, ora exigindo o exame técnico,

---

208 BRUNO, Aníbal. *Direito penal* – parte geral. 3. ed. Rio de Janeiro: Forense, t. I, 1967. p. 209.

ora dispensando-o.[209] Há, também, acórdão entendendo incumbir ao sujeito

209 STJ: "PROCESSO PENAL. HABEAS CORPUS. ROUBO CIRCUNSTANCIADO. EMPREGO DE ARMA DE FOGO. APREENSÃO E PERÍCIA. NECESSIDADE. 1. A necessidade de apreensão da arma de fogo para a implementação da causa de aumento de pena do inciso I, do § 2.º, do art. 157, do Código Penal, tem a mesma raiz exegética presente na revogação da Súmula n. 174, deste Sodalício. 2. Sem a apreensão e perícia na arma, não há como se apurar a sua lesividade e, portanto, o maior risco para o bem jurídico integridade física. 3. Ausentes a apreensão e a perícia da arma utilizada no roubo, não deve incidir a causa de aumento. 4. Ordem concedida" (HC nº 113.050/SP, Sexta Turma, rel. Min. Maria Thereza de Assis Moura, julg. em 20/11/2008); "O paciente, denunciado pela prática de roubo, insurge-se contra a aplicação da causa de aumento de pena por emprego de arma (art. 157, § 2º, I, do CP), no caso, um garfo de cozinha, que não foi apreendido ou submetido à perícia. Neste Superior Tribunal, o Ministro Relator originário aplicou o entendimento de ser dispensável a apreensão da arma ou a realização de exame pericial para aplicar aquela causa de aumento quando presentes outros elementos probatórios que demonstrem seu efetivo uso no crime. Diante da dúvida, quanto ao material de fabrico do garfo e a seu potencial ofensivo, a Turma, no caso, entendeu, por maioria, conceder a ordem" (Informativo nº 395, HC 131.387/RJ, rel. Min. Celso Limongi, julg. em 21/05/2009); "Os pacientes foram condenados ao regime fechado pela prática de roubo em concurso de pessoas e com emprego de arma (art. 157, § 2º, I e II, do CP). Alegam que a arma não foi apreendida, quanto mais sujeita à perícia, a afastar, assim, a respectiva qualificadora. Diante disso, ao prosseguir o julgamento pelo voto-vista do Min. Felix Fischer, a Turma confirmou o acerto da imposição do regime fechado (há circunstâncias subjetivas desfavoráveis) e reiterou que a falta de apreensão e perícia da arma pode muito bem ser suprida pela firmeza da prova testemunhal (art. 167 do CPP), tal como no caso. Porém não chegou a aderir ao entendimento do Min. Relator de que o ônus da prova da falta de potencial lesivo da arma deva ser dos acusados por força do art. 156 do CPP. Precedentes citados do STF: HC 84.032-SP, DJ 30/4/2004; do STJ: REsp 838.154-RS, DJ 18/12/2006; REsp 822.161-RS, DJ 30/10/2006; REsp 265.026-PB, DJ 1º/7/2002, e HC 18.818-SP, DJ 15/4/2002" (HC 99.597/SP, rel. Min. Napoleão Nunes Maia Filho, julg. em 23/09/2008). "Trata-se de paciente condenado à pena de seis anos de reclusão em regime inicial fechado, mais multa por infringência ao art. 157, § 2º, I e II, do CP (roubou um veículo com o objetivo de fugir da cena do crime de latrocínio que cometeu). Houve apelação e o TJ reduziu a reprimenda para cinco anos e seis meses, além de 26 dias-multa. Agora, em *habeas corpus*, sustenta a nulidade da sentença fundamentada exclusivamente em prova emprestada, afirma ser imprescindível a apreensão e perícia de arma de fogo para incidência da majorante do emprego de arma e, por fim, alega que o aumento da pena em razão de duas majorantes não foi corretamente fundamentado. Para o Min. Relator, a súplica quanto à prova emprestada não pode ser acolhida, visto que tanto a jurisprudência do Supremo quanto a deste Superior Tribunal admitem a prova emprestada no processo penal, desde que observados os princípios do contraditório e da ampla defesa, quando a prova emprestada for um dos elementos de convicção que sustentam o decreto condenatório. Ressalta que, no caso dos autos, essas premissas foram observadas e, segundo a denúncia, a prova emprestada foi colhida de processo entre as mesmas partes. Quanto a ser imprescindível apreensão e perícia da arma de fogo para a incidência de majorante, também não acolheu a irresignação. Ainda expôs estudo com base na doutrina e jurisprudência sobre a prova pericial no direito processual pátrio-

Assim destaca, entre outras considerações, que, conforme dispõe o art. 158 do CPP, é indispensável o exame de corpo de delito, direto ou indireto, sob pena de tornar-se nulo o processo. É indispensável a perícia quando as infrações deixam vestígios mas, se esses vestígios desaparecem, a perícia pode ser suprida pela prova testemunhal (art. 167 do CPP). Por outro lado, aponta doutrina de que a conjugação do princípio do livre convencimento fundamentado (ou da persuasão racional, *ex vi* art. 155 do CPP), com a denominada busca da verdade real processual, com a limitação estabelecida pelo sistema, numa visão mais moderna, estabelece que a livre convicção do juiz não é absoluta, é condicionada às provas colhidas no processo, às admitidas, às sujeitas a um juízo de credibilidade e ao valor legal da prova, se for o caso. Afirma não haver incompatibilidade entre o disposto no art. 155 e o 158 do CPP, apenas há a prudência do legislador ao dar garantias contra acusações injustas. Observa ainda que a injustificável falta de exame de corpo de delito, apesar de constituir uma nulidade por força legal, também pode, eventualmente, ensejar a falta de prova essencial da materialidade do delito ou circunstância qualificadora ou majorante, tudo a depender do caso em si. Esse entendimento deve ser aplicado também para verificar a ocorrência da majorante do emprego de arma no crime de roubo. Assinala que, para a configuração da majorante, a realização da perícia, quando possível, torna-se imprescindível. Contudo, ressalta ficar comprovado, nos autos, que o autor efetuou disparos com arma de fogo e, nesse caso, sua apreensão e perícia estão dispensadas; pois, nessa circunstância, ficou evidenciada sua potencialidade lesiva. Explica que como não consta dos autos o motivo pelo qual a arma não foi apreendida e periciada, na impossibilidade da realização do exame pericial, incide o art. 167 do CPP. Quanto ao aumento da pena acima do patamar mínimo, em razão de duas majorantes, registra ser isso possível desde que fundamentado (art. 68, parágrafo único, e 157, § 2º, ambos do CP). No entanto, na espécie, há ausência de circunstâncias que possam justificar o aumento além do mínimo legal e ainda verifica a hipótese de concessão de HC de ofício quanto à fixação do regime semiaberto para o cumprimento da pena, uma vez que preenchidos os requisitos do art. 33, § 2º, b e § 3º, c/c o art. 59, todos do CP. Diante do exposto, a Turma concedeu parcialmente a ordem somente para aplicar o aumento mínimo de 1/3, em razão das majorantes, e de ofício concedeu-a a fim de fixar o regime inicial semiaberto para cumprimento da pena. Precedentes citados do STF: HC 67.707-RS, DJ 14/8/1992; HC 95.019-SP, DJe 9/10/2009; HC 69.591-SE, DJ 29/9/2006; HC 72.283-SP, DJ 9/6/1995; HC 76.420-SP, DJ 14/8/1998; do STJ: HC 47.813-RJ, DJ 10/9/2007; HC 103.510-RJ, DJe 19/12/2009; REsp 336.553-SP, DJ 24/3/2003; HC 37.900-RJ, DJ 1º/8/2005; HC 25.097-RS, RS, DJ 16/6/2003; HC 1.257-PE, DJ 14/9/1992, e HC 101.895-SP, DJe 8/9/2008" (HC nº 155.149/RJ, rel. Min. Felix Fischer, julg. em 29/04/2010). STF: "EMENTA: AÇÃO PENAL. Condenação. Delito de roubo. Art. 157, § 2º, I e II, do Código Penal. Pena. Majorante. Emprego de arma de fogo. Instrumento não apreendido nem periciado. Ausência de disparo. Dúvida sobre a lesividade. Ônus da prova que incumbia à acusação. Causa de aumento excluída. HC concedido para esse fim. Precedentes. Inteligência do art. 157, § 2º, I, do CP, e do art. 167 do CPP. Aplicação do art. 5º, LVII, da CF. Não se aplica a causa de aumento prevista no art. 157, § 2º, inc. I, do Código Penal, a título de emprego de arma de fogo, se esta não foi apreendida nem periciada, sem prova de disparo" (HC nº 95.740/SP, rel. Min. Cezar Peluso); "EMENTA: ROUBO QUALIFICADO PELO EMPREGO DE ARMA DE FOGO. APREENSÃO E PERÍCIA PARA A COMPROVAÇÃO DE SEU POTENCIAL OFENSIVO. DESNECESSIDADE. CIRCUNSTÂNCIA QUE PODE SER EVIDENCIADA POR OUTROS MEIOS DE

ativo a prova da ausência de potencialidade lesiva.[210]

> PROVA. ORDEM DENEGADA. I. Não se mostra necessária a apreensão e perícia da arma de fogo empregada no roubo para comprovar o seu potencial lesivo, visto que tal qualidade integra a própria natureza do artefato. II. Lesividade do instrumento que se encontra in re ipsa. III. A qualificadora do art. 157, § 2º, I, do Código Penal, pode ser evidenciada por qualquer meio de prova, em especial pela palavra da vítima – reduzida à impossibilidade de resistência pelo agente – ou pelo depoimento de testemunha presencial. IV. Se o acusado alegar o contrário ou sustentar a ausência de potencial lesivo da arma empregada para intimidar a vítima, será dele o ônus de produzir tal prova, nos termos do art. 156 do Código de Processo Penal. V. A arma de fogo, mesmo que não tenha o poder de disparar projéteis, pode ser empregada como instrumento contundente, apto a produzir lesões graves. VI. Hipótese que não guarda correspondência com o roubo praticado com arma de brinquedo. VII. Precedente do STF. VIII. Ordem indeferida" (HC 93.353/SP, rel. Min. Ricardo Lewandovski). Ainda: "A 1ª Turma denegou habeas corpus no qual postulada a exclusão da majorante de emprego de arma de fogo, prevista no art. 157, § 2º, I, do CP, em face de porte de granada no delito de roubo. Aplicou-se, relativamente ao artefato em questão, jurisprudência do STF firmada nas hipóteses de ausência de apreensão e de perícia de arma de fogo." (HC 108034/MG, rel. Min. Rosa Weber, 7.8.2012). O STF, todavia, vem buscando unificar sua jurisprudência acerca do tema, sustentando a desnecessidade de perícia, caso a potencialidade lesiva seja verificada por outro meio de prova: "É desnecessária a apreensão e a perícia da arma de fogo para caracterizar a majorante prevista no art. 157, § 2º, I, do CP, se por outros meios for comprovado seu emprego na prática criminosa. A 2ª Turma, em homenagem aos princípios da segurança jurídica e da colegialidade, e para evitar decisões díspares entre as Turmas, deliberou acompanhar essa orientação, formalizada pelo Plenário no julgamento do HC 96099/RS (DJe de 5.6.2009) e, em consequência, indeferiu habeas corpus em que sustentada a necessidade de apreensão e perícia de arma de fogo para fins de verificação da sua potencialidade lesiva e consequente incidência da referida causa de aumento. Consignou-se que tal entendimento já vinha sendo adotado pela 1ª Turma e que a 2ª Turma teria, em casos análogos, sufragado tese em sentido diametralmente oposto após a prolação do citado paradigma. Os Ministros Gilmar Mendes, relator, e Celso de Mello ressalvaram sua convicção pessoal" (Informativo nº 605, HC 103046/RJ, rel. Min. Gilmar Mendes, 19.10.2010 e HC 104984/RS, rel. Min. Gilmar Mendes, 19.10.2010).

210 STJ, Informativo nº 460: "A Seção, ao prosseguir o julgamento, entendeu, por maioria, conhecer dos EREsp, apesar de o acórdão colacionado como paradigma advir do julgamento de *habeas corpus* substitutivo de recurso ordinário. No mérito, firmou, também por maioria, que a aplicação da majorante constante do art. 157, § 2º, I, do CP não necessita da apreensão e da perícia da arma utilizada na prática do roubo se outros meios de prova evidenciarem seu emprego, por exemplo, os depoimentos dos condutores, da vítima e das testemunhas, ou mesmo quaisquer meios de captação de imagem. Anotou que essa exigência de apreensão e perícia da arma não decorre da lei, que recentes precedentes do STF têm a arma, por si só, como instrumento capaz de qualificar o roubo desde que demonstrada sua utilização por qualquer modo (potencial lesivo *in re ipsa*) e que, por isso, cabe ao imputado demonstrar a falta de seu potencial lesivo, tal como nas hipóteses de arma de brinquedo, defeituosa ou incapaz de produzir lesão (art. 156 do CPP). Precedentes citados do STF: HC 96.099-RS, DJe

A arma de fogo de que trata o dispositivo, hoje, é apenas a arma de uso permitido. Quando uma arma de fogo de uso restrito ou proibido é usada no constrangimento, não se aplica o § 2º-A, I, mas o § 2º-B. Arma de fogo de uso permitido é aquela assim definida nos Decretos nº 9.845, 9.846 e 9.847, todos de 2019 (sempre no artigo 2º, I).

Como a norma penal fala em emprego (ou seja, uso efetivo) de arma de fogo, é necessário que o agente utilize o instrumento vulnerante no constrangimento, ainda que não o empunhe. Basta que o agente se valha do fato de estar armado para ameaçar a vítima, por exemplo, mostrando-lhe que porta um revólver na cintura (nesse caso, a arma está sendo empregada na grave ameaça). Entretanto, o simples fato de estar o agente armado não é suficiente para majorar a pena do delito, se o instrumento não for empregado no constrangimento.[211]

As alterações promovidas pelas Leis nº 13.654/2018 e, posteriormente, 13.964/2019 suscitam ainda discussões sobre a sucessão de leis penais no tempo (conflito intertemporal de normas). Em linhas gerais: antes, o artigo 157, § 2º, I, punia o emprego de qualquer arma com aumento da pena do roubo; depois, quando ocorria o emprego de qualquer arma que não fosse de fogo, o aumento inexistia, ao passo em que, quando empregada uma arma de fogo, a majorante se tornou intensificada; e, por último, a lei voltou a admitir a majoração pelo emprego de arma branca. A Lei nº 13.654, assim, é simultaneamente retroativa e irretroativa. Retroativa no ponto em que deixou de versar sobre armas diversas, ocorrendo a abolição da causa de aumento da pena anterior (ou seja, aqueles que praticaram roubos usando, por exemplo, uma faca como instrumento de intimidação, passaram a responder por roubo sem aumento da pena) e, nesse sentido, já se manifestou o STJ (REsp. nº 1779812-SP, rel. Min. Sebastião Reis Júnior, julg. em 10.12.2018); irretroativa quanto ao emprego de arma de fogo, pois a majorante, na lei nova, foi incrementada, alcançando o patamar de 2/3, o que significa que essa causa de aumento da pena somente pode ser aplicada aos casos ocorridos após a entrada em vigor do dispositivo. Com a Lei nº 13.964, houve o restabelecimento da causa de aumento da pena referente às armas brancas. Todavia, a regra somente pode ser aplicada a casos posteriores à sua vigência, pois se trata de lei nova mais severa (já que ocorrera a abolição da majorante para

---

5/6/2009, e HC 104.984-RS, DJe 30/11/2010" (EREsp 961.863-RS, rel. originário Min. Celso Limongi, rel. para acórdão Min. Gilson Dipp, julgados em 13/12/2010).

211 Luiz Regis Prado (Curso..., op. cit., p. 398) assevera que o porte ostensivo é bastante para a majoração da pena, ainda que a arma não seja utilizada na grave ameaça ou na violência, posição da qual discordamos. Realmente, o porte ostensivo pode caracterizar a causa de aumento da pena, desde que o agente o faça como forma de intimidação. Do contrário, não restaria satisfeito o verbo empregar, bem como haveria a punição de uma conduta irrelevante na empreitada criminosa.

todos os casos anteriores). Igualmente, duplicou a pena quando a arma utilizada é de uso restrito ou proibido (§ 2º-B, como veremos), inovação igualmente mais severa e, consequentemente, irretroativa.

Frise-se que houve contestações sobre a constitucionalidade da Lei nº 13.654, tão logo passou a produzir seus efeitos, por supostas falhas no processo legislativo. Essa foi a posição assumida, entre outros, pela Quarta Câmara Criminal do Tribunal de Justiça de São Paulo, em decisão proferida na Apelação Criminal com Revisão nº 0022570-34.2017.8.26.0050. Sustentou a Câmara Criminal que: (a) o PLS nº 149/2015, posteriormente transformado na Lei nº 13.654, de fato previa a revogação do inciso I do § 2º do artigo 157 (essa regra estava no artigo 3º do PLS), com o que também concordou o relatório da Comissão de Constituição e Justiça do Senado Federal que concluiu pela aprovação do projeto; (b) pouco depois, acolheu-se uma Emenda ao PLS, na qual suprimiu-se o artigo 3º; (c) o texto final acabou aprovado com a supressão; (d) a Coordenação de Redação Legislativa (CORELE), órgão do Senado Federal, percebendo a supressão, reinseriu no texto do Projeto o dispositivo revogador; (e) essa inserção provavelmente se deveu à percepção de uma aparente redundância pela CORELE, já que os §§ 2º, I, e 2º-A, I, supostamente tratariam da mesma hipótese; (f) todavia, as normas seriam coexistentes, destinando-se o § 2º, I, a punir de forma mais severa o roubo com emprego de armas genericamente consideradas e o § 2º-A, I, a incrementar a pena no uso de arma de fogo; (g) a reinserção da norma revogadora pela CORELE importou a publicação de lei não aprovada pelo Senado Federal, ao menos no que concerne à revogação do § 2º, I, o que tornaria a Lei nº 13.654 inconstitucional. A decisão da Quarta Câmara, todavia, foi submetida ao Órgão Especial do Tribunal de Justiça de São Paulo, que decidiu pela constitucionalidade da lei.[212] Argumentou-se que a mencionada Emenda era meramente aditiva, em nada alterando o teor do artigo 3º do PLS, que se manteve íntegro. Consoante o Tribunal de Justiça paulista, a confusão surgiu porque houve erro na publicação do Parecer de nº 141/2017, que fazia expressa menção à revogação do artigo 157, § 2º, I, e assim foi aprovado em caráter terminativo, mas foi publicado sem esse trecho. Incumbiu à CORELE aglutinar o texto do PLS à Emenda aprovada, com base no relatório final efetivamente votado, não com esteio na publicação omissa. Esse foi o texto posteriormente encaminhado à Câmara dos Deputados, onde foi igualmente aprovado. Em outras palavras, a aprovação no Senado, em caráter terminativo, cuidou da revogação do § 2º, I, acolhendo-a. O posterior erro de publicação foi corrigido pela CORELE e não influenciou na tramitação da matéria, inexistindo violação ao processo legislativo. Nesse mesmo sentido se pronunciou Gustavo Junqueira, o qual defendeu que também não houve

---

212 Processo nº 0017882-48.2018.8.26.0000

inconstitucionalidade material, derivada da aplicação do princípio da proporcionalidade, em sua acepção de vedação à proteção deficiente. Sustenta o autor (em trecho redigido antes da Lei nº 13.964/2019): "O referido 'princípio de proteção deficiente' não pode ser banalizado de forma a impedir qualquer despenalização, sob pena de se converter em instrumento de um Direito Penal do Terror, que só admite reformas legislativas punitivistas. Para os que aceitam o conteúdo normativo do referido princípio, poderia ser considerada inconstitucional a reforma legislativa que desobedecesse a mandamentos expressos de criminalização previstos na Constituição (como no caso do racismo, a tortura e do tráfico de drogas) ou se a legislação deixasse sem proteção bens jurídicos que espelham direitos fundamentais, como a revogação do crime de homicídio, que deixaria sem tutela penal a vida, o mais básico e fundamental dos direitos. Na reforma ora comentada não houve descriminalização da conduta de praticar roubo com arma branca, mas apenas diminuição da pena, e ressalvada populista histeria punitiva, não há pesquisa ou argumento que demonstre que os bens envolvidos (patrimônio, liberdade pessoal e integridade física) estarão desprotegidos com a reforma. Há apenas uma correção que parece bem se amoldar à proporcionalidade, com o incremento das penas no caso de armas de fogo e diminuição no caso das outras armas. A diferença de tratamento pode ser reconhecida na própria legislação brasileira, que pune com rigor o porte ilegal de arma de fogo (Lei 10.826/2003), mas trata o porte de outras armas como mera contravenção prevista no art. 19 da Lei de Contravenções Penais: a solução proposta com a reforma da lei reforça, a priori, a proporcionalidade".[213]

A segunda majorante prevista no § 2º-A (II) trata do roubo praticado com destruição ou rompimento de obstáculo mediante o emprego de explosivo ou de artefato análogo que cause perigo comum. Antes da Lei nº 13.654, apenas o furto tinha as margens penais alargadas em virtude da destruição ou rompimento de obstáculo (como qualificadora); agora isso também ocorre no roubo (na qualidade de causa de aumento da pena). Contudo, não é qualquer destruição ou rompimento de obstáculo que promove o incremento da sanção, mas apenas quando causa perigo comum pelo uso de explosivo ou artefato análogo. O fundamento da norma, portanto, é o risco causado à vida, à integridade corporal ou ao patrimônio de pessoas indeterminadas.

Ao contrário do furto, que menciona apenas o "emprego de explosivo ou artefato análogo", no roubo é imprescindível que esse meio executório seja usado para vencer um obstáculo (cujo conceito já foi estudado quando do

---

213 JUNQUEIRA, Gustavo. Majorantes da Lei 13.654/18 Sobre Furto e Roubo: posição contrária. *Jornal Carta Forense*. Disponível em: http://www.cartaforense.com.br/conteudo/artigos/majorantes-da-lei-136542018-sobre-furto-e-roubo-posicao-contraria/18209. Publicado em: 04.06.2018. Acesso em: 09.09.2019.

estudo do crime de roubo). Portanto, se o explosivo é utilizado, por exemplo, para ameaçar a vítima, não há a caracterização da majorante. Tampouco há a causa de aumento de pena do inciso I, pois explosivos não se confundem com armas de fogo. Nessa hipótese, o roubo é simples (ou, sobre ele, incidirá causa de aumento da pena diversa, como a concernente ao concurso de pessoas etc.).

Tal qual dissertamos no furto praticado mediante emprego de explosivo ou artefato de efeitos análogos, entendemos que a posse do explosivo não configura crime autônomo do artigo 16, parágrafo único, III, do Estatuto do Desarmamento, quando direcionada à prática do roubo; tampouco resta configurado o crime do artigo 251 do CP. Para mais detalhes, remetemos o leitor ao crime do artigo 155 do CP.

O conceito de explosivo pode ser buscado no Decreto nº 10.030/2019 (Anexo III).

10 Duplicação da pena do *caput*

Além do § 2º, VII, a Lei nº 13.964 ainda incluiu no âmbito do artigo 157 do CP o § 2º-B. De acordo com o novo dispositivo, a pena do *caput* do artigo, que é de quatro a dez anos, é duplicada (ou seja, passa a ser de oito a vinte anos de reclusão) se o roubo é praticado com emprego de arma de fogo de uso restrito ou proibido.

O fundamento da majorante é a maior potencialidade lesiva atinente ao instrumento empregado, com risco incrementado de severa lesão ou morte. Se esses resultados ocorrerem no contexto do roubo, teremos a forma qualificada do § 3º (ao menos em tese, como veremos a seguir). Portanto, o § 2º-B, teoricamente, se basta na provocação do perigo de lesão (ou na causação de uma lesão leve, desde que não haja a intenção de provocar uma lesão grave ou de matar, o que acarretaria a subsunção ao artigo 157, § 3º, na forma tentada).

É discutível, contudo, a proporcionalidade da sanção penal abstratamente cominada ao dispositivo, que ultrapassa a pena mínima do homicídio simples e iguala a pena máxima. Para que se perceba a estranheza da opção político-criminal, suponhamos que, em um roubo, o sujeito ativo se valha de uma arma de fogo de uso proibido para lesionar grave e conscientemente a vítima, contudo sem intenção de matá-la (por exemplo, disparando um tiro em seu joelho, o que causa à vítima debilidade permanente): nesse caso, teoricamente estaríamos diante do crime previsto no artigo 157, § 3º, I, cuja pena é de 7 a 18 anos de reclusão (roubo qualificado pelo resultado lesão corporal de natureza grave); no entanto, se o sujeito ativo apenas usa a arma para ameaçar a vítima, mas sem feri-la, sua conduta se subsome ao artigo 157, § 2º-B, cuja pena é mais alta (8 a 20 anos de reclusão). Incompreensível.

Para que não se apregoe a inconstitucionalidade do § 2º-B por falta de proporcionalidade, a única opção é sustentarmos que o § 2º-B prevalece sobre o § 3º, I, mesmo quando a vítima restar gravemente ferida (o raciocínio não se aplica ao latrocínio, cuja pena é superior). Perceba-se que isso não ocorre nos §§ 2º, VII, e § 2º-A (em face dos quais o § 3º sempre prevalece), mas apenas no § 2º-B.

Os conceitos de arma de fogo de uso restrito e arma de fogo de uso proibido estão nos Decretos nº 9.845, 9.846 e 9.847, todos de 2019 (sempre no artigo 2º, II e III, respectivamente).

Os crimes previstos nos artigos 16, *caput*, e 16, § 2º, ambos do Estatuto do Desarmamento (Lei nº 10.826/2003) são absorvidos pelo § 2º- B, dada a aplicação da técnica da consunção. Embora o artigo 16, § 2º, seja classificado como crime hediondo (artigo 1º, parágrafo único, II, Lei nº 8.072/1990), essa circunstância não modifica sua condição de crime-meio, desde que a posse ou o porte da arma se esgote no roubo. Caso não se esgote, existirá concurso de crimes.

11 Concurso entre as majorantes

No roubo, é comum a verificação simultânea de mais de uma causa de aumento da pena, como a privação da liberdade da vítima e o concurso de duas ou mais pessoas. Nesse caso, não deve passar despercebida a regra inserta no parágrafo único do artigo 68 do Código Penal: "No concurso de causas de aumento ou de diminuição previstas na parte especial, pode o juiz limitar-se a um só aumento ou a uma só diminuição, prevalecendo, todavia, a causa que mais aumente ou diminua".

Há duas orientações que se coadunam com a norma: a) aplicar-se-á apenas uma das causas de aumento da pena e, como o patamar de aumento é variável, a presença de outras causas servirá para a fixação no limite máximo de majoração (*v. g.*, uma causa corresponde ao aumento de um terço da pena-base, duas causas exigem aumento na metade); b) apenas uma causa será aplicada, servindo, as demais, como agravantes genéricas – se legalmente previstas – ou como circunstâncias judiciais – artigo 59 do CP. Preferimos a segunda posição.[214]

A determinação legal implica a prevalência do § 2º-A sobre as demais hipóteses de aumento da pena previstas no § 2º, bem como a do § 2º-B sobre todas, inclusive sobre o § 2º-A.

---

214 STF: "O aumento acima de 1/3 sobre a pena-base em virtude da ocorrência de duas qualificadoras (concurso de duas ou mais pessoas e uso de arma de fogo) não se revela injustificado, conforme precedentes de ambas as Turmas desta Corte" (HC 76405/SP, 1ª Turma, Rel. Min. Moreira Alves, DJU 17.04.1998). Para o egrégio Tribunal, então, as duas causas podem interferir no quantitativo do aumento de pena, elevando-se o patamar acima de 1/3.

12 Roubo qualificado

O roubo qualificado nada mais é do que um crime complexo, no qual, ao crime patrimonial (roubo), são agregados os resultados lesão corporal de natureza grave (§ 3º, I) ou morte (II). Ao segundo caso (roubo com resultado morte) dá-se o nome de latrocínio.

Em ambos os casos, é mister que o resultado seja decorrente da violência empregada para se alcançar a subtração da coisa alheia, para assegurar a sua posse ou para garantir a impunidade do agente. Qualquer outra situação exige tipificação diversa. Por exemplo, se o sujeito ativo[215] é contratado para matar a vítima, executa o delito e, depois, ao ver que no pulso do cadáver há um valioso relógio, subtrai o bem, há o concurso material entre crime de homicídio majorado (artigo 121, § 2º-A, I) e furto (artigo 155), pois a violência não foi empregada na subtração do produto do crime.[216] Em outro exemplo, se o agente ameaça a vítima com uma arma de fogo, apoderando-se do produto do crime, mas, ao perceber a chegada de um policial, abandona a coisa e realiza disparos contra o servidor para garantir sua fuga, matando-o, também não há se falar em latrocínio (como dito no estudo do roubo impróprio, a violência que garante a impunidade deve ser usada na fuga em poder da coisa). Assim, capitular-se-ia a conduta como roubo na forma tentada (com aumento de pena pelo emprego de arma de fogo), em concurso material com os crimes de homicídio qualificado (artigo 121, § 2º, V) e resistência (artigo 329, CP).[217]

---

[215] Deve responder pelo crime o agente consorciado que não praticou o ato de violência, mas anuiu para com a possibilidade: "A Turma entendeu, entre outras questões, que o paciente condenado por roubo armado seguido de morte responde como coautor, ainda que não tenha sido o responsável pelos disparos que resultaram no óbito da vítima. Na espécie, ficou demonstrado que houve prévio ajuste entre o paciente e os outros agentes, assumindo aquele o risco do evento morte. Precedentes citados: REsp 622.741-RO, DJ 18/10/2004; REsp 418.183-DF, DJ 4/8/2003, e REsp 2.395-SP, DJ 21/5/1990" (STJ, Informativo nº 466, HC 185.167-SP, Rel. Min. Og Fernandes, julgado em 15/3/2011).

[216] Há decisão do STJ, da qual discordamos, entendendo se tratar de latrocínio o caso exposto (AgI 36.618-7/SC, Rel. Min. Pedro Acioli, DJ 09.03.1994).

[217] Nesse sentido, o STF, consoante se extrai do Informativo nº 548: "A Turma indeferiu habeas corpus no qual pronunciado por tentativa de latrocínio alegava que a não apreciação das teses da defesa, apresentadas antes da sentença monocrática, configuraria nulidade insanável, na medida em que, se essas tivessem sido examinadas, ele poderia ser responsabilizado apenas por lesões corporais. No caso, o paciente fora denunciado pela suposta prática do crime de tentativa de homicídio qualificado em concurso material com roubo circunstanciado (CP, art. 121, § 2º, V, c/c o art. 14, II e o art. 157, § 2º, I, II e V), mas sua defesa requerera a impronúncia tanto por homicídio quanto por latrocínio tentado ou, alternativamente, a desclassificação para lesões corporais. Ocorre que o juízo sentenciante o impronunciara somente das imputações contidas na denúncia, o que ensejara a interposição, pela defesa, de recurso

em sentido estrito, ao argumento de ofensa ao princípio da ampla defesa, já que não examinados seus argumentos. Não provido esse recurso, foram impetrados habeas corpus perante as demais instâncias, também denegados. Daí a presente impetração, sob idêntico fundamento. Aduziu-se que, reconhecido, pela sentença condenatória, o dolo de matar, ficara suficientemente respondida a preliminar da defesa. Entretanto, por considerar que a referida sentença não enquadrara corretamente os fatos, concedeu-se a ordem, de ofício, para anular a sentença condenatória, a fim de que o paciente seja submetido ao Tribunal do Júri. Asseverou-se que os fatos por ele praticados ocorreram em 2 momentos. Iniciado o roubo, os agentes, diante da reação inesperada das vítimas, teriam desistido da empreitada, saindo do veículo e liberando-as. No segundo momento, a vítima que estava na direção decidira perseguir os assaltantes em fuga, ocasião em que o paciente, temendo ser preso, atirara contra ela, causando-lhe ferimentos. Assim, tendo em conta que a cadeia causal relativa ao delito de roubo rompera-se quando o paciente desistira da sua prática, concluiu-se restar caracterizado o crime de constrangimento ilegal consumado (CP, art. 146) em concurso material com a tentativa de homicídio qualificado ('V – para assegurar ... a impunidade ... de outro crime;'). Observou-se, ao final, que, em caso de nova condenação, a pena aplicada não poderá superar aquela fixada na sentença anulada" (HC nº 97.104/SP, rel. Min. Eros Grau, julg. em 25/05/2009). Explicando a posição assumida pelo STF na subsunção do fato à norma penal, o crime de constrangimento ilegal deve-se ao reconhecimento da desistência voluntária (artigo 15 do CP) no tocante ao roubo (descaracteriza-se a intenção criminosa – roubo tentado – restando somente os atos praticados até aquele momento – o constrangimento a que foi submetida a vítima). No caso concreto, os autores, assustados com a reação da vítima, empreenderam fuga, abandonando o produto do crime. Em que pese a excelência da decisão, entendemos não ter ocorrido desistência voluntária, pois os coautores foram impelidos a interromper o *iter criminis*, existindo em verdade tentativa de roubo circunstanciado. É de se assinalar, outrossim, a seguinte decisão do STF, no que concerne ao concurso de pessoas no crime de latrocínio, com a qual não concordamos: "A 1ª Turma, por maioria, deferiu habeas corpus a fim de invalidar decisão que condenara o paciente pelo crime de latrocínio (CP, art. 157, §3º) e determinar fosse prolatada nova sentença relacionada à imputação do crime de roubo tentado. Na espécie, o ora impetrante fora denunciado pelos seguintes delitos praticados em conjunto com outro agente não identificado: a) roubo qualificado consumado (CP, art. 157, §2º, I e II), em padaria; b) roubo qualificado tentado (CP, art. 157, §2º, I e II, c/c art. 14, II), em farmácia; e c) receptação (CP, art. 180), por conta de utilização de veículo subtraído. A vítima do primeiro delito acionara a polícia militar, que prendera em flagrante o paciente no interior da farmácia, enquanto este praticava o segundo crime. O seu cúmplice aguardava do lado de fora do estabelecimento para garantir o sucesso da subtração. Quando vários policiais chegaram ao local, detiveram o paciente, ao passo que o coautor empreendera fuga e matara policial que seguira em seu encalço. O juízo singular, ao aplicar o art. 383 do CPP, condenara o paciente, respectivamente, pelos crimes de roubo consumado (padaria); latrocínio, em decorrência da morte do policial (farmácia); e receptação, porquanto entendera que a conduta estaria narrada na inicial acusatória, tendo apenas se dado classificação inadequada do tipo criminal. Na fase recursal, as condenações foram mantidas, mas com diminuição das penas. Inicialmente, a Min. Rosa Weber, relatora, rememorou jurisprudência da Corte no sentido de que o coautor que participa de roubo armado responderia pelo latrocínio, ainda que o disparo tivesse sido efetuado só pelo comparsa. Entretanto, reputou

Os resultados qualificadores, ainda, devem decorrer da violência, consoante redação do dispositivo ("se da violência resulta [...]"). Não cuidou a lei da lesão grave e da morte provocados pela grave ameaça ou por outra forma de impossibilitar a resistência. Nesses casos, o concurso de delitos também será a saída. Por exemplo, se o agente desfere uma facada contra a vítima, matando-a para subtrair um bem que está em sua posse, há latrocínio. Se, todavia, o agente ameaça a vítima com uma arma de fogo e esta, já em idade muito avançada, vem a falecer em virtude de um colapso cardíaco, não há que se falar em latrocínio, pois a morte não foi resultado da violência, mas da grave ameaça. A subsunção correta dar-se-ia no roubo (com aumento de pena pelo emprego de arma) em concurso com homicídio (doloso ou culposo, dependendo da intenção do agente, se objetivamente previsível o resultado).

É quase unânime a afirmação de que os resultados que qualificam o delito podem ser dolosos ou culposos. Essa é lição de Guilherme de Souza Nucci, sobre a qual nos debruçamos: "Temos por certa a ideia de que todo resultado qualificador pode ser alcançado por dolo ou culpa, exceto quando o legislador deixa bem clara a exclusão do dolo, tal como fez no art. 129, § 3º, do Código Penal. No mais, como se dá no contexto do art. 157, § 3º, do CP, o resultado qualificador pode ser atingido com dolo ou culpa, mantendo-se a figura do crime qualificado pelo resultado".[218] Reformando nossa posição, filiamo-nos à doutrina majoritária, que hoje cremos acertada. Gize-se que, como a pena em abstrato do delito foi fixada em limites muito elevados (7 a 18 anos de reclusão e multa, na qualificação pela lesão grave; 20 a 30 anos

---

que não se poderia imputar o resultado morte ao coautor quando houvesse ruptura do nexo de causalidade entre os agentes. O Min. Luiz Fux acrescentou que seria necessário o nexo biopsicológico no quesito relativo à culpabilidade. Explicou que a coautoria resultaria da ciência de ambos a respeito do que iriam fazer e que um deles já estaria preso enquanto o outro fugia. O Min. Dias Toffoli, ante as peculiaridades do caso, acompanhou a relatora. Vencido o Min. Marco Aurélio, que indeferia o writ ao fundamento de existir elemento a ligar o resultado morte ao roubo. Considerava ser esta a exigência do Código Penal ao retratar o latrocínio. Versava pouco importar que o segundo agente tivesse atirado tentando escapar à sua prisão, o que denotaria elo entre o roubo e o resultado morte. Precedente citado: HC 74861/SP (DJU de 25.3.97)." (HC 109151/RJ, rel. Min. Rosa Weber, 12.6.2012)

218 NUCCI, Guilherme de Souza. *Crimes Contra a Dignidade Sexual*. São Paulo: Editora Revista dos Tribunais, 2009. p. 26. Em seu Código Penal Comentado, o autor, citando Esther de Figueiredo Ferraz, afirma que, nos crimes qualificados pelo resultado, o dolo na qualificadora só será excluído se: (a) existir vedação expressa ao seu reconhecimento; (b) houver incompatibilidade entre a conduta e o resultado doloso; (c) existir expressa previsão de resultado unicamente culposo (*Código Penal Comentado*, op. cit., p. 187). Assim, o autor crê que devam ser discutidos outros tipos penais, tradicionalmente tratados como preterdolosos, como o aborto com resultado morte (discordamos) e os crimes sexuais qualificados (concordamos), entre outros.

e multa na morte), a admissão do resultado doloso (direto ou eventual) se impõe, a par da culpa, em homenagem ao princípio da proporcionalidade.[219] Evidente que, se o agente não concorrer ao menos culposamente para o resultado, por ele não será responsabilizado, sob pena de consagração da responsabilidade objetiva.

Se, durante a prática criminosa, vários resultados qualificadores ocorrem, todavia com violação de somente um patrimônio, teremos crime único de roubo qualificado e não concurso de crimes. Exemplificando: ao ingressar em uma casa para roubá-la, o agente, visando a conquistar maior facilidade na execução, mata todas as pessoas que estão no interior da residência, quais sejam, o proprietário do imóvel e dois amigos que lá se encontravam fazendo uma visita. Não obstante haver três resultados morte, o crime será único (um único latrocínio). Isso porque o roubo qualificado é um crime contra o patrimônio, não contra a vida ou contra a integridade corporal. Assim, será a quantidade de lesões patrimoniais que determinará o número de roubos.[220] Essa posição já foi esposada pelo STF, no RHC nº 133575-PR. Em seu voto, o Ministro Marco Aurélio, relator, assim se pronunciou: "Quanto ao reconhecimento de crime único, percebam a organicidade do Direito. O latrocínio é infração penal complexa, cuja unidade não se altera em razão de ter-se mais de uma vítima fatal. Há um único latrocínio, embora constatadas duas mortes. A pluralidade de vítimas mostra-se insuficiente a configurar o concurso de crimes, uma vez que o delito fim arquitetado foi o de roubo, e não

---

219 Heleno Cláudio Fragoso: "O que se verifica, no entanto, é que as penas cominadas são de tal forma severas que não há outro recurso senão o de considerá-las aplicáveis tanto no caso em que esses resultados mais graves são dolosos como no caso em que são apenas culposos" (*Lições...*, op. cit., p. 210); Weber Martins Batista: "Hoje, pode--se dizer que é mais ou menos tranquilo o entendimento de que a norma comporta as duas hipóteses, tanto a do agente que, para cometer o roubo ou garantir seu resultado, mata a vítima dolosamente, de propósito, como a de quem causa sua morte involuntariamente, sem a querer ou sem assumir o risco de produzi-la, mas desde que tal resultado seja previsível" (*Do furto e do roubo...*, op. cit., p. 277); Nelson Hungria: "O nosso Código não aceitou o critério dos Códigos italiano e alemão, de considerar, no caso de roubo violento conexo a lesão corporal ou homicídio dolosos, um concurso material ou formal de crimes, preferindo configurar, em qualquer caso, um crime complexo. Nem se diga que merece censura por haver, ainda que excepcionalmente, submetido a igual tratamento o dolo e a culpa. O *versari in re illicita*, notadamente quando a *res illicita* é a prática do roubo, justifica essa equiparação" (*Comentários...*, op. cit., v. VII, p. 60).

220 Nesse sentido, TJSP: "O atingimento de outros bens jurídicos juridicamente protegidos, no curso da violação patrimonial, ou logo em seguida a ela, com o alvejar de várias pessoas que, no entanto, sobreviveram ao ataque, não indica a configuração de tentativas de latrocínio, praticadas em concurso formal, se das vítimas nada almejavam subtrair os assaltantes, pois, em tal hipótese, trata-se de crime único, passível de apenação mais severa, por aplicação do art. 59 do CP e em consequência da intensidade do dolo revelada na escalada criminosa" (RT 767/574, julg. em 17/05/1999).

o de duplo latrocínio". Saliente-se que a decisão foi proferida pela Primeira Turma em 21 de fevereiro de 2017 e, no mérito, o resultado foi três a dois pela existência de crime único (filiando-se a essa tese, os Ministros Marco Aurélio, Edson Fachin e Luiz Fux; contrariamente, decidindo pelo concurso de crimes, Luís Roberto Barroso e Rosa Weber). O Ministro Fux, em seu voto vista, assim sustentou: "Revela notar que a conjugação de bens jurídicos tutelados pelo preceito primário da norma penal em comento não torna o latrocínio (espécie de roubo qualificado pelo resultado) crime contra a pessoa. Trata-se de um delito contra o patrimônio, porquanto o fim visado pelo agente é a subtração de bens mediante o emprego de violência, ainda que no *iter criminis* acarrete a morte da vítima ou de terceira pessoa. (...) No exercício da atividade legislativa o Parlamento optou por incluir a mencionada norma penal incriminadora para a proteção do patrimônio, ainda que exista violação conjugada do bem jurídico 'vida'. (...) Consectariamente, a opção legislativa por incluir o latrocínio dentre os crimes contra o patrimônio revela que somente a pluralidade de vítimas patrimoniais afasta a ocorrência de crime único, independentemente do número de ofendidos que tenha sofrido lesão ao bem jurídico vida. Esse entendimento decorre da *ratio essendi* da natureza patrimonial do delito: havendo um patrimônio lesado, tem-se crime único; existindo violação de dois ou mais patrimônios, aplica-se a regra do concurso formal. O resultado criminoso com pluralidade de mortes e apenas um patrimônio lesado obsta o reconhecimento de mais de um crime de latrocínio, mas impõe consideração pelo juízo quando da aplicação da pena, por ocasião das circunstâncias judiciais estabelecidas no art. 59, do Estatuto Repressivo".

Frise-se que esta não é a posição do STJ. Assim restou decidido no HC nº 336680-PR, relatado pelo Min. Jorge Mussi e julgado pela Quinta Turma em 11 de novembro de 2015: "(...) 1. Pacificou-se na jurisprudência desta Corte Superior de Justiça o entendimento de que há concurso formal impróprio no latrocínio quando ocorre uma única subtração e mais de um resultado morte, uma vez que se trata de delito complexo, cujos bens jurídicos tutelados são o patrimônio e a vida. 2. No caso dos autos, as instâncias de origem consignaram que embora tenha sido subtraída uma caminhonete, os acusados teriam efetuado vários disparos contra as vítimas, levando-as à óbito, o que impede o reconhecimento de crime único, consoante os precedentes deste Sodalício". Discordamos em duplicidade: não há concurso de crimes e, ainda que houvesse, o concurso formal seria próprio ou perfeito (há desígnio único). No Código Penal Militar, em virtude de expressa redação (que não se estende ao Código Penal), a pluralidade de vítimas fatais no latrocínio caracteriza concurso de crimes (artigo 242, § 3º, c/c artigo 79, CPM), ainda que a subtração patrimonial seja única.

Consumação e tentativa no roubo qualificado são temas que sempre causaram controvérsia no meio jurídico. Segundo Hungria[221], nos crimes complexos (vale lembrar que o roubo qualificado é crime complexo, ou seja, a soma de um roubo a uma lesão corporal grave ou a um homicídio), somente ocorre a consumação do todo unitário quando os crimes-membros restam consumados. Por exemplo, no latrocínio, se o agente produz o óbito da vítima e consegue a posse tranquila da *res furtiva* (ou o mero apossamento, para a teoria da *amotio*), há roubo qualificado consumado, pois as duas figuras que compõem o todo atingiram a consumação. De semelhante, se os crimes-membros ficam na tentativa, há tentativa do todo unitário. No exemplo citado, se a vítima sobrevive e o agente é capturado antes de alcançar a posse tranquila do bem, temos tentativa de latrocínio. A dificuldade, para o doutrinador, surge quando um dos crimes-membros é consumado e o outro não sai da esfera da tentativa. A unidade jurídica do crime complexo, ensina Hungria, impede que se reconheça o crime consumado nessas hipóteses. A solução, assim, seria considerar os crimes-membros de forma autônoma. Suponhamos que, para roubar determinado objeto, o agente mate a vítima, mas venha a ser preso antes de se apoderar do bem. Há a morte consumada e a subtração tentada. A conduta seria tipificada como homicídio qualificado (artigo 121, § 2º, V, CP) em concurso material com o crime patrimonial (roubo) na forma tentada. Entretanto, como a pena, no caso, ficaria superior àquela consignada ao latrocínio consumado, o crime patrimonial resta absorvido pelo homicídio qualificado. A hipótese contrária (vítima que não chega ao óbito, com o agente conquistando a subtração) teria igual solução (tentativa de homicídio qualificado em concurso com o crime patrimonial consumado). Para evitar uma pena superior ao latrocínio consumado, este é absorvido por aquela.

Magalhães Noronha[222], ao seu turno, prefere interpretação diversa. Para o autor, se a morte (ou a lesão grave) e a subtração se consumam ou se ambas são tentadas, não há dúvidas: no primeiro caso, o roubo qualificado é consumado; no segundo, tentado. Se, todavia, o resultado qualificador não se consuma (morte ou lesão corporal grave tentada), mas a subtração sim, há tentativa de roubo qualificado. De acordo com o autor, a redação do tipo ("se da violência resulta lesão grave [...]"; "se resulta morte [...]") permite que o artigo 14, II, do CP seja empregado em caso de resultado tentado. Contudo, consumando-se o resultado, mas não a subtração, a solução dada é a existência de homicídio qualificado e roubo tentado em concurso formal. Não seria possível falar em tentativa de roubo qualificado por questão

---

221 HUNGRIA, Nelson. *Comentários...*, op. cit., v. VII, p. 61-63.
222 MAGALHÃES NORONHA, E. *Código penal brasileiro...*, op. cit., v. 5, 1ª parte, p. 187-199

de proporcionalidade (a pena mínima de quinze anos do latrocínio, *v. g.*, se reduzida em dois terços pela tentativa, ficaria em cinco anos, menor do que a pena para o homicídio simples consumado – seis anos –, em que pese a morte da vítima).[223]

223 Nesse diapasão, importa consignar recente divergência jurisprudencial entre os Tribunais Superiores. Na hipótese submetida à apreciação judicial, o autor tentou matar uma das vítimas para conquistar sucesso no roubo, não obtendo êxito letal, mas efetivando a subtração de coisa alheia. Nas instâncias inferiores, o fato foi tratado como roubo qualificado pelo resultado lesão corporal grave, a despeito do *animus necandi* do agente, posto não ter ocorrido o evento morte. Levada ao STJ, a questão ganhou solução diversa, conforme se extrai do Informativo nº 308: "No caso dos autos, as indicações são no sentido de que o dolo era o de matar, e não o de provocar lesão corporal, pois, segundo a denúncia, os denunciados dolosamente, mediante uma só ação e com o objetivo de assegurar o sucesso do roubo, assumiram o risco de matar as vítimas. Versa a hipótese em que a subtração consumou-se (crime-fim), não, porém, o evento morte (crime-meio). Por isso é que se sustenta que a hipótese destes autos é a de, quando da violência, resultar lesão corporal grave: a da primeira parte do § 3º, e não a da segunda parte. Heleno Fragoso da advertia em suas lições: no § 3º do art. 157 está prevista a qualificação do crime de roubo pelo resultado que deriva do emprego da violência em disposição extremamente defeituosa. O Min. Relator esclareceu que se distinguem as porções de acordo com o elemento subjetivo. Para efeito de responsabilidade penal, é, no caso de dolo, a vontade livre o consciente que irá demarcar as duas hipóteses: no caso de lesão grave, tratando-se de elemento subjetivo tendente ao resultado morte, a hipótese, evidentemente, haverá de ser a de tentativa – sem a consumação por circunstâncias alheias à vontade do agente. De igual forma, e também é claro, se não resultar lesão corporal. Imagine-se a hipótese em que o agente, a despeito de imbuído da vontade de matar, não tenha, após consumado o roubo, acertado a vítima com nenhum dos diversos disparos de arma. A hipótese deste caso se enquadra, dúvida não há, na segunda porção do referido § 3º, e não na primeira porção. Com esse entendimento, a Turma, ao prosseguir o julgamento, negou provimento ao agravo" (Ag. Reg. no HC 54.852/RJ, rel. Min. Nilson Naves, julg. em 14/12/2006). Instado a se pronunciar sobre o mesmo caso, o STF defendeu posição diversa: "AÇÃO PENAL. Crime. Qualificação jurídica. Condenação por latrocínio tentado. Subtração consumada. Não consecução da morte como resultado da violência praticada, mas apenas de lesão corporal grave numa das vítimas. Dolo homicida reconhecido pelas instâncias ordinárias. Impossibilidade de revisão desse juízo factual em sede de habeas corpus. Tipificação consequente do fato como homicídio, na forma tentada, em concurso material com o crime de roubo. Submissão do réu ao tribunal do júri. Limitação, porém, de pena em caso de eventual condenação. Aplicação do princípio que proíbe a reformatio in peius. HC concedido para esses fins. 1. Se é incontroverso ter o réu, em crime caracterizado por subtração da coisa e violência contra a pessoa, com resultado de lesão corporal grave, agido com animus necandi, então os fatos correspondem ao tipo de homicídio na forma tentada, em concurso material com o de roubo. 2. Reconhecida, em habeas corpus, a competência do tribunal do júri para rejulgar réu condenado por latrocínio tentado, mas desclassificado para tentativa de homicídio, não pode eventual condenação impor-lhe pena maior que a já fixada na sentença cassada" (HC 91.585/RJ, Segunda Turma, rel. Min. Cezar Peluso, julg. em 16/09/2008). Em seu voto, o relator, depois de invocar Hungria, sustentou: "Aplicada a tese ao caso, cuja situação

Em verdade, na melhor técnica, somente a consumação de ambos os crimes-membros poderia importar consumação do todo, pois somente nesse momento estariam presentes e acabados todos os elementos da figura qualificada. No entanto, doutrina e jurisprudência dominantes consideram que a ocorrência do resultado qualificador determinará a consumação do delito. Vejamos o exemplo do latrocínio: é a morte da vítima que dita o momento consumativo do crime. Se ocorre a morte, o latrocínio é consumado. Se o óbito não sobrevém, a conduta não sairá da esfera da tentativa, ainda que o agente tenha conquistado a subtração patrimonial. Subtração consumada e resultado tentado importam em roubo qualificado tentado.[224] Subtração tentada e resultado consumado exigem a consumação do roubo (nesse sentido, inclusive, há o enunciado 610 da súmula do STF, *verbis*: "Há crime de latrocínio, quando o homicídio se consuma, ainda que não realize o agente a subtração de bens da vítima").[225] A posição e, consequentemente, a Súmula, são negadas por Paulo César Busato: "A posição da Corte, que porque sumulada hoje parece ser dominante, recebe, com razão, fortes críticas. Isso porque o reconhecimento de um tipo consumado depende da presença efetiva de todos os elementos do tipo. A falta de um deles, especialmente, aqui, o núcleo, não permite o reconhecimento do crime consumado justamente pela regra de incompletude de realização dos tipos prevista no art. 14, inciso II, do Código Penal. É tão evidente o equívoco que o Código Penal Militar, ciente do problema, especificou a solução no seu art. 242, § 3º".[226] O mesmo autor, em seguida, afirma que o melhor seria abolir o latrocínio. Assim,

---

factual não admite condenação do paciente por latrocínio tentado, para sua resposta faz-se mister identificação da finalidade dos agentes: (a) em não se considerando presente o animus necandi na violência praticada, incide o art. 157, § 3º, 1ª parte, do Código Penal; (b) se se entenda que a intenção era, sim, de matar as vítimas, o tipo correspondente é o do art. 121, § 2º, V, na forma tentada, em concurso material com o crime de roubo".

224 STJ: "Sendo o latrocínio um crime complexo, composto de duas condutas delituosas, a unidade jurídica do tipo não impede que, ocorrendo a tentativa de um e a consumação do outro, se configure o crime em sua forma tentada. Se o latrocínio se consuma com a morte da vítima, não ocorrendo esta por circunstância alheia à vontade do agente, consumando-se apenas a subtração, o tipo complexo do delito situa-se na sua forma tentada, combinando-se a regra do artigo 157, § 3º, *in fine*, com o artigo 14, II, ambos do Código Penal, pois a violência susceptível de provocar a morte é começo de execução do tipo" (REsp 80.062/PE, 6ª Turma. Rel. Min. Vicente Leal, DJU 29.06.1998).

225 STF: "Latrocínio. Tentativa. O fato de não se haver chegado à subtração da *res*, inidôneo a concluir-se pela simples tentativa de roubo qualificado, uma vez verificada a morte da vítima. A figura do roubo não pode ser dissociada da alusiva à morte" (HC 73.597/MG, 2ª Turma, Rel. Min. Marco Aurélio, DJU 13.09.1996).

226 BUSATO, Paulo César. *Direito Penal*... op. cit., p. 486.

tornar-se-ia possível o concurso de crimes entre o roubo e o homicídio sem maiores controvérsias.²²⁷ Inclinamo-nos por essa posição.

Sendo culposa a lesão grave ou a morte, é evidente que não se poderá falar em resultado tentado (sempre será consumado, ou não existirá a qualificadora). Isso porque, se o sujeito ativo lesiona grave e conscientemente a vítima, todavia matando-a sem querer, temos resultado morte culposo e, em consequência, latrocínio; se sequer pretendia lesioná-la, mas, por descuido, acaba provocando esse resultado de forma grave, há roubo qualificado pela lesão corporal de natureza grave. Ou seja, sempre teremos um resultado qualificador ocorrendo na prática. Nesse sentido, caso seja obedecida a Súmula nº 610, não importa se a subtração é tentada ou consumada, o roubo qualificado será consumado. Caso adotemos a posição diversa, que defende a integralização de todos os elementos do tipo penal, se a subtração é tentada, o roubo qualificado não pode ser consumado.

Ainda que os resultados qualificadores sejam praticados contra pessoa diversa do proprietário do bem (por exemplo, um terceiro que intervém em socorro à vítima), persiste a caracterização do roubo qualificado. Todavia, se a morte ou a lesão corporal se operam em face de um dos autores do crime, é óbvio que não se cogitará de qualquer qualificadora, pois é necessário que a lesão ou a morte seja produto do constrangimento empregado pelo sujeito ativo. Por exemplo, quando a vítima, ao se ver cercada por dois ladrões, saca uma arma e mata um deles. O sobrevivente responderá, é certo, por roubo simples (na forma tentada), pois a ele não pode ser imputado o resultado morte (a vítima, ao seu turno, provavelmente será acobertada pela legítima defesa). Isso também se dá quando a reação não é obra da própria vítima, mas de terceiro, como um policial.²²⁸ Entretanto, se um dos coautores atinge

---

227 Idem, *ibidem*, p. 486.
228 Nesse sentido, TJSP: "*Latrocínio – Não-caracterização – Assaltante que morreu atingido pelos disparos dos vigilantes da firma assaltada, estes em situação de legítima defesa – Resultado 'não-criminoso' que não pode ser erigido como componente exacerbador integrativo da figura do latrocínio*. Latrocínio haveria se um dos guardas fosse morto. Latrocínio também haveria se um dos assaltantes, fazendo mira numa vítima, comprovadamente atingisse e matasse, por *aberratio ictus*, um incauto transeunte ou até mesmo um dos comparsas. Será, porém, ir longe demais e desbordar dos princípios que regem a relação de causalidade no Direito penal sustentar que devem responder por latrocínio os assaltantes frustrados na empreitada criminosa, ante o revide legítimo dos guardas ou vigias, que matam um dos delinquentes. Se o resultado morte decorreu da ação dos guardas que estavam em situação de legítima defesa e, portanto, não praticaram crime algum, como pretender que este resultado não criminoso seja erigido como componente exacerbador integrativo da figura do latrocínio? Seria ilógico e até mesmo paradoxal que um resultado lícito fosse transmudado em elemento constitutivo do fato ilícito previsto no art. 157, § 3º (2ª parte), do CP" (RT 629/308).

e mata (ou lesiona gravemente) seu comparsa por erro na execução, quando, em verdade, pretendia executar uma das vítimas, há roubo qualificado.

13 Lei dos crimes hediondos

Até a Lei nº 13.964/2019, entre todas as hipóteses de roubo, somente o latrocínio era previsto na Lei nº 8.072/1990 como crime hediondo (artigo 1º, II), ficando de fora do rol taxativo inclusive o roubo qualificado pelo resultado lesão corporal grave.

Esse panorama mudou com o advento do mencionado diploma. Hoje, são consideradas hediondas as seguintes figuras típicas: (a) roubo circunstanciado pela restrição da liberdade da vítima (artigo 1º, II, *a*, da Lei nº 8.072/1990); (b) roubo circunstanciado pelo emprego de arma de fogo de uso permitido (artigo 1º, II, *b*); (c) roubo circunstanciado pelo emprego de arma de fogo de uso restrito ou proibido (artigo 1º, II, *b*); (d) roubo qualificado pelo resultado lesão corporal de natureza grave (artigo 1º, II, *c*); e (e) roubo qualificado pelo resultado morte (artigo 1º, II, *c*).

No que concerne ao roubo circunstanciado pela restrição da liberdade da vítima (artigo 157, § 2º, V, CP), pensamos que seu arrolamento entre os crimes hediondos é desproporcional e, por conseguinte, inconstitucional. São dois os argumentos: existem diversas majorantes no § 2º aumentando a pena do roubo, sempre no mesmo patamar, e apenas o inciso V, sem qualquer motivo plausível, foi eleito para figurar como crime hediondo, quebrando-se a paridade entre as hipóteses ali previstas; além disso, o roubo com emprego de explosivo ou artefato de efeito análogo é crime mais grave e não é hediondo, o que é absurdo.

A quebra da paridade, aliás, afeta não apenas o roubo com restrição da liberdade da vítima, mas também o roubo com emprego de arma de fogo de uso permitido (artigo 157, § 2º-A, I, CP), que deveria ter o mesmo tratamento dispensado ao roubo praticado com emprego de explosivo ou artefato análogo (artigo 157, § 2º-A, II, CP), dado que são hipóteses de igual gravidade.

14 Distinção, concurso de crimes e concurso aparente de normas

Por ser um crime contra o patrimônio, o número de violações patrimoniais determinará a quantidade de roubos.[229] Assim, por exemplo, se várias

---

229 Informativo nº 425, STJ: "Trata-se de paciente condenado por infração aos arts. 157, § 2º, I e II, por três vezes combinado com os arts. 29, 70 e 71, parágrafo único, e 72, todos do CP. Alega a impetração que, na espécie, deveria ser aplicado o princípio da consunção, porque a subtração das armas dos vigilantes é fato necessário para a execução do crime de roubo de agência bancária. No caso em comento, o tribunal *a quo* considerou estarem caracterizados primeiro dois crimes distintos: o roubo à agência bancária e à empresa de segurança, com a subtração das armas dos vigilantes, depois

pessoas forem constrangidas mediante grave ameaça pelo agente, mas somente uma tiver seu patrimônio subtraído, haverá um único roubo. Ainda que se trate de bens pertencentes a mais de uma pessoa, mas todas de um mesmo núcleo familiar, entendemos que o crime é único, pois é violado o patrimônio familiar.

Seguindo a lógica do exposto, se uma pessoa, que tem em seu poder bens próprios e de terceiros, é roubada, há tantos crimes de roubo quantos forem os patrimônios violados, todos em concurso formal. Nesse caso, todavia, há entendimento do STJ afirmando que há a violação de uma única posse, que engloba os próprios bens e os de outrem, sendo cometido apenas um roubo: "AGRAVO REGIMENTAL NO RECURSO ESPECIAL. ROUBO A COLETIVO. PATRIMÔNIOS DIVERSOS. VÍTIMAS - EMPRESA DE ÔNIBUS E COBRADOR. AFASTAMENTO DO CONCURSO FORMAL. RECONHECIMENTO DO CRIME ÚNICO. PARTICULARIDADE DO CASO. 1. Não há se falar em concurso formal, se o agente subtraiu os bens que estavam na posse do cobrador de ônibus - R$ 30,00 (trinta reais) e um

> houve um roubo de um carro para a fuga do local. Ressalta o Min. Relator que há, nos autos, informação de que as armas subtraídas dos vigilantes não teriam sido usadas na execução do roubo. As armas utilizadas no evento criminoso foram passadas aos agentes por terceira pessoa não identificada, pela janela da agência bancária, com elas é que foram rendidos os vigilantes e subtraídas suas armas. Explica que, no caso, a conduta do paciente ao praticar o roubo à agência, subtrair as armas dos vigilantes e roubar o automóvel consistiu uma única ação, embora atingidas pessoas distintas, o que caracteriza o concurso formal de delitos previsto na primeira parte do art. 70 do CP. Observou que o não reconhecimento do concurso formal de delitos caracteriza constrangimento ilegal, devendo-se adequar as penas aplicadas. Por outro lado, a circunstância de ter a sentença condenatória transitado em julgado não impede a adequação das penas. Nesse contexto, a Turma concedeu a ordem em parte, ficando mantido o regime fechado. Precedentes citados: HC 43.704-PR, DJ 26/9/2005; REsp 662.999-RS, DJ 21/2/2005; HC 10.452-RJ, DJ 20/3/2000, e HC 78.153-MS, DJ 17/3/2008" (HC nº 145.071/SC, rel. Min. Celso Limongi, julg. em 02/03/2010). Ainda, informativo nº 494 do STJ: "Na hipótese, os recorrentes, objetivando a reforma do julgado, sustentaram negativa de vigência ao art. 70 do CP, alegando a ocorrência de apenas uma subtração patrimonial e a morte de duas vítimas, o que configuraria crime único de latrocínio, e não concurso formal impróprio. Porém, foi comprovado que os agentes não se voltaram apenas contra um patrimônio, mas que, ao contrário, os crimes resultaram de desígnios autônomos. Daí, as instâncias a quo decidiram que os agentes desejavam praticar mais de um latrocínio, tendo em cada um deles consciência e vontade, quando efetuaram os disparos contra as vitimas. Assim, aplica-se o concurso formal impróprio entre os delitos de latrocínio (art. 70, parte final , do CP), pois ocorreram dois resultados morte, ainda que tivesse sido efetuada apenas uma subtração patrimonial. Ademais, consoante a Súm. n. 610 do STF, há crime de latrocínio quando o homicídio se consuma, ainda que não realize o agente a subtração de bens da vítima. Precedentes citados: HC 56.961-PR, DJ 7/2/2008; HC 33.618-SP, DJ 6/2/2006, e REsp 729.772-RS, DJ 7/11/2005." (REsp 1.164.953-MT, Rel. Min. Laurita Vaz, julgado em 27/3/2012).

aparelho celular -, além da quantia de R$ 34,50 (trinta e quatro reais cinquenta centavos) pertencente à empresa de transporte coletivo. 2. As circunstâncias fáticas e a dinâmica do evento autorizam o reconhecimento de crime único, diante da evidência de que embora subtraídos patrimônios distintos, os mesmos estavam sob os cuidados de uma única pessoa, a qual sofreu a grave ameaça. Irrelevante perquirir se o cobrador era ou não o proprietário de todas as coisas subtraídas."[230] Como somos da opinião de que a propriedade é um dos direitos violados no crime de roubo, a dupla violação a esse direito importa dois crimes distintos, razão pela qual discordamos do STJ.

Suponhamos, agora, o roubo praticado com constrangimento a várias pessoas, sendo subtraídos bens de diversos donos (por exemplo, o roubo em um estabelecimento comercial, no qual todos os clientes são constrangidos, e seus bens levados pelo agente). Há, nesse caso, concurso formal de crimes, pois há uma ação apenas (o constrangimento, que submete a todos) com pluralidade de eventos delitivos (vários patrimônios lesados). É aplicável o entendimento, também, no caso em que o agente, em um ônibus, subtrai os bens de vários passageiros, mediante o emprego de grave ameaça.

É possível a continuidade delitiva no roubo, desde que haja pluralidade de ações, praticadas em condições semelhantes de tempo, lugar, modo de execução etc., que resultem em dois ou mais crimes.[231] O que se discute é a possibilidade da continuidade delitiva entre o roubo e crimes assemelhados, como o furto e a extorsão (ou mesmo o latrocínio). A resposta dependerá do que se tem por crimes da mesma espécie. Se assim forem considerados os crimes inscritos no mesmo tipo penal, admitindo tão-somente a variação entre tipos

---

230 AgRg no REsp 1396144/DF, quinta Turma, Rel. Ministro Walter de Almeida Guilherme (Desembargador convocado do TJSP), julg. em 23.10.2014.

231 Sobre o tema, manifestou-se o STJ no Informativo nº 378: "Trata-se de crime de roubo praticado por três agentes: quanto a dois corréus, por serem primários, as instâncias ordinárias reconheceram que eles praticaram os crimes de forma continuada (art. 71 do CP) e, em relação ao recorrente, mentor dos roubos, não houve tal reconhecimento devido à reincidência na prática delitiva. Para o Min. Relator, a jurisprudência deste Superior Tribunal reconhece que a habitualidade no crime exclui a caracterização do crime continuado. Entretanto, a corrente vencedora inaugurada pelo Min. Nilson Naves entendeu que deve haver igualdade de tratamento entre os agentes que, no caso, concorreram para os mesmos crimes praticados e, segundo a sentença, com igualdade de participação sob as mesmas condições (tempo, lugar e maneira de execução). Ademais, o simples fato de o recorrente ter antecedentes criminais não induz, no caso, o reconhecimento de delitos anteriormente praticados e os roubos pelos quais fora condenado. Inclusive, nas decisões das instâncias ordinárias, não houve demonstração da reiteração criminosa. Isso posto, após o voto de desempate da Min. Jane Silva, que acompanhou a divergência, a Turma, por maioria, deu provimento ao recurso para que o juiz refaça o cálculo da pena à vista do crime continuado em relação ao recorrente" (REsp. 448.668/PB, rel. originário Min. Hamilton Carvalhido, rel. para acórdão Min. Nilson Naves, julg. em 25/11/2008).

privilegiados e qualificados, somente será reconhecido o crime continuado entre dois ou mais roubos.[232] Todavia, se forem entendidos como crimes que ofendem o mesmo bem jurídico e que tem descrição típica semelhante, será possível vislumbrar a continuidade entre o roubo e os citados delitos.[233]

232 Recentemente, o STF decidiu pela inexistência de continuidade delitiva entre roubo e latrocínio, que, segundo o Tribuunal, são crimes de espécies distintas: "AÇÃO PENAL. Delitos de roubo qualificado e de latrocínio. Crime continuado. Reconhecimento. Inadmissibilidade. Tipos de objetividades jurídicas distintas. Inexistência da correlação representada pela lesão do mesmo bem jurídico. Crimes de espécies diferentes. HC denegado. Inaplicabilidade do art. 71 do CP. Não pode reputar-se crime continuado a prática dos delitos de roubo e de latrocínio" (HC nº 87.089/SP, rel. Min. Cezar Peluso, disponível no Informativo nº 552). Na mesma esteira se pronunciou o STJ: "PENAL E PROCESSO PENAL. RECURSO ESPECIAL. CONTRARIEDADE AO ART. 71 DO CP. DIVERGÊNCIA JURISPRUDENCIAL. ROUBO E LATROCÍNIO. CONTINUIDADE DELITIVA. IMPOSSIBILIDADE. RECURSO ESPECIAL A QUE SE DÁ PROVIMENTO. 1. É assente a jurisprudência desta Corte no sentido de que não é possível o reconhecimento da continuidade delitiva entre os crimes de roubo e de latrocínio, haja vista não se tratarem de delitos da mesma espécie, não obstante serem do mesmo gênero. 2. Recurso Especial a que se dá provimento, para restabelecer a sentença de primeiro grau" (REsp. 751002/RS, Sexta Turma, rel. Min. Maria Thereza de Assis Moura, julg. em 27/10/2009). No mesmo sentido, HC nº 222928, Sexta Turma, rel. Min. Rogério Schietti Cruz, julg. em 08.09.2015; HC 240630, Quinta Turma, rel. Min. Laurita Vaz, julg. em 04.02.2014. Ainda, de acordo com decisão do STF (Informativo nº 682), a habitualidade na prática de roubos, caracterizados como modo de vida do agente, impede o reconhecimento da continuidade: "A prática reiterada de crimes contra o patrimônio, indicadora de delinquência habitual ou profissional, impossibilita o reconhecimento de continuidade delitiva para efeito de unificação de penas. Com base nessa orientação, a 1ª Turma, por maioria, denegou habeas corpus em que pretendido novo cálculo de pena pela prática de 2 delitos de roubo qualificado, objetos de condenações diversas. Ressaltou-se que as seguidas ações criminosas descaracterizariam o crime continuado. Vencido o Min. Marco Aurélio, que concedia a ordem ao consignar que a matéria teria se esgotado no tribunal de justiça. Além disso, sinalizou a existência de princípio de hermenêutica e aplicação do Direito, segundo o qual o preceito deveria ser interpretado de modo a beneficiar e não a prejudicar aquele protegido pela norma." (HC 109730/RS, rel. Min. Rosa Weber, 2.10.2012).

233 O STJ já reconheceu crime continuado entre roubo e extorsão, consoante se extrai do Informativo nº 375: "É possível a continuação delitiva entre os crimes de roubo e extorsão, pois esses delitos foram colocados no CP sob mesmo capítulo, a indicar serem de mesma espécie, além de ofenderem os mesmos bens juridicamente tutelados. Na hipótese dos autos, o agente subtraiu bens móveis da vítima e subsequentemente a coagiu para obter a senha de seu cartão magnético. Assim, todos os requisitos necessários à continuação estão presentes. Há pluralidade de condutas (a subtração e a imposição à adoção de determinado comportamento), sendo certo que, para a continuação delitiva, os crimes de mesma espécie não precisam ser idênticos. Também existe homogeneidade das circunstâncias de tempo e lugar (o réu realizou o roubo e a extorsão no mesmo local e lapso temporal). Além disso, o agente utilizou-se do mesmo modo de execução (o sequestro momentâneo da vítima com uso de violência ou grave ameaça), afora a existência de conexão ocasional (aproveitou-

O roubo, embora guarde semelhanças com a extorsão, desta difere principalmente no tocante ao comportamento da vítima. Se, para o sucesso do delito tal como planejado, a conduta da vítima é desimportante, há o roubo. Caso, todavia, a adoção de um determinado comportamento pela pessoa constrangida seja imprescindível para a consecução da vantagem almejada, caracteriza-se a extorsão. Exemplificando: o agente que entra em um coletivo e exige, mediante grave ameaça, que o trocador lhe repasse a quantia arrecadada naquela viagem, comete crime de roubo, pois, ainda que o trocador

> -se da ocasião antecedente para continuar a praticar o delito e obter maior lucro). Anote-se que a impossibilidade de caracterização da continuidade delitiva entre o furto e o roubo não pode servir de guia à solução da hipótese em apreço, visto que, diferentemente do tipo do furto, o do roubo também tutela outros bens jurídicos além do patrimônio, que são os mesmos aos que o da extorsão busca salvaguardar. Precedente citado: REsp 190.534-SP, DJ 8/3/1999" (REsp. nº 1.031.683/SP, rel. Min. Jane Silva, julg. em 06/08/2008). Todavia, não é essa a tendência na Corte, já que reiteradamente nega a hipótese de continuidade delitiva entre roubo e furto, sob o argumento de que são crimes do mesmo gênero, mas não da mesma espécie (lógica que deveria ser transportada para o roubo e a extorsão, embora não concordemos com seus fundamentos). Nesse sentido, entre outros, AgRg no REsp 1525229/MG, Sexta Turma, rel. Min. Sebastião Reis Júnior, julg. em 26.05.2015; HC 214157/RS, Quinta Turma, rel. Min. Laurita Vaz, julg. em 17.10.2013. Outros tribunais admitem apenas concurso material entre os crimes de roubo e extorsão: "ROUBO E EXTORSÃO - CONCURSO MATERIAL - ADMISSIBILIDADE - PRINCÍPIO DA ABSORÇÃO – INADMISSIBILIDADE. 1.SE O AGENTE, APÓS DESPOJAR A VÍTIMA DOS SEUS PERTENCES, EXIGE QUE ESTA O ACOMPANHE PARA UTILIZAÇÃO DE CARTÃO DE CRÉDITO E DIGITAÇÃO DA SENHA BANCÁRIA NO CAIXA ELETRÔNICO, COMETE CRIMES DE ROUBO E EXTORSÃO, EM CONCURSO MATERIAL, UMA VEZ QUE A MANIFESTAÇÃO CORPÓREA DA VÍTIMA FOI IMPRESCINDÍVEL PARA A CONSUMAÇÃO DA EMPREITADA CRIMINOSA. 2.OS CRIMES DE ROUBO E EXTORSÃO SÃO DO MESMO GÊNERO, POR OFENDEREM O PATRIMÔNIO, PORÉM NÃO SÃO DA MESMA ESPÉCIE, EIS QUE DISPOSTOS EM ARTIGOS DIVERSOS NO CÓDIGO PENAL, NÃO HAVENDO FALAR-SE EM PRINCÍPIO DA ABSORÇÃO, SENÃO O DA CUMULATIVIDADE" (TJDF, Ap. Crim. nº 0036201-17.203.807.0001, 1ª Turma Criminal, rel. Des. Edson Smaniotto, julg. em 12.05.2005). No mesmo sentido: "PENAL. SEQUESTRO RELÂMPAGO. ROUBO. EXTORSÃO. CONCURSO DE CRIMES. RECONHECIMENTO. ARMA DE FOGO. PERÍCIA. DESNECESSIDADE. 1. A exigência de cartões e senhas para possibilitar o saque em conta-corrente, em que pese praticado num contexto fático do crime de roubo, é conduta criminosa autônoma, por isso, correta a sentença que, presentes tais circunstâncias, reconhece a existência de concurso de crimes de roubo e extorsão, e não crime único com postulado pela defesa (...)" (TJDF, Ap. Crim. nº 20050110034559, 2ª Turma Criminal, rel. Des. César Loyola, julg. em 24.04.2008). No que toca à possibilidade de continuidade delitiva entre o roubo e a extorsão mediante sequestro, decidiu o STF: "Ocorre concurso material de delitos quando o agente pratica na mesma oportunidade fática, mediante ações imediatamente subsequentes, os crimes de extorsão mediante sequestro e roubo; estes crimes são da mesma natureza, mas não são da mesma espécie: têm definição autônoma e assim devem ser punidos" (JSTF, 226/364).

não adotasse qualquer postura, o dinheiro poderia ser facilmente alcançado pelo agente; se o agente ingressa em um estabelecimento comercial e exige, mediante grave ameaça, que o comerciante abra a porta de um cofre preso na parede, acionado apenas mediante o uso de uma senha, há crime de extorsão, pois, naquele plano de ação, o agente não teria como se apossar do conteúdo do cofre sem a intervenção da vítima.[234]

O entendimento, contudo, não é pacífico. Existe uma corrente clássica no direito pátrio corrente sustentando que a *contrectatio* caracteriza o roubo e a *traditio*, a extorsão. Ou seja, no roubo, o agente despoja a vítima de seus bens (subtrai a coisa), ao passo em que, na extorsão, a coisa é entregue pela vítima após o constrangimento. Essa é a posição abraçada por Hungria, que afirma, citando Frank: "O ladrão subtrai, o extorsionário faz com que se lhe entregue".[235] Em verdade, tal assertiva não está equivocada se a ela é dada uma interpretação de forma a não se chocar com o primeiro entendimento, isto é, se considerarmos a entrega como o ato da vítima com efeito prático relevante. Ora, se a vítima se limita a repassar o bem ao agente, que dele poderia se apossar a qualquer tempo, não há relevância prática na tradição. Ocorre, tanto nesse caso, como no assenhoramento direto, verdadeira subtração, a caracterizar o roubo. De outro lado, sendo a conduta da vítima determinante ao sucesso da empreitada criminosa (saques em caixas

---

234 Nesse sentido, STJ: "O paciente associou-se a outros três para a prática de crimes patrimoniais. Primeiro, mediante o uso de arma de fogo, eles roubaram um automóvel e os pertences do condutor, além de restringir sua liberdade. Logo após, usando novamente aquele instrumento, constrangeram outra vítima a fornecer senhas de cartões magnéticos e a assinar cheques para que obtivessem vantagem patrimonial indevida. Por isso, foram condenados pela prática de roubo e extorsão circunstanciados e também pela formação de quadrilha armada. O que se alega é a existência de *bis in idem* na condenação, em razão da punição mais de uma vez pela mesma circunstância, o uso da arma. Nesse contexto, é certo que o reconhecimento do *bis in idem* deriva da interpretação crítica dos fatos à luz do conceito fundamental de bem jurídico. No caso, quanto à extorsão e ao roubo, em que a incriminação busca tutelar o patrimônio e a liberdade ou integridade física, por mais que o resultado seja o mesmo (subtração de bens), não há falar em *bis in idem*, porquanto praticados perante vítimas diferentes. O fato de o juízo reconhecer a continuidade delitiva, não implica deixar de reconhecer que ambos os delitos são circunstanciados. Já quanto ao crime de quadrilha, o bem jurídico protegido com a incriminação é a paz pública, a demonstrar, em comparação ao outro grupo de incriminações, que eles são independentes, a ponto de justificar a exasperação em razão do emprego de arma. Precedentes citados: HC 91.129-SP, DJe 4/8/2008; HC 54.773-SP, DJ 7/2/2008; HC 27.142-RS, DJ 28/8/2006, e HC 33.894-RJ, DJ 14/3/2005" (HC nº 73.234/SP, rel. Min. Maria Thereza de Assis Moura, julg. em 18/06/2009).

235 HUNGRIA, Nelson. *Comentários...*, op. cit., v. VII, p. 66. Também se pronuncia de igual forma Luiz Regis Prado (*Curso...*, op. cit., p. 411).

eletrônicos, por exemplo), não há como se lhe negar relevância prática. Nesse caso, indiscutivelmente, configura-se a extorsão.[236]

Pela excelência da doutrina, não pode deixar de ser citada a posição de Magalhães Noronha. O autor admite que, por vezes, um único traço é bastante demonstrar a distinção em estudo. Outras vezes, várias circunstâncias em conjunto definirão qual é o delito que se pratica. Assim, além da entrega do bem pela vítima, o autor diz que na extorsão, em regra, há a promessa de um mal futuro (no roubo o mal seria iminente) para a obtenção de uma vantagem futura (contemporânea, no roubo), devendo, outrossim, a ação da vítima se realizar de modo diferido no tempo e no espaço (ou seja, dando a oportunidade de a vítima ponderar sobre suas opções).[237] Para Nelson Hungria, a distinção entre o roubo e a extorsão fundada no lapso temporal não procede: "Tanto pode haver extorsão com violência atual e locupletação futura (e é o caso mais frequente), quanto com violência e locupletação contemporâneas (exemplo, o agente, devedor da vítima, coage esta, imediatamente, a rasgar o título de dívida ou a tolerar que ele próprio o inutilize)"[238]

A jurisprudência, embora se incline com maior frequência pela primeira posição consignada (e acolhida nessa obra como a mais pertinente), apresenta julgados para todos os gostos.[239] Parece-nos que, com a criação do artigo 158, § 3º, a posição defendida neste livro acabou consagrada, pois o dispositivo, que está na estrutura da extorsão, fala na restrição da liberdade da vítima como condição necessária para obtenção da vantagem econômica. Ou seja, na extorsão, a libertação da vítima é moeda de troca para a consecução da finalidade econômica, de modo que o coator exige a disposição da vítima em prestar a vantagem, sem a qual não tem como se locupletar; já no roubo com restrição da liberdade, a subtração pode ser alcançada mesmo sem a privação, significando que não se presta a exigir uma postura da vítima, mas para outros fins.

Em tema de conflito aparente de normas, não há dificuldade em enxergar o constrangimento ilegal (artigo 146, CP) e o furto (artigo 155) como

---

236 Nesse sentido, por todos, se manifestam Damásio E. de Jesus (*Direito Penal...*, op. cit., v. 2, p. 365) e Weber Martins Batista (*O furto e o roubo...*, op. cit., p. 297).
237 MAGALHÃES NORONHA, E. *Código penal brasileiro...*, op. cit., v. 5, 1ª parte, p. 229-231.
238 HUNGRIA, Nelson. *Comentários...*, op. cit., v. VII, p. 67.
239 Apenas como exemplo, já decidiu o STJ: "Penal. Roubo. Extorsão. Diferença. No roubo e na extorsão, o agente emprega violência, ou grave ameaça a fim de submeter a vontade da vítima. No roubo, o mal é 'iminente' e o proveito 'contemporâneo'; na extorsão, o mal prometido é 'futuro' e 'futura' a vantagem que se visa (Carrara). No roubo, o agente toma a coisa, ou obriga a vítima (sem opção) a entregá-la. Na extorsão, a vítima pode optar entre acatar a ordem ou oferecer resistência. Hungria escreveu: no roubo, há *contrectatio*; na extorsão, *traditio*" (REsp 90.097/PR, 6ª Turma, Rel. Min. Luiz Vicente Cernicchiaro, DJU 25.02.1998).

elementos integrantes do roubo, sendo absorvidos por este delito (o roubo é especial em relação a ambos). A lesão corporal leve (artigo 129),[240] se produzida durante o constrangimento empregado no roubo, também restará absorvida, o mesmo acontecendo com as vias de fato (artigo 21, DL 3.688/41).

Se o agente subtrai o bem, mediante constrangimento da vítima, para satisfazer pretensão legítima (satisfação de dívida, por exemplo), não resta configurado o roubo, mas sim exercício arbitrário das próprias razões (artigo 345, CP). Nesse caso, aplicar-se-á também a pena correspondente à violência. Assim decidiu o STJ no caso de uma profissional do sexo que, acreditando satisfazer pretensão legítima, arrancou o cordão do pescoço de um cliente que não queria pagar pelo programa sexual.[241]

Entendemos ser possível o concurso material entre os crimes de roubo e disposição de coisa alheia como própria (este alocado no artigo 171, § 2º, I, do CP), pois há condutas temporalmente distanciadas e resultantes em lesões diversas a patrimônios distintos.[242] Todavia, a jurisprudência majoritariamente se inclina pela absorção deste crime por aquele.[243]

O roubo majorado pelo concurso de pessoas pode existir em concurso (material) de infrações com o crime de associação criminosa (artigo 288 do CP), de acordo com a posição dominante. Isso porque a consumação do crime de quadrilha independe da prática de qualquer outro delito pelos associados, bastando a intenção criminosa. Ademais, de acordo com posição corrente na doutrina (da qual discordamos) tutela-se nessa incriminação apenas a paz pública (conceito vago, que não poderia se prestar à condição de bem jurídico tutelável), afrontada pela formação da agremiação criminosa. O roubo posterior, em tese, demonstra um incremento na reprovabilidade do comportamento dos associados, prestando-se, o concurso de agentes, não à atentar contra a paz pública, mas sim a facilitar a execução do delito patrimonial. Portanto, associação criminosa e a majorante em apreço fundam-se em premissas distintas e surgem em momentos diferentes, não

---

240 "O delito de lesões corporais leves, resultante da agressão ao vigilante da instituição financeira, é elemento constitutivo do próprio tipo insculpido no art. 157 do CP, que pressupõe o uso de 'violência' ou 'grave ameaça' para sua configuração" (TRF, 4ª Reg., 8ª Turma, Ap. Crim. nº 2002.71.00.037702-9/RS, rel. Élcio Pinheiro de Castro, julg. em 30/06/2004).
241 HC nº 211888-TO, Sexta Turma, rel. Min. Rogerio Schietti Cruz, julg. em 17.05.2016.
242 "Se, após a prática do roubo, mediante ardil vende o acusado a coisa subtraída a terceiro, causando-lhe dano, a ofensa a outro bem jurídico deve ser considerada ação independente do primeiro fato e como tal sujeita, como ele, à punição. Dá-se, na espécie, um concurso material de delitos" (TACrimSP, RT 515/360).
243 "A posterior venda do veículo subtraído constitui mero exaurimento do roubo, ainda que um dos ladrões tenha lançado mão de documento falso para a alienação" (TJSP, Boletim IBCCrim 69/281, julg. em 23/03/1998).

havendo que se falar em *bis in idem*.[244] Sobre o tema, remetemos o leitor ao tópico referente ao furto qualificado pelo concurso de pessoas, onde a matéria foi tratada de forma mais detalhada. Pelas mesmas razões, não existe óbice à cumulação de penas entre o crime de roubo circunstanciado pelo emprego de arma de fogo e concurso de pessoas e o delito de associação criminosa armada (artigo 288, p. único, do CP).[245]

Em regra, o porte de arma (de fogo ou branca) será absorvido pelo roubo, desde que se destine exclusivamente ao crime patrimonial. Frise-se que, como já debatido anteriormente, a alocação dos crimes envolvendo armas de fogo de uso proibido (artigo 16, § 2º, da Lei nº 10.826/2003) entre os crimes hediondos (artigo 1º, parágrafo único, II, da Lei nº 8.072/1990) não altera esse panorama, pois o porte de arma de fogo de uso restrito (*caput* do artigo 16) ou proibido (§ 2º do mesmo artigo) não perde sua característica de crime-meio, inclusive apenado de forma mais suave que o artigo 157, § 2º-A, I, CP. Aliás, urge seja discutida a constitucionalidade da Lei nº 13.964/2019 (diploma que incluiu o porte e a posse de arma de fogo de uso proibido entre os crimes hediondos), que flagrantemente viola o princípio da proporcionalidade. Se, todavia, não há esgotamento da conduta no roubo, não há que se falar em consunção, mas sim em concurso material de delitos (entre o artigo 157 do CP e os artigos 14 ou 16, *caput* ou § 2º, da Lei nº 10.826/03, ou o artigo 19 do Dec.-Lei nº 3.688/41, dispositivo que reputamos inconstitucional).

A violação de domicílio (artigo 150 do CP), por constituir antecedente lógico do crime de roubo, também será por este absorvida.

Na Lei nº 7.170/83, há conduta atentatória contra a segurança nacional assemelhada ao crime de roubo, mas especial em relação a este, razão pela qual preponderará. Cuida-se do roubo por inconformismo político ou para a obtenção de recursos destinados à manutenção de organizações políticas clandestinas ou subversivas.

---

244 Nesse sentido já se pronunciou o TJSP: "Admissível o reconhecimento do concurso material entre o roubo qualificado pelo concurso de agentes e o crime de quadrilha ou bando, pois trata-se de tipos autônomos, com objetividades jurídicas diversas" (RT 752/566, julg. em 02/09/1997). Contra, TRF 4ª Região: "Exclusão da causa especial de aumento da pena de concurso de agentes (art. 157, § 2º, II, do CP) porquanto revela-se incompatível sua cumulação com a pena por delito de quadrilha" (8ª Turma, Ap. Crim. 2002.71.07.002139-0/RS, rel. Élcio Pinheiro Castro, julg. em 15/12/2004).

245 Nesse sentido já se pronunciou o STJ: "Hipótese na qual o tribunal *a quo* deu parcial provimento ao recurso de apelação interposto pelos réus para excluir a incidência do inc. II do § 2º do art. 157 do CP, por entender que a condenação pela prática de roubo em concurso de pessoas e pelo crime de formação de quadrilha representaria *bis in idem*. *Bis in idem* que não se caracteriza, na condenação por crime de quadrilha armada e roubo qualificado pelo uso de armas e concurso de pessoas, tendo em vista a independência e autonomia dos delitos. Precedentes do STJ e do STF" (REsp. 819.773, Quinta Turma, rel. Min. Gilson Dipp, julg. em 17/08/2006).

No Código Penal militar, o roubo está alocado no artigo 242. Vale destacar que, entre as majorantes previstas no § 2º deste dispositivo, estão o resultado lesão corporal grave doloso e o resultado morte culposo. Entretanto, a conduta encontrará repouso na qualificadora do § 3º quando houver a prática de latrocínio, aqui entendido como o roubo com resultado morte exclusivamente doloso. O roubo militar praticado em tempo de guerra está tipificado no artigo 405 do CPM (roubo cometido em zona de operações militares ou em território militarmente ocupado).

15 Pena e ação penal

Ao crime de roubo, com tipificação no *caput* do artigo 157, é cominada abstratamente pena de reclusão, de 4 a 10 anos, e multa. Apesar do mínimo estipulado, se aplicada ao agente pena de quatro anos de reclusão, não será possível a substituição por pena restritiva de direitos, em virtude do disposto no artigo 44, I, do CP (salvo se o crime for praticado mediante outra forma de redução da vítima à impossibilidade de resistência). O acordo de não persecução penal (artigo 28-A do CPP), igualmente, só será possível quando o roubo não for cometido mediante violência ou grave ameaça, o que é raro, e sobre ele incidir uma causa de diminuição da pena (como a tentativa).

Em havendo a incidência de uma causa de aumento da pena prevista no § 2º, a sanção é majorada de um terço até a metade. Se a majorante estiver entre as previstas no § 2º-A, a pena é aumentada de dois terços; caso seja a do § 2º-B, a sanção do *caput* é duplicada. Interessa consignar o teor da Súmula 443 do STJ: "O aumento na terceira fase de aplicação da pena no crime de roubo circunstanciado exige fundamentação concreta, não sendo suficiente para a sua exasperação a mera indicação do número de majorantes".[246]

Se o roubo é qualificado pela lesão grave, a pena será de reclusão, de 7 a 18 anos, e multa; se a qualificação é pelo resultado morte, pena de reclusão, de 20 a 30 anos, mais multa.

A doutrina é quase unânime em afirmar que, ao roubo qualificado, não se aplicam as causas de aumento de pena previstas no § 2º, com o que concordamos, por uma questão de proporcionalidade. Aliás, se incidentes sobre o latrocínio, essas majorantes poderiam redundar em uma pena máxima acima dos 40 anos previstos no artigo 75 do CP como limite máximo para o cumprimento da sanção penal, após a Lei nº 13.964/2019. Ressalte-se, ainda, que a redação do § 2º-B não permite outra conclusão, pois o dispositivo é taxativo ao afirmar que a pena do *caput* será duplicada, nunca as penas das formas qualificadas do § 3º.

A ação penal é pública incondicionada, não se aplicando ao roubo o previsto no artigo 182 do CP.

---

246 Rel. Min. Felix Fischer, em 28/04/2010.

II – EXTORSÃO
(ARTIGO 158, CP)

1 Introdução

O crime de extorsão, previsto no artigo 158 do Código Penal, consiste no emprego de um constrangimento (mediante violência ou grave ameaça) para a obtenção de um comportamento da vítima (*facere* ou *non facere*), visando à obtenção de vantagem econômica indevida. Tem a seguinte redação: "Constranger alguém, mediante violência ou grave ameaça, e com o intuito de obter para si ou para outrem indevida vantagem econômica, a fazer, tolerar que se faça ou deixar de fazer alguma coisa".

Por sua semelhança com o crime de roubo, ambos os crimes são previstos no mesmo capítulo (Capítulo II do Título II da Parte Especial), que arrola, ainda, dois outros tipos de extorsão, tipificados de forma autônoma – a extorsão mediante sequestro (artigo 159) e a extorsão indireta (artigo 160).

Foi o Código Napoleônico (França, 1810) que, pela primeira vez, apresentou a tipificação da extorsão em apartado, ao prever a conduta de constranger alguém para a entrega de títulos e documentos. Bem antes disso, contudo, o direito romano já esboçara a extorsão, não de forma autônoma, mas inculcada na *concussio*. Havia, então, a *concussio publica*, assemelhada à atual concussão (artigo 316, CP) e a *concussio privata*, aparentada da extorsão.

No Brasil, somente com a codificação de 1890 vemos a previsão autônoma da extorsão, embora como parágrafos da extorsão mediante sequestro (então denominada somente extorsão).[247]

---

247 "Art. 362. [...] § 1º Extorquir de alguem vantagem ilicita, pelo temor de grave damno a sua pessoa ou bens; constranger alguem, quer por ameaça de publicações infamantes e falsas denuncias, quer simulando ordem de autoridade, ou fingindo-se tal, a mandar depositar, ou pôr á disposição, dinheiro, cousa ou acto que importe effeito juridico; § 2º Obrigar alguem, com violencia ou ameaça de grave damno á sua pessoa ou bens, a assignar, escrever, ou anniquilar, em prejuizo seu, ou de outrem, um acto que importe effeito juridico: Pena – de prisão cellular por dous a oito annos."

2 Objetividade jurídica

Afirma Magalhães Noronha que a extorsão atenta contra a liberdade individual, pois é um constrangimento. Como o constrangimento é dirigido ao fim de obter vantagem econômica indevida, o delito é classificado como patrimonial.[248] Todavia, em virtude de sua complexidade, não há como se deixar de reconhecer a pluralidade de bens jurídicos tutelados: além do patrimônio, a liberdade individual e a integridade corporal (já que os meios executórios são violentos) são protegidas pela norma. A vida também é objeto da salvaguarda, no que tange à extorsão qualificada pelo resultado morte.

O objeto material do crime, além da pessoa constrangida, é o patrimônio alheio, aqui entendido não só como a coisa móvel, objeto do furto e do roubo, mas todo direito ou interesse alheio que possua apreciação econômica. Assim, podem ser objetos da extorsão a coisa móvel, os imóveis (por exemplo, se o sujeito ativo obriga a vítima a assinar uma escritura transferindo a propriedade de um terreno) e os bens incorpóreos (como os direitos de autor). Em virtude da redação da norma, estão excluídas do âmbito da extorsão as coisas com valor de uso ou meramente sentimental, desde que destituídas de apreciação econômica.

Saliente-se que os bens jurídicos em questão são disponíveis, de modo que o consentimento do ofendido opera o afastamento do caráter criminoso da conduta.

3 Sujeitos do delito

Qualquer pessoa pode ser sujeito ativo do crime de extorsão (crime comum), não se exigindo qualquer qualidade especial do sujeito ativo. Se a ação é praticada por funcionário público, no exercício da função ou em razão dela, pode ser configurado o crime de concussão (artigo 316, CP), dependendo das circunstâncias, como será estudado.

No polo passivo encontramos qualquer pessoa. Pode ser que, no mesmo delito, haja mais de um sujeito passivo, bastando para isso que a pessoa constrangida não seja a mesma que é lesada pelo desfalque patrimonial. É possível, ainda, que a pessoa ameaçada ou agredida não seja aquela que se vê obrigada a fazer, não fazer ou tolerar que se faça alguma coisa.

4 Tipicidade objetiva e subjetiva

Cuida-se de crime comissivo. A extorsão somente pode ser praticada por meio de um constrangimento (o núcleo do tipo é o verbo constranger), ou seja, mediante violência (*vis corporalis*, a atuação material sobre o corpo da vítima) ou grave ameaça (*vis compulsiva*, também chamada de violência moral,

---

248 MAGALHÃES NORONHA, E. *Código penal brasileiro*..., op. cit., v. 5, 1ª parte, p. 202.

que é a coação psicológica).²⁴⁹ Ao contrário do roubo, a extorsão não pode ser praticada por outra forma de redução da capacidade de resistência que não sejam os dois meios já descritos. Há lógica na lei: se o agente, por exemplo, embriaga a vítima para fazer com que lhe conceda alguma vantagem patrimonial, haverá fraude e, por conseguinte, estelionato. Se a coisa é subtraída, ocorre roubo. Portanto, a hipótese não fica em descoberto. Dentro da violência e da grave ameaça, qualquer meio executório é admitido (crime de forma livre).

A eficácia da ameaça deve ser aferida levando-se em conta as peculiaridades da vítima. Assim, a promessa de um mal que não constrange certa pessoa, pode ser suficiente para constranger outra, ainda que se trate de promessa de caráter sobrenatural. Ou seja, ainda que a ameaça careça de factibilidade, desde que seja suficiente para infundir temor em alguém, pode ser reconhecida a extorsão. Consoante o STJ, "a alegação de ineficácia absoluta da grave ameaça de mal espiritual não pode ser acolhida, haja vista que, a teor do enquadramento fático do acórdão, a vítima, em razão de sua livre crença religiosa, acreditou que a recorrente poderia concretizar as intimidações de 'acabar com sua vida', com seu carro e de provocar graves danos aos seus filhos; coagida, realizou o pagamento de indevida vantagem econômica".²⁵⁰

Não é necessário que a ameaça seja injusta, de modo que há extorsão quando o sujeito ativo intimida uma pessoa afirmando que irá entregá-la para a polícia em virtude de um crime que esta realmente cometeu, caso não preste uma vantagem indevida.

Sobre a violência e a grave ameaça, remetemos o leitor às anotações feitas acerca do crime de roubo.

Ao empregar o constrangimento, o agente visa a determinar a vítima a fazer, tolerar ou deixar de fazer alguma coisa. Obriga-se, destarte, que a vítima adote um comportamento positivo ou negativo, havendo um nexo causal entre este e o constrangimento. Apesar de a redação do Código Penal não trazer problemas na aplicação do dispositivo, somos da opinião de que a expressão tolerar é redundante, pois nada mais é do que uma abstenção, ou seja, um deixar de fazer.

---

249   Cumpre ressaltar que a grave ameaça não guarda identidade com o crime de ameaça (artigo 147, CP), em que o mal prometido deve ser injusto. Na grave ameaça, o sujeito ativo pode até ter o direito de ameaçar, mas não pode usar a sua prerrogativa como meio para a prática de um crime (por exemplo, afirmar que noticiará um crime praticado pela vítima caso não receba uma vantagem econômica indevida). Nesse tema, há a prática comumente conhecida por chantagem (*chantage* no direito francês, *blackmail* para os ingleses), na qual exige-se uma contraprestação para não ser divulgado um fato escandaloso (HUNGRIA, Nelson. *Comentários...*, op. cit., v. VII, p. 69-70). Note-se que se fala, aqui, de ameaça justa, não de vantagem justa. No último caso, havendo constrangimento para a percepção da vantagem, ocorrerá o crime de exercício arbitrário das próprias razões (artigo 345).

250   REsp. 1299021-SP, Sexta Turma, rel. Min. Rogerio Schietti Cruz, julg. em 14.02.2017.

O tipo penal exige que, além do dolo (e só há conduta dolosa na extorsão), seja agregado um elemento subjetivo especial, consistente na intenção de obter, para si ou para outrem, vantagem econômica indevida. A expressão "para si ou para outrem", como visto exaustivamente em ocasiões anteriores, é a intenção de assenhoramento, de incorporar a coisa ao próprio patrimônio ou ao patrimônio de terceiro. Ausente tal propósito, configurar-se-á crime diverso, como o constrangimento ilegal (artigo 146, CP).

A vantagem econômica indevida, consoante exposição anterior, não se basta nos bens móveis, englobando em seu conceito também os bens imóveis e qualquer outro direito ou interesse de conteúdo patrimonial (ainda que o comportamento exigido da vítima não tenha conteúdo patrimonial, é suficiente que produza repercussões jurídicas patrimoniais). O tipo penal não se conforma com vantagens que não possuam valoração econômica (como favores sexuais, por exemplo, em que será caracterizado o crime de estupro – artigo 213, CP). Indevida é a vantagem a que não faz jus o agente, contrária ao direito. Caso a vantagem seja devida, o constrangimento usado pelo sujeito ativo para obtê-la caracteriza crime de exercício arbitrário das próprias razões (artigo 345, CP).

5 Consumação e tentativa

O momento consumativo da extorsão não é tema pacífico no direito penal. Basicamente, há duas linhas de raciocínio se digladiando: a) a extorsão é crime formal (ou de consumação antecipada); b) a extorsão é crime material.

Para os defensores do primeiro posicionamento, a consumação do delito se opera quando, após o constrangimento, a vítima adota o comportamento exigido pelo agente, ainda que este não aufira a vantagem almejada. Por exemplo, se o lesado é obrigado pelo agente a digitar sua senha eletrônica em um terminal bancário, a fim de disponibilizar ao criminoso certa quantia depositada em sua conta, o crime se consumará quando o lesado tiver cumprido aquilo que dele se exige. Se efetivamente o dinheiro é entregue ao agente, a obtenção da vantagem econômica configurará mero exaurimento da conduta. Se a vítima se recusar a cumprir com a exigência, existirá tentativa criminosa. Todavia, se ela digita sua senha, mas, devido ao nervosismo com a situação, equivoca-se por três vezes, causando o bloqueio da conta, o crime restará aperfeiçoado, a despeito da não consecução da vantagem pelo sujeito ativo. Em suma, o momento consumativo não é contemporâneo ao emprego da violência ou da grave ameaça, tampouco à efetivação da vantagem indevida. Somente quando a vítima, constrangida, faz, tolera ou deixa de fazer alguma coisa, sucumbindo à exigência do sujeito ativo, teremos como aperfeiçoados todos os elementos objetivos do delito. É evidente que, em certos casos, o comportamento da vítima confundir-se-á com a obtenção da vantagem, como no caso em que a vítima é compelida à destruição de certo documento de dívida, ou à assinatura de um contrato financeiramente vantajoso para o agente. Nem por isso se descaracteriza a natureza de crime formal.

Explica-se a razão do ensinamento: o verbo tipificado é "constranger", obrigar a vítima a adotar determinada postura e somente com o comportamento do sujeito passivo estará completo o constrangimento; não se tipifica a conduta de "obter" vantagem, não sendo mister, portanto, a produção do resultado naturalístico. Esta é a posição amplamente majoritária, tanto na doutrina quanto na jurisprudência, como demonstra o enunciado 96 da súmula do STJ: "O crime de extorsão consuma-se independentemente de obtenção da vantagem indevida". No mesmo sentido, o STF, em voto de lavra da Ministra Ellen Gracie: "A vítima, residente no município de Santos, recebeu um telefonema de linha telefônica celular do município do Rio de Janeiro, dando conta de que sua filha teria sido 'sequestrada', ocasião em que se exigiu determinada importância pecuniária. Após haver providenciado o depósito exigido em conta da agência localizada no Rio de Janeiro, a vítima recebeu novo telefonema, ocasião em que foi imposto outro depósito em outra conta, mas também no município do Rio de Janeiro. Verificou-se, posteriormente, que sua filha não estava em poder da pessoa com quem a vítima manteve contato telefônico. (...) O momento consumativo do crime de extorsão deve ser considerado a partir de três estágios relacionados à prática delitiva: a) o sujeito constrange a vítima, mediante violência ou grave ameaça; b) o sujeito passivo exerce alguma atividade, fazendo, tolerando que se faça ou deixando de fazer alguma coisa; c) o sujeito ativo obtém a vantagem econômica por ele desejada. Para fins de consumação da extorsão, não se mostra necessário o terceiro estágio, sendo necessário que haja o constrangimento causado pelo agente e a atuação da vítima. (...)".[251] Filiamo-nos a essa orientação.[252]

---

251 ACO nº 889-8/RJ, Tribunal Pleno, julg. em 11.09.2008.

252 Veja, a respeito, a seguinte decisão do STJ: "A *quaestio juris* consistiu em saber se a competência para apurar suposto crime de extorsão na modalidade de comunicação por telefone de falso sequestro com exigência de resgate por meio de depósito bancário seria o juízo do local onde a vítima teria sofrido a ameaça por telefone e depositado a quantia exigida ou aquele onde está situada a agência bancária da conta beneficiária do valor extorquido. Para a Min. Relatora, como a extorsão é delito formal, consuma-se no momento e no local em que ocorre o constrangimento para que se faça ou se deixe de fazer alguma coisa (Súm. n. 96-STJ). Assim, o local em que a vítima foi coagida a efetuar o depósito mediante ameaça por telefone é onde se consumou o delito. Por isso, aquele é o local em que será processado e julgado o feito independentemente da obtenção da vantagem indevida, ou seja, da efetivação do depósito ou do lugar onde se situa a agência da conta bancária beneficiada. Com esse entendimento, a Seção declarou competente o juízo suscitado. Precedentes citados: REsp 1.173.239-SP, DJe 22/11/2010; AgRg no Ag 1.079.292-RJ, DJe 8/2/2010, e

Todavia, quem vê a natureza de crime material na extorsão exige que haja a efetiva diminuição do patrimônio alheio para que os elementos objetivos do delito sejam integralizados. Somente a percepção da vantagem indevida pelo agente consuma o crime. É assim que expõe Magalhães Noronha: "Com efeito, a extorsão é um crime afim do roubo. Assim como para a consumação deste é necessário o apossamento da coisa, para a extorsão é necessário também se aposse o agente da coisa extorquida à vítima. Só em casos em que a lesão contra a integridade corporal ou à liberdade da pessoa apresenta uma gravidade objetiva maior do que a ofensa ao patrimônio, compreende-se não exija a lei a consumação desta, como se dá no artigo 159, em que o sequestro pode ser punido com pena maior do que a correspondente à lesão patrimonial".[253]

A adoção de um ou outro entendimento influenciará na questão da prisão em flagrante delito, uma vez que, se a extorsão é vista como crime formal, o momento da obtenção da vantagem não caracteriza situação de flagrante, caso seja temporalmente distanciada do comportamento a que a vítima é compelida. Se a extorsão é considerada crime material, o agente pode ser preso em flagrante delito enquanto obtém a vantagem, qualquer que seja o tempo do constrangimento.

Também será possível a tentativa qualquer que seja a posição adotada, pois a natureza formal do crime não implica reconhecê-lo como unissubsistente. Ao revés, a extorsão é crime plurissubsistente, admitindo o fracionamento dos atos executórios. Haverá tentativa, por exemplo, se o agente encaminha uma carta ameaçadora para a vítima, mas esta é interceptada antes de chegar ao seu destino. Ou, ainda, se efetuado o constrangimento, a vítima não adota a postura almejada. É imprescindível, no entanto, que a ameaça tenha eficácia intimidatória, ainda que a vítima – pontualmente – resolva descumprir a exigência que lhe é feita.

A classificação dada nesta obra à extorsão, assim, é de crime formal, plurissubsistente, instantâneo e de dano (pois o tipo penal descreve a intenção de lesionar efetivamente o bem jurídico patrimônio).

6 Causas de aumento da pena

O § 1º do artigo 158 trouxe para a extorsão a mesma causa de aumento da pena tipificada no inciso II do § 2º do artigo 157. A lição, assim, é igual àquela já vista: em caso do concurso de duas ou mais pessoas, imprescindível a presença dos agentes na fase executiva do delito (embora haja divergências),

---

CC 40.569-SP, DJ 5/4/2004" (Informativo nº 466, CC 115.006-RJ, Rel. Min. Maria Thereza de Assis Moura, julgado em 14/3/2011). Entendemos não ser razoável afirmar a consumação do crime no momento da exigência. Assim, fosse, o verbo tipificado seria "exigir", tal qual na concussão (artigo 316 do CP), e não "constranger".

253 MAGALHÃES NORONHA, E. *Código penal brasileiro...*, op. cit., v. 5, 1ª parte, p. 224.

não importando que haja inimputáveis para o cômputo do número mínimo de pessoas, ou que a identidade de todos os agentes seja conhecida, bastando a certeza de sua presença. Para explicações mais detalhadas, deve ser lido o capítulo atinente às causas de aumento da pena do roubo.

Quanto à extorsão com emprego de arma, originalmente também havia paridade para com o roubo. Contudo, como visto, a majorante outrora prevista no artigo 157, § 2º, I, deixou de existir, cedendo lugar àquelas hoje arroladas no § 2º, VII (emprego de arma branca), no § 2º-A (emprego de arma de fogo) e § 2º-B (emprego de arma de fogo de uso restrito ou proibido). Essas inovações legislativas produzidas sobre o roubo não encontraram eco na extorsão. Em outras palavras: ao passo em que a extorsão continua majorada no mesmo patamar quando qualquer arma é empregada, seja própria ou imprópria, branca ou de fogo, o roubo apresenta frações distintas de aumento da pena no emprego de arma branca ou de fogo (e entre as armas de fogo, diferenças a depender da classificação da arma, se de uso permitido, restrito ou proibido).

Isso significa que a extorsão com emprego de arma pode ser de tão grave quanto, mais grave ou menos grave que o roubo com emprego de arma: de igual gravidade, quando usada uma arma branca (cujo conceito é impreciso); menos grave, quando a extorsão for praticada através do uso de arma de fogo (de uso permitido, restrito ou proibido); e mais grave, quando a arma não for uma arma branca, tampouco uma arma de fogo (para aqueles que admitem a existência de armas que não sejam nem brancas, nem de fogo, sendo certo que aqui existe divergência, como já visto).

Considerando que os crimes são assemelhados, cuida-se de evidente bipolaridade legislativa, daquelas que nem antipsicóticos conseguem resolver. Na aurora da Parte Especial do Código Penal, roubo e extorsão recebiam o mesmo tratamento em termos de punibilidade, de modo que não é incorreto asseverar que eram crimes irmanados. Mas a infeliz prática fordista de produção de diplomas legais, que opta por alterações pontuais da lei penal sem um mínimo de debates sobre as consequências da opção político-criminal, ignorando a existência de um sistema interligado de normas, há muito distanciou esses irmãos. A atual situação de descompasso entre os dois delitos gera situação de desproporcionalidade.

Teremos a majorante do emprego de arma sempre que o instrumento – seja classificado como arma própria ou imprópria, todavia necessariamente dotado de potencialidade lesiva, o que, em regra, é avaliado mediante exame pericial – for efetivamente empregado no constrangimento. Ressalvada a peculiaridade da especificação das armas brancas e de fogo, tudo o que foi explicado por ocasião do crime de roubo é aplicável ao presente dispositivo, razão pela qual remetemos o leitor ao artigo 157, §§2º, VII, 2-A, I e 2º-B.

7 Extorsão qualificada

O crime de extorsão também pode ser qualificado pelos resultados lesão corporal de natureza grave e morte. A identidade com o crime de roubo qualificado, aqui, é total, tanto que o § 2º do artigo 158 remete ao § 3º do artigo 157, sem ressalvas. Houve manutenção da paridade de tratamento inclusive no que concerne à pena decorrente do resultado lesão corporal de natureza grave, incrementada pelo legislador em *novatio legis in pejus*. Assim, tudo o que foi escrito para o roubo qualificado pode ser aqui aplicado.

8 Sequestro-relâmpago (extorsão qualificada pela restrição de liberdade da vítima)

A Lei nº 11.923/09 criou mais uma hipótese de extorsão qualificada, incluindo-a no § 3º ("Se o crime é cometido mediante a restrição da liberdade da vítima, e essa condição é necessária para a obtenção da vantagem econômica, a pena é de reclusão, de 6 (seis) a 12 (doze) anos, além da multa; se resulta lesão corporal grave ou morte, aplicam-se as penas previstas no art. 159, §§ 2º e 3º, respectivamente"). Cuida-se do "sequestro-relâmpago", denominação vulgar[254] para a extorsão com restrição da liberdade da vítima (há

---

254 A denominação não encontra repouso no texto do Código Penal, que não atribui qualquer *nomen juris* ao dispositivo, embora a ementa da Lei nº 11.923/09 use a malfadada expressão, despindo-se do rigor técnico. Sobre o tema, ninguém discorreu melhor do que Eduardo Luiz Santos Cabette: "A reiteração de certas modalidades de condutas criminosas em que o infrator, para subtrair bens da vítima ou obter vantagens patrimoniais desta, a mantém em situação de restrição de liberdade, acabou ensejando o surgimento da nomenclatura de apelo midiático e uso no jargão policial e forense de 'sequestro-relâmpago'. Inexiste tal expressão como *nomen juris* de qualquer conduta típica prevista no Código Penal ou na legislação esparsa. Contudo, a Lei 11.923/09 teve a inconveniência e o mau gosto de utilizar o termo em sua ementa, afirmando que se destina a 'tipificar o chamado sequestro-relâmpago'. Diz-se 'mau gosto' porque a lei formal deve ser técnica, utilizar uma linguagem culta e não se deixar contaminar por jargões que beiram à gíria. Se a coisa continua nessa toada, qualquer dia acorda-se com uma reforma do Código de Processo Penal, referindo-se à confissão como 'papo reto' (sic)! Ou quem sabe, numa nova Lei de Abuso de Autoridade, essa modalidade ganhe o *nomen juris* de 'esculacho' (sic)! Para arrematar, poderia ser dada nova redação ao homicídio como: 'zerar' (sic) alguém! Fala-se em 'inconveniência' porque o texto da ementa, referindo-se à suposta tipificação do 'sequestro-relâmpago', dá a entender que todos os casos que têm recebido esse nome informal seriam necessariamente abrangidos pelo novo texto legal. Tal impressão é absolutamente falsa. A Lei 11.923/09 não cria um crime autônomo que seria chamado doravante de 'sequestro-relâmpago'. Aliás, somente menciona a infeliz expressão em sua ementa, sem criar algum novo *nomen juris*. O que faz efetivamente a Lei 11.923/09, como já mencionado alhures, é apenas e tão somente acrescer um § 3º ao crime de extorsão (artigo 158, CP). (...)" (CABETTE, Eduardo Luiz Santos. *A Lei 11.923/09 e o famigerado "sequestro - relâmpago": afinal, que "raio"*

II – Extorsão (Artigo 158, CP)

evidente semelhança entre essa qualificadora e o roubo majorado do artigo 157, § 2º, V).

Para que ocorra essa modalidade de extorsão, o texto legal exige a presença de dois requisitos: (a) a vítima deve ter sua liberdade de locomoção cerceada por certo tempo, durante o qual fica submetida ao poder do agente; (b) a restrição da liberdade deve ser usada como forma de compelir a vítima a satisfazer a pretensão do agente, somente alcançável através do comportamento daquela. O segundo requisito deixa desde logo evidente que o crime em apreço não se confunde com o roubo majorado, porquanto neste se prescinde de qualquer postura do lesado para que se atinja o desiderato criminoso.

Mais tênue, entretanto, é a distinção entre a extorsão qualificada pela restrição da liberdade da vítima e a extorsão mediante sequestro (artigo 159, CP). Em ambos os casos, o agente submete a vítima ao seu poder, exigindo uma vantagem indevida em troca de sua liberdade. Rogério Sanches Cunha, lecionando sobre a distinção entre os crimes (aí incluído o roubo), escreve: "Haverá roubo quando o agente, apesar de prescindir (não necessitar) da colaboração da vítima para apoderar-se da coisa visada, restringe sua liberdade de locomoção para garantir o sucesso da empreitada (da subtração ou da fuga). Ocorre extorsão comum (sequestro relâmpago) quando o agente, dependendo da colaboração da vítima para alcançar a vantagem econômica visada, priva o ofendido de sua liberdade de locomoção pelo tempo necessário até que o locupletamento se concretize. Por fim, teremos extorsão mediante sequestro quando o agente, privando a vítima do seu direito de deambulação, condiciona sua liberdade ao pagamento de resgate a ser efetivado por terceira pessoa (ligada, direta ou indiretamente, à vítima)".[255] Portanto, percebe-se que o "sequestro-relâmpago" pressupõe vantagem prestada pelo próprio constrangido. Caso a vantagem seja prestada por pessoa diversa daquela que tem sua liberdade locomotiva cerceada (por terceiro), existirá extorsão mediante sequestro.

Note-se que a restrição da liberdade da vítima, para que se dê o artigo 158, § 3º, deve perdurar por tempo razoável, demonstrando-se a violação ao seu direito ambular, mas não pode ser excessivamente longa (o sequestro é, afinal, "relâmpago"). Se ela perdura por tempo superior ao necessário para a consecução da vantagem, novamente estaremos diante de uma extorsão mediante sequestro (ainda que a vantagem seja prestada pelo próprio constrangido).

---

de crime é esse? Disponível em <http://www.lfg.com.br>. 17 de maio de 2009. Acesso em 23/03/2010).

255 CUNHA, Rogério Sanches. *Nota de Atualização e Errata do Livro Código Penal Para Concursos*. Salvador: Jus Podium, 2009. p. 6.

Rogério Greco distingue, ainda, o sequestro-relâmpago do concurso de crimes entre a extorsão e o delito de sequestro ou cárcere privado (artigo 148 do CP), *verbis*: "Como dissemos anteriormente, para que se caracterize a modalidade qualificada de extorsão, mediante a restrição da liberdade da vítima, esta, ou seja, a restrição da liberdade deve ser um meio para que o agente obtenha a vantagem econômica. Assim, raciocinemos com o seguinte exemplo: imagine-se a hipótese em que o agente, depois de constranger a vítima, por telefone, a entregar-lhe determinada quantia, marque com ela um local para a entrega do dinheiro. Ao receber o valor exigido, o agente, acreditando que a vítima estivesse sendo seguida, a fim de assegurar sua fuga, a coloca no porta-malas de seu automóvel e, com ela, vai em direção a uma cidade vizinha, distante, aproximadamente, 50 quilômetros do local da entrega do dinheiro, onde, após assegurar-se de que não estava sendo seguido, a liberta. Nesse caso, tendo em vista a sua natureza de crime formal, a extorsão havia se consumado anteriormente, quando da prática do constrangimento pelo agente. Ao privar a vítima de sua liberdade, nesse segundo momento, o agente pratica, outrossim, o delito de sequestro, que não serviu, como se percebe, para a prática da extorsão. Aqui, portanto, teríamos o concurso entre o delito de extorsão, tipificado no *caput* do art. 158 do Código Penal, e o delito de sequestro ou cárcere privado, previsto pelo art. 148 do mesmo diploma repressivo".[256] Assiste razão ao autor.

Causa estranheza a opção legislativa por inculcar o "sequestro-relâmpago" como circunstância qualificadora da extorsão. Isso porque, no roubo, onde há tipificação assemelhada (artigo 157, § 2º, V), a restrição da liberdade da vítima é tratada como causa de aumento da pena. Quebra-se o tratamento paritário entre os delitos, pois a pena do roubo, uma vez majorada, situar-se-á entre cinco anos e quatro meses e quinze anos de reclusão, ao passo em que na extorsão qualificada teremos pena mínima superior (seis anos) e máxima inferior (doze anos). Há evidente descuido para com a técnica legislativa, com o que, infelizmente, já nos habituamos.

A extorsão com privação da liberdade da vítima também pode ser qualificada pelos resultados lesão corporal de natureza grave e morte, a par do roubo e da extorsão qualificados pelo resultado (respectivamente, artigos 157, § 3º, e 158, § 2º, ambos do CP). Aqui, são válidas as lições expendidas quando do estudo do roubo. Todavia, mesmo este trecho da norma é passível de críticas, pois a pena cominada é equivalente àquela estipulada para a extorsão mediante sequestro (com resultado lesão grave ou morte – artigo 159, §§ 2º e 3º do CP). Ou seja, dezesseis a vinte e quatro anos de reclusão, no caso da lesão grave, ou vinte e quatro a trinta anos, no caso de morte (não há referência à pena de multa, o que é lamentável em se tratando de crime patrimonial).

---

256 GRECO, Rogério. *Adendo...*, op. cit., p. 8.

Suponhamos que o sujeito ativo pratique um roubo valendo-se da restrição da liberdade da vítima, evento que culmina com a morte desta. A majorante do § 2º, V, será absorvida pelo latrocínio, impondo-se ao criminoso uma pena de vinte a trinta anos, isto é, inferior em quatro anos (no patamar mínimo) à pena do "sequestro-relâmpago". Tratamento desigual que não se justifica.

9 Golpe do falso sequestro: extorsão ou estelionato?

Talvez o tópico não merecesse um tratamento em apartado, uma vez que a resposta, a ser especificada, é óbvia. Mas são tão recorrentes os equívocos sobre o tema que se impõe uma análise mais acurada do tema.

Ao falarmos em "golpe do falso sequestro" estamos tratando daquela situação em que uma pessoa finge restringir a liberdade de outra, com o objetivo de constranger terceiros ao pagamento de um valor a título de resgate. Por exemplo, o autor telefona para a casa da vítima e informa que está com seu filho subjugado. Para que ocorra a libertação do suposto sequestrado, o autor exige que a vítima transfira recursos de sua conta corrente para outra, por ele indicada. Contudo, não há um sequestro de fato, mas unicamente fictício. Trata-se de um expediente fraudulento, que tem por objetivo fazer com que a vítima, enganada, se sinta constrangida e preste a vantagem almejada.

Evidentemente, estamos diante de um caso de extorsão. Não se cuida de extorsão mediante sequestro, pois não há, de fato, nenhuma pessoa sequestrada, falecendo uma das elementares do artigo 159 do CP. Também não se pode falar em estelionato. Embora o sequestro seja um ardil, a finalidade do expediente fraudulento é intimidar a vítima, não apenas enganá-la. A fraude se insere no contexto da grave ameaça, que se presta a caracterizar a extorsão. Enxergar estelionato na hipótese seria o mesmo que vislumbrar o crime do artigo 171 do CP no roubo praticado mediante emprego de simulacro de arma, o que seria um evidente disparate. Nesse sentido, inclusive, já se pronunciou acertadamente o STJ: "(...) 1. No crime de extorsão, a entrega do bem ocorre mediante o emprego de violência ou de grave ameaça. A vítima não age iludida: faz ou deixa de fazer alguma coisa motivada pelo constrangimento a que é exposta. Ao revés, no estelionato o prejuízo resulta de artifício, ardil ou qualquer outro meio fraudulento capaz de induzir em erro a vítima. 2. O caso em apreço melhor se subsume, em princípio, ao crime de extorsão, pois o interlocutor teria, por meio de ligação telefônica, simulado o sequestro da irmã da vítima, exigindo o depósito de determinada quantia em dinheiro sob o pretexto de matá-la, tudo a revelar que o sujeito passivo do delito em momento algum agiu iludido, mas sim em razão da grave ameaça suportada. (...)".[257] No mesmo sentido o STF.[258]

---

257   CC nº 129.275-RJ, Terceira Seção, rel. Min. Laurita Vaz, julg. em 11.12.2013.
258   ACO nº 2451, rel. Min. Luiz Roberto Barroso, julg. em 22.06.2015.

10 Lei dos Crimes Hediondos

Assim como o latrocínio, a extorsão qualificada pelo resultado morte, inculcada no artigo 158, § 2º, do CP, também era considerada crime hediondo, consoante expressa previsão do artigo 1º, III, da Lei nº 8.072/1990. Com a Lei nº 13.964/2019, esse tratamento análogo caiu por terra, pois a redação do inciso III foi alterada. O latrocínio se mantém como crime hediondo. Porém, apenas a extorsão com privação da liberdade da vítima (seja sem resultado qualificador, qualificada pelo resultado lesão corporal de natureza grave ou resultado morte, isto é, todas as hipóteses do § 3º) é considerada hedionda, não mais aquela prevista no § 2º.

Observando que o latrocínio e a extorsão com resultado morte do § 2º são crimes de igual gravidade no que tange à sanção penal, um desavisado poderia perguntar: qual é a lógica que segue o sistema brasileiro de etiquetamento de crimes como hediondos? A resposta mais precisa é a seguinte: atualmente, nenhuma. Há muito o legislador abandonou seus pudores e, orgulhoso de sua inabilidade na construção de sistemas minimamente coerentes, promoveu a baderna normativa que torna o direito penal brasileiro uma piada de mau gosto. Ora, se latrocínio e extorsão com resultado morte são situações praticamente idênticas, ou ambos devem figurar como crimes hediondos, ou nenhum deles. Aliás, o mesmo raciocínio se aplica à extorsão com resultado lesão grave do § 2º (não hedionda), em contraste com o roubo com resultado lesão grave (hediondo).

Desde 2009, importa frisar, a relação entro o delito de extorsão e a Lei 8.072/1990 flerta com a inconstitucionalidade por desproporcionalidade. Antes da Lei nº 13.964/2019, discutia-se se a Lei dos Crimes Hediondos abrangia o "sequestro-relâmpago" com resultado morte, ou se este restaria alijado de seu âmbito. Na época, a Lei 8.072/1990 expressamente se referia ao artigo 158, § 2º (menos grave) e era omissa em relação ao artigo 158, § 3º (mais grave).

Assim, existiam duas posições, uma refutando a qualidade de crime hediondo ao § 3º, outra admitindo-a. Defendendo uma interpretação restritiva da lei, como forma de preservar a garantia da legalidade penal e evitar a analogia, muitos juristas afastavam o caráter hediondo do "sequestro-relâmpago" com resultado morte. Nesse sentido, Gabriel Habib: "A única espécie de extorsão etiquetada de crime hediondo é a extorsão qualificada pelo resultado morte, prevista no art. 158, § 2º, do Código Penal. De acordo com o mencionado critério legal, se o legislador não dispôs que a nova modalidade de extorsão é crime hediondo, não poderá o intérprete fazê-lo. Nem se argumente que a inserção da extorsão sequestro relâmpago no Código Penal foi posterior ao advento da lei de crimes hediondos, e que por isso não poderia o legislador de 1990 ter previsto tal modalidade de extorsão como crime hediondo. É bem verdade que a alteração legislativa do Código Penal se deu recentemente, portanto posterior à lei de crimes hediondos. Entretanto, tal falha deveria ter sido sanada pelo legislador, bastando, para tanto, que a lei 11.923/09 alterasse também o rol do art. 1º da lei de crimes hediondos, para lá inserir, como delito hediondo, a extorsão sequestro relâmpago. Se o legislador assim não procedeu, é forçosa a conclusão de que ele não quis que o delito de extorsão sequestro relâmpago fosse um crime etiquetado de hediondo. (...) Nem se argumente, também, que por analogia, a nova modalidade de extorsão poderia ser considerada crime hediondo. Tal argumento esbarra na barreira intransponível do pilar maior do Direito Penal, que é o princípio da legalidade. (...) Uma das vertentes do princípio da legalidade é o *nullun crimen nulla poena sine lege stricta*, que consiste na proibição do emprego da analogia *in malam partem*".[259]

Posição oposta era aquela esposada por Luiz Flávio Gomes e Rogério Sanches Cunha: "A extorsão do § 3º não está (explicitamente) catalogada no rol exaustivo da Lei nº 8.072/90 como delito hediondo, sendo vedada analogia contra o acusado. Se do fato resulta na vítima lesão corporal grave, o crime não se converte em hediondo, aplicando-se, tão-somente, as penas previstas no art. 159, § 2º (é extorsão mediante sequestro *quod poenam*). Na extorsão, em nenhuma hipótese de lesão corporal o crime é hediondo. Situação diversa ocorre na provocação (dolosa ou culposa) da morte da vítima, hipótese em que o crime será, sim, hediondo, visto que nada mais é que desdobramento formal do tipo do art. 158, § 2º, tendo o legislador preservado a matéria criminosa, explicitando, somente, seu mais novo 'modus operandi'. O tipo penal do § 3º não é autônomo, ao contrário, é derivado e meramente explicitativo de uma forma de extorsão. Em outras palavras, a nova qualificadora (com resultado morte) já estava contida no parágrafo anterior, especificando-se, no derradeiro parágrafo, um meio de execução próprio (restrição da liberdade de locomoção da vítima). A interpretação literal deve ser acompanhada da interpretação racional possível (teleológica), até o limite permitido pelo Estado humanista – legal, constitucional e internacional – de Direito. As regras aplicadas ao delito geral (art. 158, § 2º) devem ser mantidas ao crime específico (art. 158, § 3º), permanecendo hediondo (quando ocorre o resultado morte). Porque o § 3º não criou crime novo, não disciplinou outro injusto distinto da extorsão (apenas explicitou a forma de execução). Se a extorsão (simples, genérica) com resultado morte constitui crime hediondo, que sentido teria afirmar que a extorsão (qualificada, específica) não o seria? De que modo podemos admitir a conclusão de

---

259 HABIB, Gabriel. *Leis Penais Especiais*. Tomo I. 2.ed. Salvador: Jus Podium, 2010. p. 201. No mesmo sentido, José Carlos de Oliveira Robaldo (*A Nova Lei do Sequestro Relâmpago: não é o que se esperava e muito menos o que se tem divulgado*. Disponível em: < http://www.jusbrasil.com.br>. Acesso em 23/03/2010).

que a extorsão do § 3º do art. 158, com resultado morte, é crime hediondo? Por meio da interpretação extensiva (que não se confunde com a analogia nem com a progressiva). Qual é a diferença entre elas? A seguinte: (a) a interpretação extensiva não foge nem ultrapassa a vontade do legislador; (b) na analogia aplica-se a um fato análogo ('B') o que o legislador previu para outra situação ('A'); (c) na interpretação progressiva atualiza-se a letra da lei feita para a situação 'A' em relação a uma situação 'B'. Não é vontade do legislador abarcar o fato análogo ou posterior. Daí a impossibilidade de analogia e interpretação progressiva contra o réu. O aplicador da lei penal não pode fazer uso da analogia ou da interpretação progressiva contra o réu (porque falta, nesse caso, a vontade do legislador). Da interpretação extensiva ele pode fazer uso, desde que seja inequívoca a vontade do legislador".[260]

Evidentemente, esse panorama mudou. Agora, o artigo 1º, III, da Lei nº 8.072/1990 afirma expressamente que são crimes hediondos a "extorsão qualificada pela restrição da liberdade da vítima, ocorrência de lesão corporal ou morte", alcançando indubitavelmente o § 3º e deixando de abranger o § 2º. A redação é péssima, mas é possível entender o que o legislador quis dizer. A norma não menciona que a extorsão mediante privação COM resultado lesão corporal ou morte é crime hediondo: ao invés da palavra "com", usa vírgula para separar os termos. Isso significa que a extorsão com privação da liberdade, pura e simplesmente, já é hedionda. E, caso ocorram os resultados lesão corporal e morte, também. Não por outro motivo, à identificação do crime se segue uma referência genérica ao artigo 158, § 3º, onde encontramos todas essas hipóteses normativas. Saliente-se que o termo "lesão corporal" se refere à lesão grave (adjetivo omitido pelo legislador), uma vez que eventuais lesões leves oriundos da extorsão violenta são absorvidas pelo crime patrimonial.

Qual problema que reside na inovação? A extorsão com restrição da liberdade da vítima sem resultados especialmente agravadores (ou seja, sem que produza morte ou lesão corporal grave) tem pena de seis a doze anos de reclusão (§ 3º). A extorsão qualificada pelo resultado prevista no § 2º é mais grave: quando há lesão grave, a pena é de reclusão, de sete a dezoito anos; e quando há morte, reclusão, de vinte a trinta anos. No § 3º, temos crime hediondo; no § 2º, não, apesar das sanções penais mais severas. Ou seja, cristalina desproporcionalidade, que só pode ser resolvida através da declaração de inconstitucionalidade.

Portanto, hoje, em resumo: (a) a extorsão qualificada pelo resultado morte (§ 2º) deixou de ser crime hediondo; (b) a extorsão qualificada pelo

---

260 GOMES, Luiz Flávio. CUNHA, Rogério Sanches. *Sequestro relâmpago com morte: é crime hediondo.* Disponível em <http://www.lfg.com.br>. 19 de junho de 2009. Acesso em 23/03/2010.

resultado lesão corporal de natureza grave (§ 2º) não era e continua sem o ser; (c) a extorsão com restrição da liberdade da vítima e resultado lesão corporal (grave) ou morte (§ 3º, *in fine*), se tornou crime hediondo; (d) a extorsão com restrição da liberdade da vítima sem resultado lesão corporal ou morte (§ 3º) formalmente se tornou crime hediondo, mas, devido à falta de proporcionalidade, não pode juridicamente ser assim considerada.

11 Distinção, concurso de crimes e concurso aparente de normas

Independentemente do número de pessoas constrangidas, será a quantidade de patrimônios violados que determinará o número de extorsões. Assim, se duas pessoas são constrangidas para a lesão a um patrimônio, o crime de extorsão será único. Havendo mais de uma violação patrimonial, ainda que sob um único constrangimento, teremos extorsões correspondentes ao número de lesões patrimoniais. Nesse caso, há concurso formal de delitos. Se o patrimônio pertencer a diversas pessoas de um mesmo núcleo familiar, a lesão patrimonial será única (um crime apenas de extorsão).

Não se discute a possibilidade de continuidade delitiva na extorsão, pois o artigo 71, parágrafo único, serve para espancar qualquer dúvida a respeito do tema. Somente se debate acerca da possibilidade de crime continuado envolvendo delitos patrimoniais tipificados em tipos penais diversos (como entre a extorsão e a extorsão indireta), sendo que a resposta, evidentemente, girará em torno do que se compreende por "crimes da mesma espécie". Se a expressão é entendida como condutas inseridas no mesmo tipo penal, impossível a continuidade. Entretanto, se vista como crimes de elementos típicos semelhantes e que protegem a mesma objetividade jurídica, tal espécie de concurso pode ser adotada.[261]

---

261 O STJ já admitiu a possibilidade de crime continuado entre roubo e extorsão, conforme se lê no Informativo nº 375: "É possível a continuação delitiva entre os crimes de roubo e extorsão, pois esses delitos foram colocados no CP sob mesmo capítulo, a indicar serem de mesma espécie, além de ofenderem os mesmos bens juridicamente tutelados. Na hipótese dos autos, o agente subtraiu bens móveis da vítima e subsequentemente a coagiu para obter a senha de seu cartão magnético. Assim, todos os requisitos necessários à continuação estão presentes. Há pluralidade de condutas (a subtração e a imposição à adoção de determinado comportamento), sendo certo que, para a continuação delitiva, os crimes de mesma espécie não precisam ser idênticos. Também existe homogeneidade das circunstâncias de tempo e lugar (o réu realizou o roubo e a extorsão no mesmo local e lapso temporal). Além disso, o agente utilizou-se do mesmo modo de execução (o sequestro momentâneo da vítima com uso de violência ou grave ameaça), afora a existência de conexão ocasional (aproveitou-se da ocasião antecedente para continuar a praticar o delito e obter maior lucro). Anote-se que a impossibilidade de caracterização da continuidade delitiva entre o furto e o roubo não pode servir de guia à solução da hipótese em apreço, visto que, diferentemente do tipo do furto, o do roubo também tutela outros bens jurídicos além do patrimônio, que são os mesmos aos que o da extorsão busca salvaguardar. Precedente

Como já explicitado, a extorsão, quando tem como objeto a coisa móvel, torna-se muito semelhante ao roubo (artigo 157). Há várias lições tentando estabelecer a distinção entre os dois delitos. Para alguns, se a coisa é apossada diretamente pelo agente, o crime é de roubo. Se a vítima realiza a entrega, o crime é de extorsão. Outros defendem que, no roubo, o mal prometido é iminente e a vantagem, contemporânea, ao passo que, na extorsão, promete-se um mal futuro, visando a uma vantagem futura. Expusemos no estudo do roubo que somos adeptos da corrente majoritária na atualidade, ou seja, é a imprescindibilidade do comportamento da vítima que definirá a extorsão. No roubo, o agente pode ter acesso à coisa a despeito da vítima, seguindo seu plano de ação.

Imprescindível, outrossim, diferenciarmos a extorsão da concussão, crime funcional previsto no artigo 316 do CP. Nesse delito, o constrangimento é obrigatoriamente empregado por funcionário público, no exercício da função ou em razão dela. Todavia, como a extorsão também pode ser praticada nas mesmas circunstâncias, outro elemento diferenciador deve ser apresentado.

A distinção entre a extorsão e a concussão, destarte, reside no fato de que o mal prometido nesta guarda relação direta com a função desempenhada pelo agente, ainda que não seja determinado, ao passo em que naquela o mal é estranho à função. Em suma, na concussão, a vítima cede à exigência por receio de represálias inerentes à função do agente. Na extorsão, o constrangimento se dá por qualquer ato de violência ou por grave ameaça não alcançada pelo desempenho funcional. Assim expõe Álvaro Mayrink: "Registre-se que o temor deve ser criado em razão da função exercida ou a ser exercida pelo funcionário público (*metus publicae potestatis*). O abuso pode ocorrer em razão da qualidade de funcionário ou da função pública, caso contrário o injusto será o tipo de extorsão".[262]

Importa consignarmos a posição de Rogério Greco: "A concussão pode ser entendida como uma modalidade especial de extorsão praticada por funcionário público. A diferença entre ambas as figuras típicas reside no modo como os delitos são praticados. Assim, na extorsão, a vítima é constrangida, mediante violência ou grave ameaça, a entregar a indevida vantagem econômica ao agente; na concussão, contudo, o funcionário público deve exigir a indevida vantagem sem o uso de violência ou grave ameaça, que são

citado: REsp 190.534-SP, DJ 8/3/1999" (REsp 1.031.683-SP, rel. Min. Jane Silva, julgado em 6/11/2008). Contudo, o STJ, em julgados mais numerosos, posiciona-se contra a hipótese (HC nº 240930-SP; HC nº 265544-SP; HC nº 77467-SP e outros).
262 COSTA, Álvaro Mayrink da. *Direito Penal*. 6. ed. Rio de Janeiro: forense, 2011. v. 7. p. 77.

elementos do tipo penal do art. 158 do diploma repressivo".[263] O STJ corrobora essa posição: "(...) Ainda que a conduta delituosa tenha sido praticada por funcionário público, o qual teria se valido dessa condição para a obtenção da vantagem indevida, o crime por ele cometido corresponde ao delito de extorsão e não ao de concussão, uma vez configurado o emprego de grave ameaça, circunstância elementar do delito de extorsão".[264] A lição não está incorreta, mas merece maior desenvolvimento: o verbo "exigir" pressupõe uma imposição, que é destituída de eficácia sem intimidação, o que caracteriza uma ameaça (que não chega a ser grave, mas ainda assim uma ameaça). Quando Greco sugere que a concussão é uma forma de extorsão (e nisso está certo), deixa evidente que um temor deve ser infundido à vítima. Esse receio decorre das possíveis represálias funcionais. Não é outra, aliás, a posição de Hungria: "A exigência pode ser formulada diretamente, *a viso aperto* ou *facie ad faciem*, sob a ameaça explícita ou implícita de represálias (imediatas ou futuras), ou indiretamente, servindo-se o agente de interposta pessoa, ou de velada pressão ou fazendo supor, com maliciosas ou falsas interpretações, ou capciosas sugestões, a legitimidade da exigência".[265]

No que tange ao exercício arbitrário das próprias razões (artigo 345, CP), este restará configurado quando o constrangimento for empregado para a obtenção de pretensão legítima ou que o sujeito ativo pressupõe legítima, judicialmente exigível.

O crime de constrangimento ilegal (artigo 146) é absorvido pela extorsão, assim como lesões corporais leves (artigo 129) eventualmente produzidas pela violência. As vias de fato (artigo 21, Dec. Lei 3.688/41) também falecerão frente à extorsão.

Se o meio executório eleito para o delito for o sequestro, haverá a tipificação de extorsão mediante sequestro (artigo 159, CP), especial em relação ao delito em comento (salvo se ocorrer a caracterização do sequestro-relâmpago, espécie de extorsão). No caso da exigência ou do recebimento de documento que pode dar causa a instauração de procedimento criminal contra a vítima ou contra terceiro, abusando de sua situação, caracterizar-se-á a extorsão indireta (artigo 160, CP).

No caso de a extorsão ser praticada por inconformismo político ou para a obtenção de recursos para a manutenção de organizações políticas clandestinas ou subversivas, configura-se o delito inscrito no artigo 20 da Lei nº 7.170/83. Tal dispositivo prevalecerá sobre o artigo 158 do CP pelo princípio

---

263 GRECO, Rogério. *Curso de Direito Penal*. 16. ed. Niterói: Impetus, 2019. v. 2. p. 708-709.
264 HC nº 54.776, 6ª Turma, rel. Min. Nefi Cordeiro, DJe 03.10.2014.
265 HUNGRIA, Nelson. *Comentários ao Código Penal*. 2. ed. Rio de Janeiro: Forense, 1959. v. IX. p. 358.

da especialidade. O mesmo princípio é invocado para determinar a prevalência do artigo 243 do CPM sobre a extorsão do Código Penal (é de se notar que, no diploma castrense, não há previsão do sequestro-relâmpago). Em caso de guerra declarada, aplica-se ao militar autor da extorsão o disposto no artigo 405 do CPM.

O artigo 107 da Lei nº 10.741/03 (Estatuto do Idoso) prevê a coação de pessoa idosa (idade igual ou superior a sessenta anos) para compeli-la a doar, contratar, testar ou outorgar procuração. Aparentemente assemelhado à extorsão, este dispositivo, em verdade, é um *minus* em reação ao artigo 158 do CP, não importando utilização de violência ou grave ameaça. É a interpretação que se impõe ao analisarmos a pena cominada a cada um dos delitos (reclusão, de 2 a 5 anos, na lei especial e reclusão, de 3 a 10 anos, além de multa, no Código Penal). Ora, se a intenção do Estatuto do Idoso foi punir com maior severidade os delitos praticados contra pessoas em idade avançada, seria uma incoerência admitirmos que foi criada uma "extorsão privilegiada" na lei especial. Assim, se o agente obriga, mediante grave ameaça, uma pessoa idosa a doar-lhe determinada vantagem patrimonial, não há como se negar a aplicação do artigo 158. O artigo 107 somente terá vez quando a ameaça não chegar a ser grave (tampouco existir o uso de violência), como, por exemplo, no caso do filho que exige a doação do pai idoso, impondo sua vontade tão-somente pelo temor sentido por seu ascendente em desagradar ao familiar.

12 Pena e ação penal

Na legislação, foi cominada, para a extorsão simples, pena de reclusão, de 4 a 10 anos, e multa. As penas restritivas de direitos não podem substituir a pena privativa de liberdade da extorsão, ainda que fixada no mínimo legal (quatro anos), em virtude do meio executório violento (artigo 44, I).

Incidindo uma causa de aumento da pena, a majoração poderá se dar de um terço até a metade. Para a extorsão qualificada, a pena é de reclusão, de 7 a 18 anos, na qualificação pela lesão grave, de 20 a 30 anos no resultado morte, além de multa, em ambos os casos.

No sequestro-relâmpago, a pena é de 6 a 12 anos, e multa. Ocorrendo o resultado lesão grave, a pena será de 16 a 24 anos. Resultando morte, de 24 a 30 anos.

Somos da opinião de que, na extorsão qualificada, não se aplicam as causas de aumento da pena previstas no artigo 158, § 1º, pois as penas ficariam exageradamente altas. É o exemplo da extorsão com restrição da liberdade e resultado morte com emprego de arma. O limite máximo da majorante (1/2) elevaria a pena máxima em quinze anos, a qual chegaria a 45 anos, o que é bizarro, considerando o teto para cumprimento das penas no Brasil (40 anos, de acordo com o artigo 75 do CP, reformado pela Lei nº 13.964/2019). A impossibilidade de conjugação das qualificadoras com as majorantes, inclusive, fica clara no roubo, no trecho em que o artigo 157, § 2º-B, expressamente limita sua incidência à pena do *caput*. Para guardar a coerência sistemática, a mesma compreensão deve ser transportada para o crime de extorsão.

Contudo, o STJ decidiu que essa majoração é possível: "(...) 2. A Lei nº 11.923/2009 não cria um novo delito autônomo, chamado de 'sequestro relâmpago', sendo apenas um desdobramento do tipo do crime de extorsão, uma vez que o legislador apenas definiu um modus operandi do referido delito. 3. Tendo em vista que o texto legal é unidade e que as normas se harmonizam, conclui-se, a partir de uma interpretação sistemática do artigo 158 do Código Penal, que o seu § 1º não foi absorvido pelo § 3º, pois, como visto, o § 3º constitui-se qualificadora, estabelecendo outro mínimo e outro máximo da pena abstratamente cominada ao crime; já o § 1º prevê uma causa especial de aumento de pena. 4. Dessa forma, ainda que topologicamente a qualificadora esteja situada após a causa especial de aumento de pena, com esta não se funde, uma vez que tal fato configura mera ausência de técnica legislativa, que se explica pela inserção posterior da qualificadora do § 3º no tipo do artigo 158 do Código Penal, que surgiu após uma necessidade de reprimir essa modalidade criminosa. 5. Em circunstância análoga, na qual foi utilizada majorante prevista topologicamente em parágrafo anterior à forma qualificada, tal como na hipótese dos autos, esta Corte Superior decidiu que, sendo compatível o privilégio do art. 155, § 2º, do Código Penal com as hipóteses objetivas de furto qualificado - entendimento proferido no Recurso Especial representativo da controvérsia nº 1.193.194/MG -, *mutatis mutandi*, não há incompatibilidade entre o furto qualificado e a causa de aumento relativa ao seu cometimento no período noturno. (...)".[266]

---

266 REsp. nº 135369-RS, Quinta Turma, rel. Min. Reynaldo Soares da Fonseca, julg. em 13.09.2016.

III – EXTORSÃO MEDIANTE SEQUESTRO (ARTIGO 159, CP)

1 Introdução

Um dos crimes mais graves da legislação penal brasileira, a extorsão mediante sequestro teve relevante crescimento estatístico especialmente a partir da década de 90 (o qual, em alguns locais, foi sucedido por relevante decréscimo, como no Rio de Janeiro), ganhando espaço nos periódicos e nos telejornais. Assim, e devido a ser praticado, comumente, por organizações criminosas, muitas vezes com ramificações internacionais, foram diversas as modificações legislativas já operadas sobre a redação original do artigo 159 do CP, principalmente pela Lei dos Crimes Hediondos, visando a tratar com maior rigor os adeptos desta modalidade delitiva.

O delito em estudo, na verdade, pode ser definido como uma forma qualificada de extorsão, em que o meio executório adotado pelo agente, qual seja, o cerceamento da liberdade de locomoção da vítima, empresta maior reprovabilidade à sua conduta. Contudo, optou o legislador por dar redação autônoma ao crime, em apartado do tipo fundamental da extorsão. Pode-se afirmar, portanto, que a extorsão mediante sequestro é um crime complexo, formado pelos mesmos delitos que compõem a sua denominação: extorsão (artigo 158) e sequestro e cárcere privado (artigo 148, CP).

Magalhães Noronha indica a suposta gênese da extorsão mediante sequestro na guerra, na qual os prisioneiros eram utilizados em permutas ou para o recebimento de resgate. O autor, em 1948, discorria sobre a prática criminosa disseminada na Itália pré-guerra, principalmente em Roma e Nápoles, e nos Estados Unidos (com a denominação *kidnapping*), devido à atividade dos *gangsters*, concluindo que, no Brasil (em saudosa época), o delito não encontrava terreno propício.[267] Apesar disso, o crime existe na legislação penal pátria desde 1890.

---
267 MAGALHÃES NORONHA, E. *Código penal brasileiro...*, op. cit., v. 5, 1ª parte, p. 238.

2 Objetividade jurídica

Por se cuidar de crime complexo, a objetividade jurídica da extorsão mediante sequestro também é múltipla. Tutela-se não somente o patrimônio alheio, mas também a liberdade individual (tolhida pelo sequestro), a integridade corporal (bem como a saúde) e, em hipótese qualificada, a vida da pessoa sequestrada.

Os objetos materiais do delito são o patrimônio atingido pela conduta e a pessoa que sofre o ataque à sua liberdade individual, que pode ser pessoa diversa daquela que tem seu patrimônio violado. Apesar de o tipo penal se referir à intenção de recebimento de "qualquer vantagem", entende-se, majoritariamente, que somente a vantagem de natureza econômica é contemplada pela norma. Isso porque, por ser classificado como crime contra o patrimônio, ganha relevo o caráter econômico da exigência. A vantagem, além de patrimonial, deve ser indevida. Se o constrangimento visa a uma vantagem de outra natureza, a capitulação da conduta é outra. Por exemplo, se, com o sequestro de uma criança, o agente exige de sua mãe uma prestação de natureza sexual, há concurso material de delitos entre crime de sequestro ou cárcere privado (artigo 148) e estupro (artigo 213). Cremos que a alocação do delito dentre os crimes contra o patrimônio não permite outra compreensão. Ademais, por ser uma espécie de extorsão, parece-nos que deve ser seguida a estrutura básica deste delito. Como o tipo penal é complexo, atrai para seu bojo todas as elementares da extorsão que o compõe, inclusive a natureza da vantagem (econômica). Regis Prado segue na mesma linha: "De fato, a extorsão está encartada entre os crimes contra o patrimônio, sendo o delito-fim, e, no sequestro, apesar de o próprio tipo não especificar a natureza da vantagem, parece indefensável entendimento diverso".[268]

---

[268] PRADO, Luiz Regis. *Curso...*, op. cit., v. 2, p. 417.Compartilham deste entendimento Paulo José da Costa Jr. (*Comentários...*, op. cit., p. 486), Julio Fabbrini Mirabete (*Manual...*, op. cit., p. 256), Fernando Capez (*Curso...*, op. cit., p. 410), E. Magalhães Noronha (*Código penal brasileiro...*, op. cit., v. 5, 1ª parte, p. 239) e Ney Moura Teles (*Direito penal...*, op. cit., p. 391). Na jurisprudência, TJRJ: "Extorsão (artigo 159, CP). Ausência de vantagem econômica. Atipicidade. Desclassificação para o tipo do artigo 146, CP (constrangimento ilegal). Agente condenado como incurso no artigo 159, por ter obrigado a vítima a conduzi-lo, de carro, até outro bairro, onde iria comprar cocaína, interceptado o veículo no trajeto pela polícia. Tal conduta não realiza o tipo da extorsão mediante sequestro, cuja vantagem que se pretende deve ser de natureza econômica. A ação de constranger alguém a dar carona até outro local não ultrapassa os limites do constrangimento ilegal (artigo 146, CP), atípica essa conduta para estruturar o crime do artigo 159, CP. 'É evidente que o benefício deve ser de ordem econômica ou patrimonial' (Heleno Fragoso). Recurso provido" (Processo nº 2001.050.04776, 5ª Câmara Criminal, Rel. Des. Sergio de Souza Verani, J. 19.11.2002).

Há, todavia, quem entenda não existir a necessidade do caráter econômico da vantagem exigida. Para Bitencourt, o posicionamento majoritário importa no acréscimo de palavras não expressas na lei, o que contrariaria a noção de tipicidade estrita.[269] Não admite sequer que a vantagem deva ser indevida. Contestando Hungria, assevera que, no caso do sequestro com a finalidade de obtenção de vantagem devida, não é possível a caracterização de concurso material entre os crimes de sequestro (artigo 148) e exercício arbitrário das próprias razões (artigo 345); a um porque o crime-fim (artigo 345) teria a pena menor do que o crime-meio (artigo 148); a dois porque o sequestro não exige especial fim de agir.[270] Ousamos discordar. Não há óbice para o primeiro argumento expendido pelo autor, embora admitamos a estranheza. No que tange ao segundo, o fato de o sequestro não prever uma finalidade específica permite que seja cometido o crime com qualquer finalidade, desde que não prevista em tipo especial. Damásio de Jesus adota a mesma opinião de Bitencourt.[271]

3 Sujeitos do delito

O sujeito ativo do crime em questão pode ser qualquer pessoa (crime comum), não se exigindo qualidades especiais do agente.

Igualmente, o sujeito passivo pode ser qualquer pessoa. É possível que a conduta não recaia sobre somente uma pessoa, como no caso em que a pessoa sequestrada não é a mesma que terá o seu patrimônio atingido. Mesmo a pessoa jurídica pode ser vítima do delito, pois, ainda que não seja possível o seu sequestro, nada impede que tenha um prejuízo patrimonial em virtude da ação criminosa.

4 Tipicidade objetiva e subjetiva

O verbo "sequestrar" consiste no núcleo do tipo penal, significando tanto o arrebatamento da vítima (retirada do sujeito passivo de sua esfera de proteção habitual), como a sua retenção (manter a vítima no lugar em que se encontra, sem que possa exercer sua locomoção plena).

Apesar de a norma não fazer referência ao cárcere privado (que não é sinônimo de sequestro), certo é que a lei se valeu do termo sequestro em sentido amplo, ou seja, englobando as duas figuras típicas do artigo 148 (sequestro e cárcere privado). Importa somente a restrição da liberdade de locomoção da vítima como meio executório da extorsão, sendo irrelevante a modalidade.

---

269 BITENCOURT, Cezar Roberto. *Tratado...*, op. cit., v. 3, p. 137-140.
270 Idem, ibidem, p. 140-141.
271 JESUS, Damásio E. de. *Direito penal...*, op. cit., v. 2, p. 370.

III – Extorsão mediante sequestro (Artigo 159, CP)

Essa privação da liberdade pode se dar por qualquer meio (violência, grave ameaça, fraude etc.), de modo que o crime é classificado como de forma livre. Também se trata de conduta comissiva. Ou seja, o sequestro (não a extorsão subsequente) não é uma atividade necessariamente violenta, podendo ocorrer, v. g., por fraude, como no caso do agente que ludibria a vítima a não deixar determinado recinto em virtude de uma inventada situação de calamidade pública. Todavia, os meios violentos são os comumente observados na empresa criminosa.

Pouca relevância há, para a capitulação, no deslocamento espacial da vítima, que só ocorrerá no arrebatamento, não na retenção. Ainda na retenção, é irrelevante que a vítima esteja afastada do que se convencionou chamar de "esfera de proteção habitual", ou seja, do local onde costuma praticar suas atividades rotineiras. Mesmo que seja retida em sua própria residência, pode ocorrer o delito. A duração do evento criminoso, de semelhante, não influencia na determinação do delito cometido, vez que não há um tempo mínimo de restrição da liberdade para que o sequestro se repute caracterizado. O lapso temporal somente se prestará para aumentar a reprovabilidade da conduta, caso o sequestro dure mais de vinte e quatro horas.

Somente se tem a aplicação do dispositivo em estudo quando o sequestro for de pessoa, consoante expressa redação do tipo penal. Caso o agente se apodere de um animal de estimação da vítima, utilizando-o para o constrangimento, poderemos ter a extorsão em sua forma fundamental (artigo 158), mas nunca extorsão mediante sequestro. No caso de pessoa jurídica, torna-se evidente a impossibilidade de seu sequestro.

Além do dolo, ou seja, a vontade livre e consciente de privar alguém de sua liberdade individual, exige-se o elemento subjetivo especial, consistente na intenção de obter, para si ou para outrem, qualquer vantagem (econômica e indevida, conforme pensamos e já debatido), como condição ou preço do resgate. Pretende o sujeito ativo que a vítima (ou outra pessoa que se interesse em sua libertação) "compre" a sua libertação, seja, por exemplo, transferindo um direito patrimonial mediante assinatura de um documento (nessa hipótese, teremos uma condição do resgate) ou, ainda, repassando dinheiro ao sequestrador (preço do resgate). Caso a vítima do sequestro seja responsável pelo pagamento do próprio resgate, poderá existir crime de sequestro relâmpago (artigo 158, § 3º, CP), se a restrição da liberdade não for prolongada (já debatemos o tema anteriormente).

É o especial fim de agir que diferencia a extorsão mediante sequestro do crime de sequestro ou cárcere privado, onde o sujeito ativo não pretende atingir o patrimônio alheio em troca da libertação da vítima.

5 Consumação e tentativa

Interessa ressaltar que a extorsão mediante sequestro é um crime permanente, ou seja, a sua consumação se distende no tempo, não ocorrendo em um momento único. A consumação se inicia quando ocorre a privação da liberdade da vítima, perdurando durante todo o tempo do cerceamento. Somente cessa a permanência com a sua libertação, ou com sua morte.

Somente quando a vítima estiver completamente submetida ao poder do agente é que podemos afirmar o início da consumação do delito. Assim, por exemplo, se o agente é surpreendido por um policial no momento em que coloca a vítima em seu carro, ou se há imediata perseguição, não existe crime consumado, porquanto não tenha se dado a submissão. Observa-se, assim, que se cuida de crime formal ou de consumação antecipada, pois não se exige que o agente alcance a vantagem pretendida. Basta que o agente pratique o crime com tal intenção. Assim já se manifestaram o STF e o STJ.[272]

Tratando-se de crime plurissubsistente, a tentativa é possível, uma vez que podem ser fracionados os atos executórios. É o exemplo do agente que abalroa, com um carro, o veículo em que está a vítima para compeli-la a parar o automóvel, mas não consegue fazê-la trocar de automóvel, pois os protestos da vítima chamam a atenção de transeuntes.

6 Extorsão mediante sequestro qualificada

Há, no artigo 159, três parágrafos (§§ 1º, 2º e 3º) que qualificam o delito, cada qual estipulando margens penais diversas em gradação de severidade pelo maior desvalor da ação ou do resultado.

No § 1º, a reclusão de 12 a 20 anos será aplicada caso o sequestro dure mais de vinte e quatro horas, se o sequestrado for menor de dezoito ou maior de sessenta anos, ou, ainda, se o crime for praticado por bando ou quadrilha. São, portanto, três hipóteses em um mesmo dispositivo.

Ao contrário do artigo 148, § 1º, III, em que o sequestro ou cárcere privado é qualificado quando a restrição da liberdade dura mais de quinze dias, o prazo na extorsão mediante sequestro é bem mais exíguo. Isso porque, em virtude do comportamento mais gravoso do agente, é de se imaginar que o dano suportado pela vítima seja incrementado em tempo menor (desvalor do resultado acentuado).

---

272 STF: "*Habeas corpus*. Competência. Extorsão mediante sequestro. Crime permanente. Consumação. O delito de extorsão mediante sequestro é de natureza permanente e sua consumação se opera no local em que ocorre o sequestro da vítima, com objetivo de obtenção da vantagem, e não no da entrega do resgate" (HC 73.521/CE, 1ª Turma, Rel. Min. Ilmar Galvão, DJU 14.11.1996); STJ: "Extorsão mediante sequestro. Crime permanente. Consumação. Reiterado entendimento pretoriano sobre operar-se tal crime no local do seqüestro da vítima, e não no da entrega do resgate" (HC 5.826/CE, 5ª Turma, Rel. Min. José Dantas, DJU 20.10.1997).

A idade da vítima também é adequada a qualificar a extorsão mediante sequestro (§ 1º). Fala-se, aqui, da pessoa sequestrada, não da extorquida, sobrelevando a intensidade do dano se ela possui menos de dezoito anos ou mais de sessenta, pois é menor a capacidade de resistência da vítima, bem como é reduzida a capacidade de suportar as agruras da privação da liberdade. A referência à pessoa idosa é modificação promovida pela Lei nº 10.741/03 (Estatuto do Idoso). Como a extorsão mediante sequestro é um crime permanente, caso a pessoa, no momento inicial da consumação, não tenha tal idade, vindo a aniversariar durante o "cativeiro", ocasião em que completa os sessenta anos exigidos legalmente, o crime será qualificado.

Ainda no § 1º, o crime é qualificado se praticado por bando ou quadrilha (qualificação pelo modo de execução). Quadrilha ou bando é a antiga denominação do artigo 288 do CP, hoje denominado associação criminosa. A mudança de nomenclatura foi promovida pela Lei nº 12.850/2013, que foi omissa na atualização do tipo penal do artigo 159 do CP. A nova nomenclatura, contudo, não afeta a aplicabilidade do § 1º, pois o conteúdo normativo daquilo que se entendia por quadrilha ou bando continua presente no Código Penal, bastando uma mera interpretação histórica para que se compreenda o significado do termo usado na qualificadora. Há uma associação criminosa (quadrilha ou bando) quando três ou mais pessoas se reúnem voluntária e conscientemente, de forma estável e permanente, para o fim de cometer uma série de crimes (no caso, extorsões mediante sequestro).

O fato de a associação criminosa qualificar o delito não impede a tipificação autônoma do delito inscrito no artigo 288 em concurso, e nisso não reside *bis in idem*, pois a existência da associação não torna necessária a execução de qualquer outro delito por seus integrantes. Inclusive, a razão da tipificação do crime de quadrilha (proteção da paz pública, consoante costumeiramente se afirma, embora disso discordemos, pois o conceito é "oco") é diversa do fundamento da qualificadora (maior desvalor da ação pelo aumento da periculosidade). Essa é a opinião majoritariamente difundida, inclusive no STF: "A condenação pelos crimes de sequestro qualificado (art. 159, § 1º, do CP) em concurso material com o de quadrilha (art. 288, com redação anterior à Lei nº 12.850/2013) não configura bis in idem. Da diversidade entre os bens jurídicos tutelados pelas normas penais decorre a autonomia dos delitos e das circunstâncias que os qualificam, sem que se possa cogitar de qualquer relação de dependência ou de subordinação entre eles".[273]

É possível, no entanto, questionarmos a proporcionalidade da qualificadora, ao verificarmos que a associação criminosa do artigo 288 – crime associativo de menor gravidade – é apta à qualificação da extorsão mediante

---

273   RHC nº 123896 AgR/SP, rel. Min. Rosa Weber, julg. em 24.04.2019.

sequestro e o delito de formação de milícia privada (art. 288-A) – de maior gravidade – não produz o mesmo efeito. Teoricamente, seria possível a prática do artigo 159 do CP, por exemplo, por uma organização paramilitar, situação em que o crime patrimonial poderia restar configurado em sua forma simples; essa configuração jamais ocorreria no crime praticado por associação criminosa, o que é incompreensível. Defendemos no livro *Crimes Contra a Pessoa* a inconstitucionalidade do artigo 288-A, em razão da evidente falta de taxatividade do dispositivo (que não conceitua as figuras associativas nele previstas, a saber, milícia privada, organização paramilitar, grupo e esquadrão), o que resolveria o problema de proporcionalidade verificado no artigo 159 do CP.

A desproporcionalidade, contudo, não escapa a uma segunda análise: e se a extorsão mediante sequestro for praticada por uma organização criminosa (artigo 2º da Lei nº 12.850/2013)? O caso é idêntico ao tratado no parágrafo anterior, com um problema a mais: não há como se defender a inconstitucionalidade do crime de organização criminosa por falta de taxatividade. Parece-nos que a única saída é impedir o concurso de crimes entre a associação criminosa e a extorsão mediante sequestro qualificada, vislumbremos ou não *bis in idem* na hipótese. Assim: (a) caso a extorsão mediante sequestro seja praticada por associação criminosa, teremos unicamente a extorsão qualificada do § 1º, sem concurso; (b) se praticada por organização criminosa (ou organização paramilitar, milícia privada etc., para quem sustenta a constitucionalidade do artigo 288-A), concurso de crimes. Ainda que a pena mínima do concurso de crimes com a organização criminosa continue mais baixa, como a sanção penal do artigo 2º da Lei nº 12.850 é majorada pelo emprego de arma de fogo (artigo 2º, § 2º) e isso dificilmente deixará de acontecer na hipótese em apreço, a proporcionalidade resta preservada.

No § 2º, há a primeira figura qualificada pelo resultado, a extorsão seguida de lesão corporal grave. Não se trata, consoante posição quase uníssona, de crime preterdoloso, pois o resultado pode ser culposo ou doloso. A fundamentação, aqui, é a mesma expendida para o roubo qualificado, qual seja, a sanção excessivamente severa cominada ao tipo penal (reclusão, de 16 a 24 anos). Bitencourt resume a posição majoritária: "Sintetizando, é indiferente que o resultado mais grave seja voluntário ou involuntário, justificando-se a agravação da punibilidade, desde que esse resultado não seja produto de caso fortuito ou força maior, ou seja, decorra, pelo menos, de culpa".[274] A lesão corporal (bem como a morte, que será vista a seguir) pode ser provocada por maus-tratos impostos pelo criminoso, pela natureza da atividade criminosa ou pelo modo de execução.

---

274 BITENCOURT, Cezar Roberto. *Tratado...*, op. cit., v. 3, p. 146.

Também o resultado morte, culposo ou doloso para a posição dominante, qualifica o crime (§ 3º), impondo pena de reclusão, de 24 a 30 anos, uma das mais graves do Código Penal. Pouco importa se a morte da vítima (ou a lesão grave) se deu antes ou depois da extorsão, desde que praticada no contexto do crime patrimonial.[275]

Seja no resultado morte, ora comentado, seja no resultado lesão grave, é mister que sejam produzidos em face da pessoa sequestrada, não de terceiros que eventualmente intervenham no delito. Por exemplo, se o sequestrador mata a pessoa que levou o dinheiro do resgate até o ponto previamente acordado por ter sido reconhecido por ela, há concurso material entre a extorsão mediante sequestro e crime de homicídio qualificado (artigo 121, § 2º, V, CP).

7 Delação premiada

Temos a delação premiada ou eficaz quando o delinquente, visando a um benefício legal, assume perante uma autoridade pública a responsabilidade por sua participação em evento criminoso praticado em concurso de pessoas, repassando dados de inestimável valia para a investigação. Ou seja, a fim de combater a criminalidade e evidenciando sua incapacidade em arrecadar por si só o suporte probatório necessário para a punição dos responsáveis, o Estado estimula a traição entre os infratores, o que, em princípio, pode parecer antiético. Todavia, como anota Fausto Martin De Sanctis, "a delação premiada constitui, hoje, um instituto processual importante para a apuração da verdade real quando a crença geral da total ineficácia da jurisdição penal para o combate da criminalidade organizada (certeza da impunidade)

---

275 Nesse sentido, STJ: "Trata-se de *habeas corpus* impetrado em favor da ora paciente condenada à pena de 26 anos de reclusão a ser cumprida no regime integralmente fechado, pela prática do crime de extorsão mediante sequestro com resultado morte, em que a defesa pretende a cassação da sentença criminal com a determinação de que se remetam os autos ao Tribunal do Júri, sob o argumento de que, na verdade, trata-se de crime contra vida, razão pela qual sustenta que não houve a correta tipificação penal. Aduz a defesa que os elementos constitutivos do tipo não se consumaram, pois não ocorreu a exigência de resgate, uma vez que todos os réus foram presos de imediato e o homicídio foi praticado anteriormente à extorsão. A Turma denegou a ordem, afastando a incidência do crime de homicídio ao fundamento de que a intenção dos agentes, inclusive da ora paciente, era pleitear o resgate no valor ajustado entre os acusados, sendo que a morte da vítima deu-se em decorrência de sua resistência e dos incessantes gritos de socorro. Registrou-se o ensinamento do Min. Assis Toledo manifestado em precedente deste Superior Tribunal no sentido de que a extorsão mediante sequestro qualificada pelo resultado morte não se descaracteriza quando a morte do próprio sequestrado ocorre no momento de sua apreensão, como ocorreu *in casu*. Precedentes citados: HC 87.764-SC, DJe 25/5/2009, e RHC 1.846-GO, DJ 20/4/1992" (Informativo nº 447, HC 113.978-SP, Rel. Min. Og Fernandes, julgado em 16/9/2010).

começa a ser arranhada com a coordenação das instituições de repressão e o consequente aumento do número de prisões, investigações e condenações".[276] Isto é, apesar de ser considerado, por muitos, eticamente condenável (por estimular traições), o fomento da delação é socialmente útil, porquanto seja um instrumento que revela inegável eficácia na arrecadação da prova. Dá-se o confronto, então, entre uma moral rígida e o utilitarismo, sendo certo que, na nossa legislação, a vertente utilitarista vem ganhando espaço.

Deve ser instado, contudo, que, por não perquirir a motivação do agente ao trair seus comparsas, o instituto deve ser usado de forma cautelosa, evitando-se acusações falsas e alegações divorciadas da realidade. Em outras palavras: a delação só deve ser considerada quando houver outros elementos de prova que sustentem a imputação.

Na extorsão mediante sequestro, é prevista como causa de diminuição da pena no § 4º. O criminoso que atua como delator (necessariamente envolvido na extorsão mediante sequestro) tem a sua sanção reduzida em um a dois terços, caso as informações repassadas efetivamente conduzam à libertação da vítima. Se a delação, ainda que verdadeira, for ineficaz, nenhum benefício trará ao criminoso, como quando o local do "cativeiro" é cambiado antes da chegada da polícia. Todavia, o agente fará jus ao beneplácito se a não libertação derivar de desídia do poder público (demora na checagem da informação, abordagem policial precipitada que culmina na morte da vítima etc.).

Criado pela Lei nº 6.072/90 e posteriormente modificado pela Lei nº 9.269/96, o § 4º do artigo 159 coexiste com o artigo 8º da Lei nº 8.072/90 (Crimes Hediondos), que trata da informação que conduz ao desmantelamento de bando ou quadrilha (associação criminosa). Aliás, a convivência harmoniosa não se dá apenas com este dispositivo, mas com outros que preveem o mesmo instituto (delação premiada), embora com redações diversas. São eles os artigos 25, § 2º, da Lei nº 7.492/1986; 16, p. único, da Lei nº 8.137/1990; 1º, § 5º, da Lei nº 9.613/1998; 13 da Lei nº 9.807/1999; 41 da Lei nº 11.343/2006; e 4º da Lei nº 12.850/2013. De acordo com Guilherme de Souza Nucci, com quem concordamos (revendo antiga posição), quando mais de um desses artigos forem aplicáveis ao caso concreto, deverá ser eleito o mais favorável ao réu colaborador.[277]

Assim, por exemplo, se a extorsão mediante sequestro é praticada por organização criminosa, a delação premiada do artigo 159 não será aplicada, pois o dispositivo da Lei nº 12.850 é mais benéfico ao delator (chamado, na Lei 12.850, de colaborador).

---

276 SANCTIS, Fausto Martin de. *Crime Organizado e Lavagem de Dinheiro: destinação de bens apreendidos, delação premiada e responsabilidade social.* São Paulo: Saraiva, 2009. p. 157.
277 NUCCI, Guilherme de Souza. *Leis Penais...*, op. cit., p. 1028.

Parece-nos equivocada a opção legislativa pela previsão casuística das hipóteses de delação premiada. Pensamos que o ideal seria uma lei única, inclusive regendo todos os aspectos de tão delicado meio de obtenção de prova, a fim de se evitar dúvidas e obscuridades.

8 Lei dos Crimes Hediondos

A Lei dos Crimes Hediondos (Lei nº 8.072/90), no rol de crimes que têm a hediondez como característica, inseriu a extorsão mediante sequestro (artigo 1º, IV). A redação do dispositivo não deixa dúvidas de que o crime, tanto em sua forma simples, como na qualificada, é abrangido pela lei, já que o legislador teve a preocupação de usar uma cláusula aditiva conectando os termos ("extorsão mediante sequestro e na forma qualificada").

9 Distinção, concurso de crimes e concurso aparente de normas

Por ser crime contra o patrimônio, é a violação patrimonial que determinará a quantidade de delitos, independentemente do número de pessoas sequestradas. Assim, se várias vítimas são mantidas reféns para a consecução de uma única vantagem, único também será o crime. Entretanto, se a ação servir para múltiplas extorsões contra vítimas distintas, haverá concurso formal de delitos.

Da mesma forma que os crimes antes estudados, não há dificuldade em se admitir o concurso material de delitos e a continuidade delitiva na extorsão mediante sequestro. O crime continuado, todavia, se cotejado com delitos apenas assemelhados, mas não inculcados no mesmo tipo penal (por exemplo, extorsão simples), dependerá do que se entende por "crimes da mesma espécie", exigência do artigo 71 do CP.

Os artigos 19 e 20 da Lei nº 7.170/83 (Segurança Nacional) preveem hipóteses de sequestro com finalidade diversa daquela do artigo 159 do CP. Há o dolo de atentar contra a segurança nacional, ou contra a ordem política ou social. No caso do artigo 20, a conduta se mostra mais aproximada com a extorsão mediante sequestro, quando voltada à arrecadação de fundos para a manutenção de organização clandestina ou política.

No tocante à extorsão qualificada pela restrição da liberdade da vítima ("sequestro-relâmpago"), há diferenças tênues no seu cotejo com o crime em estudo: ocorre extorsão mediante sequestro sempre o resgate da vítima depender de vantagem prestada por outra pessoa que não o sequestrado; se a vantagem é prestada pela pessoa sequestrada, resta caracterizado o artigo 158, § 3º (salvo se a restrição da liberdade da vítima se der por tempo prolongado, hipótese em que haverá extorsão mediante sequestro independentemente do prestador da vantagem).

Em tema de princípio da especialidade, merece destaque o artigo 244 do CPM, que prevalece sobre o Código Penal.

10 Pena e ação penal

Impõe-se ao praticante da extorsão mediante sequestro pena de 8 a 15 anos de reclusão. O tipo penal não fez referência à pena de multa, em uma infelicidade do legislador, pois, em crimes contra o patrimônio, nada mais justo do que sancionar economicamente o sujeito ativo.

Nas circunstâncias qualificadoras do § 1º, as margens penais são elevadas para 12 (mínimo) a 20 (máximo) anos de reclusão. Se a qualificação é pelo resultado lesão corporal de natureza grave, pena de reclusão, de 16 a 24 anos. Na qualificação pela morte da vítima, a pena é de reclusão, de 24 a 30 anos.

A ação penal é pública incondicionada em qualquer caso, não incidindo as regras dos artigos 181 e 182 do CP, em virtude da redação do artigo 183.

IV – EXTORSÃO INDIRETA
(ARTIGO 160, CP)

1 Introdução

A extorsão indireta é a segunda das formas de extorsão que, a par daquela praticada por meio do sequestro, mereceu tipificação autônoma. Redigida como a conduta de exigir ou receber, como garantia de dívida, documento que pode dar causa a procedimento criminal contra a vítima ou contra terceiro, a incriminação tem por fundamento o abuso da situação em que se encontra a pessoa extorquida. O agente aproveita-se de uma situação dificultosa ou angustiante por que passa a vítima para garantir o seu crédito de maneira reprovável. Foi feliz a Exposição de Motivos ao se referir a hipóteses que são cobertas pela norma, em seu item 57: "Destina-se, o novo dispositivo, a coibir os torpes e opressivos expedientes a que recorrem, por vezes, os agentes de usura, para garantir-se contra o risco do dinheiro mutuado. São bem conhecidos esses recursos como, por exemplo, o de induzir o necessitado cliente a assinar um contrato simulado de depósito ou a forjar no título de dívida a firma de algum parente abastado, de modo que, não resgatada a dívida no vencimento, ficará o mutuário sob a pressão da ameaça de um processo por apropriação indébita ou por falsidade".

O combate à usura remonta a tempos distantes, pois já há referência às práticas usurárias na Lei das XII Tábuas. Também os direitos canônico (Suma Teológica de São Tomás de Aquino) e germânico dela cuidaram. O delito de extorsão indireta, todavia, é de tipificação recente, mesmo se observada a legislação comparada. No Brasil, o artigo 362, § 2º, do Código Penal de 1890 cuidou de uma conduta, segundo Regis Prado, análoga à extorsão indireta, mas que, parece-nos, é mais próxima do tipo fundamental da extorsão (artigo 158). Assim, temos a primeira referência pátria ao delito no artigo 197 do Projeto Sá Pereira e, como tipo penal vigente, no atual Código Penal.

2 Objetividade jurídica

São tutelados pela norma penal tanto o patrimônio, ameaçado de lesão pela conduta extorsiva, quanto a liberdade individual, pois a vítima é compelida à entrega do documento em virtude da situação difícil em que se encontra. Embora não haja perda econômica advinda diretamente da conduta incriminada, a relação econômica estabelecida entre autor e vítima denota a proteção patrimonial conferida pelo tipo penal. Ainda assim, somos da opinião de que o delito deveria constar entre os crimes contra a liberdade individual.

O objeto material do delito é o documento com potencialidade para gerar um procedimento de natureza criminal. Ressalte-se que qualquer outro objeto que não seja um documento (a arma utilizada em um crime, por exemplo) não se prestará à configuração do delito. Documento é todo escrito em suporte móvel (normalmente papel, mas não necessariamente), com relevância jurídica e autor determinado ou determinável. O cartão bancário de crédito ou débito não é um documento, embora, nos crimes contra a fé pública, seja equiparado a um documento (artigo 298, parágrafo único, CP).

O consentimento da vítima em ceder o documento ao sujeito ativo é irrelevante, uma vez que se encontra em situação de vulnerabilidade, da qual se aproveita o agente para a prática do crime.

3 Sujeitos do delito

O sujeito ativo é o credor, que pode ser qualquer pessoa natural (pessoas jurídicas não podem ser responsabilizadas penalmente por extorsão indireta). Caso aja por interposta pessoa, ou seja, valha-se de um representante ou mandatário para formalizar a exigência ou para receber o documento, este será coautor do delito, se agir também dolosamente.

Figura no polo passivo da relação a pessoa que cede à exigência ou entrega o documento. Eventualmente, caso o documento permita a instauração de procedimento criminal contra terceiro, este também será sujeito passivo do delito. Ou seja, assim como nas outras formas de extorsão, poderá haver pluralidade de vítimas.

4 Tipicidade objetiva e subjetiva

Cuida-se de crime de ação múltipla (tipo misto alternativo), pois duas são as condutas tipificadas, ambas comissivas, consistentes nos verbos "exigir" e "receber". Pratica o delito tanto quem compele a vítima a entregar o documento, aproveitando-se de seu desespero, quanto aquele que o recebe após entrega voluntária pela vítima, movida ao ato pela angústia.

Qualquer documento pode integrar o conceito do tipo penal, desde que tenha o condão de autorizar a instauração de procedimento criminal (ação penal, inquérito policial, termo circunstanciado, auto de investigação de ato infracional, inquérito policial militar ou procedimento investigativo do Ministério Público), seja contra a vítima, ou seja, contra qualquer outra pessoa que não seja o próprio credor.

A entrega desse documento é feita como forma de compelir a vítima ao pagamento da dívida contraída, pois, sob a ameaça de ver-se criminalmente processada, dificilmente deixará de adimpli-la. Verifica-se, assim, que não é a contração da dívida que é reprovável, mas a sua garantia. Tem-se como exemplo a pessoa que, para ceder certa quantia para a vítima (contrato de mútuo feneratício), exige o repasse de um título com assinatura de terceiro emitente falsificada, impelindo a vítima ao pagamento da dívida contraída sob pena de apresentação do documento às autoridades e consequente instauração de procedimento por falsificação de documento público (artigo 297, CP). Saliente-se que o documento de que trata a norma pode existir previamente à extorsão indireta ou ser criado para a sua finalidade. No primeiro caso, nada impede que a vítima da extorsão indireta seja autora de um delito anterior, comprovado pelo documento e pelo qual poderá ser penalmente responsabilizada, a despeito de integrar o polo passivo do crime patrimonial; no segundo, se o documento é constituído para a finalidade da extorsão e não corporifica ou prova nenhum delito (há a invenção de um crime pelo qual a vítima pode ser investigada ou processada), o extorsionário, além do crime patrimonial, pode cometer crime de denunciação caluniosa, caso o documento – uma vez apresentado – efetivamente gere uma apuração. É irrelevante que a garantia seja exigida ou aceita concomitantemente à constituição da dívida ou já na existência desta.

Dispensa-se, para a configuração do crime, que o procedimento seja efetivamente instaurado contra a vítima ou contra terceiro, bastando a potencialidade de instauração (instaurado o procedimento, vislumbra-se possível concurso material com o crime de denunciação caluniosa, caso o documento seja constituído com o único propósito de incriminar a vítima).

O crime de extorsão indireta é sempre doloso, pugnando por um elemento subjetivo especial, que é a finalidade de obter o documento abusivamente como garantia de dívida. Inexistindo essa finalidade torpe, não há se falar em crime.[278]

---

278 Nesse sentido foi o pronunciamento do Min. Evandro Lins, quando de sua passagem pelo STF. No caso, julgado em 1965, o Min. Luiz Galotti, relator, se manifestou da seguinte forma: "A lição de Nelson Hungria é precisa: Extorsão indireta é o *nomen juris* com que o Código, no artigo 160, incrimina o fato de 'exigir ou receber, como garantia de dívida, abusando da situação de alguém, documento que possa dar causa a procedimento criminal contra a vítima ou contra terceiro'. Trata-se de uma ofensa contra o interesse jurídico da normalidade das relações entre credor e devedor. Com a sua incriminação, a lei quer proteger o economicamente fraco em face do economi-

5 Consumação e tentativa

O crime, classificado como formal na conduta exigir, consuma-se com a simples exigência. Na modalidade receber, com o apossamento do documento pelo agente (crime material). Ambas as condutas são classificadas, outrossim, como crimes de dano. Também são delitos instantâneos, pois a consumação não se prolonga no tempo.

A tentativa é possível no recebimento (delito plurissubsistente). Na exigência, dependerá da forma de execução.

6 Distinção, concurso de crimes e concurso aparente de normas

Se a conduta do agente, em um mesmo contexto fático, recair sobre mais de um documento, o crime será único (vários documentos garantindo uma única dívida). Se, todavia, forem exigidos ou recebidos, em momentos distintos, documentos diversos para a garantia da mesma dívida, haverá concurso material de delitos ou crime continuado, dependendo das circunstâncias. Caso a exigência ou o recebimento, em um momento único,

---

camente forte. (...) Quanto a dizer o impetrante que, provado, como ficou no caso, tratar-se de cheque recebido como garantia de dívida, deixa de existir o crime de emissão de cheque sem fundos (artigo 171, n. VI) e, assim, reciprocamente, também não há o crime do artigo 160, improcede o argumento, pois este artigo se refere a documento que 'pode dar causa a procedimento criminal' e esta possibilidade existiu até ficar provado, no inquérito, que o paciente recebera de emitente o cheque como garantia de dívida, já sabendo não haver no Banco provisão de fundos. Nego o habeas corpus." Em divergência, Evandro Lins, seguido pelos demais Ministros, assim se pronunciou: "Com a devida vênia do eminente Relator, concedo a ordem, pelos argumentos que já tive oportunidade de apresentar, em apartes. A meu ver, a descrição do fato em si, o comportamento do próprio advogado, paciente, revela que não foi cometido o crime de extorsão indireta. O paciente recebeu o cheque como garantia de dívida, não há dúvida nenhuma. Não é só o fato de receber cheque como garantia de dívida que configura o crime do artigo 160 do Código Penal. É preciso que o comportamento do credor, caso não venha a receber o valor da dívida, seja o de utilizar essa garantia como uma ameaça contra o devedor. No caso, havia um provimento da Corregedoria determinando a abertura de inquérito policial, em todos os casos de protesto de cheque. É fato que o paciente tinha protestado o cheque. (...) No caso, daria, se o credor tivesse tomado a iniciativa. Mas como o crime é de ação pública, houve um provimento neste sentido, indo os autos à polícia. Qual foi o comportamento desse credor? Chegou lá e, ao invés de valer do fato de a emissão do cheque constituir crime, por não ter provisão de fundos, disse que se tratava de uma mera dívida, que não havia crime. Não entro nesse detalhe. Para mim, isso é inteiramente irrelevante. Admito que o paciente tenha mandado protestar o cheque. Mas o fato não é criminoso, a meu ver, porque ele foi à polícia e excluiu a responsabilidade do devedor. (...)". Essa foi a posição vencedora. (HC 42.373, *in* ALVES JÚNIOR, Luís Carlos Martins. *Memória jurisprudencial: Ministro Evandro Lins.* Brasília : Supremo Tribunal Federal, 2009).

recaia sobre mais de um documento para garantir dívidas diversas, teremos concurso formal de delitos.

Na hipótese em que o documento é constituído irregularmente com o objetivo de garantia, a apresentação deste à autoridade pública com o fito de incriminar o devedor configura crime de denunciação caluniosa (artigo 339, CP), em concurso material com a extorsão indireta.

7 Pena e ação penal

Confere-se ao delito pena de reclusão, de 1 a 3, anos, além de multa. O limite mínimo da pena permite a suspensão condicional do processo, consoante redação do artigo 89 da Lei nº 9.099/95.

A ação penal é pública incondicionada

DA USURPAÇÃO (TÍTULO II, CAPÍTULO III)

I – ALTERAÇÃO DE LIMITES
(ARTIGO 161, CP)

1 Introdução

O termo usurpação, em sentido amplo, é definido por Luiz Régis Prado como um "ataque à propriedade imóvel pela via do desapossamento", sendo que a sua repressão era de imensa relevância para os povos antigos, que se dedicavam à agricultura, pois o desaparecimento de limites entre terras ou a remoção de marcos causava considerável prejuízo, seja pela falta de técnicas de agrimensura, seja pela inexistência de instrumento jurídico adequado à situação.[279] Cuidaram do tema, entre outros, o direito romano (*termini amotio*) e o antigo direito germânico. A classificação da alteração de limites dentre as espécies de usurpação é a solução mais adequada, uma vez que a vontade do agente reside na apropriação de imóvel alheio, ainda que parcialmente. Não é correta a perfilhação do delito entre as espécies de dano, como fizeram os códigos imperial (artigo 267) e republicano (artigo 329, § 1º), pois o dolo do agente é voltado ao incremento patrimonial. Também não merece prosperar a tese de que constituiriam crimes contra a fé pública, em que os sinais divisórios estariam abrangidos pelo conceito amplo de documento, pois documentos não são (estes, no mínimo, devem expressar uma linguagem), e o delito pode não sair da esfera dos interesses meramente privados.

Atualmente, sob o *nomen juris* de usurpação (Capítulo III), encontramos dois delitos autônomos: a alteração de limites (artigo 161) e a supressão ou alteração de marcas em animais (artigo 162). Há, ainda, outras duas condutas criminosas equiparadas à alteração de limites, quais sejam, a usurpação de águas (artigo 161, § 1º, I) e o esbulho possessório (§ 1º, II). Trataremos, doravante, dos tipos penais do artigo 161.

2 Objetividade jurídica

Consistindo em uma ofensa ao patrimônio imobiliário, a proteção penal recai sobre a propriedade do bem imóvel, mas este não é o único aspecto

---

279   PRADO, Luiz Regis. *Curso...*, op. cit., v. 2, p. 429.

patrimonial tutelado: também o é a posse. O objeto material da conduta é o bem imóvel, seja ele público ou privado.[280] Verifica-se, portanto, que a salvaguarda do direito criminal não encampa os tapumes, marcos ou sinais demarcatórios, porquanto estes tenham a exclusiva função de delimitar a propriedade imóvel.

3 Sujeitos do delito

O sujeito ativo do delito é qualquer pessoa que, com a conduta, tenha como se apossar da propriedade imóvel alheia. Normalmente o delito será cometido por vizinho ou confinante, mas, eventualmente, o sujeito ativo poderá ser outro, como no caso do futuro comprador de um imóvel que, antevendo o fechamento do negócio, desloca marcos do imóvel vizinho.[281] Destoa deste posicionamento Hungria, para quem, à exceção dos casos de concurso de pessoas, somente pode praticar o delito o proprietário de prédio contíguo àquele sobre o qual recai a conduta. Refutando a posição contrária, afirma que o futuro vizinho não poderá ser sujeito ativo do delito, porque seria criado um crime condicionado à futura aquisição, incompatível com a alteração de limites.[282]

Questiona-se se o coproprietário, em um condomínio, pode praticar o delito. Há a possibilidade, em caso de condomínio sem composse (*pro diviso*). Se o possuidor (que, no caso, também é proprietário) pode ser sujeito passivo (ou ativo) do crime, seu direito pode ser lesado pelo outro condômino, pois a parcela de cada um dos coproprietários fica individualizada.

No polo passivo, figuram o proprietário e o possuidor do imóvel usurpado, que tem seus limites alterados irregularmente.

4 Tipicidade objetiva e subjetiva

O núcleo do tipo é composto pelos verbos suprimir (significando destruir, eliminar, remover) e deslocar (mudar de local, afastar), recaindo sobre

---

280 Cezar Roberto Bitencourt ensina que o imóvel pode ser público ou privado em virtude de omissão legal (*Código penal comentado...*, op. cit., p. 713). Cremos, em verdade, que a lei é expressa nesse tema, pois, no § 3º, ao tratar da ação penal, afirma a sua natureza privada em caso de propriedade particular. Ora, se há ressalva quanto à propriedade particular, é porque o imóvel público também é alcançado pela norma.

281 Nesse sentido, E. Magalhães Noronha (*Direito penal...*, op. cit., p. 292). Argumenta que a norma não exige a efetiva apropriação do imóvel alheio para a caracterização do delito, bastando que essa seja a finalidade da conduta. Portanto, ainda que o sujeito ativo não seja, no momento da alteração, proprietário do imóvel vizinho ou confinante, configurar-se-á o delito se proceder à ação tipificada com a intenção de obter vantagem futura.

282 HUNGRIA, Nelson. *Comentários...*, op. cit., v. VII, p. 88-89. Segundo Luiz Regis Prado, não só o proprietário lindeiro, mas também o possuidor podem figurar no polo ativo do delito, já que o dispositivo não especifica as características do autor.

tapume, marco ou qualquer outro sinal indicativo de linha divisória entre imóveis. Permite-se, como se observa, uma interpretação analógica no que tange ao objeto material da conduta, pois o legislador, inicialmente, usa uma fórmula casuística (tapume – cercas, muros e outros assemelhados – ou marco – sinal material, como estacas, totens ou pedras) para, em seguida, realizar uma formulação genérica (qualquer outro sinal demarcatório).

Cuida-se de tipo misto alternativo, em que a prática dos dois verbos incriminados em uma mesma ocasião não enseja duplicidade de delitos, mas sim crime único. Também estamos diante de um crime comissivo, não sendo admitida a conduta omissiva, salvo se imprópria.

Somente é prevista a modalidade dolosa do delito, inexistindo tipificação da conduta culposa. Além do dolo, a lei exige a presença de um elemento subjetivo especial (especial fim de agir), consubstanciado no ânimo de se apropriar de coisa alheia, isto é, de integrar parcela do imóvel de outrem à sua posse ou propriedade. A ausência dessa vontade específica descaracteriza o crime em comento, podendo existir outro delito em caso de ânimo diverso (artigo 345, por exemplo, se há a intenção de satisfação de um direito judicialmente dedutível, ou artigo 347, em caso de tentativa de induzir a erro juiz ou perito na pendência de lide entre os confrontantes).

5 Consumação e tentativa

Consuma-se o delito com a simples ação de suprimir ou deslocar o tapume, marco ou outro sinal demarcatório, independentemente do efetivo apossamento da propriedade alheia pelo agente, já que basta a intenção direcionada para este fim. Cuida-se de crime formal e instantâneo.

A tentativa, em tese, é admissível, pois o tipo penal é plurissubsistente. Basta que o sujeito ativo, ao iniciar a supressão ou o deslocamento, tenha sua conduta interrompida por circunstâncias alheias à sua vontade.

6 Usurpação de águas (artigo 161, § 1º, I, CP)

O § 1º do artigo 161 traz à baila duas condutas equiparadas à alteração de limites, apesar de nenhuma relação guardarem com o tipo fundamental, salvo por também constituírem formas de usurpação. São elas a usurpação de águas, prevista no inciso I, e o esbulho possessório, arrolado no inciso II. Como são figuras distintas do *caput*, constituem tipos autônomos, a despeito da sua posição sistemática.

A usurpação de águas consiste no desvio ou no represamento de águas alheias em proveito próprio ou de terceiro. Desviar é mudar o curso ou a situação das águas, como no caso do agente que faz com que um riacho deixe seu leito normal e passe a correr dentro de sua propriedade. Represar é sustar, reprimir o fluxo. São condutas comissivas, que podem ser praticadas por quaisquer meios executórios (crime de forma livre). Não aperfeiçoa o delito a simples coleta ou extração de água alheia, que, dependendo das circunstâncias, pode ensejar punição pelo crime de furto.[283]

Recai a ação incriminada sobre as águas alheias (objeto material do crime), sejam elas públicas ou privadas (consoante definição do Decreto nº 24.643/34 – Código de Águas), ainda que subterrâneas ou pluviais, mas sempre em estado natural, fluentes ou estagnadas, estejam elas já na propriedade da vítima ou ainda por ingressar (rios, açudes, lagos etc.).[284] Não abrange as águas estocadas em recipientes como vasilhames, garrafas, galões e congêneres, que poderão ser objeto material do crime de furto. Aliás, nesse ponto, deve ser tecida uma crítica ao legislador, pois a pena cominada à usurpação de águas (detenção, de 1 a 6 meses, e multa), que normalmente envolve um volume muito maior da substância do que o furto e pode ter consequências muito mais severas, é inferior àquela prevista no artigo 155 do CP (reclusão, de 1 a 4 anos, e multa).

O bem jurídico tutelado no inciso, uma vez mais, é a propriedade imobiliária, mais especificamente o direito real de aproveitamento das águas. Adotou-se, portanto, uma concepção civilista, na qual a água, em estado natural, é tida como bem imóvel. É imprescindível que as águas estejam integrando a posse ou a propriedade de uma pessoa (física ou jurídica), não se estendendo a proteção penal a *res nullius* (águas que não pertencem a ninguém).

Qualquer pessoa pode praticar a usurpação de águas, não se exigindo nenhuma qualidade especial do sujeito ativo (crime comum). Mesmo o proprietário pode praticar o crime, desde que desvie ou represe águas que passam em seu imóvel, impedindo que cheguem a terreno vizinho. O sujeito passivo será a pessoa que, em virtude da conduta, fica privada de exercer sua posse ou propriedade sobre as águas, ou que se queda impossibilitada de usar ou gozar, de forma lícita, das águas.

Trata-se de crime sempre doloso, a exigir, outrossim, a presença de um elemento subjetivo especial do tipo, consistente na intenção de obter proveito para si ou para terceiro. Outra intenção não permite a adequação da conduta com a usurpação, podendo haver outro delito (dano – artigo 163 –, por exemplo, se o dolo for voltado à simplesmente causar um prejuízo à vítima; ou exercício arbitrário das próprias razões – artigo 345 –, se a conduta for motivada pelo propósito de "fazer justiça com as próprias mãos").

---

283 Para a complementação do estudo, é interessante a leitura do artigo 71 do Código de Águas (Decreto nº 24.643/34), que prescreve a utilização das águas na agricultura e na indústria pelos proprietários de prédios banhados ou atravessados pelas correntes, desde que não haja refluxo das águas ou alteração do ponto de saída.

284 Consoante E. Magalhães Noronha (*Direito penal...*, op. cit., v. 2, p. 297).

A consumação ocorre com o desvio ou com o represamento (crime formal), independentemente da superveniência efetiva do proveito almejado. A conduta de desviar, ainda, pode ser classificada como um crime instantâneo, já o represamento, por exigir atividade contínua, é um crime permanente. Cessa a permanência com a liberação do curso normal das águas. Admite-se a tentativa, pois a natureza formal dos crimes não afasta seu caráter plurissubsistente. Assim, se fracionáveis os atos executórios, nada impede o *conatus*.

7 Esbulho possessório (artigo 161, § 1º, II, CP)

Tipifica-se, no inciso II do § 1º do artigo 161, o esbulho possessório. Esbulho, em um conceito civilista, é o despojamento ilegítimo daquilo que pertence ou está na posse de alguém. Em direito penal, todavia, é esbulho a conduta que tenha por finalidade afastar o possuidor de sua posse, ainda que, efetivamente, tal não ocorra. Difere da turbação, que é a simples perturbação injusta de um direito sobre a coisa. Ou seja, todo esbulho encerra uma turbação, mas esta pode vir dissociada do esbulho, ocasião em que não estará abrangida pela norma em comento.

O núcleo do dispositivo reside no verbo invadir (ingressar contra a vontade de quem de direito). O sujeito ativo invade terreno ou edifício alheio, usando, para tanto, violência à pessoa (*vis corporalis*), grave ameaça (*vis compulsiva*) ou, ainda que sem esses meios executórios, mediante o concurso de pessoas. Outras formas de execução, como a fraude, não ensejam a caracterização do delito.

A violência, assim como a grave ameaça, não precisa ser oposta ao proprietário ou ao possuidor, mas a qualquer pessoa que acorra em defesa do direito real.

Já o concurso de pessoas induz a violência presumida, pois nesse caso há o crime mesmo que a entrada se dê sorrateiramente. Divergem os juristas, entretanto, quanto ao número mínimo de pessoas consorciadas. Parece-nos mais acertada a corrente que exige, ao menos, três pessoas, e não quatro, como pretende o posicionamento diverso. Regis Prado sustenta o número de quatro concorrentes em virtude da redação da norma ("invadir [...] mediante concurso de mais de duas pessoas"), que estaria unindo à pessoa do invasor outras três pessoas (participariam do delito o invasor e, no mínimo, mais três – isto é, mais de duas), ressaltando que foi adotada redação diversa de outros crimes patrimoniais, como o furto, que fala no concurso de duas ou mais pessoas.[285] Não houve referência, todavia, em nenhum momento da

---

285 PRADO, Luiz Régis. *Curso...*, op. cit., v. 2, p. 437-438. Nesse sentido, E. Magalhães Noronha (*Direito penal...*, op. cit., v. 2, p. 304). Na jurisprudência, TACrimSP: "A lei exige para o esbulho, na hipótese do artigo 161, § 1º, II, atos de invasão, de entrada

redação legal, a três ou mais pessoas que devem acompanhar o invasor. Em verdade, colocou-se o verbo incriminado (invadir) sem, desde logo, contabilizar um dos autores. Invadir, mediante o concurso de duas ou mais pessoas, evidencia a presença de três ou mais agentes descumprindo a proibição normativa.[286]

Entendemos que todas as pessoas devem estar presentes na execução do crime, não sendo suficiente a mera participação em sentido estrito.[287]

A invasão deve se dar em prédio alheio (público ou particular, rural ou urbano), que, segundo Hungria, é aquele que não pertence, total ou parcialmente, ao agente.[288]

Além do dolo, que deve abranger todos os elementos do tipo penal, há a exigência de um elemento subjetivo especial, o fim de esbulho possessório, ou seja, a intenção de realizar o total desapossamento do titular do direito real sobre o imóvel ou sobre parcela dele. Caso seja outro o fim do agente (protestar, fazer valer um direito seu etc.), teremos delito diverso (violação de domicílio, dependendo das circunstâncias, dano, exercício arbitrário das próprias razões e outros) ou a prática de ilícito civil. A simples vontade de turbar, se desacompanhada do esbulho, não se presta para a caracterização do delito.

São sujeitos do delito, no polo ativo, qualquer pessoa (crime comum) e, no polo passivo, quem legitimamente exerce a posse do imóvel. O proprietário não pode ser esbulhador quando não se encontra na posse do imóvel, pois a lei exige que o prédio seja alheio.

Dá-se a consumação do delito com a invasão, mediante violência, grave ameaça ou com o concurso de duas ou mais pessoas, ainda que não se efetive o esbulho (crime formal), pois é bastante que este fique na seara da intenção, consoante a redação do tipo legal. A tentativa é admissível, bastando que o agente não logre êxito na invasão por circunstâncias alheias à sua vontade (crime plurissubsistente).

---

hostil no imóvel, por quatro pessoas, já que o dispositivo reclama que o agente tenha o concurso de mais de duas pessoas" (*JTACrim*, 70/213).

286 Acompanhamos o pensamento de Nelson Hungria (*Comentários...*, op. cit., v. VII, p. 93) e Cezar Roberto Bitencourt (*Tratado...*, op. cit., v. 3, p. 179). Este autor se manifesta da seguinte forma: "Na verdade, o texto legal não exige que o invasor conte com o concurso de mais de duas pessoas, mas que a invasão seja executada mediante o concurso de mais de duas pessoas".

287 Contra, Ney Moura Teles: "A norma fala em concurso e não em prática ou execução do procedimento típico" (*Direito penal...*, op. cit., p. 408). Assim também entende Álvaro Mayrink da Costa (*Direito penal...*, op. cit., p. 825).

288 HUNGRIA, Nelson. *Comentários...*, op. cit., v. VII, p. 92.

8 Distinção, concurso de crimes e concurso aparente de normas

Sempre que houver, na prática da usurpação (na alteração de limites, na usurpação de águas ou no esbulho possessório), o emprego de violência como meio executivo, dar-se-á concurso material de delitos com o crime decorrente do ato violento (por exemplo, lesão corporal ou homicídio). É o que se extrai da redação do § 2º do artigo 161. Caso, todavia, seja empregada violência moral (grave ameaça), esta restará absorvida pela usurpação.

Havendo alteração de limites seguida de esbulho possessório (por exemplo, no caso do agente que desloca um tapume e, em seguida, invade a área usurpada mediante grave ameaça ao legítimo proprietário do imóvel), este absorverá aquela, por ser crime-fim.

Pesquisando a legislação especial, encontramos uma modalidade de usurpação no artigo 2º da Lei nº 8.176/1991, que tipifica a conduta de produzir bens ou explorar matéria-prima pertencentes à União, sem autorização legal ou, na hipótese de autorização, em desacordo com as obrigações impostas. O mesmo ocorre na Lei nº 9.605/1998 (artigos 44 e 55, que tratam de recursos minerais) e na Lei nº 6.453/1977 (artigo 24, que tem como objeto material o minério nuclear).

Na hipótese de esbulho possessório que tenha como objeto imóvel financiado pelo Sistema Financeiro de Habitação, incidirá norma especial (artigo 9º da Lei nº 5.741/1971), existindo isenção de pena em caso de desocupação espontânea.[289] A Lei nº 4.947/1966, outrossim, que versa sobre direito agrário, incrimina a conduta de invadir, com o fim de ocupação, terras da União, Estados ou municípios (artigo 20).

O número de delitos praticados será correspondente à quantidade de patrimônios violados. Caso, em uma mesma oportunidade, ocorra mais de uma usurpação, teremos concurso formal de delitos (por exemplo, se vários terrenos são esbulhados em uma única ação).

9 Pena e ação penal

A pena cominada abstratamente para as três formas de usurpação previstas no artigo 161 do CP é de detenção, de 1 a 6 meses, além de multa

---

[289] A respeito do tema, já decidiu o STJ: "Recurso de *habeas corpus*. Esbulho possessório. Não-ocorrência. Matéria a ser tratada na esfera civil. Ordem concedida. Inocorrendo o esbulho possessório em unidade do Sistema Nacional de Habitação, eis que a ocupação se deu naturalmente por força de contrato celebrado com a CEF, mesmo ante a circunstância de ter, o ocupante, se tornado, posteriormente, inadimplente, não há se falar na existência das figuras do artigo 161 e parágrafos do CP, nem do artigo 9º da Lei nº 5.741/71. Matéria eminentemente da esfera cível que ali deve ser tratada. Ordem concedida, com o trancamento da ação penal" (RHC 1636/SP, 5ª Turma, Rel. Min. Cid Flaquer Scartezzini, J. 22.04.1992).

cumulativa. São, portanto, infrações de menor potencial ofensivo, sujeitas à incidência da Lei nº 9.099/95 (Juizados Especiais Criminais).

A ação penal para processar e julgar os delitos em questão será, em regra, pública incondicionada. Entretanto, se o objeto do delito for propriedade particular e se não for usada violência na execução do crime, a ação penal será de iniciativa privada.

II – SUPRESSÃO OU ALTERAÇÃO DE MARCAS EM ANIMAIS (ARTIGO 162, CP)

1 Introdução

Cuida o artigo 162 da última das espécies de usurpação, denominada supressão ou alteração de marca em animais. Esse tipo penal apresenta uma variação bastante significativa em relação aos anteriores, pois a conduta tem como objeto material bens semoventes, não recaindo sobre os imóveis. Em verdade, a sua aplicação é bastante restrita, uma vez que o crime é subsidiário em relação a outras espécies de delitos patrimoniais, como o furto (artigo 155, CP), o estelionato (artigo 171) e a apropriação indébita (artigo 168). Pune-se a modificação de marca identificadora de propriedade de animais de gado ou rebanho alheio, evitando a confusão de reses, sem que haja subtração, fraude ou inversão do ânimo da posse prévia e lícita.

Desconhecida no Brasil até a edição do atual Código Penal, a figura típica foi delineada pela primeira vez no Projeto Sá Pereira, que, inicialmente, no artigo 217, incriminava como espécie de furto a conduta de quem "ferra, contraferra, assinala ou contra-assinala animal alheio", para depois passar a dispor da seguinte forma: "Cometerá furto o que ferrar ou contraferrar animal alheio com outra marca, que não a do próprio dono, salvo se o tiver feito a seu mando, ou de seu preposto". O Projeto Alcântara Machado seguiu a mesma linha, arrolando a conduta, todavia, como forma de apropriação indébita. A natureza de espécie de usurpação somente foi conferida no Código Penal de 1940, com redação bastante modificada em relação aos projetos anteriores. Trata-se realmente de usurpação, pois é intenção do agente realizar a confusão de patrimônios, ainda que, na prática, essa não se efetive.

2 Objetividade jurídica

Protege-se, no dispositivo, a posse e a propriedade sobre semoventes (considerados bens móveis para o direito penal), especificamente no que tange ao gado ou rebanho de outrem (bois, cavalos, porcos, cabras, ovelhas etc.).

São as marcas ou sinais indicativos de propriedade, gravados ou apostos nos animais, que constituirão a objetividade material do crime. Marca é a gravação feita no corpo do animal, como no uso de ferros incandescentes com as iniciais do proprietário ou com desenhos característicos. Sinal é qualquer adereço material colocado no animal, como argolas com o nome do proprietário. Saliente-se que os animais deverão estar inseridos em uma coletividade, ou seja, não há o delito em apreço quando a conduta tem por objeto um animal destacado, de fácil individualização, pois, nessa hipótese, seria improvável a confusão patrimonial. Mister que haja uma pluralidade de animais, embora a modificação da marca ou sinal possa ser feita apenas sobre parte do gado ou do rebanho.

O bem jurídico, no caso, é disponível, pois o delito é patrimonial, tutelando um direito de índole privada. Assim, o consentimento do ofendido tem o condão de eliminar o caráter criminoso da conduta. Não será operada a exclusão da antijuridicidade, mas sim da tipicidade.

3 Sujeitos do delito

O sujeito ativo é qualquer pessoa que pratique a conduta incriminada, independentemente de qualquer característica pessoal especial (crime comum). O sujeito passivo é a pessoa que detém a propriedade sobre o gado ou rebanho.

4 Tipicidade objetiva e subjetiva

São duas as ações nucleares inscritas no tipo penal: suprimir e alterar, ambas recaindo sobre a marca ou sinal indicativo de propriedade em gado ou rebanho alheio. Suprimir é apagar, fazer desaparecer, ao passo que alterar significa adulterar, desfigurar. A conduta, comissiva, somente poderá se dar sobre animais já marcados ou assinalados, pois os verbos empregados para exprimir a ação criminosa pressupõem a existência de uma marca ou sinal anterior. Não ingressa no crime em estudo, por exemplo, a conduta de quem marca, indevidamente, um animal ainda não marcado, caso em que poderá ocorrer crime diverso (estelionato ou apropriação indébita, por exemplo).

Visto anteriormente o conceito de marca ou sinal, resta definirmos o que se tem por gado ou rebanho. Gado, segundo nossa concepção, é o animal individualizado pertencente a uma coletividade – um rebanho – e destinado a uma finalidade econômica. Discordamos, assim, das ideias defendidas por Hungria, Delmanto, Noronha e outros, aproximando-nos da posição de Bento de Faria, para quem gado é a denominação que indica animais geralmente criados no campo e destinados ao consumo e a serviços industriais ou comerciais, ao passo que rebanho é a multidão de gado.[290] Portanto, para

---

290 FARIA, Bento de, apud BITENCOURT, Cezar Roberto. *Tratado...*, op. cit., v. 3, p. 187. O Dicionário Houaiss define gado como o conjunto de reses, conferindo um caráter de coletividade ao termo.

que haja o crime, basta que a alteração ou supressão seja realizada em um único animal (gado), desde que integrante um rebanho. Entretanto, como já consignado, se a conduta atingir um único animal que viva isoladamente, não se prestará para a conformação do artigo 162.

São elementos normativos do tipo as expressões "alheio" (gado ou rebanho) e "indevidamente" (suprimir ou alterar). Gado ou rebanho alheio, evidentemente, é o que pertence a terceiro, que não esteja no patrimônio do sujeito ativo. A conduta indevida se refere à ilegitimidade da prática. Se legítima, não há crime. Como exemplo, cita-se a supressão de sinal autorizada pelo proprietário, ou a alteração de marca por pessoa que adquiriu o gado e quer substituir a marca anterior pela sua. Em qualquer hipótese, tem-se a atipicidade do fato.

Não existe o crime de supressão ou alteração culposo, consubstanciando-se o tipo subjetivo no dolo do agente, que deve abranger todos os elementos da conduta. Eventual equívoco sobre uma das elementares poderá acarretar atipicidade por erro de tipo, se invencível, ou não punição por ausência da modalidade culposa, se vencível. Exige-se ainda um elemento subjetivo especial, consistente, para Bitencourt, no "especial fim de provocar dúvida sobre a propriedade dos animais".[291] Magalhães Noronha diz ser necessário que o agente "tenha o escopo de apoderar-se dos semoventes". Afirma o autor que esta foi a orientação dada pela Exposição de Motivos do Código Penal, que exige a intenção de apropriação do gado ou rebanho alheio, no todo ou em parte.[292] Parece-nos adequado o entendimento, pois, sendo forma de usurpação, a vontade de haver para si a coisa alheia pela confusão patrimonial deve ser exigida, ainda que não seja atingido esse fim. Cuida-se de um especial fim de agir implícito na norma penal.

5 Consumação e tentativa

Basta a supressão ou a alteração feita sobre marca ou sinal indicativo de apenas um animal, para que se repute consumado o delito. A usurpação posterior é somente exaurimento do delito. Trata-se, portanto, de crime formal. O delito é, ainda, instantâneo, já que a consumação ocorre em um momento único, não se prolongando no tempo.

A tentativa é admissível, bastando que o agente seja surpreendido ao iniciar a ação, que é obstada por circunstâncias alheias à sua vontade. Caso, todavia, o agente já tenha realizado alguma alteração na marca ou sinal, ainda que pequena, o delito é consumado.

---

291 BITENCOURT, Cezar Roberto. *Tratado...*, op. cit., v. 3, p. 188.
292 MAGALHÃES NORONHA, E. *Direito penal...*, op. cit., v. 2, p. 309.

6 Distinção, concurso de crimes e concurso aparente de normas

Atingindo a conduta apenas uma rês do rebanho ou várias reses, a tipificação do delito não se altera, desde que os animais pertençam ao mesmo proprietário. A pluralidade de animais que tenham a marca ou sinal alterados não importa em pluralidade de delitos, porquanto o bem jurídico atingido seja único: a propriedade sobre o rebanho. Somente ocorrerá a pluralidade de delitos em caso de animais pertencentes a pessoas diferentes.

Caso o apossamento seja propiciado por uma subtração, ou se houver uma fraude para a entrega voluntária da rês pela vítima ao sujeito ativo, ou, ainda, se ocorrer uma inversão do ânimo da posse sobre gado ou rebanho alheio, o crime patrimonial decorrente (furto, roubo, estelionato, apropriação indébita) não se confundirá com o artigo 162, que é alheio a tais meios executórios. Todavia, se esta conduta for exercida como forma de permitir o crime patrimonial mais grave (por exemplo, a alteração de marca em gado para iludir o real proprietário, fazendo com que este dê a rês ao agente estelionatário), o artigo 162 será absorvido por ser crime-meio. Finalmente, se a remarcação ou supressão for praticada após o crime patrimonial, para garantir a posse sobre o bem e iludir eventual reivindicação, Bitencourt crê ser possível o concurso material de delitos.[293] Já esposamos essa orientação, mas, alterando nossa ótica, ora defendemos a absorção da conduta posterior pela prévia, na qualidade de *post factum* impunível.

Durante a execução do delito, se a remarcação ou supressão do sinal ou marca resultar em abuso, maus-tratos, ferimento ou mutilação contra o animal, aplicar-se-á, em concurso formal de delitos, o artigo 32 da Lei nº 9.605/1998 (Lei dos Crimes Ambientais).

7 Pena e ação penal

A pena estipulada para o artigo 162 do CP é de detenção, de 6 meses a 3 anos, além de multa. A infração, de médio potencial ofensivo, admite a suspensão condicional do processo, de acordo com o artigo 89 da Lei nº 9.099/1995.

A ação penal é pública incondicionada.

---

293 BITENCOURT, Cezar Roberto. *Tratado...*, op. cit., v. 3, p. 186.

DO DANO
(TÍTULO II, CAPÍTULO IV)

I – DANO
(ARTIGO 163, CP)

1 Introdução

Define-se dano como qualquer prejuízo ou estrago, causado ou suportado por alguém. O crime de dano, todavia, descrito na lei penal como a destruição, inutilização ou deterioração de coisa alheia, exige significação diversa. É delito de dano todo prejuízo causado intencionalmente a outrem, sem que o agente tenha a vontade de se aproveitar economicamente da conduta. Portanto, ao contrário dos demais delitos já estudados, o dano pressupõe um prejuízo patrimonial para a vítima, sem a correspondente locupletação ilícita pelo sujeito ativo.

Dano, em direito civil, é o prejuízo oriundo de um ato ilícito, que gera a obrigação de indenizar, englobando tanto seu aspecto material quanto o moral. Cuida-se de elemento essencial à responsabilidade civil, pois sem dano não há ato ilícito. Ensina Francisco Amaral que dano, em sentido amplo, "é a diminuição ou subtração de um bem jurídico de valor patrimonial ou moral, o que permite considerar passíveis de dano bens jurídicos personalíssimos, como a vida, a liberdade, a honra, a integridade física, moral e intelectual".[294] Em direito penal, todavia, não se pode confundir a noção civilista de dano com a conduta tipificada sob o *nomen juris* dano. Para nós, dano é visto unicamente em seu aspecto material, excluída a lesão a outro bem jurídico que não seja patrimonial.

Mister também traçarmos a distinção entre crimes de dano – classificação geral dos delitos, contraposta aos crimes de perigo – e o crime denominado dano, espécie de delito patrimonial. Na citada classificação, crime de dano é aquele em que a descrição típica desde logo contempla uma conduta apta a lesionar o bem jurídico tutelado, ultrapassando a mera esfera do risco (nas condutas dolosas, deve o agente atuar com dolo de dano). São crimes de dano, por exemplo, o homicídio, o aborto, a lesão corporal, a injúria, o

---

[294] AMARAL, Francisco. *Direito civil brasileiro*. Rio de Janeiro: Forense, 1991. p. 593.

estupro, o peculato, entre outros. O artigo 163 (dano) é um entre os diversos crimes classificados como de dano.

O Capítulo IV do Código Penal previu várias espécies de dano, mas somente usou tal *nomen juris* no artigo 163. O artigo 164 cuida da introdução ou abandono de animais em propriedade alheia. Os artigos 165 e 166, tacitamente revogados pela Lei nº 9.605/98 (Crimes Ambientais), respectivamente tratam do dano em coisa de valor artístico, arqueológico ou histórico e da alteração de lugar especialmente protegido.

Afigura-se como pertinente a discussão acerca da necessidade de caracterização do dano como ilícito penal, diante dos ensinamentos que apregoam o direito penal mínimo. É fato que o legislador, preocupado em garantir o caráter de *ultima ratio* do direito penal, não incriminou o dano culposo. Cremos, todavia, que, apesar da reprovabilidade do comportamento do agente ao danificar dolosamente a propriedade alheia, a discussão deve ficar restrita ao âmbito da responsabilidade civil, salvo nos casos de lesão a interesses difusos ou a bens públicos, cuja magnitude impõe a intervenção repressiva (ajustando-se, assim, o ordenamento jurídico ao decálogo elaborado por Claus Roxin para expressar o momento político-criminal vivido na Alemanha na década de 60, em que se defendia a descriminalização das condutas cuja tipificação não guardasse pertinência com a função de pacificação social do direito penal). Ademais, em tais casos, a vítima almeja unicamente e em regra, a reconstituição de seu patrimônio, um interesse de índole privada, que não justifica a inflação das leis penais. Nas palavras de André Luís Callegari, o direito penal não pode ser o zelador do patrimônio alheio.[295] Deve preservar sua subsidiariedade para triunfar quando outras formas de solução de conflitos fracassarem, mantendo, por meio da excepcionalidade, a sua eficácia.

2 Objetividade jurídica

O bem jurídico tutelado, uma vez mais, é o patrimônio (propriedade e posse). O objeto material do delito é a coisa móvel ou imóvel. A coisa, outrossim, deve ser corpórea, para que possa sofrer um dano físico.

Não há o delito em caso de coisa com valor ínfimo, aplicando-se o princípio da insignificância. Assim decidiu o STJ, ao debater caso de detento que, tentando uma fuga, causou pequeno dano a obstáculo que buscava transpassar: "[...] O injusto penal, como fato típico e ilícito, exige a congruência do desvalor da ação e do desvalor do resultado. O desvalor do resultado consiste na lesão ou no perigo de lesão ao bem jurídico protegido. Inexistindo

---

295 CALLEGARI, André Luís. *Imputação objetiva* – lavagem de dinheiro e outros temas do direito penal. Porto Alegre: Livraria do Advogado, 2001. p. 207.

o desvalor do resultado, porque ausente ou ínfima a lesão ou perigo de lesão ao bem jurídico protegido, o que se evidencia no dano ao Estado avaliado em R$ 10,00 (dez reais), não há injusto penal, não há tipicidade. Aplicação do princípio da insignificância. [...]".[296]

Também a coisa há que ter um dono, não ocorrendo o delito caso se trate de *res nullius* ou de coisa abandonada.

Cuidando-se de bem jurídico disponível, o consentimento do ofendido exclui o caráter criminoso da conduta. Entretanto, se a coisa pertence a mais de uma pessoa, o consentimento exarado por uma delas não produzirá efeitos se a outra não se manifestar favoravelmente à conduta.

3 Sujeitos do delito

O sujeito ativo pode ser qualquer pessoa (crime comum), salvo o proprietário, pois o tipo penal exige que a coisa seja alheia.[297] Nesse caso, poderá restar tipificado o delito previsto no artigo 346 do CP (subtração ou dano de coisa própria em poder de terceiro), se integradas todas as elementares do tipo. Também o condômino pode praticar o crime, se a extensão do dano superar o valor da cota-parte a que tem direito.

No polo passivo, encontram-se o proprietário e o possuidor da coisa.

4 Tipicidade objetiva e subjetiva

Há três verbos figurando no núcleo do tipo: destruir, inutilizar e deteriorar. Considerando que o crime de dano é um tipo misto alternativo, a prática de mais de um desses verbos no mesmo contexto fático não importa pluralidade de delitos, mas crime único. Destruir é aniquilar, eliminar. Segundo Regis Prado, "a coisa deixa de existir na sua individualidade, ainda que subsista materialmente (*v. g.*, matar um animal, derrubar uma árvore etc.)".[298] Inutilizar é tornar inservível, sem uso, sem aplicação para a sua finalidade. A coisa pode até permanecer aparentemente íntegra, mas se torna imprestável ao seu propósito. Deteriorar significa estragar, arruinar, ou seja, mesmo sem a destruição da coisa ela perde parte de seu valor econômico ou sua utilidade, sendo algo mais leve que a inutilização. Há uma lacuna não suprida no dispositivo, que deixa de incriminar a ação de fazer desaparecer (sem perecimento da coisa), como no caso do agente que abre as portas do local onde se encontrava acautelado um animal, deixando que este se vá. A conduta é

---

296 STJ, HC 25657/SP, 6ª Turma, Rel. Min. Paulo Medina, julg. em 04/12/2003.
297 Contra, Luiz Régis Prado: "Sujeito ativo pode ser qualquer pessoa, inclusive o proprietário em caráter excepcional, como, por exemplo, quando causa danos a seu imóvel com o objetivo de forçar a saída do arrendatário ou do parceiro (delito comum)" (*Curso...*, op. cit., v. 2, p. 451).
298 PRADO, Luiz Regis. *Curso...*, op. cit., v. 2, p. 451.

atípica, pois, apesar do evidente dano suportado pela vítima, o verbo não se encontra no bojo do artigo 163 do CP.[299]

Não há a exigência de meios executórios específicos, razão pela qual o delito é classificado como de forma livre. Pode ocorrer o dano, por exemplo, pela ação de golpes manuais desferidos pelo agente, pelo uso de instrumentos contundentes, mediante o lançamento de objetos contra a coisa, pela utilização de substâncias cáusticas, inflamáveis, explosivas etc. A única ressalva é à conduta omissiva própria, não admissível. Além da conduta comissiva, somente a omissão imprópria pode se prestar à responsabilização por crime de dano.

O conceito de coisa alheia, elemento normativo do tipo, já foi visto. O tipo se refere à coisa corpórea, móvel ou imóvel, não pertencente ao sujeito ativo. É imprescindível que a coisa tenha valor, econômico, sentimental ou de uso.

E na hipótese em que há intervenção alheia na obra de arte de outrem, com intenção de aperfeiçoamento, pode ocorrer o crime de dano? Em princípio, deve ser visto que, mesmo na correção de defeitos ou imperfeições, a obra perde a sua originalidade, o que pode causar danos ao artista. Todavia, há que se observar se o prejuízo foi doloso (caso em que se daria o crime), se derivou de uma atuação imprudente, situação de atipicidade, ou mesmo de erro de tipo, hipótese em que igualmente não existe o crime.

Somente o atuar doloso permite a incriminação pelo dano, uma vez que não há expressa previsão da conduta culposa. A motivação para o delito pode ser a vingança, um rompante de ira ou outro sentimento, não se exigindo qualquer elemento subjetivo especial.[300] Pensamos, contudo, que ausente a intenção de atingir o patrimônio alheio, não há crime. Vejamos: A, percebendo que o pneu do automóvel de B está gasto, compra um pneu novo para presentear o amigo; todavia, antes de entregar o presente, resolve

---

299 Contrariamente opina Nelson Hungria, para quem a destruição açambarca o ato de fazer desaparecer uma coisa, tornando inviável a sua recuperação (*Comentários...*, op. cit., v. VII, p. 105). E. Magalhães Noronha tece fundada crítica à posição, asseverando que, se procedente o entendimento do jurista, seriam notadas redundâncias nos artigos 305 (que tem como verbos destruir, suprimir e ocultar) e 356 (que tipifica as condutas de inutilizar e deixar de restituir), ambos do CP (*Direito penal...*, op. cit., v. 2, p. 314-315).

300 O STJ já decidiu de forma contrária: "Não configura o crime de dano a conduta do preso que destrói, inutiliza ou deteriora os obstáculos materiais à consecução da fuga, porque ausente o elemento subjetivo do injusto, o fim especial de agir, ou seja, o propósito de causar prejuízo ao titular do objeto material do crime – *animus nocendi*" (HC 25657/SP, 6ª Turma, Rel. Min. Paulo Medina, julg. em 04/12/2003). Entretanto, o STF sustenta a posição esposada nesta obra: "O crime de dano exige, para a sua configuração, apenas o dolo genérico" (HC 73189-9/MS, Rel. Min. Carlos Velloso).

fazer uma brincadeira, furando o pneu gasto; B sai de casa e, percebendo o contratempo, mostra-se frustrado, lamentando sua sorte, momento em que A sai do local onde, escondido, ria daquela cena e entrega o pneu novo a B. Não há crime.

O dano, no caso, é um fim em si mesmo e, justamente por isso, exclui as condutas nas quais há a vontade imediata de locupletação ilícita, seguida de dano (nesse caso, haverá crime patrimonial diverso, como furto ou roubo; tomemos como exemplo o caso da pessoa que, vendo-se perseguida após subtrair um celular, atira o aparelho em um rio, para "se livrar do flagrante": nesse caso, não há crime de dano, mas a consumação do crime patrimonial prévio). A intenção de enriquecimento indireto não exclui o delito (por exemplo, danificar um carro de outra equipe para assegurar sua vitória e o prêmio em competição automobilística; ou destruir o maquinário de uma empresa para que esta não possa atender a determinado pedido, que, por conseguinte, passará aos cuidados do agente).

5 Consumação e tentativa

Há a consumação do crime de dano com a efetiva destruição, inutilização ou deterioração do bem, ou seja, quando este é atingido, gerando prejuízo patrimonial para a vítima. Trata-se de delito material, portanto, bem como de crime instantâneo, uma vez que a consumação se opera em um momento único.

A tentativa é admissível, uma vez que o crime é plurissubsistente, como no caso do agente que, ao lançar uma pedra na direção de um valioso vaso, erra o alvo, ou vê seu projétil ser interceptado por terceiro.

6 Dano qualificado

Há, no crime de dano, quatro situações que o qualificam, seja em razão do meio executório eleito pelo agente, da natureza especial do seu objeto material ou das consequências ou motivos do crime.

No inciso I do parágrafo único do artigo 163, o dano é qualificado se cometido com violência ou grave ameaça à pessoa, pois maior é o desvalor da ação. A violência, material (*vis corporalis*) ou moral (*vis compulsiva*) não é a finalidade direta do agente, mas uma forma de se alcançar acesso à coisa que se pretende danificar. Assim, não pode ser posterior ao dano, hipótese em que será imposto o concurso de delitos entre o dano simples e o crime autônomo derivado da conduta violenta ou intimidatória (lesão corporal, ameaça etc.). Caso a violência seja anterior, o dano, agora qualificado, somente poderá concorrer com crimes decorrentes da violência física, em virtude da redação da sanção cominada ao delito, que expressamente se refere ao cúmulo material com a pena correspondente à violência. A grave ameaça ou vias de fato serão absorvidas pelo dano qualificado. É irrelevante se o meio executório foi empregado contra o titular do direito real sobre o bem ou se contra terceiro que atuava na defesa da coisa alheia.

O inciso II tipifica o dano praticado mediante o emprego de substância inflamável ou explosiva, se o fato não constitui crime mais grave. A ressalva do dispositivo se refere aos crimes de perigo comum previstos nos artigos 250 e 251 do CP, punidos de forma mais severa por exporem a um risco concreto de lesão a incolumidade pública. Assim, o dano qualificado é absorvido sempre que a conduta gerar perigo comum.

Substância inflamável é aquela que propicia maior facilidade na combustão, como álcool, benzina, gasolina e outras. Sustância explosiva é aquela que, se acionada, provoca manifestação súbita e intensa, com desintegração total ou parcial da coisa e violento deslocamento de ar (por exemplo, dinamite).

Regis Prado justifica o incremento da pena pela maior magnitude do injusto e da culpabilidade. Para o autor, a especial agravação se dá em razão "da maior comoção que provocam os inflamáveis e explosivos, seja quanto à potencial extensão dos estragos, seja quanto à repercussão da conduta no meio social".[301] Parece-nos que apenas a probabilidade de danos mais extensos serve como fundamento para a norma, sendo irrelevante a repercussão social.

Da mesma forma que sua antecessora, esta qualificadora também deve ser verificada antes da consumação do dano, já que a norma exige que a substância seja empregada para o dano, isto é, como meio de execução.

A qualificadora do inciso III cuidava do crime praticado contra patrimônio da União, Estado, Município, empresa concessionária de serviços públicos ou sociedade de economia mista, com redação ditada pela Lei nº 5.346/1967. A norma, todavia, foi alterada pela Lei nº 13.531/2017, incluindo-se em seu âmbito o patrimônio do Distrito Federal, das autarquias e fundações públicas federais, estaduais, municipais e distritais, bem como das empresas públicas. Não há menção ao chamado "terceiro setor" (os integrantes do "Sistema S", como SENAI, SESC e outros, as Organizações da Sociedade Civil de Interesse Público – OSCIP, as Organizações Sociais – OS etc.).

Funda-se a qualificação da pena na prevalência do interesse público, existente mesmo na preservação do patrimônio das empresas concessionárias, pois seus bens se prestam a uma finalidade pública.

No conceito de patrimônio da União, Estados, Distrito Federal ou Municípios, estão integrados os bens públicos de uso comum ou especial,

---

301 PRADO, Luiz Regis. Curso..., op. cit., v. 2, p. 454.

já que, segundo Regis Prado, podem se transformar em bens patrimoniais, bastando a iniciativa do poder estatal.[302]

Autarquias e fundações públicas são pessoas jurídicas de direito público que integram a administração indireta. Consequentemente, dada sua natureza, seus bens são classificados como públicos, justificando-se o incremento da sanção penal em caso de crime de dano. Empresas públicas e sociedades de economia mista também integram a administração indireta, mas com natureza de pessoas jurídicas de direito privado. Sobre a natureza de seus bens, há divergência: parte da doutrina – adotando um critério subjetivo e com esteio no artigo 98 do Código Civil – entende que são privados (bens públicos seriam unicamente aqueles pertencentes a pessoas jurídicas de direito público); todavia, outros autores – em um critério material ou funcionalista – entendem que, caso os bens sejam afetados à prestação de um serviço público, mesmo pertencentes a pessoas jurídicas de direito privado teriam natureza de bens públicos.[303] Essa discussão é irrelevante para fins de qualificação do crime de dano, uma vez que o artigo 163, p. único, III, do CP deixa claro que a afetação do bem ao serviço público é o que importa para a imposição de margens penais diferenciadas. Isso fica evidente quando a norma contempla os bens pertencentes às empresas concessionárias de serviços públicos, que sequer integram o primeiro setor da administração pública. Em resumo: se o bem estiver afetado a um serviço público, pouco importa sua natureza (pública ou privada). Contudo, caso as empresas públicas e as sociedades de economia mista, ao invés da prestação de serviços públicos, exerçam atividade econômica, os bens a elas pertencentes são privados e nem mesmo possuem a mencionada afetação (ou seja, não se prestam a uma finalidade pública). Nessa hipótese, o dano não pode ser qualificado pela norma insculpida no inciso III.[304] Saliente-se que o STJ, antes da alteração promovida pela Lei nº 13.531/2017, classificava como simples o dano provocado contra o patrimônio da Caixa Econômica Federal (Quinta Turma, RHC nº 57544-SP, julg. em 6.8.2015), sob o argumento de que o Código Penal, no artigo 163, p. único, III, não alcançava as empresas públicas. Essa lacuna foi colmatada, mas, considerando que a Caixa Econômica Federal explora atividade econômica, a qualificadora se mantém inaplicável.

Em caso de contratos de direito privado da administração pública (por exemplo, a locação de um prédio a uma autarquia), se o bem envolvido não

---

302 Idem, ibidem, v. 2, p. 455.
303 OLIVEIRA, Rafael Carvalho Rezende. *Curso de Direito Administrativo*. 5. ed. Rio de Janeiro: Forense; São Paulo: Método, 2017. p. 641-642.
304 Contra, Hungria, que menciona os bens do Banco do Brasil como possíveis objetos materiais de dano qualificado (*Comentários...* op. cit., p. 110).

pertencer ao poder público e for danificado (os vidros das janelas do prédio alugado são quebrados, *v. g.*), o dano é simples.

Empresas concessionárias, em uma definição tradicional, são aquelas que, mediante atribuição do Estado, exercem um serviço público em nome próprio, por sua conta e risco.[305] Não são contemplados pela norma os bens das empresas permissionárias de serviços públicos. Embora os livros de direito administrativo costumem traçar diferenças entre os contratos de concessão e permissão (a principal delas seria o caráter precário da permissão), Rafael Oliveira afirma inexistir uma diferença substancial entre os dois institutos. Sustenta o autor que ambas as modalidades de delegação de serviços públicos possuem caráter contratual (artigos 175 da CRFB e 40 da Lei nº 8.987/1995), servem para um mesmo fim e submetem-se ao mesmo regime jurídico; quanto ao caráter precário do contrato de permissão, o autor alega que não pode servir como critério diferenciador.[306] Essa também é a posição de José dos Santos Carvalho Filho, para quem "é mais lógico admitir-se que entre a permissão e a concessão não mais se vislumbrem diferenças do que tentar identificar pontos distintivos incongruentes, inócuos e não convincentes".[307] Assim, caso se defenda que concessão e permissão são essencialmente a mesma coisa, inexistindo relevância na dicotomia terminológica, teoricamente é possível defender a existência de dano qualificado mesmo quando o objeto material da conduta é coisa pertencente a empresa permissionária. Convém ressaltar, no entanto, que o artigo 175 da CRFB usa os dois termos separadamente, insinuando que albergou a distinção (ainda que hoje insignificante). Adotado esse raciocínio, a qualificação do dano também no caso de bens de permissionárias representaria analogia *in malam partem*.

O STJ já se manifestou no sentido de ser exigível – para a qualificação pelo dano ao patrimônio público – um dolo específico, consistente na intenção de prejudicar o poder público (no caso julgado, a municipalidade).[308] A fundamentação do voto do Ministro relator é paupérrima: limita-se a seguir o parecer do Ministério Público Federal, que, por sua vez, é vago. Afirma apenas que o crime qualificado exige a vontade livre e consciente de atingir o

---

305 O conceito é uma adaptação sintética da lição de Celso Antônio Bandeira de Mello (*Curso de direito administrativo*. 17. ed. São Paulo: Malheiros, 2004. p. 654).

306 OLIVEIRA, Rafael Carvalho Rezende. *Curso de Direito Administrativo*. 5. ed. Rio de Janeiro: Forense; São Paulo: Método, 2017. p. 171-172.

307 FILHO, José dos Santos Carvalho. *Manual de Direito Administrativo*. 28. ed. São Paulo: Atlas, 2015. p. 439. Aduz o autor que o STF, em decisão proferida na ADI nº 1.491-DF (julgada em 1.7.1998), por apertada maioria (seis a cinco), concluiu pela inexistência de diferenças conceituais entre permissão e concessão (*Manual...* op. cit., p. 438).

308 REsp nº 493.148-SP, Quinta Turma, rel. Min. José Arnaldo da Fonseca, julg. em 3.2.2004.

patrimônio público, refutando a tese do dolo genérico, firmada pelo tribunal *a quo* (Tribunal de alçada Criminal de São Paulo. Ou seja, não há qualquer argumentação. Cremos equivocada a posição, bastando, para o dano qualificado, que o agente saiba que o bem danificado é afetado ao serviço público, ainda que não o tenha danificado por ser afetado ao serviço público.

A última qualificadora, inscrita no inciso IV, refere-se ao motivo egoístico para o cometimento do delito ou ao considerável prejuízo causado à vítima. Motivo egoístico é aquele baseado na satisfação de um interesse futuro, econômico ou moral, desde que exacerbado, pois a simples vinculação da conduta a um sentimento pouco nobre, como a ira ou a vingança, não se presta a descaracterizar o dano simples. Pensamento diferente transformaria a exceção (crime qualificado) em regra. Segue-se, portanto, a feliz lição de Magalhães Noronha: "Motivo egoístico, no dispositivo em apreço, é o originado do egoísmo antissocial que provoca crime. É o egoísmo exacerbado, que, na satisfação dos interesses individuais, lesa, ofende e extingue os interesses dos semelhantes. É o exagerado amor ao bem próprio. É o egocentrismo, em que o eu é o centro de todo o interesse, é a finalidade de toda ação do indivíduo que, para satisfazê-lo, calca aos pés os interesses e direitos do próximo".[309] Nessa qualificadora pode ser inserido o *animus lucrandi*.

O prejuízo considerável à vítima, ao seu turno, não deve ser avaliado pelo valor da coisa danificada, mas pelas consequências econômicas que o ato acarreta ao sujeito passivo. Tenha o objeto material do crime grande valor, como uma tela de um artista famoso, ou valor pouco expressivo, como um eletrodoméstico simples, deverá ser averiguado se, perante a vítima, por suas condições pessoais, aquela conduta teve grave repercussão.

Não são agasalhadas outras espécies de prejuízo que não o patrimonial. Segundo Magalhães Noronha, nem mesmo os lucros cessantes, ou seja, aquilo que a vítima deixará de auferir em virtude do dano, podem ser considerados na aferição do prejuízo. Para o autor, prejuízo é aquele inerente à própria danificação, verificado na execução do crime, e não o prejuízo futuro.[310]

7 Distinção, concurso de crimes e concurso aparente de normas

Sempre que o dano for praticado como crime-meio para finalidade criminosa diversa (como no caso do furto qualificado pelo rompimento de obstáculo), será absorvido pelo outro delito. Somente poderá haver a configuração do dano ou o concurso material de infrações se o dano for um fim em si mesmo. Por exemplo, se o agente arrebata uma coisa móvel em poder de outrem com o único objetivo de danificá-la, não será caracterizado furto, mas sim dano. Todavia, mesmo no caso do dano como fim, se este impuser

---

309 MAGALHÃES NORONHA, E. *Direito penal...*, op. cit., p. 320.
310 Idem, ibidem, p. 321.

perigo à coletividade, será absorvido pelo crime de perigo comum resultante (incêndio, explosão, desabamento etc.). Se o agente, *v. g.*, querendo danificar o bem pertencente a outrem, ateia fogo a ele, há dano qualificado. Contudo, se esse fogo assume grandes proporções, vindo a colocar em risco a integridade física, a vida ou o patrimônio de pessoas indeterminadas, existirá tão-somente crime de incêndio, doloso ou culposo.

Nota-se relação de especialidade, ainda, entre o dano e outras figuras típicas do Código Penal, mais específicas no que concerne ao objeto material. Assim é com o dano a coisa destinada a culto religioso (artigo 208, CP), dano a sepultura (artigo 210) e com o dano a documento público ou particular (artigo 305).

Havendo violência material como meio para se alcançar o dano, o agente será responsabilizado tanto pelo artigo 163, quanto pelo delito derivado da violência. Assim, por exemplo, se uma lesão corporal leve é praticada contra alguém que agia na defesa da coisa, para, em seguida, ser perpetrado o dano, o agente responderá por ambos os delitos, em cúmulo material de sanções.

A possibilidade de continuidade delitiva entre o dano e crimes assemelhados (como a introdução ou o abandono de animais em propriedade alheia – artigo 164) dependerá do que se entende por crimes da mesma espécie, requisito do artigo 71 do CP. Sendo lido como delitos que atingem a mesma objetividade jurídica e cuja descrição típica é parecida, será possível o reconhecimento do crime continuado. Entretanto, se à expressão for dada a acepção de crimes previstos no mesmo artigo de lei, somente entre condutas tipificadas no artigo 163 haverá a continuidade.

Na legislação extravagante, há uma variada gama de delitos especiais em relação ao dano, mormente na Lei nº 9.605/1998 (Crimes Ambientais). O artigo 32, por exemplo, cuida de maus-tratos, abuso, ferimento ou mutilação de animais (considerados "coisa" para o direito penal), sejam silvestres, domésticos ou domesticados (embora consideremos que o bem jurídico tutelado, na Lei nº 9.605/1998, seja a integridade ou a dignidade animal,[311] não há como deixar de cotejá-la com o crime contra o patrimônio). Esta conduta já era considerada contravenção penal (artigo 64, Decreto-Lei nº 3.688/1941), tacitamente revogada pela lei ambiental. Há hipótese de dano, tratado de forma especial, também nos artigos 49 (dano sobre plantas de ornamentação em logradouros públicos ou propriedade privada) e 65 (pichação ou grafite em edificação ou monumento urbano), entre outros.

A Lei das Contravenções Penais, ainda, no artigo 36, parágrafo único, *a*, trouxe à baila uma forma especial de dano contra o patrimônio público

---

[311] GILABERTE, Bruno; GILABERTE, Thalissa Pádua. A Integridade Animal Como Bem Jurídico Penalmente Tutelável. *Semioses*. Rio de Janeiro, v. 12, n. 4, p. 38-57, out.--dez. 2018.

(destruição de sinal em via pública destinado a evitar perigo a transeuntes). O mesmo se dá em relação ao artigo 15 da Lei nº 7.170/83 (Segurança Nacional), no qual o agente é movido por fim político-subversivo. Em todos os casos citados, a lei especial prevalecerá sobre a norma genérica (artigo 163). É o que ocorre também em relação ao CPM, onde encontramos o dano em vários dispositivos: artigos 259 (dano simples), 260 (atenuado), 261 (qualificado), 262 (em material ou aparelhamento de guerra), 263 (em navio de guerra ou mercante em serviço militar), 264 (em aparelhos e instalações de aviação e navais e em estabelecimentos militares) e 266 (formas culposas). O artigo 265 do CPM (desaparecimento, consunção ou extravio) não encontra paralelo no artigo 163 do CP.

8 Pena e ação penal

Ao crime de dano é imposta pena de detenção, de 1 a 6 meses, além de multa cumulativa. Trata-se de infração de menor potencial ofensivo, sujeita às regras da Lei nº 9.099/95.

Sendo o dano qualificado, a pena é exageradamente incrementada, passando a ser de detenção, de 6 meses a 3 anos, além de multa. Caso seja utilizada violência na execução, aplica-se em cúmulo material a pena do crime correspondente à violência (artigo 129, CP, por exemplo). Na conduta qualificada, portanto, o potencial ofensivo é médio, com a possibilidade, todavia, de suspensão condicional do processo (artigo 89, Lei nº 9.099/95).

No caso de dano qualificado pelo emprego de substância inflamável ou explosiva, não terá incidência a circunstância agravante genérica inscrita no artigo 61, II, *d*, do CP.

A ação penal, consoante redação do artigo 167, será privada no *caput* do artigo 163 e na qualificadora referente ao motivo egoístico ou considerável prejuízo. Nas demais hipóteses será pública incondicionada.

II – INTRODUÇÃO OU ABANDONO DE ANIMAIS EM PROPRIEDADE ALHEIA (ARTIGO 164, CP)

1 Introdução

O objeto do estudo, chamado também de pastoreio ilegítimo, ou pastagem abusiva, é inspirado no modelo italiano *pascolo abusivo* (artigo 636, Código Penal italiano).[312] Aliás, é italiana a origem da previsão autônoma do delito (Códigos sardo e Zanardelli). Apesar de, em última análise, encerrar um tipo de dano, a sua prática peculiar, pela intromissão ou abandono voluntário de animal em propriedade de outrem, causando prejuízo para a vítima, levou o legislador a optar por sua tipificação em apartado do artigo 163, diversamente do que ocorreu nos Códigos de 1830 e 1890. Entendemos que essa autonomia não mais se justifica.

2 Objetividade jurídica

O bem jurídico tutelado é o patrimônio, mais especificamente a propriedade ou a posse sobre imóvel, rural ou urbano. A expressão "propriedade", empregada na norma, como bem assevera Bento de Faria, não indica domínio, mas sim terreno de prédio rústico ou urbano, sobre o qual alguém exerce propriedade ou posse.[313] É fato que os danos serão mais severos se a introdução for efetivada em propriedade rural, onde plantações sujeitas à atividade animal podem ser dizimadas. Entretanto, a norma não exclui a proteção à propriedade urbana.

Cuida-se de bem jurídico disponível. O consentimento do ofendido, por conseguinte, tem o condão de afastar o caráter criminoso da conduta, excluindo sua tipicidade, uma vez que figura como elemento do tipo ("Introduzir ou deixar animais em propriedade alheia, sem consentimento de quem de direito [...]").[314]

---

312 COSTA JR., Paulo José da. *Comentários...*, op. cit., p. 502.
313 FARIA, Bento de., apud MAGALHÃES NORONHA, E. *Direito penal...*, op. cit., v. 2, p. 322.
314 Para Luiz Regis Prado, cuida-se de causa de justificação, atinente à antijuridicidade (*Curso...*, op. cit., v. 2, p. 461).

O objeto material sobre o qual recai a conduta é a propriedade imóvel.

3 Sujeitos do delito

Qualquer pessoa que introduza ou abandone animais em propriedade alheia pode figurar no polo ativo do delito, independentemente de qualidades especiais. Discute-se se o proprietário pode praticar o delito contra o possuidor do imóvel, o que consideramos impossível, já que o dispositivo exige que a propriedade atingida seja alheia. Magalhães Noronha, contrariamente, admite a hipótese, sob o argumento de que a posse também é protegida.[315] Ora, a proteção da posse se dá contra o comportamento de terceiros, não contra o proprietário. A lei, ao tipificar a introdução ou abandono de animais em propriedade alheia, disse que o crime ocorre quando a conduta tem por objeto o terreno de outrem, não o terreno próprio. Mesmo existindo, no terreno, cultura agrícola de responsabilidade do possuidor, o dano provocado pelos animais à plantação configura o delito do artigo 163, se o agente for o proprietário.

O sujeito passivo será o proprietário ou o possuidor do imóvel rural ou urbano invadido pelos animais.

4 Tipicidade objetiva e subjetiva

Há dois verbos que compõem o núcleo do tipo: introduzir (fazer entrar, intrometer) e deixar (abandonar, largar, não retirar). No primeiro caso, há uma conduta comissiva, isto é, o sujeito ativo leva os animais para a propriedade alheia, propiciando o seu ingresso. Por exemplo, o agente toca um rebanho para pastagem de outrem, ou abre a porteira que divisa duas propriedades, permitindo a circulação livre de animais etc. Não há estipulação legal do meio executório, tratando-se de crime de forma livre. No segundo verbo, a conduta é omissiva. Os animais ingressam legítima ou descuidadamente na propriedade alheia, e o sujeito ativo, intencionalmente, não os retira do local. Ou seja, a ilegalidade não reside no ingresso dos animais, mas em sua permanência.

Apesar de a norma utilizar a expressão animais no plural, tal não significa a necessidade de introdução ou abandono de vários animais, bastando que um seja introduzido ou abandonado. A expressão foi usada como gênero, não como referência coletiva.[316]

---

315 MAGALHÃES NORONHA, E. *Direito penal...*, op. cit., v. 2, p. 323.
316 Contra, Paulo José da Costa Jr.: "O próprio *nomen juris* do delito, pastoreio ilegítimo, está a indicar o rebanho, a coletividade. De mais a mais, a expressão normativa é a introdução ou o abandono de animais em propriedade alheia. Parece-nos mais lógico que se interprete a pluralidade como a de dois ou mais animais do que como animais de várias espécies" (*Comentários...*, op. cit., p. 503)

Ocorre a subsunção da conduta à norma apenas quando o animal efetivamente provoca algum prejuízo ao sujeito passivo, de acordo com expressa dicção da norma. Não chegando a ser produzido algum dano, a conduta é atípica, já que o prejuízo é elementar do delito, em que pesem controvérsias a respeito. Para a doutrina majoritária, a superveniência de prejuízo à vítima é condição objetiva de punibilidade.[317] Condições objetivas de punibilidade são definidas por Juarez Tavares como "elementos do fato punível situados fora do tipo de injusto, mas previstos no complexo típico como manifestação da valoração de sua punibilidade".[318] Wessels as conceitua como pressupostos materiais da punibilidade, alijadas do tipo de injusto e sobre as quais não precisa se estender o dolo.[319] Especificamente em relação ao artigo 164, manifesta-se Bitencourt: "Na verdade, convém ter presente que a condição objetiva da punibilidade é extrínseca ao crime, estranha, portanto, à tipicidade, à antijuridicidade e à culpabilidade; é, poder-se-ia dizer, um *posterius* do crime, está fora dele", concluindo que, como o prejuízo é elemento constitutivo do crime, sua ausência não afasta apenas a punibilidade, mas a própria tipicidade do comportamento.[320]

Verificar-se-á crime impossível (artigo 17, CP) em duas situações: (a) embora introduzido ou abandonado, o animal não tem potencial para causar prejuízos significativos àquela propriedade, como no caso da introdução de um gato doméstico em plantação alheia; (b) na propriedade não há nada que possa ser danificado pelo animal, *v. g.*, na introdução de cavalos em um terreno baldio. Nessa última situação, é importante ressaltar a lição de Hungria: "Como a proteção penal, na espécie, visa principalmente à incolumidade ou vegetações úteis, a propriedade invadida será, as mais das vezes, terreno rural, mas o próprio terreno urbano, desde que contenha plantações (horta, jardim, pomar), não fica excluído".[321] O douto mestre, como se vê, exige que o prejuízo seja causado à cultura agrícola. E se, em propriedade urbana, o animal causa danos a outros bens que não tenham essa natureza (por exemplo, se um animal é introduzido em um restaurante para danificar o aparato comercial do estabelecimento)? Seguindo Hungria, o crime seria de dano (artigo 163). Entretanto, como a norma em estudo não restringiu o objeto material do crime às plantações e congêneres, cremos ser possível

---

317 Nesse sentido, Nelson Hungria (*Comentários...*, op. cit., v. VII, p. 112), Luiz Regis Prado (*Curso...*, op. cit., v. 2, p. 461).
318 TAVARES, Juarez. *Teoria do injusto penal*. 2. ed. Belo Horizonte: Del Rey, 2002. p. 244.
319 WESSELS, Johannes. *Direito penal...*, op. cit., p. 37.
320 BITENCOURT, Cezar Roberto. *Tratado...*, op. cit., v. 3, p. 214-215. Nesse sentido, Damásio E. de Jesus (*Direito penal...*, op. cit., v. 2, p. 400), Paulo José da Costa Jr., (*Comentários...*, op. cit., p. 503).
321 HUNGRIA, Nélson. *Comentários...*, op. cit., v. VII, p. 112.

enquadrar a hipótese no artigo 164. Afirma Paulo José da Costa Jr.: "O prejuízo, via de regra, é aquele infligido às plantações. Poderão, entretanto, ser danificados porteiras, cercas, manjedouras, ou até estátuas e objetos de adorno, colocados em jardins".[322]

Exige-se, outrossim, que a conduta não seja consentida pelo possuidor ou pelo proprietário do imóvel. Caso presente o consentimento, como visto, há atipicidade da conduta.

O tipo subjetivo é composto pelo dolo, abrangendo a vontade livre e consciente de introduzir ou deixar animal em propriedade alheia. No entanto, não integra o dolo do agente a intenção de causar um dano, ou seja, de efetivar um prejuízo para a vítima, que, se existente, impõe o reconhecimento do crime tipificado no artigo 163 (dano). A lição é interessante quando se nota que a pena mínima cominada em abstrato para o artigo 164 (quinze dias) é menor do que aquela cominada ao dano (um mês). Assim, seria incoerente admitir a vontade de danificar a coisa alheia no crime em estudo, contemplando um meio executório potencialmente mais destrutivo com uma sanção mais suave. Diz Hungria que "a intenção do agente há de ser outra que não a de causar dano por amor ao dano, como, *in exemplis*, a de pôr os animais em trânsito pela propriedade alheia, ou a de proporcionar maior amplitude de vagueação".[323] Caso o agente seja movido pela intenção de subtrair coisa alheia, o crime será de furto (por exemplo, levar o gado próprio para pastar em terras alheias, ou treinar animais para pegar frutas do pomar de outrem etc.).

5 Consumação e tentativa

O crime é material, ou seja, não basta a prática dos verbos tipificados para que se atinja a consumação. Mister haja efetivo prejuízo. Também se classifica o delito como instantâneo e de dano.

A tentativa é inadmissível, pois a não ocorrência do prejuízo torna atípica a conduta, não permitindo o *conatus*.

6 Distinção, concurso de crimes e concurso aparente de normas

O número de animais que são introduzidos ou deixados em propriedade alheia não tem relevância para a tipificação do crime. Caso vários animais sejam utilizados no crime, mas em uma mesma oportunidade, configurar-se-á crime único. Todavia, se os animais são reiteradamente introduzidos ou deixados na propriedade de outrem, havendo uma quebra do liame entre a conduta antecedente e a posterior, vislumbra-se continuidade delitiva.

---

322 COSTA JR., Paulo José da. *Comentários...*, op. cit., p. 503.
323 HUNGRIA, Nelson. *Comentários...*, op. cit., v. VII, p. 112.

Deve ser reiterado que o crime em estudo não trata de crime de dano especial, pois, aqui, o agente não tem a intenção de provocar um dano. Caso o dolo abranja a intenção lesiva, o crime será capitulado no artigo 163.

7 Pena e ação penal

A pena reservada para a introdução ou abandono em propriedade alheia é de detenção, de 15 dias a 6 meses, ou, alternativamente, pena de multa. A infração, portanto, é de menor potencial ofensivo, sujeita à incidência das regras da Lei nº 9.099/95.

A ação penal, consoante o artigo 167, é privada.

III – DANO EM COISA DE VALOR ARTÍSTICO, ARQUEOLÓGICO OU HISTÓRICO (ARTIGO 165, CP)

Revogação

O artigo 165 do Código Penal foi tacitamente revogado pelo artigo 62, I, da Lei nº 9.905/98 (Lei dos Crimes Ambientais), norma penal posterior que regulou integralmente a matéria, inclusive sancionando a conduta de forma mais severa (pena de reclusão, de 1 a 3 anos). O dispositivo da lei especial não menciona, de forma específica, a coisa tombada como objeto material do delito. Todavia, menciona o dano praticado contra bem especialmente protegido por lei, ato administrativo ou decisão judicial, englobando as coisas tombadas.

IV – ALTERAÇÃO DE LOCAL ESPECIALMENTE PROTEGIDO (ARTIGO 166, CP)

Revogação

A Lei nº 9.605/98 (Crimes Ambientais), de semelhante ao ocorrido com o artigo anterior, também revogou tacitamente o artigo 166, inclusive incriminando de forma mais ampla as afrontas ao bem jurídico protegido. Infelizmente, apesar da clara ab-rogação, o legislador não a mencionou expressamente no texto extravagante, mantendo no Código Penal um dispositivo morto. Apesar das inúmeras recomendações para indicar as normas revogadas quando do advento de novos diplomas (especialmente, artigo 9º da Lei Complementar nº 95/1998), nosso legislativo continua ignorando os hercúleos esforços de dedicados juristas para a harmonização das leis penais, deixando de adotar providências simples e saneadoras.

V – AÇÃO PENAL
(ARTIGO 167, CP)

Natureza da ação

O artigo 167 preconiza que, nos crimes do Capítulo IV, a ação penal privada é regra, uma vez que é o instrumento adequado para processamento do crime de dano simples (artigo 163), do dano qualificado pelo motivo egoístico ou pelo prejuízo considerável (artigo 163, parágrafo único, IV) e do crime de introdução ou abandono de animais em propriedade alheia (artigo 164). Aos demais delitos, restaria a ação penal pública incondicionada. Todavia, com a revogação dos artigos 165 e 166 pela Lei de Crimes Ambientais, a ação pública ficou restringida às hipóteses de dano qualificado pela violência à pessoa ou grave ameaça (artigo 163, parágrafo único, I, justificável pela complexidade do delito, com base no artigo 101, CP), pelo emprego de fogo ou explosivo (II) e pela natureza do patrimônio atingido (III).

DA APROPRIAÇÃO INDÉBITA
(TÍTULO II, CAPÍTULO V)

I – APROPRIAÇÃO INDÉBITA
(ARTIGO 168, CP)

1 Introdução

Apropriação indébita é a inversão da natureza de uma posse ou detenção lícita sobre coisa alheia, ou seja, o criminoso, após a constituição regular de um direito real sobre a coisa de outrem, passa a agir como se dono fosse. Segundo Hungria, a apropriação indébita é a "inversão arbitrária da posse *nomine alieno* em propriedade de fato, prevalecendo o agente da conferida disponibilidade física da coisa".

Nota-se, assim, um marcante traço distintivo entre a apropriação indébita e os demais crimes patrimoniais, que é a posse ou detenção não viciada. Todavia, no desenvolvimento histórico do tipo penal, a apropriação indébita aparece, inicialmente, como espécie de furto. Já no Código de Hamurabi encontramos o delineamento do delito, ainda sem denominação específica. Assim também se deu no Código de Manu.

O direito romano não tratou da espécie, conhecida pelo direito germânico, embora sob o nome de furto impróprio, isto é, sem autonomia em relação ao furto. A grande contribuição das leis germânicas reside na incriminação do abuso de uma posse prévia e legítima, o que aproxima a conduta da previsão hodierna. No direito francês, o Código de 1791 conferiu autonomia ao delito, denominando-o "abuso de confiança". O tipo penal, como se observa, tinha embasamento na violação fiduciária entre duas pessoas, o que, atualmente, mesmo não sendo estranho à apropriação indébita, não lhe é pressuposto, dado o seu caráter patrimonial, e não pessoal. Romeu de Almeida Salles Jr. cita as nomenclaturas utilizadas em vários países no desenvolvimento dogmático da apropriação indébita: *truffa* na Itália, nome hoje adequado ao estelionato; *appropriazione indébita* no Código sardo; "infidelidade" na Áustria, e "abuso de confiança" em Portugal, demonstrando afinidade com o direito francês.[324]

---

324 SALLES JÚNIOR, Romeu de Almeida. *Apropriação indébita e estelionato*. 3. ed. São Paulo: Saraiva, 1997. p. 4.

O nosso ordenamento jurídico somente previu a apropriação indébita como delito autônomo no Código Penal de 1940, já que as codificações anteriores (1830 e 1890) tipificavam o furto de forma abrangente, abarcando a conduta. Posteriormente, a Lei nº 9.983/2000 criou o artigo 168-A, que trata da apropriação indébita previdenciária.

2 Objetividade jurídica

Tutela-se, no crime de apropriação indébita, a propriedade. Em princípio, a posse não é tutelada, uma vez que, no caso do crime praticado pelo possuidor, ela é pressuposto material do delito. Quando há o abuso da posse, não da detenção, somente a propriedade será violada, já que o possuidor será o sujeito ativo da conduta incriminada. Todavia, mesmo a posse pode ser objeto de salvaguarda da lei penal, desde que o crime seja praticado pelo detentor, pessoa diversa do possuidor. Suponhamos a hipótese em que um possuidor (no caso do locatário, por exemplo) entregue a coisa a alguém para que a transporte para algum lugar. O transportador tem apenas a detenção da coisa. Caso inverta o título da sua detenção, agindo como proprietário, violará não só o direito do proprietário da coisa, como também um interesse do possuidor, que tem o bem integrado ao seu patrimônio, ainda que não na qualidade de proprietário. Bitencourt sustenta que outros direitos reais também são protegidos, exemplificando com o caso do devedor, na constituição de penhor, que, estando em posse da res, dela se apropria, violando o direito do credor pignoratício.[325] Discordamos, pois a propriedade da coisa, mesmo que gravada, não se transfere ao credor, isto é, o proprietário continua sendo o devedor. Este, portanto, não tem a posse sobre coisa alheia, como exige o tipo penal, mas sobre coisa própria, que não pode ser objeto de apropriação. Mas é certo o reconhecimento da possibilidade de apropriação indébita em outras relações jurídicas, como na compra e venda com reserva de domínio, na qual o possuidor não é proprietário da coisa, ou, pelo mesmo motivo, na alienação fiduciária em garantia, entre outros exemplos.

O bem jurídico tutelado, à evidência, é disponível, em razão de seu caráter eminentemente privado. Assim, o consentimento do ofendido afasta o caráter criminoso do comportamento.

O objeto material do crime é a coisa alheia móvel, cujo conceito já foi estudado na análise do crime de furto (artigo 155, CP).[326]

---

325 BITENCOURT, Cezar Roberto. *Tratado...*, op. cit., v. 3, p. 234.
326 Informativo nº 641, STF: "A 1ª Turma denegou habeas corpus em que se pleiteava o trancamento de ação penal com base na aplicação do princípio da insignificância em favor de denunciado pela suposta prática do delito de apropriação indébita de contribuições previdenciárias (CP: 'Art. 168-A. Deixar de repassar à previdência social as contribuições recolhidas dos contribuintes, no prazo e forma legal ou convencional'), no valor de R$ 3.110,71. Aduziu-se tratar-se de apropriação indébita e não de débito

3 Sujeitos do delito

O sujeito ativo do delito será o possuidor ou o detentor (locatário, caixeiro-viajante, simples portador da coisa etc.), que tenha a coisa alheia de forma legítima. Qualquer pessoa pode ter a posse ou a detenção, não se exigindo qualidades especiais do agente (crime comum). Não poderá figurar no polo ativo o proprietário da coisa, pois a norma fala que o bem apropriado deve ser alheio. O condômino pode praticar o crime em tela, desde que a coisa não seja fungível ou, se fungível, desde que exceda a sua quota.

Caso o sujeito seja funcionário público e a apropriação tiver como objeto bem móvel, público ou particular, cuja posse deriva do cargo ocupado, aperfeiçoar-se-á o crime de peculato-apropriação, previsto no artigo 312, *caput*, 1ª parte, do CP.[327]

---

fiscal, haja vista que houvera o desconto de contribuições não repassadas a entidade previdenciária. Portanto, o caso seria distinto daquele em que a jurisprudência do STF autoriza a incidência do referido postulado por ser dispensada pela administração tributária a exigibilidade judicial da exação para o crime de sonegação fiscal." (HC 102550/PR, rel. Min. Luiz Fux, 20.9.2011)

327 A respeito, vide decisão do STJ, publicada no Informativo nº 413, *verbis*: "Por força de questionamento em ação popular, foi determinado pelo juízo penal que os valores referentes a aumento de subsídios aprovado em favor do paciente e outros (todos vereadores) deveriam ser depositados em instituição bancária. Contudo, eles obtiveram acesso a essas quantias e alguns fizeram uso delas. Daí a denúncia do paciente pelo crime de peculato, que resultou em sua condenação pela prática de apropriação indébita (no momento da inversão da posse, ele não mais ostentava a condição de funcionário público, porque não foi reeleito). Nesse contexto, não há falar em nulidade do acórdão da apelação por falta de enfrentamento da questão referente à atipicidade da conduta. O Tribunal de origem combateu e rechaçou a tese de atipicidade por falta de posse do numerário, apontando que o paciente sacou os valores depositados por ordem judicial em caderneta de poupança de que ele mesmo era titular, apesar de ciente de que não poderia movimentá-los, e quando chamado a restituí-los, não atendeu a determinação. Desse modo, caracteriza-se indevida inversão da posse, diante da configuração do *animus rem sibi habendi*. Além disso, ao entender presente a omissão, deveria manejar embargos de declaração do acórdão de apelação, providência não ultimada, o que resultou no trânsito em julgado do aresto sem que fosse interposto nenhum recurso. Mostra-se também correto o acórdão quando equilibrou a dosagem da pena ao fixar sua majoração pela metade em razão das circunstâncias judiciais apontadas desfavoráveis na sentença (culpabilidade, personalidade, motivos e consequências do crime). Todavia, a impetração merece amparo quanto ao uso da confissão do paciente como elemento relevante à condenação, visto ser de rigor, nesse caso, a incidência da atenuante do art. 65, III, "d", do CP. Para tanto, conforme a jurisprudência do STJ, é prescindível a espontaneidade, bastando que haja apenas a voluntariedade. Por tudo isso, a Turma entendeu conceder parcialmente a ordem para reduzir a pena devido à presença da atenuante da confissão, decisão cujos efeitos foram estendidos a outros corréus. Precedentes citados: RHC 7.934-MG, DJ 9/11/1998; REsp 303.202-MS, DJ 5/2/2007; HC 42.865-SP, DJ 21/11/2005; HC 119.889-MG, DJe 2/2/2009; RHC 12.842-PR, DJ 29/9/2003; HC

O sujeito passivo do delito é, em qualquer caso, o proprietário da coisa, que pode ser pessoa diversa daquela que confiou o bem à posse ou detenção do agente. Eventualmente, também o possuidor poderá ser sujeito passivo.

4 Tipicidade objetiva e subjetiva

O tipo penal é grafado da seguinte forma: "Apropriar-se de coisa alheia móvel, de que tem a posse ou a detenção". O verbo apropriar-se, núcleo do tipo não vinculado a qualquer meio executório predeterminado (crime de forma livre), não se confunde com o apossamento. Este é anterior e constitui pressuposto lógico do ato de se apropriar, pois somente pode assim proceder quem tem a coisa consigo, seja em razão de posse ou de detenção. A apropriação (fazer-se proprietário), portanto, é uma modificação de ânimo do agente, que, inicialmente possuidor ou detentor, passa a agir como se proprietário da coisa fosse. Consoante Magalhães Noronha, a conduta é reveladora do *animus domini* do agente, pois se verifica a "inversão da posse ou detenção em estado idêntico ao domínio".[328]

Destarte, tem-se a apropriação da seguinte forma: de início, é constituída uma posse ou detenção lícita; já em poder da coisa, o agente passa a agir criminosamente (note-se que a conduta criminosa só surge após o apossamento), praticando atos de domínio exclusivos do proprietário, demonstrando que se apropriou do bem. É o caso, por exemplo, do empresário que, tencionando efetuar um pagamento, solicita que um funcionário vá com o dinheiro até o banco para saldar a dívida. O funcionário recebe a quantia sem intenção criminosa, mas, no caminho até a instituição financeira, cai em tentação e resolve ter para si o valor, depositando-o na própria conta e alegando ao empregador ter sido vítima de roubo. Percebe-se, com clareza, que, à constituição lícita da detenção, seguiu-se a inversão do ânimo do agente, caracterizadora da apropriação indébita.

Posse, conforme disposto no artigo 168, é a posse direta, conceituada nos artigos 1.196 e 1.197 do Código Civil. Já a detenção encontra definição no artigo 1.198 do CC. Somente ocorre o crime de apropriação indébita na transferência lícita da posse ou da detenção. Ou seja, a constituição do pressuposto não padece de qualquer vício, cuidando-se de ato voluntário e consciente do transferidor e de boa-fé por quem recebe a coisa. A má-fé é posterior à posse ou à detenção. Assim, teremos as seguintes hipóteses: (a) o sujeito ativo recebe a coisa de boa-fé e, depois, modifica seu propósito, fazendo sua a coisa alheia, o que caracteriza o crime de apropriação; (b) o agente, desde o momento do recebimento, já tem a intenção de fazer sua

---

96.133-MS, DJe 15/12/2008, e HC 66.437-SP, DJe 3/11/2008" (HC 117.764/SP, Rel. Min. Og Fernandes, julg. em 27/10/2009).

328 MAGALHÃES NORONHA, E. *Direito penal...*, op. cit., v. 2, p. 341.

a coisa entregue, caso que configura outro crime patrimonial (como, por exemplo, estelionato ou furto).[329]

Mister, ainda, que a detenção seja desvigiada. O empregado, por exemplo, que gerencia um estabelecimento comercial, ficando responsável pela guarda dos valores, não tem a sua conduta vigiada pelo proprietário, podendo se apropriar das coisas que estão legitimamente em seu poder. Ao revés, se cumpre o seu exercício profissional sob a vigilância do patrão, iludindo a

---

[329] No Informativo nº 402 do STJ, há decisão proferida em conflito de competência entre os Tribunais paulista e paranaense que pode ser usada para ilustrar a diferença entre a apropriação indébita e os demais crimes patrimoniais: "Foi instaurado inquérito visando apurar eventual ocorrência de delito tipificado no art. 171, § 2º, I, c/c o art. 14, II, ambos do CP. O autor do suposto delito, para resolver problemas particulares em cidade localizada no Estado de São Paulo, tomou emprestado, em uma cidade paranaense, um veículo de propriedade da vítima. O autor, chegando à cidade paulista, tentou entregar o mencionado carro a um terceiro, a título de compensação de dívidas, como se fosse sua propriedade. Das decisões proferidas pelos juízos suscitante e suscitado, vê-se que ambos entendem ter o agente praticado os delitos de apropriação indébita e de estelionato, este absorvido por aquele. A divergência foi instaurada quanto ao local de consumação do crime de apropriação indébita, tendo o primeiro juízo entendido que se daria no local da tradição do bem (em São Paulo) e o segundo, no local em que foi realizado o empréstimo (no Paraná). Assim, a questão está em definir o local da consumação do delito de apropriação indébita e, consequentemente, o juízo competente para processar e julgar a respectiva ação penal. Isso posto, a Seção conheceu do conflito e declarou competente o juízo suscitado ao argumento de que a apropriação consumou-se na cidade paulista, lugar em que o acusado entregou o veículo ao credor, momento em que transformou a posse em propriedade, em que externou sua vontade em não restituir o bem que estava em sua posse em razão de empréstimo. Precedentes citados: CC 57. 125-MT, DJ 7/8/2006; CC 16.389-SP; DJ 21/10/1996; CC 1.646-MG, DJ 3/6/1991, e CC 355-PE, DJ 25/9/1989" (CC 102.103/PR, Rel. Min. Maria Thereza de Assis Moura, julg. em 12/8/2009). Primeiramente, cumpre esclarecer que o estelionato mencionado na decisão é a figura equiparada do artigo 171, § 2º, I (disposição de coisa alheia como própria), existente quando o veículo alheio foi dado em pagamento a terceiro. Não é essa a conduta que nos interessa, mas sim a conduta prévia (obter um veículo de outrem, que espera a restituição da coisa, a qual não ocorre). Há se perquirir a intenção do agente no momento da constituição da posse, ou seja, deve ser elucidado se o sujeito ativo, ao receber a coisa, já pensava em dela se apropriar, oferecendo-a a outrem para compensar sua dívida, ou se essa intenção surgiu posteriormente, enquanto viajava ou no momento em que negociava com seu credor. No primeiro caso, há furto mediante fraude. Nesse sentido, embora tratando da diferença entre apropriação indébita e estelionato, já se pronunciou o TACrimSP: "O que distingue e diferencia o estelionato da apropriação indébita, é a existência, na segunda infração, de um dolo posterior, que sucede à boa-fé anterior, transformando em ilícita a posse que antes era lícita; enquanto que naquele primeiro delito, o dolo antecedente sempre estivera comprometendo a validade, a licitude, a normalidade do recebimento da coisa, que, ab initio, veio às mãos do agente de forma viciada e comprometedora da regularidade do vínculo entre ambos instaurado" (JUTACRIM 92/394).

atenção deste para obter acesso aos valores lá acautelados, comete crime de furto (possivelmente mediante fraude). Sobre o tema, manifesta-se Hungria: "A detenção, porém, tanto pode ser exercida sob quanto sem a vigilância do *dominus*, e somente na última hipótese é que pode haver apropriação indébita, pois, na primeira, inexistindo o livre poder de fato sobre a coisa (não passando o detentor de um instrumento do *dominus* a atuar sob as vistas deste), o que pode haver é furto. É sempre necessário, para a apropriação indébita, que o poder de fato do agente não seja custodiado por quem lho confere".[330]

A conduta recai, por expressa exigência do tipo penal, sobre a coisa móvel alheia, isto é, sobre a coisa passível de mobilização e que não seja de propriedade do agente. O conceito já foi estudado nas anotações relativas ao crime de furto.

Rompendo com a tradição esposada por várias codificações europeias, baseadas no modelo francês, a lei brasileira não exigiu, como requisito ou elementar do delito, o abuso de uma relação de confiança, ainda que, no mais das vezes, isso seja verificado na prática.

O mero descumprimento de disposições contratuais, sem a devolução de valores pagos pela contrapartida não executada, em princípio não se amolda à apropriação indébita, permanecendo apenas na seara do ilícito civil. Assim já se pronunciou o STJ: "A recorrente (uma contadora) comprometeu-se a desembaraçar a obtenção de benefício previdenciário devido à vítima. Para tanto, recebeu a quantia de quinhentos reais com o fito de quitar, junto ao INSS, contribuições atrasadas, o que, ao cabo, deixou de fazer. Também deixou de protocolar o próprio pedido administrativo para a concessão de auxílio-doença, obrigando a vítima a aguardar por mais um ano pelo benefício. Diante disso, viu-se denunciada e condenada pela prática da apropriação indébita (art. 168, § 1º, III, do CP). Isso posto, a Turma, ao continuar o julgamento e seguir o voto-vista do Min. Nilson Naves, entendeu, tal como o Tribunal de Justiça, que as relações aqui descritas bem podem ser resolvidas na esfera cível, pois o Direito Penal, tal como afirmou Roxin, é desnecessário quando se possa garantir a segurança e a paz jurídica através dos Direitos Civil e Administrativo, ou mesmo por medidas preventivas extrajurídicas.

---

330 HUNGRIA, Nelson. *Comentários...*, op. cit., v. VII, p. 131-132. Em interessante exemplo, o autor cita o caso do sujeito que, incumbido de transportar um cofre fechado contendo valores, durante o trajeto arromba o cofre e apropria-se do seu conteúdo. Caracteriza-se não a apropriação indébita, e sim crime de furto qualificado pelo arrombamento, uma vez que o agente possuía a detenção do cofre, mas não a livre disponibilidade do seu conteúdo. Haveria apropriação, todavia, se os valores fossem entregues diretamente ao agente para transporte, ou se lhe fosse confiado um cofre aberto.

Assim, por maioria, a Turma não conheceu do especial. O voto vencido da Min. Jane Silva dava provimento ao especial para restabelecer a sentença condenatória, ao entender que esse entendimento do Tribunal de Justiça não encontra amparo no ordenamento jurídico pátrio, visto que resultaria em efetiva e ilegal negativa de vigência ao citado artigo do CP. Precedentes citados: HC 36.985-MG, DJ 10/10/2005; HC 39.599-MG, DJ 22/5/2006, e HC 93.893-SP, DJ 30/6/2008" (REsp 672.225/RS, rel. originária Min. Jane Silva, rel. para acórdão Min. Nilson Naves, julg. em 7/8/2008).

A apropriação indébita existe apenas em sua forma dolosa, não havendo previsão da modalidade culposa. O dolo é consistente na vontade livre e consciente de fazer sua a coisa alheia móvel de que o sujeito ativo tem a posse ou a detenção. Deve abranger, portanto, todos os elementos da descrição típica. Necessariamente, a intenção do sujeito ativo é voltada à inversão do título da posse ou detenção, de início lícita, surgindo, posteriormente, o *animus rem sibi habendi*, razão pela qual se afirma que o dolo é subsequente. Não se diz, com essa assertiva, que o dolo é ulterior ao crime, o que constituiria um total absurdo. Ele é contemporâneo à prática delitiva, mas posterior à constituição lícita do contato direto com o objeto material. Exige-se, outrossim, um elemento subjetivo especial, consistente na intenção de obter um proveito ilícito com a ação. Tal elemento está implícito no verbo "apropriar-se".[331]

[331] *Animus rem sibi habendi*, ao qual é aditado o *animus domini*. Sobre o tema se pronunciou o STJ no Informativo n° 414: "Na espécie, o denunciado apanhou emprestada a bicicleta pertencente à vítima, com a finalidade de adquirir alguns suprimentos para realizar um churrasco. Horas após, retornou à residência da vítima sem a bicicleta, alegando não se lembrar sequer de tê-la pedido emprestado. Passados 20 dias dos fatos, a vítima conseguiu reaver a bicicleta que estava abandonada no estabelecimento comercial onde o paciente efetuou as citadas compras. Foi denunciado por apropriação indébita e condenado à pena de um ano e seis meses de reclusão, estabelecido o regime inicial semiaberto para o cumprimento da pena. Para o Min. Nilson Naves, o Relator, o crime requer uma especial finalidade – a intenção do agente em obter um proveito, que não há de ser necessariamente econômico, bastando que seja injusto. É indispensável que a negativa ou omissão seja precedida ou acompanhada de circunstâncias que inequivocamente revelem o arbitrário *animus rem sibi habendi* ou que não haja nenhum fundamento legal ou motivo razoável para a recusa. Com efeito, a simples desídia no omitir não caracteriza a apropriação. No caso, o paciente não auferiu proveito algum em razão do empréstimo. Como, então, atestar a vontade inequívoca de não restituir a *res*? Há sérias dúvidas da tipicidade do fato, visto que a ação de apropriar-se ficou a meio caminho – se o crime é um fato típico e antijurídico, como se falar em conduta penalmente punível se o elemento subjetivo não se ultimou? Assim, entendeu que não há justa causa para a ação penal fundada no art. 168, *caput*, do CP. Diante disso, a Turma concedeu a ordem. Precedentes citados: HC 36.824-RR, DJ 6/6/2005; HC 5.308-RS, DJ 1°/6/1998, e RHC 22.914-BA, DJe 24/11/2008" (HC 92.828/MS, rel. Min. Nilson Naves, julg. em 5/11/2009). No mesmo sentido, *RT*, 438:430; *RJ*, 64:325; *RT*, 181:121.

5 Consumação e tentativa

Atinge-se a consumação do crime quando o agente inverte o título da posse ou da detenção, passando a exercer sobre a coisa atos de domínio. Entretanto, a precisão deste instante é de grande dificuldade, pois depende de uma atitude subjetiva.[332]

A simples demora em restituir a coisa ao proprietário não é caracterizadora do *animus rem sibi habendi*, sendo imprescindível que atos inequívocos denotem transformação da natureza do poder sobre a coisa. Tem-se o exemplo da pessoa que tenta alienar a coisa a ela locada, ou que inventa uma história para justificar a sua perda, em verdade não ocorrida, ou, ainda, a simples negativa em restituí-la ao proprietário, que legitimamente a reclama. Trata-se de crime material, instantâneo e de dano.[333]

A possibilidade de tentativa é questão assaz controvertida na doutrina e na jurisprudência. Para a posição majoritária, estamos diante de um crime plurissubsistente, no qual os atos executivos podem ser fracionados. Apesar da dificuldade concreta de verificação do delito tentado, já que há a dependência da prática de um ato inequívoco de domínio, ele é tecnicamente possível. Hungria cita o clássico exemplo do mensageiro infiel que é surpreendido no momento em que tenta violar o envelope que sabe conter valores, afirmando se cuidar de infração tentada.[334] Estamos, contudo, com Romeu de Almeida Salles Jr., para quem a apropriação indébita não admite tentativa. Esclarece o autor: "É que o momento consumativo do crime está vinculado a um outro momento de ordem puramente subjetiva, que exige apenas uma manifestação externa de vontade para que possa ser surpreendido. À menor demonstração da intenção que anima o agente temos a prova daquele momento subjetivo de inversão do título da posse, que representa a consumação do delito".[335] Em suma, apesar de a inversão do título da posse ou a detenção constituírem um fato, esse momento tem maior ligação com o ânimo do agente, razão pela qual a exteriorização de um ato de domínio, ainda que breve ou inicial, impõe a consumação do crime. No exemplo do mensageiro, a mera violação do envelope já se presta à consumação, pois denota que o agente não mais age como detentor, impedindo o fracionamento da execução.

---

332 BITENCOURT, Cezar Roberto. *Tratado...*, op. cit., v. 3, p. 238.
333 "O crime de apropriação indébita se consuma quando o agente se transforma, de mero detentor da coisa alheia, em seu proprietário aparente, ou de fato, acomodando-a a seus fins, ou de outrem, omissiva ou comissivamente, ou pela não entrega, ou pela prática de atos indicadores de *animus domini*, como fazendo uso diverso daquele para o qual lhe fora confiada" (*RT*, 143/479).
334 HUNGRIA, Nelson. *Comentários...*, op. cit., v. VII, p. 145.
335 ALMEIDA SALLES JR., Romeu de. *Apropriação indébita e estelionato...*, op. cit., p. 51.

6 Extinção da punibilidade

Embora não expressamente prevista em lei, é possível a extinção da punibilidade do autor de uma apropriação indébita pela devolução do objeto material do crime. Nesse sentido já se pronunciou o STJ, no Informativo nº 409: "A Turma, ao prosseguir o julgamento, entendeu, por maioria, extinguir a punibilidade quando há devolução da coisa apropriada antes de recebida a denúncia. No caso, a coisa apropriada fora restituída antes mesmo do oferecimento da denúncia, que descreve ter sido o paciente contratado para assistir as vítimas numa reclamação trabalhista e se apropriou dos valores a que condenada a reclamada. Precedentes citados: HC 48.805-SP, DJ 19/11/2007, e RHC 21.489-RS, DJ 24/3/2008" (RHC 25.091/MS, rel. originário Min. Haroldo Rodrigues, rel. para acórdão Min. Nilson Naves, julg. em 29/9/2009).[336] Traça-se, assim, um paralelo com a jurisprudência já consolidada pelo STF no que concerne à fraude no pagamento por meio de cheque, constante do Enunciado da Súmula 554, interpretada em sentido contrário.

Consideramos acertada a decisão: primeiro, para não se conferir tratamento diferenciado a crimes patrimoniais praticados sem violência ou grave ameaça (cremos, inclusive, que o entendimento deva ser estendido a outros delitos); além disso, nos crimes patrimoniais a intenção principal da vítima é ver seu patrimônio reconstituído, devendo servir a extinção da punibilidade como um estímulo para o ato. Aliás, como já expusemos, cremos existir um anacronismo em se admitir a extinção da punibilidade nos crimes materiais contra a ordem tributária (em que existe uma lesão ao patrimônio público) e não admitirmos a mesma hipótese nos crimes contra o patrimônio.

Não se trata, todavia, de uma posição livre de críticas, ainda mais quando o Código Penal prevê o instituto do arrependimento posterior para a hipótese (artigo 16). O próprio STJ já refutou a extinção da punibilidade: "O ressarcimento do prejuízo, após a consumação do delito, mesmo que efetuado antes do inquérito policial, não tem o condão de excluir a punibilidade, podendo apenas fazer incidir, se for o caso, a causa de diminuição da pena prevista no art. 16 do CP (...)" (Quinta Turma, RHC 10.436, rel. Min. José Arnaldo da Fonseca, publ. em 27/08/2001).[337]

Deve ser instado que, após a edição da Lei nº 9.983/00, que criou o artigo 168-A (apropriação indébita previdenciária), ganhou força a defesa da extinção da punibilidade, expressamente permitida para o crime previdenciário (§§ 2º e 3º). O bem jurídico tutelado no artigo 168-A tem um vulto muito maior do que aquele contemplado no artigo em comento (168), já que, ao invés de se referir a um interesse essencialmente privado, assume o caráter

---

336 No mesmo sentido, STF, *RT* 598/442-443.
337 No mesmo sentido, Quinta Turma, REsp. 816.274, rel. Min. Felix Fischer, publ. em 02.10.2006; Ag. REsp. nº 1.156.218-GO, rel. Min. Nefi Cordeiro, julg. em 15.09.2017.

de interesse transindividual. Embora a tutela jurídica seja diversa, ambos os dispositivos tratam de espécies de apropriação, sendo a previdenciária muito mais reprovável do que a sua antecessora. Assim, não haveria lógica em se conceder o beneplácito a um delito mais grave e não ao assemelhado, podendo-se, inclusive, ocorrer a integração da norma por analogia.

7 Causas de aumento da pena

O § 1º do artigo 168, que, em verdade, trata de um parágrafo único, contém as causas de aumento de pena aplicáveis à apropriação indébita. A sanção é elevada de um terço quando o agente recebe licitamente a coisa: em depósito necessário (I); na qualidade de tutor, curador, síndico, liquidatário, inventariante, testamenteiro ou depositário judicial (II); em razão de ofício, emprego ou profissão (III).

Há depósito necessário nas hipóteses arroladas no artigo 647 do Código Civil: "É depósito necessário: I – o que se faz em desempenho de obrigação legal; II – o que se efetua por ocasião de alguma calamidade, como o incêndio, a inundação, o naufrágio ou o saque". O artigo 649, ao seu turno, equipara ao depósito necessário a proteção que deve ser conferida por hospedarias às bagagens dos viajantes ou hóspedes. A falta de escolha do proprietário do bem, que se vê obrigado a depender do depositário, colocando o bem à sua mercê, incrementa o desvalor da ação, motivo pelo qual a sanção é aumentada. Em caso de caixas ou recipientes fechados ou lacrados (cofres, contêineres etc.), o depositário não tem o livre acesso ao seu conteúdo, razão pela qual o seu apossamento caracteriza crime de furto (artigo 155, CP).

O inciso II se refere a qualidades especiais do sujeito ativo. Tutor é quem administra os bens e cuida de pessoa menor de dezoito anos, em caso de falecimento ou ausência dos pais, ou caso estes sejam impedidos de exercer o seu poder familiar (artigos 1.728 e seguintes do CC). Curador é quem cuida do maior de idade incapaz, também administrando os seus bens, consoante os artigos 1.767 e seguintes do CC. Síndico, na legislação pretérita, era o encarregado de administrar os bens da massa falida, entre outras atividades. Atualmente recebe a denominação de administrador judicial, encontrando regulamentação nos artigos 21 e seguintes da Lei nº 11.101/05. Com a modificação legislativa, é pertinente a indagação acerca da extensão da causa de aumento de pena ao administrador, que consideramos possível (modificando nossa posição anterior), pois, em essência, as atividades do síndico e do administrador são as mesmas, havendo somente denominação diversa. Não há se falar, portanto, em analogia. O STJ, inclusive, já aplicou a norma ao administrador judicial, ocasião em que deixou claro que a majorante não se aplica ao síndico de condomínio edilício.[338] Liquidatário, ou liquidante, é a pessoa que

---

338 Quinta Turma, REsp 1552919-SP, rel. Min. Reynaldo Soares da Fonseca, julg. em 24.05.2016.

tem o poder para promover a liquidação, como no exemplo da liquidação extrajudicial de instituição financeira, ocasião em que o Banco Central do Brasil nomeará liquidante (artigo 16, Lei nº 6.024/74). Inventariante é o encarregado da administração de espólio (artigo 1.991, CC). Testamenteiro é a pessoa responsável por dar efetivo cumprimento às disposições de testamento e tem a sua atividade regulada pelos artigos 1.976 e seguintes do CC. Depositário judicial, por fim, é a pessoa responsável pela salvaguarda de objetos apreendidos em ações judiciais. Segundo Hungria, a razão do aumento de pena é evidente: deriva da traição a um múnus público, ressalvando que, se o agente é funcionário público, o crime deixa de ser capitulado no artigo 168, passando a caracterizar o delito de peculato (artigo 312, CP).[339]

Também é aumentada a pena quando o crime é cometido em razão de ofício, emprego ou profissão. Ofício é a atividade relacionada a serviços manuais. Emprego é a relação profissional privada, na qual há relação de dependência ou hierarquia entre empregador e empregado. Profissão é a denominação genérica para as atividades privadas, englobando tanto o ofício quanto o emprego. O exercício profissional também pressupõe certa relação de confiança, ainda que tênue, justificando-se a sanção mais grave pela traição a esta relação.

8 Distinção, concurso de crimes e concurso aparente de normas

O número de direitos patrimoniais violados, se diverso o objeto material, determinará a quantidade de delitos. Assim, se duas pessoas têm a propriedade sobre bens diversos atingida pela conduta de um mesmo agente, impor-se-á o concurso de delitos. Entretanto, se os direitos patrimoniais são exercidos sobre a mesma coisa, sendo essa o objeto único da conduta, haverá crime único, como no caso da apropriação por terceiro de coisa pertencente conjuntamente a duas pessoas. No que tange à continuidade delitiva, a única discussão reside no reconhecimento da espécie quando os crimes praticados não forem tipificados em um mesmo artigo de lei. Entendendo-se a expressão "crimes da mesma espécie", inscrita no artigo 71 do CP, como delitos que atingem a mesma objetividade jurídica e têm descrição típica assemelhada, pode-se observar o crime continuado, por exemplo, entre a apropriação indébita e o estelionato, ou a apropriação previdenciária, o que é impossível se a expressão é interpretada como delitos previstos no mesmo tipo penal.

Não há como se confundir a apropriação indébita com outros crimes patrimoniais que, em determinadas circunstâncias, podem se mostrar parecidos, como o furto e, principalmente, o estelionato. Nesses dois delitos, o apossamento da coisa é revestido de ilegalidade, seja em virtude da subtração da coisa alheia móvel, seja em virtude da fraude usada para ludibriar

---

339 HUNGRIA, Nelson. *Comentários...*, op. cit., v. VII, p. 149.

a vítima. Na apropriação indébita, ao revés, temos legítima, desvigiada e prévia posse ou detenção. A conduta criminosa ocorre depois que o agente constitui seu poder sobre a coisa, isto é, no momento em que há a inversão da natureza da posse ou da detenção.

Fernando Capez suscita a questão do concurso aparente de normas entre a apropriação indébita e a falsidade documental, quando o agente pratica o falso para dissimular o delito patrimonial. O autor arrola duas soluções possíveis: a) há concurso material de delitos; b) há a absorção da falsidade pela apropriação indébita. Essa é a corrente defendida por Capez, para quem o concurso de crimes somente pode ser configurado em situações bastante diferentes e em condutas destacadas, aplicando-se analogicamente a Súmula nº 17 do STJ, que trata do estelionato. Concordamos com a lição, desde que a falsidade esgote sua potencialidade lesiva na dissimulação da origem criminosa do bem. Situação diversa determinará o concurso de crimes.

Caso o objeto material da conduta seja a contribuição social recolhida para a finalidade de repasse à Previdência Social, a capitulação da conduta é deslocada do artigo 168 para o artigo 168-A, também do Código Penal, em virtude da especialidade.

Em se tratando de bens, proventos, pensão ou qualquer outro provento de pessoa idosa (idade igual ou superior a sessenta anos), a sua apropriação aperfeiçoa o delito tipificado no artigo 102 da Lei nº 10.741/2003 (Estatuto do Idoso). Diga-se o mesmo se a vítima é a pessoa portadora de deficiência. Nessa hipótese, o crime será aquele previsto no artigo 89 da Lei nº 13.146, de 2015.

9 Pena e ação penal

A pena cominada abstratamente ao crime de apropriação indébita é de reclusão, de 1 a 4 anos, além de multa, cumulativamente imposta. A margem penal mínima permite a suspensão condicional do processo, consoante redação do artigo 89 da Lei nº 9.099/1995. Incidindo uma causa de aumento da pena, entretanto, torna-se impossível a suspensão, uma vez que a pena mínima chegará ao patamar de um ano e quatro meses de reclusão. Contudo, se estiverem presentes os requisitos do artigo 28-A do CPP, será possível o acordo de não persecução penal.

O artigo 170 do CP, ainda, permite a substituição da pena de reclusão pela de detenção, a redução da pena de um a dois terços, ou a aplicação de multa isolada em caso de primariedade do acusado, combinada ao pequeno valor do objeto do delito.

A ação penal, em regra, será pública incondicionada, exceto em caso de aplicação do artigo 182 do CP, quando a ação dependerá de representação do ofendido como condição de procedibilidade (ação penal pública condicionada).

II – APROPRIAÇÃO INDÉBITA PREVIDENCIÁRIA (ARTIGO 168-A)

1 Introdução

Ensina Luiz Flávio Gomes que os quatro crimes clássicos contra a previdência social são a apropriação indébita, a sonegação, a falsidade documental e o estelionato.[340] Não houve, de início, no atual Código Penal, tipificação autônoma dos crimes previdenciários, englobados por outros delitos mais abrangentes (no que tange à apropriação indébita previdenciária, a capitulação da conduta se dava no artigo 168, CP). Posteriormente, em razão da relevância do objeto jurídico, de interesse não apenas privado, mas eminentemente público, bem como da extensão da lesão em tais casos, surgiram leis extravagantes a disciplinar o tema, nessa ordem: Lei nº 3.807/60 (artigo 86, e posteriormente, o artigo 155, II); Consolidação das Leis da Previdência Social (artigos 149 e 224); Lei nº 8137/90 (artigo 2º, II), e Lei nº 8.212/91 (artigo 95, alíneas *d, e* e *f*). Esta última versou sobre a apropriação indébita previdenciária com a seguinte redação: "Art. 95. Constitui crime: [...] d) deixar de recolher, na época própria, contribuição ou outra importância devida à Seguridade Social e arrecadada dos segurados ou do público; e) deixar de recolher contribuições devidas à Seguridade Social que tenham integrado custos ou despesas contábeis relativos a produtos ou serviços vendidos; f) deixar de pagar salário-família, salário maternidade, auxílio-natalidade ou outro benefício devido a segurado, quando as respectivas quotas e valores já tiverem sido reembolsados à empresa". A pena estipulada para a conduta era de reclusão, de 2 a 6 anos, e multa. Com a edição da Lei nº 9.983/00, todas as alíneas do artigo 95 da Lei nº 8.212/91 foram expressamente revogadas (artigo 3º), ocorrendo ainda a derrogação tácita da Lei nº 8.137/90, no que tange à contribuição social. O mesmo diploma legal modificou o Código Penal, criando novos tipos penais e alterando outros. O artigo 168-A, que passou a tratar da apropriação indébita previdenciária, foi uma das novidades da Lei

---

340 GOMES, Luiz Flávio. *Crimes previdenciários*. São Paulo: Revista dos Tribunais, 2001. p. 11.

nº 9.983/00, praticamente repetindo o texto da norma anterior: "Art. 168-A. Deixar de repassar à previdência social as contribuições recolhidas dos contribuintes, no prazo e forma legal ou convencional: Pena – reclusão, de 2 a 5 anos, e multa".

O surgimento do novo artigo do Código Penal não promoveu a *abolitio criminis* das condutas anteriores à sua edição, ainda calcadas na Lei nº 8.212/91, uma vez que não houve descontinuidade normativo-típica.[341] Consoante o artigo 2º do CP, opera-se a *abolitio* quando lei posterior retira o caráter criminoso de conduta anteriormente incriminada, o que, no caso em tela, não ocorreu, uma vez que a apropriação indébita previdenciária manteve sua característica de ilícito penal, ainda que com fulcro em norma diversa.[342] Ou seja, houve apenas a transferência do conteúdo normativo de um dispositivo para outro: a apropriação previdenciária, que antes encontrava leito em uma norma extravagante, passou a repousar no texto do Código Penal. Entretanto, há que se consignar a existência de decisões do TRF 5ª Região defendendo a tese da *abolitio*.[343]

2 Objetividade jurídica

Tutela-se o patrimônio da Previdência Social (ou, ao menos, um interesse patrimonial desta). É evidente que, de forma secundária, os direitos dos segurados também são violados, já que o montante do dano pode causar desequilíbrio econômico-financeiro nas contas públicas, causando riscos ao regular funcionamento de programas sociais e ao financiamento da seguridade social, causando, com isso, danos particularizados. Todavia, o caráter transindividual dos direitos previdenciários (importa notar a sua colocação dentre os direitos sociais previstos no artigo 6º da CRFB), impede a sustentação do bem jurídico particular como escopo primário da proteção

---

341 Idem, ibidem, p. 21.
342 Assim já se manifestou o TACrimSP: "A conduta típica de um réu prevista em lei revogada pode ainda ser punível se existir outra lei que estabeleça conduta semelhante como infração penal, podendo a denúncia ser aditada para correção ou suprimento, antes da sentença penal, e sendo facultado ao juiz dar ao fato definição jurídica diversa da que constar da queixa ou da denúncia, evitando assim o trancamento da ação penal" (*RJDTACRIM*, 14/179-80).
343 "Em face de expressa revogação de dispositivo legal (Lei nº 8.212/91, artigo 95, *d* e *f*) que ensejou o oferecimento da denúncia, evidentemente não há mais como aplicá-los nem como fazer incidir sobre tais condutas os dispositivos da lei mais nova. 2. Necessário se faz a utilização de *abolitio criminis*, contida no artigo 2º do Código Penal, declarando-se a extinção da punibilidade, nos termos do artigo 107, III, do mesmo *codex*. 3. A nova definição jurídica do fato não acarreta conseqüência para a hipótese tratada nos autos, sob pena de ofensa à garantia constitucional da irretroatividade. 4. Extinta a punibilidade, julgado prejudicado o recurso, em razão da *abolitio criminis*, com fulcro no artigo 107, III, do Código Penal" (TRF 5ª R., AC 2.315/CE, Rel. Juiz Castro Meira, J. 22.12.2000).

normativa, havendo primazia do interesse público. Encontra-se, a apropriação indébita previdenciária, aliás, tipificada de acordo com as orientações de política criminal referentes ao movimento de "nova defesa social", que, sinteticamente, defende a incriminação das condutas atentatórias a interesses transindividuais e coletivos, ao mesmo tempo em que pretende a abolição dos crimes de menor potencial ofensivo. O caráter transindividual do interesse, outrossim, marca de forma indelével a irrelevância do consentimento do ofendido.

O patrimônio é objeto único da proteção normativa, que não se estende ao prestígio da Administração Pública, já que o delito não cuida de mera desobediência a um mandamento legal, como será enfocado adiante.

O objeto material do delito é constituído pela contribuição previdenciária regularmente recolhida do contribuinte. Por contribuição previdenciária se entende toda sorte de contribuição para a seguridade social arrecadada pelo INSS, com vistas ao custeio da prestação da previdência social e da assistência social, formando o FPAS (Fundo de Previdência e Assistência Social).[344] Não abrange, portanto, as contribuições que não se destinem especificamente à arrecadação da previdência social, que, se apropriadas, podem implicar crime contra a ordem tributária. Também as contribuições previdenciárias a outros sistemas de previdência, como a Rioprevidência (concernente aos servidores públicos do Estado do Rio de Janeiro), podem ser consideradas como objeto material do crime.

3 Sujeitos do delito

Sujeito ativo do delito é "o agente que tem vínculo legal ou convencional com o órgão previdenciário (INSS), pelo qual se obriga a repassar ou a recolher a contribuição social, bem como a pagar o benefício ao segurado".[345] Não se trata de crime praticado por pessoa jurídica, pois estas não possuem capacidade de conduta, mas sim e eventualmente de comportamento delituoso por parte dos administradores da pessoa jurídica ou quaisquer funcionários que tenham a arrecadação e repasse de contribuições entre as suas funções. É inegável que o funcionário de agência bancária conveniada também pode figurar no polo ativo do delito. No caso do produtor rural, gestores de pessoas jurídicas adquirentes de produtos rurais, assim como de empresas consignatárias ou cooperativas podem figurar como autores do delito.

O sujeito passivo será o órgão público a quem compete gerir o sistema previdenciário, como Instituto Nacional do Seguro Social (INSS), autarquia da União.

---

344 TAVARES, Marcelo Leonardo. *Direito previdenciário*. 6. ed. Rio de Janeiro: Lumen Juris, 2005. p. 397.
345 PRADO, Luiz Regis. *Curso...*, op. cit., v. 2, p. 491.

4 Tipicidade objetiva e subjetiva

O *caput* do artigo 168-A tem como núcleo a locução adverbial "deixar de repassar". Ou seja, existe o recolhimento de uma contribuição social prévia, com posterior omissão em seu repasse ao órgão previdenciário. Apesar de, aparentemente, estarmos diante de uma conduta omissiva própria, o delito, na verdade, é comissivo de conduta mista, em que a ação (ou seja, a apropriação) é antecedida pela constituição regular da posse sobre a quantia (que é pressuposto da apropriação indébita), recolhida no prazo e forma legal ou convencional. Crime comissivo de conduta mista é aquele em que ação e omissão aparecem dentro do mesmo contexto fático, sendo que a omissão é atípica, mas se presta para caracterizar a ação típica. Se, ao contrário, a ação é atípica, mas acompanha uma omissão típica, o crime é omissivo de conduta mista. No delito em estudo, há uma ação lícita (a constituição da posse), sucedida por uma omissão, que também não é típica, mas apenas serve como meio para o objetivo final, marcando, outrossim, o momento consumativo do delito (por denotar a inversão do título da posse). A conduta comissiva incriminada consiste, sim, na apropriação de um valor. Como bem explica Luiz Flávio Gomes, a norma em questão não é impositiva (ou seja, não determina a prática de determinado comportamento, aplicando uma sanção penal em caso de omissão), mas sim proibitiva (proíbe a adoção de uma postura positiva, qual seja, a apropriação indevida de valores).[346]

Em regra, o recolhimento de contribuições previdenciárias é realizado por estabelecimentos bancários, mas admite-se que se dê de outra forma, de acordo com o artigo 60 da Lei nº 8.212/91. É o artigo 30 da mesma lei que estabelece a forma e o prazo corretos para o recolhimento da contribuição, cuja regularidade é exigência da lei penal. Trata o artigo 168-A do CP, portanto, de norma penal em branco, complementada por diploma legal diverso. O conceito de contribuição previdenciária, elemento normativo do tipo, já foi debatido quando do estudo do objeto material do delito. A contribuição previdenciária é espécie do gênero contribuição social *lato sensu*, que abrange as contribuições sociais *strictu sensu* (entre elas, a previdenciária), as contribuições de intervenção no domínio econômico e as contribuições de interesse das categorias profissionais. O objeto da lei é unicamente a contribuição previdenciária, excluídas as demais. A norma penal também faz referência à previdência social, destinatária do repasse, que é um seguro coletivo, público, compulsório, mediante contribuição, que visa a cobrir certos riscos sociais, como a invalidez, o desemprego involuntário, a idade avançada, o tempo de contribuição, os encargos familiares, a prisão e a morte.[347]

---

346 GOMES, Luiz Flávio. *Crimes previdenciários...*, op. cit., p. 32-33.
347 TAVARES, Marcelo Leonardo. *Direito previdenciário...*, op. cit., p. 55.

Talvez o tema mais instigante a respeito da apropriação previdenciária seja ligado à exigência do elemento subjetivo especial do tipo, formado pelo *animus rem sibi habendi*. É certo que a doutrina majoritária repele o especial fim de agir,[348] asseverando que a simples conduta dolosa é bastante para a conformação do crime (não há previsão da modalidade culposa).[349] Apesar

---

348 Essa é a posição do STJ: "RECURSO ESPECIAL. PENAL. APROPRIAÇÃO INDÉBITA DE CONTRIBUIÇÃO PREVIDENCIÁRIA. DEMONSTRAÇÃO DO ANIMUS REM SIBI HABENDI. DESNECESSIDADE. VIOLAÇÃO AO ART. 156 DO CÓDIGO DE PROCESSO PENAL. 1. O crime de apropriação indébita de contribuição previdenciária é omissivo próprio e o seu dolo é a vontade de não repassar à previdência as contribuições recolhidas, dentro do prazo e das formas legais, não se exigindo o animus rem sibi habendi, sendo descabida a exigência de se demonstrar o especial fim de agir ou o dolo específico de fraudar a Previdência Social, como elemento essencial do tipo penal (...)" (REsp. nº 866.394/RJ, Quinta Turma, rel. Min. Laurita Vaz, julg. em 27/03/2008). No mesmo sentido, STJ, EREsp nº 1296631-RN, Terceira Seção, rel. Min. Laurita Vaz, julg. em 11.9.2013.

349 Dificuldades financeiras da empresa podem excluir a responsabilidade subjetiva do agente, consoante já decidiu o STJ: "A Turma, prosseguindo o julgamento, proveu o agravo, entendendo que, no crime de apropriação indébita de contribuição previdenciária, a conduta omissiva delimitada no art. 13, § 2º, do CP deve vir pautada pelo desvalor do resultado, por inexistir o dolo na conduta não intencional, como a que não se realizou por circunstância fora das condições do empresário. Na hipótese, a vontade de se apropriar dos valores descontados dos salários dos empregados sem motivo justo deve ser discutido já com a imputação da denúncia, sob pena de aceitar a prática do crime, mesmo diante da impossibilidade de efetuar o recolhimento. Desse modo, no caso de empresa acometida de grave crise financeira, comprovada a sua impossibilidade de agir, cabível o reconhecimento da atipicidade diante da falta de prova da responsabilidade subjetiva. Cabe, portanto, exigir que a denúncia demonstre o dolo específico, não configurado na espécie. Precedentes citados: REsp 63.986-PR, DJ 28/8/1995, e REsp 866.394-RJ, DJe 22/4/2008". Há ainda decisão do STF abordando tanto a questão da inexigibilidade de conduta diversa em virtude de dificuldades financeiras da empresa, quanto a divergência acerca do elemento subjetivo especial do tipo: "EMENTA: AÇÃO PENAL ORIGINÁRIA. CRIMES DE APROPRIAÇÃO INDÉBITA PREVIDENCIÁRIA E SONEGAÇÃO DE CONTRIBUIÇÃO PREVIDENCIÁRIA (INCISO I DO § 1º DO ART. 168-A E INCISO III DO ART. 337-A, AMBOS DO CÓDIGO PENAL). CONTINUIDADE DELITIVA E CONCURSO MATERIAL. ELEMENTO SUBJETIVO DO TIPO. DOLO ESPECÍFICO. NÃO-EXIGÊNCIA PARA AMBAS AS FIGURAS TÍPICAS. (...). PRECÁRIA CONDIÇÃO FINANCEIRA DA EMPRESA. EXCLUDENTE DE CULPABILIDADE. INEXIGIBILIDADE DE CONDUTA DIVERSA. NÃO-COMPROVAÇÃO. INAPLICABILIDADE AO DELITO DE SONEGAÇÃO DE CONTRIBUIÇÃO PREVIDENCIÁRIA. PROCEDÊNCIA DA ACUSAÇÃO. ABSOLVIÇÃO DA CO-RÉ. INSUFICIÊNCIA DE PROVAS. (...) 1. O acusado, detentor do foro por prerrogativa de função, na condição de sócio-gerente da empresa Curtume Progresso Indústria e Comércio Ltda., deixou de repassar ao INSS, no prazo legal, no período de janeiro de 1995 a agosto de 2002, valores arrecadados pela empresa a título de contribuições incidentes sobre a remuneração de empregados, relacionados em folha de pagamento mensal e rescisões de contrato de trabalho. Além disso, no período de maio de

de o crime estar alojado no capítulo referente à apropriação indébita, com tal não guardaria relação, já que a finalidade de incremento patrimonial ilícito seria irrelevante. Posta-se, nessa linha de raciocínio, Luiz Regis Prado, informando que a colocação topológica do artigo em estudo, logo abaixo do artigo 168 do CP, pode conduzir à equivocada interpretação de que a conduta tipificada trata de uma nova modalidade de apropriação indébita. Para o autor, não é exigida a apropriação do valor recolhido, sendo suficiente a mera omissão no repasse, consoante o redigido na norma, o que torna o delito um tanto distinto da apropriação indébita.[350] Não é diferente a lição de Marcelo Leonardo Tavares, aduzindo que "basta a omissão do repasse à previdência de um valor retido do contribuinte ou segurado, ou que tenha integrado contabilmente as despesas ou custos relativos à venda de produtos ou serviços; ou, ainda, que deixar de pagar a segurado benefício já embolsado,

1999 a agosto de 2002, omitiu fatos geradores de contribuições previdenciárias nas Guias de Recolhimento do Fundo de Garantia por Tempo de Serviço e Informações à Previdência Social – GFIP referentes a remunerações pagas a segurados empregados e contribuintes individuais e à diferença de remuneração paga a segurados empregados. Valores consolidados em 14 de março de 2003, respectivamente, em R$ 259.574,72 (duzentos e cinquenta e nove mil, quinhentos de setenta e quatro reais e setenta e dois centavos) e R$ 618.587,06 (seiscentos e dezoito mil, quinhentos e oitenta e sete reais e seis centavos). 2. A materialidade delitiva ressai do procedimento fiscal já encerrado, acompanhado de farta de documentação, que resultou nos valores indevidamente apropriados e sonegados, detalhados nas notificações fiscais de lançamento de débito lavradas pela autoridade fazendária e não impugnadas na esfera administrativa. 3. A orientação jurisprudencial do Supremo Tribunal Federal é firme no sentido de que, para a configuração do crime de apropriação indébita previdenciária, basta a demonstração do dolo genérico, sendo dispensável um especial fim de agir, conhecido como *animus rem sibi habendi* (a intenção de ter a coisa para si). Assim como ocorre quanto ao delito de apropriação indébita previdenciária, o elemento subjetivo animador da conduta típica do crime de sonegação de contribuição previdenciária é o dolo genérico, consistente na intenção de concretizar a evasão tributária. (...) 8. No âmbito dos crimes contra a ordem tributária, tem-se admitido, tanto em sede doutrinária quanto jurisprudencial, como causa supralegal de exclusão de culpabilidade a precária condição financeira da empresa, extrema ao ponto de não restar alternativa socialmente menos danosa que não a falta do não--recolhimento do tributo devido. Configuração a ser aferida pelo julgador, conforme um critério valorativo de razoabilidade, de acordo com os fatos concretos revelados nos autos, cabendo a quem alega tal condição o ônus da prova, nos termos do art. 156 do Código de Processo Penal. Deve o julgador, também, sob outro aspecto, aferir o elemento subjetivo do comportamento, pois a boa-fé é requisito indispensável para que se confira conteúdo ético a tal comportamento. 9. Não é possível a aplicação da referida excludente de culpabilidade ao delito do art. 337-A do Código Penal, porque a supressão ou redução da contribuição social e quaisquer acessórios são implementadas por meio de condutas fraudulentas – incompatíveis com a boa--fé – instrumentais à evasão, descritas nos incisos do caput da norma incriminadora (...)" (AP N. 516-DF, rel. Min. Carlos Ayres Britto).

350 PRADO, Luiz Regis. *Curso...*, op. cit., v. 2, p. 487-488.

como adiantamento, pela previdência social", ainda que sem a intenção de apropriação do valor. Sustenta o seu posicionamento com o argumento de que o *nomen juris* do delito e sua ordenação dentro da lei penal não são suficientes para a determinação de sua natureza, servindo apenas como indicativos, que podem ser contrariados pela análise dos elementos normativos. Como a redação da norma não mostrou nenhum traço distintivo relevante em relação ao tipo penal revogado (artigo 95, Lei nº 8.212/91), deve seguir a natureza deste, em que a ampla maioria dos juristas dispensava o *animus rem sibi habendi*.[351]

Em sentido contrário, Pierangeli sustenta que, ao lado do dolo, se faz necessária a presença do elemento subjetivo especial, resumido na intenção de fraudar a previdência e apoderar-se da contribuição que deveria recolher, já que a inserção do crime entre os delitos patrimoniais e a sua equiparação normativa à apropriação indébita o sujeita às regras que orientam esta (não houve, portanto, equivocada inserção de um crime tributário entre os patrimoniais).[352] Na mesma esteira, é irretocável a postura de Luiz Flávio Gomes, para quem há três fatores que denotam a natureza de apropriação indébita do delito: o *nomen juris* (não-determinante, mas indiciário), a sua posição dentro do Código Penal e a sua estrutura interna (centrada na posse precedente do valor, característica da apropriação). Acrescenta o autor que a adoção da corrente contrária consagraria "crime de mera infidelidade", centrado na simples desobediência de um comando normativo.[353] Assiste razão ao doutrinador, já que a mera inadimplência não é razão suficiente para ensejar uma resposta penal, até porque pode derivar de hipóteses nem sempre de grave reprovabilidade, como exigido pelo caráter subsidiário do direito penal. Há meios para se buscar a satisfação de um débito, que dispensam a incriminação da conduta, até por se mostrarem mais eficientes ao fim estatal. O devedor inadimplente, por si só, não apresenta um comportamento penalmente relevante, existente naquele que obtém, agindo com má-fé, uma vantagem ilícita, em detrimento do erário. Não se pode negar, pensamos, a natureza de apropriação indébita na apropriação previdenciária, que com aquela deve ter certa paridade, com elementos típicos assemelhados.

5 Consumação e tentativa

Opera-se a consumação da apropriação indébita previdenciária com o decurso do prazo legal para o repasse sem que o ato seja praticado, desde

---

351 TAVARES, Marcelo Leonardo. *Direito previdenciário...*, op. cit., p. 398-399.
352 PIERANGELI, José Henrique. *Manual...*, op. cit., p. 468-469. Também defende essa posição Guilherme de Souza Nucci, para quem "não foi à toa que o legislador utilizou, para denominar os crimes previstos neste artigo, de apropriação indébita previdenciária" (*Código penal comentado...*, op. cit., p. 563).
353 GOMES, Luiz Flávio. *Crimes previdenciários...*, op. cit., p. 24-27.

que haja, pelo agente, a vontade de apropriação do valor (consoante posição esposada nesta obra e já explicitada no item anterior). A não realização do repasse no prazo correto é o ato caracterizador da inversão da natureza da posse, obtida, inicialmente, de forma lícita. Cuida-se, portanto, de delito instantâneo, material e de dano. Todavia, a materialidade do delito somente é revelada após o exaurimento da via administrativa (condição de procedibilidade para o inquérito policial e a ação penal), ou seja, é imprescindível que o crédito previdenciário seja lançado de forma definitiva para que se possa cogitar de fato típico. Assim já decidiram STJ e STF.[354]

Afirmou o STJ em outra oportunidade, entretanto, que é o momento da constituição do crédito tributário que consuma o delito, posição da qual não comungamos: "Na linha da jurisprudência deste Tribunal Superior, o crime de apropriação indébita previdenciária, previsto no art. 168-A, ostenta natureza de delito material. Portanto, o momento consumativo do delito em tela corresponde à data da constituição definitiva do crédito tributário, com o exaurimento da via administrativa (*ut* RHC 36.704/SC, Rel. Ministro Felix Fischer, Quinta Turma, DJe 26/02/2016). Nos termos do art. 111, I, do CP, este é o termo inicial da contagem do prazo prescricional." (AgRg no REsp nº 1.644.719-SP, publ. em 31/05/2017). Na mesma linha, encontramos

---

[354] "HABEAS CORPUS. CRIME DE APROPRIAÇÃO INDÉBITA DE CONTRIBUIÇÃO PREVIDENCIÁRIA (ART. 168-A, § 1º, I DO CPB). MUDANÇA DE ENTENDIMENTO. DELITO MATERIAL. IMPRESCINDIBILIDADE DO PRÉVIO ESGOTAMENTO DA VIA ADMINISTRATIVA-FISCAL. CONSTITUIÇÃO DEFINITIVA DO CRÉDITO TRIBUTÁRIO. CONDIÇÃO DE PROCEDIBILIDADE PARA A INSTAURAÇÃO DE INQUÉRITO POLICIAL. PRECEDENTES DO STJ. PARECER DO MPF PELA DENEGAÇÃO DA ORDEM. ORDEM PARCIALMENTE CONCEDIDA, TODAVIA, TÃO-SOMENTE PARA TRANCAMENTO DO INQUÉRITO POLICIAL RELATIVAMENTE À NOTIFICAÇÃO FISCAL DE LANÇAMENTO DE DÉBITO 35.453.676-1. 1. Conforme recente orientação do colendo Supremo Tribunal Federal, o esgotamento da via administrativa, onde se discute a exigibilidade do tributo, é condição de procedibilidade para a instauração de Inquérito Policial para a apuração do delito tipificado no artigo 168-A, §1o., I do CPB. Precedentes do STJ. 2. Conforme informações contidas nos autos, a Notificação Fiscal de Lançamento de Débito (NFLD) 35.453.676-1 encontra-se com a exigibilidade suspensa, em virtude de recurso interposto. 3. Parecer do MPF pela denegação da ordem. 4. Ordem parcialmente concedida, todavia, para trancar o Inquérito Policial, tão-somente quanto à Notificação Fiscal de Lançamento de Débito 35.453.676-1" (STJ, HC nº 97.789/SP, Quinta Turma, rel. Min. Napoleão Nunes Maia Filho, julg. em 03/12/2009); "APROPRIAÇÃO INDÉBITA PREVIDENCIÁRIA - CRIME - ESPÉCIE. A apropriação indébita disciplinada no artigo 168-A do Código Penal consubstancia crime omissivo material e não simplesmente formal. INQUÉRITO - SONEGAÇÃO FISCAL - PROCESSO ADMINISTRATIVO. Estando em curso processo administrativo mediante o qual questionada a exigibilidade do tributo, ficam afastadas a persecução criminal e - ante o princípio da não-contradição, o princípio da razão suficiente - a manutenção de inquérito, ainda que sobrestado" (STF, Ag. Reg. no Inq. 2.537/GO, rel. Min. Marco Aurélio, julg. em 10/03/2008).

posicionamento do STF: "O termo inicial da prescrição da ação dos crimes materiais previstos no art. 1º da Lei 8.137/1990 é a data da consumação do delito, que, conforme a jurisprudência do Supremo Tribunal Federal, corresponde à data da constituição definitiva do crédito tributário".[355]

A tentativa é inadmissível, uma vez que a inversão do título da posse, como ocorre no artigo 168, é indicada por qualquer ato de domínio sobre a coisa, no caso caracterizado pela omissão do agente.

6 Condutas equiparadas

O § 1º do artigo 168-A é formado por três incisos, que contêm condutas equiparadas ao *caput*. Distinguem-se deste, todavia, no que tange ao sujeito ativo. No *caput*, tem-se como autor do delito o substituto tributário, ao passo que no § 1º a conduta é imputada ao contribuinte-empresário.[356]

No inciso I do parágrafo em apreço, a omissão no recolhimento (deixar de recolher) significa que o contribuinte-empresário não paga contribuição ou qualquer outra importância devida à previdência social, tendo anteriormente descontado o respectivo valor de pagamento efetuado a segurados, a terceiro, ou arrecadado a contribuição ou a importância do público. Note-se que, aqui, o recolhimento é realizado diretamente aos cofres públicos pelo contribuinte, sem a ingerência de terceiro na relação jurídica, ao contrário do *caput* do dispositivo. Embora a omissão do contribuinte caracterize o delito, não se cuida de crime omissivo, uma vez que não sustentamos o mero descumprimento da obrigação legal como conduta tipificada. Tratando-se de hipótese de apropriação indébita, a consumação do delito se dá com uma conduta positiva, ou seja, com a inversão do título da posse, ainda que a omissão sirva como indicativo da inversão. Estamos diante, portanto, de um crime comissivo de conduta mista[357] (para a doutrina e a jurisprudência majoritárias, convém relembrar, o crime é omissivo, pois a falta de

---

355 STF, RHC 122.339 AgR, rel. Min. Roberto Barroso, Primeira Turma, julg. em 04.08.2015.

356 Contribuinte, segundo Eduardo de Moraes Sabbag, "é a pessoa, física ou jurídica, que tenha relação de natureza econômica, pessoal e direta com a situação que constitua o respectivo fato gerador (artigo 121, parágrafo único, I, CTN)". Difere do conceito de responsável, que "é a pessoa que, sem revestir a condição de contribuinte, tem sua obrigação decorrente de disposição expressa de lei" (*Direito tributário*. 5. ed. São Paulo: Prima Cursos Preparatórios, 2004. p. 163-164). O substituto tributário, sujeito ativo do *caput* do artigo 168-A, tem responsabilidade tributária por substituição (ou originária ou de primeiro grau), isto é, é uma terceira pessoa, não diretamente ligada ao fato gerador, mas que ocupa a posição do contribuinte antes da verificação do fato gerador.

357 Nesse sentido, Luiz Flávio Gomes (*Direito previdenciário...*, op. cit., p. 37): "Cuida-se de conduta omissiva que é meio para se alcançar a apropriação indevida (que é crime comissivo)".

recolhimento aos cofres públicos da quantia descontada, ainda que sem o *animus rem sibi habendi*, já se presta para a configuração do delito, que teria, assim, natureza tributária, e não patrimonial). A norma menciona que a omissão caracterizadora da inversão da natureza da posse é aquela que extrapola o prazo legal para o recolhimento da contribuição, fixado este no artigo 30 da Lei nº 8.212/91 e no Decreto nº 3.048/99.

O objeto material do delito é a contribuição previdenciária ou "outra importância devida". A última expressão é uma cláusula genérica, utilizada para suprir possíveis omissões, mas que, na hipótese, se mostra irrelevante, uma vez que a contribuição é a única espécie tributária cobrada pela previdência social. A contribuição previdenciária é, anteriormente ao crime, descontada de pagamento efetuado a segurados, a terceiros, ou arrecadada do público, constituindo a posse lícita que é pressuposta da apropriação indébita. Segurado é a pessoa física prestadora de serviço, ou seja, o empregado. Os terceiros a que se refere o dispositivo são "empresas ou cooperativas que exercem atividade econômica a serviço de responsável tributário, que está sujeita à dedução de contribuição social, servindo de exemplos cooperativas e empresas locadoras de mão de obra".[358] Já a expressão "arrecadada do público" refere-se à renda líquida dos concursos de prognósticos (loterias, *v. g.*) e à renda bruta dos espetáculos esportivos.[359]

A consumação do delito se dá com a apropriação da quantia descontada ou arrecadada, ou seja, com a inversão da natureza da posse. Trata-se de crime material, portanto, de dano e instantâneo. A tentativa é inadmissível, uma vez que qualquer ato de apropriação que venha a ser praticado, ainda que breve (a manutenção irregular do bem em seu poder ou a prática de ato de domínio sobre ele), já denota a inversão do título da posse.

O inciso II incrimina a conduta de deixar de recolher contribuições devidas à previdência social (ver artigo 11, Lei nº 8.212/91) que tenham integrado despesas contábeis ou custos relativos à venda de produtos ou à prestação de serviços. Diversamente do inciso anterior, no qual a norma tem por objeto a contribuição descontada de pagamento ou arrecadada do público, o escopo do dispositivo em estudo é punir a apropriação de contribuições embutidas no preço de produtos ou serviços. Como bem afirma Bitencourt, o valor correspondente à contribuição previdenciária "é levado em consideração no cálculo para a fixação do preço do produto ou do serviço, tratando-se de despesa operacional (por exemplo, 20% sobre a folha de remuneração, acrescido do percentual relativo ao seguro contra acidente de trabalho)".[360] A locução adverbial que exprime o núcleo do tipo continua a mesma: deixar

---

358 PIERANGELI, José Henrique. *Manual...*, op. cit., p. 470.
359 Idem, ibidem, p. 470.
360 BITENCOURT, Cezar Roberto. *Código penal comentado...*, op. cit., p. 746.

de recolher. Não se trata, entretanto, como já explicitado anteriormente, de crime omissivo, mas sim de crime comissivo de conduta mista, pois a omissão é tão-somente o meio para a apropriação (esta sim uma conduta comissiva). É pressuposto do delito que as contribuições tenham integrado despesas contábeis ou custos, caracterizando a posse lícita sobre os valores. Assim, somente em caso de manutenção, pelo contribuinte, de contabilidade regular ou registro de dados é que o crime pode ocorrer, já que a arrecadação deve ser lídima, pois a posse não há de ser viciada. A falta de escrituração pode ensejar a prática de crime diverso, como a sonegação de contribuição previdenciária (artigo 337-A).[361]

O delito nada mais é do que uma espécie do gênero apropriação indébita e, como tal, deve seguir a estrutura básica deste crime patrimonial (posse lícita do objeto material como pressuposto da conduta, inversão do título da posse e vontade de se fazer proprietário da coisa). Assim, a consumação é operada com a inversão do título da posse, que ocorre no exato momento em que transcorre o prazo para o recolhimento da contribuição. Classifica-se o crime, portanto, em crime material, de dano e instantâneo. A tentativa, como nas demais espécies de apropriação indébita, é inadmissível.

No inciso III, encontramos a seguinte conduta: deixar de pagar benefício devido a segurado, quando as respectivas cotas ou valores já tiverem sido reembolsados à empresa pela previdência social. O delito tinha paralelo na revogada alínea *f* do artigo 95 da Lei nº 8.212/91, que, todavia, utilizava uma fórmula casuística, mencionando expressamente como objeto material do crime o salário-família, o salário-maternidade, o auxílio natalidade ou "outro benefício devido ao segurado". A atual redação do crime, apesar de mais genérica, não excluiu estes benefícios do seu âmbito de incidência. Salário-família e salário-maternidade são benefícios que visam a cobrir despesas familiares. No primeiro caso, em relação à existência de filhos ou equiparados

---

361 A lição é inspirada em Luiz Flávio Gomes (*Crimes previdenciários...*, op. cit., p. 39), que, com sua argúcia habitual, a utiliza para defender sua posição acerca da natureza do delito. Segundo o doutrinador, se as despesas estão corretamente escrituradas, o fisco já tem base suficiente para a cobrança do valor devido pelo contribuinte. Não sendo exigida, no crime, a finalidade de se apropriar do valor, teríamos espécie de prisão por dívida. Ademais, quem não mantém a escrituração responde por sonegação de contribuição previdenciária, que admite a extinção da punibilidade em caso de declaração e confissão espontânea das contribuições, com prestação das informações devidas à previdência social. Deve ser ponderado que o crime de apropriação indébita previdenciária, se interpretado tal qual pretende a doutrina majoritária, é uma conduta menos lesiva do que a sonegação (que sequer pressupõe a regularidade contábil), uma vez que a contribuição é escriturada, somente há omissão no seu recolhimento. Por que, então, haveria a possibilidade de extinção da punibilidade na sonegação e não na apropriação? A desproporção verificada na constatação é mais um argumento a reforçar a exigência da vontade de inverter a natureza da posse que vislumbramos existir no crime em estudo.

de até quatorze anos de idade, ou inválidos de qualquer idade. No segundo caso, em relação ao nascimento, à adoção ou à obtenção de guarda de criança, com duração pelo período de cento e vinte dias. O auxílio natalidade se distingue do salário-maternidade por dispensar a qualidade de contribuinte, consistindo em benefício de assistência social.

O agente, que é a pessoa encarregada de pagar o benefício ao segurado, apropria-se das cotas ou valores reembolsados pela previdência social, ou seja, o sujeito ativo deduz da contribuição previdenciária o montante relativo ao benefício que deve ser pago ao segurado, mas, em vez de efetuar o pagamento, fica com o valor para si. Da mesma forma que as condutas anteriores, temos aqui um crime comissivo de conduta mista, no qual a apropriação, ou seja, a inversão do título da posse é a ação incriminada, denunciada, todavia, por um ato omissivo (a omissão no pagamento do benefício), que caracteriza o momento consumativo do delito. O crime é instantâneo, material e de dano e, assim como as outras espécies de apropriação indébita, não admite tentativa.

7 Extinção da punibilidade (§ 2º)

Consoante o § 2º do artigo 168-A do CP, criado pela Lei nº 9.983/2000, opera-se a extinção da punibilidade do agente pela confissão (autodenúncia) e pagamento espontâneo das contribuições previdenciárias devidas. Tem-se, aqui, uma forma de estímulo ao agente, para que satisfaça seu débito, renunciando aos valores indevidamente apropriados. Teoricamente, o legislador adotou uma redação mais severa do que aquela aplicável à legislação anterior. Explica-se: antes da criação do artigo 168-A, a jurisprudência admitia a extinção da punibilidade do agente que realizava o recolhimento das contribuições devidas até o recebimento da denúncia pelo crime previdenciário, mediante a aplicação do artigo 34 da Lei nº 9.249/1995. Pelo dispositivo em comento, entretanto, para que não seja punido, o sujeito ativo deve efetuar o recolhimento até o início da ação fiscal contra si, ou seja, em tempo mais exíguo. O início da ação fiscal se dá com a notificação fiscal do lançamento do débito, ato pelo começa a transcorrer o prazo para que o devedor apresente a sua defesa, ou documento de efeitos semelhantes.[362]

Contudo, não é o § 2º que ora disciplina a extinção da punibilidade na apropriação indébita previdenciária. As leis nº 10.684/2003 (Lei do PAES, artigo 9º, § 2º), 11.941/2009 (artigo 69) e 12.382/2011 (que coexiste com a Lei nº 11.941) mudaram esse panorama. Hoje, entende-se que o pagamento

---

362 Deve ser repetido, para o artigo 168-A, o entendimento jurisprudencial do STJ (REsp 252.68/SC) que proclamava a extinção da punibilidade pelo parcelamento da dívida realizado anteriormente ao recebimento da denúncia, tendo, todavia, agora o início da ação fiscal como termo final para o ato, por ser adequado à finalidade de arrecadação que serve como *ratio* para a causa de extinção prevista.

da dívida tributária a qualquer tempo, inclusive no que concerne às contribuições previdenciárias, extingue a punibilidade do agente.³⁶³

Ocorreu, portanto, a revogação tácita do § 2º do artigo 168-A pelas leis posteriores que disciplinaram o tema. Essa constatação, aliás, não se limita ao § 2º, estendendo-se também ao § 3º, ao menos em parte, conforme verificaremos no próximo item.

8 Perdão judicial e pena de multa

Diz o § 3º do artigo 168-A que, mesmo não sendo possível a extinção da punibilidade diretamente pelo pagamento do débito com base no § 2º, o artigo 168-A, outra forma de extinção da punibilidade se mostra possível, agora calcada no perdão judicial, bastando, para tanto: (a) a primariedade e os bons antecedentes do agente; (b) o pagamento do débito (contribuição e acessórios) antes de oferecida a denúncia (e não antes de seu recebimento, consoante disposto no inciso I); (c) ou, alternativamente ao inciso I, que o valor do débito (contribuição e acessórios) seja igual ou inferior ao limite mínimo estabelecido pela previdência social para o ajuizamento de uma ação fiscal. O inciso I desse parágrafo foi tacitamente revogado pelas leis nº 10.684/2003, 11.941/2009 e 12.382/2011, como já explicado, pois os referidos diplomas regulamentaram de forma diferente a extinção da punibilidade pelo pagamento.

Assim, a possibilidade de perdão judicial, hoje, se limita ao inciso II. Mas a hipótese do inciso II não seria de insignificância da conduta? Atualmente, STF e STJ concordam que há a possibilidade de aplicação do princípio da insignificância aos crimes tributários federais, desde que o valor da dívida não supere a casa dos R$ 20.000,00, com esteio na Portaria MF nº 75, de 2012. Essa portaria autoriza, em seu artigo 1º, II, o "o não ajuizamento de execuções fiscais de débitos com a Fazenda Nacional, cujo valor consolidado seja igual ou inferior a R$ 20.000,00 (vinte mil reais)". Ou seja, cuida da mesma hipótese prevista no artigo 168-A, § 3º, II, CP. Se o valor da contribuição previdenciária é teoricamente insignificante, surge a atipicidade material da conduta, não havendo se falar em extinção da punibilidade pelo perdão judicial. Contudo, o STF já firmou em alguns julgados que não se aplica o princípio da insignificância à apropriação indébita previdenciária, sob o argumento de elevado desvalor da conduta.³⁶⁴ Cremos que a posição do STF

---

363 STF, HC nº 116.828-SP, Primeira Turma, rel. Min. Dias Toffoli, julg. em 13.8.2013. No RHC nº 128.245-SP, o STF assentou inclusive que a extinção da punibilidade pode se dar após o trânsito em julgado da sentença condenatória, consoante voto do relator, novamente o Min. Dias Toffoli (Segunda Turma, julg. em 23.8.2016).

364 "PENAL. HABEAS CORPUS. OMISSÃO NO RECOLHIMENTO DE CONTRIBUIÇÕES PREVIDENCIÁRIAS (ART. 95, 'D', DA LEI N 8.212/91, ATUALMENTE PREVISTO NO ART. 168-A DO CÓDIGO PENAL). PRINCÍPIO DA INSIGNIFICÂNCIA.

é incoerente, uma vez que a Suprema Corte não titubeia em aplicar a insignificância a outras hipóteses de sonegação fiscal, valendo-se de malabarismo retórico para afastar o princípio, todavia sem qualquer base dogmática sólida. Aliás, como já expusemos nessa obra, consideramos equivocados os parâmetros de reconhecimento da insignificância estabelecidos pela Corte (a saber, mínima ofensividade da conduta do agente; nenhuma periculosidade social da ação; grau reduzido de reprovabilidade do comportamento; e inexpressividade da lesão jurídica provocada). O STJ, ao seu turno, admite a atipicidade material decorrente da insignificância na apropriação indébita previdenciária.[365] Em resumo: se rechaçado o princípio da insignificância, o § 3º, II, tem alguma utilidade; se admitido, nenhuma. Vamos, então, aos requisitos para a aplicação do perdão judicial previstos na norma: primariedade, bons antecedentes e pequeno valor do produto da apropriação.

> REQUISITOS AUSENTES. REPROVABILIDADE DO COMPORTAMENTO. DELITO QUE TUTELA A SUBSISTÊNCIA FINANCEIRA DA PREVIDÊNCIA SOCIAL, BEM JURÍDICO DE CARÁTER SUPRAINDIVIDUAL. ORDEM DENEGADA. 1. O princípio da insignificância incide quando presentes, cumulativamente, as seguintes condições objetivas: (a) mínima ofensividade da conduta do agente, (b) nenhuma periculosidade social da ação, (c) grau reduzido de reprovabilidade do comportamento, e (d) inexpressividade da lesão jurídica provocada. Precedentes: HC 104403/SP, rel. Min. Cármen Lúcia, 1ª Turma, DJ de 1/2/2011; HC 104117/MT, rel. Min. Ricardo Lewandowski, 1ª Turma, DJ de 26/10/2010; HC 96757/RS, rel. Min. Dias Toffoli, 1ª Turma, DJ de 4/12/2009; HC 97036/RS, rel. Min. Cezar Peluso, 2ª Turma, DJ de 22/5/2009; HC 93021/PE, rel. Min. Cezar Peluso, 2ª Turma, DJ de 22/5/2009; RHC 96813/RJ, rel. Min. Ellen Gracie, 2ª Turma, DJ de 24/4/2009. 2. In casu, os pacientes foram denunciados pela prática do crime de apropriação indébita de contribuições previdenciárias no valor de R$ 3.110,71 (três mil, cento e dez reais e setenta e um centavos). 3. Deveras, o bem jurídico tutelado pelo delito de apropriação indébita previdenciária é a "subsistência financeira à Previdência Social", conforme assentado por esta Corte no julgamento do HC 76.978/RS, rel. Min. Maurício Corrêa ou, como leciona Luiz Regis Prado, "o patrimônio da seguridade social e, reflexamente, as prestações públicas no âmbito social" (Comentários ao Código Penal, 4. ed. – São Paulo: RT, 2007, p. 606). 4. Consectariamente, não há como afirmar-se que a reprovabilidade da conduta atribuída ao paciente é de grau reduzido, porquanto narra a denúncia que este teria descontado contribuições dos empregados e não repassado os valores aos cofres do INSS, em prejuízo à arrecadação já deficitária da Previdência Social, configurando nítida lesão a bem jurídico supraindividual. O reconhecimento da atipicidade material in casu implicaria ignorar esse preocupante quadro. Precedente: HC 98021/SC, rel. Min. Ricardo Lewandowski, 1ª Turma, DJ de 13/8/2010. 5. Parecer do MPF pela denegação da ordem. 6. Ordem denegada" (HC 102550, rel. Min. Luiz Fux, Primeira Turma, julg. em 20.09.2011). No mesmo sentido, RHC 132706 AgR/SP, Segunda Turma, rel. Min. Gilmar Mendes, julg. em 21.06.2016.

---

365 STJ, AgRg no REsp 1241697/PR, Quinta Turma, rel. Min. Laurita Vaz, julg. em 06.08.2013; STJ, RHC 59839/SP, Sexta Turma, rel. Min. Nefi Cordeiro, julg. em 07.04.2016.

A primariedade é a característica do agente não reincidente (a reincidência é definida no artigo 63 do CP). Quanto aos antecedentes, entendemos que somente caracterizam maus antecedentes as condenações criminais pretéritas que não geram reincidência, em virtude do princípio da presunção de inocência (ou de não culpabilidade, para alguns), que recusa valorar negativamente os antecedentes, por exemplo, quando a pessoa é investigada em inquérito policial (ver, a respeito, a Súmula nº 444 do STJ). Nessa esteira, José Antônio Paganella Boschi: "Para que possam os antecedentes receber valoração negativa, é preciso prova documental da prática de infração no passado, desde que o trânsito em julgado da respectiva sentença tenha ocorrido em data anterior à prática da nova infração, porque, ao contrário, configurará a reincidência (...)".[366]

O valor mínimo para o ajuizamento da ação fiscal em âmbito federal, de acordo com a Lei nº 10.522/02, alterada pela Lei nº 11.033/04, é de dez mil reais (artigo 20). Consoante a Portaria MF nº 75, de 2012, como já visto, é de vinte mil reais (artigo 1º, II), contrariando aquilo que outrora fora legislado. Prevalece o disposto na portaria, segundo os tribunais superiores.

Mesmo satisfeitos os requisitos acima expostos (e recusada a aplicação da insignificância), é possível que não haja o perdão judicial, uma vez que a lei faculta ao juiz optar entre a extinção da punibilidade e a aplicação de pena de multa isoladamente. Para realizar sua opção, deve o magistrado fundamentar sua decisão na análise dos fundamentos de prevenção e reprovação da pena, atentando para as circunstâncias judiciais arroladas no artigo 59 do CP.

A Lei nº 13.606/2018 incluiu na estrutura do artigo 168-A um § 4º, vinculado ao § 3º. Nesse novo dispositivo, esclarece o legislador que "a faculdade prevista no § 3º deste artigo não se aplica aos casos de parcelamento de contribuições cujo valor, inclusive dos acessórios, seja superior àquele estabelecido, administrativamente, como sendo o mínimo para o ajuizamento de suas execuções fiscais". Evidentemente, o § 4º se refere ao inciso II do § 3º, não ao inciso I. Não é possível o perdão judicial ou a aplicação isolada da pena de multa, assim, quando a quantia apropriada, incluindo acessórios, ultrapassa o valor de vinte mil reais, mesmo em caso de parcelamento.

9 Parcelamento da dívida previdenciária

O parcelamento do débito constituído a partir da apropriação indébita previdenciária se presta a suspender a pretensão punitiva, mas não é causa de extinção da punibilidade. Nesse sentido já decidiu o STF, em voto de lavra do Ministro Luiz Fux: "(...) O parcelamento de créditos tributários é apto

---

[366] BOSCHI, José Antônio Paganella. *Das Penas e Seus Critérios de Aplicação*. 7. ed. Porto Alegre: Livraria do Advogado, 2014. p. 167.

a suspender a pretensão punitiva, não afetando, contudo, a materialidade do crime contra a ordem tributária. (...)".[367] Assim também se pronunciou o Tribunal Regional Federal da 5ª Região: "(...) A adesão a programas de parcelamento e recuperação fiscal, nos termos do art. 68, parágrafo único, da Lei 11.941/2009, tem o condão de suspender a pretensão punitiva estatal, mas não é hábil para operar a extinção da punibilidade, a qual só ocorre após o pagamento integral dos valores devidos. (...)".[368]

Frise-se que, se o parcelamento for realizado por sucessor daquele que se apropriou indevidamente dos valores, não há suspensão da pretensão punitiva. Nesse sentido decidiu, com acerto, o TJMS; "(...) Em se tratando do delito do art. 168-A do CP, não há que se falar em aplicação do benefício da suspensão da ação penal pelo parcelamento do débito previdenciário, com base nos arts. 68 e 69 da Lei nº 11.941/09, se o parcelamento da dívida foi realizado pelo sucessor do acusado na Prefeitura Municipal e, ainda, com dinheiro oriundo dos cofres públicos".[369]

10 Distinção, concurso de crimes e concurso aparente de normas

A apropriação indébita previdenciária guarda, com a apropriação indébita prevista no artigo 168, identidade em relação à estrutura básica (constituição de uma posse lícita sobre a coisa, inversão do título da posse, exigência do elemento subjetivo especial, inadmissibilidade da forma tentada etc., consoante posição minoritária, todavia esposada nesta obra), diferenciando-se no que tange ao objeto material, aqui de interesse público (contribuições previdenciárias). Pela natureza bastante distinta do interesse tutelado, entendemos que não é possível a continuidade delitiva entre os delitos, ainda que compreendido o requisito "crimes da mesma espécie" de forma mais flexível.

Difere, outrossim, a apropriação indébita previdenciária da sonegação de contribuição previdenciária (artigo 337-A) em virtude da constituição de uma posse lícita sobre a coisa, existente naquela e ausente nesta, uma vez que as condutas nela previstas pressupõem a não-realização da regular contabilidade das contribuições. Entretanto, de acordo com o STJ, ambos os delitos podem figurar em continuidade delitiva.[370]

---

367 STF, ARE nº 1180223-PR, rel. Min. Luiz Fux, julg. em 13.12.2018. No mesmo sentido, o voto proferido pelo Min. Ricardo Lewandowski nos autos do ARE nº 1212758-PE, julgado em 31.05.2019.
368 TRF-5, APR 200684010008097, Primeira Turma, rel. Des. Francisco Cavalcanti, julg. em 11.07.2013.
369 TJMS, RSE nº 0800757-27.2014.8.12.0012, Segunda Câmara Criminal, rel. Des. José Ale Ahmad Netto, julg. em 09.12.2018.
370 Informativo nº 493: "A Turma entendeu que é possível o reconhecimento da continuidade delitiva entre o crime de sonegação previdenciária (art. 337-A do CP) e o crime de apropriação indébita previdenciária (art. 168-A do CP) praticados na ad-

Não se pode confundir, por fim, o estelionato previdenciário (na verdade, estelionato com aumento de pena – artigo 171, § 3º) com a apropriação indébita previdenciária, sendo certo que nesta há a prévia e lícita constituição da posse sobre a quantia a ser repassada, o que não ocorre naquele.

Aliás, em tema de crime continuado, entende o STJ que cada omissão de repasse constitui um crime autônomo de apropriação indébita e que, se praticadas nas condições do artigo 71 do CP, há a continuidade, ao invés da caracterização de crime único.[371]

10 Pena e ação penal

Impõe-se pena de reclusão, de 2 a 5 anos, além de multa cumulativa, ao crime de apropriação indébita previdenciária e figuras equiparadas. Presentes os requisitos do artigo 28-A do CPP, será possível o acordo de não persecução penal.

Concorrendo os requisitos previstos no § 3º, II, o juiz poderá aplicar o perdão judicial ou optar pela imposição de pena de multa isolada, sem a cumulação com a pena privativa de liberdade (se não for caso de aplicação do princípio da insignificância).

O artigo 170 do CP, ainda, permite a substituição da pena de reclusão pela de detenção, a redução da pena de um a dois terços, ou a aplicação de multa isolada em caso de primariedade do acusado, combinado ao pequeno valor do objeto do delito.

A ação penal é sempre pública incondicionada, já que é inaplicável ao delito a disposição do artigo 182 do CP. Todavia, a instauração da ação penal, para manter a coerência daquilo que dispõe a Súmula Vinculante nº 24, dependerá do lançamento definitivo da dívida previdenciária, uma vez que o artigo 168-A é crime material. Reforçamos nosso entendimento de que a constituição definitiva do crédito tributário não coincide com a consumação do delito, que se opera com a omissão do repasse, mas fornece a justa causa para o oferecimento da ação, meramente.

---

ministração de empresas de um mesmo grupo econômico. Entendeu-se que, apesar de os crimes estarem tipificados em dispositivos distintos, são da mesma espécie, pois violam o mesmo bem jurídico, a previdência social. No caso, os crimes foram praticados na administração de pessoas jurídicas diversas, mas de idêntico grupo empresarial, havendo entre eles vínculos em relação ao tempo, ao lugar e à maneira de execução, evidenciando ser um continuação do outro. Precedente citado do STF: AP 516-DF, DJe 6/12/2010; do STJ: HC 86.507-SP, DJe 1º/7/2011, e CC 105.637-SP, DJe 29/3/2010." (REsp 1.212.911-RS, Rel. Min. Sebastião Reis Júnior, julgado em 20/3/2012).

371 REsp nº 1574813-PR, rel. Min. Reynaldo Soares da Fonseca, julg. em 23.05.2016.

III – APROPRIAÇÃO DE COISA HAVIDA POR ERRO, CASO FORTUITO OU FORÇA DA NATUREZA (ARTIGO 169, CP)

1 Introdução

O artigo 169 do CP contempla espécies do gênero apropriação indébita, incriminadas de modo autônomo. Essa autonomia, todavia, não exclui a proximidade que os elementos constituintes da apropriação de coisa havida por erro, caso fortuito ou força da natureza devem guardar com a apropriação indébita, como a constituição de uma posse de boa-fé sobre a coisa alheia. Apesar disso, o legislador entendeu por bem sancionar de forma menos severa o crime em estudo, pois, como informa Hungria, não há a "traição à fé de um contrato". Vimos que, embora a traição não seja uma exigência para a configuração da apropriação indébita, ela se verifica em boa parte dos casos.

No Brasil, o crime é de tipificação recente, tal qual se encontra redigido, pois, embora conduta assemelhada fosse prevista no Código Penal republicano (1890), o delito era considerado modalidade do crime de furto. Mesmo no direito comparado, não encontramos dispositivo paralelo em época anterior ao século XIX, quando, então, o Código Zanardelli e o Código Austríaco versaram sobre o tema.

2 Objetividade jurídica

Tutela-se, como não poderia deixar de ser, o patrimônio, especificamente no que tange à propriedade e outros direitos que, eventualmente, possam recair sobre a coisa apropriada. Trata-se de bem jurídico disponível, razão pela qual, como de regra, o consentimento do ofendido exclui o caráter criminoso da conduta. O consentimento, entretanto, é incompatível com o erro (havendo consentimento, não há erro), que, nesse caso, é viciado.

O objeto material da conduta é a coisa alheia móvel, cujo conceito já foi explicitado quando dos comentários acerca do crime de furto.

3 Sujeitos do delito

Qualquer pessoa pode figurar nos polos ativo e passivo do delito (crime comum). O sujeito ativo é a pessoa que se apropria do bem que recebeu por erro ou desvio acidental. O sujeito passivo é aquele que teve o seu patrimônio desfalcado, podendo ser pessoa diversa daquela que entregou, por equívoco, a coisa ao agente.

4 Tipicidade objetiva e subjetiva

O núcleo do tipo penal é o verbo "apropriar-se", significando a inversão do título de uma posse constituída sobre a coisa. O sujeito ativo passa a agir como proprietário do bem que está em seu poder ("apropriar-se alguém de coisa alheia vinda ao seu poder [...]"). Quaisquer atos de domínio sobre a coisa alheia podem demonstrar a inversão do título da posse, até mesmo a recusa em restituir a coisa a quem tenha direito sobre ela ou a sua utilização como se proprietário fosse.

No crime em tela, a posse sobre a coisa é constituída em virtude do erro, de caso fortuito ou de força da natureza. O erro ocorre quando alguém, por uma falsa representação da realidade, entrega desnecessariamente a coisa ao sujeito ativo. Hungria expõe as situações em que o erro pode ser vislumbrado: "O erro pode consistir tanto em tomar por outra a pessoa a quem se entrega, quanto em dar *aliud pro alio* ou supor que a obrigação realmente não existe. Exemplos: João da Silva recebe do estafeta postal um registrado de valor destinado a um seu homônimo; Tício recebe de Caio, em vez do colar de pérolas falsas que lhe comprara, um colar de pérolas autênticas; Primus recebe de Secundus o pagamento de uma dívida já paga ou quantia maior do que a devida".[372] Hipótese mais adequada aos tempos atuais se refere ao agente que, ao perceber que a instituição financeira creditou em sua conta, por uma falha, determinada quantia à qual não fazia jus, utiliza esse valor, em vez de comunicar à instituição o crédito indevido.

Para a existência do crime de apropriação, mister que o equívoco da pessoa que entrega a coisa não seja induzido pelo agente, situação que caracterizaria crime de estelionato. Aliás, também há estelionato se o agente, percebendo o engano de quem está lhe entregando a coisa, o qual não induziu, o mantém em erro, não restabelecendo a verdade. Verifica-se, portanto, que a apropriação de coisa havida por erro só tem lugar quando a posse sobre a coisa é constituída de boa-fé, ou seja, quando o agente não identifica, desde logo, o engano. A má-fé surge em momento posterior, isto é, quando o agente passa a agir como proprietário da coisa em seu poder, sabedor de que a obteve por força de um erro.

---

372 HUNGRIA, Nélson. *Comentários...*, op. cit., v. VII, p. 150.

Caso fortuito é qualquer força estranha à vontade do agente e da pessoa que, legitimamente, tem a coisa em seu poder. É o acontecimento acidental, em suma. O poder sobre a coisa é constituído, por exemplo, quando esta é levada ao agente por força de uma enxurrada, ou pela ação do vento (uma cédula que plana através da janela da casa do agente, pousando sobre um móvel), ou por ser lançada no espaço após a colisão entre veículos etc. Aqui também o poder sobre a coisa não é produto da má-fé do sujeito ativo, a qual aparece de forma subsequente, com a inversão do título da posse.

A expressão força da natureza, empregada pela norma, é de todo redundante, já que engloba todo evento natural capaz de fazer a coisa mudar de mãos, como intempéries, por exemplo. Nota-se, todavia, que já há tal previsão no conceito de caso fortuito. Dos males, o menor: não há prejuízo à aplicação do tipo penal, sendo melhor o excesso do que a omissão.

O tipo subjetivo é composto pelo dolo do agente, que deve abranger a consciência de estar na posse irregular da coisa alheia móvel, bem como a intenção de se postar como proprietário do bem. Agrega-se ao dolo um elemento subjetivo especial, consistente na intenção de ter a coisa para si, na qualidade de proprietário, consoante notas realizadas ao crime de apropriação indébita (artigo 168).[373]

Caso o agente se equivoque sobre algum dos elementos integrantes do tipo penal, a conduta será atípica, em se tratando de erro de tipo invencível (por exemplo, o sujeito ativo aliena a coisa alheia sem perceber que a obteve por erro de quem a entregou).

5 Consumação e tentativa

A consumação do delito se opera com a inversão do título da posse, dependente de algum ato caracterizador da disposição *uti dominus* da coisa ou da recusa injustificada de sua devolução. Trata-se, portanto, de crime material, instantâneo e de dano. A tentativa, de semelhante à apropriação indébita, não é admissível, pois é impossível o fracionamento dos atos executórios (crime unissubsistente). Ver, sobre o tema, o exposto no estudo acerca do artigo 168 do CP.

6 Apropriação de tesouro (artigo 169, parágrafo único, I, CP)

Os incisos do parágrafo únicos do artigo 169 contêm condutas equiparadas à apropriação prevista no *caput*, que, embora subordinadas na topologia ao tipo fundamental, constituem crimes autônomos. Trata-se da apropriação de tesouro e da apropriação de coisa achada.

No inciso I (apropriação de tesouro), é incriminada a apropriação da quota sobre o valor de um tesouro, a que tem direito o proprietário do

---

373 Nesse sentido, José Henrique Pierangeli (*Manual...*, op. cit., p. 476).

prédio onde se deu a descoberta. A lei civil concede ao proprietário do imóvel, urbano ou rural, onde jazia o tesouro, o direito de perceber certo valor pela invenção (revelação do tesouro), ainda que outrem (o inventor) o tenha encontrado. Assim é a redação do artigo 607 do CC: "o depósito antigo de moeda ou coisas preciosas, enterrado, ou oculto, de cujo dono não haja memória, será dividido por igual entre o proprietário do prédio e o que achar o tesouro casualmente". A característica marcante da apropriação indébita, qual seja, a posse lícita sobre a coisa, aqui também se faz presente, constituída quando o inventor acha o tesouro. Somente parte do achado pertence a ele, que não tem direito sobre a totalidade do tesouro. Em seguida, o agente inverte o título da posse sobre a quota alheia, dela dispondo como se proprietário fosse ou recusando-se a efetuar o repasse. Imprescindível, outrossim, a presença, ao lado do dolo do agente, do *animus rem sibi habendi*, consoante defendemos ao longo da obra.

A tutela legal visa à proteção patrimonial. O objeto material do delito é o tesouro, definido como "o depósito antigo de moedas ou coisas preciosas, enterrado ou oculto, de cujo dono não haja memória" (artigo 1264 do CC). Pouco importa se o tesouro está enterrado ou oculto em local diverso, como, por exemplo, atrás do painel falso de um armário, devendo ser asseverado, entretanto, que jazidas naturais não ingressam no conceito. Sendo conhecido, posteriormente ao achado, o proprietário do bem, não haverá que se falar em tesouro, que pressupõe dono incerto. Nesse caso, estando na posse legítima do bem, a pessoa que o encontrou responderá por apropriação de coisa achada, caso inverta o título de sua posse.

Deve ser notado que o tipo penal menciona como sujeito ativo do crime a pessoa que acha o tesouro (o inventor). Achar tem a conotação de acontecimento fortuito, casual, involuntário. Caso alguém tome para si o tesouro que sabia estar em prédio alheio, pode cometer o crime de furto, pois, nesse caso, segundo a lei civil, a propriedade do tesouro é concedida, integralmente, ao dono do prédio. O sujeito passivo do delito é o proprietário do prédio onde o tesouro foi encontrado, que faz jus à parte dos valores.

O crime se consuma com a inversão do título da posse, caracterizado por alguma conduta de disposição do bem pelo autor do fato, ou de recusa na entrega, o que torna impossível a verificação da forma tentada. Acerca do tema, ver outras notas ao crime de apropriação indébita.

7 Apropriação de coisa achada (artigo 169, parágrafo único, II, CP)

Denominada por Magalhães Noronha de "apropriação menor ou privilegiada", por ter uma pena menos severa do que aquela encontrada em seu tipo penal inspirador (a apropriação indébita), a apropriação de coisa achada é o assenhoramento de coisa perdida por outrem que, casualmente, o agente veio a encontrar. Sua tipificação é antiga, remontando ao Código de Hamurabi.[374]

Tutela-se o patrimônio, pois a perda da coisa por seu titular não implica perda de domínio: a apropriação da coisa é que, efetivamente, determinará o desfalque patrimonial. Coisa perdida, objeto material do delito, é aquela que sai do poder de fato do *dominus* por casualidade ou descuido. Não se confunde com a coisa esquecida, que, embora alijada do poder de fato exercido por seu dono, é de localização conhecida por este. Por exemplo, se alguém deixa um telefone celular sobre a pia de um banheiro público, percebendo seu esquecimento certo tempo depois, mas conhecendo o paradeiro do bem, não há que se falar em coisa perdida. Portanto, se um dos frequentadores do sanitário resolve pegar para si o bem esquecido, incorrerá em crime de furto. É diferente a situação da pessoa que, durante o dia, após percorrer várias ruas a pé, nota que a sua carteira de dinheiro caiu do bolso, ignorando completamente o local da perda. Nessa hipótese, se alguém vem a arrecadar a carteira, não a restituindo ou não a entregando à autoridade competente dentro do prazo legal, haverá crime de apropriação de coisa achada. Infere-se, por conseguinte, que a distinção entre a perda e o esquecimento reside na ciência, pelo dono, do local onde a coisa foi deixada, existente neste e não naquela. Também deve ser rechaçada qualquer comparação entre a coisa perdida e a coisa abandonada (*res derelicta*). Nesta, o seu titular voluntariamente renuncia ao direito patrimonial. A apropriação de coisa abandonada não constitui fato criminoso.

O sujeito ativo da apropriação de coisa achada, novamente, é o inventor, ou seja, a pessoa distinta do proprietário que vem a encontrar a coisa perdida, dela se apropriando. O sujeito passivo é o proprietário, ou, ainda, consoante expressa redação legal, o legítimo possuidor, que também tem o seu patrimônio desfalcado no caso.

---

374 "Artigo 9. Se alguém perder um artigo e o encontrar em posse de outra pessoa; se a pessoa em cuja posse o item for encontrado disser: 'Um mercador vendeu-o a mim, paguei por isso perante testemunhas', e se o proprietário do objeto disser: 'Trarei testemunhas que conhecem minha propriedade',então o acusado deve trazer o mercador que vendeu a ele e as testemunhas perante as quais ele comprou o artigo, e o proprietário deve trazer testemunhas que possam identificar sua propriedade. O juiz deve examinar os testemunhos – tanto das testemunhas perante as quais se pagou um preço, quanto das testemunhas que identificarão o artigo perdido sob juramento. Provando-se, então, que o mercador é um ladrão, este deverá ser condenado à morte e o proprietário receberá o artigo perdido. O proprietário do artigo perdido recebe sua propriedade e o que o comprou recebe o dinheiro que pagou, tirando os bens do mercador. Artigo 10. Se o acusado não trouxer o mercador e as testemunhas perante as quais ele comprou o artigo, mas o proprietário traz testemunhas que o identificam, o comprador, então será o ladrão e deverá ser condenado à morte, e o proprietário receberá o artigo perdido."

Por ser uma espécie de apropriação indébita, a apropriação de coisa achada deve seguir a estrutura básica desta. Acerca do tema, manifesta-se Hungria: "Também aqui, diversamente do que ocorre com a apropriação indébita no seu tipo fundamental, a detenção da coisa pelo agente, embora *ab initio* lícita, não é conferida pelo *dominus* ou quem de direito".[375] Defende, assim, o autor, que também neste crime se faz necessária a constituição prévia de uma posse lícita sobre a coisa. Não seria possível outra interpretação, até porque não há óbice, em nosso direito, ao recolhimento da coisa achada. É essa a lição de Bitencourt: "Com efeito, no momento em que o sujeito se apossa da coisa achada, não pratica nenhum ilícito (civil ou criminal), pois essa conduta não está proibida no sistema jurídico brasileiro".[376] O Código Civil não estabelece restrições ao apossamento. Ao contrário, somente impõe ao inventor o dever de restituí-la ao proprietário ou legítimo possuidor (artigo 1.233), ou, não sendo este conhecido, de entregá-la à autoridade competente (artigo 1.233, parágrafo único).

Somente há previsão da modalidade dolosa, que exige, ainda, um elemento subjetivo especial, o *animus rem sibi habendi* (a intenção de assenhoramento). Acerca do tema, remetemos o leitor ao crime de apropriação indébita.

Interessante salientar que a apropriação de coisa achada é um excelente exemplo de caracterização possível do erro de proibição. A lei penal, por presunção inafastável, é do conhecimento de todos, a ninguém sendo permitido alegar a ignorância como escusa para seu comportamento (artigo 21, 1ª parte, CP). Entretanto, sabendo que o senso comum, em muitos casos, afasta a consciência sobre a ilicitude de um fato típico, o legislador houve por bem normatizar o erro de proibição, consistente em uma falsa representação da realidade, não na ignorância. Humberto Fernandes de Moura escreveu sobre o tema,[377] traçando um paralelo com o dito popular "achado não é roubado". Em sua argumentação, o jurista traz à baila a teoria da representação social, pela qual certos "saberes populares" e o senso comum servem de base para a interpretação e a construção do real. As representações sociais acabam por integrar os chamados universos consensuais, em que, aliadas às práticas costumeiras, se contrapõem aos universos reificados, berço das ciências e que nem sempre encontram projeção sobre o senso comum. É certo que a tipificação de condutas ingressa, desde logo, em um universo reificado, mas somente a sua divulgação pode fazer com que sejam

---

375 HUNGRIA, Nelson. *Comentários...*, op. cit., v. VII, p. 153.
376 BITENCOURT, Cezar Roberto. *Tratado...*, op. cit., v. 3, p. 265.
377 MOURA, Humberto Fernandes de. *Achado não é roubado, quem perdeu é relaxado : uma representação social do crime de apropriação de coisa achada.* São Paulo: Boletim IBCCRIM nº 149, abr. 2005. p. 18-19.

reconhecidas como delituosas pela coletividade, o que ocorre em crimes corriqueiros, como o roubo ou o estupro. Em outros casos, a ciência coletiva da incriminação de certa conduta é tão restrita que as práticas usuais levam o indivíduo a crer que sua prática é tolerada pelo direito. Suponhamos o seguinte: uma pessoa, ao caminhar pela rua, vê, perdido, um cordão de ouro, sem qualquer característica que permita a identificação de seu proprietário. É de se esperar que esta pessoa leve a coisa achada para alguma autoridade pública? E em se tratando de uma cédula de dinheiro? Infere-se como possível, nas hipóteses, o erro de proibição, que não ocorreria, *v. g.*, no encontro de uma carteira contendo dinheiro e os documentos de seu proprietário, pois, nesse caso, a ética recomenda a sua imediata restituição.

8 Distinção, concurso de crimes e concurso aparente de normas

Realiza-se a distinção da apropriação de coisa havida por erro, caso fortuito ou força da natureza, em confronto com o peculato mediante erro de outrem (artigo 131 do CP), no que tange ao objeto material do delito (que, no peculato, é o bem recebido irregularmente de alguém e colocado sob a guarda da administração pública) e ao sujeito ativo (necessariamente o funcionário público, no exercício das funções, ou pessoa que com ele aja em concurso de pessoas).

No que concerne à apropriação de coisa achada, o encontro de diversos bens, pertencentes a pessoas diferentes, em uma mesma oportunidade, caracteriza concurso formal de crimes; se os "achados" se dão em sequência, continuidade delitiva. É a hipótese do "caçador de tesouros", que, após um dia de mar revolto, vai à praia com um detector de metais, para encontrar sob a primeira camada de areia cordões, brincos, relógios e outros objetos valiosos de metal, perdidos por seus proprietários.

9 Pena e ação penal

A pena cominada em abstrato ao crime do artigo 169 do CP é de detenção, de 1 mês a 1 ano, ou multa alternativa. A mesma pena é aplicável aos dois incisos do parágrafo único, fazendo com que todas as figuras delitivas do dispositivo sejam inseridas na competência dos Juizados Especiais Criminais (Lei nº 9.099/95).

A ação penal é pública incondicionada, salvo se verificada alguma das hipóteses previstas no artigo 182 do CP e desde que não ocorra qualquer uma das ressalvas do artigo 183.

IV – CAUSAS DE DIMINUIÇÃO E SUBSTITUIÇÃO DA PENA (ARTIGO 170, CP)

Estipula o artigo 170 do CP que a todas as espécies de apropriação indébita (artigos 168, 168-A e 169) é aplicável o disposto no artigo 155, § 2º. Assim, se o criminoso é primário (ou seja, não reincidente) e sendo de pequeno valor o bem apropriado, o juiz pode substituir a pena de reclusão pela de detenção, diminuí-la de um a dois terços, ou aplicar a multa isoladamente.

DO ESTELIONATO E OUTRAS FRAUDES

I – ESTELIONATO
(ARTIGO 171, CP)

1 Introdução

Tido por Hungria como um crime patrimonial evoluído, no qual o homem se afasta da violência, da intimidação e da clandestinidade, passando a se valer do intelecto[378], o estelionato pode ser resumido na obtenção de uma vantagem patrimonial pela simulação de uma relação sinalagmática. O estelionatário utiliza toda sorte de embustes para alcançar o patrimônio alheio, fazendo com que a vítima, ludibriada, conceda a vantagem ao sujeito ativo, acreditando que será beneficiada por uma contraprestação, sobre a qual incidirá a fraude. Luiz Regis Prado indica os elementos que compõem o estelionato: a) objetivo da obtenção de vantagem ilícita; b) emprego de meio fraudulento; c) erro causado ou mantido por esse meio; d) nexo de causalidade entre o erro e a obtenção da vantagem e lesão patrimonial.[379] Perceba-se que, na lição de Regis Prado, já há um elemento essencial ao estelionato, concernente no binômio vantagem-prejuízo.

Apesar de ser considerada como um expediente contemporâneo para a consecução de uma vantagem patrimonial, a fraude não escapou da tipificação nas mais remotas legislações penais. Assim, na Babilônia, a pena de morte era aplicada àquele que vendesse coisa alheia, bem como era punido o pastor que falseasse o número verdadeiro de animais de um rebanho, ocultando nascimentos ocorridos, dando-se o mesmo no Egito. O Direito hebraico punia o comerciante que fraudasse medidas. No Código de Manu, a fraude também era sancionada com a morte (por esquartejamento), ao passo em que, na China, a pena era menos severa, contentando-se o Estado com a amputação do nariz do criminoso.[380] Os gregos já tratavam, em Atenas, da

---

378 HUNGRIA, Nelson. *Comentários...*, op. cit., v. VII, p. 164.
379 PRADO, Luiz Regis. *Curso...*, op. cit., p. 521.
380 XAVIER DE OLIVEIRA, Carlos Fernando Maggiolo. *O crime de estelionato*. Rio de Janeiro: Destaque, 2003. p. 24.

fraude como figura delituosa, assim como em Roma, onde a fraude era incriminada de forma excepcional, sempre que não constituísse caso de furto ou de falsidade. O Direito Romano, posteriormente, veio a cuidar do crime de *falsum*, denominação que abraçava as mais variadas espécies de fraude, desde que lesassem interesses coletivos, excluídos os direitos particulares em um primeiro momento, que somente vieram a ser contemplados com a proteção penal a partir da evolução da *actio doli*, ação penal para sancionar qualquer fato que exigisse punição, de acordo com a discricionariedade do magistrado. Data do segundo século do império romano o surgimento do *stellionatus* (palavra derivada de *stellio*, um lagarto com capacidade de mimetização). Aqui recebiam acolhida todas as fraudes que não tivessem previsão específica distinta. Sempre como delito subsidiário, o estelionato atravessou a idade média até ser, no século XVIII, erigido à categoria de delito autônomo por diversos ordenamentos jurídicos europeus, ancorando-se, já no século XIX, dentre os crimes patrimoniais.

O direito pátrio, já no Código Penal de 1830, tipificou o estelionato (ao contrário das Ordenações Filipinas, onde era denominado, no Livro V, Título LXV, burla ou inliço), lançando mão da técnica da interpretação analógica, ou seja, arrolando formas casuísticas, seguidas de um preceito genérico.[381] O dispositivo, posteriormente, teve o seu conteúdo explicitado pelo artigo 21 da Lei nº 2.033/1871. O Código Penal republicano manteve a orientação da legislação anterior, indicando onze condutas consideradas estelionato, finalizando com uma cláusula genérica. O atual Código Penal, rompendo com a tradição legislativa, não usou casuísmos (salvo no que tange aos meios executórios, o artifício e o ardil), preferindo a formulação genérica, seguida, no § 2º, de hipóteses especiais de estelionato (entre as quais foram acrescidas a fraude para recebimento do valor de seguro e a fraude no pagamento por meio de cheque, não abraçadas pelas codificações anteriores). Contemplou, outrossim, como conduta incriminada, a manutenção de um erro prévio, ao lado do induzimento de outrem a erro, bem como a arrecadação da vantagem para locupletamento de terceiro.

---

381 "Art. 264. Julgar-se-há crime de estellionato: § 1º A alheiação de bens como proprios, ou a troca das cousas, que se deverem entregar, por outras diversas. § 2º A alheiação, locação, aforamento ou arrendamento da cousa propria já alheiada, locada, aforada ou arrendada a outrem, ou a alheiação da cousa propria especialmente hypotecada a terceiro. § 3º A hypoteca especial da mesma cousa a diversas pessoas, não chegando o seu valor para o pagamento de todos os credores hypotecarios. § 4º Em geral, todo e qualquer artifício fraudulento pelo qual se obtenha de outrem toda a sua fortuna ou parte della, ou quaesquer títulos. Penas – de prisão com trabalho por seis mezes a seis anos, e de multa de cinco a vinte por cento do valor das cousas sobre o que versar o estellionato."

2 Fraude civil e fraude penal

Como o estelionato orbita o conceito de fraude, já que desta se vale o agente como meio direto para a obtenção da vantagem indevida, mister a definição do termo para a exata compreensão do crime. Fraude, segundo Coelho da Rocha, é o "artifício malicioso, que se emprega para enganar uma pessoa, e levá-la a praticar uma ação, que sem isso não praticaria".[382] Nosso direito penal não reserva a fraude de forma exclusiva à caracterização do estelionato. Há outros tantos delitos que a pressupõe, como o furto mediante fraude (no qual o engodo se presta tão-somente a propiciar uma subtração), a violação sexual mediante fraude (artigo 215, CP, no qual não se tutela um bem jurídico patrimonial, mas a liberdade sexual), as falsidades (documentais ou não, que podem ser uma conduta prévia ao estelionato, ou, mesmo, prática não atrelada ao crime patrimonial) e outros, muitos dos quais poderiam até mesmo se adequar à redação legal do estelionato, não fosse a tipificação autônoma (fatura, duplicata ou nota de venda simulada – artigo 172 –, ou fraude à execução – artigo 179 –, bem como vários dos crimes previstos nas Leis nº 8.078/1990 e nº 8.137/1990, por exemplo). Nenhum outro crime, entretanto, alcançou tamanha identificação com o conceito de fraude na acepção popular como o estelionato (basta verificarmos a denominação de "171", artigo que incrimina o estelionato, usada para designar o indivíduo dissimulador).

Contudo, não é qualquer fraude que se prestará à configuração do estelionato, mas apenas a chamada fraude penal. Há, na doutrina, costumeira distinção entre fraude penal e civil, sendo certo que esta última repercute unicamente na esfera do direito civil, não se prestando à caracterização de condutas criminosas. Ainda assim, impossível negar a semelhança, por exemplo, entre o dolo – entendido como vício dos negócios jurídicos – e a fraude que caracteriza o estelionato. Sobre o dolo como defeito dos negócios jurídicos, ensina Cleyson de Moraes Mello: "O dolo é o erro induzido por um dos contratantes, ou seja, é uma ação ou omissão que produza na vítima um estado de erro. O dolo é um vício de consentimento que traduz a utilização de um artifício malicioso empregado por uma pessoa com o firme propósito de induzir o outro a erro, prejudicando-o em benefício do autor do dolo ou de terceiro".[383] O autor enumera como requisitos do dolo, entre outros, a intenção de beneficiar a si mesmo ou a terceiro e o propósito de prejudicar a outra parte, ou seja, um binômio vantagem-prejuízo, tal qual ocorre no estelionato.

---

382 ROCHA, Coelho da., apud HUNGRIA, Nelson. *Comentários*..., op. cit., v. VII, p. 170.
383 MELLO, Cleyson de Moraes. *Direito Civil:* parte geral. 3. ed. Rio de Janeiro: Freitas Bastos, 2017. p. 522.

Em verdade, não existe diferença ontológica entre fraude penal e fraude civil. Fraude é uma só, independentemente de qualquer valoração. A dicotomia, no entanto, tem em sua base o caráter subsidiário e fragmentário do direito penal: reconhecida a fraude civil, as consequências não possuem repercussão penal, por absoluta desnecessidade. Isso exige um esforço conceitual para, no plano jurídico, distinguir os dois termos.

Segundo Hungria, a diversidade de tratamentos aos fatos antijurídicos, ora constituindo apenas ilícitos civis, ora ingressando também na seara do ilícito penal, se deve menos ao rigor científico ou a uma distinção ontológica do que à conveniência política. É exatamente por critérios políticos, em virtude de certas fraudes não provocarem "intenso ou difuso alarme coletivo", que se torna imprescindível a distinção entre a fraude penal, merecedora de uma pena, e a fraude civil, para a qual será suficiente a imposição de uma sanção civil.[384] Tem-se que a fraude civil é um *minus* em relação à penal,[385] ou seja, cuidar-se-ia da valorização de um interesse, natural e rotineira em quase todos os negócios jurídicos. Assim ocorre na postura da vendedora que insiste para que uma cliente adquira certa peça de vestuário, alegando um "caimento ótimo", quando, em verdade, seu ajuste não é o mais adequado; ou no caso da locação de um imóvel, onde o locatário realiza reparos estéticos e superficiais, escamoteando os defeitos mais relevantes, com o intuito de celebrar o contrato a um preço mais elevado.

A diferença entre a fraude civil e a fraude penal, portanto, se apoia da gravidade da fraude. Aquelas condutas maliciosas que não encontram uma grave repulsa social (muitas das quais, inclusive, de tão costumeiramente repetidas, não encontram qualquer reprovação) não podem se prestar à configuração do crime de estelionato. Nesse sentido, no direito comparado, encontramos decisão do Segundo Tribunal Colegiado del Sexto Circuito (México).[386]

---

384 HUNGRIA, Nelson. *Comentários...*, op. cit., v. VII, p. 172-173.
385 TACrimSP: "Não há diferença ontológica entre a fraude penal e a fraude civil. Trata-se apenas de questão de grau ou de quantidade, a ser resolvida, em última análise, pela apreciação do Juiz, que deverá considerar o conjunto das circunstâncias do fato, inclusive a capacidade das partes e suas limitações" (JUTACRIM 78/400).
386 "Hay que distinguir el fraude o el dolo civiles, que otorgan simplemente a la persona lesionada una acción de reparación del perjuicio del fraude penal o dolo penal, que hace incurrir, además, al que lo emplea, en una pena pública. Aun cuando se ha sostenido que la ley penal hace delito de todo atentado a la propiedad cometido por sustracción, engaño o deslealtad, y abandona al derecho civil la materia de las convenciones cabe observar que el legislador también ha considerado el interés de proteger a la sociedad de quienes atacan el patrimonio de las personas, aprovechando la buena fe de éstas, su ignorancia o el error en que se encuentran, y otorga la tutela penal estableciendo tipos de delito que protejan a la sociedad y repriman esas agresiones, aunque se utilicen sistemas contractuales como medios para enriquecerse ilegítima-

Hungria fornece um critério para a determinação da espécie de fraude: para o jurista, a intenção *ab initio* de enganar a vítima (o "propósito *ab initio* da frustração do equivalente econômico"), normalmente, permite a visualização da fraude penal. Entretanto, é o mesmo autor que alerta não se tratar de uma regra absoluta, mas apenas indiciária.[387] Essa posição já foi adotada pela Justiça espanhola: *"El engaño y el correspondiente ánimo engañoso (...) han de surgir inicialmente, a diferencia del dolo civil que tiene carácter subsequens, apareciendo posteriormente a la conclusión de un negocio lícito contraído de buena fe, en su fase de cumplimiento y ejecución".*[388]

Não se trata, no entanto, do único critério já adotado pelos Tribunais espanhóis. Consoante Gómez-Aller, o Tribunal Supremo já realizou a distinção através do grau de afetação de um contrato: se um negócio jurídico é puramente ficcional, celebrado a serviço de uma fraude, a conduta é criminosa; por outro lado, se há apenas fraude parcial, ela é de natureza civil.[389] Gómez-Aller, no entanto, ressalta que essa posição deve ser adotada com cautela, pois bastaria a um estelionatário mesclar a fraude pretendida a outros pactos razoáveis, em um negócio jurídico complexo, para afastar o caráter criminoso de sua conduta.

Vives Antón e Gonzáles Cussac sugerem realizar a distinção entre fraude penal e fraude civil através do resultado: na primeira existiria prejuízo e, na segunda, não.[390] Contudo, como já visto na definição de Moraes Mello, o prejuízo, por um setor doutrinário, é considerado requisito para a

---

mente u obtener un lucro indebido. Por ello se ha expresado que si bien es verdad que la voluntad de las partes es soberana para regir las situaciones que han creado por virtud del contrato, la responsabilidad que de él deriva está limitada con relación a las exigencias del orden público, tal como la tutela penal a cargo del Estado. Así, cabe distinguir: la represión penal se funda en el carácter perjudicial del acto desde el punto de vista social. Su objeto es que se imponga una pena. La responsabilidad civil se funda en el daño causado a los particulares, y su objeto es la reparación de este daño en provecho de la persona lesionada, pudiendo un hecho engendrar tanto responsabilidad civil como penal" (Tesis: VI.2o. J/146, Semanario Judicial de la Federación y su Gaceta, Tomo VIII, Septiembre de 1998, Novena Época, p. 1075).

387 HUNGRIA, Nelson. *Comentários...*, op. cit., v. VII, p. 191. No mesmo sentido, STJ: "O ilícito penal não se confunde com o ilícito civil; distinguem-se ontologicamente. Inadmissível infração penal somente pelo inadimplemento contratual. Possível, porém, o delito se a celebração da avença é expediente (fraudulento) para atrair a vítima, provocando dano patrimonial" (Sexta Turma, rel. Min. Luiz Vicente Cernicchiaro, julg. em 10/06/1997).

388 SSTS 787/2011 de 14 julho, FD 1º; 1017/2009, de 16 outubro, FD 6º; e 695/2009 de 26 junho, FD 1º, Pte. Monterde Ferrer.

389 GÓMEZ-ALLER, Jacobo Dopico. Estafa y Dolo: criterios para su delimitación. *Dereito*. v. 21, n. 1, p. 7-35, jan.-jun. 2012.

390 VIVES ANTÓN, Thomas S.; GONZÁLES CUSSAC, José Luis. In: GÓMEZ-ALLER, Jacobo Dopico. *Estafa y Dolo...* op. cit.

configuração do dolo como defeito do negócio jurídico, de modo que pode existir mesmo na fraude civil.

Também na doutrina espanhola, há quem defenda que a fraude penal se caracteriza por ser suficiente para produzir o erro, ou seja, deve possuir uma idoneidade aparente, apta a enganar o "homem médio" que opera naquele setor negocial.[391] Fraudes grosseiras, que enganam apenas incautos, caracterizariam fraude civil (ocorre a imputação do erro à própria vítima). Temos reticências quanto a essa posição, que deixa desprotegidos os mais inexperientes ou descuidados. Além disso, se a fraude goza de idoneidade ou não, certo é que, ao produzir um resultado prejudicial, ela demonstra sua pontual eficácia.

Em sua jurisprudência mais recente, a Suprema Corte espanhola afirma que a diferença entre as fraudes é uma questão de tipicidade. Ou seja, nem todo inadimplemento contratual corresponde a um estelionato, mas apenas aquele que cumpre os requisitos dos tipos penais dedicados à incriminação das fraudes.[392] Todavia, tendo em vista a legislação brasileira, na qual o tipo penal do estelionato é razoavelmente genérico, essa posição não soluciona a controvérsia.

Em resumo, não surgiu a proposição, até hoje, de um critério suficientemente preciso para realizar a distinção entre as hipóteses. Não obstante, a subsidiariedade continua como elemento norteador e, na falta de requisitos que sejam universalizáveis, a análise casuística continua imprescindível, ainda que não confira a necessária segurança jurídica.

3 Objetividade jurídica

Tutela-se a inviolabilidade patrimonial, afetada pela fraude engendrada pelo sujeito ativo. A objetividade jurídica, entretanto, não se basta no patrimônio, havendo a salvaguarda, outrossim, da lisura dos negócios jurídicos, ou seja, da boa-fé que deve nortear as relações jurídicas (embora a boa-fé da vítima não seja um elemento imprescindível para a caracterização do estelionato, como será visto no tópico referente à torpeza bilateral). Segundo Pierangeli, "resulta evidente a existência de um interesse público na preservação da boa-fé, da correção, da lisura no mundo dos negócios, tal como ocorre na concorrência desleal".[393] Fragoso, nesse ponto, disserta com correção, ao informar que "o interesse juridicamente tutelado neste crime é a inviolabilidade do patrimônio, com especial referência às ações praticadas com engano ou fraude. De forma secundária é também tutelada a segurança,

---

391 RUS, González. In: GOMÉZ-ALLER, Jacobo Dopico. *Estafa y Dolo...* op. cit.
392 STS, 722/1999, de 6 de maio, Pte. De Vega Ruiz. In: GOMÉZ-ALLER, Jacobo Dopico, *Estafa y Dolo...* op. cit.
393 PIERANGELI, José Henrique. *Manual...*, op. cit., p. 488.

a fidelidade e a veracidade nos negócios jurídicos patrimoniais, como se vem reconhecendo na Alemanha, desde Binding".[394]

Assim, embora a norma, imediatamente, tutele um interesse de cunho privado, não deixa de proteger, de forma mediata, um interesse social. A primazia do interesse privado deriva da alocação do delito dentre os crimes patrimoniais, exigindo a efetiva arrecadação da vantagem indevida para a integração de todos os seus elementos, ao passo que a burla à boa-fé da vítima é tratada tão-somente como o meio de que se serve o agente para a consecução da finalidade delitiva.

O objeto material do delito é o patrimônio alheio, não se resumindo, como em outros crimes patrimoniais, à coisa móvel. Qualquer bem ou direito de cunho patrimonial pode ser objeto do crime de estelionato.[395]

---

394 FRAGOSO, Heleno Cláudio. *Lições...*, op. cit.,
395 Nada obsta a aplicação do princípio da insignificância ao crime de estelionato. O STJ, contudo, defendeu que a aplicação da insignificância deve ser globalmente considerada, de modo a justificar o reconhecimento da atipicidade material, o que não ocorreria, por exemplo, em casos de reprovabilidade acentuada (Informativo nº 470): "Policial rodoviário da reserva remunerada (ora paciente) utilizou-se de documento falso (passe conferido aos policiais da ativa) para comprar passagem de ônibus intermunicipal no valor de R$ 48,00. Por esse motivo, foi denunciado pela suposta prática do crime de estelionato previsto no art. 171 do CP. Sucede que a sentença o absolveu sumariamente em razão do princípio da insignificância, mas o MP estadual interpôs apelação e o TJ determinou o prosseguimento da ação penal. Agora, no *habeas corpus*, busca a impetração seja restabelecida a decisão de primeiro grau devido à aplicação do referido princípio. Para o Min. Relator, a conduta do paciente não preenche os requisitos necessários para a concessão da benesse pretendida. Explica que, embora o valor da vantagem patrimonial seja de apenas R$ 48,00 (valor da passagem), as circunstâncias que levam à denegação da ordem consistem em ser o paciente policial da reserva, profissão da qual se espera outro tipo de comportamento; ter falsificado documento para parecer que ainda estava na ativa; além de, ao ser surpreendido pelos agentes, portar a quantia de R$ 600,00 no bolso, a demonstrar que teria plena condição de adquirir a passagem. Assim, tais condutas do paciente não se afiguram como um irrelevante penal, nem podem ensejar constrangimento ilegal. Por fim, assevera que não caberia também, na via estreita do *habeas corpus*, o exame da alegação da defesa quanto a eventuais dificuldades financeiras do paciente. Esclarece ainda que, de acordo com a jurisprudência do STF, para a incidência do princípio da insignificância, são necessários a mínima ofensividade da conduta do agente, nenhuma periculosidade social da ação, o reduzidíssimo grau de reprovabilidade do comportamento e a inexpressividade da lesão jurídica provocada. Diante dessas considerações, a Turma denegou a ordem e cassou a liminar deferida para sobrestar a ação penal até o julgamento do *habeas corpus*. Precedentes citados do STF: HC 84.412-SP, DJ 19/11/2004; do STJ: HC 146.656-SC, DJe 1º/2/2010, e HC 83.027- PE, DJe 1º/12/2008" (HC 156.384/RS, Rel. Min. Og Fernandes, julgado em 26/4/2011). No mesmo sentido, STF, no Informativo nº 661: "A 1ª Turma denegou habeas corpus em que requerida a aplicação do princípio da insignificância em favor de acusada pela suposta prática do crime de estelionato. A defesa sustentava a mínima ofensividade, a ausência de periculosidade e o reduzido grau de censura da conduta. Ainda, que o montante envolvi-

Nesse diapasão, é interessante trazer à colação a defesa, realizada por juristas estrangeiros, do chamado estelionato processual ou judiciário (sobretudo no processo civil), no qual a fraude seria usada pelo sujeito ativo, com ânimo de lucro, para induzir a um equívoco o magistrado da causa, ou para mantê-lo em erro, sendo o agente agraciado com uma sentença favorável, à qual não faria jus, em prejuízo da parte contrária ou de terceiro. A posição é rejeitada pelo STJ, que considera a conduta atípica, consoante se extrai do Informativo nº 409, *verbis*: "*In casu*, o paciente, juntamente com outras pessoas, teria levado o juízo cível a erro e, assim, obtido vantagem supostamente indevida, em ação judicial que culminou na condenação da União ao pagamento de valores, o que, no entendimento da acusação, caracterizaria estelionato. Em *habeas corpus* (HC) perante o Tribunal *a quo*, buscou-se o trancamento da ação penal por ausência de justa causa, mas a ordem foi denegada. Discutiu-se a possibilidade de se praticar o tipo do crime previsto no art. 171 do CP na seara judicial, denominado pela jurisprudência e doutrina de 'estelionato judiciário'. Nesta instância, entendeu-se que as supostas manobras e inverdades no processo podem configurar deslealdade processual e infração disciplinar, mas não crime de falso e estelionato. O caso carece de tipicidade penal; estranho, portanto, à figura do estelionato, mais ainda à do denominado estelionato judiciário. Com esses fundamentos, entre outros, a Turma, ao prosseguir o julgamento, por maioria, concedeu a ordem. Precedentes citados: RHC 2.889-MG, DJ 7/3/1994, e REsp 878.469-RJ, DJ 29/6/2007" (HC nº 136.038/RS, rel. Min. Nilson Naves, julg. em 01/10/2009).[396] Quando muito, em casos peculiares, pode subsistir alguma falsidade documental ou fraude processual (artigo 347 do CP). Importa consignar, contudo, que há julgados admitindo a figura típica do estelionato judicial. Nesse sentido, TRF-4: "(...) Não há que se falar em atipicidade do chamado 'estelionato judiciário', pois a obtenção de vantagem pode ser

---

do seria da ordem de R$ 398,38, valor menor que o salário mínimo. Salientou-se não ser possível considerar pequena a quantia auferida pela paciente que, ao contrário do alegado, seria inferior ao salário mínimo à época da impetração, porém, acima daquele valor de referência quando perpetrado o delito. Destacou-se que a paciente obtivera a vantagem em face de saques irregulares de contas inativas vinculadas ao Fundo de Garantia por Tempo de Serviço - FGTS. Ademais, por tratar-se de fraude contra programa social do governo a beneficiar inúmeros trabalhadores, asseverou--se que a conduta seria dotada de acentuado grau de desaprovação" (HC 110845/GO, rel. Min. Dias Toffoli, 10.4.2012).

396   No mesmo sentido, STJ, Quinta Turma, HC nº 435.818-SP, rel. Min. Ribeiro Dantas, julg. em 03.05.2018; Sexta Turma, RHC nº 88.623-PB, rel. Min. Maria Thereza de Assis Moura, julg. em 13.03.2018.

efetuada 'por qualquer meio fraudulento', inclusive a ação judicial movida fraudulentamente".[397]

4 Sujeitos do delito

O sujeito ativo do crime de estelionato, em regra, é a pessoa que emprega o ardil, o artifício ou qualquer outro meio fraudulento para a obtenção da vantagem ilícita (crime comum). Como a vantagem, segundo redação do tipo penal, pode ser auferida para si ou para outrem, o terceiro que a percebe, ciente, desde o início, da prática delituosa, também responderá pelo crime, na qualidade de partícipe (caso de induzimento, instigação e auxílio) ou de coautor (caso em que coopera na fraude ou na percepção direta da vantagem), salvo se sua conduta nenhuma relevância tiver na empreitada criminosa. A ciência posterior à consumação do estelionato da prática criminosa, mas anterior ao recebimento da vantagem, implica crime de receptação (artigo 180, CP) para o terceiro beneficiado. O delito, assim, pode ser classificado como uni ou monossubjetivo, já que pode ser praticado por um único agente ou por dois ou mais agentes em concurso.

O sujeito passivo do delito, sem dúvida, é aquele que sofre o desfalque patrimonial. Nem sempre, ressalte-se, o lesado corresponde à pessoa enganada, como no caso do estelionatário que ilude o empregado de um estabelecimento comercial para receber mercadoria a que não tinha direito, sendo vítima da conduta a pessoa jurídica que teve o seu patrimônio diminuído.[398]

Necessário afirmar que, para a existência de uma fraude, a vítima deve ter a capacidade de ser iludida, isto é, deve possuir certo discernimento que lhe permita incidir em erro. Crianças em tenra idade ou alienados mentais, por exemplo, dependendo do caso concreto, não podem figurar como vítimas de estelionato, pois não têm condições de avaliar o teor do engodo. Caso cedam a vantagem ao agente, haverá a caracterização de crime de furto (artigo 155, CP) ou abuso de incapazes (artigo 173, CP).

Imprescindível, ainda, que a vítima seja pessoa determinada,[399] pois a conduta praticada contra pessoas incertas configurará, dependendo do caso,

---

397 ACR 5001528-10.2016.4.04.7102, Oitava Turma, rel. Des. Leandro Paulsen, julg. em 31.07.2019.
398 STF: "O sujeito passivo do delito de estelionato pode ser qualquer pessoa, física ou jurídica. Mas a pessoa que é iludida ou mantida em erro ou enganada pode ser diversa da que sofre lesão patrimonial" (Ext. nº 1029, rel. Min. Cezar Peluso, publ. em 10.11.2006).
399 STJ: "A eventual fraude mostra-se insuficiente para caracterizar o estelionato que não existe *in incertam personam*" (Sexta Turma, RHC 7.376, rel. Min. Fernando Gonçalves, julg. em 01/07/1998).

crime contra a economia popular ou crime contra as relações de consumo.[400] Nesse ponto, importa trazer à colação interessante decisão do TACrim-SP: "Tratando-se de pluralidade de vítimas determinadas, inviável é a desclassificação do delito de estelionato para crime contra a economia popular, eis que este é praticado contra o povo, ou um número indeterminado de ofendidos".[401]

5 Tipicidade objetiva e subjetiva

Consiste a conduta incriminada na obtenção de uma vantagem ilícita para si ou para outrem, em prejuízo alheio, mediante o induzimento ou a manutenção de alguém em erro. Para tanto, o agente utiliza um artifício, ardil ou qualquer outro meio fraudulento.

Nota-se, portanto, que o núcleo do tipo penal é o verbo obter, significando conquistar, conseguir. Somente a obtenção de vantagem ilícita pelo induzimento ou pela manutenção de alguém em erro pode configurar o crime de estelionato. Restam excluídos da redação legal, assim, os meios violentos, intimidadores[402] ou clandestinos, perfazendo-se a conduta delitiva apenas em caso de ilusão da vítima. Trata-se de crime de forma livre, admitindo uma variada gama de meios fraudulentos, tão vasta quanto à capacidade humana de imaginar formas de locupletamento ilícito, jamais superestimada.

Erro é a falsa representação da realidade. Deve surgir concomitante (na manutenção) ou posteriormente à fraude (no induzimento), mas sempre será anterior à consecução da vantagem. Induzir alguém em erro é conduzir a pessoa a um engano, fazer surgir a noção errônea da realidade. Por exemplo, se o agente aliena para a vítima um bem inexistente, fazendo-a crer na licitude da conduta, induzi-la-á ao erro. O mesmo ocorre no "conto do bilhete premiado".[403] Manter alguém em erro pressupõe que o equívoco

---

400 Exige-se que o lesado seja pessoa ou grupo de pessoas determinado, embora sua perfeita identificação não seja imprescindível à caracterização do crime. Sobre o tema, segue interessante decisão do colendo STJ: "(...) A ausência de especificação do sujeito passivo do crime de estelionato, *in casu*, por si só, não torna inepta a denúncia, pois o réu se defende dos fatos narrados e não da capitulação que lhes dá a acusação; assim, havendo a descrição na peça inaugural de fato tido por delituoso, ainda que a narrativa trate de elementar do tipo diverso da definição jurídica adotada pela acusação, não se justifica o prematuro trancamento da ação penal. (...)" (HC 112.019/RS, Quinta Turma, rel. Min. Napoleão Nunes Maia Filho, julg. em 24/03/2009).
401 JUTACRIM 42/294.
402 Pelo exposto, conclui-se que o "golpe do falso sequestro" (como já visto no estudo do artigo 158 do CP) não se presta à configuração de estelionato, mas de extorsão.
403 Nessa espécie de fraude, antiga, mas eficaz, há dois agentes, em coautoria. Um deles, simulando simplicidade e ignorância, aborda um transeunte, mostrando a ele um bilhete de loteria e solicitando que a pessoa verifique se aquele bilhete foi sorteado. Nesse momento, aproxima-se da dupla o segundo estelionatário, que se propõe

não tenha sido criado pelo agente. A vítima se engana por si só. O estelionatário, entretanto, percebendo o erro, fomenta a representação desvirtuada. Segundo Regis Prado, a manutenção em erro "importa impedir que o lesado o descubra, por força do obrar astucioso que opera não revelando a verdade".[404]

O estelionato exige duplo nexo de causalidade para a sua configuração: a fraude deve ser a causa do engano ou de sua manutenção, e a obtenção da vantagem, em prejuízo alheio, deve ser determinada pelo erro. Ou seja, se a conduta do agente não teve o condão de ludibriar a vítima ou de sustentar o equívoco, não há que se falar na configuração do artigo 171 do CP, mesmo que a vantagem seja obtida pelo agente. Também não existirá o delito se, embora enganada, a vítima disporia da vantagem concedida ao agente mesmo sem a fraude.

Nesse ponto, interessa observar a contratação de ineficazes serviços místicos (ou, ao menos, de eficácia duvidosa), como predições do futuro através de cartas, simpatias e atividades congêneres. A vítima, ao contratar os serviços, sabe que não há qualquer garantia de que os resultados prometidos se traduzam em realidade, mas ainda assim aceita esse risco. Ou seja, salvo casos extraordinários, não gasta seu dinheiro porque é enganada, mas porque prefere arriscar (e muitas vezes assim o faz porque considera aquilo algo lúdico). Não há se falar, na hipótese, em estelionato.

A construção do tipo penal fornece dois exemplos de condutas fraudulentas que se prestam à configuração do estelionato (artifício e ardil), para, em seguida, oferecer a fórmula genérica (qualquer outro meio fraudulento), permitindo, destarte, a interpretação analógica.

Artifício é o uso de meios materiais pelo agente para engendrar a fraude. Segundo Piromallo, o erro decorre "de um aparato material que dá a ilusão

---

a ajudar e, com sua lábia, mantém a pessoa abordada na conversa. Todos entram em uma casa lotérica e o segundo estelionatário separa-se dos demais. Ao retornar, chama a vítima em um canto, afirmando que há uma quantia alta de prêmio a ser pago, propondo que ambos enganem o primeiro estelionatário. A sugestão é simples: ambos dirão ao dono do bilhete que a quantia a ser paga é pequena e que deve ser resgatada em local distante. Assim procedem, e o primeiro estelionatário demonstra desânimo, afirmando que não valerá a pena resgatar o prêmio, mas que precisaria daquele dinheiro para saldar uma dívida. O segundo estelionatário, então, sugere que a vítima adiante ao primeiro estelionatário o valor da dívida, em troca do bilhete. A pessoa, incauta, consente, dando o valor ao dono do bilhete, que vai embora. O segundo estelionatário, então, diz à vítima que buscará seu veículo, para juntos irem a uma instituição financeira buscar o dinheiro, deixando com a vítima o bilhete, como garantia de seu retorno. Quando a vítima percebe a demora do segundo estelionatário, verifica o bilhete que tem em mãos, descobrindo que não possui valor algum. O lucro do golpe é o valor da suposta dívida.

404 PRADO, Luiz Regis. Curso..., op. cit., v. II, p. 523.

de uma veracidade ou de uma realidade".[405] Assim, pode-se ver artifício na "clonagem" de cartões de crédito, nas fraudes informatizadas, no uso de aparelhos adulterados, como máquinas de aposta viciadas, ou marcadores de consumo modificados, entre muitas outras possibilidades. Ardil consiste na fraude intelectualizada, na qual o agente se vale unicamente de sua astúcia para engabelar a vítima, como na lábia sedutora e convincente, nos diversos "contos" aplicados sobre pessoas crédulas etc. O ardil é dirigido, portanto, à inteligência do lesado, sem alicerce em meios materiais. Paulo José da Costa Jr. explica que o artifício opera sobre a realidade externa, criando uma falsa aparência material, e o ardil atua diretamente sobre o psiquismo do enganado.[406] Em que pese a distinção entre os termos, é mínima a sua relevância prática, pois a aplicação de uma ou outra espécie não altera a imputação realizada ao sujeito ativo.

A expressão genérica "qualquer meio fraudulento" impede que outras artimanhas sejam alijadas do tipo penal. Abraça, assim, a conduta do sujeito que, simulando operar um jogo de azar, com sua habilidade manual afasta qualquer possibilidade de sucesso do apostador (como no caso das três cartas com a face oculta, em que o apostador deve acertar qual delas corresponde ao naipe mostrado previamente, havendo a destra substituição da carta correta durante o ato de embaralhar). A mentira é outra hipótese que pode se enquadrar nessa formulação, como na situação em que o agente se apresenta como emissário do proprietário de um bem que está em poder de outrem, levando a coisa consigo. Também resta abrangido o silêncio que, se adotado para manter alguém em erro, importa em prática fraudulenta.[407] Percebendo o agente o engano da vítima, é seu dever a manifestação esclarecedora, de modo a evitar a consecução da vantagem indevida. A respeito do tema, informa a Exposição de Motivos da Parte Especial do CP, no item 61: "Com a fórmula do projeto, já não haverá dúvida que o próprio silêncio, quando malicioso ou intencional, acerca do preexistente erro da vítima, constitui meio fraudulento característico do estelionato".

A idoneidade da fraude encetada pelo sujeito ativo é essencial ao delito, devendo ser averiguada de acordo com as características pessoais da vítima, observando-se seu nível de desenvolvimento intelectual e cultural. Entendemos, portanto, que não há que se falar em fraude grosseira como causa de atipicidade da conduta. Assim o é nas falsidades (por exemplo, a

---

405 PIROMALLO, Eugenio Jannitti., apud José Henrique Pierangeli, *Manual*..., op. cit., p. 490.
406 COSTA JR., Paulo José da. *Comentários*..., op. cit., p. 530.
407 "Iludindo a vítima a respeito dos seus direitos sobre imóvel que se comprometia a lhe vender, ocultando a restrição que pesava sobre o mesmo, de só poder ser transacionado com autorização da instituição por meio da qual fora adquirido, comete o réu o delito de estelionato, nos termos do artigo 171 do Código Penal" (*RT*, 310:98).

fabricação de uma cédula de sete reais), pois o bem jurídico é a fé pública, não lesionada se a fraude é facilmente perceptível. No estelionato, ao revés, cuida-se de tutela patrimonial, ou seja, de um bem jurídico que interessa essencialmente à vítima. Não há se analisar se a conduta teria o condão de enganar a maioria das pessoas, mas sim se a vítima efetivamente foi ludibriada pelo autor. Outra interpretação não seria possível, até porque os ingênuos, os rústicos, os simplórios, necessitam da salvaguarda do direito penal com muito mais intensidade do que uma pessoa esclarecida.

É evidente, todavia, que a distração da vítima não pode servir de alicerce para a incriminação, se não tomadas as cautelas rotineiras ao nível cultural do lesado. Sobre o tema, leciona Romeu de Almeida Salles Junior: "Já entendeu a doutrina, e a jurisprudência vem confirmando esse entendimento, que a aferição da idoneidade do meio iludente deve ter em conta a pessoa do iludido. Em cada caso, o meio posto em ação pelo delinquente merece consideração em função da pessoa do sujeito passivo do delito. O delito não desaparece se a vítima é pessoa destituída de sagacidade".[408] Segundo Maggiore, a idoneidade dos meios deve ser considerada subjetivamente, afastada a análise da idoneidade abstrata.[409]

Ao praticar a sua conduta fraudulenta, o estelionatário visa a se locupletar de forma irregular, causando prejuízo a alguém. Trata-se de crime de duplo resultado.[410]

---

408 ALMEIDA SALLES JUNIOR, Romeu de. *Apropriação indébita e estelionato...*, op. cit., p. 169.

409 MAGGIORE, Guiseppe., apud XAVIER DE OLIVEIRA, Carlos Fernando Maggiolo. *O crime de estelionato...*, op. cit., p. 48. A mesma interpretção pode ser extraída da Súmula 73, do STJ: "A utilização de papel-moeda grosseiramente falsificado configura, em tese, o crime de estelionato". No mesmo sentido, TACrimSP: "O artifício e o ardil têm que ser relacionados com a pessoa do iludido; devendo ser avaliados, no caso concreto, para saber-se se foi ou não apto a ilaquear a boa-fé ou a inexperiência. Tal ocorrendo, não importa seja grosseiro ou perceptível a olho nu" (JUTACRIM 54/187). Também, TJSP: "Os simplórios não podem ser deixados à mercê dos trapaceiros. Velhaco perigosíssimo é aquele que engana um *minus habens* ou um indivíduo reconhecidamente crédulo, tirando partido justamente da pouca resistência da vítima" (RJTJSP 10/500).

410 Assim se pronuncia Franz Von Lizst, cuidando do germânico crime de *burla*: "como burla é crime tendente á locupletação, e portanto o proveito de um lado e a perda do outro devem absolutamente corresponder-se, não se pôde falar em burla, quando o enganado recebe plenamente o equivalente d'aquillo que aliena. Nem todo engano é burla. Não sou enganado si me induziram por meio de engano a segurar-me em uma companhia que não a que eu tinha em vista, a encommendar charutos a um negociante que me é estranho, a trocar títulos públicos por títulos industriaes egualmente seguros, a receber em vez de vinho natural um vinho artificial precioso" (VON LISZT, Franz. *Tratado de Direito Penal Allemão*. t. II. Rio de Janeiro: F. Briaguet & C. Editores, 1899. p. 304).

A natureza do elemento normativo "vantagem ilícita" causa celeuma na doutrina. Entende-se, por um lado, que a vantagem não deve ter, necessariamente, natureza econômica, trazendo-se à colação as palavras sempre úteis de Magalhães Noronha: "Essa vantagem pode não ser econômica, e isso é claramente indicado por nossa lei, pois, enquanto, na extorsão, ela fala em indevida vantagem econômica, aqui menciona apenas a vantagem ilícita".[411] Em sentido oposto, manifesta-se Pierangeli: "Para outra facção, a vantagem deve ser sempre econômica, embora não o diga a lei, porque o dano efetivo deve ser sempre patrimonial. 'Não havendo vantagem econômica a ser obtida pela fraude, não se configura o crime de estelionato' (Mirabete). Parece-nos ser esta a melhor interpretação, e que vai muito além da mera colocação topográfica do tipo, para ingressar na própria estrutura deste, em que fala em vantagem – que no texto é sinônimo de proveito – para o agente ou para outrem, mas também fala em prejuízo no sentido de dano economicamente apreciável".[412] Consideramos mais adequada a segunda posição.[413]

---

411 MAGALHÃES NORONHA, E. *Direito penal...*, op. cit., v. 2, p. 381.
412 PIERANGELI, José Henrique. *Manual...*, op. cit., p. 495. Nesse sentido, entre outros, Ney Moura Teles (*Direito penal...*, op. cit., p. 449), Damásio E. de Jesus (*Direito penal...*, op. cit., v. 2, p. 427) e Fernando Capez (*Curso...*, op. cit., v. 2, p. 472).
413 Carlos Fernando Maggiolo Xavier de Oliveira (*O crime de estelionato...*, op. cit., p. 44), dissertando sobre a divergência e assumindo a defesa da posição de Magalhães Noronha, cita o caso da fraude em concurso de vestibular, em que os candidatos usavam aparelhos transmissores e receptores para contato com terceiros. Consigna o autor a existência de posições jurisprudenciais distintas sobre o tema, uma negando a possibilidade de estelionato pela ausência de vantagem econômica direta (*RT*, 723/542), outra admitindo o crime, dando acepção ampla ao conceito de vantagem indevida (*RT*, 720/526). Os Tribunais Superiores vêm enfrentando a questão. No âmbito do STJ, entendeu-se pela existência de estelionato, entretanto vislumbrando prejuízo patrimonial para a instituição de ensino responsável pela organização do certame: "(...) Paciente condenado por estelionato e formação de quadrilha por ter liderado gigantesco esquema de fraude ao vestibular de medicina da Universidade Federal do Acre - UFAC, realizado em junho de 2002, em que fornecera a diversos candidatos, mediante pagamento de elevadas quantias em dinheiro, gabaritos das provas por meio de microtransmissores, fraude conhecida como 'cola eletrônica'. (...) 3 - Inviável o trancamento da ação em relação a esses delitos, ao argumento de que o fornecimento de 'cola eletrônica' é conduta atípica, tendo em conta a complexidade fática do caso, que não versa pura e simplesmente sobre a conduta de quem se utiliza desse tipo de fraude para lograr aprovação em vestibular, tratando-se, na verdade, de organização criminosa, encabeçada pelo paciente, que já atua no ramo da venda de gabaritos, inclusive em âmbito nacional, há mais de 18 anos, tendo já fraudado cerca de 32 instituições de ensino superior nesse período. 4 - Nesse sentido, o argumento de que não teria existido vítima certa ou prejuízo determinado não pode subsistir, tendo em conta que ao menos a Universidade Federal do Acre teve um prejuízo, como se vê da sentença condenatória, de aproximadamente R$ 450.000,00 (quatrocentos e cinquenta mil reais), resultante dos dois anos em que os 28 alunos aprovados ilicitamente ali cursaram, até o advento de decisão, proferida em ação civil

pública, que os afastou das cadeiras universitárias, integrando, em seu lugar, os candidatos classificados idoneamente (...)" (HC 41.590/AC, Sexta Turma, rel. Min. Paulo Gallotti, julg. em 04/05/2006). Ou seja, não se negou o caráter patrimonial do delito, ao menos no que tange ao prejuízo suportado pela vítima. No STF, no julgamento de caso semelhante em que um deputado estadual se envolveu com a fraude, houve rumo diverso. A Procuradoria Geral da República, depois de denunciar o deputado pelo crime de estelionato, reviu sua posição, modificando a capitulação para falsidade ideológica (artigo 299 do CP). A maioria dos Ministros decidiu pela atipicidade da conduta (negando-se, portanto, tanto a falsidade, quanto o estelionato), mas existiram quatro votos divergentes, em que os Ministros sustentaram que a natureza da vantagem indevida, no estelionato, pode ser tanto patrimonial quanto pessoal, embora o prejuízo para a vítima deva ser sempre de natureza econômica. Segue a íntegra da ementa: "Inquérito. 1. Denúncia originariamente oferecida pela Procuradoria-Regional da República da 5ª Região contra deputado estadual. 2. Remessa dos autos ao Supremo Tribunal Federal (STF) em face da eleição do denunciado como deputado federal. 3. Parlamentar denunciado pela suposta prática do crime de estelionato (CP, art. 171, § 3º). Peça acusatória que descreve a suposta conduta de facilitação do uso de 'cola eletrônica' em concurso vestibular (utilização de escuta eletrônica pelo qual alguns candidatos - entre outros, a filha do denunciado - teriam recebido as respostas das questões da prova do vestibular de professores contratados para tal fim). 4. O Ministério Público Federal (MPF) manifestou-se pela configuração da conduta delitiva como falsidade ideológica (CP, art. 299) e não mais como estelionato. 5. A tese vencedora, sistematizada no voto do Min. Gilmar Mendes, apresentou os seguintes elementos: i) impossibilidade de enquadramento da conduta do denunciado no delito de falsidade ideológica, mesmo sob a modalidade de 'inserir declaração falsa ou diversa da que devia ser escrita, com o fim de prejudicar direito, criar obrigação ou alterar a verdade sobre fato juridicamente relevante'; ii) embora seja evidente que a declaração fora obtida por meio reprovável, não há como classificar o ato declaratório como falso; iii) o tipo penal constitui importante mecanismo de garantia do acusado. Não é possível abranger como criminosas condutas que não tenham pertinência em relação à conformação estrita do enunciado penal. Não se pode pretender a aplicação da analogia para abarcar hipótese não mencionada no dispositivo legal (*analogia in malam partem*). Deve-se adotar o fundamento constitucional do princípio da legalidade na esfera penal. Por mais reprovável que seja a lamentável prática da 'cola eletrônica', a persecução penal não pode ser legitimamente instaurada sem o atendimento mínimo dos direitos e garantias constitucionais vigentes em nosso Estado Democrático de Direito. 6. A tese vencida, iniciada pelo Min. Carlos Britto, e acompanhada pelos Ministros Ricardo Lewandowski, Joaquim Barbosa e Marco Aurélio, baseou-se nos seguintes argumentos: i) o acusado se defende de fatos, e não da respectiva capitulação jurídica. É indiferente à defesa do acusado a circunstância de a denúncia haver inicialmente falado de estelionato, enquanto sua ratificação, pelo Procurador-Geral da República, redefiniu a questão para focá-la na perspectiva da falsidade ideológica. Para a tese vencida, os fatos narrados não passaram por nenhuma outra versão, permitindo, assim, o desembaraçado manejo das garantias do contraditório e da ampla defesa; ii) o caso tem potencialidade de acarretar prejuízo patrimonial de dupla face: à Universidade Federal da Paraíba, relativamente ao custeio dos estudos de alunos despreparados para o curso a que se habilitariam por modo desonesto, de parelha com o eventual dever de anular provas já realizadas, e, assim instaurar novo certame público; e àqueles alunos que, no número exato dos

A vantagem, além de econômica, deve ser ilícita, ou seja, contrária ao direito. Não há crime de estelionato se a vantagem obtida é devida, podendo, nesse caso, restar apenas a configuração de exercício arbitrário das próprias razões (artigo 345, CP) ou verificar-se a atipicidade do fato.

Simultaneamente à obtenção de uma vantagem ilícita, deve ocorrer um prejuízo a outrem, ou seja, um dano de ordem patrimonial, real e efetivo, para a vítima, que perde uma utilidade econômica ou deixa de auferi-la. Deve haver relação direta de causalidade entre a vantagem ilícita obtida, pela provocação ou manutenção da vítima em erro, e o dano. Consoante Magalhães Noronha, a preposição "em", usada na expressão "obter [...] vantagem ilícita em prejuízo alheio [...]", indica modo, causa e fim. Portanto, a vantagem obtida é a causa do dano.[414] Não há estelionato na inocorrência de prejuízo.[415]

Somente é incriminado o estelionato doloso, inexistindo a forma culposa. O dolo, no caso, deve abranger todos os elementos da conduta tipificada, consistindo na vontade livre e consciente de causar um prejuízo a alguém pelo induzimento ou pela manutenção de uma pessoa em erro. Deverá, ainda, preceder à conduta fraudulenta. Acresce-se ao dolo o especial fim de auferir, para si ou para outrem, vantagem ilícita (elemento subjetivo do tipo). A inexistência do propósito de enriquecimento ilícito, próprio ou de terceiro, afasta a caracterização do estelionato, podendo restar configurado crime

'fraudadores', deixariam de ser aprovados no vestibular; iii) incidência de todos os elementos conceituais do crime de estelionato: obtenção de vantagem ilícita, que, diante do silêncio da legislação penal, pode ser de natureza patrimonial, ou pessoal; infligência de prejuízo alheio, que há de ser de índole patrimonial ou por qualquer forma redutível a pecúnia, pois o crime de estelionato insere-se no Título do Código Penal destinado à proteção do patrimônio; utilização de meio fraudulento; e induzimento ou manutenção de alguém em erro; iv) seja no delito de estelionato, ou no de falso, a denúncia parece robusta o suficiente para instaurar a ação penal; e, por fim, v) a tramitação de projeto de lei no Congresso Nacional para instituir um tipo criminal específico para a cola eletrônica não se traduz no reconhecimento da atipicidade da conduta do acusado. 7. Denúncia rejeitada, por maioria, por reconhecimento da atipicidade da conduta descrita nos autos como 'cola eletrônica'" (Inq. 1145/PB, rel. Min. Maurício Correa, julg. em 19/12/2006). Saliente-se a previsão do artigo 311-A do Código Penal, que incrimina a fraude em certames de interesse público, inexistente à época dos julgamentos (embora haja dúvidas sobre a subsunção da "cole eletrônica" ao mencionado tipo penal).

414 MAGALHÃES NORONHA, E. *Direito penal...*, op. cit., v. 2, p. 382.
415 STJ: "Cumpre distinguir a emissão do cheque como contraprestação, da emissão relativa a dívida pré-constituída. Na primeira hipótese, configurados o dolo e o prejuízo patrimonial, haverá o crime. Na segunda não. A explicação é lógica e simples. Falta o dano patrimonial. O estelionato é crime contra o Patrimônio. Se a dívida já existia, a emissão da cártula, ainda que não honrada, não provoca prejuízo nenhum ao credor" (Sexta Turma, rel. Min. Luiz Vicente Cernicchiaro, julg. em 26/05/1997). No mesmo sentido, TACrimSP, RT 482/351.

diverso, como o dano (artigo 163). É o que ocorre, por exemplo, quando o agente ilude a vítima a se desfazer de um bem, causando-lhe prejuízo, mas sem obter, para si ou para outrem, a vantagem ilícita.

6 Casos específicos: adulteração de medidor de consumo, *doping*, jogos de azar etc.

a) Adulteração de medidor de consumo – A captação irregular de água e energia elétrica, corriqueiramente, é feita por dois meios: ou se dá em virtude de uma ligação clandestina (fiação ou encanamento colhe diretamente os bens do poste ou da rede pública de águas, sem que passe por qualquer medidor de consumo), ou é praticada mediante a adulteração do medidor de consumo (o aparelho é modificado para indicar um consumo menor do que aquele efetivamente verificado). No primeiro caso, não há dificuldade em se vislumbrar o furto (de energia – artigo 155, § 3º – no caso da ligação clandestina junto à rede elétrica), qualificado ou não pela fraude.[416] É a segunda hipótese, entretanto, que causa celeuma. Evidente o uso de um expediente fraudulento, mas há que se determinar: o artifício seria uma forma de burla do controle da empresa concessionária para a subtração do bem (caso que configuraria furto mediante fraude) ou a fraude recai sobre uma relação sinalagmática, com o agente iludindo o pagamento da contraprestação esperada?

Ensina Bitencourt que, "quando o desvio de energia ocorre após o medidor, o agente, para 'subtraí-la', necessita fraudar a empresa fornecedora, induzindo-a a erro, causando-lhe um prejuízo em proveito próprio. A ligação da energia continua oficial; o fornecedor, ludibriado, acredita que a está fornecendo corretamente, desconhecendo o estratagema adotado pelo consumidor. Enfim, nessa hipótese, com certeza, a conduta amolda-se à figura do estelionato. A ligação lícita, preexistente, afasta uma conduta cujo verbo nuclear é 'subtrair coisa alheia móvel', que pressupõe a inexistência de posse do objeto subtraído".[417] Na mesma linha segue Fernando Capez: "Configura o furto de energia elétrica, por exemplo, a captação de energia antes da passagem desta pelo aparelho medidor (aplicação abusiva de fios derivativos sobre o fio condutor instalado pela empresa de eletricidade). A utilização de

---

416 TJRJ: "Furto de energia elétrica qualificado pela circunstância fraude. Consumação. Condenação. Conjunto probatório robusto e preciso para afirmar com certeza a autoria e materialidade. Se antes mesmo de passar pelo relógio medidor de energia, desvia-se parte de corrente para o consumo, para evitar o pagamento à empresa fornecedora, há furto de energia elétrica mediante fraude e não admitindo-se a desclassificação para o crime de estelionato. Apelo desprovido. Vencido o Des. Eduardo Mayr" (Proc. 2003.050.00426, 7ª Câmara Criminal, Rel. Des. Carmine Savino Filho, J. 12.08.2003).

417 BITENCOURT, Cezar Roberto. *Tratado...*, op. cit., v. 3, p. 64.

fraude de modo a induzir a vítima em erro poderá caracterizar o crime de estelionato (por exemplo, fazer retroceder o ponteiro do medidor, para diminuir o *quantum* já assinalado)".[418] Como arremate, consignamos a posição de Hungria: "É no capítulo sobre o furto, como já vimos, que o código equipara à coisa móvel a energia elétrica; mas não se segue daí que, seja qual for o *modus* de usurpação de tal energia, o crime a se reconhecer há de ser sempre o furto. Cumpre distinguir: se o agente faz derivar em seu proveito (ou de terceiro), mediante qualquer processo, a energia elétrica que passa pelos fios condutores dispostos pela respectiva empresa na via pública ou alhures, comete furto (pois há, tipicamente, uma subtração); se o agente, porém, é cliente da empresa e, para ter gratuitamente a energia, faz ardilosa alteração no 'relógio de medição', de modo a não ser assinalada a sua passagem, o crime é de estelionato".[419] Respalda-se o autor na doutrina de Impallomeni, que, ao tratar da usurpação de gás de iluminação, ressalta a inexistência de passagem *invito domino* do gás da posse do produtor para a posse do consumidor, na hipótese de alteração do aparelho verificador.[420] Cremos acertadas as lições, não havendo o que aduzir além do exposto, mas ressalvando a característica da relação sinalagmática fraudada, que, para nós, é o grande traço distintivo entre o estelionato e o furto fraudulento.

Contrariamente, em posição da qual não comungamos, Paulo José da Costa Jr.[421] assevera que, no caso, não há entrega voluntária do bem, característica do estelionato, mas verdadeira subtração, a configurar furto mediante fraude.[422]

b) *Doping* – É polêmico o manejo do *doping* como elemento caracterizador do crime de estelionato. Frise-se, de início, que a hipótese não é estranha aos tribunais brasileiros: decidiu-se pelo estelionato em um julgamento

---

418   CAPEZ, Fernando. *Curso*..., op. cit., p. 362-363.
419   HUNGRIA, Nelson. *Comentários*..., op. cit., v. VII, p. 221.
420   IMPALLOMENI, apud HUNGRIA, Nelson. *Comentários*..., op. cit., v. VII, p. 222.
421   COSTA JR., Paulo José da. *Comentários*..., op. cit., p. 470.
422   Interessante anotar acórdão do TJRJ defendendo a inexistência de conduta criminosa por ausência de prejuízo: "Estelionato. 'Gato' em medidor de energia elétrica. Dúvidas quanto à autoria e inexistência de lesão patrimonial. Ordem concedida. Repugna ao direito penal pátrio a responsabilização objetiva, não se podendo indiciar alguém pela presunção de que seria o autor da fraude que estaria a diminuir as anotações de consumo de energia elétrica. Além do mais, se a concessionária cobra uma tarifa, que é o custo de um serviço rateado entre os consumidores, não se a pode afirmar lesada, pois inexiste prejuízo a ser retratado em conta de lucros e perdas. Deixar de ganhar não é perder, e ante a inexistência de lesão patrimonial, não há como se transbordar para a esfera penal questão de natureza civil. Ordem concedida para o trancamento da ação penal" (Proc. 2000.059.02459, 6ª Câmara Criminal, Rel Des. Eduardo Mayr, J. 05.09.2000).

clássico sobre *doping* negativo (substâncias ministradas para reduzir as capacidades funcionais) de cavalos que disputariam páreos no Jockey Clube, na década de 60. Cita-se, inclusive, a existência de pareceres de Hungria e Aníbal Bruno defendendo a hipótese de crime patrimonial.

Escrevendo sobre o caso, assim se pronunciou Dante Busana: "(...) Locupletam-se ilicitamente os autores do engodo, ganhando prêmios, percentagens ou apostas, graças à vitória ou boa colocação de animal que, em condições normais, não teria podido suplantar os competidores ou obter os primeiros lugares. Sofrem prejuízos aqueles que fizeram despesas para a inscrição e preparação dos cavalos favoritos ou neles apostaram, pois não recebem os prêmios, percentagens e lucros que seriam seus sem a interferência da manobra ilegítima. O dano consiste não só nas quantias desembolsadas, como na frustração de lucros certos ou prováveis, consistindo tal frustração uma autêntica *diminutio patrimonii* mesmo na órbita conceitual do estelionato".[423]

Pensamos correta a lição quando possível determinar o resultado que adviria caso não houvesse o *doping*. Tomemos como exemplo o *doping* positivo, ao invés do negativo, consistente no aumento das capacidades de um animal específico: eliminado da competição este animal, não existiria dificuldades em se estabelecer a ordem de classificação e consequente premiação devida a competidores e apostadores. Ou seja, resta individualizável o prejuízo causado. Todavia, enxergamos dificuldades quanto ao *doping* negativo. Suponhamos que os diversos animais de um páreo – menos um – sejam dopados para que apresentem desempenho aquém do esperado: como estabelecer a correta ordem de classificação – e consequente premiação devida – caso todos estivessem na plenitude de suas capacidades? Afinal, o *doping* não afetaria de forma igual todos os animais, existindo aqueles que sofreriam efeitos mais intensos e os que sofreriam menos. Significa que, mesmo eliminado o animal não afetado, restaria impossível a especificação dos prejuízos individuais. E os custos de preparação e inscrição dos animais? Cremos que estes não ingressam na seara do estelionato, mas apenas aqueles decorrentes exclusivamente da competição fraudada, dado que os investimentos prévios não integram a relação sinalagmática sobre a qual recai o artifício.

Mas qual crime existiria na hipótese? Delito da Lei nº 1.521/1954 (Crimes Contra a Economia Popular)? Em que pese Busana entender, invariavelmente, pelo estelionato no *doping* de animais de competição (o que consideramos correto apenas em algumas situações), socorremo-nos de sua lição para esclarecer a razão pela qual não existe o crime do artigo 2º, IX, da mencionada lei. Esclarece o autor que o inciso IX primeiro menciona a

---

423 BUSANA, Dante. "Doping" de cavalos de corrida: fato que constitui ilícito penal. In: *Justitia*. n. 60, p. 69-72, jan.-mar. 1968. p. 69.

obtenção "de ganhos ilícitos mediante especulações para depois aludir a processos fraudulentos, esclarecendo e restringindo o alcance da expressão com os exemplos da 'bola de neve', das 'cadeias' e do 'pichardismo' e quaisquer outros equivalentes".[424] Em outras palavras: o dispositivo se vale da técnica da interpretação analógica e o *doping* de animais não é análogo aos processos especulativos citados na norma. Assim, cremos que, salvo quando possível identificar os prejuízos diretamente causados pelo *doping* de animais de competição, a hipótese não encontra parâmetro no ordenamento jurídico-penal, cuidando-se de ilícito meramente civil, a ser solucionado no âmbito da responsabilidade igualmente civil.

Situação mais complexa é aquela que cuida do *doping* humano, como forma de incrementar as capacidades funcionais no âmbito de competições esportivas. A fim de situar juridicamente o tema, impõe-se primeiramente determinar: em caso de incriminação da conduta, qual seria o correto objeto da tutela penal? Partindo desse questionamento, podemos circunscrever a resposta a três possibilidades: (a) *doping* como crime contra a saúde individual ou a integridade corporal; (b) crime contra a saúde pública; e (c) crime contra o patrimônio. Após essa análise, cumpre verificar qual é a posição do *doping* na atual estrutura normativa do direito penal brasileiro.

No que concerne ao bem jurídico tutelado, a opção pelo reconhecimento de crime de lesão corporal (saúde individual e integridade corporal como objetos da tutela) enfrenta problemas: quando o próprio atleta ministra a substância em seu corpo, a hipótese é de autocolocação em risco (ou de autolesão) e, consequentemente, resta afastado o caráter criminoso da conduta (mesmo em face de eventuais coparticipantes, ao menos nos casos mais corriqueiros); quando terceiros aplicam a substância (treinadores, médicos etc.) com autorização do atleta, surge a questão da heterocolocação em risco no que tange às possíveis consequências do *doping* à saúde, que não se operam de imediato (e, caso se operem, surge o debate sobre o consentimento do ofendido). Alaor Leite especifica as dificuldades daí decorrentes: "Ainda dentro da imputação objetiva e caso não se aceite aquela ideia de que a mera presença da substância já configura lesão, surgiria o problema dos chamados danos tardios, com dificuldade imensa de provar se realmente há conexão entre o efeito da substância e a ocorrência da lesão anos depois. (...) Nos esportes profissionais, por se tratar de atletas adultos, haveria igualmente em regra consentimento válido que excluiria a tipicidade ou a antijuridicidade. Os únicos casos puníveis seriam aqueles nos quais ocorresse erro, coação, ou nos quais se estivesse diante de pessoas incapazes de consentir, nos quais

---

424 Idem, *ibidem*, p. 71.

haveria uma autoria mediata por parte de terceiro. Ocorre que não é possível dizer que a punição nesses casos excepcionais seria uma forma de tratamento jurídico específico do problema do *doping* nos esportes".[425]

Cogitar o *doping* como um problema de saúde pública traz ao fenômeno as mesmas críticas formuladas a tantos outros tipos penais, como aquelas concernentes ao artigo 28 da Lei nº 11.343/2006. Usar substâncias dopantes – de modo particular – ofenderia o objeto da tutela penal ou a conduta seria atípica por ausência de lesividade? Além disso, se o *doping* é uma questão de saúde, como defender o caráter criminoso das fraudes em competições envolvendo animais, como corridas de cavalos e cachorros?

Outras ponderações, como enxergar na hipótese uma violação à ética esportiva ou ao valor educativo do esporte, pecam pela excessiva indeterminação do que vem a ser o objeto da tutela, ou pela proteção de posições meramente morais.

Esclarece Alaor Leite que a posição hoje dominante na doutrina é "deslocar o foco para a questão da relevância econômica dos esportes, e entender o *doping* como um delito patrimonial ou contra a lealdade da concorrência"[426] (e ainda assim não é isenta de críticas). Sob essa ótica, não haveria, em princípio, problema para o reconhecimento do *doping* como uma hipótese de estelionato. Todavia, essa consideração depende da adequação típica da conduta à norma insculpida no artigo 171 do CP. E, parece-nos, a adequação típica não existe (nesse ponto, reformulamos nossa posição, pois anteriormente admitíamos a hipótese). A fim de caracterizar o estelionato, seria necessário demonstrar a relação sinalagmática fraudada em sua contraprestação, inexistente, segundo pensamos, nas modalidades convencionais de *doping*. Acerca das corridas de cavalos da década de 60, como adverte Alaor Leite, a situação possuía aspectos bastante específicos, de modo que não se pode generalizar a conclusão ali estabelecida. Tanto assim que – percebendo as dificuldades em conceber o *doping* como estelionato – a comissão que trabalhava no Código Penal de 1969 decidiu criar um tipo penal específico, o qual acabou não vingando, dada a revogação do Código Penal ainda em período de *vacatio legis*.

Assim, salvo naqueles casos que escapam à regra, o *doping* é conduta atípica no panorama jurídico-penal brasileiro. Em raras situações, no entanto, pode restar configurado estelionato ou lesão corporal, conforme já explicitado, em que pesem as dificuldades na apreciação concreta. Ou, ainda, pode a venda de substâncias dopantes caracterizar crime do artigo 273, § 1º-B, do Código Penal, ou do artigo 33 da Lei nº 11.343/2006, caso a substância

---

425 LEITE, Alaor. O doping como suporte problema jurídico-penal: um estudo introdutório. In: *Doping e Direito Penal*. São Paulo: Atlas, 2011. p. 7-8.
426 Idem, *ibidem*, p. 14.

cumpra os requisitos para ser considerada uma droga ilícita (como previsão na Portaria nº 344/1998 SVS/MS).

O Estatuto do Torcedor não ajuda a resolver a celeuma. Em seu bojo, contempla unicamente o delito de fraudar ou contribuir para que se fraude o resultado de competição esportiva (artigo 41-E), o que demandaria demonstrar que, sem o *doping*, o resultado seria outro, o que é quase impossível. A norma do Estatuto é aplicável sobretudo aos acertos de resultados, como na hipótese em que um lutador é instado a perder sua luta mediante suborno.

Considere-se, outrossim, que muito se fala em *doping* esportivo, mas o fenômeno não se basta nessa esfera, razão pela qual, embora esbarre em questões éticas, talvez a opção por não incriminar de forma autônoma o uso de substâncias dopantes seja a melhor saída. Será que a ingestão de estimulantes antes de um concurso público, a fim de aumentar o desempenho intelectual, deveria ser considerada crime? Dificilmente encontraremos alguém que apoie a possibilidade, ficando claro que o direito penal não é a panaceia para todos os riscos sociais.

c) Jogo de azar – Recebe essa denominação o jogo em que a vitória depende exclusiva ou principalmente da sorte do jogador.[427] Normalmente, a exploração de jogos de azar em lugar público ou acessível ao público configura contravenção penal prevista no artigo 50 do Dec.-Lei nº 3.688/41 (LCP), ou, em caso de extração de loteria não autorizada ou do chamado "jogo do bicho", contravenção prevista no Dec.-Lei nº 6.259/44. Entretanto, se, mediante uma conduta fraudulenta, elimina-se o "fator sorte" e a possibilidade de obtenção de sucesso se torna nula (máquinas eletrônicas adulteradas, por exemplo), tem-se crime de estelionato.

d) Torpeza bilateral – Evidente que, no estelionato, há sempre um atuar ilícito por parte do sujeito ativo, que ludibria a vítima para alcançar o seu patrimônio. Entretanto, nem sempre no polo passivo de uma relação fraudulenta existe uma pessoa de boa-fé. Há casos em que a vítima é enganada em virtude de má-fé própria, preexistente ou concomitante à fraude encetada pelo agente. Cuida-se, aqui, da torpeza bilateral. São vários os exemplos: a mulher que, querendo adquirir um remédio abortivo, é enganada pelo vendedor, que lhe fornece substância inócua; o indivíduo que, em pagamento por uma remessa de mercadorias contrabandeadas, recebe pacotes

---

427 Ensina Franz Von Lizst: "Por jogos de azar devemos entender aquelles em que o acaso decide do êxito de um modo, senão exclusivo, pelo menos preponderante. A elles se contrapõem os jogos em que a victoria e o lucro dependem principalmente da habilidade, do calculo ou da força, e que por isso se denominam jogos de arte ou de habilidade" (*Tratado...*, op. cit., p. 325).

de dinheiro falso etc.[428] A questão que aqui se impõe é: a má-fé da vítima afasta o estelionato?

Segundo Hungria, fazendo uma correlação entre o direito civil e a esfera criminal, não há crime de estelionato se a vítima, ludibriada, também agia de forma imoral ou ilícita. Explica que o conceito e o tratamento normativo do patrimônio, no direito penal, é meramente receptivo do direito civil, devendo, assim, guardar um paralelismo: "onde falha a sanção civil, há de, necessariamente, falhar a sanção penal". Estar-se-ia diante de uma incongruência sistêmica se o direito penal acobertasse a proteção patrimonial negada pelo direito civil. Aduz, ainda, que somente o patrimônio que serve a um fim legítimo, dentro de sua função econômico-social, pode gozar da tutela penal, já que a lei é a expressão do mínimo ético indispensável ao convívio em sociedade.[429]

Não nos parece correta a posição. A invocação, por Hungria, da máxima "a torpeza pune a torpeza" indica uma ideia de compensação de culpas. Seria algo como absolver o sujeito que furta os instrumentos criminosos de outro ladrão, instituindo-se uma anarquia entre os delinquentes. Às "pessoas de bem", a proteção legal; entre os torpes, como diria Tim Maia, "vale tudo". Para Regis Prado, é indiferente ao Direito Penal a normatização civil no que tange à reparação do dano, bem como interessa menos a intenção da vítima do que a lesão ao bem jurídico tutelado (patrimônio).[430] Magalhães Noronha sustenta que defender a inexistência de crime é fazer uma apreciação unilateral, ressaltando a pessoa do iludido e esquecendo o mistificador. Tem, o estelionatário, uma periculosidade acentuada, pois não só é apto a reconhecer a má-fé da vítima, como também se aproveita desse comportamento. Além do mais, a má-fé normalmente não sai da seara da intenção da vítima, como sói acontecer nos contos. Todavia, ainda que a vítima também exteriorize um comportamento criminoso, a solução é simples: punam-se a vítima pelo delito praticado e o estelionatário pela fraude.[431] Carlos Fernando Maggiolo Xavier de Oliveira assim se manifesta: "Há que se fazer uma única ressalva,

---

428 São vários os "contos" em que o agente espera a má-fé da vítima para conquistar seu intento. Um deles é o "conto do bilhete premiado", já explicado anteriormente. Outro é o "conto do fiscal", no qual o estelionatário, dizendo-se, por exemplo, fiscal da vigilância sanitária (mas não o sendo), ingressa em um estabelecimento comercial a pretexto de uma vistoria. Ao encontrar uma irregularidade, informa ao responsável pelo estabelecimento que irá aplicar uma multa, ou interditar o local. A vítima, então, resolve propor um "acerto", o qual, depois de fingida relutância, é aceito pelo falso fiscal. Há outras hipóteses, como os contos "do violino", "do paco", "da guitarra" etc. Exemplos retirados do livro *Contos do Vigário*, de autoria de Wagner Tomás Barba e Jorge Rodrigues da Silva, editora WVC.
429 HUNGRIA, Nelson. *Comentários...*, op. cit., v. VII, p. 192.
430 PRADO, Luiz Regis. *Curso...*, op. cit., v. 2, p. 531.
431 MAGALHÃES NORONHA, E. *Direito penal...*, op. cit., v. 2, p. 384-386.

data maxima venia, de que, nessa linha de raciocínio, aquele soldado do tráfico que furta a vida de traficantes da quadrilha rival, em combate pelo domínio de ponto de venda de entorpecentes nas favelas do Rio de Janeiro ou São Paulo, não responderia pelo crime de homicídio, porque a vida que ele suprimiu dedicava-se a interesses ilícitos – e esses mesmos interesses ilícitos é que almejava o soldado do crime – no atuar que subtraiu a vida do inimigo. Mas não é assim – o Direito não se faz incompleto e é onipresente, reconhecendo e protegendo os bens jurídicos onde quer que haja direito violado, independentemente da qualidade dos sujeitos que orbitam esse direito violado – o Direito é impessoal".[432] Por derradeiro, leciona Álvaro Mayrink: "Nossa posição, contrária a Hungria, se firma em que inexiste patrimônio não-tutelado contra o estelionato, e o atuar imoral do sujeito passivo não tem capacidade de tornar atípica a ação por carência de objeto e sujeito. Nossa jurisprudência é no sentido da irrelevância da má-fé da vítima. A boa-fé da vítima (*l'autrui buona fede* do Código Zanardelli) não é requisito do tipo como existia nos diplomas de 1830 a 1890 (usar artifícios para surpreender a boa-fé de outrem). [...] Não há como confundir o direito com a moral. Se há reprovabilidade penal na hipótese do ladrão que subtrai a *res* do ladrão, não há lógica em se pensar de forma contrária na hipótese do *negotium turpe*. O argumento da impossibilidade da reparação civil do dano perde relevância por não se constituir em efeito obrigatório da condenação pelo injusto criminal. Se o atuar do sujeito passivo ingressou na esfera de reprovabilidade, responderá também pela violação típica específica, embora, normalmente, se perca nos meros atos preparatórios. Predomina o interesse social nos objetivos finalísticos do Direito Penal".[433] Diante das fundadas razões expostas e considerando que a intenção ilícita da vítima não pode preponderar sobre o interesse social em ver punido o estelionatário, apresenta-se como certa a existência de estelionato mesmo na torpeza bilateral.

e) Liberdade religiosa – Sob a rubrica liberdade religiosa, há três aspectos que formam um conceito mais complexo do que a livre manifestação de pensamento: e.1. liberdade de crença, que significa o direito de crer em uma religião (ou de não crer em nada) sem que isso possa significar um prejuízo de qualquer ordem para o crente; e.2. liberdade de culto, constituída pela garantia de livre prática de ritos concernentes à crença adotada, e e.3. liberdade de organização religiosa, a permitir o estabelecimento de igrejas ou templos relativos à crença, observando, outrossim, as relações entre igreja e Estado.[434]

---

432 XAVIER DE OLIVEIRA, Carlos Fernando Maggiolo. *O crime de estelionato...*, op. cit., p. 60-61.
433 MAYRINK DA COSTA, Álvaro. *Direito penal...*, op. cit., p. 928.
434 SILVA, José Afonso da. *Curso...*, op. cit., p. 251-253. De acordo com George Marmelstein, "desde a primeira Constituição republicana (1891), o Brasil passou a

No que tange à liberdade de culto, é livre o exercício de cerimônias, tradições, manifestações etc., sendo legítima a contribuição financeira para a manutenção da atividade religiosa. Não há, portanto, crime de estelionato na obtenção de dízimos, doações e prestações assemelhadas, sob pena de tolhimento de um direito constitucionalmente assegurado, salvo se inequívoca a fraude. Quando o dinheiro arrecadado para a manutenção da atividade é ilicitamente desviado da instituição religiosa (pessoa jurídica) em proveito de ministros, administradores gerentes e afins, resta indubitável a ocorrência de crime patrimonial – apropriação indébita, se há a constituição de posse lícita, prévia e desvigiada, furto ou estelionato, dependendo do caso concreto.

f) Adivinhações, atividades místicas e trabalhos espirituais – Aqui, abordamos aquela hipótese em que não há liame entre a prática e o livre exercício de um culto ou de uma crença (ou se o liame é simulado; existindo liame real, remetemos o leitor ao item "e", anteriormente consignado). A atividade gratuita, à evidência, não será vista como estelionato, face à inexistência de vantagem ou prejuízo (interessa notar que o artigo 27 da LCP, que previa a hipótese, foi revogado pela Lei nº 9.521/1997). A atividade paga, entretanto, pode configurar o estelionato. De início, frise-se que, caso a vítima saiba que aquela atividade é de eficácia duvidosa, mas ainda assim aceite se submeter onerosamente a ela, aceitando a possibilidade de tudo se resumir a uma fantasia, não há crime. Todavia, caso a vítima não tenha essa percepção, existirá o crime patrimonial se: (a) patente a ineficácia da prática; (b) o sujeito ativo tem a consciência de agir fraudulentamente.[435] Observe-se, entretanto, a dificuldade de satisfação do primeiro requisito, o que torna difícil a punição pelo estelionato. Se a atividade fraudulenta é reputada curativa, não se exclui a possibilidade de crime de curandeirismo (artigo 284, CP), como será visto.

---

ser um país laico, que não possui qualquer religião oficial específica, e, portanto, deve ser o mais neutro possível no que se refere a escolhas dessa natureza. (...) A ideia básica que orienta a positivação desses valores é a de que o Estado não deve se intrometer indevidamente nas crenças pessoais de cada indivíduo, nem deve pautar suas decisões por razões meramente religiosas" (*Curso...*, op. cit., p. 98-99).

435 TACrimSP: "Tipifica estelionato o pedido e recebimento de vantagem como contraprestação de 'serviço' de macumba para neutralizar 'trabalho' que teria sido providenciado por desafeto com objetivo de ser a vítima atropelada" (JUTACRIM 56/339); "Comete estelionato quem, para mais facilmente locupletar-se de forma indevida à custa alheia, simulando condição de padre ou ministro evangélico, instala uma igreja, na qual, ademais de celebrar atos de culto, atendia, mediante prévio pagamento, as consultas dos frequentadores atraídos por falsas promessas de curas milagrosas" (RJD 25/130 e 714/383). TJRJ: "Se o agente usa o ardil de se passar por 'pai-de-santo' para obter vantagem indevida, aproveitando-se da rusticidade dos lesados, enganados por manobras convincentes, caracteriza-se o estelionato que não se consumou em razão da prisão em flagrante" (Ap. Crim. nº 12.250, rel. Des. Gama Malcher).

7 Causa de diminuição e substituição da pena

O artigo 171, § 1º, do CP estabelece critérios de diminuição ou de substituição da pena estipulada ao estelionato, traçando um paralelo com o furto. Assim, temos três possibilidades: a) substituição da pena de reclusão pela de detenção; b) diminuição da pena, de um a dois terços, e c) aplicação isolada da pena de multa.

Em qualquer das situações, há dois requisitos a serem obedecidos, que são a primariedade do criminoso e o pequeno valor do prejuízo suportado pela vítima. Primário é o indivíduo não-reincidente, de acordo com os critérios estabelecidos nos artigos 63 e 64 do CP. No tocante ao pequeno valor do prejuízo, encontramos uma diferença em relação ao crime de furto (nesse, fala-se do pequeno valor da coisa furtada). Verifica-se o pequeno prejuízo quando a perda da vítima em virtude do delito não é severa, havendo entendimento jurisprudencial fixando o teto no valor de um salário mínimo. Assim como expusemos no furto, cremos que, além desse teto, não podem ser olvidadas as condições financeiras da vítima na aferição. Deve ser considerado o prejuízo à época da consumação do crime, pouco importando as variações monetárias posteriores. Uma vez reconhecida a presença dos requisitos necessários, o juiz não pode se negar a realizar a diminuição ou a substituição da pena, não se tratando, assim, de uma faculdade do magistrado, mas de um direito subjetivo do réu.

8 Consumação e tentativa

O artigo 171 do Código Penal é claro ao definir o estelionato como a obtenção de uma "vantagem ilícita, em prejuízo alheio". Ou seja, o estelionato é um crime de duplo resultado, concernente no já estudado binômio vantagem-prejuízo. Reputa-se consumado o crime somente quando ambas as elementares ocorrem, pois apenas nesse momento "se reúnem todos os elementos de sua definição legal" (artigo 14, I, CP). Caso não haja a obtenção da vantagem, ou se a vítima não suporta o prejuízo, estaremos diante de um crime tentado (artigo 14, II, CP).

Isso significa que a consumação do estelionato é marcada por aquilo que acontecer por último, seja a obtenção da vantagem, seja o prejuízo. Tornando o raciocínio mais claro: (a) se a obtenção da vantagem é anterior e posteriormente ocorre o prejuízo, o crime se consuma com o prejuízo e, no local deste, haverá fixação da competência para processo e julgamento, nos termos do artigo 70 do Código de Processo Penal; (b) se o prejuízo é anterior e a obtenção da vantagem ocorre posteriormente (hipótese mais comum), o crime se consuma com a obtenção da vantagem, sendo o local desta o foro competente para processo e julgamento.

Muitas vezes, esses momentos (obtenção da vantagem e ocorrência do prejuízo) se dão de forma simultânea, mas nem sempre. E, não raro, acontecem em locais diferentes. Nessa última hipótese, o local de consumação do crime deve ser fixado de forma casuística, sempre com atenção ao caso concreto e levando em consideração aquilo que acima foi exposto.

Nas transações bancárias que caracterizam estelionato, por exemplo, em regra o local do prejuízo é diferente do local da obtenção da vantagem indevida. Assim, questiona-se: se a vantagem é transmitida pelo lesado ao autor através de transferência eletrônica de fundos, o local da consumação do crime é fixado quando os recursos saem da conta corrente do lesado ou quando são creditados na conta do autor? A resposta, parece-nos, é simples: a saída do dinheiro caracteriza o prejuízo suportado pelo lesado, ao passo em que o ingresso dos recursos na conta de destino é a efetiva obtenção da vantagem indevida. E, para que a quantia seja creditada, é necessário que ela preliminarmente deixe a conta bancária de origem. Ou seja, nessa hipótese, o crime se consuma quando o dinheiro ingressa na conta de destino, que configura a obtenção da vantagem. Consequentemente, ainda considerando a regra do artigo 70 do CPP, a competência para processo e julgamento é fixada no local em que se encontra a sede da conta creditada.

Fiquemos com um golpe corriqueiro: o sujeito ativo, passando-se por um parente do lesado, para ele telefona e afirma que está com o automóvel quebrado em uma via desprovida de acesso a prestadores de serviços; afirma, ainda, que por sorte encontrou um mecânico e este fará o reparo, mas cobra certa quantia pelo conserto. O estelionatário, ainda se passando pelo parente do lesado diz não dispor da quantia naquele momento e pede que o lesado realize um depósito na conta do fictício mecânico. Suponhamos que o lesado, que acreditou no ardil e realizou o depósito, tenha sua conta sediada em Nova Iguaçu-RJ; e suponhamos que a conta creditada pertença a uma agência bancária localizada em Florianópolis-SC. Primeiramente ocorre o prejuízo, em Nova Iguaçu, para em um momento posterior ocorrer o recebimento da vantagem, em Florianópolis, local de consumação do crime (afinal, só pode ser depositado em conta bancária alheia aquilo que primeiramente saiu da posse de seu titular). Nesse sentido, embora tratando de caso diferente, já se posicionou o STF.

As confusas – e pontualmente equivocadas – decisões recentes do STJ sobre o tema, contudo, vêm causando insegurança onde antes havia uma resposta sólida. No habeas corpus nº 36.760-RJ, julgado em 2005, assim se pronunciou a Corte: "ESTELIONATO – CRIME DE DUPLO RESULTADO MATERIAL – DELITO CONSUMADO: OBTENÇÃO DA VANTAGEM PATRIMONIAL EM PREJUÍZO DA VÍTIMA – CHEQUES SACADOS DIRETAMENTE NO CAIXA DO BANCO – COMPETÊNCIA PELO

LOCAL DA OBTENÇÃO DA VANTAGEM PATRIMONIAL – HABEAS CORPUS DENEGADO. 1. A doutrina penal ensina que o resultado, no estelionato, é duplo: benefício para o agente e lesão ao patrimônio da vítima. 2. A fraude, no estelionato, é circunstância de meio para a obtenção do resultado. 3. Desacompanhada da obtenção da vantagem, em prejuízo alheio, a fraude não caracteriza a consumação do delito. 4. Para a fixação da competência, basta a indicação do lugar em que se deu a consumação do delito em tese, ou seja, o local onde foi obtida a vantagem patrimonial – o exame acerca da ilicitude dessa vantagem é objeto da ação penal condenatória. 5. Benefício patrimonial obtido através de saques realizados diretamente no caixa de banco situado na cidade do Rio de Janeiro: lugar da consumação. Ordem denegada". Nesse julgado, o STJ afirma que o efetivo recebimento do valor previsto em título de crédito (cheque) mendaz opera a consumação do crime de estelionato, tese com a qual concordamos. A obtenção da vantagem – que aperfeiçoa o delito – corresponde ao apossamento do dinheiro.

Já no conflito de competência nº 158703-DF, de 2018, a orientação foi diversa: "CONFLITO NEGATIVO DE COMPETÊNCIA. JUSTIÇA ESTADUAL X JUSTIÇA ESTADUAL. INQUÉRITO POLICIAL. ESTELIONATO. VEÍCULO ENTREGUE A PESSOA DE CONFIANÇA PARA VENDA. PAGAMENTO EFETUADO COM CHEQUES DEVOLVIDOS PELO BANCO POR ASSINATURA QUE NÃO CONFERE E BAIXA DE TALONÁRIO. CONSUMAÇÃO DO DELITO (ART. 70, CPP): LOCAL DA OBTENÇÃO DA VANTAGEM ILÍCITA, QUE, NO CASO CONCRETO, CORRESPONDE AO LOCAL DE RECEBIMENTO DA MERCADORIA. 1. Situação em que a vítima foi enganosamente induzida pelo investigado, à época seu namorado, a deixar que ele vendesse seu carro. No entanto, o investigado vendeu o automóvel, apropriou-se do valor da venda, oferecendo como pagamento dois cheques de terceiros que foram devolvidos: o primeiro, porque a assinatura não conferia e o segundo, porque o dono do talão de cheques havia solicitado a baixa junto ao banco sacado. 2. Nos termos do art. 70 do CPP, a competência será de regra determinada pelo lugar em que se consumou a infração e o estelionato, crime material tipificado no art. 171 do CP, consuma-se no momento e lugar em que o estelionatário aufere proveito econômico em prejuízo da vítima. 3. Há que se diferenciar a situação em que o estelionato ocorre quando a vítima é ardilosamente induzida a, voluntariamente, depositar na conta do estelionatário o preço de uma mercadoria que jamais chega a receber, da hipótese (como a dos autos) em que a vítima, também iludida por um ardil, é levada a crer que o pagamento pelo produto por ela vendido foi ou será devidamente efetuado e, em consequência disso, voluntariamente entrega a mercadoria. Na primeira das situações (em que pagamentos são feitos pela vítima ao estelionatário), a obtenção da vantagem ilícita ocorre no momento em que o dinheiro sai efetivamente da disponibilidade financeira da vítima. Tratando-se de pagamento por meio de cheque, transferência bancária ou cartão de crédito, isso ocorre quando os valores saem da entidade financeira sacada. Por esse motivo, em tais casos, entende-se que o local da obtenção da vantagem ilícita é aquele em que se situa a agência bancária onde foi sacado o cheque, seja dizer, onde a vítima possui conta bancária. Já na segunda hipótese, em que a vítima é a vendedora do produto, o estelionatário aufere proveito econômico em prejuízo da vítima quando recebe a mercadoria e não chega a pagar por ela. Em tais situações, por óbvio, o local em que é obtida a vantagem ilícita é o local da retirada do produto". Nesse julgado, ao tratar do pagamento por meio de transferência bancária, a Corte confunde local do prejuízo com local de obtenção da vantagem, conforme já explicado. Ou seja, parte-se de um pressuposto equivocado para se chegar a uma conclusão igualmente equivocada.

A contradição novamente surge no conflito de competência nº 167.025-RS, de 2019: "PENAL E PROCESSO PENAL. CONFLITO NEGATIVO DE COMPETÊNCIA. INQUÉRITO POLICIAL. ESTELIONATO. DEPÓSITO EM DINHEIRO E TRANSFERÊNCIA DE VALORES, PELA VÍTIMA, PARA CONTA CORRENTE DO SUPOSTO ESTELIONATÁRIO, COM O OBJETIVO DE ADQUIRIR CARTA DE CRÉDITO DE CONSÓRCIO DE AUTOMÓVEL QUE JAMAIS VEIO A SER ENTREGUE. COMPETÊNCIA DO LOCAL EM QUE SE AUFERIU A VANTAGEM INDEVIDA: LOCAL DA CONTA PARA A QUAL FOI TRANSFERIDO O DINHEIRO. 1. Nos termos do art. 70 do CPP, a competência será de regra determinada pelo lugar em que se consumou a infração e o estelionato, crime tipificado no art. 171 do CP, consuma-se no local e momento em que é auferida a vantagem ilícita. De se lembrar que o prejuízo alheio, apesar de fazer parte do tipo penal, está relacionado à consequência do crime de estelionato e não à conduta propriamente. De fato, o núcleo do tipo penal é obter vantagem ilícita, razão pela qual a consumação se dá no momento em que os valores entram na esfera de disponibilidade do autor do crime, o que somente ocorre quando o dinheiro ingressa efetivamente em sua conta corrente. 2. Há que se diferenciar a situação em que o estelionato ocorre por meio do saque (ou compensação) de cheque clonado, adulterado ou falsificado, da hipótese em que a própria vítima, iludida por um ardil, voluntariamente, efetua depósitos e/ou transferências de valores para a conta corrente de estelionatário. Quando se está diante de estelionato cometido por meio de cheques adulterados ou falsificados, a obtenção da vantagem ilícita ocorre no momento em que o cheque é sacado, pois é nesse momento que o dinheiro sai efetivamente da disponibilidade da entidade financeira sacada para, em seguida, entrar na esfera de disposição do estelionatário. Em tais casos, entende-se que o local da obtenção da vantagem ilícita é aquele em que se situa a agência bancária onde foi sacado o cheque adulterado, seja dizer, onde a vítima possui conta bancária. Já na situação em que a vítima, induzida em erro, se dispõe a efetuar depósitos em dinheiro e/ou transferências bancárias para a conta de terceiro (estelionatário), a obtenção da vantagem ilícita por certo ocorre quando o estelionatário efetivamente se apossa do dinheiro, seja dizer, no momento em que ele é depositado em sua conta". Percebe-se que a conclusão, igualmente adotada pela Terceira Seção do Tribunal, no que tange às transferências bancárias, é completamente distinta daquela existente no julgado anterior, o que causa perplexidade, ainda mais em se considerando o curto espaço de tempo entre ambas (2018 e 2019).

Aliás, ambos os julgados, ao abordarem o pagamento por meio de "cheque clonado, adulterado ou falsificado" (não bastaria falar genericamente em cheque falsificado?), incorrem no mesmo erro (pelo menos, aqui, a coerência foi mantida): afirma-se que o estelionato resta consumado quando a quantia sai da conta bancária da vítima. Explicando melhor a situação: se uma pessoa falsifica uma folha de cheque, vai ao banco e saca o valor constante do título de crédito mendaz, afirma o STJ que o crime se consuma quando a quantia deixa a conta do lesado, não quando o autor ingressa em sua posse. Mas qual é a diferença dessa hipótese para aquela da transferência bancária? Nenhuma, salvo o artifício usado para a consecução da vantagem. Poder-se-ia questionar, então, qual é o motivo para o crime do artigo 171, § 2º, VI (fraude no pagamento por meio de cheque) se consumar com a recusa do pagamento pelo sacado, tal qual define a Súmula nº 521 do STF. Se seguida a lógica proposta nessa obra, a consumação não deveria acontecer com o recebimento da vantagem pelo sujeito ativo? Não. A posição do STF é correta. Isso porque, no pagamento com cheque sem suficiente provisão de fundos, o prejuízo é posterior à vantagem. Primeiramente o sujeito ativo entra na posse da vantagem (por exemplo, ao comprar uma mercadoria com um cheque que não possui fundos em poder do sacado). Mas essa ausência de fundos ainda pode ser contornada, com o depósito pelo emitente do valor necessário ao pagamento do título em sua conta bancária. Apenas quando o sacado (ou seja, a instituição financeira) recusa o pagamento do cheque é que a fraude se aperfeiçoa (e, nesse momento, a vítima efetivamente suporta o prejuízo).

Em boa hora, o STJ solucionou (ainda que não de forma totalmente satisfatória) a controvérsia criada por ele mesmo. No Conflito de Competência nº 169.053/DF, julgado pela Terceira Seção em 11 de dezembro de 2019, sedimentou-se o entendimento segundo o qual, nas transferências e depósitos bancários, o crime se consuma quando o valor ingressa na conta bancária do beneficiário do crime.

O panorama se torna complexo quando adicionamos à equação as contas bancárias puramente virtuais (os chamados bancos digitais). Há instituições financeiras que não possuem agências físicas, de modo que não é possível afirmar onde se situa a conta creditada. Se a vítima de uma fraude transfere recursos de sua conta bancária para uma agência virtual, onde fica a conta de titularidade do estelionatário, o crime continua se consumando com a obtenção da vantagem. Todavia, não é possível especificar o local em que se deu a obtenção da vantagem. Parece-nos que, nessa hipótese, ainda muito recente e determinada pela evolução tecnológica, a fixação da competência se dará de acordo com o preceituado no artigo 72 do Código de Processo Penal (domicílio ou residência do réu, de acordo com o caput, ou, caso não se saiba onde se situa a moradia do réu, pela prevenção, consoante dispõe o § 2º).

Quanto à classificação doutrinária do estelionato, temos, em regra, crime material, de dano e instantâneo. Excepcionalmente, no caso de fraude para recebimento de indenização ou valor de seguro, teremos o estelionato como crime formal ou de consumação antecipada.

Há, ainda, posicionamento jurisprudencial defendendo o estelionato, em hipóteses específicas, como delito permanente ou instantâneo de efeitos permanentes. Assim se manifestou o STF no tocante à fraude para obtenção de benefício previdenciário: "Estelionato qualificado (CP, artigo 171, § 3º). Fraude na percepção de benefício previdenciário. Prescrição. 1. Cuidando-se de estelionato qualificado – fraude contra o INPS – que visou o recebimento de benefício previdenciário a terceiro, não há cogitar do crime de certidão ou atestado ideologicamente falso. Quanto à prescrição, dada a natureza permanente da conduta, o prazo começa a fluir a partir da cessação da permanência e não do primeiro pagamento do benefício. Precedente (HC 83.252)".[436] Em outro caso, o STF defendeu a natureza de crime instantâneo de efeitos permanentes, conforme verificado no Informativo nº 464: "(...) Quanto à prescrição, informou-se que o paciente fora condenado por haver viabilizado, mediante fraude e na qualidade de servidor do Instituto

---

[436] HC 83967/SP, 2ª Turma, Relª Min. Ellen Gracie, J. 17.08.2004. Nesse sentido, STF: HC 83.252/GO. É do STJ a lavra do seguinte acórdão: "Recurso em *habeas corpus*. Penal e processo penal. Estelionato praticado contra a Previdência Social (artigo 171, § 3º, CP). Extinção da punibilidade pela prescrição. Inocorrência. Crime permanente. Prazo prescricional que tem por base a pena em concreto. A prática da fraude para obtenção de benefício previdenciário de forma sucessiva, com recebimento de prestações periódicas, indica natureza permanente de ação delituosa, devendo o termo inicial da prescrição contar-se da data da interrupção do recebimento das prestações (artigo 111, III, CP)" (RHC 10.725/SP, 5ª Turma, Rel. Min. José Arnaldo da Fonseca, J. 10.04.2001).

Nacional do Seguro Social – INSS, o reconhecimento de benefício previdenciário. Considerou-se que a fraude perpetrada pelo agente consubstancia crime instantâneo de resultados permanentes, não obstante tenha repercutido no tempo e beneficiado a terceiro. Precedente citado: HC 80349/SC (DJU de 4.5.2001)".[437]

Já o STJ diferencia três situações: (a) o benefício é fraudado em sua constituição e o fraudador passa a receber valor a que não faria jus (por exemplo, o sujeito ativo simula a condição de desempregado para receber parcelas do seguro-desemprego); (b) o benefício é fraudado em sua constituição por terceiros – funcionários do INSS, por exemplo – que não recebem as parcelas do benefício, mas auxiliam alguém a recebê-las; (c) o benefício é constituído legitimamente, mas, em seguida, se torna fraudulento, como no caso de familiares que não comunicam ao INSS o falecimento do beneficiário, apossando-se de prestações que deveriam cessar. Na primeira hipótese (letra a), a Corte entende existir crime permanente.[438] Na segunda (letra b), crime instantâneo de efeitos permanentes.[439] Na terceira (letra c), crime continuado.[440]

Guilherme de Souza Nucci, sobre o tema, assim se pronuncia: "Ousamos sustentar que, em qualquer hipótese, o crime de estelionato é instantâneo, podendo produzir efeitos permanentes, no tocante ao agente que falsificou a certidão para ser usada contra o INSS, bem como pode adquirir a feição de crime continuado, quanto à pessoa do segurado que, mensalmente, recebe o valor indevido, valendo-se da fraude".[441]

Não se verificando o binômio vantagem-prejuízo, verifica-se o estelionato na forma tentada, pois se trata de delito plurissubsistente.

---

437 HC nº 86.467/RS, Plenário, rel. Min. Marco Aurélio, julg. em 23/04/2007. No mesmo sentido: "AÇÃO PENAL. Prescrição da pretensão punitiva. Ocorrência. Estelionato contra a Previdência Social. Art. 171, § 3º, do CP. Uso de certidão falsa para percepção de benefício. Crime instantâneo de efeitos permanentes. Diferença do crime permanente. Delito consumado com o recebimento da primeira prestação do adicional indevido. Termo inicial de contagem do prazo prescritivo. Inaplicabilidade do art. 111, III, do CP. HC concedido para declaração da extinção da punibilidade. Precedentes. Voto vencido. É crime instantâneo de efeitos permanentes o chamado estelionato contra a Previdência Social (art. 171, § 3º, do Código Penal) e, como tal, consuma-se ao recebimento da primeira prestação do benefício indevido, contando-se daí o prazo de prescrição da pretensão punitiva" (STF, HC nº 99.363/ES, rel. para o acórdão Min. Cezar Peluso, julg. em 17/11/2009).
438 STJ, REsp nº 1720621-SP, Quinta Turma, rel. Min. Felix Fischer, julg. em 19.06.2018.
439 STJ, RHC nº 66.487-PB, Sexta Turma, rel. Min. Néfi Cordeiro, julg. em 17.03.2016.
440 STJ, AgRg no REsp nº 1378323-PR, Sexta Turma, rel. Min. Marilza Maynard, julg. em 26.08.2014.
441 SOUZA NUCCI, Guilherme de. *Código penal comentado...*, op. cit., p. 578.

9 Disposição de coisa alheia como própria (artigo 171, § 2º, I)

A partir do § 2º do artigo 171, encontramos condutas equiparadas ao estelionato. Equiparadas porque, assim como o tipo fundamental, encerram práticas fraudulentas, as quais, por opção legislativa, receberam um tratamento em apartado. Explica Hungria que tal se deve a dois motivos: primeiro, porque algumas dessas condutas são praticadas por meio da simples mentira e há divergência doutrinária quanto à possibilidade de a mentira ensejar crime de estelionato (embora hoje a mentira seja amplamente admitida como meio executório); em segundo lugar, porque algumas dispensam a efetiva locupletação para a consumação do crime (constituem condutas formais).[442]

A primeira conduta equiparada (inciso I) é a disposição de coisa alheia como própria, definida no texto legal como a venda, permuta ou dação em pagamento, locação ou em garantia de coisa de outrem como se fosse sua (crime de ação múltipla).

Vender (artigo 481, CC) é a transferência de domínio a título oneroso. Não se inclui no dispositivo o compromisso de compra e venda de coisa alheia, que, se usado fraudulentamente, configura o delito do *caput* do artigo 171.[443] É o mesmo posicionamento esposado por Delmanto: "A conduta incriminada é vender, permutar, dar em pagamento, locar ou dar em garantia coisa alheia como se fosse própria. A enumeração é taxativa, não incluindo a promessa de venda e compra nem a cessão de direitos".[444] Insere-se na norma a venda de bem gravado por alienação fiduciária, desde que esta circunstância

---

442 HUNGRIA, Nelson. *Comentários...*, op. cit., v. VII, p. 231.
443 Nesse sentido, TACrimSP: "A promessa de compra e venda de imóvel não pode ser equiparada à venda do bem, de molde a caracterizar a figura prevista do art.171, § 2º, I, do CP; no entanto, nada impede que a denúncia por estelionato seja recebida em seu tipo fundamental (art. 171, *caput*), se presente o ardil dos agentes, consubstanciado na simulação do contrato para se apropriar do dinheiro da vítima" (RT 776/618). No Informativo nº 404, o STJ insinuou posição contrária, embora não tenha explicitado a tipificação da conduta: "O paciente, mediante procuração que não lhe conferia poderes para alienar imóveis, firmou promessa de compra e venda com a vítima, que lhe pagou a importância avençada no contrato, sem, contudo, ser investida na posse. Mesmo diante da discussão a respeito de o contrato de promessa de compra e venda poder configurar o tipo do art. 171, § 2º, I, do CP, o acórdão impugnado mostrou-se claro em afirmar que o paciente efetivamente alienou o imóvel que não era de sua propriedade mediante essa venda mascarada, da qual obteve lucro sem efetuar sua contraprestação por absoluta impossibilidade de fazê-la, visto que não era o proprietário do lote que, de fato, vendeu. Daí ser, no caso, inequívoca a tipicidade da conduta, mesmo que perpetrado o crime mediante a feitura de promessa, não se podendo falar, assim, em trancamento da ação penal" (HC nº 54.353, Sexta Turma, rel. Min. Og Fernandes, julg. em 25/08/2009).
444 DELMANTO, Celso [et al.]. *Código Penal Comentado*. 8. ed. São Paulo: Saraiva, 2010. p. 627.

seja desconhecida pelo adquirente. Permutar (artigo 533, CC) é trocar, receber uma coisa, dando outra em seu lugar. Dar em pagamento (artigo 356, CC) é adimplir uma dívida mediante a concessão de uma coisa, em substituição à prestação inicialmente acordada. Dar em locação (artigos 565 e ss., CC) é ceder o uso e gozo de uma coisa, mediante o recebimento de um valor. Em certos casos, a pessoa pode locar bem pertencente a outra, como na hipótese do credor anticrético (artigo 1.507, § 2º, CC). Dar em garantia (artigos 1.419 e ss., CC) é a gravação do bem com um ônus real. Caso seja constituído direito real diverso sobre a coisa alheia, como o usufruto, tipifica-se o crime de estelionato em seu tipo fundamental.

Em qualquer caso, a fraude consiste em praticar as condutas sobre a coisa pertencente a outrem. A vítima é levada a acreditar que o autor do fato é o *dominus* da coisa, acatando o negócio jurídico mendaz.

Cuida-se de crime sempre doloso, o que se torna evidente ao falarmos de uma conduta fraudulenta. Acresce-se ao dolo o especial fim de obter, para si ou para outrem, uma vantagem ilícita, em prejuízo alheio.[445]

Tutela-se, nessa figura delitiva, o patrimônio, sendo objeto material do crime a coisa móvel ou imóvel pertencente a terceiros.

O sujeito ativo da conduta em comento pode ser qualquer um, salvo, por óbvio, a pessoa que pode dispor do bem legitimamente, classificando-se o crime como comum. O sujeito passivo é o adquirente, que é a pessoa lesada em seu patrimônio. Também aqui não são exigidas qualidades especiais do sujeito, respeitadas as restrições já anunciadas no tipo fundamental do estelionato, ou seja, a pessoa deve ter um mínimo de discernimento para que seja ludibriada. Caso adquirente da coisa (mediante alienação, locação, dação em pagamento etc.) saiba que outro é o seu proprietário, que não a pessoa com quem negocia, não há se falar no delito.

A consumação do crime ocorre: (a) quando o agente recebe a contraprestação pela venda (no caso de imóveis, o delito é aperfeiçoado com o recebimento do preço acertado pelo agente, não havendo relevância no registro do ato); (b) quando o agente recebe a coisa em permuta; (c) quando o agente recebe o comprovante da dívida ou a quitação, na dação em pagamento; (d) quando o agente recebe o aluguel, na locação, e (e) quando o agente recebe a vantagem pela dação da coisa em garantia. Percebe-se, portanto, que o momento consumativo coincide, sempre, com o efetivo recebimento da vantagem ilícita pelo agente, em prejuízo de outrem, classificando-se, a

---

445 Contrariamente opina Busato: "... não consta do enunciado típico qualquer referência a um especial fim de agir. Como este deve figurar necessariamente na pretensão conceitual de relevância, qualquer subversão da referida pretensão caracteriza grave violação do princípio da legalidade, coisa que é absolutamente inaceitável se pretendemos falar de um sistema de imputação ancorado no Estado de Direito" (*Direito Penal...*, op. cit., p. 587).

disposição de coisa alheia como própria, como crime material e de dano. Trata-se, ainda, de crime plurissubsistente, admitindo-se a forma tentada.

Em caso de crime patrimonial diverso, seguido de disposição do bem (por exemplo, furto seguido de venda da *res furtiva* a pessoa que desconhecia sua origem ilícita), questiona-se como deve se dar a responsabilização do agente. Cremos que não há dificuldade em se admitir o concurso de delitos entre o crime patrimonial anterior (furto, no exemplo dado) e a disposição de coisa alheia como própria, já que são distintos os patrimônios atingidos: na primeira ação, o lesado é quem teve a coisa subtraída, e, na segunda, é quem a recebeu de boa-fé, mediante fraude.[446] A posição majoritária, contudo, fala em *post factum* impunível, pois o proveito pela disposição da coisa seria ínsito ao propósito de subtrair o bem.

10 Alienação ou oneração fraudulenta de coisa própria (artigo 171, § 2º, II)

O tipo penal, inscrito no inciso II, tem a seguinte redação: "§ 2º Nas mesmas penas incorre quem: [...] II – vende, permuta, dá em pagamento ou em garantia coisa própria inalienável, gravada de ônus ou litigiosa, ou imóvel que prometeu vender a terceiro, mediante pagamento em prestações, silenciando sobre qualquer dessas circunstâncias".

Percebe-se que as condutas incriminadas são as mesmas do inciso anterior (crime de ação múltipla), restando excluída a dação em locação, motivo pelo qual é desnecessária a análise dos verbos que constituem o núcleo do tipo.

A grande distinção entre a disposição de coisa alheia como própria e o crime estudado está no objeto material da conduta: neste a coisa não integra o patrimônio de outrem, ao contrário, pertence ao próprio sujeito ativo. Ou a conduta recairá sobre coisa própria inalienável, gravada de ônus ou litigiosa, ou sobre imóvel objeto de promessa de compra e venda, pacto no qual fica acertado o pagamento parcelado do valor do bem pelo promitente comprador. Em qualquer das hipóteses, o proprietário do bem mantém seu domínio sobre a coisa, praticando o estelionato em seguida.

A inalienabilidade pode decorrer de lei, convenção ou testamento, e retira do proprietário o domínio pleno sobre a coisa, já que dela não pode livremente dispor. A coisa litigiosa é objeto de um processo judicial, não podendo o proprietário dela se desfazer. O lesado, não obstante subsistir a imputação criminal, pode demandar o sujeito ativo pela evicção, consoante os artigos 447 e seguintes do CC. No tocante à coisa gravada de ônus, qualquer direito real incidente sobre a coisa (como o usufruto, a servidão ou mesmo

---

446 Nesse sentido, entre outros, Guilherme de Souza Nucci (*Código penal comentado...*, op. cit., p. 579).

os direitos reais de garantia, como a hipoteca e a anticrese) pode ensejar o reconhecimento do delito. Finalmente, a lei trata do imóvel, o qual é objeto de compromisso de compra e venda. Note-se que a fraude ocorre depois de firmado o compromisso com o compromissário comprador (o compromisso é a restrição que impede a livre disposição do bem).

Nesse dispositivo, o legislador expressamente colocou o silêncio como meio fraudulento. Somente ocorrerá a prática delitiva se o agente não expuser ao sujeito passivo a restrição que recai sobre o bem. Conhecendo o adquirente tal circunstância, afasta-se a caracterização do delito. O silêncio é criminoso ainda que a restrição sobre a coisa conste de registro público, pois não há presunção legal de conhecimento da situação do bem.

Somente se aceita a conduta dolosa, por absoluta incompatibilidade entre a fraude e a conduta culposa. Exige-se, ainda, um elemento subjetivo do tipo (intenção de haver uma vantagem ilícita para si ou para outrem, causando prejuízo à terceiro).

O sujeito ativo do crime é o proprietário da coisa, não se exigindo qualquer qualidade especial deste (crime comum). Possuidor e detentor, caso alienem a coisa em seu poder, podem ser responsabilizados por crime de disposição de coisa alheia como própria (e por apropriação indébita, conforme sustentamos, em concurso material de delitos), mas nunca pelo delito em apreço. O sujeito passivo é o ludibriado adquirente, que fornece a vantagem ao agente.

A consumação do crime se dá nas mesmas circunstâncias do artigo anterior (crime material, de dano, instantâneo). A tentativa é admissível (crime plurissubsistente).

11 Defraudação de penhor (artigo 171, § 2º, III)

O crime denominado defraudação de penhor tem a seguinte redação: "§ 2º Nas mesmas penas incorre quem: [...] III – defrauda, mediante alienação não consentida pelo credor ou por outro modo, a garantia pignoratícia, quando tem a posse do objeto empenhado". Para a exata compreensão do dispositivo, mister a observância dos artigos 1.431 e seguintes do Código Civil, que regulam o penhor. Penhor é um direito real de garantia sobre coisas móveis suscetíveis de alienação, em que, como regra, a posse da coisa é transferida ao credor até a satisfação do débito. Em situações específicas, todavia, mesmo com a constituição da garantia pignoratícia, a coisa pode ficar na posse do devedor, por efeito da *clausula constituti* (artigo 1.431, parágrafo único, CC). Nessas hipóteses, se ocorre a alienação da coisa pelo devedor sem o consentimento do credor, para frustrar a garantia constituída, restam caracterizados a fraude e, consequentemente, o delito em apreço. Há o crime, por exemplo, quando o devedor aliena lavoura de soja, dada em garantia mediante cédula rural pignoratícia, não havendo a concordância do credor.[447] É de se notar que somente se cogita o crime quando o bem continua na posse do devedor, pois, se em poder do credor, não há como burlar a garantia protegida pelo tipo penal.

Não se deve confundir o penhor, instituto de direito civil, com a penhora, que é um ato processual para garantia da execução judicial. Esta não autoriza o reconhecimento do delito de defraudação de penhor.

Defraudar, núcleo do tipo, significa "cometer fraude", o que aproxima o delito ao estelionato. A defraudação se processa mediante alienação não consentida (venda do bem, doação) ou por qualquer outro modo (como a destruição ou a ocultação da coisa), podendo ser total ou parcial (desfazer-se de parte da coisa dada em garantia). O consentimento do credor, se verificado, exclui a tipicidade da conduta. Somente há previsão da defraudação dolosa de penhor.

O sujeito ativo do delito é o devedor, que tem em seu poder a coisa empenhada. O sujeito passivo é o credor, que sofre lesão patrimonial ao ver frustrado o seu direito real de garantia.

Cuidando-se de crime material e de dano, a consumação se opera com a efetiva alienação ou com a prática de qualquer outro ato de defraudação do penhor (destruição da coisa, v. g.). A tentativa é admissível, pois o delito é plurissubsistente.

12 Fraude na entrega de coisa (artigo 171, § 2º, IV)

O inciso IV traz a previsão do delito de fraude na entrega de coisa, com a seguinte redação: "§ 2º Nas mesmas penas incorre quem: [...] IV – defrauda substância, qualidade ou quantidade de coisa que deve entregar a alguém". Há a fraude, portanto, quando o lesado, ou terceiro encarregado de receber a coisa em seu nome, é iludido por quem deveria efetuar a entrega, que repassa coisa defraudada em sua substância – ou seja, na essência da coisa, como dar cristal por diamante, causando um prejuízo à vítima –, qualidade – aqui se trata da coisa de qualidade inferior àquela concebida, como na entrega de um objeto de aço de má qualidade, em vez de objeto de aço inoxidável, que fora examinado e adquirido pela vítima – ou quantidade – cuidando-se, aqui, de unidade ou medida diversa da original, como entregar noventa quilos de carne em vez dos cem quilos contratados. Pode ocorrer o delito ainda que a entrega se dê por um representante do sujeito ativo, desconhecedor da fraude, respondendo pelo crime aquele que determinou a entrega fraudulenta. Caso o representante auxilie conscientemente a prática fraudulenta, a ele também será imputada a conduta delituosa.

---

447 BITENCOURT, Cezar Roberto. *Tratado...*, op. cit., v. 3, p. 291.

O crime é sempre doloso, agindo, o criminoso, com voluntariedade e consciência de iludir o destinatário da coisa que se compromete a entregar.[448] Em outras palavras, não basta o mero descompasso entre a coisa esperada e a coisa entregue. Imprescindível a intenção fraudulenta.[449]

O objeto material do crime pode ser coisa móvel ou imóvel. É o que ensina Magalhães Noronha: "Nada impede que o imóvel seja objeto de delito. Ele é coisa e é suscetível de entrega, que se opera pela transcrição, que transfere o domínio. E pode ser alterado na substância, quantidade e qualidade. Se uma pessoa sabe que outra deseja comprar terras que contenham determinado minério e, procedendo a escavações, semeia aquele minério e, assim, com expediente de tal jaez, vende-as ao pretendente, não defraudou imóvel na qualidade? Se alguém deseja comprar um terreno elevado, para dele tirar terra que será aplicada a determinados fins, e se o alienante, fechado o negócio, e antes da transcrição, realiza a tirada da terra para seu uso, não transfere depois o imóvel defraudado na quantidade? Vê-se, portanto, que o imóvel é coisa que pode ser entregue e defraudada".[450]

Somente pode haver o delito se existir uma obrigação anterior vinculando os sujeitos, seja legal, consensual ou judicial. Sujeito ativo será aquele que, obrigado a entregar a coisa, o faz de modo fraudulento. Sujeito passivo é a pessoa que deve receber a coisa, objeto da obrigação previamente constituída, sofrendo um prejuízo em virtude da defraudação.

Ocorrerá a consumação do crime com a defraudação, ainda que não ocorra a efetiva entrega, embora seja necessário demonstrar a destinação

---

448 STJ, Informativo nº 404: "O paciente, proprietário de uma empresa dedicada ao comércio de ferro-velho, foi denunciado pela suposta prática do delito descrito no art. 171, § 2º, IV, do CP, por fornecer a uma companhia siderúrgica sucatas com diversas impurezas, tais como pedras, areia, madeiras e outros objetos, alterando a qualidade e quantidade do produto, com o propósito, em tese, de obter vantagem ilícita. O acusado fornecia, há muito, esse tipo de mercadoria para a vítima. Porém, pela simples leitura dos autos, sem qualquer incursão pela seara fático-probatória, não se vislumbrou suficientemente demonstrado o dolo na conduta do paciente em induzir ou manter a siderúrgica em erro, bem como qualquer obtenção de vantagem ilícita para si ou sequer o prejuízo alheio. Inexistindo previsão legal no ordenamento pátrio para enquadramento do paciente como sujeito ativo do crime tipificado no art. 171, § 2º, IV, do CP, por mero inadimplemento de obrigação contratual e, não narrando a denúncia, conforme exigência do art. 41 do CPP, indicativo de eventual conduta ilícita perpetrada pelo acusado, a Turma entendeu que a continuidade da ação penal configura constrangimento ilegal" (HC nº 55.889, Sexta Turma, rel. Min. Og Fernandes, julg. em 25/08/2009).

449 Nesse sentido, TACrim-SP: "A simples falta de quantidade ou de qualidade da coisa não constitui crime previsto no art. 171, § 2º, IV, do CP. Para que se componha o estelionato é imprescindível a ocorrência da fraude, a beneficiar o agente e a prejudicar o ofendido" (AC, rel. Dino Garcia, *RT* 436/406).

450 MAGALHÃES NORONHA, E. *Direito penal...*, op. cit., v. 2, p. 407-408.

da coisa (crime instantâneo, formal e de dano). Ou seja, abandonamos a posição defendida na primeira edição desta obra e passamos a adotar aquela defendida, entre outros, por Busato.[451]

A tentativa é admissível, já que o delito é plurissubsistente.

Cumpre analisar, também, a coexistência entre o tipo penal em apreço e aquele previsto no artigo 66 da Lei nº 8.078/1990. A lei especial, ao contrário do dispositivo do Código Penal, se volta à proteção da coletividade, tratando-se de crime de perigo comum. Assim definido, não vislumbramos qualquer problema no concurso de crimes: se o sujeito ativo, visando a alcançar pessoas indeterminadas, faz afirmação falsa ou enganosa, ou omite informação relevante, pratica o crime da Lei nº 8.078/1990; se, além disso, entrega a pessoa determinada ou a grupo determinado de pessoas uma coisa defraudada, também pratica o crime patrimonial.

13 Fraude para recebimento de indenização ou valor de seguro (artigo 171, § 2º, V)

O inciso V do § 2º do artigo 171 contempla uma hipótese de fraude corriqueira, consistente no uso de um engodo para o recebimento da indenização a ser paga em contrato de seguro. De acordo com o dispositivo, incide nas penas cominadas ao delito a pessoa que destrói, total ou parcialmente, ou oculta coisa própria, ou lesa o próprio corpo ou a saúde, ou agrava as consequências de lesão ou doença preexistente, sempre com vistas ao recebimento da indenização ou valor do seguro.

Verifica-se que, para a ocorrência do delito, é necessário um pressuposto lógico e inafastável, qual seja, a constituição de um contrato de seguro (pessoal ou de dano), que se encontra definido no artigo 757 do Código Civil. A noção de risco predeterminado é o elemento caracterizador desta relação contratual. Caso o risco seja criado ou incrementado dolosamente para o recebimento da vantagem prometida pela seguradora, não somente se opera uma violação aos deveres da relação jurídica (como o dever de guardar estrita boa-fé), mas também pode ser observada a prática delituosa.

A objetividade jurídica da norma reside na proteção ao patrimônio das empresas de seguro, constantemente vilipendiado por atitudes fraudulentas.

O sujeito passivo, assim, é a empresa seguradora. Entendemos que não há hipótese em que o segurado conste como sujeito passivo, nem mesmo quando terceiro, em auxílio, pratique a lesão ao seu corpo, pois será ele vítima de lesão corporal (ou outro crime violento), mas não da fraude. O sujeito ativo, em regra, é o segurado, que, todavia, pode agir em concurso de pessoas com terceiros. Em caso de pluralidade de agentes, se o crime for praticado mediante a destruição ou a ocultação de coisa, tanto o segurado, titular

---

451 BUSATO, Paulo César. *Direito Penal...* op. cit., p. 589.

do direito patrimonial sobre o bem, quanto o terceiro que o auxilia, responderão pela fraude. Caso o crime seja praticado mediante lesão ao corpo ou à saúde do segurado, ou pelo agravamento de lesão ou doença anterior, além da responsabilização do segurado e do terceiro participante pela fraude, o terceiro sofrerá a imputação de crime de lesão corporal contra o segurado, salvo se considerarmos que a integridade corporal e a saúde são bens jurídicos invariavelmente disponíveis. Note-se que o segurado não responderá pela lesão corporal, pois o direito brasileiro não pune a autolesão. Podemos, por fim, imaginar uma situação em que o dano ou a lesão sejam praticados à revelia do segurado por terceiro. Por exemplo, um amigo do beneficiário, vendo a sua situação de penúria e sabendo que o segurado, por sua honestidade, jamais concordaria com a fraude, resolve, por conta própria, destruir um automóvel do segurado, supervalorizado no contrato, sem que o beneficiário conheça sua conduta. Nesse caso, o terceiro responde pelo crime de dano, em concurso formal com o tipo fundamental do estelionato (artigo 171, *caput*), pois o inciso V exige que o ato seja praticado contra coisa própria ou contra o próprio corpo, necessitando da intervenção do segurado.

O crime ora estudado é de ação múltipla (tipo misto alternativo). São condutas previstas no núcleo do tipo: (a) destruição total ou parcial de coisa própria; (b) ocultação de coisa própria; (c) lesão ao próprio corpo ou à saúde, e (d) agravamento das consequências de lesão ou doença preexistente.

Destruição é o aniquilamento, a inutilização de uma coisa pertencente ao agente e que seja objeto de salvaguarda do contrato de seguro. Caso comum é a destruição de veículos segurados, por exemplo, incendiando o bem. Basta que o bem se torne inservível ao seu propósito, ensejando o pagamento do valor do seguro, sendo irrelevante o seu desaparecimento.

Ocultar é esconder, impedir a descoberta do paradeiro da coisa. O sujeito ativo, por exemplo, esconde o seu automóvel na casa de um conhecido, afirmando que o bem foi furtado (hipótese que, modificando nossa posição de outrora, absorve o delito de falsa comunicação de crime – artigo 340 do CP).[452] Haverá ocultação, ainda, quando as características da coisa forem alteradas de modo a impedir o seu reconhecimento, como na alteração das características físicas de um automóvel (alteração da cor, transformação

---

452 Majoritariamente, entende-se que o estelionato absorve a falsa comunicação de crime. Nesse sentido, decisão do TACrimSP confrontando a falsa comunicação com a fraude no pagamento por meio de cheque, cujos fundamentos podem aqui ser invocados: "Se a comunicação à polícia de inexistente roubo de um talonário de cheques foi exatamente o ardil empregado pelo agente para frustrar o pagamento para frustrar o pagamento de título que regularmente emitira, tal comportamento se integra à figura do estelionato, sem constituir, por sua vez, um segundo delito, qual seja, o de falsa comunicação de crime"(JUTACRIM, 96/228).

em conversível etc.). A coisa, na ocultação, não deixa de existir, nem é inutilizada.

Lesar o próprio corpo ou a saúde significa ferir a estrutura anatômica ou perturbar o funcionamento orgânico do corpo. Não se trata, aqui, de punição à autolesão, já que a sanção é justificada pelo comportamento fraudulento, prestando-se a lesão somente como meio executório para a fraude. Ainda que o agente não provoque a lesão de forma originária, o simples agravamento de uma lesão ou de uma doença preexistente configura o delito. Por exemplo, pode o sujeito ativo transformar uma doença leve em crônica, ou uma fissura em fratura óssea, fazendo com que a gravidade do quadro clínico permita a indenização ou aumente o seu montante.

Em qualquer caso, o crime é doloso, ao qual é acrescido um elemento subjetivo do tipo, consubstanciado na intenção de obter irregularmente indenização ou valor de seguro. Note-se: a efetiva percepção da vantagem é irrelevante para a integração de todos os elementos do tipo, bastando que o sujeito aja com essa vontade.

Cuida-se de crime formal, ou de consumação antecipada, em que a simples prática dos verbos tipificados é suficiente para a consumação do delito, consistindo a vantagem ilícita em exaurimento da conduta. A tentativa, entretanto, é admissível, como no caso do agente que, por circunstâncias alheias à sua vontade, é impedido de destruir um bem de sua propriedade (por exemplo, sendo preso ao tentar atear fogo ao seu veículo). O crime, portanto, é plurissubsistente. Pode ser classificado, ainda, como crime instantâneo (nos casos de destruição, lesão ou agravamento de lesão ou doença) ou permanente (no que tange à ocultação) e de dano.

Na execução da fraude, pode ocorrer que o agente eleja um meio que cause perigo comum para danificar coisa de sua propriedade. Por exemplo, para receber o seguro de um automóvel, pode o sujeito ativo provocar um incêndio (artigo 250, CP), ou, para perceber a indenização por um prédio, pode causar um desabamento (artigo 256). Alguns dos crimes de perigo comum preveem, como causa de aumento da pena, a intenção de obter uma vantagem pecuniária em proveito próprio ou alheio (artigo 250, § 1º, I; artigo 251, § 2º), aproximando-se da conduta equiparada ao estelionato. Quando isso ocorre, torna-se impossível a aplicação das normas em concurso, pois, à evidência, verificar-se-ia um *bis in idem*. Entendemos que devem prevalecer os crimes de perigo comum, mais graves do que as figuras equiparadas ao estelionato, em virtude da aplicação do princípio da especialidade.[453] Caso seja

---

453 Nesse sentido, José Henrique Pierangeli (*Manual...*, op. cit., p. 522), Julio Fabbrini Mirabete (*Manual...*, op. cit., p. 321). Na jurisprudência, TJSP: "Na ação do agente ateando fogo em seu estabelecimento industrial para obter o respectivo seguro há de se inferir apenas o delito de incêndio qualificado pela obtenção de vantagem, e não também o de estelionato previsto no art. 171, § 2º, V, do CP, em concurso material"

praticado, para a fraude, um crime de perigo comum que não contenha a causa de aumento de pena referente ao locupletamento ilícito (artigos 254 e 256, por exemplo), impõe-se o concurso de crimes com o artigo 171, § 2º, V.

14 Fraude no pagamento por meio de cheque (artigo 171, § 2º, VI)

A última das modalidades especiais do estelionato é também aquela que enseja o maior número de comentários. A fraude no pagamento por meio de cheque é assim definida na lei penal: "§ 2º Nas mesmas penas incorre quem: [...] VI – emite cheque, sem suficiente provisão de fundos em poder do sacado, ou lhe frustra o pagamento".

Cheque é um elemento normativo do tipo, cuja valoração exige excursão ao direito empresarial, sendo definido por Waldo Fazzio Júnior como a "ordem de pagamento a vista, sobre quantia determinada, emitida contra um banco, com base em provisão de fundos depositados pelo emitente ou oriundos de abertura de crédito".[454]

Tem-se, como objetividade jurídica do delito, a inviolabilidade patrimonial do tomador do cheque, profanada pela ação fraudulenta do emitente do título de crédito.

Sujeito ativo é o emitente, ou seja, a pessoa que emite o cheque ciente de que não há fundos disponíveis em poder do sacado, ou, havendo fundos, frustra, de qualquer modo, o seu pagamento. Trata-se de crime comum, pois não exige qualquer qualidade especial do sujeito ativo. Saliente-se que o agente deve ser titular da conta bancária correspondente à ordem de pagamento emitida. Caso emita um cheque falso, ou pertencente a terceiro, responderá pelo estelionato em seu tipo fundamental (artigo 171, *caput*). Também responderá pelo tipo fundamental do estelionato se emitir cheque referente a uma conta da qual é titular, mas encerrada antes da emissão, ou se emitir cheque já sustado anteriormente.

A possibilidade de o endossante figurar como sujeito ativo do crime é controvertida. De um lado, encontramos as posições de Hungria e Magalhães Noronha, este último afirmando que a ação nuclear "emitir" deve ser lida em sentido amplo, equivalendo o endosso a uma nova emissão. Assim, se o sujeito endossa um cheque, sabendo que não há lastro para o seu pagamento em poder do sacado, comete o crime em questão.[455] Estamos, entretanto,

---

(AC, rel. Des. Coelho de Paula, *RT* 557/321). Para Heleno Cláudio Fragoso (*Lições...*, op. cit., p. 285), se o agente vem a receber o valor do seguro, haverá concurso material entre o artigo 171, § 2º, V e o crime de perigo comum, o que soa estranho, uma vez que a obtenção da vantagem não passa de exaurimento da fraude.

454 FAZZIO JR., Waldo. *Manual de direito comercial*. 5. ed. São Paulo: Atlas, 2005. p. 419.
455 MAGALHÃES NORONHA, E. *Direito penal...*, op. cit., v. 2, p. 417-418; HUNGRIA, Nelson. *Comentários...*, op. cit., v. VII, p. 248-249.

com a posição contrária, defendendo que o ato de endossar não se confunde com a emissão, consoante lição de Fragoso: "O endossante não pode ser autor do crime, pois a ação de endossar não se inclui na conduta típica, não havendo identidade jurídica entre endosso e emissão".[456] A integração do tipo incriminador não pode permitir a sua aplicação a casos assemelhados, já que o direito penal não admite a analogia *in malam partem*. Isso não significa que o endossante, ao agir de má-fé, restará impune. A ele fica reservada a punição no tipo fundamental do estelionato. No caso do avalista, se a ação for contemporânea à emissão do cheque, servindo para conferir credibilidade à prática fraudulenta, responderá em coautoria com o emitente. Contudo, se o aval for posterior à emissão, com o cheque já em poder do tomador, facilitando fraudulentamente a sua circulação, o avalista incidirá no tipo fundamental do estelionato.

O sujeito passivo, ao seu turno, é o tomador do cheque (primeiro beneficiário do título), seja pessoa física ou jurídica, que encontra uma lesão patrimonial ao não obter os recursos da ordem de pagamento.

São duas as ações nucleares do tipo penal: (a) emitir cheque sem suficiente provisão de fundos em poder do sacado e (b) frustrar o pagamento de cheque emitido.

Emitir, conduta comissiva, significa colocar o cheque em circulação de forma originária.

Além do elemento normativo cheque, com definição já consignada, o termo sacado também busca sua valoração no direito empresarial, significando a pessoa que deve pagar o valor descrito no cheque, ante sua apresentação (no Brasil, apenas instituições financeiras podem figurar como sacado). O sacado não é vítima do crime, mas sim o tomador, que, em regra, apresenta o cheque à instituição financeira.

A inexistência de fundos em poder do sacado, ou seja, a falta de lastro em poder da instituição financeira para a efetivação do pagamento do cheque, deve ser aferida no momento da emissão. Caso seja posterior, poderá ensejar a repreenda pela frustração do pagamento, mas não pela emissão fraudulenta.

A simples emissão de cheque sem provisão de fundos não é suficiente para a caracterização do delito. Deve ser comprovada a intenção fraudulenta, ou seja, que o agente desejava ver afetado o patrimônio alheio pela impossibilidade de pagamento do título. Assim, por exemplo, se o agente emite o cheque olvidando-se da falta de fundos, não há se falar em fraude (até mesmo por inexistência da modalidade culposa). Ou então, se o agente,

---

456 FRAGOSO, Heleno Cláudio. *Lições...*, op. cit., p. 286. No mesmo sentido, Luiz Regis Prado (*Curso...*, op. cit., p. 546) e Damásio E. de Jesus (*Direito penal...*, op. cit., p. 436).

ciente da falta de fundos, emite o cheque com a esperança de realizar o depósito antes da apresentação do título, também não se vislumbra conduta fraudulenta. Nesse ponto, é importante trazermos à colação a Súmula nº 246 do STF: "Comprovado não ter havido fraude, não se configura o crime de emissão de cheque sem fundos". A doutrina vai mais longe e afirma que, em qualquer hipótese de emissão de cheque sem fundos (mesmo quando presente a intenção fraudulenta *ab initio*), se o depósito é efetuado antes da apresentação, afasta-se o crime, que é material e, no caso, não há prejuízo para o tomador (ocorrerá o arrependimento eficaz – artigo 15, CP).[457]

No que tange ao cheque especial, algumas considerações merecem análise. Costumava-se afirmar que a ultrapassagem consciente do limite de crédito não importava aplicação do delito em estudo, mas sim do estelionato, no tipo fundamental (*RT* 564/343). A Lei nº 7.357/85, entretanto, dispôs que é considerada como fundos disponíveis a soma proveniente de abertura de crédito (artigo 4º, § 2º, *c*), demonstrando a adequação entre o crédito contratado no cheque especial e a fraude no pagamento por meio de cheque. Assim, se o agente emite cheque em valor superior ao seu limite de crédito, sabendo dessa circunstância, responderá pelo artigo 171, § 2º, VI.[458] Não é pacífica, entretanto, a solução. Para Bitencourt, como as agências bancárias habitualmente honram o pagamento de clientes com cheque especial, a ultrapassagem dos limites pré-fixados não caracteriza má-fé do agente. O autor aduz que a recusa, nesses casos, é eventual, e a eventualidade não pode ser decisiva para tipificar criminalmente a conduta do emitente.[459] Apesar da autoridade da lição, imaginamos que a má-fé do agente não pode ser afastada, desde logo, por uma liberalidade da instituição financeira, não havendo como se desconsiderar a possibilidade criminosa.[460]

A frustração pode se dar, segundo Hungria, "pela intercorrente retirada ou pelo bloqueio (*blocage*) da provisão (contraordem, revogação do cheque)".[461] Aqui, há fundos suficientes para a realização do pagamento, quando da emissão do cheque, mas a liberação desses fundos é impedida antes da apresentação do documento, seja porque não mais existem (retirada

---

457 PRADO, Luiz Regis. *Curso*..., op. cit., v. 2, p. 547.
458 Nesse sentido, José Henrique Pierangeli (*Manual*..., op. cit., p. 529).
459 BITENCOURT, Cezar Roberto. *Tratado*..., op. cit., v. 3, p. 296.
460 STJ: "Penal. Estelionato. Cheque especial. Emissão excedente de limite do crédito. Trancamento do inquérito policial. Impossibilidade. 1. A emissão do chamado 'cheque ouro' em número e valor muito superior à garantia contratual contra a vontade do banco, mediante comunicação as centrais de compensação para não pagarem os cheques emitidos pelo recorrente, em tese, constitui crime, cuja investigação deve prosseguir. 2. Trancamento de inquérito policial indeferido e que se mantém" (RHC 1536/SP, 5ª Turma, Rel. Min. Jesus Costa Lima, J. 30.10.1991).
461 HUNGRIA, Nelson. *Comentários*..., op. cit., v. VII, p. 245.

I – Estelionato (Artigo 171, CP)

promovida pelo agente), seja porque o agente determinou o não pagamento (contraordem). A conduta, comissiva em ambos os casos, deve seguir a estrutura fundamental do estelionato, ou seja, deve ser fraudulenta. Não há crime se a frustração do pagamento é justificável, como a sustação de um cheque por irregularidade do tomador na contraprestação, ou em virtude de furto ou roubo do título.

Pouco importa o motivo pelo qual o cheque foi emitido, se lícito ou ilícito, se moral ou imoral. Como sustentado no estudo do estelionato, a torpeza bilateral não afasta o crime. Assim, por exemplo, há a fraude no pagamento por cheque se o título é emitido para o pagamento a uma prostituta dos serviços sexuais prestados, sendo posteriormente verificada a falta de fundos. O mesmo pode se dizer da frustração do pagamento de um cheque emitido na compra de mercadorias ilícitas.

O delito será sempre praticado a título de dolo, consistente este na vontade consciente de exercer uma fraude, mediante a emissão de cheque sem fundos ou pela frustração de seu pagamento. Sem o propósito fraudulento, não há que se falar em crime. Não existe previsão da modalidade culposa. A intenção fraudulenta é o elemento subjetivo do delito, também conhecido por *animus lucri faciendi*. O Supremo Tribunal Federal estabeleceu, na Súmula nº 554 (interpretada em sentido contrário), a inexistência da vontade de fraudar quando o agente realiza o pagamento do valor do cheque até o recebimento da denúncia, com a consequente falta de justa causa para a ação penal: "O pagamento de cheque emitido sem suficiente provisão de fundos, após o recebimento da denúncia, não obsta o prosseguimento da ação penal". Em verdade, o entendimento do excelso Tribunal se deve mais a razões de política criminal do que à técnica jurídica, já que o pagamento do valor do cheque se amolda com perfeição ao instituto do arrependimento posterior (artigo 16, CP), que permite apenas a redução da pena.

Consuma-se o crime de fraude no pagamento por meio de cheque quando há a recusa do pagamento pelo sacado, pois o crime é material (também é de dano e instantâneo), e é nesse momento que o tomador sofrerá efetivo prejuízo. A Súmula nº 521 do STF autoriza esse entendimento: "o foro competente para o processo e julgamento dos crimes de estelionato, sob a modalidade de emissão dolosa de cheque sem provisão de fundos, é o local onde se deu a recusa do pagamento pelo sacado". Há, no entanto, quem pense de forma contrária à posição majoritária, discordando da natureza material do delito, como Fragoso, para quem se trata de delito formal.[462]

Exigindo-se o prejuízo para a consumação do delito, importa mencionar que a emissão de cheque sem fundos (ou a sua frustração) não implicará crime se efetuada para o pagamento de duplicatas, promissórias e afins, já

---

462 FRAGOSO, Heleno Cláudio. *Lições...*, op. cit., p. 287.

que a dívida preexistente não é incrementada, não havendo prejuízo para a vítima.[463]

A tentativa é admissível, apesar de difícil configuração, pois se trata de crime plurissubsistente. Haverá tentativa, por exemplo, no caso da contraordem de pagamento enviada por carta ao sacado, que, entretanto, somente chega ao seu destino após a apresentação e pagamento do cheque.

Por derradeiro, merece menção especial a figura do cheque pós-datado e sua repercussão no direito penal. Explica Fazzio Jr. que a Lei do Cheque (artigo 32) e a Lei Uniforme (artigo 28) repudiam o cheque emitido em garantia de dívida, ou que falte a data de emissão ou o pós-datado, estipulando que "o cheque apresentado a pagamento antes do dia indicado como data da emissão é pagável no dia da apresentação".[464] Portanto, a confecção de um cheque pós-datado desnatura a natureza do título, que cheque deixa de ser.

Ora, se o cheque é elemento do tipo penal, e o documento pós-datado não é cheque (revela natureza mista, cambiária e contratual, inclusive obrigando o sacado ao pagamento, se houver fundos, mão não é cheque na conceituação jurídica do termo), não há que se falar na fraude mencionada no artigo 171, § 2º, VI, na emissão deste sem a suficiente provisão de fundos ou em caso de frustração do seu pagamento. Resta, assim, o questionamento: a fraude no pagamento por meio de cheque pós-datado se amolda a algum artigo do Código Penal? Majoritariamente, sustenta-se a atipicidade da conduta, como ensina Carlos Fernando Maggiolo Xavier de Oliveira: "Assim, se o que se entende por cheque é a ordem de pagamento à vista, logo, não há crime se o cheque não foi dado como ordem de pagamento dessa natureza [...]".[465] Essa também é a posição de Bitencourt, para quem a falta de fun-

---

463 STJ, Informativo nº 362: "O paciente entregou cheques a seu irmão e ele utilizou-os na aquisição de mercadorias junto à vítima, um comerciante. Sucede que os cheques foram sustados pelo paciente e, após, foram resgatados por seu irmão em troca de outros emitidos por sua filha, sobrinha do paciente, cheques igualmente sustados, o que frustrou o pagamento em prejuízo, mais uma vez, da vítima. Ordem de *habeas corpus* foi impetrada no Tribunal de Justiça em favor da sobrinha, ao final concedida por tratar-se de cheques pré-datados entregues à vítima para saldar débito preexistente, o que afasta o estelionato. Nesta sede, a Turma, igualmente, entendeu conceder a ordem ao paciente e, por extensão, a seu irmão, visto que os cheques em questão foram emitidos em garantia de dívida (preexistente o débito), anotando que o paciente sequer era devedor, quanto mais que a própria vítima, em depoimento dado em juízo, afirmou tratar-se de cheques pré-datados (Súm. n. 246-STF). Precedente citado: RHC 20.600-GO, DJ 25/2/2008" (HC nº 96.132/SP, Sexta Turma, rel. Min. Nilson Naves, julg. em 07/08/2008). No mesmo sentido, *RT*, 575/372 e 584/426.
464 FAZZIO JR., Waldo. *Manual de direito comercial...*, op. cit., p. 439.
465 XAVIER DE OLIVEIRA, Carlos Fernando Maggiolo. *O crime de estelionato...*, op. cit., p. 119.

dos do cheque pós-datado configura mero ilícito civil, por ser uma espécie de promessa de pagamento, afastando-se a intenção fraudulenta.[466] Nesses termos já se pronunciou o STJ, no Informativo nº 359: "(...) A Turma concedeu a ordem nos termos do voto do Min. Nilson Naves, para quem a emissão do cheque como garantia de dívida não configura o crime do art. 171, § 2º, VI, do Código Penal (estelionato). No caso, o próprio ofendido (credor) não demonstrou claramente que se cuidava de ordem de pagamento à vista; ao contrário, afirmou tratar-se de pagamento a prazo; descaracterizou, portanto, o crime de estelionato. (...)" (HC nº 103.449/SP, Sexta Turma, rel. originária Min. Jane Silva, rel. para o acórdão Min. Nilson Naves, julg. em 12/06/2008).[467]

Cremos, todavia, que a desnaturação do cheque não impede de qualquer forma a fraude. Ao contrário, pode até ser um meio para tornar mais verossímil o ardil. Regis Prado afirma, em sua excelente obra, que, como o cheque pós-datado é um desvirtuamento do cheque como ordem de pagamento à vista, não pode se prestar para a perfeita integração dos elementos do crime estudado, mas, dependendo do caso, pode configurar estelionato comum, desde que o sujeito ativo tenha agido com o propósito *ab initio* de lesar o sujeito passivo.[468]

---

466 BITENCOURT, Cezar Roberto. *Tratado...*, op. cit., v. 3, p. 295.

467 No mesmo sentido: "Se os dados, objetivamente, indicam que o cheque não foi emitido para pagamento à vista, não há que se perquirir acerca do ilícito penal insculpido no artigo 171, § 2º, inciso VI, do CP. Sem fraude a matéria deixa de ter interesse penal (Súmula nº 246/STF)" (STJ, HC 10.112/PI, 5ª Turma, Rel. Min. Felix Fischer, J. 04.11.1999); "Comprovado mediante simples cotejo entre os fatos deduzidos na peça inaugural e os documentos que a acompanham, haver sido emitidos cheques, pré-datados, como garantia de dívida, fica desvirtuada a função de ordem de pagamento à vista, com exclusão da fraude caracterizadora do delito" (STJ, RHC 7620/RJ, 6ª Turma, Rel. Min. Fernando Gonçalves, J. 01.07.1998); "Estelionato. Cheque sem fundos. Cheque pré-datado, a caracterizar garantia de dívida e não ordem de pagamento à vista. Delito não configurado. Sentença absolutória que se mantém. Desprovimento do recurso ministerial. Se o próprio representante da firma lesado cuidou de provar que se desnaturou o título de crédito para converter-se em mera garantia de dívida e não ordem de pagamento à vista, é o quanto basta para atipificar o delito previsto no artigo 171, § 2º, do CP, pela manifesta ausência de dolo de fraudar. Sentença absolutória que se mantém" (TJRJ, Proc. 2001.050.0032, 1ª Câmara Criminal, Rel. Des. Paulo Roberto Ventura, J. 08.05.2001).

468 PRADO, Luiz Regis. *Curso...*, op. cit., v. 2, p. 547. Na jurisprudência: "*Habeas corpus*. Cheque sem provisão de fundos. Não se tratando de simples emissão de cheque pré-datado, em garantia de dívida, mas de conduta típica do estelionato, tendo em vista a pluralidade de vitimas a evasão do paciente da praça e o abandono da família, que deixam claro o propósito de fraudar os credores, não cabe o trancamento do processo penal. Recurso improvido" (STF, RHC 63.783/PA, 2ª Turma, Rel. Min. Carlos Madeira, 29.04.1986).

15 Causa de aumento da pena

A majoração da pena, prevista no § 3º do artigo 171, alcança tanto o tipo fundamental do estelionato quanto as formas equiparadas (§ 2º). De acordo com o dispositivo, a pena é aumentada em um terço se o crime é praticado contra entidade de direito público ou contra instituto de economia popular, assistência social ou beneficência. Tem-se, então, que são características da vítima que determinam o incremento da sanção, pois a lesão em face das pessoas jurídicas citadas atinge o interesse social. As entidades de direito público são a União, os Estados, os Municípios, o Distrito Federal, as autarquias e outras entidades de direito público criadas legalmente. Relevante destacar a Súmula nº 24 do STJ: "Aplica-se ao crime de estelionato, em que figura como vítima entidade autárquica da Previdência Social, a qualificadora do § 3º do artigo 171 do Código Penal".[469]

16 Estelionato contra idosos

A Lei nº 13.228, de 2015, incluiu um § 4º no âmbito do artigo 171, determinando a aplicação da pena em dobro se o estelionato é cometido contra pessoa idosa, ou seja, aquela que conta com idade igual ou superior a 60 anos (artigo 1º da Lei nº 10.741/2003). A norma tem por objetivo conferir maior proteção a pessoas que, em virtude da idade avançada, são mais vulneráveis e mais facilmente ludibriadas.

A causa de aumento da pena alcança todas as figuras típicas presentes na estrutura do artigo 171, inclusive aquelas tratadas no § 2º. Obviamente, não alcança as pessoas jurídicas especificadas no § 3º, mas apenas as pessoas naturais.

Incidindo a majorante, a pena do estelionato e figuras equiparadas, que é de reclusão, de um a cinco anos, passa a ser de dois a dez anos. Cremos que o aumento é excessivo, quedando-se a pena máxima igual àquela cominada ao roubo. Todavia, reconheça-se que não é algo novo na sistemática do Código Penal, já que algumas espécies de furto qualificado também têm a pena dobrada em relação ao tipo fundamental.

17 Distinção, concurso de crimes e concurso aparente de normas

Para traçarmos a distinção entre o estelionato e alguns dos crimes patrimoniais inscritos no Código Penal, seguiremos a ordem de tipificação, iniciando com o furto mediante fraude (artigo 155, § 4º, II). Embora, em linhas gerais, os delitos em muito se assemelhem, já que pressupõem o uso de fraude na obtenção de uma vantagem ilícita, serão diferenciados pela existência

---

469 TRF 1ª Região: "No estelionato praticado contra a previdência social, não tem aplicação o disposto no § 1º do art. 171, mas a causa especial de aumento da pena prevista no § 3º do mesmo dispositivo legal" (Bol. IBCCrim 72/303).

de uma relação sinalagmática. No estelionato, essa relação existe e a fraude recai justamente sobre a sinalagma. Ou seja, a diferença vai além daquela regularmente apontada pela doutrina, segundo a qual no furto fraudulento a fraude é empregada para que haja burla à vigilância sobre o bem e, no estelionato, para que a vantagem seja entregue voluntariamente pelo sujeito passivo ao sujeito ativo. Por exemplo, no clássico exemplo da pessoa que entrega o carro a um falso manobrista, que leva a coisa consigo, o crime é de furto, embora haja a entrega voluntária do veículo pela vítima. Para mais detalhes, reportamo-nos ao estudo do crime de furto qualificado pela fraude.[470]

No que tange à extorsão (artigo 158), pode parecer, em princípio, livre de dificuldades a distinção entre os crimes, mas algumas situações merecem cautelosa análise. Maggiolo, em sua obra, anota uma decisão do Tribunal de Alçada Criminal de São Paulo que aí se insere, a qual ora é reproduzida: "Responde por extorsão e não por estelionato o meliante que se intitula agente policial para, mediante ameaça, obter vantagem ilícita de particulares".[471] Há, na conduta, uma fraude seguida de grave ameaça. O artifício é usado com a finalidade de incutir temor à vítima, caracterizando-se a extorsão. Situação idêntica existe no "golpe do falso sequestro". Para maiores detalhes, remetemos o leitor ao capítulo referente ao crime de extorsão.

A apropriação indébita, ao seu turno, também em muito se parece com o estelionato, já que em ambos os delitos o objeto material é cedido por alguém ao agente. Entretanto, no crime do artigo 168, a constituição da posse ou da detenção sobre a coisa é lícita, ao passo em que, no estelionato, é viciada desde o início pelo engodo. Assim também ocorre no que se refere à apropriação de coisa havida por erro (artigo 169). Quando, por exemplo, o agente percebe um valor creditado em sua conta corrente indevidamente e faz uso da quantia, configura-se a apropriação, já que o sujeito ativo não deu ensejo ao equívoco. Todavia, se é revelado ao agente o futuro crédito em conta corrente, não procurando este desfazer o equívoco, há estelionato.

O curandeirismo, quando praticado mediante remuneração (artigo 284, p. único, CP) também deve ser cotejado com o estelionato. Naquele há a prática criminosa por indivíduo inculto, completamente ignorante acerca das práticas curativas eficientes, lançando mão do empirismo na atividade atentatória à saúde pública. Majoritariamente, compreende-se que o estelionato,

---

470 O uso de cartão eletrônico falsificado – ou mesmo do cartão original, quando a posse do objeto e respectiva senha é obtida de forma fraudulenta – para saque em conta bancária alheia caracteriza crime de furto mediante fraude. Já o uso de cartão de crédito "clonado" ou pertencente a outrem para compras em estabelecimentos empresariais caracteriza estelionato, pois há a simulação de uma relação sinalagmática, com fraude no pagamento.

471 TACrimSP, *JUTACrim*, 46/52, apud XAVIER DE OLIVEIRA, Carlos Fernando Maggiolo. *O crime de estelionato...*, op. cit., p. 74.

crime-fim, absorve o curandeirismo, crime-meio. Nesse sentido, TJPR: "A falsa promessa de cura de moléstia, mediante recebimento de remuneração reiterada ou mesmo que de só uma vez, por parte de quem exerce o curandeirismo, constitui meio fraudulento de obtenção de vantagem ilícita, com o que pratica o agente o crime de estelionato".[472] Assim também se posicionou o STF, no longínquo ano de 1968, transcrevendo-se trecho do voto do Min. Hermes Lima (preservamos a redação original do voto): "Trata-se, no caso, de um rapaz que praticava o curandeirismo, e, para isso, utilizava-se dos mais diversos meios para impressionar seus pacientes. Intitulava-se 'sábio da Índia', dizia que estava vivo há dois mil anos, que era o mais velho dos homens existentes na Terra, e por aí afora. Êle se utilizava dêsses meios para praticar estelionatos, como realmente praticou, e fazer tôdas essas artes pelas quais foi condenado a quatro anos de reclusão". Na decisão: "No que toca à primeira alegação, ficou evidente, e assim considerou o acórdão, que as práticas de curandeirismo eram o meio pelo qual se exercitava o estelionato (...)".[473]

Para José Henrique Pierangeli, ambos os delitos podem figurar em concurso formal de infrações, consoante destaque de sua obra: "Com o estelionato podem concorrer o crime de curandeirismo (art. 283 do CP) e a contravenção da exploração da credulidade pública (art. 27 da LCP). Ditas infrações penais podem formar um concurso formal ou ideal de delitos com o estelionato, quando o agente, mediante meio enganoso, afirma poder solucionar problemas de saúde ou sentimentais, obtendo para tanto indevida vantagem econômica, em prejuízo da vítima".[474]

Fernando Capez ensina que curandeirismo e estelionato são crimes que têm diferentes pressupostos, não havendo se falar em concurso de crimes ou sequer em concurso aparente de normas: "Pode suceder que o agente se utilize da falsa roupagem de curandeiro para de forma fraudulenta obter vantagens econômicas em prejuízo das vítimas. Nessa hipótese, o agente não é curandeiro, mas se utiliza desse engodo para induzir pessoas a erro. (...) Veja-se que o curandeiro é o indivíduo ignorante que acredita poder debelar os males do corpo por meio do tratamento por ele dispensado. Já o estelionatário é o indivíduo esperto que, utilizando-se da ignorância do povo, faz promessa falsa de cura, com o intuito de obter vantagens ilícitas".[475] Estamos com esta última posição.[476]

---

472 RT 523/464
473 AI 43.128/RJ, julg. em 14/06/1968.
474 PIERANGELI, José Henrique. *Manual...*, op. cit., p. 500. Deve ser ressaltado que a citada contravenção penal não mais subsiste no ordenamento jurídico-penal.
475 CAPEZ, Fernando. *Curso...*, op. cit., p. 248.
476 De qualquer forma, deve ser observado que o curandeirismo só resta caracterizado quando a saúde pública é exposta a um risco de lesão. De acordo com Delmanto, o

I – Estelionato (Artigo 171, CP)

Também há se confrontar o estelionato com o exercício ilegal da medicina, arte dentária ou farmacêutica (artigo 282 do CP), mormente quando praticado mediante remuneração (p. único). É sabido que, no crime contra a saúde pública, há um pressuposto fraudulento, qual seja, a apresentação do agente como médico, ortodentista ou farmacêutico. No parágrafo único está o ânimo lucrativo. Assim, há a impressão de prevalência do artigo 282 sobre o artigo 171, o que é um equívoco. E outra não pode ser a conclusão, sob pena de total incoerência. Suponhamos que o sujeito ativo, que clinica habitualmente sem possuir formação médica, solicite vantagem indevida de outrem, induzindo a vítima a erro. No caso proposto, além do dano patrimonial, manter-se-ia íntegro o risco à saúde pública, havendo duplicidade de bens jurídicos atingidos. Entretanto, a pena no artigo 282, p. único, é deveras inferior à do estelionato, aplicável a qualquer fraude patrimonial, ainda que se baste na lesão isolada a esse bem jurídico. Verifica-se uma absurda desproporcionalidade. Por conseguinte, imaginamos que a melhor solução seria a aplicação dos delitos em concurso de crimes, como, aliás, já decidiu o STJ.[477] Nessa hipótese, o ânimo lucrativo do parágrafo único do artigo 282

Ministério do Trabalho (Instrução Normativa nº 01/97), ao criar o SINTE (Sindicato dos Terapeutas), representante de uma série de atividades antes consideradas fraudulentas, determinou a "ampliação da esfera de liberdade dos cidadãos em nossa Democracia, caminhando para uma maior tolerância de práticas que, há tempos atrás, eram vistas com absoluto ceticismo e preconceito" (*Código...*, op. cit., p. 815).

477 "HABEAS CORPUS. FALSIFICAÇÃO DE DOCUMENTO PÚBLICO. EXERCÍCIO ILEGAL DA MEDICINA. ESTELIONATO. CONSUNÇÃO DO FALSO PELO CRIME PREVISTO NO ART. 282 DO CÓDIGO PENAL. OCORRÊNCIA. CONFISSÃO ESPONTÂNEA. PROVA PARA A CONDENAÇÃO. OBRIGATORIEDADE DE SUA INCIDÊNCIA. 1. A falsificação de documentos públicos (diploma de conclusão do curso superior de medicina) visando ao exercício ilegal da profissão de médico, consubstanciado no requerimento de exames clínicos, prescrição de medicamentos e realização de plantões médicos em hospital, constitui crime-meio, que deve ser absorvido pelo crime-fim, pois a falsificação em questão se exauriu no exercício ilegal da medicina, sem mais potencialidade lesiva. 2. A MM. magistrada de 1.º grau formou a sua convicção a partir inúmeras provas, como cópias de receituários, exames fisiológicos, correspondência enviada pelo Paciente com o seu número de inscrição no Conselho Regional de Medicina, apresentando-se como 'clínico geral', bem como depoimentos de diversas vítimas. Todavia, o Paciente, de fato, confessou a autoria do delito, sendo, assim, o caso de se aplicar a atenuante prevista no art. 65, inciso III, alínea d, do Código Penal. 3. Ordem concedida para, reformando-se o acórdão ora atacado e a sentença condenatória, na parte relativa à dosimetria da pena referente ao crime previsto no art. 282 do Código Penal, determinar que outra seja proferida, com o reconhecimento da atenuante da confissão espontânea, procedendo-se à diminuição que entender de direito, bem assim para reconhecer a absorção do delito de falsificação de documento público pelo exercício ilegal da medicina, anulando a pena fixada para o delito em questão" (HC nº 138.221/RS, Quinta Turma, rel. Min. Laurita Vaz, julg. em 29/09/2009).

seria interpretado como o ganho salarial, como no caso da remuneração paga pela unidade de saúde na qual o falso profissional exerce sua atividade, e a vantagem indevida do estelionato seria reconhecida na cobrança oposta a eventuais pacientes, levados a erro pelo sujeito ativo.

Nas leis especiais também há condutas assemelhadas ao estelionato. A lei de crimes contra a propriedade industrial e de concorrência desleal (Lei nº 9.279/1996), no artigo 195, III, contém uma dessas previsões: "Comete crime de concorrência desleal quem: [...] III – emprega meio fraudulento, para desviar, em proveito próprio ou alheio, clientela de outrem". Aqui, a vantagem indevida decorre indiretamente da conduta fraudulenta, consistindo, a intenção primária, simplesmente no desvio de clientela, em proveito próprio ou de outrem. No estelionato, a vantagem indevida deve ser diretamente desejada pelo sujeito ativo.

Também as Leis nº 8.068/1990 e nº 8.137/1990 contêm, em seu bojo, fraudes diversas. Entretanto, os crimes, em regra, são de perigo e visam a pessoas indeterminadas, ao passo que o estelionato, além de crime de dano, lesa pessoa ou grupo de pessoas determinado.

No que concerne aos crimes contra o sistema financeiro nacional, o artigo 19 da Lei nº 7.492/1986 contempla, segundo o STJ, crime especial em relação ao estelionato, mesmo se a fraude incidir sobre contrato de *leasing*, consoante publicado no Informativo nº 446: "Trata-se de conflito de competência que visa definir qual o juízo competente para apurar, processar e julgar eventual crime consistente na conduta de adquirir um veículo mediante fraude em contrato de *leasing*. Assim, a questão cinge-se em saber se tal conduta configura crime contra o Sistema Financeiro Nacional. Para o Min. Celso Limongi, segundo entendimento assentado na Sexta Turma em REsp do qual foi relator, o fato de o *leasing* financeiro não constituir financiamento não afasta, por si só, a configuração do delito previsto no art. 19 da Lei n. 7.492/1986, isso porque, embora não seja um financiamento, ele constitui o núcleo ou elemento preponderante dessa modalidade de arrendamento mercantil. Ressaltou, entre outras questões, que o tipo penal do referido dispositivo legal refere-se, exatamente, à obtenção de financiamento, sem exigir que isso ocorra num contrato de financiamento propriamente dito. Desse modo, a Seção, ao prosseguir o julgamento, por maioria, julgou procedente o conflito e declarou competente o juízo federal (suscitante) para processar e julgar o feito. Os votos vencidos, contudo, entendiam que, quando as pessoas enganadas e efetivamente lesadas pelas eventuais práticas dos crimes de falsificação e estelionato são os particulares, ainda que tenha a União interesse na punição do agente, tal seria genérico e reflexo, pois não há ofensa a seus bens, serviços ou interesses. Dessa forma, a eventual obtenção de crédito concedido por instituição financeira por meio de contrato de arrendamento mercantil (*leasing*) não configura delito tipificado na Lei n. 7.492/1986, visto que o *leasing* não é propriamente um contrato de financiamento. Precedentes citados do STF: RE 547.245-SC, DJe 5/3/2010; do STJ: REsp 706.871-RS, DJe 2/8/2010."[478]

Em tema de concurso de crimes, não há dificuldades em se observar o estelionato ocorrendo em concurso formal ou material com outras fraudes ou crimes diversos. Também não existem dificuldades no reconhecimento de eventual crime continuado entre diversos estelionatos. Mais polêmica, todavia, é a hipótese de continuidade delitiva entre o estelionato e crimes previstos em dispositivos legais diferentes.[479]

A grande celeuma envolvendo o concurso de crimes se refere ao confronto entre os delitos de estelionato e de falsidade documental. É sabido que um sem número de fraudes depende de documentos fabricados ou adulterados (inclusive o cartão bancário, nos termos do artigo 298, parágrafo único, do CP), para que tenham sucesso. Isso ocorre, por exemplo, quando uma folha de cheque é usada por quem não é o titular da conta, que falsifica a assinatura no título, visando ao locupletamento ilícito. Nessas hipóteses, há que ser definido se é possível a concretização da falsidade documental em concurso de delitos com o estelionato, ou se será operada a absorção de um dos crimes pelo outro. Assim, são identificadas quatro posições doutrinárias e jurisprudenciais: (a) o estelionato absorve a falsidade documental; (b) a falsidade documental absorve o estelionato; (c) há concurso material entre os delitos; (d) há concurso formal entre os delitos.

A primeira e majoritária posição é defendida, entre outros, pelo Superior Tribunal de Justiça, que editou a Súmula nº 17: "Quando o falso se exaure no estelionato, sem mais potencialidade lesiva, é por este absorvido". Entende-se, aqui, que há uma relação de crime-meio (a falsidade) e crime-fim (o estelionato), desde que a primeira conduta neste se baste.[480] Caso a falsificação

---

478 CC 111.477-SP, rel. originário Min. Arnaldo Esteves Lima, rel. para acórdão Min. Celso Limongi (Desembargador convocado do TJ-SP), julgado em 8/9/2010.

479 Informativo nº 272, STJ: "A Turma, ao prosseguir o julgamento, entendeu, por maioria, que não é possível reconhecer-se a continuidade delitiva, com a consequente unificação de penas (art. 111, LEP), quanto aos crimes de furto e estelionato, pois, embora pertençam ao mesmo gênero, são delitos de espécies diversas ao possuírem elementos objetivos e subjetivos distintos" (HC nº 28.579/SC, rel. originário Min. Paulo Medina, rel. para o acórdão Min. Hélio Quaglia Barbosa, julg. em 02/02/2006).

480 TJSP: "Concurso de infrações. Formal. Falsificação de documento público e estelionato. Prevalência do estelionato-fim em relação ao falso antecedente. Recurso parcialmente provido para afastar o concurso formal e excluir a condenação pela falsificação☐ (AC 99.042-3, Rel. Des. Bento Mascarenhas, J. 20.05.1991).

mantenha sua potencialidade lesiva para além do estelionato, restará caracterizado também o crime contra a fé pública (em concurso de crimes).[481] Todavia, se a falsificação se volta especificamente ao crime patrimonial, nele se esgotando, não há perigo residual à fé pública, responsabilizando-se o agente apenas pelo estelionato.

Guerreia-se contra a corrente sob o seguinte argumento: a falsificação de documento público, assim como o uso de documento público falsificado, são crimes de maior gravidade do que o estelionato (pena de 2 a 6 anos e multa, contra pena de 1 a 5 anos e multa) e delito mais grave não pode ser absorvido pelo menos grave.[482] Se estamos falando de uma relação de meio e finalidade, o concurso aparente de normas é solucionado pela técnica da consunção.[483] Wessels define a consunção como aquela situação em que "um fato (ou seja, um tipo penal) não está necessariamente compreendido em um outro, mas concorre regular e tipicamente no cometimento deste outro, de maneira que seu conteúdo de injusto e o de culpabilidade são abrangidos e consumidos pela forma mais grave de delito",[484] permitindo, com isso, sejam endossadas as críticas à Súmula nº 17 do STJ.

Entretanto, não há nada que impeça essa absorção. Pronuncia-se Fernando Galvão: "Lamentavelmente é comum observar a erronia de alguns operadores do direito ao resumir o princípio na fórmula: o crime mais grave absorve o menos grave. Não é essa a essência do princípio. Jescheck esclarece que ocorre a consunção quando o conteúdo do injusto e da culpabilidade de uma ação típica alcança, incluindo-o, o de outro tipo penal, de sorte que a condenação baseada em um único tipo já expressa, de forma exaustiva, o desvalor de todo o processo – *lex consumens derogat legi consuptae*. (...) Cabe observar que nem sempre o princípio da consunção determina a absorção do crime menos grave pelo mais grave. No exemplo do autor que

---

481 STJ: "À luz do Enunciado 17 da Súmula do STJ, persistindo a potencialidade lesiva do falso, não é o delito absorvido pelo crime de estelionato" (HC nº 35.200/RJ, Sexta Turma, rel. Min. Hamilton Carvalhido, julg. em 21/02/2006).

482 TJSP: "Concurso de infrações. Formal. Estelionato e falsidade documental. Caracterização. Falsificação de assinatura em recibo para venda de automóvel. Impossibilidade de se considerar o falso como absorvido pelo estelionato, eis que o crime mais brandamente punido não pode absorver o que tem pena mais severa. Recurso provido" (AC 94.165-3, Rel. Des. Denser de Sá, J. 12.06.1991).

483 Após situar a consunção como uma relação de regularidade fenomenológica entre tipo consumido e tipo consumidor, Cirino menciona que o critério vem sendo parcial ou totalmente rechaçado pela doutrina, com sua substituição pelos critérios do antefato e do pós-fato copunidos (CIRINO, Juarez. *Direito Penal*: parte geral. 6. ed. Curitiba: ICPC, 2014. p. 418-419).

484 WESSELS, Johannes. *Direito Penal*: parte geral. Porto Alegre: Sergio Antonio Fabris Editor, 1976. p. 180.

falsifica uma carteira de identidade (art. 297 do CP) única e exclusivamente para enganar um vendedor e realizar um crime de estelionato (art. 171 do CP), o crime menos grave (crime-fim) deve absorver o crime mais grave (crime-meio)".[485] Na mesma toada, Frederico Gomes de Almeida Horta: "Efetivamente, por ser a norma consuntiva compreensiva do desvalor que a norma consumida reconhece no fato, geralmente ela será mais gravosa. Mas, como observa Gonzalo Quintero Olivares, essa não é uma regra imutável. Primeiramente, porque as penas cominadas segundo as normas consuntivas e consumidas estão, assim como as normas subsidiárias e primárias, sujeitas ao vício da desproporção, fruto da falibilidade do processo legislativo. Depois, e principalmente, porque a norma consuntiva só absorve o desvalor de uma parcela do universo de fatos puníveis segundo a norma consumida, correspondente aos que normalmente acompanham ou decorrem da realização dos pressupostos da primeira. Então, desde que essa parcela não concretize inteiramente o potencial ofensivo das demais condutas previstas pela norma consumida, restringindo-se à realização do risco ou do dano punível segundo a norma consuntiva, o seu desvalor próprio será definido por esta como se fora uma norma especial para o caso concreto, podendo ser mais ou menos intenso conforme a natureza ou a gravidade de tal risco ou dano".[486]

Cremos acertada a solução dada pelo STJ, pois a consunção, antes de lógica, é sobretudo valorativa e, na relação entre falsidade documental e estelionato, sobressai a lesão patrimonial. A escassa lesão à fé pública, decorrente do esgotamento da potencialidade lesiva do falso, impõe essa conclusão. Não compactuamos, destarte, com a crítica feita por Cleber Masson, para quem não há uma relação de consunção entre o falso e o estelionato, pois falsidades documentais não são imprescindíveis à prática do crime patrimonial (todavia, essa imprescindibilidade não é requisito para o reconhecimento da consunção).[487] O autor também escora sua crítica na impossibilidade de absorção do crime mais grave (que, como vimos, não existe).[488]

A posição *b*, defendida em alguns julgados,[489] padece do mesmo problema da primeira, pois há falsidades documentais (normalmente incidindo

---

485 GALVÃO, Fernando. *Direito Penal*: parte geral. 4. ed. Rio de Janeiro: Lumen Juris, 2011. p. 158-159.
486 HORTA, Frederico Gomes de Almeida. *Do Concurso aparente de Normas Penais*. Rio de Janeiro: Lumen Juris, 2007. p. 151-152.
487 MASSON, Cleber. *Direito Penal*... op. cit., p. 643.
488 Idem, *ibidem*, p. 643.
489 TJSP: "Falsificação de documento público. Configuração deste e não do delito de estelionato. Acusados que, após subtraírem da vítima o talão de cheques e a carteira de identidade, falsificando sua assinatura, deles se utilizam para compras. Decisão mantida. Inteligência dos artigos 297, § 2º, e 171 do CP" (*RT*, 544/345).

sobre documentos particulares) que são de menor ou igual gravidade em relação à pena cominada ao estelionato. Ademais, a finalidade criminosa é patrimonial, o que, pensamos, desautoriza a conclusão. Todavia, essa é a posição defendida por Hungria: "É bem certo que a obtenção de efetivo lucro ilícito é indiferente ao *crimen falsi*, que é de natureza formal, classificado como ofensivo da fé pública, e não do patrimônio. Nada obstante, porém, o *falsum* está adstrito à potencialidade de um *præjudicium alterius*, tanto assim que deixará de existir quando falte, no caso concreto, essa potencialidade. O *falsum* não se desnatura quando o agente visa a um lucro ilícito e nem mesmo quando este vem a realizar-se. O efetivo *præjudicium alterius*, em tal hipótese, nada mais é que o exaurimento do *falsum*".[490]

As correntes *c* e *d* reconhecem como possível o concurso de crimes entre as falsidades e o artigo 171, mesmo quando a potencialidade lesiva do falso se exaure no estelionato, pois os delitos possuem objetividades jurídicas distintas. Entretanto, a consunção pode operar mesmo em face de diversidade de bens jurídicos tutelados, como no caso do furto e da violação de domicílio. Masson, que se inclina pela existência de concurso material, consigna outros fundamentos para sustentar sua opção: (1) o crime de falso se consuma em momento anterior ao do estelionato e, uma vez consumado, não pode sofrer alterações no plano da tipicidade; (2) o reconhecimento da consunção torna inútil a equiparação do artigo 297, § 2º, do CP (documentos públicos por equiparação), naquilo que cuida dos títulos ao portador ou transmissíveis por endosso, pois, nesse caso, a utilização do título falso sempre opera o esgotamento de sua potencialidade lesiva, de modo que jamais a falsidade seria uma finalidade em si mesma. Os argumentos não se sustentam: no porte de arma e na violação de domicílio, a consumação dos crimes também ocorre anteriormente ao crime-fim (homicídio e furto, por exemplo) e ainda assim eles restam absorvidos, assim como acontece entre os artigos 289 e 291 do CP (embora, aqui, a relação seja de subsidiariedade); quanto à falsificação do título como um fim em si mesma, isso pode acontecer, como, por exemplo, quando o sujeito ativo inicialmente emite um cheque sem suficiente provisão de fundos e, cobrado pela vítima após a recusa do pagamento pelo sacado, emite outro cheque, agora falsificado (essa falsificação não caracteriza estelionato, pois não houve novo prejuízo para a vítima; trata-se de falsificação de documento público por equiparação).

A diferença entre essas correntes gira em torno da espécie de concurso de crimes atinente ao caso, se material ou formal. O STF já entendeu pelo concurso formal de crimes,[491] embora sua percepção seja complexa. Para

---

490 HUNGRIA, Nelson. *Comentários...* op. cit., p. 214.
491 STF: "Concurso formal do *falsum* com o estelionato. Declara-se a sua existência, conforme a iterativa jurisprudência do STF" (RE 107.797/PE, 2ª Turma, Rel. Min. Célio

tanto, mister entendermos que há uma única e abrangente fraude, dividida em vários atos, que se desenvolve da falsificação até o emprego do documento. A tese que defende o concurso material vê duplicidade de condutas na falsificação e no estelionato, gerando igualmente dois crimes.[492]

Em caso de falsificação documental grosseira para fim de estelionato, apenas este crime será configurado, desde que a vítima seja efetivamente ludibriada, já que a imitação da realidade é requisito inafastável para a caracterização da falsidade.[493]

18 Pena e ação penal

Ao crime de estelionato, bem como às figuras equiparadas, é imposta pena de reclusão, de 1 a 5 anos, além de multa cumulativa. Apesar de não se tratar de infração de menor potencial ofensivo, ao delito é aplicável o instituto da suspensão condicional do processo, consoante redação do artigo 89 da Lei nº 9.099/1995, desde que não haja a incidência das majorantes dos §§ 3º ou 4º, hipóteses em que a pena mínima cominada em abstrato ultrapassa o patamar de um ano. Ainda assim será possível o acordo de não persecução penal, se presentes os requisitos do artigo 28-A do CPP.

A ação penal é pública condicionada à representação do ofendido ou de seu representante legal, por força da Lei nº 13.964/2019, que inseriu no âmbito do artigo 171 do CP o § 5º. Saliente-se, contudo, que este mesmo parágrafo prevê exceções à natureza da ação penal (hipóteses em que a ação será pública incondicionada).

A primeira delas se refere ao crime praticado contra a Administração Pública, direta (centralizada) ou indireta (descentralizada), prevista no inciso I. Como o patrimônio afetado, no caso, atende a um interesse público, subtrai-se da pessoa jurídica o direito de optar pela representação. Sobre a natureza do patrimônio atingido e as pessoas que compõem a Administração Pública, seja direta ou indireta, remetemos o leitor ao estudo acerca do dano qualificado (artigo 163, parágrafo único, III, CP).

Borja, J. 14.10.1986); "A jurisprudência do Supremo Tribunal Federal é no sentido de que, em se tratando dos crimes de falsidade e estelionato, este não absorve aquele, caracterizando-se, sim, um concurso formal de delitos" (rel. Min. Sidney Sanches, RT 735/532).

492 STF: "Embora se admita, segundo a interpretação predominante, a absorção do *crime falsi* pelo estelionato, tendo em vista o objetivo patrimonial do agente, é inegável, contudo, em alguns casos, o reconhecimento do concurso material. Quando o crime se distancia no tempo, quando a falsidade ou o agente, por seu comportamento audacioso, não merece o privilégio de uma só apenação, acertado será o cúmulo de penas" (rel. Min. Décio Miranda, RT 590/435-436). No mesmo sentido, TJSP (RT 769/572).

493 A Súmula 73 do STJ pode ser invocada para embasar a lição, embora não verse especificamente sobre a falsidade documental, mas sim sobre o crime de moeda falsa.

O inciso II cuida da criança (pessoa com idade de até doze anos incompletos) ou adolescente (pessoa com idade de doze a dezoito anos incompletos) como vítimas do delito de estelionato. Frise-se que a pessoa que tem o seu patrimônio atingido não é necessariamente a pessoa enganada. Pode-se ludibriar alguém para alcançar o patrimônio de terceiros. Por conseguinte, mesmo crianças em tenra idade podem ser vítimas de estelionato, desde que o meio fraudulento seja oposto a pessoa dotada de capacidade de entendimento. A exceção aqui criada é incompreensível, pois, mesmo que estejamos tratando de incapazes, a representação poderia ser oferecida pelo representante legal do ofendido. O mesmo ocorre no inciso III, que versa sobre as pessoas portadoras de deficiência mental. Nesse dispositivo, aliás, encontramos uma curiosa lacuna, pois não há referência aos portadores de enfermidade mental.

Por fim, o inciso IV contempla as pessoas maiores de setenta anos de idade e as incapazes. Entendeu o legislador que, como pessoas com idade avançada são vítimas preferenciais de estelionatários, elas mereceriam uma proteção intensificada, justificando-se a natureza incondicionada da ação penal. Todavia, o legislador produziu distorções evidentes. Vejamos: como a ação penal – no crime de estelionato – possui uma disciplina própria, ao artigo 171 não é aplicável o artigo 182 do Código Penal. Se um furto, por exemplo, é praticado entre irmãos, a ação é pública condicionada, por força do artigo 182; já no estelionato, independentemente do parentesco, a ação será quase sempre condicionada. Voltemos ao furto: se o sujeito ativo pratica o crime contra seu irmão de sessenta anos, a ação volta a ser incondicionada, pois o artigo 183 assim impõe; já no estelionato, a ação só se torna incondicionada quando a vítima tem idade superior a setenta anos. Em outras palavras, a proteção intensificada aos idosos, no furto, se dá aos sessenta anos, ao passo em que, no estelionato, só acima de setenta. A duplicidade etária é totalmente desprovida de sentido e mostra o quão ruim é a técnica legislativa hoje empregada no país. E o que falar dos incapazes, mencionados no inciso IV? Quem são eles? Considerando que crianças e adolescentes foram mencionados no inciso II e portadores de deficiência mental no inciso III, sobram apenas os mentalmente enfermos, esquecidos no inciso anterior. Usa-se um termo genérico para contemplar apenas uma categoria específica de pessoas.

Cumpre ressaltar, ainda, a total incoerência do legislador em tornar o crime de estelionato um delito de ação pública condicionada, mas não os demais crimes patrimoniais praticados sem violência ou grave ameaça, como o furto e a apropriação indébita.

II – DUPLICATA SIMULADA
(ARTIGO 172, CP)

1 Introdução

Definida como a emissão de fatura, duplicata ou nota de venda que não corresponda à mercadoria vendida, em quantidade ou qualidade, ou ao serviço prestado, a infração penal em estudo é mais uma das várias fraudes possíveis nos negócios jurídicos. Uma vez mais, temos um crime que guarda semelhança com o estelionato e que depende do entendimento de conceitos do direito empresarial para a sua exata compreensão.

Surgida no direito penal como crime falimentar, na remota Lei de Falências de 1929 (Lei nº 5.746/29), a duplicata simulada foi revista pela Lei nº 187/36, que foi a inspiração para o Código Penal atual. O delito foi objeto de diversas modificações em sua capitulação (Decreto-Lei nº 265/67, Lei nº 5.474/68), sendo a mais recente patrocinada pela Lei nº 8.137/90, que deu a atual redação do dispositivo.

2 Objetividade jurídica

Tutela-se a inviolabilidade patrimonial, protegendo, em última análise, a credibilidade dos títulos de crédito. Trata-se de bem jurídico disponível.

3 Sujeitos do delito

Pratica o crime de duplicata simulada aquele que emite a fatura, a duplicata ou a nota de venda, ou seja, o comerciante ou o prestador de serviços (sacador), ainda que o sacado não assine o documento.

Como já explicitado em relação ao cheque, o endossante e o avalista não podem figurar no polo ativo do delito, já que suas condutas não se amoldam ao verbo emitir (desde que tais pessoas não estejam concertadas com o emitente para garantir maior efetividade à fraude, situação em que responderão em conjunto com o autor do fato). Entendimento diverso seria consagração da analogia *in malam partem*. O sacado, ou seja, a pessoa contra quem se emite o documento, caso realize o aceite fraudulentamente, para garantir maior possibilidade de êxito à trama, responderá em coautoria pelo delito.

O sujeito passivo do crime é o sacado de boa-fé, assim como a pessoa que recebe a fatura, a duplicata ou a nota de venda para descontar o título (tomador).

3 Tipicidade objetiva e subjetiva

A conduta incriminada no núcleo do tipo, assim como na fraude por meio de cheque, é o verbo emitir, significando tanto o preenchimento do documento quanto a sua colocação em circulação originariamente. Entretanto, a emissão, aqui, refere-se a objeto material diverso, ou seja, fatura, duplicata ou nota de compra, elementos normativos de valoração jurídico-empresarial.

Fatura é o documento representativo da compra e venda mercantil efetivamente concretizada. Da fatura pode ser extraída uma duplicata, que é "um título de crédito causal, facultativamente emitido pelo empresário com base em fatura representativa de compra e venda".[494] É regulamentada pela Lei nº 5.474/68, que também permite a emissão de duplicata no que se refere à prestação de serviços por empresas, fundações, sociedades civis e profissionais liberais. Nota de venda também é documento que discrimina as mercadorias transacionadas em compra e venda mercantil, guardando semelhança com a fatura.

Emitida a duplicata, deve ser ela aceita e devolvida pelo comprador, para que entre em circulação. Por ser causal, deve conter o número da fatura sobre a qual foi extraída. Uma vez em circulação, a duplicata pode ser descontada com terceiros, recebendo, o empresário ou o prestador de serviços, o valor nela designado. Caso, entretanto, o documento faça referência a negócio fictício, aberto estará o caminho para se ludibriar terceiros de boa-fé. O negócio mendaz, como assevera a norma, pode ser referente à quantidade ou qualidade da operação mercantil (como, por exemplo, versando sobre a inexistência, total ou parcial, das mercadorias discriminadas na fatura, ou o descompasso entre a qualidade anotada e a real), ou à prestação de serviço (não efetuado, também chamado de serviço fantasma, ou prestado de forma diversa da consignada).

Cuida-se de conduta sempre dolosa. O dolo, no caso, é a vontade consciente de perpetrar uma fraude, mediante a emissão de fatura, duplicata ou nota fiscal extraída de ato negocial fictício. Ou seja, há a consciência de que o documento não encontra correspondência em uma compra e venda ou em uma prestação de serviços real. Não há previsão da modalidade culposa.

4 Consumação e tentativa

Trata-se de crime formal, bastando a emissão irregular do documento para que tenhamos a perfeita subsunção da conduta ao tipo penal. Eventual

---

494 FAZZIO JR., Waldo. *Manual...*, op. cit., p. 463.

vantagem auferida pelo autor da ação corresponderá a exaurimento do crime. Cuida-se, outrossim, de crime instantâneo.

Por se tratar de delito unissubsistente, a tentativa não é admitida, uma vez que os atos executórios não são fracionáveis. Ou o agente tem o documento consigo (e, nesse momento, ainda não há crime), ou o coloca em circulação (emissão), consumando-se a infração penal.

5 Forma equiparada

Dispõe o parágrafo único que incorrerá nas mesmas penas quem falsificar ou adulterar a escrituração do Livro de Registro de Duplicatas. Cuida-se de hipótese de falsificação de documento público, tipificada de forma específica, entretanto, pelo legislador, que arrolou a infração penal dentre os delitos de caráter patrimonial. Exige-se a manutenção do livro citado a todos os empresários que realizam transações por meio de duplicatas, consoante o artigo 19 da Lei nº 5.474/68.

São dois os verbos reitores do tipo: a) falsificar, significando fabricar, ou seja, a criação *ex novo* da escrituração, e b) adulterar, significando modificar uma escrituração preexistente. A efetiva expedição da duplicata simulada impõe a absorção do crime estudado. Caso haja a falsificação anterior ao tipo fundamental do artigo 172, será ela absorvida como crime-meio. Sendo posterior, para mascarar a emissão fraudulenta, restará absorvida como *post factum* impunível. Em suma, somente se pode falar no parágrafo único se a conduta for realizada isoladamente, ou se praticada por pessoa diversa daquela que emitiu a duplicata.

O delito é sempre doloso. Alcança sua consumação com a adulteração ou com a falsificação, ainda que nenhum outro resultado seja produzido, demonstrando se tratar de crime formal. É, também, um delito instantâneo. A tentativa, embora teoricamente possível, é de difícil verificação prática.

6 Distinção, concurso de crimes e concurso aparente de normas

Patente a possibilidade de concurso material e formal entre o artigo 172 e outros delitos, mister tecermos considerações acerca da continuidade delitiva. É certo que o crime de duplicata simulada, se repetido em circunstâncias assemelhadas, pode satisfazer aos requisitos do artigo 71 do Código Penal. Entrementes, o que se dirá do artigo 172 perante outras espécies fraudulentas? A resposta dependerá do que se entende por crimes da mesma espécie. Caso estes sejam considerados como crimes inscritos no mesmo tipo penal, somente poderá existir crime continuado entre vários delitos de duplicata simulada. Entretanto, se o conceito é compreendido como condutas que afetam o mesmo bem jurídico e têm descrição típica parecida, é possível vislumbrarmos, por exemplo, a continuidade delitiva entre a duplicata simulada e a fraude no pagamento por cheque.

Não há dúvidas, outrossim, que a duplicata simulada encerra uma espécie de falsidade ideológica, uma vez que a sua documentação é irregular. Todavia, a caracterização do artigo 172 afasta, desde logo, a sustentação de qualquer falsidade, sob pena de caracterização de *bis in idem*.

7 Pena e ação penal

A pena cominada abstratamente ao delito de duplicata simulada é de detenção, de 2 a 4 anos, além de multa cumulativa. Os limites penais impedem o reconhecimento da pouca ofensividade do delito, excluindo, igualmente, a suspensão condicional do processo. Todavia, é possível o acordo de não persecução penal, se presentes os requisitos do artigo 28-A do CPP.

A ação penal é pública incondicionada, salvo nas hipóteses do artigo 182 do CP (e verificada a inexistência das ressalvas do artigo 183), quando será pública condicionada à representação do ofendido.

III – ABUSO DE INCAPAZES
(ARTIGO 173, CP)

1 Introdução

O delito de abuso de incapazes é conceituado pelo Código Penal da seguinte forma: "Abusar, em proveito próprio ou alheio, de necessidade, paixão ou inexperiência de menor, ou da alienação ou debilidade mental de outrem, induzindo qualquer deles à prática de ato suscetível de produzir efeito jurídico, em prejuízo próprio ou de terceiro".

A tipificação autônoma do delito tem raízes no Código francês de 1810, contemplando, todavia, apenas a exploração das paixões, necessidades ou inexperiência do menor. Serviu, entretanto, de inspiração para o modelo italiano, nas sucessivas codificações de 1889 e 1930, nos quais se quedaram protegidos também os incapazes por enfermidade ou deficiência psíquica. O Código Rocco (1930) serviu de base para a atual legislação penal brasileira. Não foi o Código Penal de 1940 que inaugurou, todavia, a previsão do abuso de incapazes no Brasil, remontando esta ao Código republicano (1890), já inserindo o delito entre os crimes patrimoniais, mais especificamente como uma espécie do estelionato.[495]

2 Objetividade jurídica

Novamente é tutelada a inviolabilidade patrimonial, especialmente o patrimônio dos menores de idade e dos incapazes, mais expostos em razão da qualidade pessoal das vítimas em potencial, que apresentam vulnerabilidade acentuada perante os aproveitadores.

Apensar de o bem jurídico patrimonial ser disponível, há se perquirir se o menor ou o incapaz poderia, à época da ação, consentir validamente para com a conduta.

---

495 Era a redação do Código de 1890 (artigo 338): "Julgar-se-ha crime de estellionato: [...] Abusar, em proprio ou alheio proveito, das paixões ou da inexperiencia do menor, interdicto, ou incapaz, e faze-lo subscrever acto que importe effeito juridico, em damno delle ou de outrem, não obstante a nullidade do acto emenada da incapacidade pessoal".

O objeto material da conduta não se restringe à coisa móvel, abrangendo todo e qualquer bem de valoração econômica.

3 Sujeitos do delito

O sujeito ativo do crime de abuso de incapazes pode ser qualquer pessoa, não se exigindo qualquer qualidade especial do sujeito ativo (crime comum).

No polo passivo, encontramos o menor de idade, o alienado mental e o débil mental, em enumeração taxativa. O termo menor se traduz, em terminologia atualizada pelo Estatuto da Criança e do Adolescente, nas figuras do adolescente (pessoa com idade entre doze e dezoito anos incompletos) e da criança (pessoa com idade de até doze anos incompletos). A menoridade de que trata a norma é relativa à capacidade civil, plena quando a pessoa atinge os dezoito anos (artigo 5º, CC). Se estamos tratando do aproveitamento das condições da vítima em negócios inescrupulosos, nada mais lógico do que excluir do âmbito da norma aquelas pessoas a quem o direito civil confere a aptidão para realizar negócios jurídicos válidos. O emancipado, ainda que menor para o direito penal, resta alijado da salvaguarda do artigo 173, uma vez que a lei civil estabelece a sua habilitação para a prática de negócios jurídicos (a emancipação pode ser alcançada por concessão dos pais, por casamento, por exercício de emprego público efetivo, em virtude da colação de grau em entidade de ensino superior, pelo estabelecimento civil ou comercial, ou em razão da formação de uma relação de emprego, desde que o menor tenha, ao menos, dezesseis anos completos e goze de economia própria).

Caso a vítima seja maior de dezoito anos ou pessoa emancipada, eventual lesão suportada por uma fraude no negócio jurídico poderá ensejar responsabilização por crime de estelionato (artigo 171) ou outro delito congênere, desde que presentes as respectivas elementares, mas não por abuso de incapazes.

Alienado mental é a pessoa que, por enfermidade mental, não tem capacidade de entendimento ou de autodeterminação, ou apresenta redução nessas capacidades. Débil mental é a pessoa com deficiência mental, falecendo (ou restando diminuída), também, a necessária capacidade de entendimento ou autodeterminação para os atos da vida civil. A debilidade mental (termo em desuso) engloba a idiotia e a imbecilidade (termos igualmente em desuso), que são estágios mais severos da deficiência. A lei não exige que o alienado ou o débil mental seja declarado judicialmente incapaz, ou seja, dispensa a interdição como elemento integrante do delito, bastando a comprovação pericial da insuficiência intelectual da vítima. No caso do menor, até mesmo a perícia médica é dispensável, em virtude da presunção *juris et de jure* de incapacidade (posição da qual discordamos, crendo necessário ser analisado o caso concreto).

4 Tipicidade objetiva e subjetiva

O verbo reitor do tipo penal é "abusar", significando fazer mau uso de algo, aproveitar-se indevidamente de alguma condição especial. As condições, no caso, são a necessidade, a inexperiência ou a paixão da vítima. Necessidade é uma exigência orgânica ou social, tida como indispensável para a pessoa, ainda que, na prática, não o seja (como a necessidade de se obter dinheiro para uma matrícula, ou para satisfação alimentar etc.). Inexperiência é a falta de vivência e conhecimento (como a inexperiência acerca do preço de determinado bem, ou sobre as consequências de determinado negócio). Paixão é o estado de espírito arrebatador, fruto de uma emoção crônica (como a paixão por um ídolo, que impede a capacidade de reflexão plácida, ou o amor pelo autor do delito).

Não se impõe o artifício, o ardil ou outro meio fraudulento como meios de execução do delito, bastando que o agente se valha das citadas condições para induzir a vítima à prática de uma conduta economicamente ruinosa para si ou para terceiro. Isto é, o agente, abusando das condições pessoais da vítima (e conhecendo a sua peculiar situação), convence-a a realizar o ato jurídico, não precisando, para tanto, de se valer de um engodo, ou de qualquer meio violento ou intimidador. Escora-se, isso sim, no que Hungria chama de "impaciência na satisfação das necessidades (supostas ou reais, com ou sem motivos reprováveis), a impulsividade dos sentimentos e a fácil sugestionabilidade em matéria de negócios, decorrente do desconhecimento da vida prática".[496] Caso a vítima não seja induzida pelo agente, ou seja, se a vítima pratica o ato espontaneamente, teremos mero ilícito civil, ainda que o ato seja aproveitado por outrem.

Imprescindível que o ato praticado seja apto a produzir efeitos jurídicos, de modo que, se ele é eivado de vício de nulidade que não seja a incapacidade da parte, não há o delito em estudo. Esses efeitos devem resultar na criação de um benefício econômico para o agente ou para outrem. A par dos efeitos jurídicos, o ato deve ter, também, o condão de gerar repercussão patrimonial negativa (prejuízo) para o menor, para o incapaz, ou para terceiros, mesmo que não passe de simples potencialidade lesiva. Sendo economicamente inócuo, o ato não importa crime.

Trata-se de crime doloso, inexistindo previsão da modalidade culposa. O dolo é a vontade consciente de abusar da inferioridade intelectual da vítima, induzindo-a à prática de um ato jurídico que posse lhe trazer um prejuízo ou causar um prejuízo a outrem. Obviamente, o agente deve estar ciente que induz pessoa menor, alienada ou débil mental. Verificando-se que o agente não tinha condições de conhecer essas características da outra parte, a conduta se torna atípica por erro de tipo. Além do dolo, exige-se um elemento

---

496 HUNGRIA, Nelson. *Comentários...*, op. cit., v. VII, p. 267.

subjetivo especial, calcado na intenção de obter para si ou para outrem uma indevida vantagem econômica.

5 Consumação e tentativa

O delito é reputado consumado quando a vítima pratica o ato potencialmente lesivo, pois é neste momento que se demonstra a efetiva indução. O crime, todavia, é classificado como formal, uma vez que não se exige que o agente, ou terceiro, venha efetivamente a se beneficiar irregularmente com o ato. Classifica-se o delito, ainda, como crime de dano e instantâneo.

A tentativa é admissível, por se tratar de crime plurissubsistente, permitindo o fracionamento dos atos executórios. Caso, por exemplo, em que o agente induz a vítima, que é, contudo, impedida de praticar o ato ruinoso por terceiro.

6 Distinção, concurso de crimes e concurso aparente de normas

O crime de abuso de incapazes não pode conviver, em um mesmo contexto, com o crime de estelionato, em concurso de delitos. Ao contrário, aquele prevalece sobre este. Todavia, se distintas são as condutas, será possível a coexistência dos tipos penais.

No que tange à Lei de Economia Popular (Lei nº 1.521/51), entendemos ser possível o concurso de crimes entre o artigo 4º do diploma legal e o crime de abuso de incapazes, uma vez que os bens jurídicos tutelados são distintos (neste, o bem é particular; naquele, transindividual) e, além disso, a potencialidade lesiva da conduta contra a economia popular não se esgota no abuso.

Versando o tipo penal, ainda, sobre uma vantagem indevida a ser obtida em proveito do agente ou de terceiros, descaracteriza o delito a intenção de buscar uma vantagem devida, situação que caracteriza o delito de exercício arbitrário das próprias razões (artigo 345, CP).

7 Pena e ação penal

Comina-se abstratamente ao delito de abuso de incapazes a pena de reclusão, de 2 a 6 anos, além de multa cumulativa. As margens penais impedem a conferência do caráter de infração de menor potencial ofensivo ao delito, bem como a suspensão condicional do processo. Permite-se, contudo, o acordo de não persecução penal (artigo 28-A do CPP).

A ação penal é pública incondicionada, exceto se incidir uma das hipóteses previstas no artigo 182 do CP e se afastadas as ressalvas do artigo 183, caso em que a ação penal será condicionada à representação do ofendido.

IV – INDUZIMENTO À ESPECULAÇÃO (ARTIGO 174, CP)

1 Introdução

O Código Penal conceitua o induzimento à especulação como todo abuso, em proveito próprio ou alheio, da inexperiência ou da simplicidade ou inferioridade mental de outrem, induzindo-o à prática de jogo, aposta, ou à especulação com títulos ou mercadorias, sabendo ou devendo saber que a operação é ruinosa. Percebe-se a semelhança entre o crime em comento e o delito anterior, do qual se destaca, principalmente, em dois pontos: não há enumeração taxativa do sujeito passivo, bastando que se trate de pessoa inexperiente, simples ou mentalmente inferior; e há a determinação dos atos potencialmente lesivos aos quais a vítima pode ser induzida (prática de jogo ou aposta e especulação com títulos ou mercadorias).

A intenção do legislador ao tipificar tal conduta, em verdade, foi evitar o induzimento de pessoas rústicas ou pobres de espírito ao jogo, já que, nesses casos, o risco de prejuízo é majorado. Não é outra a lição de Hungria: "O jogo, que tanta sedução exerce, porque acena com a eventualidade do enriquecimento fácil, é essencialmente aleatório; mas a experiência ou o atilamento de quem o pratica podem diminuir-lhe a álea, ou mesmo evitar, dadas certas circunstâncias, a participação nele, porque evidente a eventualidade da perda". Mesmo no que tange à especulação, o autor assevera que, em última análise, cuida-se de jogo: "Trata-se, também aqui, de autêntico jogo, pois as partes contam somente, para o próprio lucro, com a eventual alta ou baixa dos preços, no predeterminado momento da liquidação".[497]

2 Objetividade jurídica

A salvaguarda da norma recai sobre o patrimônio da pessoa submetida ao jogo, à aposta ou à especulação, severamente ameaçado de lesão. O objeto material da conduta se confunde com o objeto jurídico, não havendo restrições quanto ao bem envolvido no delito (pode ser móvel ou imóvel, bem corpóreo ou incorpóreo etc.).

---

497 HUNGRIA, Nelson. *Comentários...*, op. cit., v. VII, p. 269-270.

3 Sujeitos do delito

O crime de induzimento à especulação pode ser praticado por qualquer pessoa, razão pela qual é classificado como crime comum. Pode ser até mesmo pessoa que não compete ou contrata diretamente com a vítima, como no caso dos intermediários ou atravessadores, que percebem tão-somente uma comissão como vantagem.

O sujeito passivo do delito é a pessoa inexperiente, simples ou intelectualmente inferior, afastados os menores, os alienados e os débeis mentais, que serão vítimas de abuso de incapazes. Por inexperiente, entenda-se a pessoa com pouca prática no jogo, aposta ou especulação. Simples é a pessoa sem malícia. Mentalmente inferior é o sujeito que tem dificuldades para compreender as regras do jogo, em virtude de baixa inteligência, ainda que não chegue ao ponto de uma deficiência mental.

4 Tipicidade objetiva e subjetiva

Tal qual o crime anterior, o agente "abusa para induzir", ou seja, aproveita-se da condição peculiar da vítima para estimulá-la à prática aleatória ou especulativa. Trata-se de conduta comissiva (embora seja possível o delito por meio da omissão imprópria).

Jogo e aposta, elementos normativos do tipo, são expressões distintas. Pierangeli informa que, no jogo, o ganho provém de determinado fato praticado pelos contratantes, ao passo que, na aposta, não há qualquer ação dos apostadores, sendo que o acontecimento acerca do qual versa a aposta está exclusivamente vinculado à sorte.[498] Especulação com títulos e mercadorias se refere às operações em mercado financeiro com o intuito de lucro, sendo seus objetos os títulos e as mercadorias. Como assevera Busato, "a especulação com títulos ou mercadorias, em geral, é aquela que envolve bolsas mercantis e que exige certo conhecimento técnico".[499] Embora, na especulação, a perspicácia do investidor tenha grande valor, a álea também mostra sua força (artigo 816 do CC). Cuida-se, contudo, de atividade lícita, residindo o delito no abuso de pessoa simplória em operação potencialmente prejudicial.

No caso do induzimento da vítima ao jogo ou aposta, o estímulo é suficiente para caracterizar o delito, o que não ocorre no induzimento à especulação, em virtude da inserção de um elemento subjetivo na redação do tipo penal. A segunda parte do artigo só é reputada criminosa quando o agente sabe ou deve saber que aquela operação a que está submetendo a vítima é ruinosa. Ou seja, estando de boa-fé o agente, ou indicando à vítima uma operação em que as possibilidades de sucesso financeiro são boas, não há crime.

---

498 PIERANGELI, José Henrique. *Manual...*, op. cit., p. 554.
499 BUSATO, Paulo César. *Direito Penal...* op. cit., p. 610.

Nesse diapasão, surge importante questionamento: e se o agente induz a vítima a uma operação sabidamente ruinosa, mas a vítima, contrariando todos os prognósticos, obtém lucro com a especulação? Ainda assim persiste o caráter criminoso da conduta, uma vez que o crime é formal e o resultado da especulação tem a natureza de exaurimento da infração.

Somente há a incriminação da conduta dolosa, abrangendo a consciência acerca de todos os elementos que integram o tipo penal. Assim, se o agente desconhece as peculiaridades intelectuais da vítima (e isso pode acontecer, uma vez que a intermediação da especulação, por exemplo, não necessita de contato físico), não se vislumbra o delito, por erro de tipo. Acresce-se ao dolo um elemento subjetivo, qual seja, a vontade de praticar a conduta em proveito próprio ou alheio. Existe, ainda, como visto alhures, um segundo elemento subjetivo, atinente ao induzimento à especulação com títulos e mercadorias e que se quedou alijado do induzimento ao jogo ou aposta, consistente na vontade de submeter a vítima a uma operação que sabe ou deve saber ruinosa. Apesar de alguma celeuma acerca da expressão "deve saber", parece-nos evidente que se trata de indicativo de dolo eventual. Jamais poderia denotar culpa, pois esta, pelo seu caráter excepcional, deve constar expressa no tipo legal. Ademais, a culpa é de todo incompatível com qualquer conduta fraudulenta e a sua equiparação ao dolo promoveria a desproporcionalidade do dispositivo.

5 Consumação e tentativa

O delito se consuma com a prática do jogo, da aposta ou da especulação pela vítima, ainda que o agente não obtenha, para si ou para outrem, qualquer proveito patrimonial, ou que ocorra um prejuízo para a vítima. Trata-se, portanto, de crime formal. Também é um delito instantâneo, já que a consumação se opera em um momento único.

A tentativa é admissível, pois a conduta é plurissubsistente, passível de fracionamento dos atos executórios, como no caso em que a vítima, após ser estimulada ao jogo, é surpreendida pela chegada de terceiro, que impede a sua prática.

6 Pena e ação penal

A sanção estipulada ao delito contempla os limites mínimo e máximo de 1 a 3 anos de reclusão, além de multa cumulativa. Em virtude da pena mínima, é possível a suspensão condicional do processo, de acordo com o artigo 89 da Lei nº 9.099/95.

A ação penal é pública incondicionada. Ocorrendo uma das hipóteses do artigo 182 do CP (e não se verificando as ressalvas do artigo 183), a ação penal passa a ser pública condicionada à representação do ofendido.

V – FRAUDE NO COMÉRCIO
(ARTIGO 175, CP)

1 Introdução

As relações mercantis, ao alcançarem o vulto atual, mereceram especial atenção do legislador, que criou diplomas legais diversos para regular as relações interpessoais e transindividuais daí derivadas. No que tange ao comércio, merecem especial ênfase as Leis nº 1.521/1951, nº 8.078/1990 e nº 8.137/1990, entre outras. Todavia, não escapou ao Código Penal a proteção ao consumidor, que relacionou, além de condutas de interesse comum (inscritas entre os crimes de perigo comum), outras de proteção individual, como o artigo 175, objeto de nosso estudo.

Assim se encontra tipificada no Código Penal a fraude no comércio: "Art. 175. Enganar, no exercício de atividade comercial, o adquirente ou consumidor: I – vendendo, como verdadeira ou perfeita, mercadoria falsificada ou deteriorada; II – entregando uma mercadoria por outra".

2 Objetividade jurídica

Tutela-se, de forma imediata, a inviolabilidade patrimonial da pessoa submetida à atividade fraudulenta. Secundariamente, tenciona-se preservar a boa-fé e a moralidade nas relações comerciais, de fundamental importância para a economia.

3 Sujeitos do delito

Cuida-se de crime próprio, em que o sujeito ativo sempre será o empresário ou pessoa que trabalha na atividade empresarial, já que a norma exige que a conduta se dê "no exercício de atividade comercial". Aliás, é nesse particular que o artigo 175 (especificamente o inciso II) se distingue do artigo 171, § 2º, IV, que pode ser praticado por qualquer pessoa. Seguindo a moderna tendência do direito privado, substituímos a denominação "comerciante" pela figura do empresário, que, de acordo com o artigo 966 do CC, é a pessoa que exerce profissionalmente atividade econômica organizada para a produção ou a circulação de bens ou de serviços. Isso significa que, se o autor não exerce atividade empresarial em nome próprio ou alheio, não resta caracterizado o crime em comento. Por exemplo, A, que não exerce atividade empresarial, veicula na Internet a anúncio de um produto X, adquirido por B. A, todavia, remete a B um produto de qualidade sobremaneira inferior ao produto anunciado. Nesse caso, há o crime equiparado ao estelionato, não o do artigo 175 do CP.

Evidentemente, não ingressa no polo ativo do delito a sociedade empresária, uma vez que a pessoa jurídica não tem capacidade de conduta, só podendo ser penalmente responsabilidade – para alguns – naquelas hipóteses constitucionalmente previstas.

O sujeito passivo do delito é qualquer pessoa (adquirente ou consumidor). Também o empresário pode ser sujeito passivo, ao adquirir mercadorias nas condições especificadas no artigo para revenda.

4 Tipicidade objetiva e subjetiva

O núcleo do tipo é consubstanciado no verbo "enganar", significando ludibriar, sempre no exercício de atividade comercial. Há dois complementos para a conduta, tipificados nos incisos I e II, que estabelecem de que forma o engodo é perpetrado.

No inciso I, o empresário vende, como verdadeira ou perfeita, mercadoria falsificada ou deteriorada. Vender tem a acepção de alienar de forma onerosa, ou seja, um dos contratantes se obriga a transferir o domínio de certa coisa, recebendo o pagamento de certo preço, como contraprestação. Em virtude da impossibilidade de se realizar analogia *in malam partem* em tipo incriminador, não há como se estender o alcance da norma para abranger outras espécies de contratos, como a permuta ou a dação em pagamento. A venda recai sobre mercadoria (somente móveis ou semoventes, consoante artigo 191, CCom) falsificada (adulterada, mendaz, contrafeita) ou deteriorada (estragada, putrefata). O conceito de mercadoria era ditado pelo artigo 191 do Código Comercial, hoje revogado, englobando móveis e semoventes, mas não os imóveis. Para fins de tributação, todavia, há decisões judiciais incluindo os imóveis no conceito de mercadoria.[500] A legislação em vigor silencia sobre a definição.

Evidente que, deixando vestígios, é imprescindível o exame pericial das mercadorias, para a perfeita caracterização da irregularidade.

Discute-se se o inciso I do artigo 175 continua vigente, em razão da edição da Lei nº 8.137/1990, que, em seu artigo 7º, III e IX, assim dispõe: "Constitui crime contra as relações de consumo: [...] III – misturar gêneros e mercadorias de espécies diferentes para vendê-los ou expô-los à venda

---

500 TRF-5, Terceira Turma, AC nº 0029979-26.2003.4.05.0000, julg. em 03.09.2009.

como puros; misturar gêneros e mercadorias de qualidades desiguais para vendê-los ou expô-los à venda por preço estabelecido para os de mais alto custo; [...] IX – vender, ter em depósito para vender ou expor à venda ou, de qualquer forma, entregar matéria-prima ou mercadoria, em condições impróprias ao consumo". Manifesta-se Regis Prado: "Ora, é princípio elementar de Direito inserido no artigo 2º, parágrafo 1º, da Lei de Introdução ao Código Civil, que, dentre outras hipóteses, a lei posterior revoga a anterior quando dispõe inteiramente sobre matéria nela contida. Assim, se lei posterior, disciplinando os crimes perpetrados nas relações de consumo, tratou da venda pelo comerciante de mercadoria falsificada ou deteriorada, como se fosse verdadeira ou perfeita, não subsiste dúvida de que a norma anterior encontra-se revogada".[501] Pierangeli, em sentido oposto, defende a vigência da integralidade do artigo 175, sustentando que o artigo do diploma extravagante é mais abrangente, contemplando não só a mercadoria, mas também a matéria-prima, bem como alcançando hipóteses em que a mercadoria é imprópria para o consumo, mas não é necessariamente falsificada ou deteriorada. Finaliza afirmando que o artigo 175 indica a fraude como meio de execução, o que não é exigido na lei especial.[502] A maior parte dos autores, entretanto, somente cita a questão, sem esposar nenhum posicionamento. Reformulando nosso posicionamento anterior, aderimos ao entendimento de Pierangeli, mas não apenas pelos argumentos esposados pelo autor: como a Lei nº 8.137/1990, naqueles dispositivos já mencionados, é voltada à proteção da coletividade e o artigo 175 do CP cuida de fraudes individualizadas, as situações de cobertura normativa são distintas, ou seja, as normas coexistem. Ademais, os crimes previstos na lei especial são de perigo, ao passo em que a conduta do artigo 175 do CP é de dano.

No inciso II, a conduta cuida do engodo consistente na entrega de uma mercadoria por outra. O agente se obriga a entregar determinada coisa à vítima, mas lhe fornece mercadoria diversa da combinada. Por exemplo, o sujeito ativo entrega cortes menos nobres de carne, afirmando se tratar de "carne de primeira", fornece verduras cultivadas em solo comum como se fossem hidropônicas etc. A fraude pode versar sobre a qualidade, a quantidade ou sobre a origem da mercadoria. Importante, entretanto, que a troca seja prejudicial ao consumidor, não havendo crime na troca por mercadoria mais valiosa, por inexistência de prejuízo patrimonial.

Cuida-se de crime sempre doloso (dolo direto ou eventual), consistente o dolo na vontade consciente de vender ou entregar ao sujeito passivo mercadoria nas condições dos incisos. Não há previsão da modalidade culposa. O *animus lucrandi* é dispensável.

---

501 PRADO, Luiz Regis. *Curso...*, op. cit., v. 2, p. 574-575.
502 PIERANGELI, José Henrique. *Manual...*, op. cit., p. 564-565.

5 Consumação e tentativa

Considera-se consumado o delito quando a mercadoria é efetivamente transferida ao sujeito passivo, tratando-se, destarte, de crime material (o crime também é de dano e instantâneo). A tentativa é admissível, já que o delito é plurissubsistente.

6 Fraude no comércio de metais ou pedras preciosas

Têm-se as seguintes condutas tipificadas no § 1º: "Alterar em obra que lhe é encomendada a qualidade ou o peso de metal ou substituir, no mesmo caso, pedra verdadeira por falsa ou por outra de menor valor; vender pedra falsa por verdadeira; vender, como precioso, metal de outra qualidade". O delito em questão é uma forma especialmente agravada de fraude no comércio, justificando-se o alargamento das margens penais em virtude do valor das mercadorias envolvidas e da dificuldade em se reconhecer a fraude, que exigiria conhecimento técnico mais apurado.

A primeira conduta incriminada versa sobre a alteração (modificação, adulteração), em obra encomendada ao sujeito ativo, da qualidade ou do peso de metal. Percebe-se que o crime exige uma relação obrigacional anterior entre agente e vítima, em que o primeiro se compromete a entregar ao consumidor uma obra feita de determinado metal. O crime reside na forma fraudulenta do cumprimento da obrigação, como, por exemplo, no uso de ouro oito quilates em vez de ouro dezoito quilates na confecção de uma joia, ou a fabricação de uma peça de prata com a utilização de menos metal do que o solicitado pela vítima.

Na segunda modalidade da infração penal, o agente substitui (troca) pedra verdadeira por falsa, como, por exemplo, usando em um colar vidro verde por esmeralda, ou por outra de menor valor (como no exemplo dado por Hungria, em que pérolas naturais, consideradas pedras preciosas, são substituídas por pérolas cultivadas, também chamadas de japonesas, que não são falsas, mas alcançam valor inferior às primeiras).[503] É de se notar que o tipo penal abrange apenas as pedras preciosas, não ocorrendo a fraude em estudo se a conduta recai sobre pedras semipreciosas.

Prossegue o tipo penal, incriminando a conduta de vender pedra falsa por verdadeira. Somente é punida, aqui, a conduta de vender (contrato de compra e venda), não abrangendo outras hipóteses, como a dação em pagamento ou a permuta, que poderão ensejar a punição do agente no tipo fundamental do estelionato, se presentes as elementares do delito. A venda tem um objeto capaz de iludir a vítima, que adquire "gato por lebre". Não há, ao contrário das duas primeiras modalidades, um acerto prévio entre o

---

503 HUNGRIA, Nelson. *Comentários...*, op. cit., v. VII, p. 274-275.

fraudador e a pessoa ludibriada, ocorrendo a fraude quando o contrato se aperfeiçoa.

A última conduta incriminada se refere à venda de metal comum como se precioso fosse, seguindo, para tanto, a estrutura básica acima delineada.

Em qualquer dos casos, o sujeito ativo do delito será o empresário ou a pessoa que trabalhe na atividade empresarial, já que o crime encontra paralelismo com o *caput* do artigo 175 (crime próprio). A vítima, de igual forma, será o consumidor.

A consumação do delito, nas duas primeiras hipóteses, opera-se com a prática do núcleo do tipo. Nas condutas em que o verbo reitor é vender, é necessário que se realize a tradição da coisa vendida. A tentativa é sempre admissível, pois todos os atos executórios são fracionáveis (crime plurissubsistente).

7 Causas de diminuição e de substituição da pena

O artigo 175, § 2º, estabelece que, à fraude no comércio, aplica-se a regra inscrita no artigo 155, § 2º, do CP, ou seja, se o criminoso é primário e a coisa é de pequeno valor, o juiz pode diminuir a pena de um a dois terços ou aplicar somente a pena de multa.

Não há se falar, aqui, de substituição da pena de reclusão pela de detenção para o tipo fundamental do artigo 175, já que a cominação abstrata da sanção já prevê a detenção como forma de cumprimento da privação da liberdade. Entretanto, tal substituição é cabível em se tratando do § 1º do artigo 175, apenado com reclusão.

Para maiores esclarecimentos, remetemos o leitor ao redigido acerca do furto.

8 Distinção, concurso de crimes e concurso aparente de normas

Não há dificuldades em se vislumbrar a fraude no comércio em concurso material e formal com outros delitos. No caso de continuidade delitiva, somente será possível a aplicação do instituto frente a crimes tipificados em diferentes artigos de lei se dermos à expressão "crimes da mesma espécie" uma acepção ampla, abrangendo crimes que tutelam a mesma objetividade jurídica e têm descrição típica semelhante (como, *v. g.*, se o empresário, em circunstâncias semelhantes de tempo, lugar, modo de execução etc., vende e permuta pedras falsas como preciosas).

O tema da revogação do inciso I do artigo 175 pela Lei nº 8.137/90 já foi debatido, sendo defendida, nesta obra, a tese da coexistência normativa.

O artigo 175, ainda, prepondera sobre o artigo 171, em virtude do princípio da especialidade. Este só restará caracterizado quando a conduta fraudulenta não encontrar perfeita subsunção à fraude no comércio.

9 Pena e ação penal

Comina-se abstratamente ao crime de fraude no comércio a pena de detenção, de 6 meses a 2 anos, ou multa alternativa. A infração, portanto, é classificada como de menor potencial ofensivo, sujeita às regras da Lei nº 9.099/95. Ao § 1º do artigo 175 é estipulada pena de reclusão, de 1 a 5 anos, além de multa cumulativa, o que impede o seu reconhecimento como infração de pouca ofensividade, mas permite a aplicação da suspensão condicional do processo, de acordo com o artigo 89 da Lei nº 9.099/95.

A ação penal é pública incondicionada, salvo nas exceções expressamente previstas no artigo 182 do CP, em que será exigida representação do ofendido como condição de procedibilidade (ação penal pública condicionada) e desde que não incidam as ressalvas do artigo 183.

VI – OUTRAS FRAUDES
(ARTIGO 176, CP)

1 Introdução

Cuida o dispositivo de espécie de estelionato privilegiado, no qual o legislador, em vista da pouca gravidade da conduta, optou pela tipificação autônoma do delito, sancionando-o, igualmente, de forma suave. Outrora considerada, pelo Código republicano (1890), como estelionato, a "usurpação de alimentos" (*filouterie d'aliments*, na França, e *Zechprellerei*, na Alemanha) foi defendida pelo Projeto Sá Pereira como hipótese de contravenção penal. O Código de 1940 insistiu no caráter criminoso, e, sob uma rubrica própria, inseriu na norma as condutas de alojar-se em hotel e utilizar-se de meios de transporte, sem que possua o agente dinheiro para efetuar a contraprestação devida. A redação atual do dispositivo é a seguinte: "Tomar refeição em restaurante, alojar-se em hotel ou utilizar-se de meio de transporte sem dispor de recursos para efetuar o pagamento".

2 Objetividade jurídica

Tutela-se a inviolabilidade patrimonial das pessoas jurídicas que exploram as atividades de alimentação, hotelaria e transportes. O bem jurídico é disponível.

3 Sujeitos do delito

O sujeito ativo do crime em questão pode ser qualquer pessoa, independentemente de características especiais (crime comum). O sujeito passivo será a pessoa física ou jurídica lesada em seu patrimônio (o restaurante, a rede de hotelaria etc.), que não se confunde necessariamente com a pessoa ludibriada na fraude, normalmente um empregado da atividade empresarial. Eventualmente, pode o Estado figurar como sujeito passivo imediato do crime, bastando que explore uma das atividades citadas no tipo penal (por exemplo, se uma autarquia realiza o serviço de transportes).

4 Tipicidade objetiva e subjetiva

As condutas incriminadas, que podem ser estudadas conjuntamente sem prejuízo da didática, são tomar refeição (significando alimentar-se), alojar-se em hotel (hospedar-se) e utilizar-se de meio de transporte (condução em meio de transporte de um ponto a outro).

A refeição a que alude o dispositivo engloba tanto a ingestão de alimentos quanto de bebidas. É necessário que a fraude se dê em restaurante, termo que define quaisquer estabelecimentos onde há o consumo imediato de alimentos, como bares, lanchonetes, cafeterias etc., afastados aqueles que se limitam à venda de alimentos para consumo em local diverso, como mercados.

A lei exige, também, que o consumo ocorra no interior do estabelecimento comercial, de modo que, se o agente encomenda a refeição em um restaurante para consumo em sua residência, sem dispor de dinheiro para o pagamento, dar-se-á o estelionato, em seu tipo fundamental, ou, mesmo, verificar-se-á conduta atípica, dependendo do caso concreto.

A expressão "hotel", ao seu turno, é conceituada como qualquer estabelecimento destinado ao alojamento de pessoas, alcançando os motéis, as pensões, os albergues e outros.

Os meios de transporte compreendem qualquer atividade de transporte de pessoas indeterminadas, como a atividade em táxis, ônibus, helicópteros etc.

Refere-se o tipo penal ao exercício da atividade de consumo sem que o agente disponha dos recursos necessários para a satisfação de suas despesas. O sujeito ativo, desde o início da conduta, sabe que não poderá honrar com a despesa, mas ainda assim ludibria o funcionário do estabelecimento ou do serviço de transporte a lhe dar o tratamento conferido a um cliente normal.

A fraude pode ser exercida de qualquer modo (crime de forma livre), silenciando o agente acerca da sua condição financeira ou utilizando artifício, ardil etc. O importante é que o produto ou o serviço seja fornecido ou prestado com a confiança na boa-fé do agente. Mesmo em caso de emissão de cheque sem suficiente provisão de fundos, por lógica, tipifica-se o crime em estudo (mais específico em seu objeto) e não aquele previsto no artigo 171, § 2º, VI, CP.

Não se vislumbra o delito "outras fraudes", todavia, se o agente dispõe de numerário suficiente para adimplir com o débito constituído, simplesmente se recusando a efetuar o pagamento. Embora a jurisprudência, em tais casos, já tenha se posicionado pela ocorrência de mero ilícito civil,[504] entendemos

---

504 *JTACrim*, 90/83. No mesmo sentido, Rogério Sanches Cunha, afirmando que "nos casos em que o sujeito, dispondo de numerário bastante, recusar-se a realizar o pagamento, não se perfaz o presente delito, mas reprovável ato de calote, que pertence ao âmbito do direito civil" (*Código...*, op. cit., p. 324)

que, dependendo das circunstâncias do caso concreto, pode ocorrer a capitulação da conduta no tipo fundamental do estelionato, desde que presentes as elementares do crime (e desde que se trate de uma fraude penal, não de uma fraude civil).[505]

À evidência, se o agente pratica a conduta movido por uma necessidade alimentar urgente, que coloca a sua saúde em grave e iminente risco, não se poderá falar em delito, uma vez que a postura estará acobertada pela excludente de antijuridicidade do estado de necessidade. O mesmo se diga em caso de hospedagem (por exemplo, a pessoa busca uma pensão para escapar do frio noturno intenso) ou de transporte (como no uso de um táxi para o transporte de um parente gravemente enfermo a um hospital).

Em qualquer uma das modalidades, descaracteriza-se o delito se há a exigência prévia de pagamento. Caso o agente frustre o pagamento prévio (como no caso de um passageiro clandestino) ou use bilhete falso para a conquista de seu intento (por exemplo, passagem aérea falsa), a conduta será atípica (no primeiro exemplo) ou o agente responderá pela falsidade documental (artigo 293, § 1º, ou artigo 304, ambos do CP, no segundo exemplo).

A conduta sempre será dolosa, não havendo previsão da modalidade culposa. O dolo consistirá na vontade consciente de obter a refeição, o abrigo ou a condução com a frustração do pagamento. É necessário que o agente conheça a sua falta de recursos desde o início da empreitada criminosa. Acresce-se ao dolo um elemento subjetivo especial implícito, consistente na vontade de obter uma vantagem financeira indevida com o delito.[506]

5 Consumação e tentativa

Ocorre a consumação do crime em estudo com a superveniência do prejuízo patrimonial (crime material, de dano e instantâneo). Assim, deve o sujeito ativo tomar a refeição, ainda que parcialmente, se instalar por tempo relevante em hotel ou ser conduzido, ainda que por curto espaço, em meio de transporte. Para Fragoso, cuida-se de delito formal.[507] A tentativa é perfeitamente admissível, uma vez que os atos de execução podem ser fracionados (crime plurissubsistente).

6 Perdão judicial

Estabelece o parágrafo único do artigo 176 que, "dependendo das circunstâncias", o magistrado pode deixar de aplicar a pena. Pierangeli, corretamente, realiza um cotejo do artigo 176 com o § 1º do artigo 171, estabelecendo

---

505 Nesse sentido, Guilherme de Souza Nucci (*Código...*, op. cit.).
506 Contra, Heleno Cláudio Fragoso, para quem basta o dolo genérico (*Lições...*, op. cit., p. 304).
507 FRAGOSO, Heleno Cláudio. *Lições...*, op. cit., p. 304.

que o criminoso deve ser primário e o valor do prejuízo deve ser pequeno.[508] É este também o posicionamento de Hungria: "Ao condescender com as fraudes de que se trata, o legislador entendeu que não era suficiente o *privilegium* do § 1º do artigo 171: aprioristicamente reduziu a penalidade e ainda facultou o perdão judicial (parágrafo único do artigo 176), conforme as circunstâncias, entre as quais se hão de incluir, naturalmente, o diminuto valor do prejuízo e a primariedade do agente".[509] Magalhães Noronha exige, outrossim, um motivo relevante para o ato, que não constitua estado de necessidade.[510]

7 Distinção, concurso de crimes e concurso aparente de normas

A especificidade do artigo 176 do Código Penal faz com que quaisquer fraudes perpetradas para a obtenção de refeição, hospedagem ou transporte, em que o agente não possua recursos para efetuar o pagamento da contraprestação posterior, saiam do âmbito do artigo 171, independentemente do meio utilizado. Entretanto, se o crime vier acompanhado de falsidade documental (por exemplo, falsificação de um cheque para simular o pagamento da conta), poderá ser invocada a mesma razão que determinou a edição da Súmula 17 do STJ (princípio da consunção). De resto, não há dificuldades em se observar o concurso de delitos com o crime em estudo.

8 Pena e ação penal

Ao crime de "outras fraudes" é cominada abstratamente a pena de detenção, de 15 dias a 6 meses, ou multa alternativa. Trata-se, portanto, de infração de menor potencial ofensivo, sujeito às regras da Lei nº 9.099/1995.

A ação penal, consoante expressa previsão do parágrafo único, é pública condicionada à representação do ofendido.

---

508 PIERANGELI, José Henrique. *Manual...*, op. cit., p. 572
509 HUNGRIA, Nelson. *Comentários...*, op. cit., v. VII, p. 279.
510 MAGALHÃES NORONHA, E. *Direito penal...*, op. cit., v. 2, p. 468.

VII – FRAUDES E ABUSOS NA FUNDAÇÃO OU ADMINISTRAÇÃO DE SOCIEDADE POR AÇÕES (ARTIGO 177, CP)

1 Introdução

Tipifica o artigo 177 do Código Penal o crime de fraudes e abusos na fundação ou administração de sociedade por ações, que tem origem remota na legislação francesa, datada de 1867 e posteriormente revogada em 1966. No Brasil, desde 1882 tal espécie delitiva já era incriminada, passando pelo Decreto nº 164, de 1890, que inspirou o Código republicano (artigo 340). Entretanto, anteriormente ao atual Código Penal, o diploma pátrio mais relevante sobre o tema foi o Decreto-Lei nº 2.627/1940, que cuidou das fraudes praticadas nas sociedades por ações em seis artigos (artigo 167 a 172). O dispositivo em estudo, que hoje regula a matéria, tratou das condutas anteriormente reguladas nos artigos 168 e 171 do decreto-lei, derrogando os demais. Seria ab-rogado o DL 2.627/1940, posteriormente, pela Lei nº 6.404/1976, o que não afetou a matéria ora estudada.

Hodiernamente, as sociedades por ações são reguladas pelo Código Civil e pela Lei nº 6.404/1976, conjuntamente, consoante o artigo 2.037 do CC. O Código Civil prevê formas societárias não personificadas e personificadas. No primeiro grupo, estão a sociedade em comum (artigos 986 a 990 do CC) e a sociedade em conta de participação (artigos 991 a 996). No segundo, a sociedade simples (artigos 997 a 1.038), a sociedade em nome coletivo (artigos 1.039 a 1.044), a sociedade em comandita simples (artigos 1.045 a 1.051), a sociedade limitada (artigos 1.052 a 1.087), a sociedade anônima (artigos 1.088 e 1.089), a sociedade em comandita por ações (artigos 1.090 a 1.092), a sociedade cooperativa (artigos 1.093 a 1.096) e a sociedade coligada (artigos 1.097 a 1.101). De todos esses tipos societários, apenas a sociedade anônima e a sociedade em comandita por ações podem ser chamadas de sociedades por ações, conforme o *nomen juris* do delito.

Ação, termo usado inicialmente para designar cotas de condomínio naval de companhias holandesas, representando uma fração do capital social, hoje significa não só uma parcela do capital social da sociedade, mas também é um conjunto de direitos atribuídos a seu titular e um título representativo do direito do acionista.[511] Sociedade anônima, ou companhia, é uma pessoa jurídica de direito privado, empresária por força de lei, regida por um estatuto e identificada por uma denominação, criada com o objetivo de auferir lucro mediante o exercício da empresa, cujo capital é dividido em frações transmissíveis, composta por sócios de responsabilidade limitada ao pagamento das ações subscritas.[512] Pode assumir modalidades especiais, como a sociedade de economia mista, o grupo intersocietário, o grupo societário, a subsidiária integral, o grupo de sociedades, o consórcio de sociedades, a sociedade por transformação e a sociedade por concentração ou desconcentração. Sociedade em comandita por ações é a pessoa jurídica de direito privado em que o capital é dividido em ações, respondendo os acionistas apenas pelo valor das ações subscritas ou adquiridas, mas tendo os diretores ou gerentes responsabilidade subsidiária, ilimitada e solidária pelas obrigações sociais.[513]

Vistos alguns dos vários elementos normativos do tipo de valoração jurídico-empresarial, necessariamente antecipados para uma melhor compreensão da descrição típica, passemos ao estudo de delito em apreço.

2 Objetividade jurídica

Uma vez mais, a tutela penal recai sobre a inviolabilidade patrimonial, agora especificamente no que tange aos bens dos investidores em sociedades por ações. Somos da opinião de que também o patrimônio societário é tutelado nesse dispositivo. A par da proteção patrimonial, são tutelados os deveres de ética e boa-fé, que devem reger as relações econômicas, uma vez que os reflexos da inidoneidade na direção das sociedades podem atingir não só o patrimônio particular dos acionistas, mas também criar uma sombra que venha a desestabilizar a condução da economia nacional.

3 Sujeitos do delito

Cuida-se de crime próprio, em que, no *caput*, figuram no polo ativo os fundadores da sociedade. Fundadores são aqueles que tomam a iniciativa da geração da companhia e que presidem os atos de exigência legal para a sua constituição válida, não sendo necessário que sejam subscritores ou mesmo que se tornem acionistas da sociedade. Segundo Regis Prado, pode ocorrer coautoria com banqueiros interessados em financiar a instituição (caso de subscrição pública de capital) ou de órgãos da imprensa, que auxiliam na

---

511 FAZZIO JR., Waldo. *Manual...*, op. cit., p. 314.
512 Idem, ibidem, p. 223.
513 Idem, ibidem, p. 304.

tarefa de divulgar a propaganda fraudulenta, dependendo do caso concreto.[514] Os incisos do § 1º e o § 2º arrolam outros sujeitos ativos, que serão analisados oportunamente. O sujeito passivo pode ser qualquer pessoa, física ou jurídica.

4 Tipicidade objetiva e subjetiva

O tipo penal fundamental tem, como primeiro verbo, "promover" (a fundação de sociedade por ações), significando dar ensejo, por em execução. Todavia, a simples promoção da fundação de sociedade por ações não é criminosa, ao contrário, é um ato a ser estimulado, pelo fomento à economia nacional. Serve, tão-somente, para indicar o momento em que o delito vem a ser cometido (contemporaneamente à constituição da sociedade), mas são os complementos que se seguem à primeira parte do tipo que apontam para a razão da incriminação. A promoção da fundação é fraudulenta e, por conseguinte, deve ser reprimida, quando: (a) faz-se, em prospecto ou em comunicação ao público ou à assembleia, afirmação falsa sobre a constituição da sociedade, e (b) oculta-se fraudulentamente fato relativo à constituição societária. Nesse diapasão, é perspicaz a lição de Pierangeli: "Para evitarem desconfianças em torno da seriedade do empreendimento, fundadores que não passam de aventureiros travestidos de empresários sérios fazem falsas afirmações e exibem fatos imaginários, ou escondem a realidade dos fatos reais desfavoráveis para a sua constituição, que, na verdade, só a eles interessa".[515]

A primeira conduta, comissiva ou omissiva imprópria, fala em fazer afirmação falsa, ou seja, transmitir uma informação enganosa, que se divorcie dos fatos. Há, por exemplo, a atribuição aos empresários de experiência ou de capacidade técnica que não possuem, ou de uma saúde financeira irreal, estimulando investimentos em um empreendimento potencialmente ruinoso. Os meios de que se vale o agente são os prospectos (ver artigo 82, § 1º, c, Lei nº 6.404/76) ou comunicações, como em notícias veiculadas pela imprensa, em circulares, boletins, entre outros. A lei menciona a comunicação enganosa à assembleia, cuidando-se, aqui, da assembleia de constituição, a ser presidida pelos fundadores (ver artigos 86, II, e 87, § 1º, Lei nº 6.404/76). A segunda conduta, omissiva própria, trata do agente que esconde informação relevante acerca da sociedade, impedindo que os investidores possam

---

514 PRADO, Luiz Regis. Curso..., op. cit., v. 2, p. 588. De acordo com Paulo José da Costa Jr. e Cesare Pedrazzi, ainda poderão figurar como participantes do delito outras pessoas que, embora não revestidas da qualidade especial exigida pelo tipo, atuem em colaboração com os fundadores (*Direito Penal Societário*, p. 27). Aplicar-se-á, para tanto, a regra do artigo 30 do CP.

515 PIERANGELI, José Henrique. *Manual...*, op. cit., p. 576.

refletir acertadamente acerca do sucesso da empresa (por exemplo, ocultando que os bens constitutivos dos *apports* estão onerados).[516]

A conduta é sempre dolosa, não existindo a previsão da modalidade culposa. O dolo abrange a vontade consciente de fazer uma afirmação falsa ou de ocultar informação relevante durante a constituição da sociedade. Adita-se um elemento subjetivo especial do tipo, consistente na finalidade de fundar uma sociedade por ações, pois a referência inicial do tipo, enfatizando a promoção da fundação da pessoa jurídica, traz implícito o especial fim de agir[517]. Filiamo-nos à doutrina minoritária ora consignada, uma vez que a posição majoritária defende apenas o dolo genérico.

5 Consumação e tentativa

O crime em estudo é formal, ocorrendo a sua consumação com a simples afirmação falsa ou com a omissão, ainda que daí não derive qualquer resultado (que, se acontecer, será considerado apenas exaurimento do delito). Cuida-se, outrossim, de tipo misto alternativo e instantâneo.

A tentativa é admissível na afirmação enganosa, embora de difícil verificação prática, por se tratar de conduta plurissubsistente. No que tange à omissão, todavia, seu caráter unissubsistente impede o fracionamento dos atos executórios, afastando a forma tentada.

6 Fraude sobre as condições econômicas de sociedade por ações (artigo 177, § 1º, I)

O § 1º do artigo 177 contém nove incisos que contém delitos referentes à administração societária, não mais atinentes apenas à fase de constituição da sociedade, como se via no *caput*, mas praticados durante a atividade da companhia. Também o § 2º se apresenta nessas condições.

O primeiro desses crimes recebe a denominação doutrinária de "fraude sobre as condições econômicas de sociedade por ações" e consiste na elaboração de afirmação falsa (conduta comissiva), em prospecto, relatório, parecer, balanço ou comunicação ao público ou à assembleia, sobre as condições econômicas da sociedade, ou na ocultação fraudulenta (conduta omissiva), no todo ou em parte, de fato a elas relativo. Trata-se de tipo misto alternativo, em que a prática simultânea da afirmação falsa e da ocultação importará crime único. Percebe-se que a conduta é quase uma repetição do tipo

---

516 HUNGRIA, Nelson. *Comentários...*, op. cit., v. VII, p. 282.
517 De acordo com Cesare Pedrazzi e Paulo José da Costa Jr., ao dolo genérico, dividido nos momentos cognoscivo (consciência da irrealidade dos fatos afirmados) e volitivo (vontade de empregar uma das três formas de comunicação que caracterizam o elemento objetivo do crime), deve ser somado um *dolus specialis*, consubstanciado na finalidade de facilitar a fundação (COSTA JR., Paulo José da; PEDRAZZI, Cesare. *Direito Penal Societário*. 3 ed. São Paulo: Perfil, 2005. p. 45).

fundamental, marcando-se a distinção pelo momento em que é praticada, bem como pelas pessoas que podem figurar como sujeito ativo: não mais são os fundadores, uma vez que a sociedade já está constituída, mas o diretor, o gerente ou o fiscal da sociedade (crime próprio) bem como o liquidante (inciso VIII). Evidentemente, também poderão ser punidos terceiros, ainda que despidos das qualidades especiais descritas no tipo, desde que ajam em codelinquência com aqueles citados na norma, com esteio no artigo 30 do CP.

Em se tratando de sociedade com direção colegiada, em que as decisões são tomadas mediante votação, surge um problema: caso o órgão deliberativo decida pela prática de um ilícito penal, poderá ser responsabilizado aquele membro que se absteve ou que votou contra a posição da maioria? Paulo José da Costa Jr. e Cesare Pedrazzi, depois de aludirem ao dever de probidade imposto pela Lei das Sociedades Anônimas (artigo 153 da Lei nº 6.404/76), colocam todos os membros do órgão colegiado na posição de agentes garantidores, arrematando: "Quer-nos, pois, parecer que o delito societário deva ser imputado não apenas ao administrador ou diretor que participe ativamente da prática, como, ainda, àquele que não age para evitar que o delito seja perpetrado". Todavia, os mesmos juristas advertem para a dificuldade em se reconhecer a possibilidade concreta de agir para evitar a produção do resultado: "De tal possibilidade, via de regra, não dispõe o membro isolado da diretoria, ao qual a lei não oferece instrumental válido para impedir a atividade delituosa dos companheiros. Certamente, o diretor que pretenda dissentir da iniciativa delituosa deverá advertir o conselho fiscal (se em funcionamento) ou a assembleia geral de sua divergência. Mas, frequentemente, isso servirá apenas para provocar o exercício, por parte da sociedade, de uma ação de responsabilidade civil, quando o ilícito penal já se tiver consumado.

Também o meio pelo qual o delito é cometido o distingue do tipo fundamental, podendo haver a afirmação falsa em relatório (documento preparado pela administração sobre negócios sociais e fatos administrativos do exercício encerrado), parecer (documento emitido pelo Conselho fiscal, contendo opinião acerca do relatório anual de administração, ou sobre demonstrações financeiras do exercício social ou balancetes) ou balanço (principal demonstração financeira da sociedade, constituindo o resultado da verificação do ativo e do passivo),[518] mantendo-se a possibilidade do crime por meio de comunicação ou prospecto.

A conduta é sempre dolosa e se consuma com a realização da afirmação mendaz ou com a simples omissão. No primeiro caso, a tentativa é

---

518 FRAGOSO, Heleno Cláudio. Lições..., op. cit., p. 317-318.

admissível, o que não se processa no segundo caso, por se cuidar de modalidade omissiva.

7 Falsa cotação de ações ou títulos (artigo 177, § 1º, II)

Tipifica-se, neste inciso, a conduta de promover, por qualquer artifício, falsa cotação das ações ou de outros títulos da sociedade. Consiste em modalidade de crime próprio, em que os autores são o diretor, o gerente ou o membro do Conselho Fiscal (ou terceiros, desde que ajam em concurso de pessoas com os citados – artigo 30 do CP). O liquidante, segundo disposto no inciso VIII, também pode ser sujeito ativo do delito.

O verbo incriminado é promover, significando dar ensejo, realizar (a falsa cotação de ações ou títulos). Cuida-se de crime de forma livre, uma vez que a conduta pode ser realizada "por qualquer artifício", ou seja, mediante qualquer expediente fraudulento, incluindo a falsidade documental, hipótese que redunda em concurso de delitos. Cotação falsa é a dissonância entre o valor alegado para os valores imobiliários e o valor real de mercado (aquém ou além desse valor), determinado pela demanda e oferta. Segundo Régis Prado, há a "criação de mercado fictício, possibilitando tanto o encarecimento dos títulos com a consequente obtenção de lucros artificiais, como a baixa cotação, permitindo que a própria empresa os resgate do mercado".[519] A ação (valor mobiliário correspondente a fração do capital social de uma sociedade anônima ou de comandita por ações) não é o único objeto material do delito, que pode ser implementado sobre quaisquer outros títulos societários, como partes beneficiárias (artigo 46, Lei nº 6.404/76), debêntures (artigo 52 do mesmo diploma) e bônus de subscrição (artigo 75).

Somente há previsão da modalidade dolosa, já que a culpa é incompatível com a fraude. O crime é formal, bastando o uso do expediente fraudulento para a sua consumação, independentemente de qualquer resultado. Admite-se a tentativa.

8 Empréstimo ou uso indevido de bens ou haveres (artigo 177, § 1º, III)

O dispositivo incrimina a ação de tomar empréstimo à sociedade ou usar, em proveito próprio ou de terceiro, bens ou haveres sociais, sem prévia autorização da assembleia geral. Novamente se cuida de crime próprio, cometido pelo diretor ou pelo gerente da pessoa jurídica, ou quaisquer pessoas que com estes atuem em concurso de agentes, bem como pelo liquidante (inciso VIII).

Pune-se o abuso patrimonial, encetado quando o sujeito ativo, irregularmente, contrata um empréstimo com a sociedade, isto é, recebe uma coisa

---

519 PRADO, Luiz Regis. *Curso...*, op. cit., v. 2, p. 592.

com a obrigação de restituí-la na mesma espécie e gênero (englobando o comodato, empréstimo de coisas não-fungíveis, e o mútuo, que versa sobre bens fungíveis), ou quando bens (coisas ou valores suscetíveis de apropriação) ou haveres (valores em geral, compreendendo títulos, dinheiro etc.) da sociedade são usados de forma ilícita.

Autorizado previamente o contrato ou o uso pela assembleia geral, a conduta é atípica. A autorização posterior, entretanto, não tem o condão de afastar o caráter criminoso da conduta. Deve ser lembrado que a Lei nº 6.404/76 exige a probidade do administrador da sociedade (artigo 153), vedando a prática de atos de liberdade em desfavor da companhia (artigo 154, § 2º).

Somente é punido o delito a título de dolo, inexistindo previsão da modalidade culposa. Exige-se um elemento subjetivo especial do tipo, consistente na prática da conduta fraudulenta em proveito próprio ou alheio. Trata-se de crime formal, não se exigindo a produção de um prejuízo à sociedade para a consumação, bastando a prática da conduta incriminada. A tentativa é admissível.

9 Compra e venda de ações emitidas pela sociedade (artigo 177, § 1º, IV)

Cuida o inciso IV da compra e venda, por conta da sociedade, de ações por ela emitidas, fundando-se a incriminação no princípio de que a sociedade não negocia com as suas próprias ações. Uma vez mais estamos diante de um crime próprio, que pode ter como agentes o diretor, o gerente ou o liquidante (inciso VIII), ou terceiros em concurso de pessoas.

Compra e venda, segundo a doutrina, aqui é entendida como todo negócio que produza efeitos econômicos, ou seja, o escambo de uma coisa por um preço, incluindo-se a dação em pagamento.[520] Se a conduta for legalmente autorizada, entretanto, não há tipicidade a ser averiguada (o diploma legal atualmente pertinente é a Lei nº 6.404/76).

Só existe a conduta dolosa, em virtude da absoluta incompatibilidade da culpa com a fraude. O crime é formal, não se exigindo a verificação do efetivo prejuízo para a consumação. A tentativa é admissível.

10 Penhor ou caução de ações da sociedade (artigo 177, § 1º, V)

Inscrito por muitos autores em conjunto com o delito supra, sob a rubrica doutrinária "operações ilegais com ação", o crime de penhor ou caução de ações da sociedade de fato muito se assemelha ao inciso anterior. Conta com a mesma subjetividade ativa e é resumido na formação de um contrato por conta da sociedade ao arrepio da lei.

---

520 FRAGOSO, Heleno Cláudio. Lições..., op. cit., p. 321.

Aqui, é tipificada a conduta de aceitar em garantia de crédito social, como caução ou penhor, ações da própria sociedade, novamente infringindo o princípio que enuncia que a sociedade não negocia com suas ações. Como assevera Fragoso, "as ações constituem dívida da sociedade em relação aos acionistas, e com o recebimento das próprias ações, em garantia, a sociedade reuniria a posição de credora e fiadora".[521]

O crime é sempre doloso, formal e admite a forma tentada.

11 Distribuição de lucros ou dividendos fictícios (artigo 177, § 1º, VI)

O inciso VI arrola a conduta de, na falta de balanço, em desacordo com este ou mediante balanço falso, distribuir lucros ou dividendos fictícios. Trata-se de crime próprio, praticado pelo diretor ou gerente da pessoa jurídica, excluídos os membros do Conselho Fiscal. Caso estes, entretanto, aprovem o balanço falso, percebendo a infração, responderão pelo delito na qualidade de coautores ou partícipes.

O artigo 201 da Lei nº 6.404/76 estabelece em que condições os lucros e dividendos podem ser repartidos. Assim, se a distribuição (repartição) se opera sobre lucros efetivamente percebidos pela companhia, ou seja, fictícios, ocorrerá uma diminuição patrimonial para a pessoa jurídica, justificando-se a incriminação.

Consiste, o balanço, no levantamento contábil do resultado das operações societárias ao fim do exercício social, sendo o documento que irá embasar a repartição dos lucros e dividendos. Para a ação fraudulenta, desprezam-se as informações contidas no balanço regular, ou confecciona-se balanço falso, ou, mesmo, prescinde-se do documento para a distribuição.

O crime é doloso, inexistindo previsão da modalidade culposa. É formal, consumando-se com a simples distribuição dos lucros e dividendos, ainda que o sujeito ativo não aufira qualquer vantagem. Admite a forma tentada.

12 Conluio para aprovação de conta ou parecer (artigo 177, § 1º, VII)

No inciso VII, encontramos a seguinte redação: "§ 1º Incorrem na mesma pena, se o fato não constitui crime contra a economia popular: [...] VII – o diretor, o gerente ou o fiscal que, por interposta pessoa, ou conluiado com acionista, consegue a aprovação de conta ou parecer". Novamente há um crime próprio, em que os autores são o diretor, o gerente ou o membro do Conselho Fiscal da companhia, assim como a pessoa usada na votação fraudulenta ou o acionista, que agem necessariamente em concurso de pessoas com os três primeiros e o liquidante, conforme previsão do inciso VIII.

---

521 FRAGOSO, Heleno Cláudio. Lições..., op. cit., p. 322.

A aprovação de contas e demonstrações financeiras é tarefa da Assembleia Geral Ordinária, na qual exercerão o voto somente os acionistas e os procuradores de acionistas. Os administradores não podem votar, tampouco figurar como procuradores (artigos 132 e 134, § 1º, Lei nº 6.404/76). Antes de as contas serem submetidas à votação, elas passam pelo Conselho Fiscal, que emitirá um parecer sobre elas, também objeto de apreciação pela assembleia. Caso sejam aprovadas as contas sem restrições, os administradores se veem livres de responsabilização pelo período, assim também ocorrendo com os fiscais, surgindo daí o interesse em fraudar a votação, se constatada alguma irregularidade. A conduta incriminada consiste, portanto, na fraude na votação e pode ser encetada de duas maneiras: (a) pelo uso de um "testa-de-ferro" (interposta pessoa), a quem são cedidas ações pelos administradores, diretores ou fiscais, para que possa exercer o direito de voto; (b) pela conivência, normalmente mediante suborno, com acionista, estes tendo legítimo direito ao voto. Tanto em um caso quanto em outro, a pessoa que participa da farsa responde pelo delito como coautora, de acordo com o artigo 30 do CP. É necessário, para a caracterização do crime, que haja fraude sobre a conta ou parecer, pois, se inexistente qualquer irregularidade, não é criado risco patrimonial para a companhia, e, por conseguinte, não há crime.

O crime é sempre doloso, inexistindo previsão da modalidade culposa, incompatível com a fraude. A consumação se dá com a aprovação das contas ou do parecer, já que o núcleo do tipo é formado pelo verbo conseguir (obter). Cuida-se, assim, de crime formal, não sendo necessária a efetiva verificação de um prejuízo patrimonial para a sociedade, que, se ocorrer, será mero exaurimento da conduta delitiva. A tentativa é admissível, como, por exemplo, no caso em que, apesar da fraude, as contas não são aprovadas.

13 Crimes do liquidante (artigo 177, § 1º, VIII)

O inciso VIII se limita a incluir o liquidante entre os possíveis autores dos delitos previstos nos incisos I, II, III, IV, V e VII. Liquidante é a pessoa que substitui os diretores e gerentes em caso de liquidação judicial ou extrajudicial da sociedade, ou em caso de liquidação por decisão de autoridade administrativa (artigo 206, Lei nº 6.404/76), com deveres e poderes disciplinados em lei (artigos 210 e 211, Lei nº 6.404/65, respectivamente).

14 Crimes do representante de sociedade anônima estrangeira (artigo 177, § 1º, IX)

O último inciso do § 1º (IX) traz à baila a incriminação do representante de sociedade estrangeira autorizada a funcionar no País, que pratica os crimes previstos nos incisos I e II, ou dá falsa informação ao governo. As sociedades por ações alienígenas são regidas pelo Decreto-Lei nº 2.627/1940 e só podem se estabelecer regularmente em território nacional se devidamente autorizadas, consoante disposição do artigo 64, mantendo um representante no País com plenos poderes para a resolução de quaisquer questões.

O dispositivo incriminador estende o alcance dos crimes previstos nos incisos I e II a este representante da companhia estrangeira. Também cria a conduta de dar (prestar, fornecer) falsa informação ao Governo sobre a companhia que administra em solo brasileiro, desde que o fato falseado se revista de relevância. Somente se configura o crime se dolosa a conduta, já que a culpa é absolutamente incompatível com a fraude. Essa conduta é classificada como crime formal, pois a simples prestação é suficiente para subsumir completamente a conduta ao tipo penal, ainda que dela não resulte nenhum prejuízo. Admite-se a tentativa.

15 Negociação de voto (artigo 177, § 2º)

O verbo reitor do tipo é "negociar" (ajustar, acordar, comerciar), recaindo sobre os votos nas deliberações da assembleia geral. A incriminação tem por escopo impedir locupletamento vil, a tentativa de se auferir um benefício particular em detrimento dos interesses societários. O voto é um dos direitos do acionista (sujeito ativo exclusivo do delito, embora possa praticá-lo em concurso de pessoas com não-acionistas), que, por meio dele influencia na administração da companhia, devendo ser exercido com probidade. Assim, a Lei nº 6.404/1976 prevê os casos de abuso do direito de voto na ocorrência das hipóteses arroladas no artigo 115, em que o acionista age de encontro aos interesses sociais, tencionando a obtenção, para si ou para outrem, de vantagem à qual não faz jus e da qual resulte ou possa resultar prejuízo para a sociedade ou para outros acionistas. Deve ser registrado que, se o acionista negocia o seu voto com diretor, gerente ou fiscal, para a aprovação de conta ou parecer, restará configurado o inciso VII e afastado o delito em tela.

O tipo subjetivo é composto pelo dolo, ao qual se acresce a intenção de obter uma vantagem indevida, para si ou para outrem. A culpa não é prevista, por incompatibilidade com a conduta fraudulenta. O crime é formal, aperfeiçoando-se com a negociação, ainda que dela não resulte vantagem patrimonial para o agente ou prejuízo patrimonial para a empresa. A tentativa é admissível.

16 Distinção, concurso de crimes e concurso aparente de normas

As infrações do tipo fundamental e do § 1º são expressamente subsidiárias, já que cedem se a conduta constituir crime contra a economia popular. A lei se refere ao artigo 3º, IV a X, da Lei nº 1.521/1951. Em caso de dúvidas sobre a tipificação, há que se lembrar que a prática do artigo 177 do CP encerra violência patrimonial contra pessoas determinadas, ao passo que incidirá a Lei de Economia Popular quando o sujeito passivo for formado por pessoas indeterminadas.

17 Pena e ação penal

A pena abstratamente cominada ao artigo 177, *caput*, assim como ao § 1º, em todos os seus incisos, é de 1 a 4 anos, com multa cumulativa. Cabível às espécies, portanto, a suspensão condicional do processo, nos termos do artigo 89 da Lei nº 9.099/1995. Na negociação de voto (§ 2º), a pena é de detenção, de 6 meses a 2 anos, além de multa, conferindo ao dispositivo a natureza de infração de menor potencial ofensivo.

A ação penal é pública incondicionada.

VIII – EMISSÃO IRREGULAR DE CONHECIMENTO DE DEPÓSITO OU *WARRANT* (ARTIGO 178, CP)

1 Introdução

Novamente o Código Penal incrimina uma conduta que, para o seu perfeito entendimento, exige imersão no direito empresarial, como forma de definirmos os elementos normativos do tipo de caráter jurídico-empresarial. O próprio *nomen juris* do delito (emissão irregular de conhecimento de depósito ou *warrant*) já nos permite perceber que a tipificação gira em torno de conceitos de títulos de crédito específicos. Tanto o conhecimento de depósito quanto o *warrant* são títulos de crédito impróprios, uma vez que representam mercadorias (títulos representativos), não traduzindo uma operação creditícia. Mais especificamente, são títulos representativos de mercadorias depositadas.

Conhecimento de depósito é o título que representa a propriedade de mercadorias depositadas em armazéns-gerais. O *warrant* não representa as mercadorias, constituindo uma espécie de nota promissória com garantia pignoratícia, prometendo o subscritor o pagamento de determinada quantia ao tomador, garantindo o cumprimento da obrigação com o penhor sobre as mercadorias depositadas no armazém-geral. Presta-se, portanto, o *warrant*, para a constituição de penhor sobre as mercadorias depositadas. Armazéns-gerais são empresas criadas para guardar e conservar mercadorias.[522] Como os títulos, que constituem o objeto do estudo, permitem a venda ou a constituição de garantia sobre as mercadorias, vêm sendo utilizados por criminosos que burlam a legislação regulamentadora, emitindo os documentos ao arrepio da lei.

2 Objetividade jurídica

A tutela patrimonial ganha relevo no artigo 178. Também a fé pública é secundariamente tutelada, já que os títulos podem circular por endosso,

---

522 Conceitos retirados de FAZZIO JR., Waldo. *Manual...*, op. cit., p. 479-481.

alcançando inúmeras pessoas. O objeto material do delito é o conhecimento de depósito ou o *warrant*, já definidos no item anterior.

3 Sujeitos do delito

O sujeito ativo do crime pode ser qualquer pessoa, embora normalmente seja praticado pelo depositário da mercadoria. Há a possibilidade de coautoria se outras pessoas, cientes da irregularidade do título, contribuem para a sua circulação. O sujeito passivo é o portador ou o endossatário do título.

4 Tipicidade objetiva e subjetiva

A conduta incriminada tem seu núcleo no verbo emitir, significando a expedição do título de crédito. A emissão não se confunde com o endosso, que somente pode encontrar guarida no dispositivo se for praticado com a ciência anterior da irregularidade do título, para garantir a sua circulação. Ou seja, a pessoa que endossa o título somente será responsabilizada pelo delito em tela se estiver em conluio com o emitente.

Conhecimento de depósito e *warrant*, títulos de crédito representativos de mercadorias, são elementos normativos do tipo, de valoração jurídica, tendo seus conceitos já explicados no item referente à introdução. Somente haverá o crime se os títulos em questão forem emitidos de forma irregular, isto é, em desacordo com a lei. Nota-se, portanto, que estamos diante de uma norma penal em branco, que irá buscar seu complemento em diploma legal distinto do Código Penal. A emissão dos títulos é regulamentada pelo Decreto nº 1.102, de 1903, que estabelece a sua emissão unicamente pelos armazéns-gerais legalmente constituídos (artigo 1º), de modo que, se os títulos forem emitidos por empresa irregular, serão objetos do delito. Também é criminosa a emissão não autorizada pelo Governo Federal, quando tal formalidade for exigida (artigos 2º e 4º). A legislação exige, ainda, uma série de requisitos formais para a expedição dos títulos (artigo 15), bem como a contratação de seguro para as mercadorias (artigo 16). Por derradeiro, existirá o delito quando os títulos forem expedidos com base em mercadorias não-depositadas ou se os gêneros especificados no título não existirem, ou em caso de duplicidade de títulos sobre a mesma mercadoria ou gênero.

Apesar de o decreto exigir a emissão simultânea dos dois títulos em comento (que, entretanto, podem circular separadamente), não há irregularidade criminosa na expedição de apenas um deles, pois, como salienta Hungria, "se a emissão dos dois títulos é um benefício ao depositante, pode este contentar-se com um só deles".[523]

---

523 HUNGRIA, Nelson. *Comentários...*, op. cit., v. VII, p. 295.

O crime somente se configura se dolosa a conduta, inexistindo previsão legal que contemple a inobservância de um dever de cuidado objetivo. Não há a exigência, outrossim, de qualquer elemento subjetivo especial do tipo.

5 Consumação e tentativa

O crime se aperfeiçoa com a colocação dos títulos em circulação pela emissão, ainda que nenhum resultado lesivo ao patrimônio decorra da ação (crime formal). Trata-se, ainda, de crime instantâneo e de perigo. A tentativa é inadmissível, pois, enquanto o título está em poder do agente, não há qualquer crime, e, uma vez posto em circulação, ocorre a consumação. A conduta, portanto, é unissubsistente.

6 Distinção, concurso de crimes e concurso aparente de normas

Não há problemas em se vislumbrar a emissão irregular em concurso (material ou formal) com outros delitos, sendo que a possibilidade de reconhecimento da continuidade delitiva entre o crime estudado com outras fraudes semelhantes, mas inscritas em tipo penal diverso, será condicionada à interpretação dada à expressão "crimes da mesma espécie".

Havendo falsidade documental incidindo sobre o título, aplica-se a Súmula 17 do STJ.

Deve ser ressaltado que o tipo penal não versa sobre eventual destino ilícito dado as mercadorias, mas tão-somente acerca da cártula em que constam como objeto. Caso seja apropriada a mercadoria pelo depositário, haverá delito de apropriação indébita. A troca da mercadoria que deu azo ao título, ao seu turno, enseja a tipificação do estelionato.

7 Pena e ação penal

Comina-se ao crime de emissão irregular de conhecimento de depósito ou *warrant* a pena de reclusão, de 1 a 4 anos, além de multa cumulativa. Cabível, portanto, a suspensão condicional do processo, consoante o disposto no artigo 89 da Lei nº 9.099/95.

A ação penal é pública incondicionada, salvo se incidente uma das exceções previstas no artigo 182 do CP (e se ausente qualquer das ressalvas do artigo 183).

IX – FRAUDE À EXECUÇÃO
(ARTIGO 179, CP)

1 Introdução

Segundo o Código Penal, pratica o crime de fraude à execução o devedor que, no curso do processo, frustra a satisfação de uma dívida, "alienando, desviando, destruindo ou danificando bens, ou simulando dívidas". O direito de propriedade, embora conferindo ao seu titular, em regra, as faculdades de usar, gozar e dispor de seus bens, não é absoluto e, como bem assevera Capez, "sempre que a propriedade do devedor servir como garantia dos credores, aquele está impedido de praticar qualquer ato que torne inócua essa garantia".[524]

Não seria equivocado situar o tipo penal em estudo dentre os crimes contra a administração da justiça, como fez o Código italiano, seguido pelo Código de 1969 (artigo 383), o qual não entrou em vigor, e pelo Anteprojeto de 1999 (artigo 361). Afinal, o sujeito ativo, com sua conduta, demonstra claro desprezo pela prestação jurisdicional, optando pela burla à comprovação do melhor direito. O Código Penal em vigor, todavia, ao incluir o crime entre os delitos patrimoniais, obedeceu aos modelos suíço e argentino, o que, se não chega a ter grande relevância prática, insinua a predominância de um bem jurídico privado sobre um interesse público, o que cremos equivocado.

2 Objetividade jurídica

Tutela-se, como visto, o patrimônio, já que o direito dos credores de investir legitimamente sobre os bens do devedor é tolhido por uma ação fraudulenta. Eventual e secundariamente, protege-se a administração da justiça, desprestigiada pela conduta do devedor. Todavia, nem sempre existirá a tutela secundária. Nesse sentido, Busato: "Acontece que, mesmo que não tenha sido o devedor citado, formada a lide, uma vez movido o pleito executivo judicial ou extrajudicial, ciente o autor de sua existência, mesmo que essa ciência não derive da ação executiva (como é o caso dos títulos

---

524 CAPEZ, Fernando. *Curso*..., op. cit., v. 2, p. 521.

extrajudiciais, por exemplo, cuja ciência deriva da emissão), já se pode falar em uma fraude à execução. Portanto, o crime existe quer haja, quer não haja um pronunciamento judicial no processo de execução em curso. É óbvio que, se houver, e uma decisão judicial ordenar o pagamento, o qual for obstado através de uma fraude, também poderá ser afligida, de maneira oblíqua, a administração da justiça. Mas esse não é um bem jurídico sempre presente nas hipóteses incriminadas".[525]

Os bens do devedor constituem a objetividade material do delito. Podem ser móveis ou imóveis, corpóreos ou incorpóreos, fungíveis ou infungíveis etc. Basta que tenham apreciação econômica.

3 Sujeitos do delito

O sujeito ativo do crime, em regra, é o devedor, contra quem pende uma sentença a ser executada ou uma ação de execução. O devedor empresário, entretanto, responde por delito diverso, previsto na Lei de Falências (artigo 168, Lei nº 11.101/05). Sempre que o crime for praticado mediante simulação de dívidas, o falso credor também figurará no polo ativo, na qualidade de coautor.

A vítima do delito é o credor (real), que move a ação judicial para ver satisfeito o seu crédito e acaba por ver frustrado o seu intento, em virtude da conduta fraudulenta do agente.

4 Elementos objetivos, subjetivos e normativos do tipo

De início, para que se compreenda o crime de fraude à execução, é importante determinar o que vem a ser a execução. Nesse ponto, importa consignarmos a lição de Marcelo Abelha: "Tomando por análise a tutela jurisdicional executiva, podemos dizer que ela pode ser realizada por via de um processo autônomo – voltado exclusivamente para a atuação da norma concreta ("processo de execução fundado em título extrajudicial") – ou sendo apenas um módulo (fase) executivo de uma relação jurídica processual que agrega as funções de declarar e atuar à norma concreta (como no caso do art. 523 do CPC). Do ponto de vista do procedimento a ser adotado para o módulo ou processo executivo, o CPC previu diversas espécies, estabelecidas de acordo com o direito material a ser satisfeito. O nome atribuído pelo legislador a esse módulo ou etapa executiva fundada em título judicial é cumprimento de sentença. Assim, quer se trate de sentença ou de acórdão ou até mesmo de interlocutória com eficácia de título executivo, então a sua efetivação recebe a alcunha de cumprimento de sentença".[526]

---

525 BUSATO, Paulo César. *Direito Penal...* op. cit., p. 637.
526 ABELHA, Marcelo. *Manual de Execução Civil*. 5. ed. Rio de Janeiro: Forense, 2015.

Cumpre esclarecer que modificamos a posição que outrora esposávamos, exarada ainda sob a égide do Código de Processo Civil de 1973, segundo a qual, para a existência do crime, bastaria a iminência de uma execução, dispensando-se a pendência da ação executiva. Para tanto, realizávamos um paralelo entre o artigo 179 e o artigo 593 do antigo CPC (atual artigo 792), que tratava da fraude à execução no direito processual.[527] Mesmo anteriormente, no entanto, não equiparávamos o crime de fraude à execução a qualquer forma de frustração do direito de credores, exigindo, no mínimo, a instalação prévia de um processo de conhecimento contra o agente. Nossa atual orientação exige o início da fase de cumprimento da sentença ou a existência do processo executivo autônomo. Isso porque, na legalidade estrita que norteia o direito penal, não vemos como ser fraudado algo que ainda não existe (uma execução). O alargamento do espectro criminoso só seria possível se o tipo penal expressamente dispensasse a existência da execução em curso, estabelecendo um momento anterior em que o delito já é observado, coisa que não faz.

A fraude à execução pode ser praticada mediante: (a) alienação, que é a transferência de domínio do bem; (b) desvio, significando o destino diverso dado aos bens, podendo ocorrer por ocultação da coisa; (c) destruição, ou seja, a inutilização total dos bens; (d) dano, conceituado como a inutilização parcial do bem, isto é, a coisa é estragada, mas não aniquilada, e (e) simulação de dívidas, em que um credor fictício executa o agente, para que receba e assegure o patrimônio do devedor, livrando-o dos credores reais. Somente haverá o ilícito penal se tais ações redundarem em estado de insolvência para o devedor. Caso este mantenha um patrimônio suficiente para suportar a execução e quitar a dívida, não haverá se falar em crime.

Em qualquer hipótese, é necessário que o sujeito ativo aja com a vontade de ludibriar e causar um prejuízo para seus credores, não havendo crime, por exemplo, quando o agente aliena um bem para realizar um investimento lucrativo, que nenhum prejuízo trará a quem quer que seja, ou faz a venda por preço justo, mantendo em seu poder quantia suficiente para quitar o seu débito. Daí se infere que o delito, além de ser sempre doloso (não há previsão da modalidade culposa), necessita de um elemento subjetivo especial, consistente na vontade de prejudicar o direito dos credores.

---

527 Dizia o artigo 593: "Considera-se em fraude de execução a alienação ou oneração de bens: I – quando sobre eles pender ação fundada em direito real; II – quando, ao tempo da alienação ou oneração, corria contra o devedor demanda capaz de reduzi-lo à insolvência; III – nos demais casos expressos em lei". Evidente que não se pode inferir uma conduta criminosa da regra processual, mas o dispositivo pode servir de base para a interpretação do delito, demonstrando que, ao menos, o devedor deve estar ciente da iminência de uma ação executiva contra si.

5 Consumação e tentativa

Reputa-se consumado o crime com a prática das condutas que tornam o devedor insolvente, verificando-se a inexistência de bens suficientes para a completa satisfação do débito (crime material e de dano). Também se trata de crime instantâneo, operando-se a consumação em um momento único, exceto no caso do desvio, quando o crime for praticado por ocultação (crime permanente).

A tentativa é perfeitamente admissível, desde que a conduta do agente seja interrompida por circunstâncias alheias a sua vontade. A possibilidade de fracionamento da consumação faz com que o crime seja classificado como plurissubsistente.

6 Distinção, concurso de crimes e concurso aparente de normas

Frequentemente, quando o crime é praticado mediante simulação de dívidas, documentos são falsificados para se conferir credibilidade à fraude encetada. Sempre que isso ocorrer, a fraude à execução absorverá o falso, quando houver o esgotamento da potencialidade lesiva deste naquela (situação que é resolvida pela técnica da consunção; se o falso mantiver sua potencialidade lesiva, haverá concurso de crimes).

Presentes as elementares do tipo penal, o artigo 168 da Lei nº 11.101/2005 (Lei de Falências) prevalecerá sobre o artigo 179 do CP, por ser especial em relação a este.

7 Pena e ação penal

O legislador estipulou, para a fraude à execução, sanção abstrata de detenção, de 6 meses a 2 anos, ou, alternativamente, a aplicação de pena de multa. Cuida-se, portanto, de infração de menor potencial ofensivo, sujeita às regras da Lei nº 9.099/95.

A ação penal é privada, de acordo com o disposto no parágrafo único do artigo 179.

DA RECEPTAÇÃO (TÍTULO II, CAPÍTULO VII)

I – RECEPTAÇÃO
(ARTIGO 180, CP)

1 Introdução

O crime de receptação é o que se chama de delito acessório, pois pressupõe a existência de outro crime (no caso específico da receptação, anterior e consumado), ao contrário do que ocorre com os denominados crimes principais, que existem independentemente de qualquer outro delito. Acerca da autonomia da receptação, é indelével a lição de Pierangeli: "Trata-se de crime *sui generis*, criado com a missão de estabelecer uma dissociação da incriminação do receptador como coautor ou partícipe do delito originário ou primário. Criou-se, pois, um delito autônomo, até porque não pode haver concurso de agentes quando o delito já se consumou, como ocorre com a receptação, que reclama delito anterior consumado".[528] Não é possível se conceituar, portanto, o crime em estudo como "cumplicidade posterior", já que não há concurso de pessoas em delito prévio aperfeiçoado.[529]

A incriminação da receptação é antiga na história do direito criminal, mas não com a autonomia e os contornos que hoje lhe são conferidos. Já previa o Código de Manu (século XII a. C.) que "o brâmane que por preço de um sacrifício ou do ensino dos dogmas sagrados recebe, com conhecimento de causa, da mão de um homem, uma coisa que ele tirou e que não lhe deram, é punível como ladrão".[530] Essa equiparação entre a receptação e o furto também era sentida no direito romano (*celare*). Posteriormente, no período justinianeu, foram criadas a receptação pessoal (*receptatio latronum*) e a receptação real (relativa aos objetos furtados), sob a denominação *crimen extraordinarium receptorum*. Entretanto, como salienta Hungria, o tratamento penal dado ao receptador era equiparado ao *latro* e ao *fur* (*receptatores*

---

[528] PIERANGELI, José Henrique. *Manual*..., op. cit., p. 606.
[529] MAGALHÃES NORONHA, E. *Direito penal*..., op. cit., v. 2, p. 491.
[530] Dispositivo retirado da obra de José Henrique Pierangeli (*Manual*..., op. cit., p. 604).

tenentur eadem poena, qua ipsimet fures). O Código de Hammurabi foi outra legislação a equiparar a receptação com o crime patrimonial anterior.[531]

A Idade Média manteve a receptação como forma de favorecimento ao ladrão. No século XIX, entretanto, os estudos de Nani levaram a receptação à categoria de crime autônomo, pressupondo não apenas um crime patrimonial anterior, mas qualquer delito em que o agente alcançasse o enriquecimento ilícito, excluídas as hipóteses de ajuste prévio entre o autor do crime anterior e o receptador. Os Códigos bávaro e toscano inauguraram a previsão autônoma da receptação. Em França, alteração promovida em 1915 no Código Penal (1810) transformou a receptação pessoal (agora tida como favorecimento e tratada em apartado à receptação) e a receptação real em delitos autônomos.

No Brasil, os Códigos imperial (1830) e republicano (1890) demonstraram um retrocesso em relação ao direito europeu, tratado, em ambos, o receptador como cúmplice do crime original. Também deram o mesmo tratamento à receptação dolosa e à culposa. A atual codificação confere autonomia à receptação, que, entretanto, não passou incólume no tempo, sendo modificada pela Lei nº 9.426/96, que introduziu no tipo fundamental os verbos transportar e conduzir. Também alterou a redação dos parágrafos, inserindo dois deles, antes inexistentes.

2 Objetividade jurídica

A inviolabilidade patrimonial (posse e propriedade) é tutelada no tipo, pois a conduta do receptador estimula, mesmo que indiretamente, a prática de outros crimes. Gatunos, punguistas, estelionatários e outros veem no receptador um pouso certo para o produto de seus delitos. Tenciona-se evitar, também, que a receptação torne a recuperação do produto do crime anterior mais dificultosa.

O objeto material do delito é a coisa móvel que o agente sabe ser produto de crime anterior consumado, ainda que o tipo penal não limite a natureza do objeto às coisas que podem ser mobilizadas. Isso porque, consoante defende Magalhães Noronha, o *nomen juris* do delito significa o ato ou efeito de receptar, ou seja, dar abrigo, esconderijo, lugar, o que não é compatível com o bem imóvel. Ademais, não é possível a transferência física da coisa imóvel, não se vislumbrando, portanto, a maior dificuldade em se reaver o bem.[532] Em sentido contrário, Fragoso: "A palavra ciosa empregada pela lei

---

531 Item 6 do Código de Leis: "Se alguém roubar a propriedade de um templo ou da Corte, deverá ser condenado à morte; e aquele que dele receber o item roubado deverá ser condenado à morte".
532 MAGALHÃES NORONHA, E. *Direito penal...*, op. cit., v. 2, p. 501. Essa também é a posição esposada por Nelson Hungria (*Comentários...*, op. cit., v. VII, p. 304).

tanto pode ser aplicada aos móveis como aos imóveis. Na receptação, a lei não distingue, como faz no furto (artigo 155, CP) e no roubo (artigo 157, CP), sobre a natureza da coisa. Nem se percebe por que a receptação pressuponha 'deslocamento' do objeto. Por outro lado, é perfeitamente claro que um imóvel pode ser produto de crime (falsidade, estelionato etc.)".[533]

Não podem ser objeto material da receptação, ainda, a *res nullius*, a *res derelicta* e as coisas de uso comum, pois essas não serão objeto de crime anterior. De acordo com o STJ, também não podem figurar na objetividade material do delito as coisas destituídas de valor econômico,[534] posição da qual discordamos (basta que o bem tenha valor de uso ou meramente sentimental para que haja a conformação do tipo).

3 Sujeitos do delito

O sujeito ativo do crime é a pessoa que, em proveito próprio ou alheio, adquire, recebe, transporta, conduz ou oculta coisa que sabe ser produto de crime. Também cometerá receptação a pessoa que, mesmo não praticando tais condutas, influi para que terceiro de boa-fé a adquira, receba ou oculte. Caso o terceiro conheça a origem ilícita da coisa (não agindo com boa-fé, consequentemente), a pessoa que o estimulou não deixa de cometer crime. Responderá, na qualidade de partícipe, pela receptação encetada pelo outro, desde que haja relevância causal em sua conduta. Não se exige qualquer qualidade especial do agente (crime comum).

Não pode ser sujeito ativo da receptação o praticante do crime anterior – nem mesmo como coautor ou partícipe – que porventura entregue a coisa para o receptador. Nesse caso, a entrega da coisa para outrem constitui exaurimento do delito prévio. De igual forma, para que se responsabilize alguém pela receptação, é mister que a pessoa não tenha intervindo no crime pressuposto. Assim, se alguém solicita a outrem que furte um telefone celular de determinada marca, acenando com uma remuneração pelo ato, será a ela imputado também o crime de furto, em concurso de pessoas, restando afastada a receptação, mesmo com o posterior recebimento do bem.

O proprietário do crime pode ser responsabilizado pelo crime de receptação. É o que ocorre, por exemplo, quando o bem que se acha na posse de credor pignoratício é subtraído e repassado ao proprietário (que, ressalte-se, não interveio no crime anterior), o qual, ciente da origem da coisa, o aceita. Caso o proprietário seja vítima de um crime patrimonial e venha a reaver

---

533 FRAGOSO, Heleno Cláudio. *Lições...*, op. cit., p. 336-337. O próprio autor reconhece que o STF já decidiu que apenas as coisas passíveis de mobilização podem ser receptadas (RHC 57.710, DJ 10.05.1983).
534 HC nº 90.495/SP, Quinta Turma, rel. Min. Napoleão Nunes Maia Filho, publ. em 25/02/2008.

seus bens diretamente das mãos do criminoso ou de terceiros que prestem auxílio ao autor do crime, ou mesmo de um receptador, obviamente não estará praticando o delito de receptação (a hipótese não é incomum, como na situação em que a vítima tem um telefone celular subtraído e liga para sua própria linha, negociando com o criminoso a devolução do objeto). Nesse caso, a afetação patrimonial recai sobre aquele que recebe o bem, ou seja, o lesado não pode ser autor de crime patrimonial contra si.

No que tange ao advogado ou outro profissional que recebe produto de crime como pagamento pelos seus serviços, há caráter criminoso na conduta, uma vez que a lei não faz qualquer ressalva à condição profissional do agente.[535] Imprescindível, contudo, que conheça a origem ilícita da coisa, não bastando suposições. Por exemplo, se o autor de um roubo paga seu advogado com a joia por ele roubada, a qual, por suas características, é facilmente reconhecida como o objeto material do crime, o advogado, atuando dolosamente, cometerá receptação.

No polo passivo do delito está a vítima do crime anterior, que vê mais distante a possibilidade de recuperar os seus bens.

4 Elementos objetivos, subjetivos e normativos

O delito de receptação é doutrinariamente classificado em receptação própria e imprópria. Na primeira espécie estão as condutas constituintes da 1ª parte do artigo 180: (a) adquirir, (b) receber, (c) transportar, (d) conduzir e (e) ocultar. Todas elas recaindo sobre a coisa que sabe o agente ser produto de crime. Na 2ª parte da norma está a receptação imprópria: (f) influir para que terceiro de boa-fé adquira, receba ou oculte o produto de crime anterior.

Adquirir (*a*) significa a obtenção onerosa ou gratuita do domínio da coisa (por exemplo, a compra de um aparelho de som automotivo, produto de furto ou a dação em pagamento de dinheiro roubado, aceita pelo receptador; ou o recebimento em doação de títulos de crédito que são objeto de extorsão). Não se exclui o caso em que a coisa vai parar em poder do agente por sucessão *causa mortis*, sabendo o herdeiro de sua origem ilícita, desde que dela passe a usufruir. Receber (*b*) é acolher a coisa como possuidor, não ensejando transferência de domínio, como no recebimento em depósito, ou em garantia pignoratícia. Transportar (*c*) é deslocar a coisa de um ponto a outro. Há, aqui, a primeira hipótese de crime permanente, já que, nos primeiros verbos, o crime é instantâneo. A consumação se prolongará no tempo, enquanto durar o transporte. Conduzir (*d*) tem o sentido de dirigir um

---

[535] Nesse sentido, Fernando Capez (*Curso...*, op. cit., p. 527), Julio Fabbrini Mirabete (*Manual...*, op. cit., p. 358), ensinando que, em caso de pagamento em dinheiro, deve ficar comprovado que o cliente não tinha condições de pagar a dívida de outra forma, sabendo disso o agente; José Henrique Pierangeli (*Manual...*, op. cit., p. 609).

meio de transporte. Por exemplo, pratica a receptação o agente que dirige um automóvel roubado, não sendo autor do crime anterior e conhecendo a sua condição ilícita. Cuida-se, novamente, de delito permanente, que exige estar o agente na direção do veículo em movimento para caracterizar a permanência. Ocultar (*e*) tem a acepção de esconder, encobrir, dissimular. Pode ser praticado o delito pelo sumiço da coisa ou, mesmo, pela modificação de suas características originais, de modo a torná-la irreconhecível. A conduta é, também, permanente, se prolongando a consumação no tempo enquanto a coisa estiver oculta. Há, aqui, um tipo misto alternativo, de modo que a prática de mais de uma das condutas tipificadas sobre o mesmo objeto (por exemplo, recebimento e condução de um carro furtado) importa crime único.

Na receptação imprópria, o agente influi (*f*) para que terceiro não conhecedor da origem da coisa a adquira, receba ou oculte. Note-se que o núcleo do tipo é o verbo "influir" (inspirar, estimular). A aquisição, o recebimento ou a ocultação da coisa pelo terceiro de boa-fé é fato atípico. Estando o terceiro de má-fé, responderá pelo crime de receptação, e a pessoa que influiu em sua decisão será responsabilizada como partícipe ou pelo delito inscrito no § 1º do artigo 180, se estiver exercendo atividade comercial ou industrial. Consoante salientado anteriormente, só será imputada a receptação imprópria ao estimulador que não cometeu o crime anterior, pois o repasse de produto de crime praticado pelo próprio agente caracteriza apenas exaurimento do ilícito penal.[536]

É exigência indeclinável do tipo penal a ocorrência de um crime anterior à receptação, já que esta, segundo Hungria, é "o crime que acarreta a manutenção, consolidação ou perpetuidade de uma situação patrimonial anormal, decorrente de um crime anterior praticado por outrem", definindo-a como "crime parasitário".[537] O crime pressuposto não necessita ser patrimonial, bastando que tenha como produto uma coisa móvel. Assim, o crime anterior pode ser um crime contra a administração pública (um peculato – artigo 312 – ou uma corrupção passiva – artigo 317), por exemplo, entre outros. Entretanto, a prática anterior de contravenção penal não dá azo à caracterização da receptação, por impossibilidade de analogia *in malam partem*. Perceba-se que, em outros tipos penais, quando o legislador quis incluir em seu âmbito as contravenções penais, o fez expressamente (como nos artigos 339, § 2º, e 340 do CP).

---

536 Ao menos para a posição majoritária, pois já tivemos a oportunidade de defender alhures a ocorrência de disposição de coisa alheia como própria (artigo 171, § 2º, I, CP).
537 HUNGRIA, Nelson. *Comentários...*, op. cit., v. VII, p. 302-303.

Caso o autor do crime pressuposto seja pessoa isenta de pena (menoridade penal, pessoa portadora de enfermidade ou deficiência mental, incidência de escusas absolutórias etc.), tal fato não acarretará qualquer interferência na caracterização da receptação, de acordo com o disposto no artigo 180, § 4º. Aliás, o autor do crime anterior não precisa sequer ser conhecido, bastando a certeza da empreitada criminosa. Também não afasta a receptação a extinção da punibilidade do autor do crime do qual proveio o objeto material, seja por perdão judicial, graça, anistia, decadência, prescrição ou outra das causas previstas em lei. Igualmente, mantém-se a possibilidade de concretização do crime acessório na ausência de satisfação de uma condição de procedibilidade (representação do ofendido, por exemplo) ou na renúncia ao direito de queixa, nos crimes de ação penal privada.

Para a perfeita subsunção da conduta ao ilícito penal, é indispensável que o agente recepte produto de crime anterior. Podemos dar à palavra produto duas conotações: em sentido amplo, "são os objetos, bens, valores, dinheiro ou qualquer outra coisa que represente proveito direta ou indiretamente derivado da ação criminosa"[538]; em sentido estrito, produto de um crime "é o objeto que o criminoso diretamente obtém com a prática delitiva",[539] ao passo em que proveito "é a vantagem econômica decorrente da utilização do produto do crime".[540] O Código Penal, ao trabalhar com os conceitos de produto e proveito do crime, o faz sem rigor técnico. Por exemplo, ao cuidar do confisco de bens como efeito extrapenal secundário da sentença condenatória (artigo 91, II, alínea b, do CP), usa separadamente as palavras produto e proveito, insinuando trabalhar com a dicotomia conceitual. Já ao abordar a receptação, menciona exclusivamente a palavra produto. Insinua-se, assim, que a receptação não pode recair sobre o proveito de um crime. No entanto, ao cuidar do favorecimento real (artigo 349 do CP), diz que este crime se configura quando, "fora dos casos de coautoria ou de receptação", presta-se auxílio a um criminoso para tornar seguro o proveito de um crime (não há referência ao produto). Ora, se o favorecimento real recaísse exclusivamente sobre o proveito e a receptação sobre o produto de um crime, não existiria qualquer importância na ressalva existente na norma ("fora dos casos de (...) receptação"). Isso significa que, na Parte Especial do Código Penal, o legislador usou o conceito amplo, abrangendo as duas hipóteses. Por conseguinte, podemos ter receptação quer ela recaia sobre o produto de um crime, quer

---

538 MARTINELLI, João Paulo Orsini; DE BEM, Leonardo Schmitt. *Lições Fundamentais de Direito Penal*: parte geral. São Paulo: Saraiva, 2016. p. 889.
539 GALVÃO, Fernando. *Direito Penal*..., op. cit., p. 882.
540 Idem, *ibidem*, p. 882.

recaia sobre seu proveito. Nesse sentido leciona Bitencourt: "produtos do crime, por sua vez, são as coisas adquiridas diretamente com o crime, assim como toda e qualquer vantagem, bem ou valor que represente proveito direto ou indireto, auferido pelo agente com a prática criminosa".[541]

Independentemente daquilo que acima foi tratado, certo é que a receptação não pode recair sobre o instrumento de um crime pretérito, ou seja, do objeto usado para a prática de um crime (por exemplo, a faca usada em crime de roubo). O recebimento, a ocultação, o transporte ou a condução dos *instrumenta sceleris* pode levar à caracterização de favorecimento pessoal (artigo 348, CP), nunca de favorecimento real, já que aqui também os instrumentos restaram alijados da definição legal.

Deve-se enfatizar, ainda, que nem todo objeto material de um crime pode ser considerado seu produto ou proveito. Suponhamos a seguinte hipótese: uma pessoa é flagrada dirigindo uma motocicleta com o chassi adulterado. Em virtude da adulteração, não se consegue determinar a origem do bem, sequer pericialmente (é produto de furto? De roubo?). Todavia, certo é que a motocicleta é objeto material de um crime de adulteração de sinal identificador de veículo automotor (artigo 311 do CP). O condutor, ao ser ouvido, sustenta que conhecia a adulteração, mas não sabe informar a existência de um crime patrimonial prévio, e que adquiriu o veículo em uma troca de bens com pessoa que não sabe dizer o nome ou fornecer a localização. Nesse caso, é correto afirmar que o condutor praticou o crime de receptação porque a moto é produto do crime previsto no artigo 311 do CP? Parece-nos que não. Se a motocicleta foi furtada, ou roubada e, em seguida, adulterada, ela é produto do crime patrimonial prévio, não do crime contra a fé pública. Desconhecendo-se esse crime patrimonial prévio, não há como sustentar a receptação. Não é a adulteração que determina a obtenção da coisa, tampouco se trata de aquisição derivada.

A receptação da receptação é um tema interessante, que merece reflexões. Questiona-se o seguinte: cometerá crime de receptação o agente que, *v. g.*, recebe de um receptador coisa de origem sabidamente ilícita? A resposta é afirmativa. O artigo 180 do CP, ao mencionar que a receptação depende de um crime anterior, não informa a espécie de delito. Pode ser um roubo, um estelionato, uma concussão ou mesmo uma primeira receptação. Afinal, o objeto oriundo de receptação prévia não perde sua origem ilícita. Portanto, se o agente recepta o bem pela segunda vez, cometerá o delito. É o caso, *v. g.*, do sujeito que compra de um ladrão de carros um automóvel roubado e o revende para um segundo adquirente, que conhece a procedência irregular do bem. Impossível negar a responsabilização por receptação do segundo

---

541 BITENCOURT, Cezar Roberto. *Tratado...*, op. cit., v. 1, p. 726.

adquirente. E assim sucessivamente, sempre que a coisa for repassada a outrem, conhecedor da ilicitude.[542]

Questão mais complexa surge quando há uma quebra na cadeia de atos ilícitos. Suponhamos a seguinte situação: *A* furta um automóvel e entrega para *B*, que, ciente de sua origem ilícita, o recebe, cometendo receptação; *B*, ao seu turno, vende o veículo a outro receptador, denominado *C*, que o oferece a *D* em uma feira de automóveis; *D*, todavia, desconhece a mácula que paira sobre o bem, adquirindo-o de boa-fé; certo tempo depois, em virtude de problemas financeiros, *D* resolve vender o veículo a *E*, que, antes da aquisição, resolve pesquisar a sua procedência, verificando a sucessão de atos ilícitos; mesmo assim, *E* compra o automóvel. No que tange a *A*, há a responsabilidade pelo furto, consistindo a entrega do veículo a *B* em exaurimento do delito patrimonial. *B*, indubitavelmente, comete receptação. A compra do bem por *C* não exclui a imputação da receptação, pois a segunda tradição não apaga a sua origem ilícita. *D*, à evidência, não comete qualquer delito, pois se trata de adquirente de boa-fé. *E*, entretanto, sabedor da corrente delituosa, distancia ainda mais a coisa da vítima original, cooperando com o sucesso dos delitos anteriores. Entendemos que a interrupção na sucessão criminosa não tem o condão de tornar legítima a última aquisição.[543] Em sentido diverso opina Hungria: "Se, entretanto, a coisa vem a ser adquirida ou recebida por terceiro de boa-fé, que, por sua vez, a transmite a outrem, não comete este receptação, ainda que tenha conhecimento de que a coisa provém de crime. Houve, em tal caso, uma interrupção ou solução de continuidade da situação patrimonial anormal criada pelo crime originário e mantida, acaso, por intercorrente receptação de má-fé".[544]

A receptação, ao contrário da maioria dos crimes patrimoniais, admite a forma culposa, prevista esta no § 3º do artigo 180. O tipo fundamental, entretanto, arrola apenas a receptação dolosa, que consiste na consciência de praticar uma das condutas tipificadas sobre coisa, conhecendo o agente sua origem criminosa. O verbo "saber" é considerado majoritariamente como indicativo de dolo direto, excluído o dolo eventual. Portanto, para essa posição, não basta que o agente imagine a procedência ilícita da coisa, é necessária a certeza. Contudo, alterando nossa concepção anterior, acreditamos que

---

542 No passado, entendia Carrara que a receptação não poderia ter como antecedente outra receptação, argumentando com a impossibilidade de cumplicidade. Todavia, tal posição se encontra totalmente superada (TACrimSP, Ap. 154.725, Rel. Juiz Alberto Silva Franco).

543 Essa solução é também esposada por Victor Eduardo Rios Gonçalves (*Dos crimes contra o patrimônio...*, op. cit., p. 103) e por Fernando Capez (*Curso...*, op. cit., p. 527).

544 HUNGRIA, Nelson. *Comentários...*, op. cit., v. VII, p. 305. Nessa esteira, Cezar Roberto Bitencourt (*Tratado...*, op. cit., v. 3, p. 374-375), José Henrique Pierangeli (*Manual...*, op. cit., p. 612).

o dolo eventual não pode ser de plano alijado do artigo 180 do CP, uma vez que a expressão "sabe", bem como a expressão "deve saber", contida no § 1º, não revelam a espécie de dolo. A questão será detalhada no estudo acerca do § 1º, para onde remetemos o leitor.

Além do dolo, deve o crime ser praticado "em proveito próprio ou alheio", ou seja, com *animus rem sibi habendi* (elemento subjetivo do tipo), distinguindo-se, assim, do favorecimento real (artigo 349).

A ciência da origem da coisa posterior à conduta não enseja a punição pelo delito, salvo em caso de persistência na ocultação, transporte ou condução, casos em que ficará caracterizado o *dolus subsequens*. Assim, se alguém recebe uma coisa desconhecendo que se trata de produto de crime, vindo posteriormente a ser cientificado sobre essa circunstância, não há se falar em crime, mesmo que mantenha a coisa em seu poder. Entretanto, se já sabendo da origem da coisa, vem a ocultá-la, por exemplo, estará caracterizada a receptação. De forma semelhante, haverá o crime caso influa para que terceiro de boa-fé a adquira, receba ou oculte (receptação imprópria).

5 Consumação e tentativa

Consuma-se o crime de receptação própria com a tradição da coisa (no caso da aquisição ou do recebimento) ou com a efetiva ocultação, condução ou transporte (crime material e de dano). Nos dois primeiros verbos, o crime é instantâneo. Nas três condutas subsequentes, é permanente. A possibilidade de tentativa é clara, pois as condutas são plurissubsistentes.

A consumação na receptação imprópria ocorre com o ato de influenciar, ainda que o terceiro de boa-fé não receba a coisa em tradição ou a oculte. Trata-se, portanto, de crime formal. Apesar de a doutrina majoritária negar a possibilidade de tentativa, cremos que esta não é impossível, como no caso em que, embora exista o estímulo, a pessoa não se sente efetivamente influenciada.[545]

6 Receptação qualificada

Qualifica-se a receptação quando o crime é praticado no exercício de atividade comercial ou industrial, dispositivo adicionado pela Lei nº 9.426/96. Esse diploma legal, de acordo com a sua exposição de motivos, visa a "combater uma crescente e inquietante forma de criminalidade de nossos dias",

---

545 Negam a possibilidade de tentativa na receptação imprópria, entre outros, Nelson Hungria (*Comentários...*, op. cit., v. VII, p. 307), Paulo José da Costa Jr. (*Comentários...*, op. cit., p. 617), E. Magalhães Noronha (*Direito penal...*, op. cit., v. 2, p. 504), Cezar Roberto Bitencourt (*Tratado...*, op. cit., v. 3, p. 384), Luiz Régis Prado (*Curso...*, op. cit., v. 2, p. 619-620), Álvaro Mayrink da Costa (*Direito penal...*, op. cit., p. 1154) e Victor Eduardo Rios Gonçalves (*Dos crimes contra o patrimônio...*, op. cit., p. 111). José Henrique Pierangeli (*Manual...*, op. cit., p. 614-615) admite a possibilidade.

referindo-se ao furto, ao roubo e à receptação de veículos.[546] A lei introduziu, no artigo 180, *caput*, 1ª parte, os verbos "transportar" e "conduzir", sendo criados, outrossim, os §§ 1º e 2º.

Trata-se de crime próprio, devendo o agente se revestir das atividades de comerciante ou industrial (ou seja, deve se tratar de empresário). Não basta à configuração do delito, entretanto, tais características do sujeito ativo. É mister que o crime seja praticado no desempenho de atividade comercial ou industrial. Ausente a elementar, configurar-se-á o crime de receptação própria ou imprópria (artigo 180, *caput*). As atividades em questão, elementos normativos do tipo de valoração jurídico-empresarial, pressupõem a habitualidade e a intenção de lucro. À atividade comercial é equiparada qualquer forma de comércio irregular ou clandestino, inclusive o exercido em residência, segundo a norma de extensão inscrita no § 2º do artigo 180. Andou bem, nesse ponto, o legislador, já que a oferta mais comum de produtos de crime se dá clandestinamente ou por empresários irregularmente constituídos, dificultando a fiscalização e o controle sobre as mercadorias.

Os verbos que constituem o núcleo do tipo são: adquirir, receber, transportar, conduzir, ocultar, ter em depósito, desmontar, montar, remontar, vender, expor à venda e utilizar de qualquer forma. O tipo é misto alternativo, sempre que a conduta recair sobre o mesmo objeto. Se, todavia, são distintas as coisas receptadas, pode ocorrer o concurso de crimes. Os cinco primeiros verbos já foram estudados, razão pela qual remetemos o leitor ao estudo sobre os elementos objetivos do tipo. Ter em depósito é a posse assecuratória da coisa, podendo ser um depósito oneroso ou gratuito. Trata-se de crime permanente. Desmontar e montar significam as ações de separar as peças da coisa, desencaixando-as, ou juntá-las, armando a coisa de origem ilícita. Encontra-se com frequência a ação de desmontar nos desmanches de veículos, normalmente centrados em ferros-velhos, ou seja, no exercício de atividade comercial. Remontar é montar aquilo que foi desmontado, tendo também a acepção de consertar, reparar o bem. Vender é transferir o domínio da coisa pelo pagamento de certo valor. Expor à venda é a exibição da coisa para ser vendida, também constituindo crime permanente. Utilizar de qualquer forma é a cláusula genérica, a qual tenciona abranger todas as hipóteses não especificadas pelo legislador, por meio da interpretação analógica.

A discussão mais instigante em torno desse dispositivo versa sobre o tipo subjetivo. Ao contrário do tipo fundamental, em que foi usado o termo "sabe" para caracterizar o dolo direto, o delito qualificado diz que o sujeito ativo "deve saber" da origem criminosa do bem. Ou seja, não se exige a certeza sobre a procedência ilícita da coisa, bastando que o agente atue com dolo eventual. Salienta Damásio de Jesus que, como o *caput* prevê o dolo

---

546 JESUS, Damásio E. de. *Novíssimas questões criminais*. São Paulo: Saraiva, 1998. p. 80.

direto, e o § 3º contempla a forma culposa, o § 1º só pode cuidar do dolo eventual.[547]

O problema que surge é: qual crime é caracterizado quando o agente pratica a conduta no exercício da atividade comercial ou industrial *sabendo* da origem ilícita da coisa, isto é, atuando com dolo direto? Damásio, alertando para a alta pena cominada ao delito (reclusão, de 3 a 8 anos, e multa) oferece quatro soluções possíveis: (a) o comerciante ou o industrial deve responder pelo tipo fundamental do artigo 180, uma vez que o § 1º não trata do dolo direto; (b) o fato é atípico, pois o § 1º não abrange o dolo direto, e o tipo fundamental não versa sobre as atividades comerciais ou industriais; (c) cuida-se de receptação qualificada, incidindo o agente no § 1º do artigo 180, já que, se o mínimo (dolo eventual) é suficiente para o aperfeiçoamento da conduta, o máximo (dolo direto) também deve sê-lo;[548] (d) o artigo 180, § 1º, deve ser desconsiderado, pois ofende o princípio da proporcionalidade, visto que pune o dolo eventual de forma mais severa do que o dolo direto (no *caput*, a pena é de 1 a 4 anos de reclusão).[549] A orientação de Pierangeli indica adequação do dolo direto ao preceito do § 1º, já que há uma relação de *minimus ad majus*; todavia, para o autor, a flagrante desproporção da pena vicia de inconstitucionalidade a sua cominação abstrata, exigindo a imposição da sanção estipulada ao tipo fundamental.[550]

Na jurisprudência, o STF recentemente decidiu pela constitucionalidade do § 1º, inclusive no que tange à proporcionalidade da pena, consoante se observa no Informativo nº 546: "O art. 180, § 1º, do CP não ofende os princípios da razoabilidade e da proporcionalidade ('§ 1º – Adquirir, receber, transportar, conduzir, ocultar, ter em depósito, desmontar, montar, remontar, vender, expor à venda, ou de qualquer forma utilizar, em proveito próprio ou alheio, no exercício de atividade comercial ou industrial, coisa que deve saber ser produto de crime: Pena – reclusão, de três a oito anos, e multa.'). Com fundamento nessa orientação, a Turma indeferiu habeas corpus no qual condenados por receptação qualificada (CP, art. 180, § 1º) — por efetuarem desmanche de veículos roubados —, alegando violação aos princípios da razoabilidade e da proporcionalidade, argüiam a inconstitucionalidade do mencionado dispositivo, na medida em que prevista pena mais severa para o agente que 'deve saber' da origem ilícita do produto, em relação àquele que 'sabe' de tal origem, conforme disposto no caput desse mesmo

---

547 JESUS, Damásio E. de. *Novíssimas questões...*, op. cit., p. 87.
548 Nesse sentido, Fernando Capez (*Curso...*, op. cit., p. 530) e Luiz Regis Prado (*Curso...*, op. cit., p. 622).
549 JESUS, Damásio E. de. *Novíssimas questões...*, op. cit., p. 87-88.
550 PIERANGELI, José Henrique. *Manual...*, op. cit., p. 619. O autor cita ser esta também a posição de Alberto Silva Franco.

artigo ('Art. 180 – Adquirir, receber, transportar, conduzir ou ocultar, em proveito próprio ou alheio, coisa que sabe ser produto de crime, ou influir para que terceiro, de boa-fé, a adquira, receba ou oculte: Pena – reclusão, de um a quatro anos, e multa.'). De início, aduziu-se que a conduta descrita no § 1º do art. 180 do CP é mais gravosa do que aquela do caput, porquanto voltada para a prática delituosa pelo comerciante ou industrial, que, em virtude da própria atividade profissional, possui maior facilidade para agir como receptador de mercadoria ilícita. Em seguida, asseverou-se que, apesar da falta de técnica na redação do aludido preceito, a modalidade qualificada do § 1º abrangeria tanto o dolo direto quanto o eventual, ou seja, abarcaria a conduta de quem 'sabe' e de quem 'deve saber' ser a coisa produto de crime. Assim, se o tipo pune a forma mais leve de dolo (eventual), a conclusão lógica seria de que, com maior razão, também o faria em relação à forma mais grave (dolo direto), mesmo que não o tenha dito expressamente, pois o menor se insere no maior".[551]

Já no STJ, adotou-se primeiramente a tese da desconsideração do § 1º, por sua suposta incompatibilidade com a Constituição Federal: "Receptação/receptação qualificada (punibilidade menor/maior). Lei nº 9.426/96 (imperfeições). Norma/preceito secundário (desconsideração). 1. É nossa a tradição da menor punibilidade da receptação, 'em confronto com o crime de que deriva' (por exemplo, Hungria em seus comentários). 2. Fruto da Lei nº 9.426/96, o § 1º do art. 180 do Cód. Penal – receptação qualificada – reveste-se de imperfeições – formal e material. É que não é lícita sanção jurídica maior (mais grave) contra quem atue com dolo eventual (§ 1º), enquanto menor (menos grave) a sanção jurídica destinada a quem atue com dolo direto (art. 180, caput). 3. Há quem sustente, por isso, a inconstitucionalidade da norma secundária (violação dos princípios da proporcionalidade e da individualização); há quem sustente a desconsideração de tal norma (do § 1º, é claro). 4. Adoção da hipótese da desconsideração, porque a declaração, se admissível, de inconstitucionalidade conduziria, quando feita, a semelhante sorte, ou seja, à desconsideração da norma secundária (segundo os kelsenianos, da norma primária, porque, para eles, a primária é a norma que estabelece a sanção – negativa, também a positiva). 5. Ordem concedida a fim de se fixar a pena-base em 1 (um) ano de reclusão, substituída por pena restritiva de direitos (pena pecuniária)".[552] Em seguida, o Tribunal também passou a defender sua constitucionalidade: "*In casu*, conforme os autos, os embargados foram denunciados pela prática do delito de receptação qualificada,

---

551 HC nº 97.344/SP, rel. Min. Ellen Gracie, julg. em 12/05/2009.
552 HC nº 109.780/SP, Sexta Turma, rel. Min. Jane Silva, rel. para o acórdão Min. Nilson Naves, julg. em 16/12/2008.

uma vez que, no mês de agosto de 2003, ficou constatado que eles tinham em depósito, no exercício de atividade comercial, diversos veículos que sabiam ser produto de crime. Processados, sobreveio sentença, condenando-os pela infração do art. 180, § 1º, do CP às penas de quatro anos e seis meses de reclusão em regime semiaberto e 30 dias-multa. Em sede de apelação, o tribunal *a quo* reduziu a pena para um ano e seis meses de reclusão, além de 15 dias-multa, sob o fundamento de que a pena estabelecida para o delito de receptação qualificada mostrava-se desproporcional à gravidade do crime. Segundo aquela corte, mais apropriada seria, na espécie, a fixação da pena nos limites previstos para a forma simples de receptação. Sobreveio, então, o REsp, ao qual, monocraticamente, foi negado seguimento, ensejando agravo regimental que também foi desprovido pela Sexta Turma deste Superior Tribunal. Nos embargos de divergência (EREsp), o MP ressaltou que a Quinta Turma do STJ, bem como o STF, vêm pronunciando-se sobre a matéria contra a possibilidade de aplicar a pena prevista no art. 180, *caput*, do CP quando caracterizada a forma qualificada do delito. A defesa, por sua vez, assinalou que, se acolhida a argumentação do embargante, haveria uma punição muito mais severa à receptação qualificada, praticada com dolo eventual, do que a prevista para a modalidade simples, mesmo com dolo direto. Nesse contexto, a Seção entendeu que, apesar dos fundamentos defensivos no sentido de que não seria razoável o agravamento da sanção do tipo penal qualificado, que traz como elemento constitutivo do tipo o dolo eventual, não há como admitir a imposição da reprimenda prevista para a receptação simples em condenação pela prática de receptação qualificada (crime autônomo). Assim, adotou o entendimento de que a pena mais severa cominada à forma qualificada do delito tem razão de ser, tendo em vista a maior gravidade e reprovação da conduta, uma vez que praticada no exercício de atividade comercial ou industrial. Observou tratar de opção legislativa, em que se entende haver a necessidade de repressão mais dura a tais condutas, por serem elas dotadas de maior lesividade. Desse modo, não existem motivos para negar a distinção feita pelo próprio legislador, atento aos reclamos da sociedade que representa, no seio da qual é mais reprovável a conduta praticada no exercício de atividade comercial, como ocorre no caso, cuja lesão exponencial resvala num sem número de consumidores, todos vitimados pela cupidez do comerciante que revende mercadoria espúria. Inviável, pois, sem negar vigência ao dispositivo infraconstitucional em questão e sem ofensa aos princípios da proporcionalidade e da razoabilidade constitucionalmente previstos, impor ao paciente, pela violação do art. 180, § 1º, do CP, a sanção prevista ao infrator do *caput* do referido artigo. Diante disso, acolheu, por maioria, os embargos a fim de reformar o acórdão embargado e dar provimento ao recurso especial, restabelecendo a condenação pela forma qualificada da receptação nos termos da sentença".[553]

Bitencourt adota uma posição diferente que, pensamos, resolve uma série de perplexidades. Sustentando o caráter normativo das expressões "sabe" e "deve saber", critica seu uso para definir a espécie de dolo verificável na formulação legislativa. As expressões e estariam em descompasso para com a atual evolução das teorias do dolo e da culpabilidade. Apoiando-se no finalismo de Welzel e na separação entre dolo e potencial consciência da ilicitude, assim defende: "Na hipótese do sabe – afirmavam os doutrinadores –, há plena certeza da origem delituosa da coisa. Nesse caso, não se trata de mera suspeita, que pode oscilar entre a dúvida e a certeza, mas há, na realidade, plena convicção da origem ilícita da coisa receptada. Assim, a suspeita e a dúvida não servem para caracterizar o sentido da elementar 'sabe'. Logo – concluíam –, trata-se de dolo direto. Na hipótese do 'deve saber', a origem ilícita do objeto material, afirmavam, significa somente a possibilidade de tal conhecimento, isto é, a potencial consciência da ilicitude do objeto. Nas circunstâncias, o agente deve saber da origem da coisa, sendo desnecessária a ciência efetiva: basta a possibilidade de tal conhecimento. Dessa forma, na mesma linha de raciocínio, concluíam, trata-se de dolo eventual. No entanto, essa interpretação indicadora do dolo, por meio do 'sabe' ou do 'deve saber', justificava-se quando vigia, incontestavelmente, a teoria psicológico-normativa da culpabilidade, que mantinha dolo como elemento da culpabilidade, situando a consciência da ilicitude no próprio dolo. Contudo, a sistemática hoje é outra: a elementar 'sabe que é produto do crime' significa ter consciência da ilicitude da conduta (elemento da culpabilidade normativa), e a elementar 'deve saber', por sua vez, significa a possibilidade de ter essa consciência da ilicitude. Logo, considerando que esse elemento normativo – consciência da ilicitude – integra a culpabilidade, encontrando-se, portanto, fora do dolo, somos levados a concluir que as elementares referidas são indicativas de graduação da culpabilidade, e não do dolo, como entendia a velha doutrina".[554] Consoante assevera o autor, o elemento intelectual do dolo não se limita a determinadas elementares, tampouco se refere à ilicitude do fato, mas a todos os elementos objetivos, normativos e subjetivos que compõem o tipo, sendo certo que esse conhecimento deve ser atual, não potencial, ou ficam esmaecidas as fronteiras ente o dolo e a culpa. Segue Bitencourt afirmando que "a admissão da elementar deve saber como identificadora de dolo eventual impede que se demonstre in concreto a impossibilidade de

---

553 Informativo nº 451, EREsp 772.086-RS, Rel. Min. Jorge Mussi, julgados em 13/10/2010.
554 BITENCOURT, Cezar Roberto. *Tratado...* op. cit., p. 316-317.

ter ou adquirir o conhecimento da origem ilícita do produto receptado, na medida em que tal conhecimento é presumido".[555] Masson repudia a lição, aduzindo que, caso seja adotada, "teríamos de concluir pela existência de um crime sem elemento subjetivo, o que não se admite".[556]

Partindo da defesa realizada por Bitencourt, que, se adotada a ótica finalista, consideramos correta, o dolo passa a ser apurado de acordo com suas formulações teóricas, não mais com base nas elementares "sabe" e "deve saber". Isso vale tanto para o caput do artigo 180 – que não se basta no dolo direto, portanto –, quanto para o crime qualificado, restando indiscutível também a punição por dolo direto. Incumbe, portanto, demonstrar se o dolo existe no caso concreto e, em caso positivo, qual a sua espécie. Não ocorrendo tal demonstração, teremos ou conduta culposa, ou fato atípico.

Além do dolo, direto ou eventual, o tipo qualificado exige um elemento subjetivo, a intenção de haver a coisa em proveito próprio ou alheio, ou seja, com *animus lucrandi*, inerente à atividade empresarial.

Devido à maior reprovabilidade da conduta, entende o STF que ela é insuscetível de aplicação do princípio da insignificância, consoante informativo nº 663: "O princípio da insignificância, bem como o benefício da suspensão condicional do processo (Lei 9.099/95, art. 89) não são aplicáveis ao delito de receptação qualificada (CP, art. 180, § 1º). Com base nesse entendimento, a 2ª Turma conheceu, em parte, de habeas corpus e, nessa extensão, indeferiu a ordem impetrada em favor de denunciado pela suposta prática do crime de receptação qualificada por haver sido encontrado em sua farmácia medicamento destinado a fundo municipal de saúde. Frisou-se que a pena mínima cominada ao tipo penal em questão seria superior a um ano de reclusão, o que afastaria o instituto da suspensão condicional do processo." (HC 105963/PE, rel. Min. Celso de Mello, 24.4.2012). Discordamos, crendo que o exercício de uma atividade empresarial não é incompatível com o reconhecimento da escassa afetação ao bem jurídico tutelado.

Em qualquer hipótese, o crime é material, consumando-se, nas condutas que exigem a obtenção da coisa pelo agente ou por eventual adquirente, com a tradição e, nas demais, com a prática do verbo. Sempre será admitida a forma tentada.

---

555 Idem, *ibidem*, p. 317. Uma vez definido que as expressões "sabe' e "deve saber" são gradações da culpabilidade, resta consignar que a censurabilidade, em ambos os casos, é distinta. Não por outro motivo, o erro de proibição vencível importa diminuição da pena. A atuação consciente, afinal, é mais reprovável que o atuar com inconsciência da ilicitude, ainda que esta seja potencial.

556 MASSON, Cleber. *Direito Penal...* op. cit., p. 734.

7 Receptação culposa

Inserta no § 3º, a receptação culposa trata da aquisição ou do recebimento de coisa que, por sua natureza ou em virtude da desproporção entre o valor e o preço, ou pela condição de quem a oferece, deve presumir-se obtida por meio criminoso. O agente, aqui, não conhece a origem ilícita da coisa, tampouco assume o risco de adquirir ou receber produto de crime. Simplesmente age com falta de cuidado objetivo, não presumindo aquilo que é presumível.

Os verbos tipificados no núcleo do tipo (adquirir e receber) já foram conceituados no estudo do tipo fundamental. A ocultação foi afastada do da norma porque, obviamente, não pode ser praticada culposamente.

A presunção é informada pela natureza da coisa, pelo preço desproporcional ou pela peculiar condição de quem a oferece. No primeiro caso, tem-se a dúvida residindo na essência do objeto, como uma joia que é vendida com a gravação do nome de seu proprietário original. A segunda hipótese é revelada pelo preço vil. Já nos detivemos na investigação de um caso em que o agente comprara um telefone celular moderno pelo preço de uma versão popular, sendo descoberta a sua origem em um furto. A desproporção entre preço e valor é fundada somente em regras econômicas, afastado o valor sentimental ou qualquer outro que não possa ser objetivamente considerado pelo adquirente ou recebedor. É evidente que, se o agente desconhece o valor de mercado da coisa, em erro de tipo invencível, será atípica a conduta. A condição de quem oferece a coisa é o último indício de culpa, tratando-se de improbabilidade da pessoa oferecer tal bem em um negócio lícito, como no caso do mendigo que oferece um aparelho de som automotivo a alguém, ou quando um camelô vende um relógio de ouro.

O crime é material, dependendo da tradição da coisa para alcançar a consumação. Em se tratando de conduta culposa, não é admissível a forma tentada.

Consideramos problemática a admissão do tipo culposo com base na clássica distinção entre dolo direto ("sabe") e eventual ("deve saber"). Se o artigo 180, *caput*, contempla unicamente a conduta criminosa praticada com dolo direto, ou seja, o receptador "sabe" estar realizando o ato sobre um produto de crime; e se a receptação qualificada abrange o dolo eventual ("deve saber") e o dolo direto, mas restringe sua aplicação aos casos de crime praticado em atividade comercial ou industrial, a receptação culposa não pode existir. Isso porque, se o sujeito ativo, movido pelo dolo eventual e atuando fora do exercício de atividades comerciais ou industriais, obtivesse para si o produto de um crime, não cometeria crime algum. Todavia, atuando descuidadamente, praticaria receptação culposa. Ora, não se pode admitir a punição da forma culposa e não de seu correspondente doloso, sob pena de desproporcionalidade. Contudo, admitindo-se que as expressões "sabe" e "deve saber" (como já exposto) não são indicativas de dolo, o problema deixa de existir.

8 Perdão judicial, causa de diminuição e de substituição da pena

O § 5º do artigo 180 estabelece, em sua 1ª parte, o perdão judicial para o crime de receptação culposa. Assim, se o criminoso é primário (isto é, não reincidente) e outras circunstâncias assim recomendarem, o juiz pode deixar de aplicar a pena. O dispositivo não indica quais são as circunstâncias que devem vir em favor do agente, deixando ao crivo do magistrado, diante do caso concreto, a sua determinação. Não há que se falar em afronta à legalidade, pois se trata de tipo não incriminador. Segundo Regis Prado, em interpretação que adotamos sem ressalvas, as circunstâncias devem guardar um paralelo com aquelas previstas no artigo 59 do Código Penal.[557]

Em se tratando de receptação dolosa, é impossível o perdão judicial. Todavia, a lei confere, na 2ª parte do § 5º, a possibilidade de redução da pena, de um a dois terços, a substituição da reclusão pela detenção ou a aplicação isolada da pena de multa, afastando-se a pena privativa de liberdade. Para tanto, basta que sejam satisfeitos os requisitos do artigo 155, § 2º, ou seja, o criminoso deve ser primário e deve ser de pequeno valor a coisa receptada.

9 Causa de aumento da pena

É aplicada em dobro a pena da receptação própria ou imprópria (artigo 180, *caput*) se a coisa receptada pertence ao patrimônio da União, de Estado, de Município, do Distrito Federal, ou de autarquia, fundação pública, empresa pública, sociedade de economia mista ou empresa concessionária de serviços públicos. Sobre o tema, recomendamos a leitura das notas acerca do artigo 163, p. único, III, do CP, que conta com a mesma redação. Um exemplo bastante comum de verificação prática dessa norma ocorre na receptação de cabos elétricos ou telefônicos, ou melhor, do cobre contido em seu interior, lesando o patrimônio de empresa concessionária.

O dispositivo não tem incidência sobre os §§ 1º (receptação qualificada) e 3º (receptação culposa).

10 Distinção, concurso de crimes e concurso aparente de normas

Não é a quantidade de delitos anteriores, mas sim o número de condutas, que determinará o surgimento de crimes de receptação em concurso. Destarte, se o agente adquire, em uma única oportunidade, o produto de diversos crimes, haverá receptação única. Todavia, ainda que haja um crime anterior somente, mas o receptador, fracionando sua conduta, adquire

---

557 PRADO, Luiz Regis. *Curso...*, op. cit., v. 2, p. 624.

parcelas de seu produto em oportunidades distintas, teremos tantas receptações quantas forem as condutas, possivelmente em continuidade delitiva, se satisfeitos os requisitos do artigo 71 do CP.

A possibilidade de continuidade delitiva entre o artigo 180, *caput*, e o § 1º deve ser vista com cautela. Isso porque, apesar de doutrinariamente denominado "receptação qualificada", o § 1º é um crime distinto do tipo fundamental, já que com ele não guarda nenhuma relação de subordinação. Assim, mesmo que um único agente pratique os dois delitos em condições assemelhadas de tempo, lugar, modo de execução etc., não será satisfeito o requisito "crimes da mesma espécie", se adotada a interpretação restritiva. Somente se conceituada a expressão de forma ampla poderemos ter o crime continuado.

Em tema de concurso de delitos, ainda, é corriqueiro o aparecimento da receptação em concurso material com o crime de associação criminosa (artigo 288, CP), quando quatro ou mais pessoas se organizam para adquirir produtos de crimes (peças de arte, antiguidades, automóveis etc.). Poderá haver, outrossim, a receptação em concurso material com o crime de falsidade documental, se notas fiscais e documentos são fabricados ou adulterados para simular a origem lícita do bem, ou com o crime de adulteração de sinal identificador de veículo automotor (artigo 311, CP), se, *v. g.*, os chassis de um automóvel receptado são remarcados com o mesmo fim. De acordo com o STJ, pode ser verificado o concurso de crimes também na relação entre a receptação e o Estatuto do Desarmamento, conforme publicado no Informativo nº 433: "Aquele que adquire arma de fogo cuja origem sabe ser ilícita responde por delito contra o patrimônio, no momento em que se apodera da *res*. Se depois mantiver consigo a arma, circulando com ela ou mantendo-a guardada, e vier a ser flagrado, responderá pelo crime de porte ilegal de arma tipificado no art. 14 do Estatuto do Desarmamento (Lei n. 10.826/2003). Assim, como os dois delitos praticados pelo ora recorrido possuem objetividade jurídica diversa e momentos de consumação diferentes, não há que se falar em consunção. Aqueles crimes são autônomos, devendo o recorrido responder a ambos em concurso material. Daí, a Turma conheceu do recurso e deu provimento a ele para condenar o réu quanto ao delito previsto no art. 180, *caput*, do CP, em concurso material com o delito tipificado no art. 14 do Estatuto do Desarmamento, determinando o retorno dos autos para a prolação de nova sentença. Precedente citado: HC 55.469-RJ, DJe 8/9/2008".[558]

Distingue-se a receptação do crime de favorecimento real, inscrito no artigo 349 do CP. Neste, não há o *animus lucrandi*, ou seja, o especial fim de haver a coisa em proveito próprio ou alheio, presente naquela. No

---

558 REsp. 1.133.986/RS, Quinta Turma, rel. Min. Jorge Mussi, julg. em 04/05/2010.

favorecimento, o agente é movido pela vontade de auxiliar o criminoso, ou seja, *amoris vel pietatis causa*.

Alguns delitos prevalecem sobre a receptação em virtude do princípio da especialidade, como o contrabando (artigo 334, § 2º, *c*, CP), a moeda falsa (artigo 289, § 1º), a falsificação, corrupção etc. de produtos terapêuticos ou medicinais (artigo 273, § 1º), entre outros.

11 Pena e ação penal

Comina-se ao crime de receptação a pena de reclusão, de 1 a 4 anos, e multa cumulativa. É possível, pelo limite mínimo da sanção penal (igual ou inferior a um ano), a suspensão condicional do processo, consoante o disposto no artigo 89 da Lei nº 9.099/95. Incidindo a causa de aumento da pena arrolada no § 6º, todavia, a pena mínima para o delito passa a ser de dois anos, não permitindo a suspensão. Há margem, no entanto, para o acordo de não persecução penal (artigo 28-A do CPP)

A receptação qualificada (§ 2º) é apenada com reclusão, de 3 a 8 anos, além de multa (admite o acordo de não persecução). No tocante à receptação culposa, a sanção abstratamente cominada é de detenção, de 1 mês a 1 ano, além de multa alternativa ou cumulativa, a critério do juiz. Trata-se de infração de menor potencial ofensivo, sujeita às regras da Lei nº 9.099/95.

A ação penal é pública incondicionada, salvo em caso de aplicação das regras do artigo 182 do CP (será, nessas hipóteses, pública condicionada à representação do ofendido) e de não incidência das ressalvas do artigo 183, também do CP.

II – RECEPTAÇÃO DE ANIMAL
(ARTIGO 180-A, CP)

1 Introdução

Criada pela mesma lei que determinou a qualificação do furto pela subtração de semoventes domesticáveis de produção (Lei nº 13.330/2016), a receptação de animal tem origem no PL nº 6.999/2013 da Câmara dos Deputados. Nessa proposição, além do furto e da receptação de animais, punia-se também o comércio de carne e outros alimentos sem procedência lícita, na qualidade de crime contra as relações de consumo. Ao ser analisado pela Comissão de Constituição e Justiça e de Cidadania da Câmara, o relatório do Deputado Esperidião Amin, referindo-se às justificativas apresentadas pelo Deputado Afonso Hamm (autor do projeto), sustentou a necessidade da alteração legislativa. De acordo com o relatório, as novas tipificações combateriam o risco à saúde humana decorrente da procedência ignorada dos produtos animais (carne etc.), bem como a fraude tributária ínsita ao comércio ilegal. Como argumentação, afirmou o relator, por exemplo, que um animal vacinado não pode ser abatido e consumido no período de quarenta dias, pois a substância veterinária permanece em seu organismo, o que causaria um perigo a eventuais consumidores.

Com poucas alterações, o PL nº 6.999 foi aprovado e remetido ao Senado Federal, onde se transformou no PLC nº 128/2015. O projeto recebeu parecer do então Senador Aécio Neves, o qual, na qualidade de relator, sustentou que o *abigeato* é "alimentado pela ociosidade das classes pobres da campanha, especialmente nas proximidades das povoações, e pela facilidade de cometer esse crime e de prová-lo". Ou seja, fica evidente a tentativa de marginalização das camadas mais pobres da sociedade, qualificadas pelo Senador como ociosas, para a proteção do agronegócio. O parecer, assim, é um claro exemplo de como opera a seletividade penal no ordenamento jurídico brasileiro. Escorando-se no texto da Câmara dos Deputados, o parecer igualmente invoca a saúde pública como justificativa para a reprimenda penal diferenciada. Opinou-se, todavia, ao contrário do que ocorrera na Câmara dos Deputados, pela retirada do crime contra as relações de consumo do texto final, pois as alterações que se pretendia realizar sobre o artigo 7º, X, da Lei nº 8.137/1990 já seriam encampadas pelo artigo 180-A do CP (o que não é totalmente verdadeiro), evitando-se, assim, duplicidades.

Embora a receptação de animal guarde um paralelo para com o crime de furto qualificado do artigo 155, § 6º, há uma perceptível diferença de tratamento entre os dois tipos penais: ao contrário do que ocorreu com o furto, em que a conduta foi adicionada a uma estrutura já existente na qualidade de tipo derivado, a receptação de animal ganhou autonomia, dissociando-se da receptação do artigo 180 do CP. Em linhas gerais, contudo, os dois tipos reproduzem os mesmos conceitos.

2 Objetividade jurídica

Tutela-se o patrimônio, como ocorre com a receptação do artigo 180 do CP. Remetemos leitor, assim, ao que foi escrito acerca do crime anterior.

O objeto material do crime é o semovente domesticável de produção, o que já foi estudado por ocasião do artigo 155, § 6º, do CP, para onde remetemos o leitor, evitando, assim, redundâncias.

3 Sujeitos do delito

O crime de receptação de animal pode ser praticado por qualquer pessoa, independentemente de qualidades pessoais. O sujeito passivo é o produtor que tem o semovente integrado ao seu patrimônio.

4 Elementos objetivos, subjetivos e normativos do tipo

As condutas incriminadas no dispositivo em comento reproduzem, ainda que em número inferior, verbos já eram mencionados na receptação qualificada (artigo 180, § 1º, CP). Ficaram de fora os verbos desmontar, montar e remontar, que obviamente não se coadunam com o objeto material do crime, e os comportamentos de expor à venda e utilizar, esses inexplicavelmente olvidados.

Assim, são núcleos do tipo penal: adquirir, receber, transportar, conduzir, ocultar, ter em depósito e vender. Todos já foram comentados no estudo da receptação qualificada. Vale salientar que transportar, conduzir, ocultar e ter em depósito são condutas permanentes.

Da mesma forma que a receptação do artigo 180, a receptação de animal também é um crime acessório, dependente da existência de um crime principal, seja ele um furto de semovente, um roubo, uma apropriação indébita ou qualquer outro crime do qual o semovente domesticável de produção se torne produto. Ou seja, entre os dois tipos penais há uma mesma estrutura fundamental, tornando-se desnecessária a repetição dos elementos de configuração que ambos possuem em comum. Importa, pois, apresentar os traços distintivos.

Para que ocorra a receptação de animal, não basta que as condutas previstas no dispositivo sejam praticadas sobre semoventes domesticáveis de produção íntegros, abatidos ou divididos em partes. Por exemplo, se alguém furta uma cabeça de gado, abate o animal e posteriormente vende a carne para outra pessoa que, ciente da origem do alimento, pretende consumi-lo, o crime é o do artigo 180, não o do artigo 180-A. No dispositivo mais recente, o receptador obrigatoriamente deve agir com finalidade de produção ou de comercialização do produto do crime prévio. Por conseguinte, se o animal furtado é vendido ainda vivo para alguém que vá utilizá-lo na produção de leite, por exemplo, ou se é repassado morto ao dono de um açougue, que irá vender sua carne, o produtor ou o comerciante pratica receptação de animal.

No que concerne ao dolo do agente, pode ser direto ou eventual. A respeito, ver aquilo que foi escrito acerca da receptação qualificada. Não se pune a forma culposa.

Quanto aos demais elementos de configuração do crime, valemo-nos daquilo que já foi escrito sobre o furto qualificado (artigo 155, § 6º, CP) e sobre a receptação (artigo 180, CP).

5 Concurso de crimes e concurso aparente de normas

A receptação de animal pode figurar em concurso material e formal com diversos outros delitos. No que tange ao crime continuado com a receptação qualificada (artigo 180, § 1º), a resposta depende daquilo que se entende por crimes da mesma espécie. A aplicação do artigo 71 é possível caso se entenda que são delitos que possuem o mesmo objeto de tutela e descrição típica assemelhada.

Quando se tem em conta o mesmo objeto material, a receptação de animal prevalece sobre o artigo 180, § 1º, em virtude da aplicação da técnica da especialidade.

Caso o receptador venda produtos derivados do animal receptado em condições impróprias para o consumo, existirá concurso de crimes entre o artigo 180-A do CP e o artigo 7º, IX, da Lei nº 8.137/1990.

6 Pena e ação penal

Ao crime de receptação animal se comina abstratamente pena de reclusão, de dois a cinco anos, além de multa cumulativa.

Considerando as margens penais máxima e mínima, o crime em comento não aceita transação penal ou suspensão condicional do processo. Contudo, como se trata de infração praticada sem violência ou grave ameaça com pena mínima inferior a quatro anos, é possível o acordo de não persecução penal, se presentes os requisitos previstos no artigo 28-A do CPP.

A ação penal é pública incondicionada, salvo se houver a incidência do artigo 182 do CP e a não incidência do artigo 183.

DISPOSIÇÕES GERAIS
(TÍTULO II, CAPÍTULO VIII)

I – ESCUSAS ABSOLUTÓRIAS, FUNDAMENTOS EXCLUDENTES DE PENA OU IMUNIDADES ABSOLUTAS (ARTIGO 181, CP)

1 Conceito

As imunidades absolutas, também conhecidas por escusas absolutórias ou fundamentos excludentes de pena, são definidas por critérios de política criminal. Como bem salienta Juarez Cirino, "ao contrário das condições objetivas de punibilidade, constituem circunstâncias cuja presença exclui a punibilidade de fatos já caracterizados como tipo de injusto e culpabilidade".[559] Prossegue o autor estabelecendo duas categorias: (a) fundamentos ou circunstâncias de isenção da pena; e (b) fundamentos ou circunstâncias de suspensão da pena (aqui se incluiriam a desistência voluntária e o arrependimento eficaz dos fatos puníveis tentados). Aquelas situações de isenção da pena, por sua vez, podem ter natureza pessoal ou natureza objetiva.[560] O artigo 181 do CP contempla hipóteses pessoais de isenção da pena.

Neste artigo, as escusas se prestam a preservar a harmonia familiar – como também o fazem, por exemplo, no artigo 348, § 2º, do CP (favorecimento pessoal) – e questões jurídicas inerentes à comunicação patrimonial. Interessa anotar que as imunidades absolutas não retiram o caráter antijurídico e culpável da conduta, apenas obstando a aplicação da pena.[561]

2 Imunidade decorrente de sociedade conjugal

A primeira hipótese de imunidade absoluta versa sobre o cometimento de crime patrimonial contra o cônjuge, na constância da sociedade conjugal.

---

559 SANTOS, Juarez Cirino dos. *Direito Penal*: parte geral. 6. ed. Curitiba: ICPC, 2014.
560 Idem, *ibidem*, p. 341.
561 Nesse sentido, DELMANTO: "Por várias razões de política criminal, notadamente pela menor repercussão do fato e pelo intuito de preservar as relações familiares, é prevista esta imunidade. Cuida-se de escusa absolutória de caráter pessoal, que exclui a possibilidade de punir, mas não afasta, porém, a ilicitude objetiva do fato" (*Código...*, op. cit., p. 663).

Cônjuge, na legislação brasileira, é a pessoa casada, seja o casamento civil ou religioso com efeitos civis.

E no caso de cônjuges separados, de fato ou judicialmente, há imunidade absoluta? Primeiramente, frise-se que a separação não mais existe em nosso ordenamento jurídico, por força da Emenda Constitucional nº 66 de 2010. O § 6º do artigo 226 da CRFB possuía a seguinte redação: "O casamento civil pode ser dissolvido pelo divórcio, após prévia separação judicial por mais de um ano nos casos expressos em lei, ou comprovada separação de fato por mais de dois anos". A partir da Emenda, passou a exibir o seguinte teor: "O casamento civil pode ser dissolvido pelo divórcio". Parece-nos claro que o instituto da separação foi extinto do ordenamento jurídico brasileiro. Não se trata, no entanto, de tema isento de controvérsias: apesar de a Constituição não exigir mais a separação prévia como requisito para o divórcio, há quem sustente que ela não impede que o legislador ordinário estabeleça esse requisito; e ele assim o faz, no artigo 1.580 do Código Civil. Além disso, o Código de Processo Civil de 2015, que é posterior à Emenda Constitucional nº 66 (o dispositivo do CC é anterior), em diversos trechos menciona a separação como instituto jurídico (por exemplo, no artigo 731). Não é uma argumentação convincente: a EC nº 66, de forma cristalina, pretendeu extinguir as formas de separação e, se o CPC regula essas hipóteses, nesses trechos ele é inconstitucional. Ainda assim, há casos de separação anteriores à alteração constitucional, realidade que não pode ser ignorada.

Pois bem, mesmo na época em que se admitia a separação como instituto jurídico, ela não era apta a dissolver a sociedade conjugal (apenas a morte e o divórcio poderiam fazê-lo). Cônjuges separados continuam casados. Quando há separação de fato, portanto, a imunidade absoluta persiste. E na separação judicial? Nesta, é o próprio Código Penal que afasta a escusa absolutória. Para se chegar a tal conclusão, é necessário interpretar o artigo 181, I, em conjunto com o artigo 182, I, que estabelece "imunidades relativas" (em verdade, mera regra de determinação da natureza da ação penal). Afirma-se, no dispositivo, que nos crimes patrimoniais praticados contra o cônjuge judicialmente separado, a ação penal é pública condicionada à representação do ofendido ou de seu representante legal. Em outras palavras: não há isenção de pena, ainda que se mantenha íntegro o vínculo conjugal.

Depois do divórcio, não há mais se falar em imunidade absoluta, pois ocorre a dissolução do vínculo entre o casal. Para a verificação da integridade do vínculo, importará a data da conduta, consagrando-se a teoria da atividade. Portanto, é irrelevante o divórcio posterior ao fato, a morte do cônjuge, ou mesmo a separação judicial.

Analisando a norma, Busato aponta seu atual descompasso para com as atuais formas de constituição de núcleos familiares: ao se referir apenas aos cônjuges, o dispositivo deixa de considerar a união estável, de casamento meramente religioso etc. Como bem aponta o autor, "a ideia é preservar do enfrentamento criminal situações em que o patrimônio se comunica naturalmente por força da sociedade conjugal", todavia, em relação ao panorama de 1940, "hoje a situação é muito diferente do ponto de vista da comunicabilidade de bens e dos direitos como um todo nas relações familiares", o que "provoca situações de absoluta injustiça, todas elas no sentido criminalizador, pois não afasta a apuração da responsabilidade penal em situações em que o direito de família reconhece concretamente a comunhão dos bens".[562]

No tocante à união estável, há doutrina defendendo a extensão do alcance da norma, realizando-se uma analogia *in bonam partem*. Nesse sentido, André Estefam.[563] Capez, em sua obra, assevera que a abrangência da união estável "não se trata de interpretação extensiva, mas, sim, de declarar o exato sentido da expressão 'cônjuge' à luz da ordem constitucional vigente",[564] o que está equivocado. A Constituição Federal, em momento algum, equiparou casamento e união estável, tanto assim que exigiu a facilitação da conversão desta em matrimônio (artigo 226, § 3º, CRFB/88). No entanto, é certo que vários direitos antes inerentes ao casamento foram conferidos aos conviventes, embora o casamento ainda receba um tratamento privilegiado, porém quase paritário. É correto dizer, também, que, ao estabelecer a união estável como uma das formas de criação de núcleos familiares, a Constituição Federal pretendeu a existência de uma harmonia análoga à presente no casamento. Não por outro motivo, Pierangeli sustenta que a aplicação das escusas absolutórias à união estável é uma exigência constitucional.[565]

Não se trata, contudo, de posição inconteste. As imunidades absolutas criam excepcionalidades dentro do regime geral dos crimes patrimoniais. E normas excepcionais não podem ser integradas por analogia. Assim, Nilo Batista sustenta que "há quase unanimidade nos autores brasileiros quanto ao acolhimento da analogia *in bonam partem*, com exceção, que resulta de imperativo lógico, de normas excepcionais", pois "a norma excepcional instaura um regime distinto e especial para determinada hipótese: regula a exceção, subtrai o caso ao qual se destina da disciplina geral".[566]

De fato, acertam os autores que sustentam a impossibilidade de *analogia in bonam partem* em normas excepcionais. Porém, essa excepcionalidade é menos uma decorrência do princípio da legalidade do que uma construção lógica, já que aplicação da norma não restringe um direito de liberdade; ao contrário, privilegia-o. E, partindo dessa ótica, considerando a existência de

---

562 BUSATO, Paulo César. *Direito Penal*..., op. cit., p. 674.
563 ESTEFAM, André. *Direito Penal*: parte especial. São Paulo: Saraiva, 2010. v. 2. p. 505.
564 CAPEZ, Fernando. *Curso*..., op. cit., v. 2, p. 533-534.
565 PIERANGELI, José Henrique. *Manual*... op. cit., p. 628.
566 BATISTA, Nilo. *Introdução Crítica ao Direito Penal Brasileiro*. 5. ed. Rio de Janeiro: Revan, 2001. p. 77 e nota 42.

um dispositivo constitucional que protege a harmonia familiar mesmo no que tange à união estável (artigo 266 da CF), a extensão da escusa absolutória é um imperativo que se sobrepõe à lógica penal. Defendemos, por conseguinte, a aplicabilidade do artigo 181, I, do CP mesmo aos conviventes em união estável, mormente quando se verifica que a maior parte dos crimes patrimoniais – mesmo quando não praticados mediante violência ou grave ameaça – são processados mediante ação pública incondicionada, desconsiderando a vontade dos integrantes do casal.

No que concerne à Lei nº 11.340/06 (Lei de Violência Doméstica e Familiar contra a Mulher), há quem defenda que a escusa absolutória em comento se tornou inaplicável quando o cônjuge virago figura como sujeito passivo. Essa é a opinião de Maria Berenice Dias, que transcrevemos: "A partir da nova definição de violência doméstica, assim reconhecida também a violência patrimonial, não se aplicam as imunidades absolutas ou relativas dos arts. 181 e 182 do Código Penal quando a vítima é mulher e mantém com o autor da infração vínculo de natureza familiar. Não há mais como admitir o injustificável afastamento da pena ao infrator que pratica o crime contra sua cônjuge ou companheira, ou, ainda, alguma parente do sexo feminino. Aliás, o Estatuto do Idoso, além de dispensar a representação, expressamente prevê a não aplicação desta excludente da criminalidade quando a vítima tiver mais de 60 anos".[567] Defende-se que artigo 7º da Lei Maria da Penha, ao discorrer sobre as formas de violência de gênero, prevê de forma ampla a violência patrimonial (inciso IV). Ou seja, visa a conferir à mulher vítima de crimes patrimoniais praticados nos moldes da lei especial uma salvaguarda mais intensa, assegurando-lhe medidas protetivas e negando ao autor do delito benefícios legais, como aqueles previstos na Lei nº 9.099/95. Entretanto, tal previsão se mostraria praticamente inócua se mantidos os artigos 181 e 182 do CP com sua abrangência original. Por conseguinte, para garantia da eficácia da Lei Maria da Penha, seria imprescindível o reconhecimento da derrogação tácita dos dispositivos.

Já nos filiamos à posição acima, mas mudamos nossa orientação. A existência das escusas absolutórias não elimina a proteção à mulher conferida pela Lei Maria da Penha, ainda que a reduza. Vale lembrar que a construção de microssistemas protetivos não é sinônimo de construção de microssistemas penais, de modo que outras formas de salvaguarda do patrimônio podem ser privilegiadas. O STJ, ao apreciar a hipótese, igualmente sustentou a higidez dos artigos 181 e 182 nos casos de violência doméstica e familiar contra a mulher: "RECURSO ORDINÁRIO EM HABEAS CORPUS. TENTATIVA DE ESTELIONATO (ARTIGO 171, COMBINADO COM O ARTIGO 14, INCISO II, AMBOS DO CÓDIGO PENAL). CRIME PRATICADO POR UM DOS CÔNJUGES CONTRA O OUTRO. SEPARAÇÃO DE CORPOS.

---

567 DIAS, Maria Berence. *A Lei...*, op. cit., p. 52.

EXTINÇÃO DO VÍNCULO MATRIMONIAL. INOCORRÊNCIA. INCIDÊNCIA DA ESCUSA ABSOLUTÓRIA PREVISTA NO ARTIGO 181, INCISO I, DO CÓDIGO PENAL. IMUNIDADE NÃO REVOGADA PELA LEI MARIA DA PENHA. DERROGAÇÃO QUE IMPLICARIA VIOLAÇÃO AO PRINCÍPIO DA IGUALDADE. PREVISÃO EXPRESSA DE MEDIDAS CAUTELARES PARA A PROTEÇÃO DO PATRIMÔNIO DA MULHER EM SITUAÇÃO DE VIOLÊNCIA DOMÉSTICA E FAMILIAR. INVIABILIDADE DE SE ADOTAR ANALOGIA EM PREJUÍZO DO RÉU. PROVIMENTO DO RECLAMO. 1. O artigo 181, inciso I, do Código Penal estabelece imunidade penal absoluta ao cônjuge que pratica crime patrimonial na constância do casamento. 2. De acordo com o artigo 1.571 do Código Civil, a sociedade conjugal termina pela morte de um dos cônjuges, pela nulidade ou anulação do casamento, pela separação judicial e pelo divórcio, motivo pelo qual a separação de corpos, assim como a separação de fato, que não têm condão de extinguir o vínculo matrimonial, não são capazes de afastar a imunidade prevista no inciso I do artigo 181 do Estatuto Repressivo. 3. O advento da Lei 11.340/2006 não é capaz de alterar tal entendimento, pois embora tenha previsto a violência patrimonial como uma das que pode ser cometida no âmbito doméstico e familiar contra a mulher, não revogou quer expressa, quer tacitamente, o artigo 181 do Código Penal. 4. A se admitir que a Lei Maria da Penha derrogou a referida imunidade, se estaria diante de flagrante hipótese de violação ao princípio da isonomia, já que os crimes patrimoniais praticados pelo marido contra a mulher no âmbito doméstico e familiar poderiam ser processados e julgados, ao passo que a mulher que venha cometer o mesmo tipo de delito contra o marido estaria isenta de pena. 5. Não há falar em ineficácia ou inutilidade da Lei 11.340/2006 ante a persistência da imunidade prevista no artigo 181, inciso I, do Código Penal quando se tratar de violência praticada contra a mulher no âmbito doméstico e familiar, uma vez que na própria legislação vigente existe a previsão de medidas cautelares específicas para a proteção do patrimônio da ofendida. (...) 7. Recurso provido para determinar o trancamento da ação penal apenas com relação ao recorrente".[568]

3 Imunidade decorrente de parentesco

Também é isento de pena aquele que comete o delito em detrimento de ascendente ou descendente, seja o parentesco legítimo ou ilegítimo, civil ou natural. Trata-se do parentesco em linha reta (pais, filhos, avós, netos etc.), não se discriminando de qualquer forma a espécie de vínculo, uma vez que a Constituição Federal estabeleceu a igualdade entre os filhos (artigo 227, § 6º). Não abrange, contudo, o parentesco por afinidade. Acerca da vítima mulher, ver notas consignadas ao item anterior.

---

568 RHC 42.918/RS, Quinta Turma, rel. Min. Jorge Mussi, julg. em 05.08.2014.

II – AÇÃO PENAL PÚBLICA CONDICIONADA OU IMUNIDADES RELATIVAS (ARTIGO 182, CP)

1 Conceito

A imunidade, aqui, também é dita processual, porque não isenta de pena o agente, apenas estabelecendo uma condição de procedibilidade para a ação penal. Ou seja, não há imunidade de fato, mas simplesmente a definição diferenciada da natureza da ação penal. Assim, em boa parte dos crimes contra o patrimônio, as condições peculiares do autor e da vítima passam a impor a representação do ofendido para legitimar a ação do Ministério Público. Deve ser salientado que os crimes de iniciativa privada, como a fraude à execução, não são tocados por esta norma, mantendo-se a previsão específica. Esse raciocínio se aplica também ao estelionato, crime de ação pública condicionada não por força do artigo 182, mas em razão do artigo 171, § 5º, do CP (ou seja, as regras específicas para o estelionato prevalecem sobre a "imunidade relativa").

2 Imunidade proveniente de vínculo matrimonial

O inciso I do artigo 182 estipula que somente se procede mediante representação se o crime é cometido em prejuízo do cônjuge desquitado ou judicialmente separado. Desquite e separação judicial não mais existe no direito civil, padecendo a norma penal de falta de atualização (quanto à separação, existe divergência, o que já foi estudado por ocasião do debate sobre o âmbito de incidência do artigo 181 do CP).

Ainda assim, a separação judicial persiste como realidade social, naqueles casos outrora decididos por um magistrado e que não foram convertidos em divórcio. A despeito da inexistência hodierna do instituto, entendemos que os casos que foram objeto de apreciação judicial anteriormente à EC nº 66 continuam abrangidos pelo artigo 182, I.

3 Imunidade proveniente de parentesco colateral em primeiro grau

Cuida o inciso II da exigência de representação quando o lesado é irmão, legítimo ou ilegítimo, do autor do fato. Novamente se invoca o artigo 227, § 6º, da CRFB/88 para manifestar a irrelevância da distinção entre irmãos legítimos e ilegítimos feita no Código Penal, já que qualquer referência discriminatória nesse sentido é constitucionalmente vedada.

4 Imunidade proveniente de parentesco associado à coabitação

Por derradeiro, a norma também estabelece imunidade relativa ao autor de delito cometido contra tio ou sobrinho, desde que com ele coabite (III). Não é necessário que o delito se dê no local de coabitação. Coabitar significa morar conjuntamente, não alcançando a relação de hospitalidade transitória.

III – EXCEÇÕES ÀS IMUNIDADES
(ARTIGO 183, CP)

Hipóteses

Sob determinadas circunstâncias, com previsão expressa no artigo 183 do Código Penal, as imunidades absolutas ou relativas são ressalvadas, não incidindo no caso concreto. Constituem hipóteses de exceção às imunidades: I – prática de crime de roubo ou de extorsão, ou se o crime é cometido com emprego de violência ou grave ameaça à pessoa; II – responsabilização do estranho que participa do crime, e III – ter a vítima idade igual ou superior a sessenta anos à época do crime.

Na primeira hipótese, se o agente comete um roubo, próprio ou impróprio, ou uma extorsão, direta ou indireta, ou mesmo uma extorsão mediante sequestro, não poderá alegar o vínculo matrimonial ou a relação de parentesco em linha reta para garantir a sua impunidade. Tampouco será exigida a representação do ofendido como condição de procedibilidade, ainda que o delito seja praticado em face das pessoas relacionadas no artigo 182. Valeu-se o legislador, na formulação do dispositivo, da técnica da interpretação analógica, oferecendo situações casuísticas (roubo e extorsão), para, em seguida usar a expressão genérica (em geral, quando o crime for cometido mediante grave ameaça ou violência contra a pessoa). Assim, entendemos que as imunidades não restam afastadas quando o agente pratica o roubo por meio de outros modos de redução da capacidade de resistência (com o uso de narcóticos, embriagando a vítima, hipnotizando-a etc.). Isso porque o casuísmo da norma deve ser interpretado de acordo com a fórmula genérica (que somente menciona a violência física ou moral) e vice-versa. Também a violência contra a coisa não possui o condão de excetuar as imunidades.

O estranho que comete o delito em coautoria ou em participação para com pessoa incluída nos casos de imunidade não pode por elas ser beneficiado (II). Todas as imunidades, sejam absolutas ou relativas, consistem em um favor pessoal ao agente, tendo caráter *intuitu personae*. Afirma Pierangeli que, para o estranho, "inexistem razões que justifiquem a concessão de um benefício que se fundamenta em laços estritamente familiares, e cuja punição, se houvesse, poderia constituir um abalo nas relações recíprocas entre as pessoas enumeradas".[569]

A última exceção tem em mira a proteção maior que deve ser conferida aos idosos, sendo inscrita no Código Penal por meio de modificação legislativa promovida pelo Estatuto do Idoso (Lei nº 10.741/03). Assim, independentemente da relação de parentesco ou matrimonial que se mantenha com a vítima com idade igual ou superior a sessenta anos, o sujeito ativo responderá pelo crime patrimonial. Deve-se, entretanto, atentar para o seguinte: (a) a idade da vítima será verificada à época da conduta, em homenagem à teoria da atividade; (b) a maioridade senil deve ser conhecida, não se aplicando o dispositivo se o sujeito ativo, justificadamente, supunha ter a vítima idade inferior a sessenta anos.

A opção legislativa pela idade igual ou superior a sessenta anos, embora se coadune com o Estatuto do Idoso, causa perplexidade pela ausência de uma preocupação com a sistemática das leis penais. Em alguns dispositivos, fica evidente a intenção de oferecer maior proteção a pessoas maiores de setenta anos, como ocorre no artigo 115 do CP, que cuida da prescrição, e no artigo 171, § 5º, IV, do CP. O artigo 115, de 1984, é anterior ao inciso III do artigo 183, incluído no Código Penal em 2003. Consequentemente, é anterior ao próprio Estatuto do Idoso. Portanto, não seria absurdo concluirmos que, quando do estabelecimento do conceito de pessoa idosa pela Lei nº 10.741/2003, o legislador se esqueceu de atualizar o artigo 115, criando-se a dicotomia por desatenção. Entretanto, o § 5º do artigo 171 entrou em vigor em 2020, repetindo a redação do artigo 115. Por que não foi respeitado o conceito do Estatuto do Idoso, então? Por uma evidente despreocupação sistemática que revela a péssima técnica legislativa corriqueira no Brasil.

Aliás, no que concerne à ação penal no crime de estelionato, temos uma situação curiosa. Suponhamos que um furto seja praticado entre irmãos: se o lesado é menor de sessenta anos, a ação é pública condicionada à representação do ofendido ou de seu representante legal (artigo 182, II); se o lesado conta com sessenta anos ou mais, a ação é pública incondicionada (artigo 183, III). Troquemos o crime pelo de estelionato: ainda que o lesado tenha idade igual ou superior a sessenta anos, a ação continua pública condicionada à representação, salvo quando sua idade ultrapassa os setenta anos, por força do artigo 171, § 5º, IV. Temos idosos igualmente vitimados por crimes patrimoniais praticados sem violência ou grave ameaça, mas a vontade de um deles (o lesado pelo furto) é desconsiderada no momento da decisão pela pertinência da ação penal, mesmo que não queira ver o irmão punido, ao passo em que aquele que foi vítima de estelionato tem a sua vontade respeitada. Não há qualquer lógica na diferença de tratamentos.

---

569 PIERANGELI, José Henrique. Manual..., op. cit., p. 631.

QUESTÕES DE CONCURSO

CRIMES PATRIMONIAIS (MISCELÂNEA)

> Adverte-se que as questões não contêm o gabarito oficial, pois a dinâmica legislativa pode fazer com que a resposta apontada como correta não mais corresponda à realidade jurídica brasileira em um momento posterior. Ademais, muitas vezes as questões contemplam divergências doutrinárias e jurisprudenciais, de modo que nem sempre a posição oficial coincidirá com a esposada nesta obra. Sugere-se que o leitor reflita sobre a resposta, pesquise e conclua criticamente sobre a melhor solução.

VUNESP – 2019 – Prefeitura de São José dos Campos – SP – Procurador
É qualificado, se cometido contra o patrimônio do Município, o crime de
   a) furto (CP, art. 155, § 4º).
   b) usurpação de águas (CP, art. 161, I).
   c) esbulho possessório (CP, art. 161, II).
   d) dano (CP, art. 163).
   e) apropriação indébita (CP, art. 168).

FCC – 2019 – TRF – 3ª REGIÃO – Analista Judiciário – Área Judiciária
Considere as seguintes situações hipotéticas de crimes de furto e roubo:
   I.   Paulo, durante o período noturno, ingressou no quarto do seu pai, João, de 70 anos de idade, e subtraiu a quantia de R$ 3.000,00 em dinheiro que estava ocultada no guarda-roupas.
   II. Mariano, policial militar, apontou a arma de fogo para a esposa Rita, com quem é regularmente casado e convive na mesma residência, e subtraiu diversas joias em ouro pertencentes a ela, fugindo em seguida.
   III. Os irmãos Michael e Josué estavam em uma festa na cidade de São Paulo, que acontecia em uma casa noturna. No curso da festa, Michael saiu da casa noturna e furtou o veículo de propriedade de Josué, entregando o bem para um comparsa, retornando para a festa logo em seguida.

IV. Davi, em comparsaria com Felício, praticou furto noturno, mediante arrombamento, contra o estabelecimento comercial de propriedade de Rodolfo, filho legítimo de Davi.

De acordo com o Código Penal, o Ministério Público poderá ajuizar ação penal pública incondicionada, e postular a aplicação das sanções previstas, contra Mariano

a) Paulo, Davi e Felício.
b) Michael e Davi.
c) Paulo e Michael.
d) Paulo e Felício.
e) Michael e Felício.

FCC – 2019 – TJ-AL – Juiz Substituto
Segundo entendimento sedimentado dos Tribunais Superiores sobre crimes contra o patrimônio,
   a) há latrocínio tentado quando o homicídio se consuma, mas o agente não realiza a subtração de bens da vítima, não se admitindo o estabelecimento de regime prisional mais gravoso do que o cabível em razão da sanção imposta, com base na gravidade abstrata do delito, se fixada a pena-base no mínimo legal.
   b) é possível o reconhecimento da figura privilegiada nos casos de furto qualificado, se estiverem presentes a primariedade do agente, o pequeno valor da coisa e a qualificadora for de ordem subjetiva, não se admitindo, porém, a aplicação, no furto qualificado pelo concurso de agentes, da correspondente majorante do roubo.
   c) a intimidação feita com arma de brinquedo não autoriza, no crime de roubo, o reconhecimento da causa de aumento relativa ao emprego de arma de fogo, consumando-se o crime com a inversão da posse do bem mediante emprego de violência ou grave ameaça, ainda que por breve tempo e em seguida à perseguição imediata ao agente e recuperação da coisa roubada, imprescindível, porém, a posse mansa e pacífica ou desvigiada.
   d) o condenado por extorsão mediante sequestro, dependendo da data de cometimento da infração, poderá obter a progressão de regime após o cumprimento de um sexto da pena, independendo a consumação do crime de extorsão comum a obtenção de vantagem indevida.
   e) sistema de vigilância realizado por monitoramento eletrônico ou por existência de segurança no interior do estabelecimento comercial, por si só, não torna impossível a configuração do crime de furto, admitindo-se a indicação do número de majorantes como fundamentação concreta para o aumento na terceira fase de aplicação da pena no crime de roubo circunstanciado.

FCC – 2019 – MPE-MT – Promotor de Justiça Substituto
Segundo a jurisprudência do Superior Tribunal de Justiça (STJ) sobre os crimes contra o patrimônio,
a) o sistema de vigilância realizado por monitoramento eletrônico ou por existência de segurança no interior de estabelecimento comercial torna impossível a configuração do crime de furto, em razão da absoluta ineficácia do meio.
b) consuma-se o crime de roubo com a inversão da posse do bem mediante emprego de violência ou grave ameaça, ainda que por breve tempo e em seguida à perseguição imediata ao agente e recuperação da coisa roubada, sendo imprescindível a posse mansa e pacífica ou desvigiada.
c) no caso de furto de energia elétrica mediante fraude, o adimplemento do débito antes do recebimento da denúncia extingue a punibilidade.
d) não configura o delito de extorsão (art. 158 do Código Penal) a conduta do agente que submete vítima à grave ameaça espiritual que se revelou idônea a atemorizá-la e compeli-la a realizar o pagamento de vantagem econômica indevida.
e) o aumento na terceira fase de aplicação da pena no crime de roubo circunstanciado exige fundamentação concreta, não sendo suficiente para a sua exasperação a mera indicação do número de majorantes.

MPE-SP – 2019 – MPE-SP – Promotor de Justiça Substituto
Assinale a alternativa INCORRETA.
a) A destruição ou o rompimento de obstáculo com explosivo ou artefato análogo que cause perigo comum é causa expressa de aumento de pena no crime de roubo.
b) A conduta de fabricar, vender, transportar ou mesmo soltar balões que possam provocar incêndios nas florestas e demais formas de vegetação, em áreas urbanas ou qualquer tipo de assentamento humano é crime.
c) Há latrocínio consumado, quando o homicídio se consuma, ainda que não realizada a subtração dos bens da vítima.
d) A conduta de descumprir decisão judicial que defere medidas protetivas de urgência previstas na Lei n° 11.340/06 é crime previsto na denominada Lei Maria da Penha, independentemente de as medidas protetivas terem sido deferidas por juiz criminal ou civil.
e) O crime de roubo do qual resulta lesão corporal grave, nos termos das alterações trazidas pela Lei n° 13.654/2018, só pode se verificar a título de preterdolo.

Crescer Consultorias – 2019 – Prefeitura de Jijoca de Jericoacoara – CE – Procurador do Município
Com fundamento nas disposições trazidas pelo Código Penal, assinale o item correto:

a) A pena do crime de roubo é majorada caso a violência seja exercida por meio de arma.
b) Constitui forma de extorsão a conduta de exigir, como garantia de dívida, abusando da situação de alguém, documento que pode dar causa a procedimento criminal contra a vítima.
c) Tomar refeição em restaurante, alojar-se em hotel ou utilizar-se de meio de transporte sem dispor de recursos para efetuar o pagamento somente se procede mediante queixa.
d) As escusas absolutórias previstas em relação aos crimes contra o patrimônio, por dicção legal, não se aplicam no caso de mera união estável.

VUNESP – 2019 – TJ-AC – Juiz de Direito Substituto
Assinale a alternativa correta.
a) Agente que impõe à vítima, como garantia de dívida, a exigência ou o recebimento de documento que pode dar causa a procedimento criminal contra esta ou terceiro, responde pelo delito de extorsão indireta.
b) O crime de receptação dolosa imprópria independe da boa-fé do terceiro no recebimento da coisa ilícita para efeito de responsabilização penal deste.
c) A pena do furto qualificado de veículo automotor transportado para outro Estado ou para o exterior será de 02 (dois) a 08 (oito) anos de reclusão e multa.
d) Agente que pratica o crime de roubo com o emprego de faca será responsabilizado pela qualificadora do emprego de arma, com pena aumentada em dois terços.

INSTITUTO AOCP – 2019 – PC-ES – Escrivão de Polícia
Especificamente aos crimes cometidos contra o patrimônio, estabelecidos no Título II do Código Penal, é isento de pena quem comete
a) o crime de roubo em prejuízo a qualquer parente consanguíneo.
b) o crime de furto simples contra ascendente maior de 60 anos.
c) o crime de extorsão contra irmão, legítimo ou ilegítimo.
d) o crime de roubo contra irmão, legítimo ou ilegítimo.
e) o crime de furto em prejuízo do cônjuge, na constância da sociedade conjugal.

CESPE – 2019 – TJ-PR – Juiz Substituto
Múcio, com o objetivo de ter a posse de um carro, abordou Cláudia, que dirigia devagar na saída de um estacionamento. Ao surpreendê-la, ele fez sinal para que ela parasse e, após Cláudia sair do veículo, Múcio a colocou, com violência, dentro do porta-malas, para impedir que ela se comunicasse com policiais que estavam próximos ao local. Horas depois do crime, Múcio liberou a vítima em local ermo.

Nessa situação hipotética, a conduta de Múcio o sujeita a responder pelo crime de
a) extorsão mediante sequestro.
b) roubo em concurso material com sequestro.
c) extorsão qualificada mediante a restrição da liberdade da vítima.
d) roubo qualificado, pelo agente ter mantido a vítima em seu poder, restringindo-lhe a liberdade.

FGV – 2018 – MPE-RJ – Estágio Forense
Caio compareceu à residência de Maria e apresentou-se como técnico de informática, destacando ter conhecimento que o laptop do imóvel estava com defeito. Confirmando que o *laptop* não funcionava, Maria buscou o aparelho em seu quarto e o entregou para Caio levar para sua suposta oficina para o conserto, recebendo de Caio uma folha de papel em que confirmava que estava levando o material. Caio foi embora do imóvel, levou o bem para sua casa e não o devolveu para Maria. Durante as investigações foi descoberto que Caio, na realidade, nunca foi técnico de informática, mas tomou conhecimento por terceiros sobre o defeito do computador de Maria e acreditou que poderia enganar a vítima como forma de ficar com aquele bem. Diante disso, decidiu simular ser técnico de informática para receber o bem da lesada.
Considerando apenas as informações narradas, no momento do oferecimento da denúncia, o Promotor de Justiça deverá imputar a Caio a prática do crime de:
a) furto simples;
b) furto qualificado pelo emprego de fraude;
c) apropriação indébita simples;
d) apropriação indébita majorada em razão do emprego;
e) estelionato.

VUNESP – 2019 – TJ-AC – Juiz de Direito Substituto
Assinale a alternativa correta.
a) Agente que impõe à vítima, como garantia de dívida, a exigência ou o recebimento de documento que pode dar causa a procedimento criminal contra esta ou terceiro, responde pelo delito de extorsão indireta.
b) O crime de receptação dolosa imprópria independe da boa-fé do terceiro no recebimento da coisa ilícita para efeito de responsabilização penal deste.
c) A pena do furto qualificado de veículo automotor transportado para outro Estado ou para o exterior será de 02 (dois) a 08 (oito) anos de reclusão e multa.
d) Agente que pratica o crime de roubo com o emprego de faca será responsabilizado pela qualificadora do emprego de arma, com pena aumentada em dois terços.

FCC – 2019 – AFAP – Analista de Fomento – Advogado
No que se refere aos crimes contra o patrimônio,
   a) diminui-se a pena de um a dois terços, na apropriação indébita previdenciária, se o agente, voluntariamente, confessa, declara e efetua o pagamento das contribuições e importâncias devidas à Previdência Social.
   b) todas as hipóteses de furto são de ação penal pública, em nenhuma delas procedendo-se mediante representação.
   c) se o crime for de extorsão mediante sequestro e for cometido em concurso, o concorrente que o denunciar à autoridade, facilitando a libertação do sequestrado, terá extinta sua punibilidade.
   d) tratando-se de esbulho possessório, se a propriedade for particular, havendo ou não emprego de violência, somente se procede mediante queixa.
   e) no crime de furto, se o criminoso é primário, e é de pequeno valor a coisa furtada, o juiz pode substituir a pena de reclusão pela de detenção, diminuí-la de um a dois terços, ou aplicar somente a pena de multa.

COPS-UEL – 2018 – PC-PR – Escrivão de Polícia
A respeito dos crimes contra o patrimônio, considere as afirmativas a seguir.
   I. O delito de furto pressupõe o dissenso da vítima, devendo ainda ser praticado na ausência desta, pois, do contrário, será crime de roubo.
   II. O agente que, durante a prática do crime de furto, ao ser surpreendido pela vítima, logo depois de subtraída a coisa, empregar grave ameaça, a fim de assegurar a detenção da coisa para si, responderá pelo crime de furto e também pelo crime de ameaça.
   III. O agente que, simulando ser manobrista de estacionamento, recebe o veículo do cliente para estacioná-lo e, ao invés disso, vende o carro para terceira pessoa, comete o delito de estelionato.
   IV. Se o agente é primário e é de pequeno valor a coisa furtada, haverá o chamado furto privilegiado e, neste caso, o juiz pode substituir a pena de reclusão pela de detenção, diminuí-la de um a dois terços, ou aplicar somente a pena de multa.
Assinale a alternativa correta.
   a) Somente as afirmativas I e II são corretas.
   b) Somente as afirmativas I e IV são corretas.
   c) Somente as afirmativas III e IV são corretas.
   d) Somente as afirmativas I, II e III são corretas.
   e) Somente as afirmativas II, III e IV são corretas.

FUNCAB – 2013 – PC-ES – Perito Criminal
Aquele que deteriorar coisa sem dono ou abandonada pratica:
   a) crime de dano doloso.
   b) conduta penalmente atípica.

c) crime de furto impróprio.
d) crime de apropriação indébita.
e) crime de dano culposo.

VUNESP – 2018 – TJ-SP – Juiz Substituto
Quanto ao crime de estelionato, assinale a alternativa correta.
a) O estelionato na modalidade fraude para recebimento de indenização do seguro, crime de atividade formal, prescinde, para a consumação, da obtenção da vantagem ilícita em prejuízo alheio.
b) A pena aumenta-se de 1/3 (um terço), se o crime é cometido em detrimento de entidade de direito público ou instituto de economia popular, assistência social ou beneficência, excluindo-se entidades autárquicas da Previdência Social que são regidas por lei própria.
c) O pagamento de cheque emitido sem provisão de fundos, antes do recebimento da denúncia, não obsta a propositura da ação penal.
d) Configura crime de estelionato na modalidade fraude no pagamento por meio de cheque sem previsão de fundos a cártula emitida para pagamento de dívida preexistente.

CESPE – 2018 – PC-MA – Escrivão de Polícia Civil
Rui e Lino, irmãos, combinaram a prática de furto a uma loja. Depois de subtraídos os bens, Pedro, pai de Rui e de Lino, foi procurado e permitiu, em benefício dos filhos, a ocultação dos objetos furtados em sua residência por algum tempo, porque eles estavam sendo investigados.
Nessa situação hipotética, a conduta de Pedro configura
a) receptação.
b) favorecimento real.
c) favorecimento pessoal.
d) hipótese de isenção de pena.
e) furto.

IBADE – 2017 – PC-AC – Escrivão de Polícia Civil
Sobre o crime de receptação, é correto afirmar que:
a) não é possível a receptação que tenha como crime prévio outra receptação.
b) a receptação qualificada admite a modalidade culposa.
c) cuida-se de crime subsidiário ao delito de favorecimento real.
d) majoritariamente, entende-se que se a infração penal prévia for um ato infracional, não há receptação, pois esta tem como objeto material o produto de um crime.
e) aquele que encomenda a prática de crime patrimonial prévio não responde por receptação ao receber para si o produto do crime.

FUNCAB – 2016 – PC-PA – Delegado de Policia Civil – Reaplicação
Considerando apenas as informações contidas nas alternativas, assinale aquela que corretamente indica uma hipótese de crime de receptação.
   a) Josefina celebra contrato de penhor, entregando uma joia ao credor pignoratício. Posteriormente, ainda na vigência do contrato, a joia é furtada por terceiro. Ciente do furto e vislumbrando na hipótese uma forma de pagar menos para reaver seu patrimônio, Josefina procura o autor do crime patrimonial prévio e dele compra a joia furtada.
   b) Ribamar, colecionador de carros antigos percebendo a falta, em lojas especializadas, de uma determinada autopeça para reposição, encomenda a Servílio a referida peça, consciente de que este, motivado pela encomenda, roubará um carro para cumprir o avençado, o que efetivamente ocorre. Assim, Ribamar ingressa na posse da peça desejada.
   c) Cristóvão compra de Amílcar uma motosserra por preço irrisório, sabendo que o vendedor está dispondo do bem por preço inferior ao do mercado porque usou a ferramenta para a prática de um homicídio e quer dela se livrar.
   d) Teobaldo tem seu telefone celular furtado. Para reaver o aparelho, liga para o autor do crime, passando a negociar sua entrega. Assim, concretizado o ajuste, Teobaldo paga o valor exigido, recebendo de volta o telefone.
   e) Elesbão, camelô, conscientemente expõe à venda cigarros de importação proibida, os quais adquiriu de um amigo que sabe ser contrabandista.

FCC – 2015 – TJ-SE – Juiz Substituto
No delito de receptação qualificada, a expressão "coisa que deve saber ser produto de crime" possui interpretação do STF no sentido de que,
   a) se trata de norma inconstitucional com relação ao preceito secundário, por violar o princípio da proporcionalidade quando comparada à pena prevista para o caput.
   b) se aplica apenas aos casos de dolo eventual, excluindo-se o dolo direto.
   c) abrange igualmente o dolo direto.
   d) configura má utilização da expressão, por ser indicativa de culpa consciente.
   e) impede que no exercício de atividade comercial possa se alegar receptação culposa.

FGV – 2009 – TJ-PA – Juiz
O frentista José de Souza, usando um dispositivo conhecido como chupa-cabra, logrou clonar cartão magnético do Banco do Brasil, de titularidade de Maria da Glória, quando esta o utilizou em posto de gasolina localizado em Belém. No dia seguinte, José viajou para Altamira, local em que utilizou o cartão clonado em caixas eletrônicos, ao longo de três dias, tendo sacado a importância total de

R$ 1.500,00. Ao perceber a ocorrência dos saques, Maria registrou ocorrência na delegacia de polícia da comarca de Castanhal, local em que reside e onde está localizada a agência do Banco do Brasil na qual Maria possui conta. Dias após, José de Souza foi preso em flagrante, em Altamira, quando tentava mais uma vez usar o cartão clonado para efetuar um saque.
Considerando a narrativa acima, assinale a alternativa correta.
  a) João praticou estelionato e a competência para processo e julgamento é do juízo da comarca de Belém.
  b) João praticou furto mediante fraude e a competência para processo e julgamento é do juízo da comarca de Altamira.
  c) João praticou furto mediante fraude e a competência para processo e julgamento é do juízo da comarca de Castanhal.
  d) João praticou estelionato e a competência para processo e julgamento é do juízo da comarca de Altamira.
  e) João praticou estelionato e a competência para processo e julgamento é do juízo da comarca de Castanhal.

CESPE – 2009 – DPE-PI – Defensor Público
Em relação aos crimes contra o patrimônio, assinale a opção correta.
  a) Segundo a teoria da contrectatio, o momento consumativo do delito de furto ocorre quando o agente consegue levar o objeto ao lugar a que era destinado.
  b) Segundo o STJ, não incide a majorante do repouso noturno quando o furto é praticado em estabelecimentos comerciais.
  c) A majorante do repouso noturno incide sobre delito de furto praticado em sua forma qualificada.
  d) Caracteriza bis in idem a condenação dos mesmos agentes pelo crime de quadrilha armada e roubo qualificado pelo uso de armas e concurso de pessoas.
  e) O crime de defraudação de penhor configura-se com a obtenção de vantagem indevida, oriunda da alienação, de qualquer modo, de bem dado em penhor, seja ele fungível ou infungível.

INSTITUTO CIDADES – 2010 – DPE-GO – Defensor Público
Na situação de roubo, se ocorrer homicídio e subtração consumados, há latrocínio consumado e, se ocorrer homicídio e subtração tentados, há latrocínio tentado. Nessas hipóteses, o entendimento é pacífico. Entretanto, no caso de homicídio consumado e subtração tentada, há diversas correntes doutrinárias. Para o Supremo Tribunal Federal, Súmula 610, há, nessa última hipótese,
  a) tentativa de latrocínio.
  b) homicídio consumado em concurso formal com tentativa de furto.
  c) homicídio qualificado consumado em concurso material com tentativa de roubo.

d) latrocínio consumado.
e) somente homicídio qualificado.

MPE-SP – 2010 – MPE-SP – Promotor de Justiça
Assinale a alternativa correta:
a) para a caracterização do crime de lesão corporal seguida de morte (art. 129, § 3º, do CP), é dispensável a previsibilidade do agente relativamente à morte da vítima.
b) na hipótese de subtração patrimonial mediante grave ameaça, da qual resulta de forma imprevista a morte da vítima, não se pode imputar ao agente a prática do crime de latrocínio (art. 157, § 3º, 2ª parte, do CP).
c) no crime de extorsão, a ação extorsionária consiste em constranger a vítima mediante violência ou grave ameaça; no crime de concussão, a ação não necessita guardar relação com a função pública ou a qualidade do agente.
d) o elemento subjetivo do delito de extorsão é o dolo, sendo prescindível o fim especial de agir.
e) é isento de pena o autor de crime de extorsão em prejuízo de ascendente ou descendente, seja o parentesco legal ou ilegal, seja civil ou natural.

FGV – 2010 – SEAD-AP – Fiscal da Receita Estadual – Prova 2
A respeito do crime de apropriação indébita envolvendo contribuições previdenciárias, analise as afirmativas a seguir.
I. Constitui crime de apropriação indébita deixar de recolher aos cofres públicos valor de contribuição descontada dos funcionários da empresa.
II. Deixar de repassar a parcela de contribuição devida pela própria empresa, não constitui crime de apropriação indébita.
III. A ação penal por crime de apropriação indébita de contribuições previdenciárias, no entendimento seguido pela jurisprudência, conforme já reconhecido em decisão do Superior Tribunal de Justiça, não dispensa a demonstração do dolo específico, isto é, a efetiva intenção do sujeito ativo de utilizar os valores das contribuições recolhidas dos contribuintes em benefício próprio.
Assinale:
a) se somente a afirmativa I estiver correta.
b) se somente as afirmativas I e II estiverem corretas.
c) se somente as afirmativas II e III estiverem corretas.
d) se somente a afirmativa III estiver correta.
e) se todas as afirmativas estiverem corretas.

CESPE – 2011 – TRF – 1ª REGIÃO – Juiz
Em relação ao crime de apropriação indébita previdenciária e ao delito de sonegação de contribuição previdenciária, assinale a opção correta.

a) Caracteriza-se sonegação previdenciária quando o agente deixa de recolher, no prazo e na forma legal, contribuição ou outra importância que, destinada à previdência social, tenha sido descontada de pagamento efetuado a segurados, a terceiros ou arrecadada do público ou, ainda, que tenha integrado despesas contábeis ou custos relativos à venda de produtos ou à prestação de serviço.
b) Dispõe o CP, de forma expressa, a possibilidade de se conceder o perdão judicial, previsto na parte especial do código, ou somente a aplicação da pena de multa ao crime de sonegação previdenciária se o agente for primário e de bons antecedentes e desde que tenha promovido, após o início da ação fiscal e antes de recebida a denúncia, o pagamento integral ou parcelamento da contribuição social previdenciária, incluindo-se acessórios.
c) Nos termos do entendimento jurisprudencial estabelecido nos tribunais superiores, o crime de apropriação indébita previdenciária é considerado delito omissivo próprio, em todas as suas modalidades, e consuma-se no momento em que o agente deixa de recolher as contribuições, depois de ultrapassado o prazo estabelecido na norma de regência, sendo, portanto, desnecessário o *animus rem sibi habendi*.
d) Em relação aos crimes de apropriação indébita e de sonegação previdenciária, preconiza o CP que devem ser suspensas a pretensão punitiva e a prescrição penal, desde que haja parcelamento do débito e os pedidos sejam formalizados e aceitos antes do recebimento da denúncia criminal, uma vez que, quitados integralmente os débitos, inclusive os acessórios, objeto de parcelamento, extingue-se a punibilidade.
e) Nos crimes de apropriação indébita previdenciária, assegura a lei, de forma expressa, a incidência da causa extintiva da punibilidade se o agente, espontaneamente, declarar e confessar as contribuições, importâncias ou valores e prestar as informações devidas à previdência social, na forma definida em lei ou regulamento, antes do início da ação fiscal.

FCC – 2010 – TRT – 8ª Região (PA e AP) – Analista Judiciário – Execução de Mandados
O crime de receptação descrito no art. 180, caput, do Código Penal (adquirir, receber, transportar, conduzir ou ocultar, em proveito próprio ou alheio, coisa que sabe ser produto de crime, ou influir para que terceiro de boa-fé, a adquira, receba ou oculte), no que concerne aos elementos do fato típico, é um
a) tipo penal normal.
b) tipo penal anormal, face à existência de elemento subjetivo.
c) crime omissivo.
d) crime sem resultado.
e) exemplo de tipicidade indireta.

CESPE – 2008 – TJ-AL – Juiz
Julgue os seguintes itens, acerca dos crimes contra o patrimônio.
I   Na receptação, o objeto material do delito pode ser produto de contravenção.
II No crime de furto qualificado pelo abuso de confiança, é pacífico que a relação de emprego é suficiente para caracterizar a qualificadora.
III É possível a continuidade delitiva entre crimes de roubo e furto.
IV No crime de roubo, o critério adotado pela jurisprudência do STJ, para fins de exasperação da pena em face da presença de qualificadoras, é meramente quantitativo, de forma que a presença de apenas uma qualificadora não autoriza o juiz a aumentar a pena em patamar acima de um terço.
V   O crime de extorsão mediante sequestro consuma-se com a privação da liberdade da vítima por espaço de tempo juridicamente relevante, independentemente da exigência de qualquer vantagem, como condição ou preço do resgate, desde que haja a intenção do agente nesse sentido.

A quantidade de itens certos é igual a
a) 1.
b) 2.
c) 3.
d) 4.
e) 5.

PC-MG – 2011 – PC-MG – Delegado de Polícia
Com relação aos crimes patrimoniais, é INCORRETO afirmar que
a) segundo entendimento consolidado pelo STF, o crime de estelionato, quando na modalidade de fraude no pagamento, por meio de cheque, consuma-se no momento e local em que o banco sacado recusa o seu pagamento.
b) o agente que rouba o veículo da vítima e, sem motivação alguma, a coloca no porta malas, abandonando-a em estrada de município vizinho, responde pelos crimes de roubo e sequestro, em concurso material.
c) o agente que invade estabelecimento comercial anunciando assalto e acaba por matar o proprietário e um cliente, fugindo em seguida com o dinheiro do caixa e a carteira do cliente, responde por um só crime de latrocínio, crime complexo em que a pluralidade de vítimas serve apenas para fixação da pena.
d) agente que, após furtar, em concurso de pessoas, preciosa joia em shopping Center, adquire a quota parte, dos demais meliantes, não responde por crime de receptação, tratando-se de *post factum* impunível.

ESAF – 2010 – SMF-RJ – Fiscal de Rendas
Salazar, rico comerciante, apresenta documentação falsa junto à Caixa Econômica Federal com a finalidade de obter financiamento para a aquisição de apar-

tamento em programa federal que privilegia as pessoas de baixa renda que não possuem imóveis próprios. Assim, Salazar apresenta certidão falsa de que não possui outro imóvel. Também, na mesma oportunidade, apresenta contracheque falso que indica ter renda de dois salários-mínimos. À luz do previsto nos Crimes contra o Sistema Financeiro Nacional e nos Crimes contra o Patrimônio, julgue os itens abaixo assinalando o correto.

I. Salazar ao obter, mediante fraude, financiamento em instituição financeira comete crime previsto na Lei nº 7.492/86 (Lei dos Crimes do Colarinho Branco);
II. Salazar comete o crime de furto mediante fraude;
III. Salazar comete o crime de estelionato;
IV. Salazar comete o crime de apropriação indébita.

a) Todos estão corretos.
b) I e IV estão corretos.
c) Somente I está correto.
d) I e III estão corretos.
e) III e IV estão corretos.

FUNIVERSA – 2009 – PC-DF – Delegado de Polícia – Objetiva
A respeito dos crimes contra o patrimônio, assinale a alternativa correta.
a) Pratica apropriação indébita, e não furto, quem preenche e desconta cheques que lhe tenham sido confiados para pagamento a terceiros, apropriando-se das quantias correspondentes.
b) O crime de extorsão mediante restrição da liberdade da vítima possui o mesmo elemento subjetivo do crime de extorsão mediante sequestro.
c) O pagamento de cheque emitido sem provisão de fundos, após o recebimento da denúncia, não obsta o prosseguimento da ação penal.
d) Aquele que exige ou recebe, como garantia de dívida, abusando da situação de alguém, documento que pode dar causa a procedimento criminal contra a vítima ou contra terceiro, comete o crime de extorsão.
e) Há estelionato, e não furto mediante fraude, na conduta do agente que subtrai veículo posto à venda, mediante solicitação ardil de teste experimental ou mediante artifício que leve a vítima a descer do carro.

CESPE – 2010 – TRT – 1ª REGIÃO (RJ) – Juiz – Parte I
Assinale a opção correta a respeito dos crimes contra o patrimônio.
a) No furto, a causa especial de aumento de pena decorrente do fato de o crime ter sido praticado durante o repouso noturno incide sobre as formas qualificadas.
b) Conforme iterativa jurisprudência do STJ, o fato de se tratar de furto qualificado constitui motivação suficiente para impedir a aplicação do princípio da insignificância.

c) No roubo, caso o agente seja primário e tenha sido de pequeno valor a coisa subtraída, o juiz poderá substituir a pena de reclusão pela de detenção, diminuí-la de um a dois terços ou aplicar somente a pena de multa.
d) Consoante a jurisprudência do STJ, é possível o reconhecimento de continuidade delitiva entre os crimes de latrocínio e roubo, porque são da mesma espécie, dado que previstos no mesmo tipo incriminador.
e) No estelionato, a reparação espontânea do dano após o recebimento da denúncia e antes do julgamento de primeiro grau não extingue a punibilidade, mas constitui circunstância atenuante genérica.

FCC – 2009 – DPE-MA – Defensor Público
Há previsão legal de escusa absolutória nos delitos patrimoniais desde que seja cometido contra cônjuge, na constância da sociedade conjugal,
a) ascendente, excluídos os crimes de roubo ou de extorsão, ou, em geral, quando haja emprego de violência ou grave ameaça somente contra a pessoa.
b) ascendente, descendente, excluídos os crimes de roubo ou de extorsão, ou, em geral, quando haja emprego de violência ou grave ameaça somente contra a pessoa.
c) ascendente, excluídos os crimes de roubo ou de extorsão, ou, em geral, quando haja emprego de violência ou grave ameaça contra a pessoa e ao estranho que participa do crime.
d) ascendente, descendente, excluídos os crimes de roubo, extorsão e latrocínio.
e) ascendente, descendente, excluídos os crimes de roubo ou de extorsão, ou, em geral, quando haja emprego de violência ou grave ameaça contra a pessoa e ao estranho que participa do crime.

FCC – 2002 – PGE-SP – Procurador de Estado
O motorista e o estoquista de um depósito de bebidas resolvem, de comum acordo, cometer delito contra a empresa. Para tanto o estoquista altera um pedido de entrega, acarretando que o fiscal entregue ao motorista do caminhão mercadorias a mais, que não constavam do pedido original. Ao final do expediente o motorista se apropria das bebidas, conforme anteriormente combinado com seu colega de trabalho. Nesse caso,
a) ambos cometem crime de furto qualificado pelo abuso de confiança.
b) o motorista comete crime de apropriação indébita qualificada e o estoquista de estelionato.
c) ambos cometem crime de apropriação indébita qualificada.
d) o motorista comete crime de apropriação indébita e o estoquista de furto qualificado.
e) ambos cometem crime de estelionato.

FGV – 2008 – TJ-PA – Juiz
Durante o almoço dominical da família Silva, José da Silva pede a seu tio, com quem não coabita, Manoel da Silva, que lhe empreste algum dinheiro para comprar roupas novas. Segundo José da Silva, as meninas andam dizendo que ele só veste as mesmas camisas e calças e isso tem prejudicado suas conquistas amorosas. Manoel da Silva repreende seu sobrinho José dizendo que ele precisa amadurecer, pois tem vinte anos, mas comporta-se como um adolescente ainda. No mesmo dia, José subtrai R$ 15,00 (quinze reais) e o talão de cheques de seu tio Manoel com intuito de adquirir roupas novas para si. Quando chega o sábado seguinte, José vai até o banco para sacar o dinheiro necessário à aquisição de uma camisa e uma bermuda, preenchendo o cheque corretamente e imitando com perfeição a assinatura de seu tio. Ocorre que Manoel percebera o desaparecimento do talão de cheques e comunicara o banco, razão pela qual o caixa se recusa a aceitar o cheque apresentado por José. Qual(is) crime(s) praticou José da Silva?
   a) Não praticou crime algum.
   b) Furto consumado e estelionato tentado.
   c) Furto e estelionato consumados.
   d) Apenas estelionato.
   e) Apenas furto.

MPE-MG – 2010 – MPE-MG – Promotor de Justiça
STELIUS ficou sabendo que seu companheiro de crimes, o famigerado LARAPIUS, iria executar oito furtos de veículos na cidade de Belo Horizonte, mas pensava em desistir do plano porque não dispunha de local para guardar os bens furtados. STELIUS ofereceu a LARAPIUS o quintal e a garagem da casa de sua propriedade, localizada em ponto estratégico na cidade de Belo Horizonte, onde poderiam ser recebidos e guardados os veículos furtados sem chamar atenção, até a efetivação da sua venda. STELIUS se dispôs a guardar os bens furtados e não exigiu receber nenhum centavo em troca, pois devia favores ao amigo LARAPIUS. Tendo local seguro para esconder os bens furtados, LARAPIUS colocou em execução o plano dos crimes. Efetivada a subtração de três veículos, os bens foram efetivamente guardados no interior da propriedade de STELIUS, sendo vendidos em data posterior, em transação efetivada por LARAPIUS, para receptadores que atuam na região.
Diante do exposto, pode-se admitir que STELIUS
   a) concorreu na prática de crime de furto simples.
   b) concorreu na prática de crime de furto qualificado.
   c) praticou crime de favorecimento real.
   d) praticou crime de favorecimento pessoal.
   e) praticou crime de receptação.

CESGRANRIO – 2008 – TJ-RO – Oficial de Justiça
Com uma arma de fogo sobre sua cabeça, César foi obrigado por Sérgio a lhe transferir todo o dinheiro de sua conta corrente, já que este achara na carteira da vítima os dados da conta e senha. Segundo a interpretação majoritária da Lei, trata-se de
   a) extorsão, já que a vítima fora compelida por grave ameaça a fornecer ao agente indevida vantagem econômica.
   b) extorsão, pois não houve violência, único modus operandi do roubo.
   c) extorsão em concurso formal com roubo, já que mediante uma conduta foram preenchidas as elementares de ambos os tipos.
   d) roubo, pois o meio empregado fora outro meio, que não violência ou grave ameaça, mas que impossibilita a resistência da vítima.
   e) roubo, já que, por saber os dados da conta e senha, o agente poderia dispensar a conduta da vítima.

FCC – 2009 – DPE-SP – Defensor Público
Considere as seguintes afirmações:
   I. Presume-se a ciência da origem criminosa da coisa pelo agente, no crime de receptação dolosa própria.
   II. Saque de dinheiro por meio de cartão de crédito previamente clonado, configura os crimes de furto e estelionato.
   III. No homicídio cometido em legítima defesa com duplo resultado em razão de *aberratio ictus*, a excludente de ilicitude se estende à pessoa não visada, mas, também, atingida.
Conclui-se que está correto o que se afirma SOMENTE em
   a) I.   b) II.   c) III.   d) I e II.   e) II e III.

MPE-SP – 2011 – MPE-SP – Promotor de Justiça
Aquele que, após haver realizado a subtração de bens, ministra narcótico na bebida do vigia local para dali sair com sucesso de posse de alguns dos objetos subtraídos, responde por:
   a) furto consumado.
   b) roubo impróprio.
   c) tentativa de furto.
   d) roubo impróprio tentado.
   e) estelionato.

PC-MG – 2008 – PC-MG – Delegado de Polícia
Com relação aos crimes contra o patrimônio, assinale a alternativa INCORRETA.
   a) No estelionato mediante emissão de cheque sem fundo, o pagamento do título antes do recebimento da denúncia, segundo orientação do Supremo Tribunal Federal, extingue a punibilidade.

b) Para que se consume o crime de abuso de incapazes, é necessário apenas que o sujeito passivo pratique ato suscetível de produzir efeito jurídico, em prejuízo próprio ou de terceiro, sendo irrelevante a consumação da lesão efetiva.
c) Responde o agente por um único latrocínio ainda que de seu roubo resulte a morte de mais de uma vítima, sendo a pluralidade de vítimas circunstância avaliada apenas na dosimetria da pena.
d) Responde por receptação dolosa o agente que encomenda o furto de determinada obra de arte, pois adquire em proveito próprio coisa que sabe ser produto de crime.

FUNCAB – 2012 – POLÍCIA CIVIL-RJ – Delegado de Polícia
Considerando os delitos contra o patrimônio, é correto afirmar que:
a) o crime de extorsão qualificada pela restrição da liberdade de locomoção da vítima ("sequestro relâmpago"), ao contrário do artigo 158 do Código Penal, é doutrinariamente classificado como crime de mera conduta.
b) o crime de dano qualificado pelo motivo egoístico é de ação penal pública condicionada à representação.
c) no caso da apropriação indébita previdenciária, é extinta a punibilidade se o agente é primário e de bons antecedentes e desde que tenha promovido, após o início da ação fiscal e antes de oferecida a denúncia, o pagamento da contribuição social previdenciária, inclusive acessórios.
d) o crime de dano em coisa de valor artístico, arqueológico ou histórico previsto no artigo 165 do Código Penal foi revogado tacitamente pela lei de crimes ambientais – Lei nº 9.605/1998.
e) aquele que se apropria de *res derelicta*, deixando de restituí-la ao dono ou legítimo possuidor ou de entregá-la à autoridade competente, dentro do prazo de 15 (quinze) dias, pratica crime.

FUNCAB – 2012 – POLÍCIA CIVIL-RJ – Delegado de Polícia
Portando ilegalmente, exclusivamente para aquela ação, uma arma de fogo de calibre permitido, Norberto constrange um transeunte e, mediante grave ameaça, subtrai para si os seus pertences. Nesse contexto, afirma-se que:
a) o autor responde somente pelo crime de roubo, não pelo de porte de arma de fogo, pois a pena do crime patrimonial já engloba a reprovabilidade do delito previsto na lei especial, consequência da unidade fática entre ambos, aplicando-se o princípio da consunção.
b) há apenas crime de roubo, solucionando-se o caso pelo princípio da especialidade, pois o delito patrimonial, ao estabelecer a grave ameaça como meio executório, insere o porte de arma em sua estrutura típica, acrescido de elementos especializantes.
c) será o porte de arma absorvido pelo crime de roubo em virtude da substituição do dolo, característica da progressão criminosa, que determina o reconhecimento do conflito aparente de normas.

d) aplica-se ao caso o princípio da subsidiariedade, pois nas condutas há diferentes graus de lesão à mesma objetividade jurídica, em uma relação de continente e conteúdo.

e) tutelando bens jurídicos distintos, as normas penais referentes aos crimes de porte de arma de fogo e roubo figurarão em concurso material de delitos, aplicando-se ao caso o sistema do cúmulo material das penas.

FGV – 2010 – OAB – Exame de Ordem Unificado – 3 – Primeira Fase (Fev/2011)
Pedro, não observando seu dever objetivo de cuidado na condução de uma bicicleta, choca-se com um telefone público e o destrói totalmente.
Nesse caso, é correto afirmar que Pedro
a) deverá ser responsabilizado pelo crime de dano simples, somente.
b) deverá ser responsabilizado pelo crime de dano qualificado, somente.
c) deverá ser responsabilizado pelo crime de dano qualificado, sem prejuízo da obrigação de reparar o dano causado.
d) não será responsabilizado penalmente.

IESES – 2011 – TJ-CE – Titular de Serviços de Notas e de Registros
É certo afirmar:
I. Uma das inovações recentes do Código Penal foi admitir para o crime de furto a forma culposa como elemento subjetivo.
II. A pena pecuniária é uma sanção penal consistente no pagamento de uma determinada quantia em pecúnia, previamente fixada em lei, destinada ao Fundo Penitenciário.
III. A extorsão mediante sequestro é uma forma qualificada do crime de extorsão.
IV. A violência empregada no crime de extorsão é apta a causar a morte de qualquer pessoa, e não somente da vítima. Assim, se um dos autores atira contra o ofendido, mas termina matando quem está passando pelo local, comete a figura qualificada pelo resultado.
Analisando as proposições, pode-se afirmar:
a) Somente as proposições I e III estão corretas.
b) Somente as proposições II e III estão corretas.
c) Somente as proposições I e IV estão corretas.
d) Somente as proposições II e IV estão corretas.

VUNESP – 2009 – TJ-MS – Titular de Serviços de Notas e de Registros
B sempre deixa seu carro no mesmo estacionamento. C, querendo apossar-se do automóvel, vai a esse estacionamento e diz ao manobrista que foi buscar o carro a pedido de B. O manobrista lhe entrega o veículo; C assume a direção e deixa o local. Sobre a conduta de C, é correto afirmar tratar-se de

a) estelionato.
b) furto mediante fraude.
c) apropriação indébita.
d) furto qualificado pelo abuso de confiança.
e) apropriação de coisa havida por erro.

FCC – 2011 – TRT – 1ª REGIÃO (RJ) – Técnico Judiciário – Segurança
Cícero entrou no automóvel de Augustus e subtraiu-lhe um computador portátil que estava no banco traseiro. Augustus percebeu a ação delituosa e perseguiu Cícero, com o qual entrou em luta corporal. No entanto, Cícero causou ferimentos leves em Augustus, e conseguiu fugir do local, de posse do aparelho subtraído. Cícero responderá por crime de
a) roubo impróprio.
b) furto simples.
c) furto qualificado pela destreza.
d) furto e de lesões corporais.
e) apropriação indébita.

CESPE – 2009 – TRE-MA – Analista Judiciário – Área Administrativa
Celso, desafeto de Arnaldo, proprietário de uma agência de veículos, mediante grave ameaça, visando obter indevida vantagem econômica, constrangeu Márcia, estagiária da agência, com 16 anos de idade, a lhe entregar documento que poderia dar ensejo a processo criminal contra Arnaldo.
Nessa situação hipotética, Celso cometeu o crime de
a) extorsão indireta.
b) ameaça.
c) extorsão.
d) exercício arbitrário das próprias razões.
e) abuso de incapazes.

REFERÊNCIAS BIBLIOGRÁFICAS

ABELHA, Marcelo. *Manual de Execução Civil*. 5. ed. Rio de Janeiro: Forense, 2015.

ALMEIDA SALLES JÚNIOR, Romeu de. *Apropriação Indébita e Estelionato*: cheque sem fundos. 3. ed. São Paulo: Saraiva, 1997.

ALVES JÚNIOR, Luís Carlos Martins. *Memória Jurisprudencial: Ministro Evandro Lins*. Brasília: Supremo Tribunal Federal, 2009.

AMARAL, Francisco. *Direito Civil Brasileiro* – introdução. Rio de Janeiro: Forense, 1991.

ANDREUCCI, Ricardo Antonio. *Manual de Direito Penal*. 3. ed. São Paulo: Saraiva, v. 2, 2004.

_____. *Legislação Penal Especial*. 7. ed. São Paulo: Saraiva, 2010.

ASSIS TOLEDO, Francisco de. *Princípios Básicos de Direito Penal*. 5. ed. São Paulo: Saraiva, 1994.

BACIGALUPO, Enrique. *Direito Penal*. São Paulo: Malheiros, 2005.

BANDEIRA DE MELLO, Celso Antônio. *Curso de Direito Administrativo*. 17. ed. São Paulo: Malheiros, 2004.

BARATTA, Alessandro. Funções Instrumentais e Simbólicas do Direito Penal: lineamentos de uma teoria do bem jurídico. *Revista Brasileira de Ciências Criminais*, São Paulo, ano 2, n. 5, jan./mar., 1994.

BARBA, Wagner Tomás; SILVA, Jorge Rodrigues da. *Contos do Vigário*: vacine-se contra eles. São Paulo: WVC Editora, 1999.

BASTOS, Marcelo Lessa. *Violência doméstica e familiar contra a mulher: Lei "Maria da Penha: alguns comentários*. Disponível em: <http://jus2.uol.com.br/doutrina/texto.asp?id=9006>. Acesso em: 03/10/2009

BATISTA, Nilo. *Concurso de agentes*. 2. ed. Rio de Janeiro: Lumen Juris, 2004.

_____. *Introdução Crítica ao Direito Penal Brasileiro*. 5. ed. Rio de Janeiro: Revan, 2001.

BATLOUNI MENDRONI, Marcelo. *Crime Organizado* – aspectos gerais e mecanismos legais. São Paulo: Juarez de Oliveira, 2002.

BETTIOL, Giuseppe. *Direito Penal*. São Paulo: Revista dos Tribunais, 1966.

BITENCOURT, Cezar Roberto. *Código Penal Comentado*. 2. ed. São Paulo: Saraiva, 2004.

_____. *Tratado de direito penal*. 9. ed. São Paulo: Saraiva, v. 1, 2004.

_____. *Tratado de direito penal*. 3. ed. São Paulo: Saraiva, v. 2, 2003.

_____. *Tratado de direito penal*. São Paulo: Saraiva, v. 3, 2003.

BORGES D'URSO, Luiz Flávio. *Anteprojeto da parte especial do código penal*. São Paulo: Juarez de Oliveira, 1999.

BOSCHI, José Antônio Paganella. *Das Penas e Seus Critérios de Aplicação*. 7. ed. Porto Alegre: Livraria do Advogado, 2014.

BRASIL. Ministério da Saúde. Secretaria de Atenção à Saúde. Departamento de Ações Programáticas Estratégicas. Área Técnica de Saúde da Mulher. *Prevenção e Tratamento dos Agravos Resultantes da Violência Sexual Contra Mulheres e Adolescentes: norma técnica*. 2. ed. Brasília: Ministério da Saúde, 2005.

BRITO, Alexis Augusto Couto de. VANZOLINI, Maria Patrícia (coordenação). *Direito Penal – Aspectos Jurídicos Controvertidos*. São Paulo: Quartier Latin, 2006.

BRUNO, Aníbal. *Direito Penal* – parte geral. 3. ed. Rio de Janeiro: Forense, t. I, 1967.

_____. *Crimes Contra a Pessoa*. 5. ed. Rio de Janeiro: Rio, 1979.

BUSANA, Dante. "Doping" de cavalos de corrida: fato que constitui ilícito penal. In: *Justitia*. n. 60, p. 69-72, jan.-mar. 1968.

BUSATO, Paulo César. *Direito Penal*: parte especial. 3. ed. São Paulo: Atlas, 2017. v. 2.

CABANELLAS, Guillermo. *El aborto*: su problema social, médico y jurídico. Buenos Aires: Atalaya, 1975.

CABETTE, Eduardo Luiz Santos. *A Lei 11.923/09 e o famigerado "sequestro - relâmpago": afinal, que "raio" de crime é esse?* Disponível em <http://www.lfg.com.br>. 17 de maio de 2009. Acesso em 23/03/2010.

CALLEGARI, André Luís. *Imputação Objetiva*: lavagem de dinheiro e outros temas do direito penal. Porto Alegre: Livraria do Advogado, 2001.

CAMARGO ARANHA, Adalberto José Q. T. de. *Crimes Contra a Honra*. 2. ed. São Paulo: Saraiva, 2000.

CAPEZ, Fernando. *Curso de Direito Penal*: parte especial. São Paulo: Saraiva, v. 2, 2003.

_____. *Curso de Direito Penal*: parte especial. São Paulo: Saraiva, v. 4, 2003.

_____. *Curso de Direito Penal*: parte especial. São Paulo: Saraiva, v. 4, 2007.

CARNELUTTI, Francesco. *O Delito*. Campinas: Peritas, 2002.

COSTA, Álvaro Mayrink da. *Direito Penal*. 6. ed. Rio de Janeiro: Forense, 2011. v. 7.

COSTA JR., Paulo José da; PEDRAZZI, Cesare. *Direito Penal Societário*. 3 ed. São Paulo: Perfil, 2005.

CUNHA, Rogério Sanches. *Nota de Atualização e Errata do Livro Código Penal Para Concursos*. Salvador: Jus Podium, 2009.

_____. *Lei 13.654/18: Altera Dispositivos Relativos ao Furto e ao Roubo*, disponível em https://meusitejuridico.editorajuspodivm.com.br/2018/04/24/lei-13-65418-altera-dispositivos-relativos-ao-furto-e-ao-roubo/. Publicado em 24.04.2018. Acesso em 25.08.2019.

CUNHA, Rogério Sanches; PINTO, Ronaldo Batista. *Violência Doméstica*. São Paulo: Editora Revista dos Tribunais, 2007.

DE CUPIS, Adriano. *Os Direitos da Personalidade*. Campinas: Romana, 2004.

DELMANTO, Celso. *Código Penal Comentado*. 3. ed. Rio de Janeiro: Renovar, 1991.

DELMANTO, Celso [et al.]. *Código Penal Comentado*. 8. ed. São Paulo: Saraiva, 2010.

DIAS, Maria Berenice. *A Lei Maria da Penha na Justiça*: a efetividade da Lei 11.340/2006 de combate à violência doméstica e familiar contra a mulher. São Paulo: Editora Revista dos Tribunais, 2007.

DOTTI, René Ariel. *Curso de direito penal*: parte geral. 1. ed. Rio de Janeiro: Forense, 2003.

ESTEFAM, André. *Direito Penal*: parte especial. São Paulo: Saraiva, 2010. v. 2. p. 505.

FARIA, Bento de. *Código Penal Brasileiro*. 3. ed. Rio de Janeiro: Distribuidora Record Editora, 1961. v. 5.

FAZZIO JR., Waldo. *Manual de Direito Comercial*. 5. ed. São Paulo: Atlas, 2005.

FILHO, José dos Santos Carvalho. *Manual de Direito Administrativo*. 28. ed. São Paulo: Atlas, 2015.

FRAGOSO, Heleno Cláudio. *Lições de direito penal*: parte especial. 11. ed. Rio de Janeiro: Forense, v. 1, 1995.

GALVÃO, Fernando. *Direito Penal*: parte geral. 4. ed. Rio de Janeiro: Lumen Juris, 2011.

GILABERTE, Bruno; GILABERTE, Thalissa Pádua. A Integridade Animal Como Bem Jurídico Penalmente Tutelável. *Semioses*. Rio de Janeiro, v. 12, n. 4, p. 38-57, out.-dez. 2018.

GOMES, Hélio. *Medicina Legal.* 24. ed. Rio de Janeiro: Freitas Bastos, 1985.

GOMES, Luiz Flávio. *Direito Penal*: parte geral, introdução. São Paulo: Revista dos Tribunais, v. 1, 2003.

_____. *Crimes Previdenciários.* São Paulo: Revista dos Tribunais, 2001.

_____. *Aborto Anencefálico: Exclusão da Tipicidade Material (I).* Disponível em www.lfg.com.br.

GOMES, Luiz Flávio. MAZZUOLI, Valério de Oliveira. *Comentários à Convenção Americana sobre Direitos Humanos.* 2. ed. São Paulo: Editora Revista dos Tribunais, 2009.

GOMES, Luiz Flávio. CUNHA, Rogério Sanches. *Sequestro Relâmpago com Morte: é Crime Hediondo.* Disponível em <http://www.lfg.com.br>. 19 de junho de 2009. Acesso em 23/03/2010.

GOMES, Orlando. *Introdução ao Direito Civil.* 14. ed. Rio de Janeiro: Forense, 1999.

GÓMEZ-ALLER, Jacobo Dopico. Estafa y Dolo: criterios para su delimitación. *Dereito.* v. 21, n. 1, p. 7-35, jan.-jun. 2012.

GONÇALVES, Carlos Roberto. *Direito Civil Brasileiro*: parte geral. 9ª ed. São Paulo: Saraiva, 2011. v. I.

GRECO, Rogério. *Curso de Direito Penal*: parte especial. Niterói: Impetus, v. II, 2005.

_____. *Curso de Direito Penal.* 16. ed. Niterói: Impetus, 2019. v. 2.

HABIB, Gabriel. *Leis Penais Especiais.* Tomo I. 2. ed. Salvador: Jus Podium, 2010.

_____. *Leis Penais Especiais.* 10. ed. Salvador: Jus Podivm, 2018.

HERCULES, Hygino de Carvalho. *Medicina Legal.* São Paulo: Editora Atheneu, 2005.

HORTA, Frederico Gomes de Almeida. *Do Concurso Aparente de Normas Penais.* Rio de Janeiro: Lumen Juris, 2007.

HUNGRIA, Nelson; CORTES DE LACERDA, Romão; FRAGOSO, Heleno Cláudio. *Comentários ao Código Penal.* 5. ed. Rio de Janeiro: Forense, v. VIII, 1983.

HUNGRIA, Nelson; FRAGOSO, Heleno Cláudio. *Comentários ao Código Penal.* 6. ed. Rio de Janeiro, Forense: v. V, 1981.

_____. *Comentários ao Código Penal.* 5. ed. Rio de Janeiro: Forense, v. VI, 1982.

_____. *Comentários ao Código Penal.* 4. ed. Rio de Janeiro: Forense, v. VII, 1980.

_____. *Comentários ao Código Penal.* 2. ed. Rio de Janeiro: Forense, 1959. v. IX.

JESUS, Damásio E. de. *Direito Penal*: parte especial. 21. ed. São Paulo: Saraiva, v. 2, 1999.

_____. *Lei das Contravenções Penais Anotada*. 7. ed. São Paulo: Saraiva, 1999.

_____. *Novíssimas Questões Criminais*. São Paulo: Saraiva, 1998.

JUNQUEIRA, Gustavo. Majorantes da Lei 13.654/18 Sobre Furto e Roubo: posição contrária. *Jornal Carta Forense*. Disponível em: http://www.cartaforense.com.br/conteudo/artigos/majorantes-da-lei-136542018-sobre-furto-e-roubo-posicao-contraria/18209. Publicado em: 04.06.2018. Acesso em: 09.09.2019.

LEITE, Alaor. O doping como suposto problema jurídico-penal: um estudo introdutório. In: *Doping e Direito Penal*. São Paulo: Atlas, 2011.

LIMA FONSECA, Antonio Cezar. *Crimes Contra a Criança e o Adolescente*. Porto Alegre: Livraria do Advogado, 2001.

LOPES OLIVEIRA, J. M. Leoni. *Alimentos e Sucessão no Casamento e na União Estável*. 5. ed. Rio de Janeiro: Lumen Juris, 1999.

_____. *Direito Civil* – teoria geral do direito civil. 2. ed. Rio de Janeiro: Lumen Juris, 2000.

MAGALHÃES NORONHA, E. *Direito Penal*. 33. ed. São Paulo: Saraiva, v. 2, 2003.

_____. *Direito penal*. 27. ed. São Paulo: Saraiva, v. 3, 2003.

MARMELSTEIN, George. *Curso de Direitos Fundamentais*. São Paulo: Atlas, 2008.

_____. *Existe Lógica na Loucura? O Problema do Sigilo de Dados e das Comunicações*. Disponível em http://direitosfundamentais.net/2008/03/09/existe-logica-na-loucura-o-problema-do-sigilo-de-dados-e-das-comunicacoes. Acesso em 11/11/2009.

MARQUES, José Frederico. *Tratado de direito penal*. Campinas: Millenium, v. 4, 2002.

MARTINELLI, João Paulo Orsini; DE BEM, Leonardo Schmitt. *Lições Fundamentais de Direito Penal*: parte geral. São Paulo: Saraiva, 2016.

MARTINS BATISTA, Weber. *O furto e o roubo no direito e no processo penal*. 2. ed. Rio de Janeiro: Forense, 2002.

MASSON, Cleber. *Direito Penal*: parte especial. 11. ed. Rio de Janeiro: Forense, São Paulo: Método, 2018. v. 2.

MAYRINK DA COSTA, Álvaro. *Direito penal*: parte especial. 5. ed. Rio de Janeiro: Forense, 2003.

MELLO, Cleyson de Moraes. *Direito Civil*: parte geral. 3. ed. Rio de Janeiro: Freitas Bastos, 2017.

MIR PUIG, Santiago. *Derecho Penal*: parte general. 7. ed. Barcelona: Editorial Reppertor, 2005.

MIRABETE, Julio Fabbrini. *Código penal interpretado*. 4. ed. São Paulo: Atlas, 2003.

_____. *Manual de direito penal*: parte especial. 22. ed. São Paulo: Atlas, v. 2, 2004.

_____. *Execução penal*. 8. ed. São Paulo: Atlas, 1997.

MORAES JR., Volney Corrêa Leite de. *Em torno do roubo*. Campinas: Millenium, 2003.

MORENO, Cláudio. Arma Branca. In: *Sua Língua*. Disponível em: https://sualingua.com.br/2015/05/23/arma-branca/. Publicado em: 23.05.2015. Acesso em: 03.01.2020.

MOURA TELES, Ney. *Direito penal*: parte especial. São Paulo: Atlas, v. 2, 2004.

MUÑOZ CONDE, Francisco. *Edmund Mezger e o Direito Penal de seu Tempo* – Estudos sobre o Direito Penal no Nacional-Socialismo. Rio de Janeiro: Lumen Juris, 2005.

NOGUEIRA ITAGIBA, Ivair. *Homicídio, exclusão de crime e isenção de pena*. Rio de Janeiro: Freitas Bastos, t. 1, 1958.

NUCCI, Guilherme de Souza. *Leis Penais e Processuais Penais Comentadas*. 3. ed. São Paulo: Editora Revista dos Tribunais, 2008.

_____. *Crimes Contra a Dignidade Sexual*. São Paulo: Editora Revista dos Tribunais, 2009.

_____. *Código Penal Comentado*. 5. ed. São Paulo: Ediitora Revista dos Tribunais, 2005.

OLIVEIRA, Rafael Carvalho Rezende. *Curso de Direito Administrativo*. 5. ed. Rio de Janeiro: Forense; São Paulo: Método, 2017.

PIERANGELI, José Henrique. *Códigos penais do Brasil*: evolução histórica. 2. ed. São Paulo: Revista dos Tribunais, 2001.

PRADO, Luiz Regis. *Curso de direito penal brasileiro*: parte especial. 2. ed. São Paulo: Revista dos Tribunais, v. 2, 2002.

_____ (Coord.). *Responsabilidade penal da pessoa jurídica*: em defesa do princípio da imputação penal subjetiva. São Paulo: Revista dos Tribunais, 2001.

PRADO, Luiz Regis; CARVALHO, Érika Mendes de. *Aborto Anencefálico e sua Natureza Jurídico-penal: breves reflexões*. disponível em http://www.parana-online.com.br/canal/direito-e-justica.

QUEIROZ, Paulo. *Curso de Direito Penal*: parte geral. 9. ed. Salvador: Jus Podivm, 2013. v. 1.

_____. *Explosão de Caixa Eletrônico*. Disponível em https://www.pauloqueiroz.net/explosao-de-caixa-eletronico/. Publicado em 30.05.2016. Acesso em 25.08.2019.

_____. *Princípio da Insignificância*. Disponível em: https://www.pauloqueiroz. net/476/. Publicado em 22.09.2015. Acesso em 02.09.2019.

RAMAYANA, Marcos. *Estatuto do idoso comentado*. Rio de Janeiro: Roma Victor, 2004.

RIOS GONÇALVES, Victor Eduardo. *Dos crimes contra o patrimônio*. 7. ed. São Paulo: Saraiva, v. 9, 2004.

ROBALDO, José Carlos de Oliveira. *A Nova Lei do Sequestro Relâmpago: não é o que se esperava e muito menos o que se tem divulgado*. Disponível em: < http://www.jusbrasil.com.br>. Acesso em 23/03/2010.

RODRIGUES, Sílvio. *Direito Civil*: parte geral. 32ª ed. São Paulo: Saraiva, 2002. v. I.

ROXIN, Claus. *Estudos de Direito Penal*. Rio de Janeiro: Renovar, 2006.

SANCTIS, Fausto Martin de. *Crime Organizado e Lavagem de Dinheiro: destinação de bens apreendidos, delação premiada e responsabilidade social*. São Paulo: Saraiva, 2009.

SANTOS, Juarez Cirino dos. *Direito Penal*: parte geral. 6. ed. Curitiba: ICPC, 2014.

SEGUNDO TRIBUNAL COLEGIADO DEL SEXTO CIRCUITO. Tesis: VI.2o. J/146, Semanario Judicial de la Federación y su Gaceta, Tomo VIII, Septiembre de 1998, Novena Época.

SHECAIRA, Sérgio Salomão. *Responsabilidade penal da pessoa jurídica*. 2. ed. São Paulo: Método, 2002.

SILVA, José Afonso da. *Curso de direito constitucional positivo*. 15. ed. São Paulo: Malheiros, 1998.

SILVEIRA BUENO. *Grande dicionário etimológico prosódico da língua portuguesa*. São Paulo: Saraiva, v. 7, 1968.

SIQUEIRA, Galdino. *Tratado de direito penal*: parte especial. Rio de Janeiro: José Konfino Editor, t. III, v. 1, 1947.

STRECK, Lenio Luiz, *As interceptações telefônicas e os direitos fundamentais*. 2. ed. Porto Alegre: Livraria do Advogado, 2001.

_____. Bem Jurídico e Constituição: da proibição de excesso (Übermaßverbot) à proibição de proteção deficiente (Untermaßverbot) ou de como não há blindagem contra normas penais inconstitucionais. *Boletim da Faculdade de Direito*, vol. LXXX. Coimbra: Universidade de Coimbra, 2004.

TARTUCE, Flávio. *Manual de Direito Civil*. 2. ed. Rio de Janeiro: Forense; São Paulo: Método, 2012.

TAVARES, Juarez. *Teoria do injusto penal*. 2. ed. Belo Horizonte: Del Rey, 2002.

_____. *Fundamentos de Teoria do Delito*. Florianópolis: Tirant lo Blanch, 2018.

TAVARES, Marcelo Leonardo. *Direito previdenciário*. 6. ed. Rio de Janeiro: Lumen Juris, 2005.

THUMS, Gilberto. *Estatuto do desarmamento*. Rio de Janeiro: Lumen Juris, 2005.

VON LISZT, Franz. *Tratado de Direito Penal Allemão*. t. II. Rio de Janeiro: F. Briaguet & C. Editores, 1899.

WESSELS, Johannes. *Direito penal*: parte geral. Porto Alegre: Sergio Antonio Fabris Editor, 1976.

XAVIER DE OLIVEIRA, Carlos Fernando Maggiolo. *O crime de estelionato*. Rio de Janeiro: Destaque, 2003.